最新

保 险 法
及司法解释全编

中国法制出版社
CHINA LEGAL PUBLISHING HOUSE

图书在版编目（CIP）数据

最新保险法及司法解释全编／中国法制出版社编
. —北京：中国法制出版社，2023.12
（条文速查小红书）
ISBN 978-7-5216-3980-3

Ⅰ.①最… Ⅱ.①中… Ⅲ.①保险法-法律解释-中
国 Ⅳ.①D922.284.5

中国国家版本馆 CIP 数据核字（2023）第 228832 号

责任编辑：刘晓霞　　　　　　　　　　　封面设计：蒋　怡

最新保险法及司法解释全编
ZUIXIN BAOXIANFA JI SIFA JIESHI QUANBIAN

经销/新华书店
印刷/三河市紫恒印装有限公司

开本/880 毫米×1230 毫米　32 开　　　　　印张/ 19.25　字数/ 489 千
版次/2023 年 12 月第 1 版　　　　　　　　2023 年 12 月第 1 次印刷

中国法制出版社出版
书号 ISBN 978-7-5216-3980-3　　　　　　　　　定价：59.00 元

北京市西城区西便门西里甲 16 号西便门办公区
邮政编码：100053　　　　　　　　　　　　传真：010-63141600
网址：http://www.zgfzs.com　　　　　　编辑部电话：010-63141675
市场营销部电话：010-63141612　　　　印务部电话：010-63141606

（如有印装质量问题，请与本社印务部联系。）

编 辑 说 明

法律会适时修改，而与之相关的配套规定难以第一时间调整引用的旧法条文序号。此时，我们难免会有这样的困扰：（1）不知其中仍是旧法条文序号而误用；（2）知道其中是旧法条文序号，却找不到或找错对应的新法条文序号；（3）为找到旧法对应最新条款，来回翻找，浪费很多宝贵时间。本丛书针对性地为读者朋友们解决这一问题，独具以下特色：

1. 标注变动后的最新条文序号

本丛书以页边码（如 **22**）的形式，在出现条文序号已发生变化的条款同一行的左右侧空白位置——标注变动后的最新条文序号；如果一行有两个以上条款的序号已发生变化，分先后顺序上下标注变动后的最新条文序号（如 **288 289**）；如一个条款变动后分为了两个以上条款，标注在同一个格子里（如 **538 539**）；**×** 表示该条已被删除。

需要说明的是：《民法通则》《物权法》《合同法》《担保法》《婚姻法》《继承法》《收养法》《侵权责任法》《最高人民法院关于适用〈中华人民共和国合同法〉若干问题的解释（一）》《最高人民法院关于适用〈中华人民共和国合同法〉若干问题的解释（二）》对应的是《民法典》最新条文序号，而《民法总则》和《民法典》总则编条文序号无变化，没有再行标注。

2. 附录历年条文序号对照表

如果你想参考适用其他规定或司法案例时遇到旧法，可利用保险法历年条文序号对照表，快速准确定位最新条款。试举一例，你在阅读司法案例时，发现该案例裁判于 1995 年，其援引的保险法是 1995 年版的，保险法历经 2002 年、2009 年、2014 年、2015 年几次修改，条文序号已发生重大变化，从 1995 年版的条款定位到 2015 年版的条款，实属不易，但是只要查阅该表，就可以轻松快速定位到最新对应条款。

3. 内容全面，文本权威

本丛书将各个领域的核心法律作为"主法"，围绕"主法"全面收录相关司法解释及配套法律法规；收录文件均为经过清理修改的现行有效标准文本，以供读者全面掌握权威法律文件。

4. 精选指导案例，以案释法

本丛书收录各领域最高人民法院的指导案例、公报案例等，方便读者以案例为指导进一步掌握如何适用法律及司法解释。

目 录

中华人民共和国保险法 ·································· 1

    （2015 年 4 月 24 日）*

一、综　合

中华人民共和国民法典（节录）·················· 34

    （2020 年 5 月 28 日）

中华人民共和国刑法（节录）···················· 53

    （2020 年 12 月 26 日）

国家金融监督管理总局关于印发《银行保险机构涉刑案件风险

    防控管理办法》的通知······················ 56

    （2023 年 11 月 2 日）

中华人民共和国海商法（节录）················ 63

    （1992 年 11 月 7 日）

最高人民法院关于适用《中华人民共和国保险法》若干问题的

    解释（一）·································· 70

    （2009 年 9 月 21 日）

最高人民法院关于适用《中华人民共和国保险法》若干问题的

    解释（二）·································· 71

    （2020 年 12 月 29 日）

最高人民法院关于适用《中华人民共和国保险法》若干问题的

    解释（三）·································· 74

    （2020 年 12 月 29 日）

---

  * 编者按：本目录中的时间为法律文件的公布时间或最后一次修正、修订公布时间。

最高人民法院关于适用《中华人民共和国保险法》若干问题的
解释（四） ……………………………………………………… 79
（2020 年 12 月 29 日）

最高人民法院关于审理保险合同纠纷案件如何认定暴雨问题的
复函 ……………………………………………………………… 82
（1991 年 7 月 16 日）

国务院关于保险业改革发展的若干意见 ……………………… 83
（2006 年 6 月 15 日）

最高人民法院关于审理海上保险纠纷案件若干问题的规定 …… 89
（2020 年 12 月 29 日）

最高人民法院、中国保险监督管理委员会关于在全国部分地区
开展建立保险纠纷诉讼与调解对接机制试点工作的通知 …… 91
（2012 年 12 月 18 日）

最高人民法院关于审理出口信用保险合同纠纷案件适用相关法
律问题的批复 ………………………………………………… 94
（2013 年 5 月 2 日）

国务院关于加快发展现代保险服务业的若干意见 …………… 94
（2014 年 8 月 10 日）

中国银保监会关于规范互联网保险销售行为可回溯管理的通知 ……… 102
（2020 年 6 月 22 日）

最高人民法院、中国保险监督管理委员会关于全面推进保险纠
纷诉讼与调解对接机制建设的意见 ………………………… 105
（2016 年 11 月 4 日）

国务院办公厅关于加快发展商业养老保险的若干意见 ……… 110
（2017 年 6 月 29 日）

国家发展改革委、人民银行、保监会、中央组织部等印发《关
于对保险领域违法失信相关责任主体实施联合惩戒的合作备
忘录》的通知 ………………………………………………… 115
（2017 年 8 月 28 日）

中国保险监督管理委员会关于加强保险消费风险提示工作的意见 …… 121
（2017 年 9 月 11 日）

最高人民法院关于对四川省高级人民法院关于内江市东兴区农
　　村信用合作社联合社与中国太平洋保险公司内江公司保险合
　　同赔付纠纷合同是否成立等请示一案的答复 …………… 125
　　（2003 年 7 月 10 日）

最高人民法院研究室关于对《保险法》第十七条规定的"明确
　　说明"应如何理解的问题的答复 ……………………… 125
　　（2000 年 1 月 24 日）

最高人民法院关于如何理解《中华人民共和国保险法》第六十
　　五条"自杀"含义的请示的答复 …………………………… 126
　　（2002 年 3 月 6 日）

最高人民法院执行工作办公室关于人民法院能否提取投保人
　　在保险公司所投的第三人责任险应得的保险赔偿款问题的
　　复函 …………………………………………………………… 126
　　（2000 年 7 月 13 日）

最高人民法院关于保证保险合同纠纷案件法律适用问题的答复 …… 127
　　（2010 年 6 月 24 日）

企业会计准则第 25 号——保险合同 ……………………… 128
　　（2020 年 12 月 19 日）

中国银保监会关于印发保险业标准化"十四五"规划的通知 ………… 158
　　（2022 年 5 月 11 日）

银行保险机构消费者权益保护管理办法 …………………… 168
　　（2022 年 12 月 12 日）

二、人身保险

健康保险管理办法 ……………………………………………… 177
　　（2019 年 10 月 30 日）

人身保险业务基本服务规定 …………………………………… 187
　　（2010 年 2 月 11 日）

中国保险监督管理委员会关于界定责任保险和人身意外伤害保
险的通知 ·········· 191
（1999 年 12 月 15 日）

人身保险产品信息披露管理办法 ·········· 192
（2022 年 11 月 11 日）

人身保险公司保险条款和保险费率管理办法 ·········· 197
（2015 年 10 月 19 日）

中国保险监督管理委员会关于《人身保险公司保险条款和保险
费率管理办法》若干问题的通知 ·········· 218
（2012 年 1 月 4 日）

中国保险监督管理委员会关于人身保险伤残程度与保险金给付
比例有关事项的通知 ·········· 220
（2013 年 6 月 4 日）

中国保险监督管理委员会关于普通型人身保险费率政策改革有
关事项的通知 ·········· 221
（2013 年 8 月 1 日）

中国保险监督管理委员会关于规范人身保险公司赠送保险有关
行为的通知 ·········· 223
（2015 年 1 月 23 日）

中国保监会关于万能型人身保险费率政策改革有关事项的通知 ········· 225
（2015 年 2 月 3 日）

中国保监会关于加强人身保险费率政策改革产品管理有关事项
的通知 ·········· 232
（2015 年 7 月 31 日）

中国保险监督管理委员会关于父母为其未成年子女投保以死亡
为给付保险金条件人身保险有关问题的通知 ·········· 233
（2015 年 9 月 14 日）

中国保监会关于推进分红型人身保险费率政策改革有关事项的
通知 ·········· 235
（2015 年 9 月 25 日）

中国保险监督管理委员会关于进一步加强人身保险公司销售管

理工作的通知 ·· 249

（2017 年 5 月 17 日）

中国银保监会办公厅关于规范短期健康保险业务有关问题的通知 ········ 251

（2021 年 1 月 11 日）

中国银保监会办公厅关于进一步规范保险机构互联网人身保险

业务有关事项的通知 ·· 254

（2021 年 10 月 12 日）

三、财产保险

中国保险监督管理委员会关于规范机动车交通事故责任强制保

险单证和标志管理的通知 ······································ 264

（2006 年 6 月 5 日）

最高人民法院明确机动车第三者责任保险性质的明传电报 ············· 267

（2006 年 7 月 26 日）

中国保险监督管理委员会关于修改机动车交通事故责任强制保

险保单的通知 ·· 268

（2007 年 4 月 29 日）

中国保险监督管理委员会关于印发《机动车交通事故责任强制

保险费率浮动暂行办法》的通知 ······························· 270

（2007 年 6 月 27 日）

中国保险监督管理委员会关于严格执行《机动车交通事故责任

强制保险费率浮动暂行办法》的通知 ·························· 276

（2009 年 7 月 30 日）

财产保险公司保险条款和保险费率管理办法 ······················· 277

（2021 年 8 月 16 日）

中国保险监督管理委员会关于印发《机动车辆保险理赔管理指

引》的通知 ·· 283

（2012 年 2 月 21 日）

机动车交通事故责任强制保险条例 ⋯⋯⋯⋯⋯⋯⋯⋯⋯⋯⋯ 305

    （2019 年 3 月 2 日）

最高人民法院研究室关于新的人身损害赔偿审理标准是否适用

    于未到期机动车第三者责任保险合同问题的答复 ⋯⋯⋯⋯ 313

    （2004 年 6 月 4 日）

最高人民法院关于财产保险单能否用于抵押的复函 ⋯⋯⋯⋯ 313

    （1992 年 4 月 2 日）

四、其他保险

农业保险条例 ⋯⋯⋯⋯⋯⋯⋯⋯⋯⋯⋯⋯⋯⋯⋯⋯⋯⋯⋯⋯ 315

    （2016 年 2 月 6 日）

最高人民法院关于转知保险总公司对木筏保险的办法及保险期

    限的问题的函 ⋯⋯⋯⋯⋯⋯⋯⋯⋯⋯⋯⋯⋯⋯⋯⋯⋯⋯ 320

    （1954 年 2 月 25 日）

中国银保监会办公厅关于进一步明确农业保险业务经营条件的通知 ⋯ 321

    （2020 年 6 月 1 日）

中国银保监会关于印发农业保险精算规定（试行）的通知 ⋯⋯⋯ 324

    （2023 年 4 月 21 日）

五、保险公司

中华人民共和国外资保险公司管理条例 ⋯⋯⋯⋯⋯⋯⋯⋯⋯ 328

    （2019 年 9 月 30 日）

中国保险监督管理委员会关于外国财产保险分公司改建为独资

    财产保险公司有关问题的通知 ⋯⋯⋯⋯⋯⋯⋯⋯⋯⋯⋯⋯ 335

    （2004 年 5 月 10 日）

外国保险机构驻华代表机构管理办法 ⋯⋯⋯⋯⋯⋯⋯⋯⋯⋯ 337

    （2018 年 2 月 13 日）

中国保险监督管理委员会关于适用《外国保险机构驻华代表机
　　构管理办法》若干问题的解释 …………………………………… 344
　　（2008 年 11 月 14 日）

中国保险监督管理委员会关于加强人身保险公司总精算师管理
　　的通知 …………………………………………………………… 347
　　（2013 年 8 月 1 日）

中国保险监督管理委员会关于进一步加强保险公司股权信息披
　　露有关事项的通知 ……………………………………………… 349
　　（2016 年 7 月 15 日）

中国保险监督管理委员会关于财产保险公司和再保险公司实施
　　总精算师制度有关事项的通知 ………………………………… 354
　　（2017 年 11 月 24 日）

中国银行保险监督管理委员会关于放开外资保险经纪公司经营
　　范围的通知 ……………………………………………………… 355
　　（2018 年 4 月 27 日）

中国银保监会关于保险资产管理公司设立专项产品有关事项的
　　通知 ……………………………………………………………… 356
　　（2018 年 10 月 24 日）

中国银保监会办公厅关于进一步加强和改进财产保险公司产品
　　监管有关问题的通知 …………………………………………… 358
　　（2020 年 2 月 19 日）

中国人民银行、中国银行保险监督管理委员会关于保险公司发
　　行无固定期限资本债券有关事项的通知 ……………………… 360
　　（2022 年 8 月 10 日）

最高人民法院关于审理涉及保险公司不正当竞争行为的行政处
　　罚案件时如何确定行政主体问题的复函 ……………………… 362
　　（2003 年 12 月 8 日）

国家金融监督管理总局关于优化保险公司偿付能力监管标准的
　　通知 ……………………………………………………………… 363
　　（2023 年 9 月 10 日）

六、保险中介

中国保险监督管理委员会关于明确保险营销员佣金构成的通知 ········ 365
    （2006 年 4 月 27 日）

中国保险监督管理委员会关于规范保险公司相互代理业务有关
事项的通知 ··· 365
    （2010 年 3 月 30 日）

中国保险监督管理委员会关于进一步明确保险专业中介机构市
场准入有关问题的通知 ······························· 366
    （2013 年 5 月 16 日）

中国保险监督管理委员会关于做好保险专业中介业务许可工作
的通知 ··· 367
    （2016 年 9 月 29 日）

中国保险监督管理委员会关于做好保险公估机构业务备案及监
管工作的通知 ·· 370
    （2017 年 6 月 30 日）

保险销售行为可回溯管理暂行办法 ·························· 372
    （2017 年 6 月 28 日）

中国保险监督管理委员会关于落实《保险销售行为可回溯管理
暂行办法》有关事项的通知 ······························· 375
    （2017 年 10 月 23 日）

中国银保监会办公厅关于明确保险中介市场对外开放有关措施
的通知 ··· 376
    （2021 年 12 月 3 日）

保险销售行为管理办法 ·································· 377
    （2023 年 9 月 20 日）

七、保险资金运用

中国保险监督管理委员会关于规范保险公司公布资金运用收益
　　信息行为的通知 ……………………………………………… 388
　　（2002 年 12 月 24 日）

中国保险监督管理委员会关于保险机构投资者股票投资交易有
　　关问题的通知 ………………………………………………… 389
　　（2004 年 10 月 25 日）

中国保险监督管理委员会关于保险机构投资者股票投资有关问
　　题的通知 ……………………………………………………… 395
　　（2005 年 2 月 7 日）

中国保险监督管理委员会关于股票投资有关问题的通知 ………… 398
　　（2007 年 4 月 4 日）

中国保险监督管理委员会关于保险资金运用监管有关事项的通知 ……… 399
　　（2012 年 5 月 7 日）

中国保险监督管理委员会关于保险资金投资股权和不动产有关
　　问题的通知 …………………………………………………… 401
　　（2012 年 7 月 16 日）

中国保险监督管理委员会关于保险机构投资风险责任人有关事
　　项的通知 ……………………………………………………… 404
　　（2013 年 4 月 9 日）

中国保险监督管理委员会关于加强保险资金投资债券使用外部
　　信用评级监管的通知 ………………………………………… 406
　　（2013 年 7 月 31 日）

中国保险监督管理委员会关于保险资金投资创业板上市公司股
　　票等有关问题的通知 ………………………………………… 408
　　（2014 年 1 月 7 日）

中国保险监督管理委员会关于保险资金投资优先股有关事项的通知 …… 409
　　（2014 年 10 月 17 日）

中国银保监会办公厅关于保险资金投资公开募集基础设施证券

　投资基金有关事项的通知 ·· 411

　（2021 年 11 月 10 日）

中国银保监会办公厅关于保险资金参与证券出借业务有关事项

　的通知 ··· 413

　（2021 年 11 月 11 日）

八、财　会

保险公司偿付能力管理规定 ·· 417

　（2021 年 1 月 15 日）

中国保险监督管理委员会关于实施《保险公司偿付能力管理规

　定》有关事项的通知 ·· 423

　（2008 年 10 月 21 日）

中国保险监督管理委员会关于开展偿付能力数据真实性自查工

　作的通知 ··· 427

　（2017 年 5 月 27 日）

九、稽　查

中国保险监督管理委员会关于严禁协助境外保险公司推销地下

　保单有关问题的通知 ·· 432

　（2004 年 4 月 6 日）

中国保险监督管理委员会关于加强协作配合共同打击保险领域

　违法犯罪行为的通知 ·· 433

　（2009 年 7 月 29 日）

最高人民检察院研究室关于保险诈骗未遂能否按犯罪处理问题

　的答复 ··· 435

　（1998 年 11 月 27 日）

十、保险监管

银行保险监管统计管理办法 …………………………………………… 436
（2022 年 12 月 25 日）

银行保险机构公司治理监管评估办法 …………………………… 442
（2022 年 11 月 28 日）

保险经纪人监管规定 …………………………………………………… 447
（2018 年 2 月 1 日）

保险代理人监管规定 …………………………………………………… 467
（2020 年 11 月 12 日）

中国保险监督管理委员会关于建立分类监管评价结果通报制度
的通知 ……………………………………………………………………… 491
（2013 年 7 月 30 日）

中国保险监督管理委员会关于自保公司监管有关问题的通知 ………… 492
（2013 年 12 月 2 日）

中国保险监督管理委员会关于完善监管公开质询制度有关事项
的通知 ……………………………………………………………………… 493
（2017 年 3 月 9 日）

中国保险监督管理委员会关于暂免征保险业监管费有关事项的通知 …… 495
（2017 年 7 月 11 日）

中国银保监会办公厅关于进一步加强车险监管有关事项的通知 ……… 498
（2019 年 1 月 14 日）

中国银保监会办公厅关于优化保险公司权益类资产配置监管有
关事项的通知 …………………………………………………………… 499
（2020 年 7 月 17 日）

中国银保监会关于加强保险机构资金运用关联交易监管工作的
通知 ……………………………………………………………………… 502
（2022 年 5 月 27 日）

案　例

指导案例 25 号： 华泰财产保险有限公司北京分公司诉李志贵、天
安财产保险股份有限公司河北省分公司张家口支
公司保险人代位求偿权纠纷案 ·················· 507

指导案例 52 号： 海南丰海粮油工业有限公司诉中国人民财产保险
股份有限公司海南省分公司海上货物运输保险合
同纠纷案 ····································· 509

指导案例 74 号： 中国平安财产保险股份有限公司江苏分公司诉
江苏镇江安装集团有限公司保险人代位求偿权
纠纷案 ······································· 514

《最高人民法院公报》 2010 年第 5 期：韩龙梅等诉阳光人寿保险
股份有限公司江苏分公司保险合同纠纷案 ········· 519

《最高人民法院公报》 2011 年第 3 期：段天国诉中国人民财产保
险股份有限公司南京市分公司保险合同纠纷案 ····· 524

《最高人民法院公报》 2013 年第 8 期：刘向前诉安邦财产保险公
司保险合同纠纷案 ····························· 528

《最高人民法院公报》 2013 年第 10 期：中海工业（江苏）有限公
司诉中国太平洋财产保险股份有限公司扬州中心
支公司、中国太平洋财产保险股份有限公司海上
保险合同纠纷案 ······························· 532

《最高人民法院公报》 2013 年第 11 期：陆永芳诉中国人寿保险股
份有限公司太仓支公司保险合同纠纷案 ··········· 541

《最高人民法院公报》 2015 年第 12 期：王玉国诉中国人寿保险公
司淮安市楚州支公司保险合同纠纷案 ············· 546

《最高人民法院公报》 2016 年第 7 期：云南福运物流有限公司与
中国人寿财产保险股份公司曲靖中心支公司财
产损失保险合同纠纷案 ························· 551

《最高人民法院公报》2017 年第 7 期：仇玉亮等诉中国人民财产
保险股份有限公司灌云支公司等意外伤害保险
合同纠纷案 ·· 557

《最高人民法院公报》2017 年第 9 期：赵青、朱玉芳诉中美联泰
大都会人寿保险有限公司意外伤害保险合同纠
纷案 ·· 564

《最高人民法院公报》2021 年第 7 期：王记龙诉中国人寿财产保
险股份有限公司芜湖市中心支公司财产保险合
同纠纷案 ·· 567

《最高人民检察院公报》2019 年第 3 期：江西熊某等交通事故保
险理赔虚假诉讼监督案 ·································· 572

附 录

全国人民代表大会常务委员会关于修改《中华人民共和国计量
法》等五部法律的决定（节录）························· 576
　　（2015 年 4 月 24 日）

全国人民代表大会常务委员会关于修改《中华人民共和国保险
法》等五部法律的决定（节录）····················· 578
　　（2014 年 8 月 31 日）

全国人民代表大会常务委员会关于修改《中华人民共和国保险
法》的决定 ·· 579
　　（2002 年 10 月 28 日）

历年条文序号对照表

历年保险法条文序号对照表（1995 年—2002 年—2009 年—2014
年—2015 年）·· 585

中华人民共和国保险法

（1995 年 6 月 30 日第八届全国人民代表大会常务委员会第十四次会议通过 根据 2002 年 10 月 28 日第九届全国人民代表大会常务委员会第三十次会议《关于修改〈中华人民共和国保险法〉的决定》第一次修正 2009 年 2 月 28 日第十一届全国人民代表大会常务委员会第七次会议修订 根据 2014 年 8 月 31 日第十二届全国人民代表大会常务委员会第十次会议《关于修改〈中华人民共和国保险法〉等五部法律的决定》第二次修正 根据 2015 年 4 月 24 日第十二届全国人民代表大会常务委员会第十四次会议《关于修改〈中华人民共和国计量法〉等五部法律的决定》第三次修正）

目 录

第一章 总 则
第二章 保险合同
  第一节 一般规定
  第二节 人身保险合同
  第三节 财产保险合同
第三章 保险公司
第四章 保险经营规则
第五章 保险代理人和保险经纪人
第六章 保险业监督管理
第七章 法律责任
第八章 附 则

第一章 总 则

第一条 【立法宗旨】* 为了规范保险活动，保护保险活动当事人的合法权益，加强对保险业的监督管理，维护社会经济秩序和社会公共利益，促进保险事业的健康发展，制定本法。

第二条 【调整范围】本法所称保险，是指投保人根据合同约定，向保险人支付保险费，保险人对于合同约定的可能发生的事故因其发生所造成的财产损失承担赔偿保险金责任，或者当被保险人死亡、伤残、疾病或者达到合同约定的年龄、期限等条件时承担给付保险金责任的商业保险行为。

第三条 【适用范围】在中华人民共和国境内从事保险活动，适用本法。

第四条 【从事保险活动的基本原则】从事保险活动必须遵守法律、行政法规，尊重社会公德，不得损害社会公共利益。

第五条 【诚实信用原则】保险活动当事人行使权利、履行义务应当遵循诚实信用原则。

第六条 【保险业务经营主体】保险业务由依照本法设立的保险公司以及法律、行政法规规定的其他保险组织经营，其他单位和个人不得经营保险业务。

第七条 【境内投保原则】在中华人民共和国境内的法人和其他组织需要办理境内保险的，应当向中华人民共和国境内的保险公司投保。

第八条 【分业经营原则】保险业和银行业、证券业、信托业实行分业经营、分业管理，保险公司与银行、证券、信托业务机构分别设立。国家另有规定的除外。

第九条 【保险监督管理机构】国务院保险监督管理机构依法对保险业实施监督管理。

国务院保险监督管理机构根据履行职责的需要设立派出机构。派出机构按照国务院保险监督管理机构的授权履行监督管理职责。

---

* 条文主旨为编者所加，全书同。

第二章 保险合同
第一节 一般规定

第十条 【保险合同及其主体】保险合同是投保人与保险人约定保险权利义务关系的协议。

投保人是指与保险人订立保险合同，并按照合同约定负有支付保险费义务的人。

保险人是指与投保人订立保险合同，并按照合同约定承担赔偿或者给付保险金责任的保险公司。

第十一条 【保险合同订立原则】订立保险合同，应当协商一致，遵循公平原则确定各方的权利和义务。

除法律、行政法规规定必须保险的外，保险合同自愿订立。

第十二条 【保险利益、保险标的】人身保险的投保人在保险合同订立时，对被保险人应当具有保险利益。

财产保险的被保险人在保险事故发生时，对保险标的应当具有保险利益。

人身保险是以人的寿命和身体为保险标的的保险。

财产保险是以财产及其有关利益为保险标的的保险。

被保险人是指其财产或者人身受保险合同保障，享有保险金请求权的人。投保人可以为被保险人。

保险利益是指投保人或者被保险人对保险标的具有的法律上承认的利益。

第十三条 【保险合同成立与生效】投保人提出保险要求，经保险人同意承保，保险合同成立。保险人应当及时向投保人签发保险单或者其他保险凭证。

保险单或者其他保险凭证应当载明当事人双方约定的合同内容。当事人也可以约定采用其他书面形式载明合同内容。

依法成立的保险合同，自成立时生效。投保人和保险人可以对合同的效力约定附条件或者附期限。

第十四条 【保险合同效力】保险合同成立后，投保人按照约定交付保险费，保险人按照约定的时间开始承担保险责任。

第十五条 【保险合同解除】除本法另有规定或者保险合同另有约定外，保险合同成立后，投保人可以解除合同，保险人不得解除合同。

第十六条 【投保人如实告知义务】订立保险合同，保险人就保险标的或者被保险人的有关情况提出询问的，投保人应当如实告知。

投保人故意或者因重大过失未履行前款规定的如实告知义务，足以影响保险人决定是否同意承保或者提高保险费率的，保险人有权解除合同。

前款规定的合同解除权，自保险人知道有解除事由之日起，超过三十日不行使而消灭。自合同成立之日起超过二年的，保险人不得解除合同；发生保险事故的，保险人应当承担赔偿或者给付保险金的责任。

投保人故意不履行如实告知义务的，保险人对于合同解除前发生的保险事故，不承担赔偿或者给付保险金的责任，并不退还保险费。

投保人因重大过失未履行如实告知义务，对保险事故的发生有严重影响的，保险人对于合同解除前发生的保险事故，不承担赔偿或者给付保险金的责任，但应当退还保险费。

保险人在合同订立时已经知道投保人未如实告知的情况的，保险人不得解除合同；发生保险事故的，保险人应当承担赔偿或者给付保险金的责任。

保险事故是指保险合同约定的保险责任范围内的事故。

第十七条 【保险人说明义务】订立保险合同，采用保险人提供的格式条款的，保险人向投保人提供的投保单应当附格式条款，保险人应当向投保人说明合同的内容。

对保险合同中免除保险人责任的条款，保险人在订立合同时应当在投保单、保险单或者其他保险凭证上作出足以引起投保人注意的提示，并对该条款的内容以书面或者口头形式向投保人作出明确说明；未作提示或者明确说明的，该条款不产生效力。

第十八条 【保险合同内容】保险合同应当包括下列事项：

（一）保险人的名称和住所；

（二）投保人、被保险人的姓名或者名称、住所，以及人身保险的受益人的姓名或者名称、住所；

（三）保险标的；

（四）保险责任和责任免除；

（五）保险期间和保险责任开始时间；

（六）保险金额；

（七）保险费以及支付办法；

（八）保险金赔偿或者给付办法；

（九）违约责任和争议处理；

（十）订立合同的年、月、日。

投保人和保险人可以约定与保险有关的其他事项。

受益人是指人身保险合同中由被保险人或者投保人指定的享有保险金请求权的人。投保人、被保险人可以为受益人。

保险金额是指保险人承担赔偿或者给付保险金责任的最高限额。

第十九条　【无效格式条款】采用保险人提供的格式条款订立的保险合同中的下列条款无效：

（一）免除保险人依法应承担的义务或者加重投保人、被保险人责任的；

（二）排除投保人、被保险人或者受益人依法享有的权利的。

第二十条　【保险合同变更】投保人和保险人可以协商变更合同内容。

变更保险合同的，应当由保险人在保险单或者其他保险凭证上批注或者附贴批单，或者由投保人和保险人订立变更的书面协议。

第二十一条　【通知义务】投保人、被保险人或者受益人知道保险事故发生后，应当及时通知保险人。故意或者因重大过失未及时通知，致使保险事故的性质、原因、损失程度等难以确定的，保险人对无法确定的部分，不承担赔偿或者给付保险金的责任，但保险人通过其他途径已经及时知道或者应当及时知道保险事故发生的除外。

第二十二条　【协助义务】保险事故发生后，按照保险合同请求保险人赔偿或者给付保险金时，投保人、被保险人或者受益人应当向保险人提供其所能提供的与确认保险事故的性质、原因、损失程度等有关的证明和资料。

保险人按照合同的约定，认为有关的证明和资料不完整的，应当及时一次性通知投保人、被保险人或者受益人补充提供。

第二十三条 【理赔】保险人收到被保险人或者受益人的赔偿或者给付保险金的请求后，应当及时作出核定；情形复杂的，应当在三十日内作出核定，但合同另有约定的除外。保险人应当将核定结果通知被保险人或者受益人；对属于保险责任的，在与被保险人或者受益人达成赔偿或者给付保险金的协议后十日内，履行赔偿或者给付保险金义务。保险合同对赔偿或者给付保险金的期限有约定的，保险人应当按照约定履行赔偿或者给付保险金义务。

保险人未及时履行前款规定义务的，除支付保险金外，应当赔偿被保险人或者受益人因此受到的损失。

任何单位和个人不得非法干预保险人履行赔偿或者给付保险金的义务，也不得限制被保险人或者受益人取得保险金的权利。

第二十四条 【拒绝赔付通知】保险人依照本法第二十三条的规定作出核定后，对不属于保险责任的，应当自作出核定之日起三日内向被保险人或者受益人发出拒绝赔偿或者拒绝给付保险金通知书，并说明理由。

第二十五条 【先行赔付】保险人自收到赔偿或者给付保险金的请求和有关证明、资料之日起六十日内，对其赔偿或者给付保险金的数额不能确定的，应当根据已有证明和资料可以确定的数额先予支付；保险人最终确定赔偿或者给付保险金的数额后，应当支付相应的差额。

第二十六条 【诉讼时效】人寿保险以外的其他保险的被保险人或者受益人，向保险人请求赔偿或者给付保险金的诉讼时效期间为二年，自其知道或者应当知道保险事故发生之日起计算。

人寿保险的被保险人或者受益人向保险人请求给付保险金的诉讼时效期间为五年，自其知道或者应当知道保险事故发生之日起计算。

第二十七条 【保险欺诈】未发生保险事故，被保险人或者受益人谎称发生了保险事故，向保险人提出赔偿或者给付保险金请求的，保险人有权解除合同，并不退还保险费。

投保人、被保险人故意制造保险事故的，保险人有权解除合同，不承担赔偿或者给付保险金的责任；除本法第四十三条规定外，不退还保险费。

保险事故发生后，投保人、被保险人或者受益人以伪造、变造的有关证明、资料或者其他证据，编造虚假的事故原因或者夸大损失程度的，保险人对其虚报的部分不承担赔偿或者给付保险金的责任。

投保人、被保险人或者受益人有前三款规定行为之一，致使保险人支付保险金或者支出费用的，应当退回或者赔偿。

第二十八条 **【再保险】**保险人将其承担的保险业务，以分保形式部分转移给其他保险人的，为再保险。

应再保险接受人的要求，再保险分出人应当将其自负责任及原保险的有关情况书面告知再保险接受人。

第二十九条 **【再保险的保费及赔付】**再保险接受人不得向原保险的投保人要求支付保险费。

原保险的被保险人或者受益人不得向再保险接受人提出赔偿或者给付保险金的请求。

再保险分出人不得以再保险接受人未履行再保险责任为由，拒绝履行或者迟延履行其原保险责任。

第三十条 **【争议条款解释】**采用保险人提供的格式条款订立的保险合同，保险人与投保人、被保险人或者受益人对合同条款有争议的，应当按照通常理解予以解释。对合同条款有两种以上解释的，人民法院或者仲裁机构应当作出有利于被保险人和受益人的解释。

第二节　人身保险合同

第三十一条 **【人身保险利益】**投保人对下列人员具有保险利益：

（一）本人；

（二）配偶、子女、父母；

（三）前项以外与投保人有抚养、赡养或者扶养关系的家庭其他成员、近亲属；

（四）与投保人有劳动关系的劳动者。

除前款规定外，被保险人同意投保人为其订立合同的，视为投保人对被保险人具有保险利益。

订立合同时，投保人对被保险人不具有保险利益的，合同无效。

第三十二条 **【申报年龄不真实的处理】**投保人申报的被保险人年龄不真实，并且其真实年龄不符合合同约定的年龄限制的，保险人可以解除合同，并按照合同约定退还保险单的现金价值。保险人行使合同解除权，适用本法第十六条第三款、第六款的规定。

投保人申报的被保险人年龄不真实，致使投保人支付的保险费少于应付保险费的，保险人有权更正并要求投保人补交保险费，或者在给付保险金时按照实付保险费与应付保险费的比例支付。

投保人申报的被保险人年龄不真实，致使投保人支付的保险费多于应付保险费的，保险人应当将多收的保险费退还投保人。

第三十三条 【死亡保险的禁止】投保人不得为无民事行为能力人投保以死亡为给付保险金条件的人身保险，保险人也不得承保。

父母为其未成年子女投保的人身保险，不受前款规定限制。但是，因被保险人死亡给付的保险金总和不得超过国务院保险监督管理机构规定的限额。

第三十四条 【死亡保险合同的效力】以死亡为给付保险金条件的合同，未经被保险人同意并认可保险金额的，合同无效。

按照以死亡为给付保险金条件的合同所签发的保险单，未经被保险人书面同意，不得转让或者质押。

父母为其未成年子女投保的人身保险，不受本条第一款规定限制。

第三十五条 【保险费的支付】投保人可以按照合同约定向保险人一次支付全部保险费或者分期支付保险费。

第三十六条 【逾期支付保险费】合同约定分期支付保险费，投保人支付首期保险费后，除合同另有约定外，投保人自保险人催告之日起超过三十日未支付当期保险费，或者超过约定的期限六十日未支付当期保险费的，合同效力中止，或者由保险人按照合同约定的条件减少保险金额。

被保险人在前款规定期限内发生保险事故的，保险人应当按照合同约定给付保险金，但可以扣减欠交的保险费。

第三十七条 【合同效力的恢复】合同效力依照本法第三十六条规定中止的，经保险人与投保人协商并达成协议，在投保人补交保险费后，合同效力恢复。但是，自合同效力中止之日起满二年双方未达成协议的，保险人有权解除合同。

保险人依照前款规定解除合同的，应当按照合同约定退还保险单的现金价值。

第三十八条 【禁止通过诉讼要求支付保险费】保险人对人寿保险的保险费，不得用诉讼方式要求投保人支付。

第三十九条 **【受益人的确定】** 人身保险的受益人由被保险人或者投保人指定。

投保人指定受益人时须经被保险人同意。投保人为与其有劳动关系的劳动者投保人身保险，不得指定被保险人及其近亲属以外的人为受益人。

被保险人为无民事行为能力人或者限制民事行为能力人的，可以由其监护人指定受益人。

第四十条 **【受益顺序及份额】** 被保险人或者投保人可以指定一人或者数人为受益人。

受益人为数人的，被保险人或者投保人可以确定受益顺序和受益份额；未确定受益份额的，受益人按照相等份额享有受益权。

第四十一条 **【受益人变更】** 被保险人或者投保人可以变更受益人并书面通知保险人。保险人收到变更受益人的书面通知后，应当在保险单或者其他保险凭证上批注或者附贴批单。

投保人变更受益人时须经被保险人同意。

第四十二条 **【保险金作为遗产情形】** 被保险人死亡后，有下列情形之一的，保险金作为被保险人的遗产，由保险人依照《中华人民共和国继承法》的规定履行给付保险金的义务：

（一）没有指定受益人，或者受益人指定不明无法确定的；

（二）受益人先于被保险人死亡，没有其他受益人的；

（三）受益人依法丧失受益权或者放弃受益权，没有其他受益人的。

受益人与被保险人在同一事件中死亡，且不能确定死亡先后顺序的，推定受益人死亡在先。

第四十三条 **【受益权丧失】** 投保人故意造成被保险人死亡、伤残或者疾病的，保险人不承担给付保险金的责任。投保人已交足二年以上保险费的，保险人应当按照合同约定向其他权利人退还保险单的现金价值。

受益人故意造成被保险人死亡、伤残、疾病的，或者故意杀害被保险人未遂的，该受益人丧失受益权。

第四十四条 **【被保险人自杀处理】** 以被保险人死亡为给付保险金条件的合同，自合同成立或者合同效力恢复之日起二年内，被保险人自杀的，保险人不承担给付保险金的责任，但被保险人自杀时为无民事行为能力人的除外。

保险人依照前款规定不承担给付保险金责任的，应当按照合同约定退还保险单的现金价值。

第四十五条 【免于赔付情形】因被保险人故意犯罪或者抗拒依法采取的刑事强制措施导致其伤残或者死亡的，保险人不承担给付保险金的责任。投保人已交足二年以上保险费的，保险人应当按照合同约定退还保险单的现金价值。

第四十六条 【保险人禁止追偿】被保险人因第三者的行为而发生死亡、伤残或者疾病等保险事故的，保险人向被保险人或者受益人给付保险金后，不享有向第三者追偿的权利，但被保险人或者受益人仍有权向第三者请求赔偿。

第四十七条 【人身保险合同解除】投保人解除合同的，保险人应当自收到解除合同通知之日起三十日内，按照合同约定退还保险单的现金价值。

第三节　财产保险合同

第四十八条 【财产保险利益】保险事故发生时，被保险人对保险标的不具有保险利益的，不得向保险人请求赔偿保险金。

第四十九条 【保险标的转让】保险标的转让的，保险标的的受让人承继被保险人的权利和义务。

保险标的转让的，被保险人或者受让人应当及时通知保险人，但货物运输保险合同和另有约定的合同除外。

因保险标的转让导致危险程度显著增加的，保险人自收到前款规定的通知之日起三十日内，可以按照合同约定增加保险费或者解除合同。保险人解除合同的，应当将已收取的保险费，按照合同约定扣除自保险责任开始之日起至合同解除之日止应收的部分后，退还投保人。

被保险人、受让人未履行本条第二款规定的通知义务的，因转让导致保险标的的危险程度显著增加而发生的保险事故，保险人不承担赔偿保险金的责任。

第五十条 【禁止解除合同】货物运输保险合同和运输工具航程保险合同，保险责任开始后，合同当事人不得解除合同。

第五十一条 【安全义务】被保险人应当遵守国家有关消防、安全、生产操作、劳动保护等方面的规定，维护保险标的的安全。

保险人可以按照合同约定对保险标的的安全状况进行检查，及时向投保人、被保险人提出消除不安全因素和隐患的书面建议。

投保人、被保险人未按照约定履行其对保险标的的安全应尽责任的，保险人有权要求增加保险费或者解除合同。

保险人为维护保险标的的安全，经被保险人同意，可以采取安全预防措施。

第五十二条 　【危险增加通知义务】在合同有效期内，保险标的的危险程度显著增加的，被保险人应当按照合同约定及时通知保险人，保险人可以按照合同约定增加保险费或者解除合同。保险人解除合同的，应当将已收取的保险费，按照合同约定扣除自保险责任开始之日起至合同解除之日止应收的部分后，退还投保人。

被保险人未履行前款规定的通知义务的，因保险标的的危险程度显著增加而发生的保险事故，保险人不承担赔偿保险金的责任。

第五十三条 　【降低保险费】有下列情形之一的，除合同另有约定外，保险人应当降低保险费，并按日计算退还相应的保险费：

（一）据以确定保险费率的有关情况发生变化，保险标的的危险程度明显减少的；

（二）保险标的的保险价值明显减少的。

第五十四条 　【保费退还】保险责任开始前，投保人要求解除合同的，应当按照合同约定向保险人支付手续费，保险人应当退还保险费。保险责任开始后，投保人要求解除合同的，保险人应当将已收取的保险费，按照合同约定扣除自保险责任开始之日起至合同解除之日止应收的部分后，退还投保人。

第五十五条 　【保险价值的确定】投保人和保险人约定保险标的的保险价值并在合同中载明的，保险标的发生损失时，以约定的保险价值为赔偿计算标准。

投保人和保险人未约定保险标的的保险价值的，保险标的发生损失时，以保险事故发生时保险标的的实际价值为赔偿计算标准。

保险金额不得超过保险价值。超过保险价值的，超过部分无效，保险人应当退还相应的保险费。

保险金额低于保险价值的，除合同另有约定外，保险人按照保险金额与保险价值的比例承担赔偿保险金的责任。

第五十六条　【重复保险】重复保险的投保人应当将重复保险的有关情况通知各保险人。

重复保险的各保险人赔偿保险金的总和不得超过保险价值。除合同另有约定外，各保险人按照其保险金额与保险金额总和的比例承担赔偿保险金的责任。

重复保险的投保人可以就保险金额总和超过保险价值的部分，请求各保险人按比例返还保险费。

重复保险是指投保人对同一保险标的、同一保险利益、同一保险事故分别与两个以上保险人订立保险合同，且保险金额总和超过保险价值的保险。

第五十七条　【防止或减少损失责任】保险事故发生时，被保险人应当尽力采取必要的措施，防止或者减少损失。

保险事故发生后，被保险人为防止或者减少保险标的的损失所支付的必要的、合理的费用，由保险人承担；保险人所承担的费用数额在保险标的损失赔偿金额以外另行计算，最高不超过保险金额的数额。

第五十八条　【赔偿解除】保险标的发生部分损失的，自保险人赔偿之日起三十日内，投保人可以解除合同；除合同另有约定外，保险人也可以解除合同，但应当提前十五日通知投保人。

合同解除的，保险人应当将保险标的未受损失部分的保险费，按照合同约定扣除自保险责任开始之日起至合同解除之日止应收的部分后，退还投保人。

第五十九条　【保险标的残值权利归属】保险事故发生后，保险人已支付了全部保险金额，并且保险金额等于保险价值的，受损保险标的的全部权利归于保险人；保险金额低于保险价值的，保险人按照保险金额与保险价值的比例取得受损保险标的的部分权利。

第六十条　【代位求偿权】因第三者对保险标的的损害而造成保险事故的，保险人自向被保险人赔偿保险金之日起，在赔偿金额范围内代位行使被保险人对第三者请求赔偿的权利。

前款规定的保险事故发生后，被保险人已经从第三者取得损害赔偿的，保险人赔偿保险金时，可以相应扣减被保险人从第三者已取得的赔偿金额。

保险人依照本条第一款规定行使代位请求赔偿的权利，不影响被保险人就未取得赔偿的部分向第三者请求赔偿的权利。

第六十一条 【不能行使代位求偿权的法律后果】保险事故发生后，保险人未赔偿保险金之前，被保险人放弃对第三者请求赔偿的权利的，保险人不承担赔偿保险金的责任。

保险人向被保险人赔偿保险金后，被保险人未经保险人同意放弃对第三者请求赔偿的权利的，该行为无效。

被保险人故意或者因重大过失致使保险人不能行使代位请求赔偿的权利的，保险人可以扣减或者要求返还相应的保险金。

第六十二条 【代位求偿权行使限制】除被保险人的家庭成员或者其组成人员故意造成本法第六十条第一款规定的保险事故外，保险人不得对被保险人的家庭成员或者其组成人员行使代位请求赔偿的权利。

第六十三条 【协助行使代位求偿权】保险人向第三者行使代位请求赔偿的权利时，被保险人应当向保险人提供必要的文件和所知道的有关情况。

第六十四条 【勘险费用承担】保险人、被保险人为查明和确定保险事故的性质、原因和保险标的的损失程度所支付的必要的、合理的费用，由保险人承担。

第六十五条 【责任保险】保险人对责任保险的被保险人给第三者造成的损害，可以依照法律的规定或者合同的约定，直接向该第三者赔偿保险金。

责任保险的被保险人给第三者造成损害，被保险人对第三者应负的赔偿责任确定的，根据被保险人的请求，保险人应当直接向该第三者赔偿保险金。被保险人怠于请求的，第三者有权就其应获赔偿部分直接向保险人请求赔偿保险金。

责任保险的被保险人给第三者造成损害，被保险人未向该第三者赔偿的，保险人不得向被保险人赔偿保险金。

责任保险是指以被保险人对第三者依法应负的赔偿责任为保险标的的保险。

第六十六条 【责任保险相应费用承担】责任保险的被保险人因给第

三者造成损害的保险事故而被提起仲裁或者诉讼的，被保险人支付的仲裁或者诉讼费用以及其他必要的、合理的费用，除合同另有约定外，由保险人承担。

第三章　保险公司

第六十七条　【设立须经批准】设立保险公司应当经国务院保险监督管理机构批准。

国务院保险监督管理机构审查保险公司的设立申请时，应当考虑保险业的发展和公平竞争的需要。

第六十八条　【设立条件】设立保险公司应当具备下列条件：

（一）主要股东具有持续盈利能力，信誉良好，最近三年内无重大违法违规记录，净资产不低于人民币二亿元；

（二）有符合本法和《中华人民共和国公司法》规定的章程；

（三）有符合本法规定的注册资本；

（四）有具备任职专业知识和业务工作经验的董事、监事和高级管理人员；

（五）有健全的组织机构和管理制度；

（六）有符合要求的营业场所和与经营业务有关的其他设施；

（七）法律、行政法规和国务院保险监督管理机构规定的其他条件。

第六十九条　【注册资本】设立保险公司，其注册资本的最低限额为人民币二亿元。

国务院保险监督管理机构根据保险公司的业务范围、经营规模，可以调整其注册资本的最低限额，但不得低于本条第一款规定的限额。

保险公司的注册资本必须为实缴货币资本。

第七十条　【申请文件、资料】申请设立保险公司，应当向国务院保险监督管理机构提出书面申请，并提交下列材料：

（一）设立申请书，申请书应当载明拟设立的保险公司的名称、注册资本、业务范围等；

（二）可行性研究报告；

（三）筹建方案；

（四）投资人的营业执照或者其他背景资料，经会计师事务所审计的

上一年度财务会计报告;

（五）投资人认可的筹备组负责人和拟任董事长、经理名单及本人认可证明;

（六）国务院保险监督管理机构规定的其他材料。

第七十一条 **【批准决定】**国务院保险监督管理机构应当对设立保险公司的申请进行审查,自受理之日起六个月内作出批准或者不批准筹建的决定,并书面通知申请人。决定不批准的,应当书面说明理由。

第七十二条 **【筹建期限和要求】**申请人应当自收到批准筹建通知之日起一年内完成筹建工作;筹建期间不得从事保险经营活动。

第七十三条 **【保险监督管理机构批准开业申请的期限和决定】**筹建工作完成后,申请人具备本法第六十八条规定的设立条件的,可以向国务院保险监督管理机构提出开业申请。

国务院保险监督管理机构应当自受理开业申请之日起六十日内,作出批准或者不批准开业的决定。决定批准的,颁发经营保险业务许可证;决定不批准的,应当书面通知申请人并说明理由。

第七十四条 **【设立分支机构】**保险公司在中华人民共和国境内设立分支机构,应当经保险监督管理机构批准。

保险公司分支机构不具有法人资格,其民事责任由保险公司承担。

第七十五条 **【设立分支机构提交的材料】**保险公司申请设立分支机构,应当向保险监督管理机构提出书面申请,并提交下列材料:

（一）设立申请书;

（二）拟设机构三年业务发展规划和市场分析材料;

（三）拟任高级管理人员的简历及相关证明材料;

（四）国务院保险监督管理机构规定的其他材料。

第七十六条 **【审批保险公司设立分支机构申请的期限】**保险监督管理机构应当对保险公司设立分支机构的申请进行审查,自受理之日起六十日内作出批准或者不批准的决定。决定批准的,颁发分支机构经营保险业务许可证;决定不批准的,应当书面通知申请人并说明理由。

第七十七条 **【工商登记】**经批准设立的保险公司及其分支机构,凭经营保险业务许可证向工商行政管理机关办理登记,领取营业执照。

第七十八条 **【工商登记期限】**保险公司及其分支机构自取得经营保

险业务许可证之日起六个月内，无正当理由未向工商行政管理机关办理登记的，其经营保险业务许可证失效。

第七十九条 【境外机构设立规定】保险公司在中华人民共和国境外设立子公司、分支机构，应当经国务院保险监督管理机构批准。

第八十条 【外国保险机构驻华代表机构设立的批准】外国保险机构在中华人民共和国境内设立代表机构，应当经国务院保险监督管理机构批准。代表机构不得从事保险经营活动。

第八十一条 【董事、监事和高级管理人员任职规定】保险公司的董事、监事和高级管理人员，应当品行良好，熟悉与保险相关的法律、行政法规，具有履行职责所需的经营管理能力，并在任职前取得保险监督管理机构核准的任职资格。

保险公司高级管理人员的范围由国务院保险监督管理机构规定。

第八十二条 【董事、高级管理人员的任职禁止】有《中华人民共和国公司法》第一百四十六条规定的情形或者下列情形之一的，不得担任保险公司的董事、监事、高级管理人员：

（一）因违法行为或者违纪行为被金融监督管理机构取消任职资格的金融机构的董事、监事、高级管理人员，自被取消任职资格之日起未逾五年的；

（二）因违法行为或者违纪行为被吊销执业资格的律师、注册会计师或者资产评估机构、验证机构等机构的专业人员，自被吊销执业资格之日起未逾五年的。

第八十三条 【董事、监事、高级管理人员的责任】保险公司的董事、监事、高级管理人员执行公司职务时违反法律、行政法规或者公司章程的规定，给公司造成损失的，应当承担赔偿责任。

第八十四条 【变更事项批准】保险公司有下列情形之一的，应当经保险监督管理机构批准：

（一）变更名称；

（二）变更注册资本；

（三）变更公司或者分支机构的营业场所；

（四）撤销分支机构；

（五）公司分立或者合并；

（六）修改公司章程；

（七）变更出资额占有限责任公司资本总额百分之五以上的股东，或者变更持有股份有限公司股份百分之五以上的股东；

（八）国务院保险监督管理机构规定的其他情形。

第八十五条　**【精算报告制度和合规报告制度】** 保险公司应当聘用专业人员，建立精算报告制度和合规报告制度。

第八十六条　**【如实报送报告、报表、文件和资料】** 保险公司应当按照保险监督管理机构的规定，报送有关报告、报表、文件和资料。

保险公司的偿付能力报告、财务会计报告、精算报告、合规报告及其他有关报告、报表、文件和资料必须如实记录保险业务事项，不得有虚假记载、误导性陈述和重大遗漏。

第八十七条　**【账簿、原始凭证和有关资料的保管】** 保险公司应当按照国务院保险监督管理机构的规定妥善保管业务经营活动的完整账簿、原始凭证和有关资料。

前款规定的账簿、原始凭证和有关资料的保管期限，自保险合同终止之日起计算，保险期间在一年以下的不得少于五年，保险期间超过一年的不得少于十年。

第八十八条　**【聘请或解聘中介服务机构】** 保险公司聘请或者解聘会计师事务所、资产评估机构、资信评级机构等中介服务机构，应当向保险监督管理机构报告；解聘会计师事务所、资产评估机构、资信评级机构等中介服务机构，应当说明理由。

第八十九条　**【解散和清算】** 保险公司因分立、合并需要解散，或者股东会、股东大会决议解散，或者公司章程规定的解散事由出现，经国务院保险监督管理机构批准后解散。

经营有人寿保险业务的保险公司，除因分立、合并或者被依法撤销外，不得解散。

保险公司解散，应当依法成立清算组进行清算。

第九十条　**【重整、和解和破产清算】** 保险公司有《中华人民共和国企业破产法》第二条规定情形的，经国务院保险监督管理机构同意，保险公司或者其债权人可以依法向人民法院申请重整、和解或者破产清算；国务院保险监督管理机构也可以依法向人民法院申请对该保险公司进行重整或者破产清算。

第九十一条 【破产财产清偿顺序】破产财产在优先清偿破产费用和共益债务后，按照下列顺序清偿：

（一）所欠职工工资和医疗、伤残补助、抚恤费用，所欠应当划入职工个人账户的基本养老保险、基本医疗保险费用，以及法律、行政法规规定应当支付给职工的补偿金；

（二）赔偿或者给付保险金；

（三）保险公司欠缴的除第（一）项规定以外的社会保险费用和所欠税款；

（四）普通破产债权。

破产财产不足以清偿同一顺序的清偿要求的，按照比例分配。

破产保险公司的董事、监事和高级管理人员的工资，按照该公司职工的平均工资计算。

第九十二条 【人寿保险合同及责任准备金转让】经营有人寿保险业务的保险公司被依法撤销或者被依法宣告破产的，其持有的人寿保险合同及责任准备金，必须转让给其他经营有人寿保险业务的保险公司；不能同其他保险公司达成转让协议的，由国务院保险监督管理机构指定经营有人寿保险业务的保险公司接受转让。

转让或者由国务院保险监督管理机构指定接受转让前款规定的人寿保险合同及责任准备金的，应当维护被保险人、受益人的合法权益。

第九十三条 【经营保险业务许可证的注销】保险公司依法终止其业务活动，应当注销其经营保险业务许可证。

第九十四条 【适用公司法的规定】保险公司，除本法另有规定外，适用《中华人民共和国公司法》的规定。

第四章 保险经营规则

第九十五条 【业务范围】保险公司的业务范围：

（一）人身保险业务，包括人寿保险、健康保险、意外伤害保险等保险业务；

（二）财产保险业务，包括财产损失保险、责任保险、信用保险、保证保险等保险业务；

（三）国务院保险监督管理机构批准的与保险有关的其他业务。

保险人不得兼营人身保险业务和财产保险业务。但是，经营财产保险业务的保险公司经国务院保险监督管理机构批准，可以经营短期健康保险业务和意外伤害保险业务。

保险公司应当在国务院保险监督管理机构依法批准的业务范围内从事保险经营活动。

第九十六条 【再保险业务】经国务院保险监督管理机构批准，保险公司可以经营本法第九十五条规定的保险业务的下列再保险业务：

（一）分出保险；

（二）分入保险。

第九十七条 【保证金】保险公司应当按照其注册资本总额的百分之二十提取保证金，存入国务院保险监督管理机构指定的银行，除公司清算时用于清偿债务外，不得动用。

第九十八条 【责任准备金】保险公司应当根据保障被保险人利益、保证偿付能力的原则，提取各项责任准备金。

保险公司提取和结转责任准备金的具体办法，由国务院保险监督管理机构制定。

第九十九条 【公积金】保险公司应当依法提取公积金。

第一百条 【保险保障基金】保险公司应当缴纳保险保障基金。

保险保障基金应当集中管理，并在下列情形下统筹使用：

（一）在保险公司被撤销或者被宣告破产时，向投保人、被保险人或者受益人提供救济；

（二）在保险公司被撤销或者被宣告破产时，向依法接受其人寿保险合同的保险公司提供救济；

（三）国务院规定的其他情形。

保险保障基金筹集、管理和使用的具体办法，由国务院制定。

第一百零一条 【最低偿付能力】保险公司应当具有与其业务规模和风险程度相适应的最低偿付能力。保险公司的认可资产减去认可负债的差额不得低于国务院保险监督管理机构规定的数额；低于规定数额的，应当按照国务院保险监督管理机构的要求采取相应措施达到规定的数额。

第一百零二条 【财产保险公司自留保险费】经营财产保险业务的保

险公司当年自留保险费，不得超过其实有资本金加公积金总和的四倍。

第一百零三条　【最大损失责任的赔付要求】保险公司对每一危险单位，即对一次保险事故可能造成的最大损失范围所承担的责任，不得超过其实有资本金加公积金总和的百分之十；超过的部分应当办理再保险。

保险公司对危险单位的划分应当符合国务院保险监督管理机构的规定。

第一百零四条　【危险单位划分方法和巨灾风险安排方案】保险公司对危险单位的划分方法和巨灾风险安排方案，应当报国务院保险监督管理机构备案。

第一百零五条　【再保险】保险公司应当按照国务院保险监督管理机构的规定办理再保险，并审慎选择再保险接受人。

第一百零六条　【资金运用的原则和形式】保险公司的资金运用必须稳健，遵循安全性原则。

保险公司的资金运用限于下列形式：

（一）银行存款；

（二）买卖债券、股票、证券投资基金份额等有价证券；

（三）投资不动产；

（四）国务院规定的其他资金运用形式。

保险公司资金运用的具体管理办法，由国务院保险监督管理机构依照前两款的规定制定。

第一百零七条　【保险资产管理公司】经国务院保险监督管理机构会同国务院证券监督管理机构批准，保险公司可以设立保险资产管理公司。

保险资产管理公司从事证券投资活动，应当遵守《中华人民共和国证券法》等法律、行政法规的规定。

保险资产管理公司的管理办法，由国务院保险监督管理机构会同国务院有关部门制定。

第一百零八条　【关联交易管理和信息披露制度】保险公司应当按照国务院保险监督管理机构的规定，建立对关联交易的管理和信息披露制度。

第一百零九条　【关联交易的禁止】保险公司的控股股东、实际控制人、董事、监事、高级管理人员不得利用关联交易损害公司的利益。

第一百一十条　【重大事项披露】保险公司应当按照国务院保险监督管理机构的规定，真实、准确、完整地披露财务会计报告、风险管理状况、保险产品经营情况等重大事项。

第一百一十一条 【保险销售人员任职资格】保险公司从事保险销售的人员应当品行良好，具有保险销售所需的专业能力。保险销售人员的行为规范和管理办法，由国务院保险监督管理机构规定。

第一百一十二条 【保险代理人登记制度】保险公司应当建立保险代理人登记管理制度，加强对保险代理人的培训和管理，不得唆使、诱导保险代理人进行违背诚信义务的活动。

第一百一十三条 【依法使用经营保险业务许可证】保险公司及其分支机构应当依法使用经营保险业务许可证，不得转让、出租、出借经营保险业务许可证。

第一百一十四条 【公平合理拟订保险条款和保险费率并及时履行义务】保险公司应当按照国务院保险监督管理机构的规定，公平、合理拟订保险条款和保险费率，不得损害投保人、被保险人和受益人的合法权益。

保险公司应当按照合同约定和本法规定，及时履行赔偿或者给付保险金义务。

第一百一十五条 【公平竞争原则】保险公司开展业务，应当遵循公平竞争的原则，不得从事不正当竞争。

第一百一十六条 【保险业务行为禁止】保险公司及其工作人员在保险业务活动中不得有下列行为：

（一）欺骗投保人、被保险人或者受益人；

（二）对投保人隐瞒与保险合同有关的重要情况；

（三）阻碍投保人履行本法规定的如实告知义务，或者诱导其不履行本法规定的如实告知义务；

（四）给予或者承诺给予投保人、被保险人、受益人保险合同约定以外的保险费回扣或者其他利益；

（五）拒不依法履行保险合同约定的赔偿或者给付保险金义务；

（六）故意编造未曾发生的保险事故、虚构保险合同或者故意夸大已经发生的保险事故的损失程度进行虚假理赔，骗取保险金或者牟取其他不正当利益；

（七）挪用、截留、侵占保险费；

（八）委托未取得合法资格的机构从事保险销售活动；

（九）利用开展保险业务为其他机构或者个人牟取不正当利益；

（十）利用保险代理人、保险经纪人或者保险评估机构，从事以虚构保险中介业务或者编造退保等方式套取费用等违法活动；

（十一）以捏造、散布虚假事实等方式损害竞争对手的商业信誉，或者以其他不正当竞争行为扰乱保险市场秩序；

（十二）泄露在业务活动中知悉的投保人、被保险人的商业秘密；

（十三）违反法律、行政法规和国务院保险监督管理机构规定的其他行为。

第五章　保险代理人和保险经纪人

第一百一十七条　【保险代理人】保险代理人是根据保险人的委托，向保险人收取佣金，并在保险人授权的范围内代为办理保险业务的机构或者个人。

保险代理机构包括专门从事保险代理业务的保险专业代理机构和兼营保险代理业务的保险兼业代理机构。

第一百一十八条　【保险经纪人】保险经纪人是基于投保人的利益，为投保人与保险人订立保险合同提供中介服务，并依法收取佣金的机构。

第一百一十九条　【保险代理机构、保险经纪人的资格条件及从业许可管理】保险代理机构、保险经纪人应当具备国务院保险监督管理机构规定的条件，取得保险监督管理机构颁发的经营保险代理业务许可证、保险经纪业务许可证。

第一百二十条　【以公司形式设立的保险专业代理机构、保险经纪人的注册资本】以公司形式设立保险专业代理机构、保险经纪人，其注册资本最低限额适用《中华人民共和国公司法》的规定。

国务院保险监督管理机构根据保险专业代理机构、保险经纪人的业务范围和经营规模，可以调整其注册资本的最低限额，但不得低于《中华人民共和国公司法》规定的限额。

保险专业代理机构、保险经纪人的注册资本或者出资额必须为实缴货币资本。

第一百二十一条　【保险专业代理机构、保险经纪人的高级管理人员的经营管理能力与任职资格】保险专业代理机构、保险经纪人的高级管理人员，应当品行良好，熟悉保险法律、行政法规，具有履行职责所需的经营管理能力，并在任职前取得保险监督管理机构核准的任职资格。

第一百二十二条 **【个人保险代理人、保险代理机构的代理从业人员、保险经纪人的经纪从业人员的任职资格】** 个人保险代理人、保险代理机构的代理从业人员、保险经纪人的经纪从业人员，应当品行良好，具有从事保险代理业务或者保险经纪业务所需的专业能力。

第一百二十三条 **【经营场所与账簿记载】** 保险代理机构、保险经纪人应当有自己的经营场所，设立专门账簿记载保险代理业务、经纪业务的收支情况。

第一百二十四条 **【保险代理机构、保险经纪人缴存保证金或者投保职业责任保险】** 保险代理机构、保险经纪人应当按照国务院保险监督管理机构的规定缴存保证金或者投保职业责任保险。

第一百二十五条 **【个人保险代理人代为办理人寿保险业务接受委托的限制】** 个人保险代理人在代为办理人寿保险业务时，不得同时接受两个以上保险人的委托。

第一百二十六条 **【保险业务委托代理协议】** 保险人委托保险代理人代为办理保险业务，应当与保险代理人签订委托代理协议，依法约定双方的权利和义务。

第一百二十七条 **【保险代理责任承担】** 保险代理人根据保险人的授权代为办理保险业务的行为，由保险人承担责任。

保险代理人没有代理权、超越代理权或者代理权终止后以保险人名义订立合同，使投保人有理由相信其有代理权的，该代理行为有效。保险人可以依法追究越权的保险代理人的责任。

第一百二十八条 **【保险经纪人的赔偿责任】** 保险经纪人因过错给投保人、被保险人造成损失的，依法承担赔偿责任。

第一百二十九条 **【保险事故的评估和鉴定】** 保险活动当事人可以委托保险公估机构等依法设立的独立评估机构或者具有相关专业知识的人员，对保险事故进行评估和鉴定。

接受委托对保险事故进行评估和鉴定的机构和人员，应当依法、独立、客观、公正地进行评估和鉴定，任何单位和个人不得干涉。

前款规定的机构和人员，因故意或者过失给保险人或者被保险人造成损失的，依法承担赔偿责任。

第一百三十条 【保险佣金的支付】保险佣金只限于向保险代理人、保险经纪人支付，不得向其他人支付。

第一百三十一条 【保险代理人、保险经纪人及其从业人员的禁止行为】保险代理人、保险经纪人及其从业人员在办理保险业务活动中不得有下列行为：

（一）欺骗保险人、投保人、被保险人或者受益人；

（二）隐瞒与保险合同有关的重要情况；

（三）阻碍投保人履行本法规定的如实告知义务，或者诱导其不履行本法规定的如实告知义务；

（四）给予或者承诺给予投保人、被保险人或者受益人保险合同约定以外的利益；

（五）利用行政权力、职务或者职业便利以及其他不正当手段强迫、引诱或者限制投保人订立保险合同；

（六）伪造、擅自变更保险合同，或者为保险合同当事人提供虚假证明材料；

（七）挪用、截留、侵占保险费或者保险金；

（八）利用业务便利为其他机构或者个人牟取不正当利益；

（九）串通投保人、被保险人或者受益人，骗取保险金；

（十）泄露在业务活动中知悉的保险人、投保人、被保险人的商业秘密。

第一百三十二条 【准用条款】本法第八十六条第一款、第一百一十三条的规定，适用于保险代理机构和保险经纪人。

第六章　保险业监督管理

第一百三十三条 【保险监督管理机构职责】保险监督管理机构依照本法和国务院规定的职责，遵循依法、公开、公正的原则，对保险业实施监督管理，维护保险市场秩序，保护投保人、被保险人和受益人的合法权益。

第一百三十四条 【国务院保险监督管理机构立法权限】国务院保险监督管理机构依照法律、行政法规制定并发布有关保险业监督管理的规章。

第一百三十五条 **【保险条款与保险费率的审批与备案】**关系社会公众利益的保险险种、依法实行强制保险的险种和新开发的人寿保险险种等的保险条款和保险费率，应当报国务院保险监督管理机构批准。国务院保险监督管理机构审批时，应当遵循保护社会公众利益和防止不正当竞争的原则。其他保险险种的保险条款和保险费率，应当报保险监督管理机构备案。

保险条款和保险费率审批、备案的具体办法，由国务院保险监督管理机构依照前款规定制定。

第一百三十六条 **【对违法、违规保险条款和费率采取的措施】**保险公司使用的保险条款和保险费率违反法律、行政法规或者国务院保险监督管理机构的有关规定的，由保险监督管理机构责令停止使用，限期修改；情节严重的，可以在一定期限内禁止申报新的保险条款和保险费率。

第一百三十七条 **【对保险公司偿付能力的监控】**国务院保险监督管理机构应当建立健全保险公司偿付能力监管体系，对保险公司的偿付能力实施监控。

第一百三十八条 **【对偿付能力不足的保险公司采取的措施】**对偿付能力不足的保险公司，国务院保险监督管理机构应当将其列为重点监管对象，并可以根据具体情况采取下列措施：

（一）责令增加资本金、办理再保险；

（二）限制业务范围；

（三）限制向股东分红；

（四）限制固定资产购置或者经营费用规模；

（五）限制资金运用的形式、比例；

（六）限制增设分支机构；

（七）责令拍卖不良资产、转让保险业务；

（八）限制董事、监事、高级管理人员的薪酬水平；

（九）限制商业性广告；

（十）责令停止接受新业务。

第一百三十九条 **【责令保险公司改正违法行为】**保险公司未依照本法规定提取或者结转各项责任准备金，或者未依照本法规定办理再保险，或者严重违反本法关于资金运用的规定的，由保险监督管理机构责令限期改正，并可以责令调整负责人及有关管理人员。

第一百四十条 【保险公司整顿】保险监督管理机构依照本法第一百三十九条的规定作出限期改正的决定后，保险公司逾期未改正的，国务院保险监督管理机构可以决定选派保险专业人员和指定该保险公司的有关人员组成整顿组，对公司进行整顿。

整顿决定应当载明被整顿公司的名称、整顿理由、整顿组成员和整顿期限，并予以公告。

第一百四十一条 【整顿组职权】整顿组有权监督被整顿保险公司的日常业务。被整顿公司的负责人及有关管理人员应当在整顿组的监督下行使职权。

第一百四十二条 【被整顿保险公司的业务运作】整顿过程中，被整顿保险公司的原有业务继续进行。但是，国务院保险监督管理机构可以责令被整顿公司停止部分原有业务、停止接受新业务，调整资金运用。

第一百四十三条 【保险公司结束整顿】被整顿保险公司经整顿已纠正其违反本法规定的行为，恢复正常经营状况的，由整顿组提出报告，经国务院保险监督管理机构批准，结束整顿，并由国务院保险监督管理机构予以公告。

第一百四十四条 【保险公司接管】保险公司有下列情形之一的，国务院保险监督管理机构可以对其实行接管：

（一）公司的偿付能力严重不足的；

（二）违反本法规定，损害社会公共利益，可能严重危及或者已经严重危及公司的偿付能力的。

被接管的保险公司的债权债务关系不因接管而变化。

第一百四十五条 【国务院保险监督管理机构决定并公告接管组的组成和接管的实施办法】接管组的组成和接管的实施办法，由国务院保险监督管理机构决定，并予以公告。

第一百四十六条 【接管保险公司期限】接管期限届满，国务院保险监督管理机构可以决定延长接管期限，但接管期限最长不得超过二年。

第一百四十七条 【终止接管】接管期限届满，被接管的保险公司已恢复正常经营能力的，由国务院保险监督管理机构决定终止接管，并予以公告。

第一百四十八条　【被整顿、被接管的保险公司的重整及破产清算】被整顿、被接管的保险公司有《中华人民共和国企业破产法》第二条规定情形的，国务院保险监督管理机构可以依法向人民法院申请对该保险公司进行重整或者破产清算。

第一百四十九条　【保险公司的撤销及清算】保险公司因违法经营被依法吊销经营保险业务许可证的，或者偿付能力低于国务院保险监督管理机构规定标准，不予撤销将严重危害保险市场秩序、损害公共利益的，由国务院保险监督管理机构予以撤销并公告，依法及时组织清算组进行清算。

第一百五十条　【提供信息资料】国务院保险监督管理机构有权要求保险公司股东、实际控制人在指定的期限内提供有关信息和资料。

第一百五十一条　【股东利用关联交易严重损害公司利益，危及公司偿付能力的处理措施】保险公司的股东利用关联交易严重损害公司利益，危及公司偿付能力的，由国务院保险监督管理机构责令改正。在按照要求改正前，国务院保险监督管理机构可以限制其股东权利；拒不改正的，可以责令其转让所持的保险公司股权。

第一百五十二条　【保险公司业务活动和风险管理重大事项说明】保险监督管理机构根据履行监督管理职责的需要，可以与保险公司董事、监事和高级管理人员进行监督管理谈话，要求其就公司的业务活动和风险管理的重大事项作出说明。

第一百五十三条　【保险公司被整顿、接管、撤销清算期间及出现重大风险时对董事、监事、高级管理人员和其他责任人员采取的措施】保险公司在整顿、接管、撤销清算期间，或者出现重大风险时，国务院保险监督管理机构可以对该公司直接负责的董事、监事、高级管理人员和其他直接责任人员采取以下措施：

（一）通知出境管理机关依法阻止其出境；

（二）申请司法机关禁止其转移、转让或者以其他方式处分财产，或者在财产上设定其他权利。

第一百五十四条　【保险监督管理机构的履职措施及程序】保险监督管理机构依法履行职责，可以采取下列措施：

（一）对保险公司、保险代理人、保险经纪人、保险资产管理公司、外国保险机构的代表机构进行现场检查；

（二）进入涉嫌违法行为发生场所调查取证；

（三）询问当事人及与被调查事件有关的单位和个人，要求其对与被调查事件有关的事项作出说明；

（四）查阅、复制与被调查事件有关的财产权登记等资料；

（五）查阅、复制保险公司、保险代理人、保险经纪人、保险资产管理公司、外国保险机构的代表机构以及与被调查事件有关的单位和个人的财务会计资料及其他相关文件和资料；对可能被转移、隐匿或者毁损的文件和资料予以封存；

（六）查询涉嫌违法经营的保险公司、保险代理人、保险经纪人、保险资产管理公司、外国保险机构的代表机构以及与涉嫌违法事项有关的单位和个人的银行账户；

（七）对有证据证明已经或者可能转移、隐匿违法资金等涉案财产或者隐匿、伪造、毁损重要证据的，经保险监督管理机构主要负责人批准，申请人民法院予以冻结或者查封。

保险监督管理机构采取前款第（一）项、第（二）项、第（五）项措施的，应当经保险监督管理机构负责人批准；采取第（六）项措施的，应当经国务院保险监督管理机构负责人批准。

保险监督管理机构依法进行监督检查或者调查，其监督检查、调查的人员不得少于二人，并应当出示合法证件和监督检查、调查通知书；监督检查、调查的人员少于二人或者未出示合法证件和监督检查、调查通知书的，被检查、调查的单位和个人有权拒绝。

第一百五十五条　【配合检查、调查】保险监督管理机构依法履行职责，被检查、调查的单位和个人应当配合。

第一百五十六条　【保险监督管理机构工作人员行为准则】保险监督管理机构工作人员应当忠于职守，依法办事，公正廉洁，不得利用职务便利牟取不正当利益，不得泄露所知悉的有关单位和个人的商业秘密。

第一百五十七条　【金融监督管理机构监督管理信息共享机制】国务院保险监督管理机构应当与中国人民银行、国务院其他金融监督管理机构建立监督管理信息共享机制。

保险监督管理机构依法履行职责，进行监督检查、调查时，有关部门应当予以配合。

第七章 法律责任

第一百五十八条 【**擅自设立保险公司、保险资产管理公司或非法经营商业保险业务的法律责任**】违反本法规定，擅自设立保险公司、保险资产管理公司或者非法经营商业保险业务的，由保险监督管理机构予以取缔，没收违法所得，并处违法所得一倍以上五倍以下的罚款；没有违法所得或者违法所得不足二十万元的，处二十万元以上一百万元以下的罚款。

第一百五十九条 【**擅自设立保险代理机构、保险经纪人或者未取得许可从事保险业务的法律责任**】违反本法规定，擅自设立保险专业代理机构、保险经纪人，或者未取得经营保险代理业务许可证、保险经纪业务许可证从事保险代理业务、保险经纪业务的，由保险监督管理机构予以取缔，没收违法所得，并处违法所得一倍以上五倍以下的罚款；没有违法所得或者违法所得不足五万元的，处五万元以上三十万元以下的罚款。

第一百六十条 【**保险公司超出业务范围经营的法律责任**】保险公司违反本法规定，超出批准的业务范围经营的，由保险监督管理机构责令限期改正，没收违法所得，并处违法所得一倍以上五倍以下的罚款；没有违法所得或者违法所得不足十万元的，处十万元以上五十万元以下的罚款。逾期不改正或者造成严重后果的，责令停业整顿或者吊销业务许可证。

第一百六十一条 【**保险公司在保险业务活动中从事禁止性行为的法律责任**】保险公司有本法第一百一十六条规定行为之一的，由保险监督管理机构责令改正，处五万元以上三十万元以下的罚款；情节严重的，限制其业务范围、责令停止接受新业务或者吊销业务许可证。

第一百六十二条 【**保险公司未经批准变更公司登记事项的法律责任**】保险公司违反本法第八十四条规定的，由保险监督管理机构责令改正，处一万元以上十万元以下的罚款。

第一百六十三条 【**超额承保及为无民事行为能力人承保以死亡为给付保险金条件的保险的法律责任**】保险公司违反本法规定，有下列行为之一的，由保险监督管理机构责令改正，处五万元以上三十万元以下的罚款：

（一）超额承保，情节严重的；

（二）为无民事行为能力人承保以死亡为给付保险金条件的保险的。

第一百六十四条 【**违反保险业务规则和保险组织机构管理规定的法**

律责任】违反本法规定，有下列行为之一的，由保险监督管理机构责令改正，处五万元以上三十万元以下的罚款；情节严重的，可以限制其业务范围、责令停止接受新业务或者吊销业务许可证：

（一）未按照规定提存保证金或者违反规定动用保证金的；

（二）未按照规定提取或者结转各项责任准备金的；

（三）未按照规定缴纳保险保障基金或者提取公积金的；

（四）未按照规定办理再保险的；

（五）未按照规定运用保险公司资金的；

（六）未经批准设立分支机构的；

（七）未按照规定申请批准保险条款、保险费率的。

第一百六十五条 【保险代理机构、保险经纪人违反诚信原则办理保险业务的法律责任】保险代理机构、保险经纪人有本法第一百三十一条规定行为之一的，由保险监督管理机构责令改正，处五万元以上三十万元以下的罚款；情节严重的，吊销业务许可证。

第一百六十六条 【不按规定缴存保证金或者投保职业责任保险、设立收支账簿的法律责任】保险代理机构、保险经纪人违反本法规定，有下列行为之一的，由保险监督管理机构责令改正，处二万元以上十万元以下的罚款；情节严重的，责令停业整顿或者吊销业务许可证：

（一）未按照规定缴存保证金或者投保职业责任保险的；

（二）未按照规定设立专门账簿记载业务收支情况的。

第一百六十七条 【违法聘任不具有任职资格的人员的法律责任】违反本法规定，聘任不具有任职资格的人员的，由保险监督管理机构责令改正，处二万元以上十万元以下的罚款。

第一百六十八条 【违法转让、出租、出借业务许可证的法律责任】违反本法规定，转让、出租、出借业务许可证的，由保险监督管理机构处一万元以上十万元以下的罚款；情节严重的，责令停业整顿或者吊销业务许可证。

第一百六十九条 【不按规定披露保险业务相关信息的法律责任】违反本法规定，有下列行为之一的，由保险监督管理机构责令限期改正；逾期不改正的，处一万元以上十万元以下的罚款：

（一）未按照规定报送或者保管报告、报表、文件、资料的，或者未按照规定提供有关信息、资料的；

（二）未按照规定报送保险条款、保险费率备案的；

（三）未按照规定披露信息的。

第一百七十条 【**提供保险业务相关信息不实、拒绝或者妨碍监督检查、不按规定使用保险条款、保险费率的法律责任**】违反本法规定，有下列行为之一的，由保险监督管理机构责令改正，处十万元以上五十万元以下的罚款；情节严重的，可以限制其业务范围、责令停止接受新业务或者吊销业务许可证：

（一）编制或者提供虚假的报告、报表、文件、资料的；

（二）拒绝或者妨碍依法监督检查的；

（三）未按照规定使用经批准或者备案的保险条款、保险费率的。

第一百七十一条 【**董事、监事、高级管理人员的法律责任**】保险公司、保险资产管理公司、保险专业代理机构、保险经纪人违反本法规定的，保险监督管理机构除分别依照本法第一百六十条至第一百七十条的规定对该单位给予处罚外，对其直接负责的主管人员和其他直接责任人员给予警告，并处一万元以上十万元以下的罚款；情节严重的，撤销任职资格。

第一百七十二条 【**个人保险代理人的法律责任**】个人保险代理人违反本法规定的，由保险监督管理机构给予警告，可以并处二万元以下的罚款；情节严重的，处二万元以上十万元以下的罚款。

第一百七十三条 【**外国保险机构违法从事保险活动的法律责任**】外国保险机构未经国务院保险监督管理机构批准，擅自在中华人民共和国境内设立代表机构的，由国务院保险监督管理机构予以取缔，处五万元以上三十万元以下的罚款。

外国保险机构在中华人民共和国境内设立的代表机构从事保险经营活动的，由保险监督管理机构责令改正，没收违法所得，并处违法所得一倍以上五倍以下的罚款；没有违法所得或者违法所得不足二十万元的，处二十万元以上一百万元以下的罚款；对其首席代表可以责令撤换；情节严重的，撤销其代表机构。

第一百七十四条 【**投保人、被保险人或受益人进行保险诈骗活动的法律责任**】投保人、被保险人或者受益人有下列行为之一，进行保险诈骗活动，尚不构成犯罪的，依法给予行政处罚：

（一）投保人故意虚构保险标的，骗取保险金的；

（二）编造未曾发生的保险事故，或者编造虚假的事故原因或者夸大损失程度，骗取保险金的；

（三）故意造成保险事故，骗取保险金的。

保险事故的鉴定人、评估人、证明人故意提供虚假的证明文件，为投保人、被保险人或者受益人进行保险诈骗提供条件的，依照前款规定给予处罚。

第一百七十五条 【侵权民事责任的规定】违反本法规定，给他人造成损害的，依法承担民事责任。

第一百七十六条 【拒绝、阻碍监督检查、调查职权的行政责任】拒绝、阻碍保险监督管理机构及其工作人员依法行使监督检查、调查职权，未使用暴力、威胁方法的，依法给予治安管理处罚。

第一百七十七条 【禁止从业的规定】违反法律、行政法规的规定，情节严重的，国务院保险监督管理机构可以禁止有关责任人员一定期限直至终身进入保险业。

第一百七十八条 【保险监督人员的法律责任】保险监督管理机构从事监督管理工作的人员有下列情形之一的，依法给予处分：

（一）违反规定批准机构的设立的；

（二）违反规定进行保险条款、保险费率审批的；

（三）违反规定进行现场检查的；

（四）违反规定查询账户或者冻结资金的；

（五）泄露其知悉的有关单位和个人的商业秘密的；

（六）违反规定实施行政处罚的；

（七）滥用职权、玩忽职守的其他行为。

第一百七十九条 【刑事责任的规定】违反本法规定，构成犯罪的，依法追究刑事责任。

第八章 附　　则

第一百八十条 【保险行业协会的规定】保险公司应当加入保险行业协会。保险代理人、保险经纪人、保险公估机构可以加入保险行业协会。

保险行业协会是保险业的自律性组织，是社会团体法人。

第一百八十一条 **【其他保险组织的商业保险业务适用本法】**保险公司以外的其他依法设立的保险组织经营的商业保险业务，适用本法。

第一百八十二条 **【海上保险的法律适用】**海上保险适用《中华人民共和国海商法》的有关规定；《中华人民共和国海商法》未规定的，适用本法的有关规定。

第一百八十三条 **【合资保险公司、外资公司法律适用规定】**中外合资保险公司、外资独资保险公司、外国保险公司分公司适用本法规定；法律、行政法规另有规定的，适用其规定。

第一百八十四条 **【农业保险的规定】**国家支持发展为农业生产服务的保险事业。农业保险由法律、行政法规另行规定。

强制保险，法律、行政法规另有规定的，适用其规定。

第一百八十五条 **【施行日期】**本法自 2009 年 10 月 1 日起施行。

一、综　合

中华人民共和国民法典（节录）

（2020 年 5 月 28 日第十三届全国人民代表大会第三次会议通过　2020 年 5 月 28 日中华人民共和国主席令第 45 号公布　自 2021 年 1 月 1 日起施行）

……

第三编　合　　同

第一分编　通　　则

第一章　一　般　规　定

第四百六十三条　【合同编的调整范围】本编调整因合同产生的民事关系。

第四百六十四条　【合同的定义及身份关系协议的法律适用】合同是民事主体之间设立、变更、终止民事法律关系的协议。

婚姻、收养、监护等有关身份关系的协议，适用有关该身份关系的法律规定；没有规定的，可以根据其性质参照适用本编规定。

第四百六十五条　【依法成立的合同受法律保护及合同相对性原则】依法成立的合同，受法律保护。

依法成立的合同，仅对当事人具有法律约束力，但是法律另有规定的除外。

第四百六十六条　【合同的解释规则】当事人对合同条款的理解有争议的，应当依据本法第一百四十二条第一款的规定，确定争议条款的含义。

合同文本采用两种以上文字订立并约定具有同等效力的，对各文本使用的词句推定具有相同含义。各文本使用的词句不一致的，应当根据合同的相关条款、性质、目的以及诚信原则等予以解释。

第四百六十七条 【非典型合同及特定涉外合同的法律适用】本法或者其他法律没有明文规定的合同，适用本编通则的规定，并可以参照适用本编或者其他法律最相类似合同的规定。

在中华人民共和国境内履行的中外合资经营企业合同、中外合作经营企业合同、中外合作勘探开发自然资源合同，适用中华人民共和国法律。

第四百六十八条 【非合同之债的法律适用】非因合同产生的债权债务关系，适用有关该债权债务关系的法律规定；没有规定的，适用本编通则的有关规定，但是根据其性质不能适用的除外。

第二章　合同的订立

第四百六十九条 【合同形式】当事人订立合同，可以采用书面形式、口头形式或者其他形式。

书面形式是合同书、信件、电报、电传、传真等可以有形地表现所载内容的形式。

以电子数据交换、电子邮件等方式能够有形地表现所载内容，并可以随时调取查用的数据电文，视为书面形式。

第四百七十条 【合同主要条款及示范文本】合同的内容由当事人约定，一般包括下列条款：

（一）当事人的姓名或者名称和住所；

（二）标的；

（三）数量；

（四）质量；

（五）价款或者报酬；

（六）履行期限、地点和方式；

（七）违约责任；

（八）解决争议的方法。

当事人可以参照各类合同的示范文本订立合同。

第四百七十一条 【订立合同的方式】当事人订立合同，可以采取要约、承诺方式或者其他方式。

第四百七十二条 【要约的定义及其构成】要约是希望与他人订立合同的意思表示，该意思表示应当符合下列条件：

（一）内容具体确定；

（二）表明经受要约人承诺，要约人即受该意思表示约束。

第四百七十三条 【要约邀请】要约邀请是希望他人向自己发出要约的表示。拍卖公告、招标公告、招股说明书、债券募集办法、基金招募说明书、商业广告和宣传、寄送的价目表等为要约邀请。

商业广告和宣传的内容符合要约条件的，构成要约。

第四百七十四条 【要约的生效时间】要约生效的时间适用本法第一百三十七条的规定。

第四百七十五条 【要约的撤回】要约可以撤回。要约的撤回适用本法第一百四十一条的规定。

第四百七十六条 【要约不得撤销情形】要约可以撤销，但是有下列情形之一的除外：

（一）要约人以确定承诺期限或者其他形式明示要约不可撤销；

（二）受要约人有理由认为要约是不可撤销的，并已经为履行合同做了合理准备工作。

第四百七十七条 【要约撤销条件】撤销要约的意思表示以对话方式作出的，该意思表示的内容应当在受要约人作出承诺之前为受要约人所知道；撤销要约的意思表示以非对话方式作出的，应当在受要约人作出承诺之前到达受要约人。

第四百七十八条 【要约失效】有下列情形之一的，要约失效：

（一）要约被拒绝；

（二）要约被依法撤销；

（三）承诺期限届满，受要约人未作出承诺；

（四）受要约人对要约的内容作出实质性变更。

第四百七十九条 【承诺的定义】承诺是受要约人同意要约的意思表示。

第四百八十条 【承诺的方式】承诺应当以通知的方式作出；但是，根据交易习惯或者要约表明可以通过行为作出承诺的除外。

第四百八十一条 【承诺的期限】承诺应当在要约确定的期限内到达

要约人。

要约没有确定承诺期限的，承诺应当依照下列规定到达：

（一）要约以对话方式作出的，应当即时作出承诺；

（二）要约以非对话方式作出的，承诺应当在合理期限内到达。

第四百八十二条　【承诺期限的起算】要约以信件或者电报作出的，承诺期限自信件载明的日期或者电报交发之日开始计算。信件未载明日期的，自投寄该信件的邮戳日期开始计算。要约以电话、传真、电子邮件等快速通讯方式作出的，承诺期限自要约到达受要约人时开始计算。

第四百八十三条　【合同成立时间】承诺生效时合同成立，但是法律另有规定或者当事人另有约定的除外。

第四百八十四条　【承诺生效时间】以通知方式作出的承诺，生效的时间适用本法第一百三十七条的规定。

承诺不需要通知的，根据交易习惯或者要约的要求作出承诺的行为时生效。

第四百八十五条　【承诺的撤回】承诺可以撤回。承诺的撤回适用本法第一百四十一条的规定。

第四百八十六条　【逾期承诺及效果】受要约人超过承诺期限发出承诺，或者在承诺期限内发出承诺，按照通常情形不能及时到达要约人的，为新要约；但是，要约人及时通知受要约人该承诺有效的除外。

第四百八十七条　【迟到的承诺】受要约人在承诺期限内发出承诺，按照通常情形能够及时到达要约人，但是因其他原因致使承诺到达要约人时超过承诺期限的，除要约人及时通知受要约人因承诺超过期限不接受该承诺外，该承诺有效。

第四百八十八条　【承诺对要约内容的实质性变更】承诺的内容应当与要约的内容一致。受要约人对要约的内容作出实质性变更的，为新要约。有关合同标的、数量、质量、价款或者报酬、履行期限、履行地点和方式、违约责任和解决争议方法等的变更，是对要约内容的实质性变更。

第四百八十九条　【承诺对要约内容的非实质性变更】承诺对要约的内容作出非实质性变更的，除要约人及时表示反对或者要约表明承诺不得对要约的内容作出任何变更外，该承诺有效，合同的内容以承诺的内容为准。

第四百九十条 【采用书面形式订立合同的成立时间】当事人采用合同书形式订立合同的，自当事人均签名、盖章或者按指印时合同成立。在签名、盖章或者按指印之前，当事人一方已经履行主要义务，对方接受时，该合同成立。

法律、行政法规规定或者当事人约定合同应当采用书面形式订立，当事人未采用书面形式但是一方已经履行主要义务，对方接受时，该合同成立。

第四百九十一条 【签订确认书的合同及电子合同成立时间】当事人采用信件、数据电文等形式订立合同要求签订确认书的，签订确认书时合同成立。

当事人一方通过互联网等信息网络发布的商品或者服务信息符合要约条件的，对方选择该商品或者服务并提交订单成功时合同成立，但是当事人另有约定的除外。

第四百九十二条 【合同成立的地点】承诺生效的地点为合同成立的地点。

采用数据电文形式订立合同的，收件人的主营业地为合同成立的地点；没有主营业地的，其住所地为合同成立的地点。当事人另有约定的，按照其约定。

第四百九十三条 【采用合同书订立合同的成立地点】当事人采用合同书形式订立合同的，最后签名、盖章或者按指印的地点为合同成立的地点，但是当事人另有约定的除外。

第四百九十四条 【强制缔约义务】国家根据抢险救灾、疫情防控或者其他需要下达国家订货任务、指令性任务的，有关民事主体之间应当依照有关法律、行政法规规定的权利和义务订立合同。

依照法律、行政法规的规定负有发出要约义务的当事人，应当及时发出合理的要约。

依照法律、行政法规的规定负有作出承诺义务的当事人，不得拒绝对方合理的订立合同要求。

第四百九十五条 【预约合同】当事人约定在将来一定期限内订立合同的认购书、订购书、预订书等，构成预约合同。

当事人一方不履行预约合同约定的订立合同义务的，对方可以请求其承担预约合同的违约责任。

第四百九十六条　【格式条款】格式条款是当事人为了重复使用而预先拟定，并在订立合同时未与对方协商的条款。

采用格式条款订立合同的，提供格式条款的一方应当遵循公平原则确定当事人之间的权利和义务，并采取合理的方式提示对方注意免除或者减轻其责任等与对方有重大利害关系的条款，按照对方的要求，对该条款予以说明。提供格式条款的一方未履行提示或者说明义务，致使对方没有注意或者理解与其有重大利害关系的条款的，对方可以主张该条款不成为合同的内容。

第四百九十七条　【格式条款无效的情形】有下列情形之一的，该格式条款无效：

（一）具有本法第一编第六章第三节和本法第五百零六条规定的无效情形；

（二）提供格式条款一方不合理地免除或者减轻其责任、加重对方责任、限制对方主要权利；

（三）提供格式条款一方排除对方主要权利。

第四百九十八条　【格式条款的解释方法】对格式条款的理解发生争议的，应当按照通常理解予以解释。对格式条款有两种以上解释的，应当作出不利于提供格式条款一方的解释。格式条款和非格式条款不一致的，应当采用非格式条款。

第四百九十九条　【悬赏广告】悬赏人以公开方式声明对完成特定行为的人支付报酬的，完成该行为的人可以请求其支付。

第五百条　【缔约过失责任】当事人在订立合同过程中有下列情形之一，造成对方损失的，应当承担赔偿责任：

（一）假借订立合同，恶意进行磋商；

（二）故意隐瞒与订立合同有关的重要事实或者提供虚假情况；

（三）有其他违背诚信原则的行为。

第五百零一条　【合同缔结人的保密义务】当事人在订立合同过程中知悉的商业秘密或者其他应当保密的信息，无论合同是否成立，不得泄露或者不正当地使用；泄露、不正当地使用该商业秘密或者信息，造成对方损失的，应当承担赔偿责任。

第三章 合同的效力

第五百零二条 【合同生效时间及未办理批准手续的处理规则】依法成立的合同，自成立时生效，但是法律另有规定或者当事人另有约定的除外。

依照法律、行政法规的规定，合同应当办理批准等手续的，依照其规定。未办理批准等手续影响合同生效的，不影响合同中履行报批等义务条款以及相关条款的效力。应当办理申请批准等手续的当事人未履行义务的，对方可以请求其承担违反该义务的责任。

依照法律、行政法规的规定，合同的变更、转让、解除等情形应当办理批准等手续的，适用前款规定。

第五百零三条 【被代理人以默示方式追认无权代理】无权代理人以被代理人的名义订立合同，被代理人已经开始履行合同义务或者接受相对人履行的，视为对合同的追认。

第五百零四条 【超越权限订立合同的效力】法人的法定代表人或者非法人组织的负责人超越权限订立的合同，除相对人知道或者应当知道其超越权限外，该代表行为有效，订立的合同对法人或者非法人组织发生效力。

第五百零五条 【超越经营范围订立的合同效力】当事人超越经营范围订立的合同的效力，应当依照本法第一编第六章第三节和本编的有关规定确定，不得仅以超越经营范围确认合同无效。

第五百零六条 【免责条款无效情形】合同中的下列免责条款无效：

（一）造成对方人身损害的；

（二）因故意或者重大过失造成对方财产损失的。

第五百零七条 【争议解决条款的独立性】合同不生效、无效、被撤销或者终止的，不影响合同中有关解决争议方法的条款的效力。

第五百零八条 【合同效力适用指引】本编对合同的效力没有规定的，适用本法第一编第六章的有关规定。

第四章 合同的履行

第五百零九条 【合同履行的原则】当事人应当按照约定全面履行自己的义务。

当事人应当遵循诚信原则，根据合同的性质、目的和交易习惯履行通知、协助、保密等义务。

当事人在履行合同过程中，应当避免浪费资源、污染环境和破坏生态。

第五百一十条　【约定不明时合同内容的确定】合同生效后，当事人就质量、价款或者报酬、履行地点等内容没有约定或者约定不明确的，可以协议补充；不能达成补充协议的，按照合同相关条款或者交易习惯确定。

第五百一十一条　【质量、价款、履行地点等内容的确定】当事人就有关合同内容约定不明确，依据前条规定仍不能确定的，适用下列规定：

（一）质量要求不明确的，按照强制性国家标准履行；没有强制性国家标准的，按照推荐性国家标准履行；没有推荐性国家标准的，按照行业标准履行；没有国家标准、行业标准的，按照通常标准或者符合合同目的的特定标准履行。

（二）价款或者报酬不明确的，按照订立合同时履行地的市场价格履行；依法应当执行政府定价或者政府指导价的，依照规定履行。

（三）履行地点不明确，给付货币的，在接受货币一方所在地履行；交付不动产的，在不动产所在地履行；其他标的，在履行义务一方所在地履行。

（四）履行期限不明确的，债务人可以随时履行，债权人也可以随时请求履行，但是应当给对方必要的准备时间。

（五）履行方式不明确的，按照有利于实现合同目的的方式履行。

（六）履行费用的负担不明确的，由履行义务一方负担；因债权人原因增加的履行费用，由债权人负担。

第五百一十二条　【电子合同交付时间的认定】通过互联网等信息网络订立的电子合同的标的为交付商品并采用快递物流方式交付的，收货人的签收时间为交付时间。电子合同的标的为提供服务的，生成的电子凭证或者实物凭证中载明的时间为提供服务时间；前述凭证没有载明时间或者载明时间与实际提供服务时间不一致的，以实际提供服务的时间为准。

电子合同的标的物为采用在线传输方式交付的，合同标的物进入对方当事人指定的特定系统且能够检索识别的时间为交付时间。

电子合同当事人对交付商品或者提供服务的方式、时间另有约定的，按照其约定。

第五百一十三条 　【执行政府定价或指导价的合同价格确定】执行政府定价或者政府指导价的，在合同约定的交付期限内政府价格调整时，按照交付时的价格计价。逾期交付标的物的，遇价格上涨时，按照原价格执行；价格下降时，按照新价格执行。逾期提取标的物或者逾期付款的，遇价格上涨时，按照新价格执行；价格下降时，按照原价格执行。

第五百一十四条 　【金钱之债给付货币的确定规则】以支付金钱为内容的债，除法律另有规定或者当事人另有约定外，债权人可以请求债务人以实际履行地的法定货币履行。

第五百一十五条 　【选择之债中债务人的选择权】标的有多项而债务人只需履行其中一项的，债务人享有选择权；但是，法律另有规定、当事人另有约定或者另有交易习惯的除外。

享有选择权的当事人在约定期限内或者履行期限届满未作选择，经催告后在合理期限内仍未选择的，选择权转移至对方。

第五百一十六条 　【选择权的行使】当事人行使选择权应当及时通知对方，通知到达对方时，标的确定。标的确定后不得变更，但是经对方同意的除外。

可选择的标的发生不能履行情形的，享有选择权的当事人不得选择不能履行的标的，但是该不能履行的情形是由对方造成的除外。

第五百一十七条 　【按份债权与按份债务】债权人为二人以上，标的可分，按照份额各自享有债权的，为按份债权；债务人为二人以上，标的可分，按照份额各自负担债务的，为按份债务。

按份债权人或者按份债务人的份额难以确定的，视为份额相同。

第五百一十八条 　【连带债权与连带债务】债权人为二人以上，部分或者全部债权人均可以请求债务人履行债务的，为连带债权；债务人为二人以上，债权人可以请求部分或者全部债务人履行全部债务的，为连带债务。

连带债权或者连带债务，由法律规定或者当事人约定。

第五百一十九条 　【连带债务份额的确定及追偿】连带债务人之间的份额难以确定的，视为份额相同。

实际承担债务超过自己份额的连带债务人，有权就超出部分在其他连带债务人未履行的份额范围内向其追偿，并相应地享有债权人的权利，但是不得损害债权人的利益。其他连带债务人对债权人的抗辩，可以向该债务人主张。

被追偿的连带债务人不能履行其应分担份额的，其他连带债务人应当在相应范围内按比例分担。

第五百二十条　【连带债务人之一所生事项涉他效力】 部分连带债务人履行、抵销债务或者提存标的物的，其他债务人对债权人的债务在相应范围内消灭；该债务人可以依据前条规定向其他债务人追偿。

部分连带债务人的债务被债权人免除的，在该连带债务人应当承担的份额范围内，其他债务人对债权人的债务消灭。

部分连带债务人的债务与债权人的债权同归于一人的，在扣除该债务人应当承担的份额后，债权人对其他债务人的债权继续存在。

债权人对部分连带债务人的给付受领迟延的，对其他连带债务人发生效力。

第五百二十一条　【连带债权内外部关系】 连带债权人之间的份额难以确定的，视为份额相同。

实际受领债权的连带债权人，应当按比例向其他连带债权人返还。

连带债权参照适用本章连带债务的有关规定。

第五百二十二条　【向第三人履行】 当事人约定由债务人向第三人履行债务，债务人未向第三人履行债务或者履行债务不符合约定的，应当向债权人承担违约责任。

法律规定或者当事人约定第三人可以直接请求债务人向其履行债务，第三人未在合理期限内明确拒绝，债务人未向第三人履行债务或者履行债务不符合约定的，第三人可以请求债务人承担违约责任；债务人对债权人的抗辩，可以向第三人主张。

第五百二十三条　【第三人履行】 当事人约定由第三人向债权人履行债务，第三人不履行债务或者履行债务不符合约定的，债务人应当向债权人承担违约责任。

第五百二十四条　【第三人代为履行】 债务人不履行债务，第三人对履行该债务具有合法利益的，第三人有权向债权人代为履行；但是，根据债务性质、按照当事人约定或者依照法律规定只能由债务人履行的除外。

债权人接受第三人履行后，其对债务人的债权转让给第三人，但是债务人和第三人另有约定的除外。

第五百二十五条 【同时履行抗辩权】当事人互负债务，没有先后履行顺序的，应当同时履行。一方在对方履行之前有权拒绝其履行请求。一方在对方履行债务不符合约定时，有权拒绝其相应的履行请求。

第五百二十六条 【后履行抗辩权】当事人互负债务，有先后履行顺序，应当先履行债务一方未履行的，后履行一方有权拒绝其履行请求。先履行一方履行债务不符合约定的，后履行一方有权拒绝其相应的履行请求。

第五百二十七条 【不安抗辩权】应当先履行债务的当事人，有确切证据证明对方有下列情形之一的，可以中止履行：

（一）经营状况严重恶化；

（二）转移财产、抽逃资金，以逃避债务；

（三）丧失商业信誉；

（四）有丧失或者可能丧失履行债务能力的其他情形。

当事人没有确切证据中止履行的，应当承担违约责任。

第五百二十八条 【不安抗辩权的行使】当事人依据前条规定中止履行的，应当及时通知对方。对方提供适当担保的，应当恢复履行。中止履行后，对方在合理期限内未恢复履行能力且未提供适当担保的，视为以自己的行为表明不履行主要债务，中止履行的一方可以解除合同并可以请求对方承担违约责任。

第五百二十九条 【因债权人原因致债务履行困难的处理】债权人分立、合并或者变更住所没有通知债务人，致使履行债务发生困难的，债务人可以中止履行或者将标的物提存。

第五百三十条 【债务人提前履行债务】债权人可以拒绝债务人提前履行债务，但是提前履行不损害债权人利益的除外。

债务人提前履行债务给债权人增加的费用，由债务人负担。

第五百三十一条 【债务人部分履行债务】债权人可以拒绝债务人部分履行债务，但是部分履行不损害债权人利益的除外。

债务人部分履行债务给债权人增加的费用，由债务人负担。

第五百三十二条 【当事人变化不影响合同效力】合同生效后，当事人不得因姓名、名称的变更或者法定代表人、负责人、承办人的变动而不履行合同义务。

第五百三十三条 【情势变更】合同成立后，合同的基础条件发生了当事人在订立合同时无法预见的、不属于商业风险的重大变化，继续履行合同对于当事人一方明显不公平的，受不利影响的当事人可以与对方重新协商；在合理期限内协商不成的，当事人可以请求人民法院或者仲裁机构变更或者解除合同。

人民法院或者仲裁机构应当结合案件的实际情况，根据公平原则变更或者解除合同。

第五百三十四条 【合同监督】对当事人利用合同实施危害国家利益、社会公共利益行为的，市场监督管理和其他有关行政主管部门依照法律、行政法规的规定负责监督处理。

第五章　合同的保全

第五百三十五条 【债权人代位权】因债务人怠于行使其债权或者与该债权有关的从权利，影响债权人的到期债权实现的，债权人可以向人民法院请求以自己的名义代位行使债务人对相对人的权利，但是该权利专属于债务人自身的除外。

代位权的行使范围以债权人的到期债权为限。债权人行使代位权的必要费用，由债务人负担。

相对人对债务人的抗辩，可以向债权人主张。

第五百三十六条 【保存行为】债权人的债权到期前，债务人的债权或者与该债权有关的从权利存在诉讼时效期间即将届满或者未及时申报破产债权等情形，影响债权人的债权实现的，债权人可以代位向债务人的相对人请求其向债务人履行、向破产管理人申报或者作出其他必要的行为。

第五百三十七条 【代位权行使后的法律效果】人民法院认定代位权成立的，由债务人的相对人向债权人履行义务，债权人接受履行后，债权人与债务人、债务人与相对人之间相应的权利义务终止。债务人对相对人的债权或者与该债权有关的从权利被采取保全、执行措施，或者债务人破产的，依照相关法律的规定处理。

第五百三十八条 【撤销债务人无偿行为】债务人以放弃其债权、放弃债权担保、无偿转让财产等方式无偿处分财产权益，或者恶意延长其到期债权的履行期限，影响债权人的债权实现的，债权人可以请求人民法院撤销债务人的行为。

第五百三十九条 【撤销债务人有偿行为】债务人以明显不合理的低价转让财产、以明显不合理的高价受让他人财产或者为他人的债务提供担保，影响债权人的债权实现，债务人的相对人知道或者应当知道该情形的，债权人可以请求人民法院撤销债务人的行为。

第五百四十条 【撤销权的行使范围】撤销权的行使范围以债权人的债权为限。债权人行使撤销权的必要费用，由债务人负担。

第五百四十一条 【撤销权的行使期间】撤销权自债权人知道或者应当知道撤销事由之日起一年内行使。自债务人的行为发生之日起五年内没有行使撤销权的，该撤销权消灭。

第五百四十二条 【债务人行为被撤销的法律效果】债务人影响债权人的债权实现的行为被撤销的，自始没有法律约束力。

第六章 合同的变更和转让

第五百四十三条 【协议变更合同】当事人协商一致，可以变更合同。

第五百四十四条 【合同变更不明确推定为未变更】当事人对合同变更的内容约定不明确的，推定为未变更。

第五百四十五条 【债权转让】债权人可以将债权的全部或者部分转让给第三人，但是有下列情形之一的除外：

（一）根据债权性质不得转让；

（二）按照当事人约定不得转让；

（三）依照法律规定不得转让。

当事人约定非金钱债权不得转让的，不得对抗善意第三人。当事人约定金钱债权不得转让的，不得对抗第三人。

第五百四十六条 【债权转让的通知义务】债权人转让债权，未通知债务人的，该转让对债务人不发生效力。

债权转让的通知不得撤销，但是经受让人同意的除外。

第五百四十七条 【债权转让从权利一并转让】债权人转让债权的，受让人取得与债权有关的从权利，但是该从权利专属于债权人自身的除外。

受让人取得从权利不因该从权利未办理转移登记手续或者未转移占有而受到影响。

第五百四十八条 【债权转让中债务人抗辩】债务人接到债权转让通知后，债务人对让与人的抗辩，可以向受让人主张。

第五百四十九条 【债权转让中债务人的抵销权】有下列情形之一的，债务人可以向受让人主张抵销：

（一）债务人接到债权转让通知时，债务人对让与人享有债权，且债务人的债权先于转让的债权到期或者同时到期；

（二）债务人的债权与转让的债权是基于同一合同产生。

第五百五十条 【债权转让费用的承担】因债权转让增加的履行费用，由让与人负担。

第五百五十一条 【债务转移】债务人将债务的全部或者部分转移给第三人的，应当经债权人同意。

债务人或者第三人可以催告债权人在合理期限内予以同意，债权人未作表示的，视为不同意。

第五百五十二条 【债务加入】第三人与债务人约定加入债务并通知债权人，或者第三人向债权人表示愿意加入债务，债权人未在合理期限内明确拒绝的，债权人可以请求第三人在其愿意承担的债务范围内和债务人承担连带债务。

第五百五十三条 【债务转移时新债务人抗辩】债务人转移债务的，新债务人可以主张原债务人对债权人的抗辩；原债务人对债权人享有债权的，新债务人不得向债权人主张抵销。

第五百五十四条 【从债务随主债务转移】债务人转移债务的，新债务人应当承担与主债务有关的从债务，但是该从债务专属于原债务人自身的除外。

第五百五十五条 【合同权利义务的一并转让】当事人一方经对方同意，可以将自己在合同中的权利和义务一并转让给第三人。

第五百五十六条 【一并转让的法律适用】合同的权利和义务一并转让的，适用债权转让、债务转移的有关规定。

第七章　合同的权利义务终止

第五百五十七条 【债权债务终止的法定情形】有下列情形之一的，债权债务终止：

（一）债务已经履行；

（二）债务相互抵销；

（三）债务人依法将标的物提存；

（四）债权人免除债务；

（五）债权债务同归于一人；

（六）法律规定或者当事人约定终止的其他情形。

合同解除的，该合同的权利义务关系终止。

第五百五十八条 【后合同义务】债权债务终止后，当事人应当遵循诚信等原则，根据交易习惯履行通知、协助、保密、旧物回收等义务。

第五百五十九条 【从权利消灭】债权债务终止时，债权的从权利同时消灭，但是法律另有规定或者当事人另有约定的除外。

第五百六十条 【数项债务的清偿抵充顺序】债务人对同一债权人负担的数项债务种类相同，债务人的给付不足以清偿全部债务的，除当事人另有约定外，由债务人在清偿时指定其履行的债务。

债务人未作指定的，应当优先履行已经到期的债务；数项债务均到期的，优先履行对债权人缺乏担保或者担保最少的债务；均无担保或者担保相等的，优先履行债务人负担较重的债务；负担相同的，按照债务到期的先后顺序履行；到期时间相同的，按照债务比例履行。

第五百六十一条 【费用、利息和主债务的清偿抵充顺序】债务人在履行主债务外还应当支付利息和实现债权的有关费用，其给付不足以清偿全部债务的，除当事人另有约定外，应当按照下列顺序履行：

（一）实现债权的有关费用；

（二）利息；

（三）主债务。

第五百六十二条 【合同的约定解除】当事人协商一致，可以解除合同。

当事人可以约定一方解除合同的事由。解除合同的事由发生时，解除权人可以解除合同。

第五百六十三条 【合同的法定解除】有下列情形之一的，当事人可以解除合同：

（一）因不可抗力致使不能实现合同目的；

（二）在履行期限届满前，当事人一方明确表示或者以自己的行为表明不履行主要债务；

（三）当事人一方迟延履行主要债务，经催告后在合理期限内仍未履行；

（四）当事人一方迟延履行债务或者有其他违约行为致使不能实现合同目的；

（五）法律规定的其他情形。

以持续履行的债务为内容的不定期合同，当事人可以随时解除合同，但是应当在合理期限之前通知对方。

第五百六十四条 【解除权行使期限】法律规定或者当事人约定解除权行使期限，期限届满当事人不行使的，该权利消灭。

法律没有规定或者当事人没有约定解除权行使期限，自解除权人知道或者应当知道解除事由之日起一年内不行使，或者经对方催告后在合理期限内不行使的，该权利消灭。

第五百六十五条 【合同解除权的行使规则】当事人一方依法主张解除合同的，应当通知对方。合同自通知到达对方时解除；通知载明债务人在一定期限内不履行债务则合同自动解除，债务人在该期限内未履行债务的，合同自通知载明的期限届满时解除。对方对解除合同有异议的，任何一方当事人均可以请求人民法院或者仲裁机构确认解除行为的效力。

当事人一方未通知对方，直接以提起诉讼或者申请仲裁的方式依法主张解除合同，人民法院或者仲裁机构确认该主张的，合同自起诉状副本或者仲裁申请书副本送达对方时解除。

第五百六十六条 【合同解除的法律后果】合同解除后，尚未履行的，终止履行；已经履行的，根据履行情况和合同性质，当事人可以请求恢复原状或者采取其他补救措施，并有权请求赔偿损失。

合同因违约解除的，解除权人可以请求违约方承担违约责任，但是当事人另有约定的除外。

主合同解除后，担保人对债务人应当承担的民事责任仍应当承担担保责任，但是担保合同另有约定的除外。

第五百六十七条 【结算、清理条款效力的独立性】合同的权利义务关系终止，不影响合同中结算和清理条款的效力。

第五百六十八条 【法定抵销】当事人互负债务，该债务的标的物种类、品质相同的，任何一方可以将自己的债务与对方的到期债务抵销；但是，根据债务性质、按照当事人约定或者依照法律规定不得抵销的除外。

当事人主张抵销的，应当通知对方。通知自到达对方时生效。抵销不得附条件或者附期限。

第五百六十九条 【约定抵销】当事人互负债务，标的物种类、品质不相同的，经协商一致，也可以抵销。

第五百七十条 【提存的条件】有下列情形之一，难以履行债务的，债务人可以将标的物提存：

（一）债权人无正当理由拒绝受领；

（二）债权人下落不明；

（三）债权人死亡未确定继承人、遗产管理人，或者丧失民事行为能力未确定监护人；

（四）法律规定的其他情形。

标的物不适于提存或者提存费用过高的，债务人依法可以拍卖或者变卖标的物，提存所得的价款。

第五百七十一条 【提存的成立】债务人将标的物或者将标的物依法拍卖、变卖所得价款交付提存部门时，提存成立。

提存成立的，视为债务人在其提存范围内已经交付标的物。

第五百七十二条 【提存的通知】标的物提存后，债务人应当及时通知债权人或者债权人的继承人、遗产管理人、监护人、财产代管人。

第五百七十三条 【提存期间风险、孳息和提存费用负担】标的物提存后，毁损、灭失的风险由债权人承担。提存期间，标的物的孳息归债权人所有。提存费用由债权人负担。

第五百七十四条 【提存物的领取与取回】债权人可以随时领取提存物。但是，债权人对债务人负有到期债务的，在债权人未履行债务或者提供担保之前，提存部门根据债务人的要求应当拒绝其领取提存物。

债权人领取提存物的权利，自提存之日起五年内不行使而消灭，提存物扣除提存费用后归国家所有。但是，债权人未履行对债务人的到期债务，或者债权人向提存部门书面表示放弃领取提存物权利的，债务人负担提存费用后有权取回提存物。

第五百七十五条 【债的免除】债权人免除债务人部分或者全部债务的，债权债务部分或者全部终止，但是债务人在合理期限内拒绝的除外。

第五百七十六条 【债权债务混同的处理】债权和债务同归于一人的，债权债务终止，但是损害第三人利益的除外。

第八章 违约责任

第五百七十七条 【违约责任的种类】当事人一方不履行合同义务或者履行合同义务不符合约定的，应当承担继续履行、采取补救措施或者赔偿损失等违约责任。

第五百七十八条 【预期违约责任】当事人一方明确表示或者以自己的行为表明不履行合同义务的，对方可以在履行期限届满前请求其承担违约责任。

第五百七十九条 【金钱债务的继续履行】当事人一方未支付价款、报酬、租金、利息，或者不履行其他金钱债务的，对方可以请求其支付。

第五百八十条 【非金钱债务的继续履行】当事人一方不履行非金钱债务或者履行非金钱债务不符合约定的，对方可以请求履行，但是有下列情形之一的除外：

（一）法律上或者事实上不能履行；

（二）债务的标的不适于强制履行或者履行费用过高；

（三）债权人在合理期限内未请求履行。

有前款规定的除外情形之一，致使不能实现合同目的的，人民法院或者仲裁机构可以根据当事人的请求终止合同权利义务关系，但是不影响违约责任的承担。

第五百八十一条 【替代履行】当事人一方不履行债务或者履行债务不符合约定，根据债的性质不得强制履行的，对方可以请求其负担由第三人替代履行的费用。

第五百八十二条 【瑕疵履行违约责任】履行不符合约定的，应当按照当事人的约定承担违约责任。对违约责任没有约定或者约定不明确，依据本法第五百一十条的规定仍不能确定的，受损害方根据标的的性质以及损失的大小，可以合理选择请求对方承担修理、重作、更换、退货、减少价款或者报酬等违约责任。

第五百八十三条 【违约损害赔偿责任】当事人一方不履行合同义务或者履行合同义务不符合约定的，在履行义务或者采取补救措施后，对方还有其他损失的，应当赔偿损失。

第五百八十四条 【法定的违约赔偿损失】当事人一方不履行合同义务或者履行合同义务不符合约定，造成对方损失的，损失赔偿额应当相当于因违约所造成的损失，包括合同履行后可以获得的利益；但是，不得超过违约一方订立合同时预见到或者应当预见到的因违约可能造成的损失。

第五百八十五条 【违约金的约定】当事人可以约定一方违约时应当根据违约情况向对方支付一定数额的违约金，也可以约定因违约产生的损失赔偿额的计算方法。

约定的违约金低于造成的损失的，人民法院或者仲裁机构可以根据当事人的请求予以增加；约定的违约金过分高于造成的损失的，人民法院或者仲裁机构可以根据当事人的请求予以适当减少。

当事人就迟延履行约定违约金的，违约方支付违约金后，还应当履行债务。

第五百八十六条 【定金】当事人可以约定一方向对方给付定金作为债权的担保。定金合同自实际交付定金时成立。

定金的数额由当事人约定；但是，不得超过主合同标的额的百分之二十，超过部分不产生定金的效力。实际交付的定金数额多于或者少于约定数额的，视为变更约定的定金数额。

第五百八十七条 【定金罚则】债务人履行债务的，定金应当抵作价款或者收回。给付定金的一方不履行债务或者履行债务不符合约定，致使不能实现合同目的的，无权请求返还定金；收受定金的一方不履行债务或者履行债务不符合约定，致使不能实现合同目的的，应当双倍返还定金。

第五百八十八条 【违约金与定金竞合选择权】当事人既约定违约金，又约定定金的，一方违约时，对方可以选择适用违约金或者定金条款。

定金不足以弥补一方违约造成的损失的，对方可以请求赔偿超过定金数额的损失。

第五百八十九条 【债权人受领迟延】债务人按照约定履行债务，债权人无正当理由拒绝受领的，债务人可以请求债权人赔偿增加的费用。

在债权人受领迟延期间，债务人无须支付利息。

第五百九十条 【因不可抗力不能履行合同】当事人一方因不可抗力不能履行合同的，根据不可抗力的影响，部分或者全部免除责任，但是法律另有规定的除外。因不可抗力不能履行合同的，应当及时通知对方，以减轻可能给对方造成的损失，并应当在合理期限内提供证明。

当事人迟延履行后发生不可抗力的，不免除其违约责任。

第五百九十一条 【非违约方防止损失扩大义务】当事人一方违约后，对方应当采取适当措施防止损失的扩大；没有采取适当措施致使损失扩大的，不得就扩大的损失请求赔偿。

当事人因防止损失扩大而支出的合理费用，由违约方负担。

第五百九十二条 【双方违约和与有过错规则】当事人都违反合同的，应当各自承担相应的责任。

当事人一方违约造成对方损失，对方对损失的发生有过错的，可以减少相应的损失赔偿额。

第五百九十三条 【因第三人原因造成违约情况下的责任承担】当事人一方因第三人的原因造成违约的，应当依法向对方承担违约责任。当事人一方和第三人之间的纠纷，依照法律规定或者按照约定处理。

第五百九十四条 【国际贸易合同诉讼时效和仲裁时效】因国际货物买卖合同和技术进出口合同争议提起诉讼或者申请仲裁的时效期间为四年。

......

中华人民共和国刑法（节录）

（1979 年 7 月 1 日第五届全国人民代表大会第二次会议通过 1997 年 3 月 14 日第八届全国人民代表大会第五次会议修订 根据 1998 年 12 月 29 日第九届全国人民代表大会常务委员会第六次会议通过的《全国人民代表大会常务委员会关于惩治骗购外汇、逃汇和非法买卖外汇犯罪的决定》、1999 年 12 月 25 日第九届全国人民代表大会常务委员会第十三次会议通过的《中华人民共和国刑法修正案》、2001 年 8 月 31 日第九届全国人民代表大会常务委员会第二十三次会议通过的《中华人民共和国刑法修正案（二）》、2001 年 12 月 29 日第九届全国人民代表大会常务委员会第二十五次会议通过的《中华人民共和国刑法修正案（三）》、2002 年 12 月 28 日第九届全国人民代表大会常务委员会第三十一次会议通过的《中华人民共和国刑法修正案（四）》、2005 年 2 月 28 日第十届全国人民代表大会常务委员会第十四次会议通过的《中华人民共和国刑法修正案（五）》、2006 年 6 月 29 日第十届全国人民代表大会常务委员会第二十二次会议通过的《中华人民共和国刑法修正案（六）》、2009 年 2 月 28 日第十一届全国人民代表大会常务委员会第七次会议通过的《中华人民共和国刑法修正案（七）》、2009 年 8 月 27 日第十一届全国人民代表大会常务委员会第十次会议通过的《全国人民代表大会常务委员会关于修改部分法律的决定》、2011 年 2 月 25 日第十一届全国人民代表大会常务委员会第十九次会议通过的《中华人民共和国刑法修正案（八）》、2015 年 8 月 29 日第十二届全国人民代表大会常务委员会第十六次会议通过的《中华人民共和国刑法修正案（九）》、2017 年 11 月 4 日第十二届全国人民代表大会常务委员会第三十次会议通过的《中华人民共和国刑法修正案（十）》和 2020 年 12 月 26 日第十三届全国人民代表大会常务委员会第二十四次会议通过的《中华人民共和国刑法修正案（十一）》修正)①

……

第一百八十三条　【职务侵占罪】保险公司的工作人员利用职务上的便利，故意编造未曾发生的保险事故进行虚假理赔，骗取保险金归自己所有的，依照本法第二百七十一条的规定定罪处罚。

【贪污罪】国有保险公司工作人员和国有保险公司委派到非国有保险公司从事公务的人员有前款行为的，依照本法第三百八十二条、第三百八十三条的规定定罪处罚。

---

① 刑法、历次刑法修正案、涉及修改刑法的决定的施行日期，分别依据各法律所规定的施行日期确定。

......

第一百九十八条 **【保险诈骗罪】**有下列情形之一，进行保险诈骗活动，数额较大的，处五年以下有期徒刑或者拘役，并处一万元以上十万元以下罚金；数额巨大或者有其他严重情节的，处五年以上十年以下有期徒刑，并处二万元以上二十万元以下罚金；数额特别巨大或者有其他特别严重情节的，处十年以上有期徒刑，并处二万元以上二十万元以下罚金或者没收财产：

（一）投保人故意虚构保险标的，骗取保险金的；

（二）投保人、被保险人或者受益人对发生的保险事故编造虚假的原因或者夸大损失的程度，骗取保险金的；

（三）投保人、被保险人或者受益人编造未曾发生的保险事故，骗取保险金的；

（四）投保人、被保险人故意造成财产损失的保险事故，骗取保险金的；

（五）投保人、受益人故意造成被保险人死亡、伤残或者疾病，骗取保险金的。

有前款第四项、第五项所列行为，同时构成其他犯罪的，依照数罪并罚的规定处罚。

单位犯第一款罪的，对单位判处罚金，并对其直接负责的主管人员和其他直接责任人员，处五年以下有期徒刑或者拘役；数额巨大或者有其他严重情节的，处五年以上十年以下有期徒刑；数额特别巨大或者有其他特别严重情节的，处十年以上有期徒刑。

保险事故的鉴定人、证明人、财产评估人故意提供虚假的证明文件，为他人诈骗提供条件的，以保险诈骗的共犯论处。

......

国家金融监督管理总局关于印发
《银行保险机构涉刑案件风险
防控管理办法》的通知

（2023 年 11 月 2 日　金规〔2023〕10 号）

各监管局，各政策性银行、大型银行、股份制银行、外资银行、直销银行、金融资产管理公司、金融资产投资公司、理财公司，各保险集团（控股）公司、保险公司、保险资产管理公司、养老金管理公司、保险专业中介机构，银行业协会、保险业协会、信托业协会、财务公司协会、保险资管业协会：

现将《银行保险机构涉刑案件风险防控管理办法》印发给你们，请遵照执行。

附件

银行保险机构涉刑案件风险防控管理办法

第一章　总　　则

第一条　为提高银行保险机构涉刑案件（以下简称案件）风险防控水平，促进银行业保险业安全稳健运行，根据《中华人民共和国银行业监督管理法》《中华人民共和国商业银行法》《中华人民共和国保险法》等法律法规和其他相关规定，制定本办法。

第二条　本办法所称银行保险机构包括银行机构和保险机构。

银行机构，是指在中华人民共和国境内依法设立的商业银行、农村合作银行、农村信用合作社、村镇银行等吸收公众存款的金融机构以及政策性银行。

保险机构，是指在中华人民共和国境内依法设立的保险公司。

第三条 银行保险机构案件风险防控的目标是健全案件风险防控组织架构，完善制度机制，全面加强内部控制和从业人员行为管理，不断提高案件风险防控水平，坚决有效预防违法犯罪。

第四条 银行保险机构应当坚持党对金融工作的集中统一领导，坚决落实党中央关于金融工作的决策部署，充分发挥党建引领作用，持续强化风险内控建设，健全案件风险防控长效机制。

第五条 案件风险防控应当遵循以下原则：预防为主、关口前移，全面覆盖、突出重点，法人主责、分级负责，联防联控、各司其职，属地监管、融入日常。

第六条 银行保险机构承担本机构案件风险防控的主体责任。

第七条 国家金融监督管理总局（以下简称金融监管总局）及其派出机构依法对银行保险机构案件风险防控实施监督管理。

第八条 中国银行业协会、中国保险行业协会等行业自律组织应当通过加强交流沟通、宣传教育等方式，协调、指导会员单位提高案件风险防控水平。

第二章 职责分工

第九条 银行保险机构应当建立与其经营范围、业务规模、风险状况、管理水平相适应的案件风险防控组织体系，明确董（理）事会、监事会、高级管理层等在案件风险防控中的职责分工。

第十条 银行保险机构董（理）事会承担案件风险防控最终责任。董（理）事会的主要职责包括：

（一）推动健全本机构案件风险防控组织架构和制度机制；

（二）督促高级管理层开展案件风险防控工作；

（三）审议本机构年度案件风险防控评估等相关情况报告；

（四）其他与案件风险防控有关的职责。

董（理）事会下设专门委员会的，可以授权专门委员会具体负责案件风险防控相关工作。未设立董（理）事会的银行保险机构，由执行董（理）事具体负责董（理）事会案件风险防控相关工作。

第十一条 设立监事会的银行保险机构，其监事会承担案件风险防控监督责任，负责监督董（理）事会和高级管理层案件风险防控履职尽责情况。

未设立监事会的银行保险机构，由监事或承担监督职责的组织负责监督相关主体履职尽责情况。

第十二条 银行保险机构高级管理层承担案件风险防控执行责任。高级管理层的主要职责包括：

（一）建立适应本机构的案件风险防控组织架构，明确牵头部门、内设部门和分支机构在案件风险防控中的职责分工；

（二）审议批准本机构案件风险防控相关制度，并监督检查执行情况；

（三）推动落实案件风险防控的各项监管要求；

（四）统筹组织案件风险排查与处置、从业人员行为管理工作；

（五）建立问责机制，确保案件风险防控责任落实到位；

（六）动态全面掌握本机构案件风险防控情况，及时总结和评估本机构上一年度案件风险防控有效性，提出本年度案件风险防控重点任务，并向董（理）事会或董（理）事会专门委员会报告；

（七）其他与案件风险防控有关的职责。

银行保险机构应当指定一名高级管理人员协助行长（总经理、主任、总裁等）负责案件风险防控工作。

第十三条 银行保险机构应当明确案件风险防控牵头部门，并由其履行以下主要职责：

（一）拟定或组织拟定案件风险排查与处置、从业人员行为管理等案件风险防控制度，并推动执行；

（二）指导、督促内设部门和分支机构履行案件风险防控职责；

（三）督导案件风险防控相关问题的整改和问责；

（四）协调推动案件风险防控信息化建设；

（五）分析研判本机构案件风险防控形势，组织拟定和推动完成年度案件风险防控重点任务；

（六）组织评估案件风险防控情况，并向高级管理层报告；

（七）指导和组织开展案件风险防控培训教育；

（八）其他与案件风险防控牵头管理有关的职责。

第十四条 银行保险机构内设部门和分支机构对其职责范围内的案件风险防控工作承担直接责任，并履行以下主要职责：

（一）开展本条线、本机构案件风险排查与处置工作；

（二）开展本条线、本机构从业人员行为管理工作；

（三）开展本条线、本机构案件风险防控相关问题的整改工作；

（四）在本条线、本机构职责范围内加强案件风险防控信息化建设；

（五）开展本条线、本机构案件风险防控培训教育；

（六）配合案件风险防控牵头部门开展相关工作。

第十五条 银行保险机构内部审计部门应当将案件风险防控工作纳入审计范围，明确审计内容、报告路径等事项，及时报告审计发现的问题，提出改进建议，并督促问题整改和问责。

第十六条 银行保险机构总部案件风险防控牵头部门应当配备与其机构业务规模、管理水平和案件风险状况相适应的案件风险防控专职人员。

分支机构应当设立案件风险防控岗位并指定人员负责案件风险防控工作。

银行保险机构应当加强专业人才队伍建设，定期开展系统性案件风险防控培训教育，提高相关人员业务素质和履职能力。

第三章 任 务 要 求

第十七条 银行保险机构应当建立健全案件风险防控机制，构建起覆盖案件风险排查与处置、从业人员行为管理、领导干部监督、内部监督检查、追责问责、问题整改、举报处理、考核奖励、培训教育等环节的全链条防控体系。前瞻研判本机构案件风险防控重点领域，针对性完善案件风险防控重点措施，持续加大信息化建设力度，及时开展案件风险防控评估。

第十八条 银行保险机构应当制定案件风险排查与处置制度，确定案件风险排查的范围、内容、频率等事项，建立健全客户准入、岗位准入、业务处理、决策审批等关键环节的常态化风险排查与处置机制。

对于案件风险排查中发现的问题隐患和线索疑点，银行保险机构应当及时规范处置。

发现涉嫌违法犯罪情形的，银行保险机构应当及时移送公安机关等有权部门处理，并积极配合查清违法犯罪事实。

第十九条 银行保险机构应当制定从业人员行为管理制度，健全从业人员职业操守和行为规范，依法依规强化异常行为监测和排查。

银行保险机构应当加强对劳务派遣人员、保险销售人员的管理，并督促合作机构加强第三方服务人员管理。

第二十条 国有和国有控股银行保险机构应当加强对"一把手"和领导班子的监督，严格落实领导干部选拔任用、个人事项报告、履职回避、因私出国（境）、领导干部家属从业行为、经济责任审计、绩效薪酬延期支付和追索扣回等规定。

其他银行保险机构可以参照前款规定加强对董（理）事、监事和高级管理人员的监督。

银行保险机构各级管理人员任职谈话、工作述职中应当包含案件风险防控内容。对案件风险防控薄弱的部门负责人和下级机构负责人，应当及时开展专项约谈。

第二十一条 银行保险机构应当在内部监督检查制度中建立健全监督和检查案件风险防控的相关机制，组织开展相关条线和各级机构案件风险防控内部监督检查，并重点加大对基层网点、关键岗位、案件易发部位和薄弱环节的监督检查力度。

第二十二条 银行保险机构应当健全内部问责机制，坚持尽职免责、失职追责，对案件风险防控相关制度不完善或执行不到位、案件风险应处置未处置或处置不当、管理失职及内部控制失效等违规、失职、渎职行为，严肃开展责任认定，追究相关机构和个人责任。

第二十三条 对于内外部审计、内外部监督检查中发现的案件风险防控问题，银行保险机构应当实行整改跟踪管理，严防类似问题发生。

银行保险机构应当及时系统梳理本机构案件暴露出的规章制度、操作流程和信息系统的缺陷和漏洞，并组织实施整改。

第二十四条 银行保险机构应当在举报处理制度中建立健全案件风险线索发现查处机制，有效甄别举报中反映的违法违规事项，及时采取措施处置和化解案件风险隐患。

第二十五条 银行保险机构应当将案件风险防控作为绩效考核的重要内容，注重过程考核，鼓励各级机构主动排查、尽早暴露、前瞻防控案件风险。对案件风险防控成效突出、有效堵截案件、主动抵制或检举违法违规行为的机构和个人予以奖励。

第二十六条 银行保险机构应当全面加强案件风险防控的业务培训。相关岗位培训、技能考核等应当包含案件风险防控内容。

银行保险机构应当定期组织开展案件警示教育活动。通过以案说法、以案为鉴、以案促治，增强从业人员案件风险防控意识和合规经营自觉，积极营造良好的清廉金融文化氛围。

银行保险机构应当将本机构发生的涉刑案件作为业务培训和警示教育重点内容。

第二十七条 银行保险机构应当依据本机构经营特点，充分识别重点领域案件风险点的表现形式，包括但不限于信贷业务、创新业务、资产处置业务、信用卡业务、保函业务、同业业务、资产管理业务、柜面业务、资本市场业务、债券市场业务、网络和信息安全、安全保卫、保险展业、保险理赔等领域。

第二十八条 银行保险机构应当不断提高内部控制有效性，持续完善案件风险防控重点措施，确保案件风险整体可控，包括但不限于股东股权和关联交易管理、分级授权体系和权限管理、重要岗位轮岗和强制休假管理、账户对账和异常交易账户管理、重要印章凭证管理等。

第二十九条 银行保险机构应当加大案件风险防控信息化建设力度，推动内设部门和分支机构持续优化业务流程，加强大数据分析、人工智能等信息技术应用，强化关键业务环节和内控措施的系统控制，不断提升主动防范、识别、监测、处置案件风险的能力。

第三十条 银行保险机构应当建立健全案件风险防控评估机制，对照本办法要求，结合本机构实际情况，及时、全面、准确评估本机构案件风险防控有效性。评估事项包括但不限于以下内容：

（一）案件风险防控组织架构；

（二）制度机制建设和落实情况；

（三）案件风险重点领域研判情况；

（四）案件风险重点防控措施执行情况；

（五）案件风险排查与处置情况；

（六）从业人员行为管理情况；

（七）案件风险暴露及查处问责情况；

（八）年内发生案件的内设部门、分支机构或所涉业务领域完善制度、改进流程、优化系统等整改措施及成效；

（九）上一年度评估发现问题的整改落实情况，本年度案件风险防控存在的主要问题及改进措施。

银行保险机构应当于每年3月31日前，按照对应的监管权限，将案件风险防控评估情况向金融监管总局或其派出机构报告。

第四章　监督管理

第三十一条　金融监管总局及其派出机构应当将银行保险机构案件风险防控作为日常监管的重要内容，通过非现场监管、现场检查等方式加强案件风险防控监督管理。

第三十二条　金融监管总局及其派出机构案件管理部门承担归口管理和协调推动责任。

金融监管总局机构监管部门、功能监管部门和各级派出机构承担银行保险机构案件风险防控的日常监管职责。

第三十三条　金融监管总局及其派出机构应当采用风险提示、专题沟通、监管会谈等方式，对银行保险机构案件风险防控实施非现场监管，并将案件风险防控情况作为监管评级的重要考量因素。

金融监管总局及其派出机构应当及时研判并跟踪监测银行保险机构案件风险变化趋势，并对案件风险较高的机构实施重点监管。

第三十四条　金融监管总局及其派出机构应当依据银行保险机构的非现场监管情况，对案件风险防控薄弱、风险较为突出的银行保险机构，适时开展风险排查或现场检查。

第三十五条　金融监管总局及其派出机构发现银行保险机构案件风险防控存在问题的，应当依法视具体情况采取以下监管措施：

（一）责令限期改正，并在规定时限内报告整改落实情况；

（二）纳入年度监管通报，提出专项工作要求；

（三）对法人机构或分支机构负责人进行监管约谈；

（四）责令机构开展内部问责；

（五）向有关单位或部门进行通报；

（六）动态调整监管评级；

（七）适时开展监管评估；

（八）其他监管措施。

第三十六条　银行保险机构应当按照本办法开展案件风险防控工作。

违反本办法规定，造成不良后果的，由金融监管总局及其派出机构依据《中华人民共和国银行业监督管理法》《中华人民共和国商业银行法》《中华人民共和国保险法》等法律法规和其他相关规定予以行政处罚。

第五章　附　则

第三十七条　有关案件定义，适用《中国银保监会关于印发银行保险机构涉刑案件管理办法（试行）的通知》（银保监发〔2020〕20号）。

第三十八条　在中华人民共和国境内依法设立的信托公司、金融资产管理公司、企业集团财务公司、金融租赁公司、汽车金融公司、货币经纪公司、消费金融公司，保险集团（控股）公司、再保险公司、保险专业中介机构、保险资产管理公司，外国及港澳台银行保险机构，以及金融监管总局批准设立的其他金融机构，参照本办法执行。

第三十九条　本办法由金融监管总局负责解释。金融监管总局派出机构可以依据本办法制定实施细则，并报金融监管总局案件管理部门备案。

第四十条　本办法自2024年1月1日起施行。此前有关规定与本办法不一致的，以本办法为准。《中国银监会办公厅关于印发银行业金融机构案防工作办法的通知》（银监办发〔2013〕257号）同时废止。

中华人民共和国海商法（节录）

（1992年11月7日第七届全国人民代表大会常务委员会第二十八次会议通过　1992年11月7日中华人民共和国主席令第64号公布　自1993年7月1日起施行）

……

第十二章　海上保险合同

第一节　一般规定

第二百一十六条　海上保险合同，是指保险人按照约定，对被保险人遭受保险事故造成保险标的的损失和产生的责任负责赔偿，而由被保险人支付保险费的合同。

前款所称保险事故，是指保险人与被保险人约定的任何海上事故，包括与海上航行有关的发生于内河或者陆上的事故。

第二百一十七条 海上保险合同的内容，主要包括下列各项：

（一）保险人名称；

（二）被保险人名称；

（三）保险标的；

（四）保险价值；

（五）保险金额；

（六）保险责任和除外责任；

（七）保险期间；

（八）保险费。

第二百一十八条 下列各项可以作为保险标的：

（一）船舶；

（二）货物；

（三）船舶营运收入，包括运费、租金、旅客票款；

（四）货物预期利润；

（五）船员工资和其他报酬；

（六）对第三人的责任；

（七）由于发生保险事故可能受到损失的其他财产和产生的责任、费用。

保险人可以将对前款保险标的的保险进行再保险。除合同另有约定外，原被保险人不得享有再保险的利益。

第二百一十九条 保险标的的保险价值由保险人与被保险人约定。

保险人与被保险人未约定保险价值的，保险价值依照下列规定计算：

（一）船舶的保险价值，是保险责任开始时船舶的价值，包括船壳、机器、设备的价值，以及船上燃料、物料、索具、给养、淡水的价值和保险费的总和；

（二）货物的保险价值，是保险责任开始时货物在起运地的发票价格或者非贸易商品在起运地的实际价值以及运费和保险费的总和；

（三）运费的保险价值，是保险责任开始时承运人应收运费总额和保险费的总和；

（四）其他保险标的的保险价值，是保险责任开始时保险标的的实际价值和保险费的总和。

第二百二十条 保险金额由保险人与被保险人约定。保险金额不得超过保险价值；超过保险价值的，超过部分无效。

第二节 合同的订立、解除和转让

第二百二十一条 被保险人提出保险要求，经保险人同意承保，并就海上保险合同的条款达成协议后，合同成立。保险人应当及时向被保险人签发保险单或者其他保险单证，并在保险单或者其他保险单证中载明当事人双方约定的合同内容。

第二百二十二条 合同订立前，被保险人应当将其知道的或者在通常业务中应当知道的有关影响保险人据以确定保险费率或者确定是否同意承保的重要情况，如实告知保险人。

保险人知道或者在通常业务中应当知道的情况，保险人没有询问的，被保险人无需告知。

第二百二十三条 由于被保险人的故意，未将本法第二百二十二条第一款规定的重要情况如实告知保险人的，保险人有权解除合同，并不退还保险费。合同解除前发生保险事故造成损失的，保险人不负赔偿责任。

不是由于被保险人的故意，未将本法第二百二十二条第一款规定的重要情况如实告知保险人的，保险人有权解除合同或者要求相应增加保险费。保险人解除合同的，对于合同解除前发生保险事故造成的损失，保险人应当负赔偿责任；但是，未告知或者错误告知的重要情况对保险事故的发生有影响的除外。

第二百二十四条 订立合同时，被保险人已经知道或者应当知道保险标的已经因发生保险事故而遭受损失的，保险人不负赔偿责任，但是有权收取保险费；保险人已经知道或者应当知道保险标的已经不可能因发生保险事故而遭受损失的，被保险人有权收回已经支付的保险费。

第二百二十五条 被保险人对同一保险标的就同一保险事故向几个保险人重复订立合同，而使该保险标的的保险金额总和超过保险标的的价值的，除合同另有约定外，被保险人可以向任何保险人提出赔偿请求。被保险人获得的赔偿金额总和不得超过保险标的的受损价值。各保险人按照其承保的保险金额同保险金额总和的比例承担赔偿责任。任何一个保险人支付的赔偿金额超过其应当承担的赔偿责任的，有权向未按照其应当承担的赔偿责任支付赔偿金额的保险人追偿。

第二百二十六条 保险责任开始前，被保险人可以要求解除合同，但是应当向保险人支付手续费，保险人应当退还保险费。

第二百二十七条 除合同另有约定外，保险责任开始后，被保险人和保险人均不得解除合同。

根据合同约定在保险责任开始后可以解除合同的，被保险人要求解除合同，保险人有权收取自保险责任开始之日起至合同解除之日止的保险费，剩余部分予以退还；保险人要求解除合同，应当将自合同解除之日起至保险期间届满之日止的保险费退还被保险人。

第二百二十八条 虽有本法第二百二十七条规定，货物运输和船舶的航次保险，保险责任开始后，被保险人不得要求解除合同。

第二百二十九条 海上货物运输保险合同可以由被保险人背书或者以其他方式转让，合同的权利、义务随之转移。合同转让时尚未支付保险费的，被保险人和合同受让人负连带支付责任。

第二百三十条 因船舶转让而转让船舶保险合同的，应当取得保险人同意。未经保险人同意，船舶保险合同从船舶转让时起解除；船舶转让发生在航次之中的，船舶保险合同至航次终了时解除。

合同解除后，保险人应当将自合同解除之日起至保险期间届满之日止的保险费退还被保险人。

第二百三十一条 被保险人在一定期间分批装运或者接受货物的，可以与保险人订立预约保险合同。预约保险合同应当由保险人签发预约保险单证加以确认。

第二百三十二条 应被保险人要求，保险人应当对依据预约保险合同分批装运的货物分别签发保险单证。

保险人分别签发的保险单证的内容与预约保险单证的内容不一致的，以分别签发的保险单证为准。

第二百三十三条 被保险人知道经预约保险合同保险的货物已经装运

或者到达的情况时，应当立即通知保险人。通知的内容包括装运货物的船名、航线、货物价值和保险金额。

第三节　被保险人的义务

第二百三十四条　除合同另有约定外，被保险人应当在合同订立后立即支付保险费；被保险人支付保险费前，保险人可以拒绝签发保险单证。

第二百三十五条　被保险人违反合同约定的保证条款时，应当立即书面通知保险人。保险人收到通知后，可以解除合同，也可以要求修改承保条件、增加保险费。

第二百三十六条　一旦保险事故发生，被保险人应当立即通知保险人，并采取必要的合理措施，防止或者减少损失。被保险人收到保险人发出的有关采取防止或者减少损失的合理措施的特别通知的，应当按照保险人通知的要求处理。

对于被保险人违反前款规定所造成的扩大的损失，保险人不负赔偿责任。

第四节　保险人的责任

第二百三十七条　发生保险事故造成损失后，保险人应当及时向被保险人支付保险赔偿。

第二百三十八条　保险人赔偿保险事故造成的损失，以保险金额为限。保险金额低于保险价值的，在保险标的发生部分损失时，保险人按照保险金额与保险价值的比例负赔偿责任。

第二百三十九条　保险标的在保险期间发生几次保险事故所造成的损失，即使损失金额的总和超过保险金额，保险人也应当赔偿。但是，对发生部分损失后未经修复又发生全部损失的，保险人按照全部损失赔偿。

第二百四十条　被保险人为防止或者减少根据合同可以得到赔偿的损失而支出的必要的合理费用，为确定保险事故的性质、程度而支出的检验、估价的合理费用，以及为执行保险人的特别通知而支出的费用，应当由保险人在保险标的的损失赔偿之外另行支付。

保险人对前款规定的费用的支付，以相当于保险金额的数额为限。

保险金额低于保险价值的，除合同另有约定外，保险人应当按照保险金额与保险价值的比例，支付本条规定的费用。

第二百四十一条 保险金额低于共同海损分摊价值的，保险人按照保险金额同分摊价值的比例赔偿共同海损分摊。

第二百四十二条 对于被保险人故意造成的损失，保险人不负赔偿责任。

第二百四十三条 除合同另有约定外，因下列原因之一造成货物损失的，保险人不负赔偿责任：

（一）航行迟延、交货迟延或者行市变化；

（二）货物的自然损耗、本身的缺陷和自然特性；

（三）包装不当。

第二百四十四条 除合同另有约定外，因下列原因之一造成保险船舶损失的，保险人不负赔偿责任：

（一）船舶开航时不适航，但是在船舶定期保险中被保险人不知道的除外；

（二）船舶自然磨损或者锈蚀。

运费保险比照适用本条的规定。

第五节 保险标的的损失和委付

第二百四十五条 保险标的发生保险事故后灭失，或者受到严重损坏完全失去原有形体、效用，或者不能再归被保险人所拥有的，为实际全损。

第二百四十六条 船舶发生保险事故后，认为实际全损已经不可避免，或者为避免发生实际全损所需支付的费用超过保险价值的，为推定全损。

货物发生保险事故后，认为实际全损已经不可避免，或者为避免发生实际全损所需支付的费用与继续将货物运抵目的地的费用之和超过保险价值的，为推定全损。

第二百四十七条 不属于实际全损和推定全损的损失，为部分损失。

第二百四十八条 船舶在合理时间内未从被获知最后消息的地点抵达目的地，除合同另有约定外，满两个月后仍没有获知其消息的，为船舶失踪。船舶失踪视为实际全损。

第二百四十九条 保险标的发生推定全损，被保险人要求保险人按照全部损失赔偿的，应当向保险人委付保险标的。保险人可以接受委付，也可以不接受委付，但是应当在合理的时间内将接受委付或者不接受委付的决定通知被保险人。

委付不得附带任何条件。委付一经保险人接受，不得撤回。

第二百五十条 保险人接受委付的，被保险人对委付财产的全部权利和义务转移给保险人。

第六节 保险赔偿的支付

第二百五十一条 保险事故发生后，保险人向被保险人支付保险赔偿前，可以要求被保险人提供与确认保险事故性质和损失程度有关的证明和资料。

第二百五十二条 保险标的发生保险责任范围内的损失是由第三人造成的，被保险人向第三人要求赔偿的权利，自保险人支付赔偿之日起，相应转移给保险人。

被保险人应当向保险人提供必要的文件和其所需要知道的情况，并尽力协助保险人向第三人追偿。

第二百五十三条 被保险人未经保险人同意放弃向第三人要求赔偿的权利，或者由于过失致使保险人不能行使追偿权利的，保险人可以相应扣减保险赔偿。

第二百五十四条 保险人支付保险赔偿时，可以从应支付的赔偿额中相应扣减被保险人已经从第三人取得的赔偿。

保险人从第三人取得的赔偿，超过其支付的保险赔偿的，超过部分应当退还给被保险人。

第二百五十五条 发生保险事故后，保险人有权放弃对保险标的的权利，全额支付合同约定的保险赔偿，以解除对保险标的的义务。

保险人行使前款规定的权利，应当自收到被保险人有关赔偿损失的通知之日起的七日内通知被保险人；被保险人在收到通知前，为避免或者减少损失而支付的必要的合理费用，仍然应当由保险人偿还。

第二百五十六条 除本法第二百五十五条的规定外，保险标的发生全损，保险人支付全部保险金额的，取得对保险标的的全部权利；但是，在不足额保险的情况下，保险人按照保险金额与保险价值的比例取得对保险标的的部分权利。

......

最高人民法院关于适用《中华人民共和国保险法》若干问题的解释（一）

（2009 年 9 月 14 日最高人民法院审判委员会第 1473 次会议通过　2009 年 9 月 21 日最高人民法院公告公布　自 2009 年 10 月 1 日起施行　法释〔2009〕12 号）

为正确审理保险合同纠纷案件，切实维护当事人的合法权益，现就人民法院适用 2009 年 2 月 28 日第十一届全国人大常委会第七次会议修订的《中华人民共和国保险法》（以下简称保险法）的有关问题规定如下：

第一条　保险法施行后成立的保险合同发生的纠纷，适用保险法的规定。保险法施行前成立的保险合同发生的纠纷，除本解释另有规定外，适用当时的法律规定；当时的法律没有规定的，参照适用保险法的有关规定。

认定保险合同是否成立，适用合同订立时的法律。

第二条　对于保险法施行前成立的保险合同，适用当时的法律认定无效而适用保险法认定有效的，适用保险法的规定。

第三条　保险合同成立于保险法施行前而保险标的转让、保险事故、理赔、代位求偿等行为或事件，发生于保险法施行后的，适用保险法的规定。

第四条　保险合同成立于保险法施行前，保险法施行后，保险人以投保人未履行如实告知义务或者申报被保险人年龄不真实为由，主张解除合同的，适用保险法的规定。

第五条　保险法施行前成立的保险合同，下列情形下的期间自 2009 年 10 月 1 日起计算：

（一）保险法施行前，保险人收到赔偿或者给付保险金的请求，保险法施行后，适用保险法第二十三条规定的三十日的；

（二）保险法施行前，保险人知道解除事由，保险法施行后，按照保险法第十六条、第三十二条的规定行使解除权，适用保险法第十六条规定的三十日的；

（三）保险法施行后，保险人按照保险法第十六条第二款的规定请求解除合同，适用保险法第十六条规定的二年的；

（四）保险法施行前，保险人收到保险标的转让通知，保险法施行后，以保险标的转让导致危险程度显著增加为由请求按照合同约定增加保险费或者解除合同，适用保险法第四十九条规定的三十日的。

第六条　保险法施行前已经终审的案件，当事人申请再审或者按照审判监督程序提起再审的案件，不适用保险法的规定。

最高人民法院关于适用《中华人民共和国保险法》若干问题的解释（二）

（2013年5月6日最高人民法院审判委员会第1577次会议通过　根据2020年12月23日最高人民法院审判委员会第1823次会议通过的《最高人民法院关于修改〈最高人民法院关于破产企业国有划拨土地使用权应否列入破产财产等问题的批复〉等二十九件商事类司法解释的决定》修正　2020年12月29日最高人民法院公告公布　自2021年1月1日起施行　法释〔2020〕18号）

为正确审理保险合同纠纷案件，切实维护当事人的合法权益，根据《中华人民共和国民法典》《中华人民共和国保险法》《中华人民共和国民事诉讼法》等法律规定，结合审判实践，就保险法中关于保险合同一般规定部分有关法律适用问题解释如下：

第一条　财产保险中，不同投保人就同一保险标的分别投保，保险事故发生后，被保险人在其保险利益范围内依据保险合同主张保险赔偿的，人民法院应予支持。

第二条　人身保险中，因投保人对被保险人不具有保险利益导致保险合同无效，投保人主张保险人退还扣减相应手续费后的保险费的，人民法院应予支持。

第三条　投保人或者投保人的代理人订立保险合同时没有亲自签字或者盖章，而由保险人或者保险人的代理人代为签字或者盖章的，对投保人不生效。但投保人已经交纳保险费的，视为其对代签字或者盖章行为的追认。

保险人或者保险人的代理人代为填写保险单证后经投保人签字或者盖章确认的，代为填写的内容视为投保人的真实意思表示。但有证据证明保险人或者保险人的代理人存在保险法第一百一十六条、第一百三十一条相关规定情形的除外。

第四条　保险人接受了投保人提交的投保单并收取了保险费，尚未作出是否承保的意思表示，发生保险事故，被保险人或者受益人请求保险人按照保险合同承担赔偿或者给付保险金责任，符合承保条件的，人民法院应予支持；不符合承保条件的，保险人不承担保险责任，但应当退还已经收取的保险费。

保险人主张不符合承保条件的，应承担举证责任。

第五条　保险合同订立时，投保人明知的与保险标的或者被保险人有关的情况，属于保险法第十六条第一款规定的投保人"应当如实告知"的内容。

第六条　投保人的告知义务限于保险人询问的范围和内容。当事人对询问范围及内容有争议的，保险人负举证责任。

保险人以投保人违反了对投保单询问表中所列概括性条款的如实告知义务为由请求解除合同的，人民法院不予支持。但该概括性条款有具体内容的除外。

第七条　保险人在保险合同成立后知道或者应当知道投保人未履行如实告知义务，仍然收取保险费，又依照保险法第十六条第二款的规定主张解除合同的，人民法院不予支持。

第八条　保险人未行使合同解除权，直接以存在保险法第十六条第四款、第五款规定的情形为由拒绝赔偿的，人民法院不予支持。但当事人就拒绝赔偿事宜及保险合同存续另行达成一致的情况除外。

第九条　保险人提供的格式合同文本中的责任免除条款、免赔额、免赔率、比例赔付或者给付等免除或者减轻保险人责任的条款，可以认定为保险法第十七条第二款规定的"免除保险人责任的条款"。

保险人因投保人、被保险人违反法定或者约定义务，享有解除合同权利的条款，不属于保险法第十七条第二款规定的"免除保险人责任的条款"。

第十条　保险人将法律、行政法规中的禁止性规定情形作为保险合同免责条款的免责事由，保险人对该条款作出提示后，投保人、被保险人或者受益人以保险人未履行明确说明义务为由主张该条款不成为合同内容的，人民法院不予支持。

第十一条 保险合同订立时，保险人在投保单或者保险单等其他保险凭证上，对保险合同中免除保险人责任的条款，以足以引起投保人注意的文字、字体、符号或者其他明显标志作出提示的，人民法院应当认定其履行了保险法第十七条第二款规定的提示义务。

保险人对保险合同中有关免除保险人责任条款的概念、内容及其法律后果以书面或者口头形式向投保人作出常人能够理解的解释说明的，人民法院应当认定保险人履行了保险法第十七条第二款规定的明确说明义务。

第十二条 通过网络、电话等方式订立的保险合同，保险人以网页、音频、视频等形式对免除保险人责任条款予以提示和明确说明的，人民法院可以认定其履行了提示和明确说明义务。

第十三条 保险人对其履行了明确说明义务负举证责任。

投保人对保险人履行了符合本解释第十一条第二款要求的明确说明义务在相关文书上签字、盖章或者以其他形式予以确认的，应当认定保险人履行了该项义务。但另有证据证明保险人未履行明确说明义务的除外。

第十四条 保险合同中记载的内容不一致的，按照下列规则认定：

（一）投保单与保险单或者其他保险凭证不一致的，以投保单为准。但不一致的情形系经保险人说明并经投保人同意的，以投保人签收的保险单或者其他保险凭证载明的内容为准；

（二）非格式条款与格式条款不一致的，以非格式条款为准；

（三）保险凭证记载的时间不同的，以形成时间在后的为准；

（四）保险凭证存在手写和打印两种方式的，以双方签字、盖章的手写部分的内容为准。

第十五条 保险法第二十三条规定的三十日核定期间，应自保险人初次收到索赔请求及投保人、被保险人或者受益人提供的有关证明和资料之日起算。

保险人主张扣除投保人、被保险人或者受益人补充提供有关证明和资料期间的，人民法院应予支持。扣除期间自保险人根据保险法第二十二条规定作出的通知到达投保人、被保险人或者受益人之日起，至投保人、被保险人或者受益人按照通知要求补充提供的有关证明和资料到达保险人之日止。

第十六条 保险人应以自己的名义行使保险代位求偿权。

根据保险法第六十条第一款的规定，保险人代位求偿权的诉讼时效期间应自其取得代位求偿权之日起算。

第十七条 保险人在其提供的保险合同格式条款中对非保险术语所作的解释符合专业意义，或者虽不符合专业意义，但有利于投保人、被保险人或者受益人的，人民法院应予认可。

第十八条 行政管理部门依据法律规定制作的交通事故认定书、火灾事故认定书等，人民法院应当依法审查并确认其相应的证明力，但有相反证据能够推翻的除外。

第十九条 保险事故发生后，被保险人或者受益人起诉保险人，保险人以被保险人或者受益人未要求第三者承担责任为由抗辩不承担保险责任的，人民法院不予支持。

财产保险事故发生后，被保险人就其所受损失从第三者取得赔偿后的不足部分提起诉讼，请求保险人赔偿的，人民法院应予依法受理。

第二十条 保险公司依法设立并取得营业执照的分支机构属于《中华人民共和国民事诉讼法》第四十八条规定的其他组织，可以作为保险合同纠纷案件的当事人参加诉讼。

第二十一条 本解释施行后尚未终审的保险合同纠纷案件，适用本解释；本解释施行前已经终审，当事人申请再审或者按照审判监督程序决定再审的案件，不适用本解释。

最高人民法院关于适用《中华人民共和国保险法》若干问题的解释（三）

（2015年9月21日最高人民法院审判委员会第1661次会议通过 根据2020年12月23日最高人民法院审判委员会第1823次会议通过的《最高人民法院关于修改〈最高人民法院关于破产企业国有划拨土地使用权应否列入破产财产等问题的批复〉等二十九件商事类司法解释的决定》修正 2020年12月29日最高人民法院公告公布 自2021年1月1日起施行 法释〔2020〕18号）

为正确审理保险合同纠纷案件，切实维护当事人的合法权益，根据《中华人民共和国民法典》《中华人民共和国保险法》《中华人民共和国民事诉讼法》等法律规定，结合审判实践，就保险法中关于保险合同章人身保险部分有关法律适用问题解释如下：

第一条 当事人订立以死亡为给付保险金条件的合同，根据保险法第三十四条的规定，"被保险人同意并认可保险金额"可以采取书面形式、口头形式或者其他形式；可以在合同订立时作出，也可以在合同订立后追认。

有下列情形之一的，应认定为被保险人同意投保人为其订立保险合同并认可保险金额：

（一）被保险人明知他人代其签名同意而未表示异议的；

（二）被保险人同意投保人指定的受益人的；

（三）有证据足以认定被保险人同意投保人为其投保的其他情形。

第二条 被保险人以书面形式通知保险人和投保人撤销其依据保险法第三十四条第一款规定所作出的同意意思表示的，可认定为保险合同解除。

第三条 人民法院审理人身保险合同纠纷案件时，应主动审查投保人订立保险合同时是否具有保险利益，以及以死亡为给付保险金条件的合同是否经过被保险人同意并认可保险金额。

第四条 保险合同订立后，因投保人丧失对被保险人的保险利益，当事人主张保险合同无效的，人民法院不予支持。

第五条 保险人在合同订立时指定医疗机构对被保险人体检，当事人主张投保人如实告知义务免除的，人民法院不予支持。

保险人知道被保险人的体检结果，仍以投保人未就相关情况履行如实告知义务为由要求解除合同的，人民法院不予支持。

第六条 未成年人父母之外的其他履行监护职责的人为未成年人订立以死亡为给付保险金条件的合同，当事人主张参照保险法第三十三条第二款、第三十四条第三款的规定认定该合同有效的，人民法院不予支持，但经未成年人父母同意的除外。

第七条 当事人以被保险人、受益人或者他人已经代为支付保险费为由，主张投保人对应的交费义务已经履行的，人民法院应予支持。

第八条 保险合同效力依照保险法第三十六条规定中止，投保人提出恢复效力申请并同意补交保险费的，除被保险人的危险程度在中止期间显著增加外，保险人拒绝恢复效力的，人民法院不予支持。

保险人在收到恢复效力申请后，三十日内未明确拒绝的，应认定为同意恢复效力。

保险合同自投保人补交保险费之日恢复效力。保险人要求投保人补交相应利息的，人民法院应予支持。

第九条 投保人指定受益人未经被保险人同意的，人民法院应认定指定行为无效。

当事人对保险合同约定的受益人存在争议，除投保人、被保险人在保险合同之外另有约定外，按以下情形分别处理：

（一）受益人约定为"法定"或者"法定继承人"的，以民法典规定的法定继承人为受益人；

（二）受益人仅约定为身份关系的，投保人与被保险人为同一主体时，根据保险事故发生时与被保险人的身份关系确定受益人；投保人与被保险人为不同主体时，根据保险合同成立时与被保险人的身份关系确定受益人；

（三）约定的受益人包括姓名和身份关系，保险事故发生时身份关系发生变化的，认定为未指定受益人。

第十条 投保人或者被保险人变更受益人，当事人主张变更行为自变更意思表示发出时生效的，人民法院应予支持。

投保人或者被保险人变更受益人未通知保险人，保险人主张变更对其不发生效力的，人民法院应予支持。

投保人变更受益人未经被保险人同意，人民法院应认定变更行为无效。

第十一条 投保人或者被保险人在保险事故发生后变更受益人，变更后的受益人请求保险人给付保险金的，人民法院不予支持。

第十二条 投保人或者被保险人指定数人为受益人，部分受益人在保险事故发生前死亡、放弃受益权或者依法丧失受益权的，该受益人应得的受益份额按照保险合同的约定处理；保险合同没有约定或者约定不明的，该受益人应得的受益份额按照以下情形分别处理：

（一）未约定受益顺序及受益份额的，由其他受益人平均享有；

（二）未约定受益顺序但约定受益份额的，由其他受益人按照相应比例享有；

（三）约定受益顺序但未约定受益份额的，由同顺序的其他受益人平均享有；同一顺序没有其他受益人的，由后一顺序的受益人平均享有；

（四）约定受益顺序及受益份额的，由同顺序的其他受益人按照相应比例享有；同一顺序没有其他受益人的，由后一顺序的受益人按照相应比例享有。

第十三条 保险事故发生后，受益人将与本次保险事故相对应的全部或者部分保险金请求权转让给第三人，当事人主张该转让行为有效的，人民法院应予支持，但根据合同性质、当事人约定或者法律规定不得转让的除外。

第十四条 保险金根据保险法第四十二条规定作为被保险人遗产，被保险人的继承人要求保险人给付保险金，保险人以其已向持有保险单的被保险人的其他继承人给付保险金为由抗辩的，人民法院应予支持。

第十五条 受益人与被保险人存在继承关系，在同一事件中死亡且不能确定死亡先后顺序的，人民法院应依据保险法第四十二条第二款推定受益人死亡在先，并按照保险法及本解释的相关规定确定保险金归属。

第十六条 人身保险合同解除时，投保人与被保险人、受益人为不同主体，被保险人或者受益人要求退还保险单的现金价值的，人民法院不予支持，但保险合同另有约定的除外。

投保人故意造成被保险人死亡、伤残或者疾病，保险人依照保险法第四十三条规定退还保险单的现金价值的，其他权利人按照被保险人、被保险人的继承人的顺序确定。

第十七条 投保人解除保险合同，当事人以其解除合同未经被保险人或者受益人同意为由主张解除行为无效的，人民法院不予支持，但被保险人或者受益人已向投保人支付相当于保险单现金价值的款项并通知保险人的除外。

第十八条 保险人给付费用补偿型的医疗费用保险金时，主张扣减被保险人从公费医疗或者社会医疗保险取得的赔偿金额的，应当证明该保险产品在厘定医疗费用保险费率时已经将公费医疗或者社会医疗保险部分相应扣除，并按照扣减后的标准收取保险费。

第十九条 保险合同约定按照基本医疗保险的标准核定医疗费用，保险人以被保险人的医疗支出超过基本医疗保险范围为由拒绝给付保险金的，人民法院不予支持；保险人有证据证明被保险人支出的费用超过基本医疗保险同类医疗费用标准，要求对超出部分拒绝给付保险金的，人民法院应予支持。

第二十条 保险人以被保险人未在保险合同约定的医疗服务机构接受治疗为由拒绝给付保险金的，人民法院应予支持，但被保险人因情况紧急必须立即就医的除外。

第二十一条 保险人以被保险人自杀为由拒绝承担给付保险金责任的，由保险人承担举证责任。

受益人或者被保险人的继承人以被保险人自杀时无民事行为能力为由抗辩的，由其承担举证责任。

第二十二条 保险法第四十五条规定的"被保险人故意犯罪"的认定，应当以刑事侦查机关、检察机关和审判机关的生效法律文书或者其他结论性意见为依据。

第二十三条 保险人主张根据保险法第四十五条的规定不承担给付保险金责任的，应当证明被保险人的死亡、伤残结果与其实施的故意犯罪或者抗拒依法采取的刑事强制措施的行为之间存在因果关系。

被保险人在羁押、服刑期间因意外或者疾病造成伤残或者死亡，保险人主张根据保险法第四十五条的规定不承担给付保险金责任的，人民法院不予支持。

第二十四条 投保人为被保险人订立以死亡为给付保险金条件的人身保险合同，被保险人被宣告死亡后，当事人要求保险人按照保险合同约定给付保险金的，人民法院应予支持。

被保险人被宣告死亡之日在保险责任期间之外，但有证据证明下落不明之日在保险责任期间之内，当事人要求保险人按照保险合同约定给付保险金的，人民法院应予支持。

第二十五条 被保险人的损失系由承保事故或者非承保事故、免责事由造成难以确定，当事人请求保险人给付保险金的，人民法院可以按照相应比例予以支持。

第二十六条 本解释施行后尚未终审的保险合同纠纷案件，适用本解释；本解释施行前已经终审，当事人申请再审或者按照审判监督程序决定再审的案件，不适用本解释。

最高人民法院关于适用《中华人民共和国保险法》若干问题的解释（四）

（2018 年 5 月 14 日最高人民法院审判委员会第 1738 次会议通过 根据 2020 年 12 月 23 日最高人民法院审判委员会第 1823 次会议通过的《最高人民法院关于修改〈最高人民法院关于破产企业国有划拨土地使用权应否列入破产财产等问题的批复〉等二十九件商事类司法解释的决定》修正 2020 年 12 月 29 日最高人民法院公告公布 自 2021 年 1 月 1 日起施行 法释〔2020〕18 号）

为正确审理保险合同纠纷案件，切实维护当事人的合法权益，根据《中华人民共和国民法典》《中华人民共和国保险法》《中华人民共和国民事诉讼法》等法律规定，结合审判实践，就保险法中财产保险合同部分有关法律适用问题解释如下：

第一条 保险标的已交付受让人，但尚未依法办理所有权变更登记，承担保险标的毁损灭失风险的受让人，依照保险法第四十八条、第四十九条的规定主张行使被保险人权利的，人民法院应予支持。

第二条 保险人已向投保人履行了保险法规定的提示和明确说明义务，保险标的受让人以保险标的转让后保险人未向其提示或者明确说明为由，主张免除保险人责任的条款不成为合同内容的，人民法院不予支持。

第三条 被保险人死亡，继承保险标的的当事人主张承继被保险人的权利和义务的，人民法院应予支持。

第四条 人民法院认定保险标的是否构成保险法第四十九条、第五十二条规定的"危险程度显著增加"时，应当综合考虑以下因素：

（一）保险标的的用途的改变；

（二）保险标的的使用范围的改变；

（三）保险标的的所处环境的变化；

（四）保险标的的因改装等原因引起的变化；

（五）保险标的的使用人或者管理人的改变；

（六）危险程度增加持续的时间；

（七）其他可能导致危险程度显著增加的因素。

保险标的危险程度虽然增加，但增加的危险属于保险合同订立时保险人预见或者应当预见的保险合同承保范围的，不构成危险程度显著增加。

第五条 被保险人、受让人依法及时向保险人发出保险标的转让通知后，保险人作出答复前，发生保险事故，被保险人或者受让人主张保险人按照保险合同承担赔偿保险金的责任的，人民法院应予支持。

第六条 保险事故发生后，被保险人依照保险法第五十七条的规定，请求保险人承担为防止或者减少保险标的的损失所支付的必要、合理费用，保险人以被保险人采取的措施未产生实际效果为由抗辩的，人民法院不予支持。

第七条 保险人依照保险法第六十条的规定，主张代位行使被保险人因第三者侵权或者违约等享有的请求赔偿的权利的，人民法院应予支持。

第八条 投保人和被保险人为不同主体，因投保人对保险标的的损害而造成保险事故，保险人依法主张代位行使被保险人对投保人请求赔偿的权利的，人民法院应予支持，但法律另有规定或者保险合同另有约定的除外。

第九条 在保险人以第三者为被告提起的代位求偿权之诉中，第三者以被保险人在保险合同订立前已放弃对其请求赔偿的权利为由进行抗辩，人民法院认定上述放弃行为合法有效，保险人就相应部分主张行使代位求偿权的，人民法院不予支持。

保险合同订立时，保险人就是否存在上述放弃情形提出询问，投保人未如实告知，导致保险人不能代位行使请求赔偿的权利，保险人请求返还相应保险金的，人民法院应予支持，但保险人知道或者应当知道上述情形仍同意承保的除外。

第十条 因第三者对保险标的的损害而造成保险事故，保险人获得代位请求赔偿的权利的情况未通知第三者或者通知到达第三者前，第三者在被保险人已经从保险人处获赔的范围内又向被保险人作出赔偿，保险人主张代位行使被保险人对第三者请求赔偿的权利的，人民法院不予支持。保险人就相应保险金主张被保险人返还的，人民法院应予支持。

保险人获得代位请求赔偿的权利的情况已经通知到第三者，第三者又向被保险人作出赔偿，保险人主张代位行使请求赔偿的权利，第三者以其已经向被保险人赔偿为由抗辩的，人民法院不予支持。

第十一条 被保险人因故意或者重大过失未履行保险法第六十三条规定的义务，致使保险人未能行使或者未能全部行使代位请求赔偿的权利，保险人主张在其损失范围内扣减或者返还相应保险金的，人民法院应予支持。

第十二条 保险人以造成保险事故的第三者为被告提起代位求偿权之诉的，以被保险人与第三者之间的法律关系确定管辖法院。

第十三条 保险人提起代位求偿权之诉时，被保险人已经向第三者提起诉讼的，人民法院可以依法合并审理。

保险人行使代位求偿权时，被保险人已经向第三者提起诉讼，保险人向受理该案的人民法院申请变更当事人，代位行使被保险人对第三者请求赔偿的权利，被保险人同意的，人民法院应予准许；被保险人不同意的，保险人可以作为共同原告参加诉讼。

第十四条 具有下列情形之一的，被保险人可以依照保险法第六十五条第二款的规定请求保险人直接向第三者赔偿保险金：

（一）被保险人对第三者所负的赔偿责任经人民法院生效裁判、仲裁裁决确认；

（二）被保险人对第三者所负的赔偿责任经被保险人与第三者协商一致；

（三）被保险人对第三者应负的赔偿责任能够确定的其他情形。

前款规定的情形下，保险人主张按照保险合同确定保险赔偿责任的，人民法院应予支持。

第十五条 被保险人对第三者应负的赔偿责任确定后，被保险人不履行赔偿责任，且第三者以保险人为被告或者以保险人与被保险人为共同被告提起诉讼时，被保险人尚未向保险人提出直接向第三者赔偿保险金的请求的，可以认定为属于保险法第六十五条第二款规定的"被保险人怠于请求"的情形。

第十六条 责任保险的被保险人因共同侵权依法承担连带责任，保险人以该连带责任超出被保险人应承担的责任份额为由，拒绝赔付保险金的，人民法院不予支持。保险人承担保险责任后，主张就超出被保险人责任份额的部分向其他连带责任人追偿的，人民法院应予支持。

第十七条 责任保险的被保险人对第三者所负的赔偿责任已经生效判决确认并已进入执行程序，但未获得清偿或者未获得全部清偿，第三者依法请求保险人赔偿保险金，保险人以前述生效判决已进入执行程序为由抗辩的，人民法院不予支持。

第十八条 商业责任险的被保险人向保险人请求赔偿保险金的诉讼时效期间，自被保险人对第三者应负的赔偿责任确定之日起计算。

第十九条 责任保险的被保险人与第三者就被保险人的赔偿责任达成和解协议且经保险人认可，被保险人主张保险人在保险合同范围内依据和解协议承担保险责任的，人民法院应予支持。

被保险人与第三者就被保险人的赔偿责任达成和解协议，未经保险人认可，保险人主张对保险责任范围以及赔偿数额重新予以核定的，人民法院应予支持。

第二十条 责任保险的保险人在被保险人向第三者赔偿之前向被保险人赔偿保险金，第三者依照保险法第六十五条第二款的规定行使保险金请求权时，保险人以其已向被保险人赔偿为由拒绝赔偿保险金的，人民法院不予支持。保险人向第三者赔偿后，请求被保险人返还相应保险金的，人民法院应予支持。

第二十一条 本解释自 2018 年 9 月 1 日起施行。

本解释施行后人民法院正在审理的一审、二审案件，适用本解释；本解释施行前已经终审，当事人申请再审或者按照审判监督程序决定再审的案件，不适用本解释。

最高人民法院关于审理保险合同
纠纷案件如何认定暴雨问题的复函

(1991 年 7 月 16 日　法 (经) 函 〔1991〕70 号)

内蒙古自治区高级人民法院：

你院〔1991〕内法经请字第 2 号请示报告收悉。经研究，答复如下：

鉴于 1986 年 8 月 24 日（即 23 日的二十时至 24 日的二十时）的降雨量达到暴雨标准，如保险标的物是由于该日降雨遭受损失的，应由保险人承担相应的赔偿责任。确定具体赔偿额时，应从实际情况出发，按保险条例的有关规定办理。

此复

国务院关于保险业改革发展的若干意见

（2006 年 6 月 15 日　国发〔2006〕23 号）

改革开放特别是党的十六大以来，我国保险业改革发展取得了举世瞩目的成就。保险业务快速增长，服务领域不断拓宽，市场体系日益完善，法律法规逐步健全，监管水平不断提高，风险得到有效防范，整体实力明显增强，在促进改革、保障经济、稳定社会、造福人民等方面发挥了重要作用。但是，由于保险业起步晚、基础薄弱、覆盖面不宽，功能和作用发挥不充分，与全面建设小康社会和构建社会主义和谐社会的要求不相适应，与建立完善的社会主义市场经济体制不相适应，与经济全球化、金融一体化和全面对外开放的新形势不相适应。面向未来，保险业发展站在一个新的历史起点上，发展的潜力和空间巨大。为全面贯彻落实科学发展观，明确今后一个时期保险业改革发展的指导思想、目标任务和政策措施，加快保险业改革发展，促进社会主义和谐社会建设，现提出如下意见：

一、充分认识加快保险业改革发展的重要意义

保险具有经济补偿、资金融通和社会管理功能，是市场经济条件下风险管理的基本手段，是金融体系和社会保障体系的重要组成部分，在社会主义和谐社会建设中具有重要作用。

加快保险业改革发展有利于应对灾害事故风险，保障人民生命财产安全和经济稳定运行。我国每年因自然灾害和交通、生产等各类事故造成的人民生命财产损失巨大。由于受体制机制等因素制约，企业和家庭参加保险的比例过低，仅有少部分灾害事故损失能够通过保险获得补偿，既不利

于及时恢复生产生活秩序，又增加了政府财政和事务负担。加快保险业改革发展，建立市场化的灾害、事故补偿机制，对完善灾害防范和救助体系，增强全社会抵御风险的能力，促进经济又快又好发展，具有不可替代的重要作用。

加快保险业改革发展有利于完善社会保障体系，满足人民群众多层次的保障需求。我国正处在完善社会主义市场经济体制的关键时期，人口老龄化进程加快，人民生活水平提高，保障需求不断增强。加快保险业改革发展，鼓励和引导人民群众参加商业养老、健康等保险，对完善社会保障体系，提高全社会保障水平，扩大居民消费需求，实现社会稳定与和谐，具有重要的现实意义。

加快保险业改革发展有利于优化金融资源配置，完善社会主义市场经济体制。我国金融体系发展不平衡，间接融资比例过高，影响了金融资源配置效率，不利于金融风险的分散和化解。本世纪头 20 年是我国加快发展的重要战略机遇期，金融在现代经济中的核心作用更为突出。加快保险业改革发展，发挥保险在金融资源配置中的重要作用，促进货币市场、资本市场和保险市场协调发展，对健全金融体系，完善社会主义市场经济体制，具有重要意义。

加快保险业改革发展有利于社会管理和公共服务创新，提高政府行政效能。随着行政管理体制改革的深入，政府必须整合各种社会资源，充分运用市场机制和手段，不断改进社会管理和公共服务。加快保险业改革发展，积极引入保险机制参与社会管理，协调各种利益关系，有效化解社会矛盾和纠纷，推进公共服务创新，对完善社会化经济补偿机制，进一步转变政府职能，提高政府行政效能，具有重要的促进作用。

二、加快保险业改革发展的指导思想、总体目标和主要任务

随着我国经济社会发展水平的提高和社会主义市场经济体制的不断完善，人民群众对保险的认识进一步加深，保险需求日益增强，保险的作用更加突出，发展的基础和条件日趋成熟，加快保险业改革发展成为促进社会主义和谐社会建设的必然要求。

加快保险业改革发展的指导思想是：以邓小平理论和"三个代表"重要思想为指导，坚持以人为本、全面协调可持续的科学发展观，立足改革发展稳定大局，着力解决保险业与经济社会发展和人民生活需求不相适应的矛盾，深化改革，加快发展，做大做强，发展中国特色的保险业，充分发挥保险的经济"助推器"和社会"稳定器"作用，为全面建设小康社会和构建社会主义和谐社会服务。

总体目标是：建设一个市场体系完善、服务领域广泛、经营诚信规范、偿付能力充足、综合竞争力较强，发展速度、质量和效益相统一的现代保险业。围绕这一目标，主要任务是：拓宽保险服务领域，积极发展财产保险、人身保险、再保险和保险中介市场，健全保险市场体系；继续深化体制机制改革，完善公司治理结构，提升对外开放的质量和水平，增强国际竞争力和可持续发展能力；推进自主创新，调整优化结构，转变增长方式，不断提高服务水平；加强保险资金运用管理，提高资金运用水平，为国民经济建设提供资金支持；加强和改善监管，防范化解风险，切实保护被保险人合法权益；完善法规政策，宣传普及保险知识，加快建立保险信用体系，推动诚信建设，营造良好发展环境。

三、积极稳妥推进试点，发展多形式、多渠道的农业保险

认真总结试点经验，研究制定支持政策，探索建立适合我国国情的农业保险发展模式，将农业保险作为支农方式的创新，纳入农业支持保护体系。发挥中央、地方、保险公司、龙头企业、农户等各方面的积极性，发挥农业部门在推动农业保险立法、引导农民投保、协调各方关系、促进农业保险发展等方面的作用，扩大农业保险覆盖面，有步骤地建立多形式经营、多渠道支持的农业保险体系。

明确政策性农业保险的业务范围，并给予政策支持，促进我国农业保险的发展。改变单一、事后财政补助的农业灾害救助模式，逐步建立政策性农业保险与财政补助相结合的农业风险防范与救助机制。探索中央和地方财政对农户投保给予补贴的方式、品种和比例，对保险公司经营的政策性农业保险适当给予经营管理费补贴，逐步建立农业保险发展的长效机制。完善多层次的农业巨灾风险转移分担机制，探索建立中央、地方财政支持的农业再保险体系。

探索发展相互制、合作制等多种形式的农业保险组织。鼓励龙头企业资助农户参加农业保险。支持保险公司开发保障适度、保费低廉、保单通俗的农业保险产品，建立适合农业保险的服务网络和销售渠道。支持农业保险公司开办特色农业和其他涉农保险业务，提高农业保险服务水平。

四、统筹发展城乡商业养老保险和健康保险，完善多层次社会保障体系

适应完善社会主义市场经济体制和建设社会主义新农村的新形势，大力发展商业养老保险和健康保险等人身保险业务，满足城乡人民群众的保险保障需求。

积极发展个人、团体养老等保险业务。鼓励和支持有条件的企业通过商业保险建立多层次的养老保障计划，提高员工保障水平。充分发挥保险机构在精算、投资、账户管理、养老金支付等方面的专业优势，积极参与企业年金业务，拓展补充养老保险服务领域。大力推动健康保险发展，支持相关保险机构投资医疗机构。努力发展适合农民的商业养老保险、健康保险和意外伤害保险。建立节育手术保险和农村计划生育家庭养老保险制度。积极探索保险机构参与新型农村合作医疗管理的有效方式，推动新型农村合作医疗的健康发展。

五、大力发展责任保险，健全安全生产保障和突发事件应急机制

充分发挥保险在防损减灾和灾害事故处置中的重要作用，将保险纳入灾害事故防范救助体系。不断提高保险机构风险管理能力，利用保险事前防范与事后补偿相统一的机制，充分发挥保险费率杠杆的激励约束作用，强化事前风险防范，减少灾害事故发生，促进安全生产和突发事件应急管理。

采取市场运作、政策引导、政府推动、立法强制等方式，发展安全生产责任、建筑工程责任、产品责任、公众责任、执业责任、董事责任、环境污染责任等保险业务。在煤炭开采等行业推行强制责任保险试点，取得经验后逐步在高危行业、公众聚集场所、境内外旅游等方面推广。完善高危行业安全生产风险抵押金制度，探索通过专业保险公司进行规范管理和运作。进一步完善机动车交通事故责任强制保险制度。通过试点，建立统一的医疗责任保险。推动保险业参与"平安建设"。

六、推进自主创新，提升服务水平

健全以保险企业为主体、以市场需求为导向、引进与自主创新相结合的保险创新机制。发展航空航天、生物医药等高科技保险，为自主创新提供风险保障。稳步发展住房、汽车等消费信贷保证保险，促进消费增长。积极推进建筑工程、项目融资等领域的保险业务。支持发展出口信用保险，促进对外贸易和投资。努力开发满足不同层次、不同职业、不同地区人民群众需求的各类财产、人身保险产品，优化产品结构，拓宽服务领域。

运用现代信息技术，提高保险产品科技含量，发展网上保险等新的服务方式，全面提升服务水平。提高保险精算水平，科学厘定保险费率。大力推进条款通俗化和服务标准化。加强保险营销员教育培训，提升营销服务水平。发挥保险中介机构在承保理赔、风险管理和产品开发方面的积极作用，提供更加专业和便捷的保险服务。加快发展再保险，促进再保险市场和直接保险市场协调发展。统筹保险业区域发展，提高少数民族地区和欠发达地区保险服务水平。

鼓励发展商业养老保险、健康保险、责任保险等专业保险公司。支持具备条件的保险公司通过重组、并购等方式，发展成为具有国际竞争力的保险控股（集团）公司。稳步推进保险公司综合经营试点，探索保险业与银行业、证券业更广领域和更深层次的合作，提供多元化和综合性的金融保险服务。

七、提高保险资金运用水平，支持国民经济建设

深化保险资金运用体制改革，推进保险资金专业化、规范化、市场化运作，提高保险资金运用水平。建立有效的风险控制和预警机制，实行全面风险管理，确保资产安全。

保险资产管理公司要树立长期投资理念，按照安全性、流动性和收益性相统一的要求，切实管好保险资产。允许符合条件的保险资产管理公司逐步扩大资产管理范围。探索保险资金独立托管机制。

在风险可控的前提下，鼓励保险资金直接或间接投资资本市场，逐步提高投资比例，稳步扩大保险资金投资资产证券化产品的规模和品种，开展保险资金投资不动产和创业投资企业试点。支持保险资金参股商业银行。支持保险资金境外投资。根据国民经济发展的需求，不断拓宽保险资金运用的渠道和范围，充分发挥保险资金长期性和稳定性的优势，为国民经济建设提供资金支持。

八、深化体制改革、提高开放水平，增强可持续发展能力

进一步完善保险公司治理结构，规范股东会、董事会、监事会和经营管理者的权责，形成权力机构、决策机构、监督机构和经营管理者之间的制衡机制。加强内控度建设和风险管理，强化法人机构管控责任，完善和落实保险经营责任追究制。转换经营机制，建立科学的考评体系，探索规范的股权、期权等激励机制。实施人才兴业战略，深化人才体制改革，优化人才结构，建立一支高素质人才队伍。

统筹国内发展与对外开放，充分利用两个市场、两种资源，增强保险业在全面对外开放条件下的竞争能力和发展能力。认真履行加入世贸组织承诺，促进中外资保险公司优势互补、合作共赢、共同发展。支持具备条件的境内保险公司在境外设立营业机构，为"走出去"战略提供保险服务。广泛开展国际保险交流，积极参与制定国际保险规则。强化与境外特别是周边国家和地区保险监管机构的合作，加强跨境保险业务监管。

九、加强和改善监管，防范化解风险

坚持把防范风险作为保险业健康发展的生命线，不断完善以偿付能力、公司治理结构和市场行为监管为支柱的现代保险监管制度。加强偿付能力监管，建立动态偿付能力监管指标体系，健全精算制度，统一财务统计口径和绩效评估标准。参照国际惯例，研究制定符合保险业特点的财务会计制度，保证财务数据真实、及时、透明，提高偿付能力监管的科学性和约束力。深入推进保险公司治理结构监管，规范关联交易，加强信息披露，提高透明度。强化市场行为监管，改进现场、非现场检查，严厉查处保险经营中的违法违规行为，提高市场行为监管的针对性和有效性。

按照高标准、规范化的要求，严格保险市场准入，建立市场化退出机制。实施分类监管，扶优限劣。健全保险业资本补充机制。完善保险保障基金制度，逐步实现市场化、专业化运作。建立和完善保险监管信息系统，提高监管效率。

规范行业自保、互助合作保险等保险组织形式，整顿规范行业或企业自办保险行为，并统一纳入保险监管。研究并逐步实施对保险控股（集团）公司并表监管。健全保险业与其他金融行业之间的监管协调机制，防范金融风险跨行业传递，维护国家经济金融安全。

加快保险信用体系建设，培育保险诚信文化。加强从业人员诚信教育，强化失信惩戒机制，切实解决误导和理赔难等问题。加强保险行业自律组织建设。建立保险纠纷快速处理机制，切实保护被保险人合法权益。

十、进一步完善法规政策，营造良好发展环境

加快保险业改革发展，既要坚持发挥市场在资源配置中的基础性作用，又要加强政府宏观调控和政策引导，加大政策支持力度。根据不同险种的性质，按照区别对待的原则，探索对涉及国计民生的政策性保险业务给予适当的税收优惠，鼓励人民群众和企业积极参加保险。立足我国国情，结合税制改革，完善促进保险业发展的税收政策。不断完善保险营销员从业和权益保障的政策措施。建立国家财政支持的巨灾风险保险体系。修改完善保险法，加快推进农业保险法律法规建设，研究推动商业养老、健康保险和责任保险以及保险资产管理等方面的立法工作，健全保险法规规章体系。将保险教育纳入中小学课程，发挥新闻媒体的正面宣传和引导作用，普及保险知识，提高全民风险和保险意识。

各地区、各部门要充分认识加快保险业改革发展的重要意义，加强沟通协调和配合，努力做到学保险、懂保险、用保险，提高运用保险机制促进社会主义和谐社会建设的能力和水平。要将保险业纳入地方或行业的发展规划统筹考虑，认真落实各项法规政策，为保险业改革发展创造良好环境。要坚持依法行政，切实维护保险企业的经营自主权及其他合法权益。保监会要不断提高引领保险业发展和防范风险的能力和水平，认真履行职责，加强分类指导，推动政策落实。通过全社会的共同努力，实现保险业又快又好发展，促进社会主义和谐社会建设。

最高人民法院关于审理海上保险
纠纷案件若干问题的规定

（2006 年 11 月 13 日最高人民法院审判委员会第 1405 次会议通过　根据 2020 年 12 月 23 日最高人民法院审判委员会第 1823 次会议通过的《最高人民法院关于修改〈最高人民法院关于破产企业国有划拨土地使用权应否列入破产财产等问题的批复〉等二十九件商事类司法解释的决定》修正　2020 年 12 月 29 日最高人民法院公告公布　自 2021 年 1 月 1 日起施行　法释〔2020〕18 号）

为正确审理海上保险纠纷案件，依照《中华人民共和国海商法》《中华人民共和国保险法》《中华人民共和国海事诉讼特别程序法》和《中华人民共和国民事诉讼法》的相关规定，制定本规定。

第一条 审理海上保险合同纠纷案件，适用海商法的规定；海商法没有规定的，适用保险法的有关规定；海商法、保险法均没有规定的，适用民法典等其他相关法律的规定。

第二条 审理非因海上事故引起的港口设施或者码头作为保险标的的保险合同纠纷案件，适用保险法等法律的规定。

第三条 审理保险人因发生船舶触碰港口设施或者码头等保险事故，行使代位请求赔偿权利向造成保险事故的第三人追偿的案件，适用海商法的规定。

第四条 保险人知道被保险人未如实告知海商法第二百二十二条第一款规定的重要情况，仍收取保险费或者支付保险赔偿，保险人又以被保险人未如实告知重要情况为由请求解除合同的，人民法院不予支持。

第五条 被保险人未按照海商法第二百三十四条的规定向保险人支付约定的保险费的，保险责任开始前，保险人有权解除保险合同，但保险人已经签发保险单证的除外；保险责任开始后，保险人以被保险人未支付保险费请求解除合同的，人民法院不予支持。

第六条 保险人以被保险人违反合同约定的保证条款未立即书面通知保险人为由，要求从违反保证条款之日起解除保险合同的，人民法院应予支持。

第七条 保险人收到被保险人违反合同约定的保证条款书面通知后仍支付保险赔偿，又以被保险人违反合同约定的保证条款为由请求解除合同的，人民法院不予支持。

第八条 保险人收到被保险人违反合同约定的保证条款的书面通知后，就修改承保条件、增加保险费等事项与被保险人协商未能达成一致的，保险合同于违反保证条款之日解除。

第九条 在航次之中发生船舶转让的，未经保险人同意转让的船舶保险合同至航次终了时解除。船舶转让时起至航次终了时止的船舶保险合同的权利、义务由船舶出让人享有、承担，也可以由船舶受让人继受。

船舶受让人根据前款规定向保险人请求赔偿时，应当提交有效的保险单证及船舶转让合同的证明。

第十条 保险人与被保险人在订立保险合同时均不知道保险标的已经

发生保险事故而遭受损失，或者保险标的已经不可能因发生保险事故而遭受损失的，不影响保险合同的效力。

第十一条 海上货物运输中因承运人无正本提单交付货物造成的损失不属于保险人的保险责任范围。保险合同当事人另有约定的，依约定。

第十二条 发生保险事故后，被保险人为防止或者减少损失而采取的合理措施没有效果，要求保险人支付由此产生的合理费用的，人民法院应予支持。

第十三条 保险人在行使代位请求赔偿权利时，未依照海事诉讼特别程序法的规定，向人民法院提交其已经向被保险人实际支付保险赔偿凭证的，人民法院不予受理；已经受理的，裁定驳回起诉。

第十四条 受理保险人行使代位请求赔偿权利纠纷案件的人民法院应当仅就造成保险事故的第三人与被保险人之间的法律关系进行审理。

第十五条 保险人取得代位请求赔偿权利后，以被保险人向第三人提起诉讼、提交仲裁、申请扣押船舶或者第三人同意履行义务为由主张诉讼时效中断的，人民法院应予支持。

第十六条 保险人取得代位请求赔偿权利后，主张享有被保险人因申请扣押船舶取得的担保权利的，人民法院应予支持。

第十七条 本规定自 2007 年 1 月 1 日起施行。

最高人民法院、中国保险监督管理委员会
关于在全国部分地区开展建立保险纠纷诉讼
与调解对接机制试点工作的通知

（2012 年 12 月 18 日　法〔2012〕307 号）

各省、自治区、直辖市高级人民法院，新疆维吾尔自治区高级人民法院生产建设兵团分院，各保监局，各保险行业协会：

为贯彻中央关于诉讼与非诉讼相衔接的矛盾纠纷解决机制改革的总体部署和人民法院"调解优先、调判结合"的工作原则，充分发挥保险监管

机构、保险行业组织预防和化解社会矛盾纠纷的积极作用，依法、公正、高效化解保险纠纷，最高人民法院与中国保险监督管理委员会决定在全国部分地区联合开展建立保险纠纷诉讼与调解对接机制试点工作（试点地区名单附后）。现就有关事项通知如下：

一、工作目标

1. 建立、完善保险纠纷多元解决机制，促进依法、公正、高效、妥善化解矛盾纠纷，为保险纠纷当事人提供更多可选择的纠纷解决渠道，维护各方当事人的合法权益，推进保险业持续健康发展。

二、工作原则

2. 依法公正原则。保险纠纷诉讼与调解对接工作应当依法、公正进行，严格遵守法律、行政法规、司法解释规定的程序，充分尊重当事人意愿，不得强制调解；相关调解工作不得损害当事人及利害关系人的合法权益，不得违反法律的基本原则，不得损害社会公共利益。

3. 高效便民原则。开展保险纠纷诉讼与调解对接工作，应注重工作效率，不得以拖促调，不得久调不决；应根据纠纷的实际情况，灵活确定调解的方式、时间和地点，尽可能方便当事人，降低当事人解决纠纷的成本。

4. 积极稳妥原则。建立保险纠纷诉讼与调解对接机制采取先试点、后推广的方式进行，试点地区法院和保险监管机构应积极探索，稳妥推进，认真总结和积累经验，待条件成熟后，逐步在全国其他地区推广。

三、工作要求

5. 试点地区法院和保险监管机构应充分认识此项工作的重要性，加强组织领导，建立健全制度，不断提高保险纠纷诉讼与调解对接工作的公正性和公信力。

6. 试点地区法院可以根据《最高人民法院关于扩大诉讼与非诉讼相衔接的矛盾纠纷解决机制改革试点总体方案》（法〔2012〕116号）的精神，建立特邀调解组织名册、特邀调解员名册。要健全名册管理制度，向保险纠纷当事人提供完整、准确的调解组织和调解员信息，供当事人自愿选择。要充分利用法院诉讼与调解对接工作平台，有条件的法院还可以提供专门处理保险纠纷的调解室，供特邀调解组织、特邀调解员开展工作。

7. 保险监管机构应加强对保险行业调解组织的工作指导，监督其规范运行。应指导当地保险行业协会建立行业调解组织并明确调解组织经费来源，协助保险行业调解组织建立、完善调解员遴选制度，为调解提供稳定资金和人员保障。

8. 保险行业协会负责保险行业调解组织的建设和运行管理，完善工作制度和程序，制定调解员工作规则和职业道德准则，加强对调解员的培训，不断提高调解员的业务素质和调解水平，推动调解工作依法公正的进行。

9. 试点地区法院要在尊重当事人意愿的前提下，按照《最高人民法院关于建立健全诉讼与非诉讼相衔接的矛盾纠纷解决机制的若干意见》（法发〔2009〕45号）的相关规定，采用立案前委派调解、立案后委托调解等方式，引导当事人通过保险纠纷诉讼与调解对接机制高效、低成本地解决纠纷。

10. 保险监管机构应引导保险公司积极通过保险纠纷诉讼与调解对接机制处理矛盾纠纷，敦促其积极履行调解、和解协议。

11. 根据《最高人民法院关于建立健全诉讼与非诉讼相衔接的矛盾纠纷解决机制的若干意见》（法发〔2009〕45号）、《最高人民法院关于扩大诉讼与非诉讼相衔接的矛盾纠纷解决机制改革试点总体方案》（法〔2012〕116号）及民诉法的相关规定，保险纠纷当事人经调解组织、调解员主持调解达成的调解协议，具有民事合同性质，经调解员和调解组织签字盖章后，当事人可以申请有管辖权的人民法院确认其效力。经人民法院确认有效的调解协议，具有强制执行效力。

12. 试点地区法院和保险监管机构、保险行业协会应通过多种途径，加大对保险纠纷诉讼与调解对接机制的宣传力度，加强公众对该纠纷解决机制的了解和认识。

13. 试点地区法院和保险监管机构应加强合作交流，建立沟通联系和信息共享机制，确定联系部门和联系人，及时就保险纠纷诉讼与调解对接工作中遇到的问题进行协商，提高调解质量和效率。

14. 最高人民法院民二庭与中国保险监督管理委员会保险消费者权益保护局具体负责对试点工作的指导。各试点地区法院所在辖区的高级人民法院或中级人民法院应指导、督促、检查其辖区内的试点工作，并注意总结试点经验，确保试点工作顺利进行。试点地区法院和保险监管机构在试点工作中遇到的问题，应及时层报最高人民法院和中国保险监督管理委员会。

15. 非试点地区的人民法院、保险监管机构和保险行业协会可以积极探索保险纠纷的多元解决方式，借鉴试点地区的成功经验，为保险纠纷诉讼与调解对接机制的建立和完善奠定良好的基础。

附件： 建立保险纠纷诉讼与调解对接机制试点地区名单（略）

最高人民法院关于审理出口信用保险合同纠纷案件适用相关法律问题的批复

（2013 年 4 月 15 日最高人民法院审判委员会第 1575 次会议通过 2013 年 5 月 2 日最高人民法院公告公布 自 2013 年 5 月 8 日起施行 法释〔2013〕13 号）

广东省高级人民法院：

你院《关于出口信用保险合同法律适用问题的请示》（粤高法〔2012〕442 号）收悉。经研究，批复如下：

对出口信用保险合同的法律适用问题，保险法没有作出明确规定。鉴于出口信用保险的特殊性，人民法院审理出口信用保险合同纠纷案件，可以参照适用保险法的相关规定；出口信用保险合同另有约定的，从其约定。

国务院关于加快发展现代保险服务业的若干意见

（2014 年 8 月 10 日 国发〔2014〕29 号）

各省、自治区、直辖市人民政府，国务院各部委、各直属机构：

保险是现代经济的重要产业和风险管理的基本手段，是社会文明水平、经济发达程度、社会治理能力的重要标志。改革开放以来，我国保险业快速发展，服务领域不断拓宽，为促进经济社会发展和保障人民群众生产生活作出了重要贡献。但总体上看，我国保险业仍处于发展的初级阶段，不能适应全面深化改革和经济社会发展的需要，与现代保险服务业的要求还有较大差距。加快发展现代保险服务业，对完善现代金融体系、带动扩大社会就业、促进经济提质增效升级、创新社会治理方式、保障社会稳定运行、提升社会安全感、提高人民群众生活质量具有重要意义。为深入贯彻党的十八大和十八届二中、三中全会精神，认真落实党中央和国务院决策部署，加快发展现代保险服务业，现提出以下意见。

一、总体要求

（一）指导思想。以邓小平理论、"三个代表"重要思想、科学发展观为指导，立足于服务国家治理体系和治理能力现代化，把发展现代保险服务业放在经济社会工作整体布局中统筹考虑，以满足社会日益增长的多元化保险服务需求为出发点，以完善保险经济补偿机制、强化风险管理核心功能和提高保险资金配置效率为方向，改革创新、扩大开放、健全市场、优化环境、完善政策，建设有市场竞争力、富有创造力和充满活力的现代保险服务业，使现代保险服务业成为完善金融体系的支柱力量、改善民生保障的有力支撑、创新社会管理的有效机制、促进经济提质增效升级的高效引擎和转变政府职能的重要抓手。

（二）基本原则。一是坚持市场主导、政策引导。对商业化运作的保险业务，营造公平竞争的市场环境，使市场在资源配置中起决定性作用；对具有社会公益性、关系国计民生的保险业务，创造低成本的政策环境，给予必要的扶持；对服务经济提质增效升级具有积极作用但目前基础薄弱的保险业务，更好发挥政府的引导作用。二是坚持改革创新、扩大开放。全面深化保险业体制机制改革，提升对内对外开放水平，引进先进经营管理理念和技术，释放和激发行业持续发展和创新活力。增强保险产品、服务、管理和技术创新能力，促进市场主体差异化竞争、个性化服务。三是坚持完善监管、防范风险。完善保险法制体系，加快推进保险监管现代化，维护保险消费者合法权益，规范市场秩序。处理好加快发展和防范风险的关系，守住不发生系统性区域性金融风险的底线。

（三）发展目标。到 2020 年，基本建成保障全面、功能完善、安全稳健、诚信规范，具有较强服务能力、创新能力和国际竞争力，与我国经济社会发展需求相适应的现代保险服务业，努力由保险大国向保险强国转变。保险成为政府、企业、居民风险管理和财富管理的基本手段，成为提高保障水平和保障质量的重要渠道，成为政府改进公共服务、加强社会管理的有效工具。保险深度（保费收入/国内生产总值）达到5%，保险密度（保费收入/总人口）达到3500元/人。保险的社会"稳定器"和经济"助推器"作用得到有效发挥。

二、构筑保险民生保障网，完善多层次社会保障体系

（四）把商业保险建成社会保障体系的重要支柱。商业保险要逐步成为个人和家庭商业保障计划的主要承担者、企业发起的养老健康保障计划的重要提供者、社会保险市场化运作的积极参与者。支持有条件的企业建立商业养老健康保障计划。支持保险机构大力拓展企业年金等业务。充分发挥商业保险对基本养老、医疗保险的补充作用。

（五）创新养老保险产品服务。为不同群体提供个性化、差异化的养老保障。推动个人储蓄性养老保险发展。开展住房反向抵押养老保险试点。发展独生子女家庭保障计划。探索对失独老人保障的新模式。发展养老机构综合责任保险。支持符合条件的保险机构投资养老服务产业，促进保险服务业与养老服务业融合发展。

（六）发展多样化健康保险服务。鼓励保险公司大力开发各类医疗、疾病保险和失能收入损失保险等商业健康保险产品，并与基本医疗保险相衔接。发展商业性长期护理保险。提供与商业健康保险产品相结合的疾病预防、健康维护、慢性病管理等健康管理服务。支持保险机构参与健康服务业产业链整合，探索运用股权投资、战略合作等方式，设立医疗机构和参与公立医院改制。

三、发挥保险风险管理功能，完善社会治理体系

（七）运用保险机制创新公共服务提供方式。政府通过向商业保险公司购买服务等方式，在公共服务领域充分运用市场化机制，积极探索推进具有资质的商业保险机构开展各类养老、医疗保险经办服务，提升社会管理效率。按照全面开展城乡居民大病保险的要求，做好受托承办工作，不断完善运作机制，提高保障水平。鼓励发展治安保险、社区综合保险等新兴业务。支持保险机构运用股权投资、战略合作等方式参与保安服务产业链整合。

（八）发挥责任保险化解矛盾纠纷的功能作用。强化政府引导、市场运作、立法保障的责任保险发展模式，把与公众利益关系密切的环境污染、食品安全、医疗责任、医疗意外、实习安全、校园安全等领域作为责任保险发展重点，探索开展强制责任保险试点。加快发展旅行社、产品质量以及各类职业责任保险、产品责任保险和公众责任保险，充分发挥责任保险在事前风险预防、事中风险控制、事后理赔服务等方面的功能作用，用经济杠杆和多样化的责任保险产品化解民事责任纠纷。

四、完善保险经济补偿机制，提高灾害救助参与度

（九）将保险纳入灾害事故防范救助体系。提升企业和居民利用商业保险等市场化手段应对灾害事故风险的意识和水平。积极发展企业财产保险、工程保险、机动车辆保险、家庭财产保险、意外伤害保险等，增强全社会抵御风险的能力。充分发挥保险费率杠杆的激励约束作用，强化事前风险防范，减少灾害事故发生，促进安全生产和突发事件应急管理。

（十）建立巨灾保险制度。围绕更好保障和改善民生，以制度建设为基础，以商业保险为平台，以多层次风险分担为保障，建立巨灾保险制度。研究建立巨灾保险基金、巨灾再保险等制度，逐步形成财政支持下的多层次巨灾风险分散机制。鼓励各地根据风险特点，探索对台风、地震、滑坡、泥石流、洪水、森林火灾等灾害的有效保障模式。制定巨灾保险法规。建立核保险巨灾责任准备金制度。建立巨灾风险管理数据库。

五、大力发展"三农"保险，创新支农惠农方式

（十一）积极发展农业保险。按照中央支持保大宗、保成本，地方支持保特色、保产量，有条件的保价格、保收入的原则，鼓励农民和各类新型农业经营主体自愿参保，扩大农业保险覆盖面，提高农业保险保障程度。开展农产品目标价格保险试点，探索天气指数保险等新兴产品和服务，丰富农业保险风险管理工具。落实农业保险大灾风险准备金制度。健全农业保险服务体系，鼓励开展多种形式的互助合作保险。健全保险经营机构与灾害预报部门、农业主管部门的合作机制。

（十二）拓展"三农"保险广度和深度。各地根据自身实际，支持保险机构提供保障适度、保费低廉、保单通俗的"三农"保险产品。积极发展农村小额信贷保险、农房保险、农机保险、农业基础设施保险、森林保险，以及农民养老健康保险、农村小额人身保险等普惠保险业务。

六、拓展保险服务功能，促进经济提质增效升级

（十三）充分发挥保险资金长期投资的独特优势。在保证安全性、收益性前提下，创新保险资金运用方式，提高保险资金配置效率。鼓励保险资金利用债权投资计划、股权投资计划等方式，支持重大基础设施、棚户区改造、城镇化建设等民生工程和国家重大工程。鼓励保险公司通过投资企业股权、债权、基金、资产支持计划等多种形式，在合理管控风险的前提下，为科技型企业、小微企业、战略性新兴产业等发展提供资金支持。研究制定保险资金投资创业投资基金相关政策。

（十四）促进保险市场与货币市场、资本市场协调发展。进一步发挥保险公司的机构投资者作用，为股票市场和债券市场长期稳定发展提供有力支持。鼓励设立不动产、基础设施、养老等专业保险资产管理机构，允许专业保险资产管理机构设立夹层基金、并购基金、不动产基金等私募基金。稳步推进保险公司设立基金管理公司试点。探索保险机构投资、发起资产证券化产品。探索发展债券信用保险。积极培育另类投资市场。

（十五）推动保险服务经济结构调整。建立完善科技保险体系，积极发展适应科技创新的保险产品和服务，推广国产首台首套装备的保险风险补偿机制，促进企业创新和科技成果产业化。加快发展小微企业信用保险和贷款保证保险，增强小微企业融资能力。积极发展个人消费贷款保证保险，释放居民消费潜力。发挥保险对咨询、法律、会计、评估、审计等产业的辐射作用，积极发展文化产业保险、物流保险，探索演艺、会展责任险等新兴保险业务，促进第三产业发展。

（十六）加大保险业支持企业"走出去"的力度。着力发挥出口信用保险促进外贸稳定增长和转型升级的作用。加大出口信用保险对自主品牌、自主知识产权、战略性新兴产业的支持力度，重点支持高科技、高附加值的机电产品和大型成套设备，简化审批程序。加快发展境外投资保险，以能源矿产、基础设施、高新技术和先进制造业、农业、林业等为重点支持领域，创新保险品种，扩大承保范围。稳步放开短期出口信用保险市场，进一步增加市场经营主体。积极发展航运保险。拓展保险资金境外投资范围。

七、推进保险业改革开放，全面提升行业发展水平

（十七）深化保险行业改革。继续深化保险公司改革，加快建立现代保险企业制度，完善保险公司治理结构。全面深化寿险费率市场化改革，稳步开展商业车险费率市场化改革。深入推进保险市场准入、退出机制改革。加快完善保险市场体系，支持设立区域性和专业性保险公司，发展信用保险专业机构。规范保险公司并购重组。支持符合条件的保险公司在境内外上市。

（十八）提升保险业对外开放水平。推动保险市场进一步对内对外开放，实现"引进来"和"走出去"更好结合，以开放促改革促发展。鼓励中资保险公司尝试多形式、多渠道"走出去"，为我国海外企业提供风险保障。支持中资保险公司通过国际资本市场筹集资金，多种渠道进入海外市场。努力扩大保险服务出口。引导外资保险公司将先进经验和技术植入中国市场。

（十九）鼓励保险产品服务创新。切实增强保险业自主创新能力，积极培育新的业务增长点。支持保险公司积极运用网络、云计算、大数据、移动互联网等新技术促进保险业销售渠道和服务模式创新。大力推进条款通俗化和服务标准化，鼓励保险公司提供个性化、定制化产品服务，减少同质低效竞争。推动保险公司转变发展方式，提高服务质量，努力降低经营成本，提供质优价廉、诚信规范的保险产品和服务。

（二十）加快发展再保险市场。增加再保险市场主体。发展区域性再保险中心。加大再保险产品和技术创新力度。加大再保险对农业、交通、能源、化工、水利、地铁、航空航天、核电及其他国家重点项目的大型风险、特殊风险的保险保障力度。增强再保险分散自然灾害风险的能力。强化再保险对我国海外企业的支持保障功能，提升我国在全球再保险市场的定价权、话语权。

（二十一）充分发挥保险中介市场作用。不断提升保险中介机构的专业技术能力，发挥中介机构在风险定价、防灾防损、风险顾问、损失评估、理赔服务等方面的积极作用，更好地为保险消费者提供增值服务。优化保险中介市场结构，规范市场秩序。稳步推进保险营销体制改革。

八、加强和改进保险监管，防范化解风险

（二十二）推进监管体系和监管能力现代化。坚持机构监管与功能监管相统一，宏观审慎监管与微观审慎监管相统一，加快建设以风险为导向的保险监管制度。加强保险公司治理和内控监管，改进市场行为监管，加快建设第二代偿付能力监管制度。完善保险法规体系，提高监管法制化水平。积极推进监管信息化建设。充分发挥保险行业协会等自律组织的作用。

充分利用保险监管派出机构资源，加强基层保险监管工作。

（二十三）加强保险消费者合法权益保护。推动完善保险消费者合法权益保护法律法规和规章制度。探索建立保险消费纠纷多元化解决机制，建立健全保险纠纷诉讼、仲裁与调解对接机制。加大保险监管力度，监督保险机构全面履行对保险消费者的各项义务，严肃查处各类损害保险消费者合法权益的行为。

（二十四）守住不发生系统性区域性金融风险的底线。加强保险业全面风险管理，建立健全风险监测预警机制，完善风险应急预案，优化风险处置流程和制度，提高风险处置能力。强化责任追究，增强市场约束，防止风险积累。加强金融监管协调，防范风险跨行业传递。完善保险监管与地方人民政府以及公安、司法、新闻宣传等部门的合作机制。健全保险保障基金管理制度和运行机制。

九、加强基础建设，优化保险业发展环境

（二十五）全面推进保险业信用体系建设。加强保险信用信息基础设施建设，扩大信用记录覆盖面，构建信用信息共享机制。引导保险机构采取差别化保险费率等手段，对守信者予以激励，对失信者进行约束。完善保险从业人员信用档案制度、保险机构信用评价体系和失信惩戒机制。

（二十六）加强保险业基础设施建设。加快建立保险业各类风险数据库，修订行业经验生命表、疾病发生率表等。组建全行业的资产托管中心、保险资产交易平台、再保险交易所、防灾防损中心等基础平台，加快中国保险信息技术管理有限责任公司发展，为提升保险业风险管理水平、促进行业转型升级提供支持。

（二十七）提升全社会保险意识。发挥新闻媒体的正面宣传和引导作用，鼓励广播电视、平面媒体及互联网等开办专门的保险频道或节目栏目，在全社会形成学保险、懂保险、用保险的氛围。加强中小学、职业院校学生保险意识教育。

十、完善现代保险服务业发展的支持政策

（二十八）建立保险监管协调机制。加强保险监管跨部门沟通协调和配合，促进商业保险与社会保障有效衔接、保险服务与社会治理相互融合、商业机制与政府管理密切结合。建立信息共享机制，逐步实现数据共享，提升有关部门的风险甄别水平和风险管理能力。建立保险数据库公安、司

法、审计查询机制。

（二十九）鼓励政府通过多种方式购买保险服务。鼓励各地结合实际，积极探索运用保险的风险管理功能及保险机构的网络、专业技术等优势，通过运用市场化机制，降低公共服务运行成本。对于商业保险机构运营效率更高的公共服务，政府可以委托保险机构经办，也可以直接购买保险产品和服务；对于具有较强公益性，但市场化运作无法实现盈亏平衡的保险服务，可以由政府给予一定支持。

（三十）研究完善加快现代保险服务业发展的税收政策。完善健康保险有关税收政策。适时开展个人税收递延型商业养老保险试点。落实和完善企业为职工支付的补充养老保险费和补充医疗保险费有关企业所得税政策。落实农业保险税收优惠政策。结合完善企业研发费用所得税加计扣除政策，统筹研究科技研发保险费用支出税前扣除政策问题。

（三十一）加强养老产业和健康服务业用地保障。各级人民政府要在土地利用总体规划中统筹考虑养老产业、健康服务业发展需要，扩大养老服务设施、健康服务业用地供给，优先保障供应。加强对养老、健康服务设施用地监管，严禁改变土地用途。鼓励符合条件的保险机构等投资兴办养老产业和健康服务业机构。

（三十二）完善对农业保险的财政补贴政策。加大农业保险支持力度，提高中央、省级财政对主要粮食作物的保费补贴，减少或取消产粮大县三大粮食作物保险县级财政保费补贴。建立财政支持的农业保险大灾风险分散机制。

各地区、各部门要充分认识加快现代保险服务业发展的重要意义，把发展现代保险服务业作为促进经济转型、转变政府职能、带动扩大就业、完善社会治理、保障改善民生的重要抓手，加强沟通协调，形成工作合力。有关部门要根据本意见要求，按照职责分工抓紧制定相关配套措施，确保各项政策落实到位。省级人民政府要结合实际制定具体方案，促进本地区现代保险服务业有序健康发展。

中国银保监会关于规范互联网
保险销售行为可回溯管理的通知

(2020 年 6 月 22 日　银保监发〔2020〕26 号)

各银保监局，各保险集团（控股）公司、保险公司、保险专业中介机构：

为规范和加强互联网保险销售行为可回溯管理，保障消费者知情权、自主选择权和公平交易权等基本权利，促进互联网保险业务健康发展，现将有关事项通知如下：

一、本通知所称互联网保险销售行为可回溯，是指保险机构通过销售页面管理和销售过程记录等方式，对在自营网络平台上销售保险产品的交易行为进行记录和保存，使其可供查验。

本通知所称保险机构包括保险公司和保险中介机构。

二、保险机构在自营网络平台上销售投保人为自然人的商业保险产品时，应当实施互联网保险销售行为可回溯管理。个人税收优惠型健康保险、个人税收递延型养老保险产品除外。

三、销售页面是指保险机构在自营网络平台上设置的投保及承保全流程页面，包含提示进入投保流程、展示说明保险条款、履行提示和明确说明义务、验证投保人身份，及投保人填写投保信息、自主确认阅读有关信息、提交投保申请、缴纳保费等内容的网络页面。

四、保险机构应当在自营网络平台通过设置销售页面实现互联网保险销售，不得在非自营网络平台设置销售页面。保险机构可以在非自营网络平台设置投保申请链接，由投保人点击链接进入自营网络平台的销售页面。非保险机构自营网络平台不得设置保险产品销售页面。

五、销售页面管理是指保险机构应当保存销售页面的内容信息及历史修改信息，并建立销售页面版本管理机制。

六、销售页面的首页必须是提示进入投保流程页面，保险机构应当通过设置提示进入投保流程页面，对销售页面和非销售页面进行分隔。非销售页面中不得包含投保人填写投保信息、提交投保申请等内容。

七、提示进入投保流程页面应当包含提示投保人即将进入投保流程、需仔细阅读保险条款、投保人在销售页面的操作将被记录等内容。

保险中介机构的提示进入投保流程页面，应当增加客户告知书内容并重点披露该保险中介机构和承保保险公司名称。

八、保险机构的销售页面应当展示保险条款或提供保险条款文本链接，说明合同内容，并设置由投保人自主确认已阅读的标识。

九、保险机构应当以足以引起投保人注意的文字、字体、符号或其他明显标志，对保险合同中免除保险公司责任的条款内容进行逐项展示，并以网页、音频或视频等形式予以明确说明。

十、保险机构销售以下保险产品时，应当按照要求展示可能影响保单效力以及可能免除保险公司责任的内容，包括但不限于：

（一）销售人身保险新型产品，应当增加保单利益不确定性风险提示内容；

（二）销售健康保险产品，应当增加保险责任等待期的起算时间、期限及对投保人权益的影响，指定医疗机构，是否保证续保及续保有效时间，是否自动续保，医疗费用补偿原则，费率是否调整等内容；

（三）销售含有犹豫期条款的保险产品，应当增加犹豫期条款内容。

十一、保险机构销售以死亡为给付条件、被保险人与投保人不一致的保险产品时，应当按照要求展示被保险人同意投保并确认保险金额的内容。父母为其未成年子女投保的除外。

十二、保险机构应当对健康告知提示进行展示。投保人健康告知页面应当包含投保人健康告知内容、未尽到如实告知义务后果说明等内容。健康告知提示应当与保险责任直接相关，表述通俗易懂，内容具体且问题边界清晰。

十三、保险机构应当将第七、九、十、十一、十二条的内容设置单独页面展示，并设置由投保人或被保险人自主确认已阅读的标识。

本通知要求由投保人或被保险人自主确认已阅读的销售页面，投保人或被保险人未自主确认的，保险机构不得接收投保人的投保申请、收取保费。

十四、保险机构开展互联网保险销售时，应当根据对个人保险实名制的管理要求，对投保人、被保险人和受益人身份真实性进行验证。

十五、保险机构应当将投保人、被保险人在销售页面上的操作轨迹予以记录和保存，操作轨迹应当包含投保人进入和离开销售页面的时点、投保人和被保险人填写或点选销售页面中的相关内容及时间等。

十六、保险机构应当记录和保存投保期间通过在线服务体系向投保人解释说明保险条款的有关信息。

十七、保险机构开展互联网保险销售行为可回溯时，收集、使用消费者信息应当遵循合法、正当、必要的原则，不得收集与其销售产品无关的消费者信息。

十八、保险机构负责互联网保险销售行为可回溯资料的归档管理，互联网保险销售行为可回溯资料应当至少包括销售页面，投保人、被保险人在相关销售页面上的操作轨迹和投保期间保险机构通过在线服务体系向投保人解释说明保险条款的有关信息。

十九、互联网保险销售行为可回溯资料保管期限自保险合同终止之日起计算，保险期间在一年以下的不得少于五年，保险期间超过一年的不得少于十年。遇消费者投诉、法律诉讼等纠纷的，应当至少保存至纠纷结束后三年。

二十、互联网保险销售行为可回溯资料应当可以还原为可供查验的有效文件，销售页面应当可以还原为可供查验的有效图片或视频。

二十一、保险机构开展互联网保险销售行为可回溯相关工作时，应当严格依照有关法律法规，采取切实可行的管理措施和技术措施，保护投保人、被保险人和受益人的个人信息安全。

二十二、保险机构应当对互联网保险销售行为可回溯管理建立全面、系统、规范的内部控制体系，加强内控制度建设和内控流程设计，实现对销售行为可回溯管理所有流程和操作环节的有效监控。

二十三、保险机构开展互联网保险销售时，涉及非互联网保险销售方式的，一并适用本通知和中国银保监会关于可回溯管理的其他监管要求。

二十四、保险机构通过固定场所设置的自助终端销售保险产品的，适用本通知。本通知实施前关于自助终端销售行为可回溯管理的相关监管要求与本通知不一致的，以本通知为准。

二十五、保险机构未按照本通知要求对互联网保险销售行为进行可回溯管理的，由中国银保监会及其派出机构依照有关法律规定予以处罚或采取监管措施。

二十六、本通知自 2020 年 10 月 1 日起实施。本通知实施后仍不能符合要求的保险机构，应当立即停止开展相关互联网保险销售业务。

最高人民法院、中国保险监督管理委员会关于全面推进保险纠纷诉讼与调解对接机制建设的意见

(2016 年 11 月 4 日　法〔2016〕374 号)

开展保险纠纷诉讼与调解对接（下称诉调对接）机制建设，是贯彻落实党的十八大和十八届三中、四中、五中、六中全会精神，完善多元化纠纷解决机制推进社会治理现代化的重要举措。自 2012 年最高人民法院和中国保监会联合下发《关于在全国部分地区开展建立保险纠纷诉讼与调解对接机制试点工作的通知》（法〔2012〕307 号）以来，试点地区人民法院与保险监管机构加强协同运作，发挥预防和化解社会矛盾的积极作用，促进保险纠纷依法、公正、高效解决，有效维护各方当事人合法权益，圆满完成各项试点任务。为贯彻落实《中共中央关于全面推进依法治国若干重大问题的决定》（中发〔2014〕10 号）有关完善多元化纠纷解决机制精神及《最高人民法院关于人民法院进一步深化多元化纠纷解决机制改革的意见》（法发〔2016〕14 号），现就进一步推进保险纠纷诉调对接机制建设工作提出以下意见：

一、总体要求

（一）指导思想

全面贯彻党的十八大和十八届三中、四中、五中、六中全会精神，以邓小平理论、"三个代表"重要思想、科学发展观为指导，深入贯彻习近平总书记系列重要讲话精神，紧紧围绕协调推进"四个全面"战略布局和"五大发展理念"，切实落实党中央国务院关于完善矛盾纠纷多元化解机制的要求，充分发挥人民法院、保险监管机构、保险行业组织预防和化解社

会矛盾纠纷的积极作用，依法、公正、高效化解保险纠纷，不断提高调解公信力，为保险纠纷当事人提供便捷、高效、低成本的纠纷解决途径。

（二）基本原则

一是坚持依法公正。保险纠纷诉调对接工作应当依法、公正进行，严格遵守法律、行政法规和司法解释规定的程序，不得损害当事人及其他利害关系人的合法权益，不得违反法律的基本原则，不得损害社会公共利益。二是坚持调解自愿。开展保险纠纷诉调对接工作必须充分尊重各方当事人意愿，不得强制调解，保障当事人依法行使自己的民事权利和诉讼权利。三是坚持高效便民。开展保险纠纷诉调对接工作应注重工作效率，根据纠纷的实际情况，灵活确定调解方式方法，充分运用信息化手段，尽可能方便当事人。

（三）目标任务

1. 建立完善的保险纠纷多元化解决机制，为保险纠纷当事人提供更多可选择的纠纷解决渠道，实现诉调对接工作制度健全，机制运转顺畅，调解组织管理规范，调解程序合法公正，调解队伍专业稳定，依法、公正、高效化解矛盾纠纷，切实保护各方当事人的合法权益。

2. 积极扩大开展地区范围。除前期试点地区继续开展诉调对接工作外，保险纠纷诉调对接工作扩展至所有直辖市和省会（自治区首府）城市。各省、自治区、直辖市高级人民法院和保险监管机构应本着积极稳妥的原则，适时将保险纠纷诉调对接机制扩展到有纠纷化解需求、工作基础较好的地区。

二、加强平台建设

（四）完善平台设置

开展地区法院要将保险纠纷诉调对接平台建设与诉讼服务中心建设结合起来，有条件的地区要积极设立保险纠纷调解室，供特邀调解组织、特邀调解员开展工作；要建立特邀调解组织名册、特邀调解员名册，向保险纠纷当事人提供完整、准确的调解组织和调解员信息，供当事人自愿选择。保险监管机构要结合辖区实际，指导当地保险行业协会建立健全保险纠纷调解组织，有条件的地区可以建立第三方保险纠纷调解组织，推动调解组织的规范化、标准化。保险行业协会应将本地区保险纠纷调解组织、调解员名单报当地保监局、保监分局备案，并由保监局、保监分局提供给对接法院建立本辖区调解组织、调解员名册。

（五）规范调解组织建设

保险行业协会要制定调解组织管理制度，建立调解组织的评价机制；筹集并管理调解组织运行经费，制定经费使用规范及费用支付标准；指导调解组织制定并完善调解组织的调解规则、档案管理、报表统计等制度，加强调解组织软硬件建设，实现调解组织规范化、标准化。

（六）加强调解员队伍建设

调解组织要建立和完善调解员的遴选、认证、培训、考核、奖惩、退出等制度；挑选业务熟练、经验丰富的人员专职负责调解工作的组织和实施；组建调解专家库，组织相关专业人员为具体纠纷调解工作提供指导；将调解员培训纳入年度工作计划，提高调解员的职业道德、法律知识、保险知识和调解技能水平。开展地区法院要加强对调解员的指导，并通过观摩法庭审判、开展法律知识讲座等形式对调解员进行培训，促进保险纠纷诉调对接工作持续开展。

（七）积极推动建立"一站式"纠纷解决模式

开展地区法院和保险纠纷调解组织应积极推动引导交通事故纠纷处理、医疗纠纷处理等领域建立"一站式"纠纷解决模式，推进纠纷的快速处理，切实减轻当事人负担。

三、规范运作程序

（八）明确案件范围

开展地区法院要按照《最高人民法院关于建立健全诉讼与非诉讼相衔接的矛盾纠纷解决机制的若干意见》（法发〔2009〕45号）和《最高人民法院关于人民法院进一步深化多元化纠纷解决机制改革的意见》的相关规定，有序开展保险纠纷诉调对接工作。保险纠纷诉调对接的案件范围为最高人民法院《民事案件案由规定》（法〔2011〕41号）中规定的保险纠纷以及其他与保险有关的民商事纠纷。开展地区可视情况在上述纠纷案件范围内开展诉调对接工作。

（九）完善立案前委派调解对接流程

1. 诉前引导。在收到保险纠纷起诉状或者口头起诉之后、登记立案之前，人民法院立案部门应引导当事人选择调解方式解决纠纷。当事人同意进行诉前调解的，应填写《立案前（诉前）调解申请书》等并签字确认，或者由人民法院向当事人出具《立案前（诉前）调解建议书》、《立案前（诉前）调解确认书》等文件并由当事人签字确认。当事人明确表示不同意调解的，人民法院应当依法登记立案。

2. 委派调解。人民法院向保险纠纷调解组织发送立案前委派调解函及相关材料。

3. 组织调解。调解员根据调解程序依法开展调解工作。双方达成一致意见的，调解组织应制作调解协议书，由调解员和双方当事人签字确认；调解不成的，调解组织应及时函复人民法院，其中当事人申请立案的，人民法院应当依法登记立案。

4. 司法确认。当事人申请对调解协议进行司法确认的，人民法院应当根据《最高人民法院关于建立健全诉讼与非诉讼相衔接的矛盾纠纷解决机制的若干意见》、《最高人民法院关于人民法院进一步深化多元化纠纷解决机制改革的意见》以及民事诉讼法相关规定，及时对调解协议进行审查，依法确认调解协议的效力。

（十）完善立案后委托调解对接流程

1. 委托调解。保险纠纷已经登记立案的，开展地区法院根据案件情况，经双方当事人同意，可以委托保险纠纷调解组织调解。由人民法院出具委托调解函，写明委托法院和承办法官、双方当事人、案由及案情简介等，连同起诉书、答辩状、主要证据材料复印件及清单等材料移送调解组织。

2. 组织调解。调解员根据调解程序依法开展调解工作。双方达成一致意见的，由调解组织制作调解协议书，调解员和双方当事人签字确认。调解组织应将调解结果及相关文件及时书面报送委托法院，人民法院依法审查后出具民事调解书。调解不成的，保险纠纷案件应及时恢复审理。

（十一）严格调解时限

人民法院委派或者委托调解的保险纠纷案件，调解组织应当自接受案件之日起二十个工作日内调解完毕（不包含伤残鉴定、损失评估等时间）。经双方当事人同意，可以适当延长，但最长不得超过七个工作日。

四、健全工作机制

（十二）构建多层次的保险纠纷诉调对接沟通联系机制

开展地区法院、保险监管机构等相关方应当定期召开保险纠纷诉调对接联席会议，沟通工作情况，协调重大典型保险纠纷案件调解，推进保险纠纷诉调对接工作深入有效开展。开展地区法院、保险监管机构、保险纠纷调解组织应当加强日常性联系沟通，及时就保险纠纷诉调对接工作中遇到的具体问题进行协调，提高工作质量和效率。

（十三）建立保险纠纷诉调对接信息共享机制

开展地区法院、保险监管机构、保险纠纷调解组织应健全保险纠纷诉调对接工作信息和数据的统计汇总制度，并定期交流信息和数据。对审判工作中发现的保险纠纷共性问题，人民法院应向保险监管机构、保险行业协会发出司法建议。

（十四）建立疑难纠纷指导机制

保险纠纷调解组织可以就保险纠纷调解中遇到的疑难问题和涉及的法律适用问题向人民法院提出咨询，人民法院应及时予以指导和答复。

（十五）探索建立在线调解机制

开展地区法院和保险纠纷调解组织应积极发挥信息技术手段对诉调对接机制建设的支持作用，依托互联网探索建立保险纠纷在线调解模式，促进保险纠纷诉调对接机制的信息化发展。

五、强化措施保障

（十六）加强组织领导

开展地区法院、保险监管机构要加大对保险纠纷诉调对接工作的领导和指导力度，根据具体实际联合制定保险纠纷诉调对接工作细则。开展地区法院所在辖区的高级人民法院、中级人民法院应指导、督促辖区内的诉调对接工作，推动诉调对接工作顺利开展。开展地区法院应明确由一个庭室统一负责保险纠纷诉调对接工作的对外协调，各相关庭室要积极参与配合保险纠纷诉调对接工作，注重沟通协作。保险监管机构应加强对调解组织的指导和监督，鼓励保险公司建立调解权限动态授予、异地授权、及时应调、快速审批等机制，保障基层分支机构能够通过调解解决保险纠纷。保险行业协会应通过组织会员公司签订行业自律公约的形式督促保险公司各级机构积极参与调解并及时履行调解协议。开展地区法院、保险监管机构和保险行业协会可以对保险纠纷诉调对接工作中表现突出的集体和个人予以表彰和宣传。

（十七）保障经费来源

开展地区法院、保险监管机构要积极争取当地党委、政府对保险纠纷诉调对接工作的支持，将诉调对接工作纳入当地矛盾纠纷多元化解工作经费保障范围。鼓励保险行业协会依法采取增加专项会费或者根据各会员公司调解案件数量收取费用等方式落实诉调对接机制经费保障，确保诉调对接工作有效进行。

（十八）完善司法确认程序

经保险纠纷调解组织主持调解达成具有民事合同性质的调解协议，当事人可以向调解组织所在地基层人民法院或者人民法庭依法申请确认其效力。登记立案前委派给保险纠纷调解组织调解达成的协议，当事人申请司法确认的，由调解组织所在地或者委派调解的基层人民法院管辖。

六、加强政策引导与宣传教育

（十九）注重政策引导

开展地区法院、保险监管机构、保险行业协会要积极引导当事人通过调解解决矛盾纠纷。人民法院要向当事人告知保险纠纷诉调对接的相关情况。保险监管机构、保险行业协会应督促保险公司在投保提示、索赔告知书、投诉处理告知书及保险合同中添加通过调解方式解决纠纷的内容，保险监管机构应在投诉处理告知书中添加通过调解方式解决纠纷的内容。

（二十）重视宣传教育

开展地区法院、保险监管机构、保险行业协会要加大宣传力度。人民法院应将保险纠纷诉调对接纳入法律宣传活动体系，保险监管机构、保险行业协会应将保险纠纷诉调对接机制纳入消费者教育体系，提升保险纠纷当事人以及社会公众对保险纠纷诉调对接机制的知晓度和信任度，增进社会公众对诉调对接工作的参与度，形成有利于推进诉调对接工作的良好氛围。

国务院办公厅关于加快发展
商业养老保险的若干意见

（2017 年 6 月 29 日　国办发〔2017〕59 号）

各省、自治区、直辖市人民政府，国务院各部委、各直属机构：

商业养老保险是商业保险机构提供的，以养老风险保障、养老资金管理等为主要内容的保险产品和服务，是养老保障体系的重要组成部分。发展商业养老保险，对于健全多层次养老保障体系，促进养老服务业多层次多样化发展，应对人口老龄化趋势和就业形态新变化，进一步保障和改善民生，促进社会和谐稳定等具有重要意义。为深入贯彻落实《中共中央关于全面深化改革若干重大问题的决定》、《国务院关于加快发展养老服务业的若干意见》（国发〔2013〕35号）、《国务院关于加快发展现代保险服务业的若干意见》（国发〔2014〕29号）等文件要求，经国务院同意，现就加快发展商业养老保险提出以下意见：

一、总体要求

（一）指导思想。

全面贯彻党的十八大和十八届三中、四中、五中、六中全会精神，深入贯彻习近平总书记系列重要讲话精神和治国理政新理念新思想新战略，认真落实党中央、国务院决策部署，牢固树立新发展理念，以提高发展质量和效益为中心，以推进供给侧结构性改革为主线，以应对人口老龄化、满足人民群众日益增长的养老保障需求、促进社会和谐稳定为出发点，以完善养老风险保障机制、提升养老资金运用效率、优化养老金融服务体系为方向，依托商业保险机构专业优势和市场机制作用，扩大商业养老保险产品供给，拓宽服务领域，提升保障能力，充分发挥商业养老保险在健全养老保障体系、推动养老服务业发展、促进经济提质增效升级等方面的生力军作用。

（二）基本原则。

坚持改革创新，提升保障水平。以应对人口老龄化、保障和改善民生为导向，坚持专注主业，深化商业养老保险体制机制改革，激发创新活力，增加养老保障产品和服务供给，提高服务质量和效率，更好满足人民群众多样化、多层次养老保障需求。

坚持政策引导，强化市场机制。更好发挥政府引导和推动作用，给予商业养老保险发展必要政策支持，创造良好政策环境。充分发挥市场在资源配置中的决定性作用，鼓励市场主体及相关业务特色化、差异化发展。

坚持完善监管，规范市场秩序。始终把维护保险消费者合法权益作为商业养老保险监管的出发点和立足点，坚持底线思维，完善制度体系，加强监管协同，强化制度执行，杜绝行政摊派、强买强卖，营造平等参与、公平竞争、诚信规范的市场环境。

（三）主要目标。

到 2020 年，基本建立运营安全稳健、产品形态多样、服务领域较广、专业能力较强、持续适度盈利、经营诚信规范的商业养老保险体系，商业养老保险成为个人和家庭商业养老保障计划的主要承担者、企业发起的商业养老保障计划的重要提供者、社会养老保障市场化运作的积极参与者、养老服务业健康发展的有力促进者、金融安全和经济增长的稳定支持者。

二、创新商业养老保险产品和服务

（四）丰富商业养老保险产品供给，为个人和家庭提供个性化、差异化养老保障。支持商业保险机构开发多样化商业养老保险产品，满足个人和家庭在风险保障、财富管理等方面的需求。积极发展安全性高、保障性强、满足长期或终身领取要求的商业养老年金保险。支持符合条件的商业保险机构积极参与个人税收递延型商业养老保险试点。针对独生子女家庭、无子女家庭、"空巢"家庭等特殊群体养老保障需求，探索发展涵盖多种保险产品和服务的综合养老保障计划。允许商业养老保险机构依法合规发展具备长期养老功能、符合生命周期管理特点的个人养老保障管理业务。

（五）推动商业保险机构提供企业（职业）年金计划等产品和服务。鼓励商业保险机构发展与企业（职业）年金领取相衔接的商业保险业务，强化基金养老功能。支持符合条件的商业保险机构申请相关资质，积极参与企业年金基金和职业年金基金管理，在基金受托、账户管理、投资管理等方面提供优质高效服务。鼓励商业保险机构面向创新创业企业就业群体的市场需求，丰富商业养老保险产品供给，优化相关服务，提供多样化养老保障选择。

（六）鼓励商业保险机构充分发挥行业优势，提供商业服务和支持。充分发挥商业保险机构在精算管理和服务资源等方面的优势，为养老保险制度改革提供技术支持和相关服务。支持符合条件的商业保险机构利用资产管理优势，依法依规有序参与基本养老保险基金和全国社会保障基金投资运营，促进养老保险基金和社会保障基金保值增值。

三、促进养老服务业健康发展

（七）鼓励商业保险机构投资养老服务产业。发挥商业养老保险资金长期性、稳定性优势，遵循依法合规、稳健安全原则，以投资新建、参股、并购、租赁、托管等方式,积极兴办养老社区以及养老养生、健康体检、康复管理、医疗护理、休闲康养等养老健康服务设施和机构,为相关机构研发生产老年用品提供支持,增加养老服务供给。鼓励商业保险机构积极参与养老服务业综合改革试点,加快推进试点地区养老服务体系建设。

(八)支持商业保险机构为养老机构提供风险保障服务。探索商业保险机构与各类养老机构合作模式,发展适应养老机构经营管理风险要求的综合责任保险,提升养老机构运营效率和稳健性。支持商业保险机构发展针对社区日间照料中心、老年活动中心、托老所、互助型社区养老服务中心等老年人短期托养和文体休闲活动机构的责任保险。

(九)建立完善老年人综合养老保障计划。针对老年人养老保障需求,坚持保障适度、保费合理、保单通俗原则,大力发展老年人意外伤害保险、老年人长期护理保险、老年人住房反向抵押养老保险等适老性强的商业保险、完善保单贷款、多样化养老金支付形式等配套金融服务。逐步建立老年人长期照护、康养结合、医养结合等综合养老保障计划,健全养老、康复、护理、医疗等服务保障体系。

四、推进商业养老保险资金安全稳健运营

(十)发挥商业养老保险资金长期投资优势。坚持风险可控、商业可持续原则,推进商业养老保险资金稳步有序参与国家重大战略实施。支持商业养老保险资金通过债权投资计划、股权投资计划、不动产投资计划、资产支持计划、保险资产管理产品等形式,参与重大基础设施、棚户区改造、新型城镇化建设等重大项目和民生工程建设,服务科技型企业、小微企业、战略性新兴产业、生活性服务新业态等发展,助力国有企业混合所有制改革。

(十一)促进商业养老保险资金与资本市场协调发展。发挥商业保险机构作为资本市场长期机构投资者的积极作用,依法有序参与股票、债券、证券投资基金等领域投资,为资本市场平稳健康发展提供长期稳定资金支持,规范有序参与资本市场建设。

(十二)审慎开展商业养老保险资金境外投资。在风险可控前提下,稳步发展商业养老保险资金境外投资业务,合理配置境外资产,优化配置结构。支持商业养老保险资金通过相关自贸试验区开展境外市场投资;按照商业可持续原则,有序参与丝路基金、亚洲基础设施投资银行和金砖国家新开发银行等主导的投资项目，更好服务国家"走出去"战略。

五、提升管理服务水平

（十三）加强制度建设。坚持制度先行，健全商业养老保险管理运行制度体系，优化业务流程，提升运营效率，增强商业养老保险业务运作规范性。细化完善商业养老保险资金重点投资领域业务规则，强化限额管理，探索建立境外投资分级管理机制。完善商业养老保险服务国家战略的引导政策和支持实体经济发展的配套政策。

（十四）提升服务质量。制定完善商业养老保险服务标准，构建以保险消费者满意度为核心的服务评价体系。深入推进以客户为中心的运营管理体系建设，运用现代技术手段，促进销售渠道和服务模式创新，为保险消费者提供高效便捷的服务。突出销售、承保、赔付等关键服务环节，着力改进服务质量，提升保险消费者消费体验，巩固培育商业品牌和信誉。

（十五）发展专业机构。提升商业养老保险从业人员职业道德和专业素质，加大专业人才培养和引进力度，完善职业教育。支持符合条件的商业保险机构发起设立商业养老保险机构，拓宽民间资本参与商业养老保险机构投资运营渠道，允许专业能力强、市场信誉度高的境外专业机构投资商业养老保险机构。

（十六）强化监督管理。完善商业养老保险监管政策，加强监督检查，规范商业养老保险市场秩序，强化保险消费者权益保护。落实偿付能力监管制度要求，加强商业养老保险资金运用监管，健全风险监测预警和信息披露机制。督促商业保险机构加强投资能力和风险管控能力建设，强化资产负债匹配管理和风险控制，防范投资运用风险，实现商业养老保险资金保值及合理回报，提升保险保障水平。

六、完善支持政策

（十七）加强组织领导与部门协同。各地区、各有关部门要将加快发展商业养老保险纳入完善养老保障体系和加快发展养老服务业的总体部署，加强沟通配合，创新体制机制，积极研究解决商业养老保险发展中的重大问题。有关部门可根据本意见精神，细化完善配套政策措施。各省（区、市）人民政府可结合实际制定具体实施意见，促进本地区商业养老保险持续健康发展。

（十八）加强投资和财税等政策支持。研究制定商业养老保险服务实体经济的投资支持政策，完善风险保障机制，为商业养老保险资金服务国家战略、投资重大项目、支持民生工程建设提供绿色通道和优先支持。落实好国家支持现代保险服务业和养老服务业发展的税收优惠政策，对商业保险机构一年期以上人身保险保费收入免征增值税。2017 年年底前启动个人税收递延型商业养老保险试点。研究制定商业保险机构参与全国社会保障基金投资运营的相关政策。

（十九）完善地方保障支持政策。各省（区、市）人民政府要统筹规划养老服务业发展，鼓励符合条件的商业保险机构投资养老服务业，落实好养老服务设施的用地保障政策。支持商业保险机构依法依规在投资开办的养老机构内设置医院、门诊、康复中心等医疗机构，符合条件的可按规定纳入城乡基本医疗保险定点范围。支持商业保险机构开展住房反向抵押养老保险业务，在房地产交易、登记、公证等机构设立绿色通道，降低收费标准，简化办事程序，提升服务效率。

（二十）营造良好环境。大力普及商业养老保险知识，增强人民群众商业养老保险意识。以商业养老保险满足人民群众多样化养老保障需求为重点，加大宣传力度，积极推广成熟经验。加强保险业诚信体系建设，推动落实守信联合激励和失信联合惩戒机制。强化行业自律，倡导公平竞争合作，为商业养老保险健康发展营造良好环境。

国家发展改革委、人民银行、保监会、中央组织部等印发《关于对保险领域违法失信相关责任主体实施联合惩戒的合作备忘录》的通知

（2017 年 8 月 28 日　发改财金〔2017〕1579 号）

各省、自治区、直辖市和新疆生产建设兵团有关部门、机构：

为全面贯彻党的十八大和十八届三中、四中、五中、六中全会精神，落实《国务院关于促进市场公平竞争维护市场正常秩序的若干意见》（国

发〔2014〕20 号）、《国务院关于加快发展现代保险服务业的若干意见》
（国发〔2014〕29 号）、《国务院关于印发社会信用体系建设规划纲要
（2014-2020 年）的通知》（国发〔2014〕21 号）和《国务院关于建立完善
守信联合激励和失信联合惩戒制度加快推进社会诚信建设的指导意见》
（国发〔2016〕33 号）等文件要求，加快推进保险领域信用体系建设，推
动形成褒扬诚信、惩戒失信的强大合力。国家发展改革委、人民银行、保
监会、中央组织部、中央编办、中央文明办、中央网信办、最高人民法院、
工业和信息化部、公安部、财政部、人力资源社会保障部、国土资源部、
环境保护部、住房城乡建设部、交通运输部、水利部、商务部、国资委、
海关总署、税务总局、工商总局、质检总局、食品药品监管总局、银监会、
证监会、公务员局、民航局、外汇局、共青团中央、中国铁路总公司联合
签署了《关于对保险领域违法失信相关责任主体实施联合惩戒的合作备忘
录》。现印发给你们，请认真贯彻执行。

附件：关于对保险领域违法失信相关责任主体实施联合惩戒的合作备
忘录

附件

关于对保险领域违法失信相关责任
主体实施联合惩戒的合作备忘录

为全面贯彻党的十八大和十八届三中、四中、五中、六中全会精神，
落实《国务院关于促进市场公平竞争维护市场正常秩序的若干意见》（国
发〔2014〕20 号）、《国务院关于加快发展现代保险服务业的若干意见》
（国发〔2014〕29 号）、《国务院关于印发社会信用体系建设规划纲要
（2014-2020 年）的通知》（国发〔2014〕21 号）和《国务院关于建立完善
守信联合激励和失信联合惩戒制度加快推进社会诚信建设的指导意见》
（国发〔2016〕33 号）等文件要求，加快推进保险领域信用体系建设，推
动形成褒扬诚信、惩戒失信的强大合力。国家发展改革委、人民银行、保
监会、中央组织部、中央编办、中央文明办、中央网信办、最高人民法院、

工业和信息化部、公安部、财政部、人力资源社会保障部、国土资源部、
环境保护部、住房城乡建设部、交通运输部、水利部、商务部、国资委、
海关总署、税务总局、工商总局、质检总局、食品药品监管总局、银监会、
证监会、公务员局、民航局、外汇局、共青团中央、中国铁路总公司等部
门就针对保险领域违法失信相关责任主体实施联合惩戒工作达成如下一致
意见：

一、联合惩戒对象

联合惩戒对象为保险监督管理部门依法认定的存在严重违法失信行为
的各类保险机构、保险从业人员以及与保险市场活动相关的其他机构和人
员（以下简称"保险领域违法失信当事人"）。

二、联合惩戒措施

（一）限制取得认证机构资质，限制获得认证证书

对保险领域违法失信当事人，限制其取得认证机构资质，限制获得认
证证书。

（二）设立证券公司、基金管理公司、期货公司、融资性担保公司、小
额贷款公司等审批参考

对保险领域违法失信当事人，将其违法失信记录作为申请设立融资性
担保公司、小额贷款公司的依据或参考，以及作为在审批证券公司、基金
管理公司和期货公司的设立及变更持有5%以上股权的股东、实际控制人，
私募投资基金管理人登记、重大事项变更以及基金备案时的重要参考。

（三）设立商业银行或分行、代表处审批参考

对保险领域违法失信当事人，将其违法失信记录作为申请设立商业银
行或分行、代表处的审批参考。

（四）申请发行企业债券及公司债券，在银行间市场发行债券审批参
考

对保险领域违法失信当事人，将其违法失信记录作为申请发行企业债
券及公司债券，在银行间市场发行债券的重要参考。

（五）股票发行审核及在全国中小企业股份转让系统公开转让审核重
要参考

对保险领域违法失信当事人，将其违法失信行为作为股票发行审核及
在全国中小企业股份转让系统公开转让审核的重要参考。

（六）境内上市公司实行股权激励计划或相关人员成为股权激励对象事中事后监管重要参考

对保险领域违法失信当事人，将其违法失信记录作为境内上市公司实行股权激励计划或相关人员成为股权激励对象事中事后监管的重要参考。

（七）上市公司或者非上市公众公司收购事中事后监管中予以重点关注

在上市公司或者非上市公众公司收购事中事后监管对有严重失信行为的责任主体予以重点关注。

（八）限制部分消费行为

对人民法院纳入失信被执行人名单的保险领域违法失信当事人，依法限制新建、扩建、高档装修房屋，购买非经营必需车辆等非生活和工作必需的消费行为；乘坐飞机、乘坐列车软卧、G字头动车组全部座位和其他动车组一等以上座位等《最高人民法院关于限制被执行人高消费及有关消费的若干规定》中的相关消费行为。

（九）申请从事互联网信息服务审批参考

对保险领域违法失信当事人，将其违法失信记录作为申请从事互联网信息服务的审批参考。

（十）金融机构融资授信参考

对保险领域违法失信当事人，将其违法失信记录作为其评级授信、信贷融资、管理和退出等的重要参考。

（十一）依法限制参加政府采购活动

对保险领域违法失信当事人，依法限制其作为供应商参加政府采购活动。

（十二）限制获取政府补贴性资金和社会保障资金支持

对保险领域违法失信当事人，限制其申请政府补贴性资金和社会保障资金支持。

（十三）作为选择参与政府和社会资本合作项目的参考

将保险领域违法失信当事人相关失信信息作为选择参与政府和社会资本合作项目的参考。

（十四）加强日常监管检查

对保险领域违法失信当事人，相关单位可在市场监管、现场检查等工作中予以参考。

（十五）担任国有企业法定代表人、董事、监事参考

保险领域违法失信当事人为自然人的，将其违法失信记录作为被聘任
为国有独资公司董事、监事及国有资本控股或参股公司董事、监事及国有
企业高级管理人员的重要参考。

（十六）限制登记为事业单位法定代表人

保险领域违法失信当事人为自然人的，限制登记为事业单位法定代表
人。

（十七）依法限制担任金融机构董事、监事、高级管理人员

保险领域违法失信当事人为自然人的，依法限制其担任银行业金融机
构、保险公司、保险资产管理公司、融资性担保公司等的董事、监事、高
级管理人员，将其违法失信记录作为担任证券公司、基金管理公司、期货
公司的董事、监事和高级管理人员及分支机构负责人备案的参考。

（十八）招录（聘）为公务员或事业单位工作人员参考

保险领域违法失信当事人为自然人的，将其违法失信记录作为其被招
录（聘）为公务员或事业单位工作人员的重要参考。

（十九）限制获得荣誉称号

对保险领域违法失信当事人，限制其参与评先、评优或取得各类荣誉
称号；已获得相关荣誉称号的予以撤销。

（二十）供纳税信用管理时审慎性参考

在对保险领域违法失信当事人纳税信用管理中，将其失信状况作为信
用信息采集和评价的审慎性参考依据。

（二十一）供外汇业务审批与管理时审慎性参考

将保险领域违法失信当事人相关失信信息作为保险外汇业务审批、合
格境外机构投资者与合格境内机构投资者额度审批和管理的审慎性参考。

（二十二）限制享受优惠性政策认定参考

将保险领域违法失信当事人相关失信信息作为相关机构及其法定代
表人、实际控制人、董事、监事、高级管理人员限制享受优惠性政策的
参考。

（二十三）依法限制成为海关认证企业

对保险领域违法失信当事人申请海关认证企业管理的，不予通过认证；

对已经成为认证企业的，按照规定下调企业信用等级。

（二十四）加大进出口货物监管力度

保险领域违法失信当事人办理通关等海关业务时，对其进出口货物实施严密监管，加强单证审核、布控查验或后续稽查。

（二十五）依法限制取得政府供应土地参考

将保险领域违法失信当事人相关失信信息作为限制取得政府供应土地的参考。

（二十六）依法限制参与政府投资工程建设项目投标活动参考

将保险领域违法失信当事人相关失信信息作为限制申请参与政府投资工程建设项目投标活动的参考。

（二十七）依法限制受让收费公路权益参考

将保险领域违法失信当事人相关失信信息作为限制受让收费公路权益的参考。

（二十八）通过"信用中国"网站、国家企业信用信息公示系统及其他主要新闻网站向社会公布

将保险领域违法失信当事人信息通过"信用中国"网站、国家企业信用信息公示系统予以发布，同时协调相关互联网新闻信息服务单位向社会公布。

三、信息共享与联合惩戒的实施方式

中国保监会通过全国信用信息共享平台向签署本备忘录的其他部门和单位提供保险领域违法失信当事人信息并按照有关规定动态更新。其他部门和单位从全国信用信息共享平台联合奖惩子系统获取保险领域违法失信当事人信息，将其作为依法履职的重要参考，按照本备忘录约定内容，依法依规对保险领域违法失信当事人实施惩戒，逐步建立惩戒效果定期通报机制，有条件的部门定期将联合惩戒实施情况通过全国信用信息共享平台反馈至国家发展改革委和中国保监会。

四、共享信息的持续管理

中国保监会在向各单位提供保险领域违法失信当事人的违法失信信息时，应注明决定作出的日期及效力期限，有关单位根据各自的法定职责，按照法律法规和相关规定实施惩戒或解除惩戒。超过效力期限的，不再实施联合惩戒。

保险领域违法失信当事人在规定期限内主动纠正违法失信行为，消除不良影响的，可根据法律法规和相关规定不再对其实施联合惩戒。中国保监会应及时将有关信息提供各单位，各单位在作出解除惩戒的决定后，应及时将相关情况反馈至国家发展改革委和中国保监会。

五、其他事宜

各单位应密切协作，积极落实本备忘录，制定违法失信信息的使用、管理、监督等相关实施细则和操作流程，并指导下级单位依法依职权落实对保险领域违法失信当事人的惩戒措施。实施过程中涉及的具体操作问题，由各部门另行协商解决。

附录（略）

中国保险监督管理委员会关于加强
保险消费风险提示工作的意见

（2017 年 9 月 11 日　保监发〔2017〕66 号）

开展保险消费者教育、发布保险消费风险提示是保险消费者权益保护工作的重要内容，是保障保险消费者知情权、受教育权等基本权利的重要手段，是减少保险消费纠纷、提高保险消费者风险识别和自我保护能力、防范保险消费风险聚集的有效措施。为深入贯彻落实《国务院办公厅关于加强金融消费者权益保护工作的指导意见》（国办发〔2015〕81 号），加强和有效开展保险消费风险提示工作，现提出以下意见。

一、总体要求

坚持以人民为中心的发展思想，树立服务意识，针对保险消费者关心的热点、难点和疑点问题及时、准确、客观地进行风险提示和教育引导，强化保险消费风险监测，推进保险消费风险提示工作规范化、制度化、科学化，为保险消费者权益保护工作提供基础支撑。

（一）工作原则。

——坚持以人为本、依法合规。紧扣保险消费风险点，依据法律法规和保险监管规定，及时发布恰当的消费风险提示信息。

——坚持统筹规划、协同推进。统筹协调推进行业消费风险提示工作，加强与政府有关部门、其他金融监管机构、消费者组织及新闻媒体等沟通协作。

——坚持及时准确、客观审慎。结合保险消费风险监测情况，本着专业客观、严谨审慎的态度，向消费者提供及时、真实、准确、全面的消费风险提示信息。

（二）工作目标。在全行业建立起科学规范、运行有效的保险消费风险提示工作机制，形成多方参与、上下联动、协同运作、及时有效的保险消费风险提示工作格局，建立保险消费风险提示统一平台，满足保险消费者及时、便捷掌握保险消费风险信息的需求，提高保险消费者风险识别和自我保护能力，防止保险消费风险聚集和蔓延。

二、建立完善工作机制

（三）加强制度建设。保监会消费者权益保护部门、保监局、保险行业协会、保险中介行业组织、保险机构、保险专业中介机构要建立完善本单位消费风险提示工作各项制度，明确保险消费风险提示工作流程，规范工作程序，建立健全保险消费风险监测、识别、评估机制，以及保险消费风险提示信息内容管理、审核、发布制度等。

（四）明确职责分工。

保险监管机构：保监会消费者权益保护部门是保险消费风险提示归口管理部门，会同保监会有关部门搭建统一的保险消费风险提示平台，建立提示信息库，发布全国性保险消费风险提示，组织、协调、督导行业消费风险提示工作。各保监局根据保险消费风险提示工作统一部署，将消费风险提示工作纳入日常监管工作中，发布区域性消费风险提示，组织、协调、督导辖区内消费风险提示工作。

保险行业协会、保险中介行业组织：保险行业协会发布行业性消费风险提示，研究制定保险机构消费风险提示行业标准，开展消费风险提示工作培训、交流、宣传等。保险中介行业组织开展中介领域消费风险提示工作，研究制定保险专业中介机构消费风险提示行业标准等。

保险机构、保险专业中介机构：保险机构、保险专业中介机构要认真履行消费风险提示工作主体责任，建立完善消费风险提示相关制度和流程，把消费风险提示工作融入日常经营、合规管理、消费者服务等环节。

（五）构建各司其职齐抓共管的工作格局。保监会消费者权益保护部门做好消费风险提示工作制度设计、统筹协调、整体推进和督促落实。保监会有关部门各司其职、密切合作，把消费风险提示作为部门重要工作来抓，积极主动做好业务范围内相关工作。保监局要落实好辖区消费风险提示属地管理责任，做好区域性消费风险提示发布工作。保险行业协会、保险中介行业组织结合工作职责开展行业性消费风险提示工作。保险机构、保险专业中介机构履行好消费风险提示工作主体责任。

三、稳步推进统一平台建设

（六）建立统一保险消费风险提示平台。近期，继续发挥保监会官方网站风险提示栏目作为消费风险提示信息发布主渠道作用。保监局、保险行业协会、保险中介行业组织、保险机构、保险专业中介机构要在本单位官方网站以专题栏目等形式各自设立消费风险提示平台。中长期，逐步建设涵盖保险监管机构、行业协会和市场主体的统一风险提示平台。

（七）建立平台信息汇集机制。保监会消费者权益保护部门会同有关部门建立保险消费风险提示信息库，实时抓取各保监局发布的消费风险提示信息，定期收集保险行业组织及市场主体消费风险提示信息内容。保监会有关部门负责业务领域内有关消费风险提示内容及问题的咨询、解答等，并对内容进行审核把关。保监局、保险行业协会、保险中介行业组织、保险机构、保险专业中介机构要及时更新本单位平台信息，并向保监会消费者权益保护部门报送平台链接以便信息内容收集汇总。

（八）建立平台信息发布机制。保监会相关部门、保监局、保险行业协会、保险中介行业组织、保险机构、保险专业中介机构要根据工作需要和实际情况，通过平台及时发布保险消费风险提示信息。尤其要对发现的保险消费风险苗头及时发布提示信息，筑牢防控消费风险的防线，防患未然，减少消费纠纷和投诉。

（九）建立平台信息共享联动机制。保监会平台发布的全国性消费风险提示，保监局、保险行业协会、保险中介行业组织、保险机构、保险专业中介机构要通过本单位消费风险提示平台及时转载、链接。保监局平台发布的区域性消费风险提示，辖区内保险行业协会、保险中介行业组织、保险机构、保险专业中介机构要及时转载、链接。保险行业协会、保险中介行业组织、保险机构、保险专业中介机构平台发布的消费风险提示，可根据情况相互转载、链接。

四、规范运作流程

（十）加强保险消费风险监测、识别。保监会相关部门、保监局、保险行业协会、保险中介行业组织、保险机构、保险专业中介机构要重视对消费风险的监测、识别和评估，加强对消费风险信息的分析研判，有效识别消费风险。高度关注并监测新业务、新领域等蕴含的消费风险，尤其是互联网业务所潜藏的消费风险。

（十一）增强保险消费风险提示有效性。消费风险提示的语言要通俗易懂，符合保险消费者的阅读习惯；内容要紧扣消费风险，增强风险提示的针对性、有效性；不涉及国家秘密、商业秘密及个人隐私；探索建立消费风险提示分类制度，根据消费风险的性质、程度、影响范围等发布不同类型、等级的消费风险提示。

五、完善保障措施

（十二）加强组织实施。保监会相关部门、保监局、保险行业协会、保险中介行业组织、保险机构、保险专业中介机构要加强组织领导，明确分管领导和责任部门，负责协调、督促、落实；要强化制度建设，完善各项工作制度，把消费风险提示纳入保险消费者权益保护日常工作体系；要细化工作措施，充实人员力量，并给予必要的财力物力保障。

（十三）加强联动协同。保监会消费者权益保护部门、保监局要建立完善与政府有关部门、其他金融监管机构、保险社团组织、消费者组织、新闻媒体等联动协同机制，在消费风险提示的发布、研究、宣传等方面加强合作，形成工作合力；保险机构、保险专业中介机构要加强与新闻媒体的沟通合作，扩大消费风险提示的成效。保监会相关部门、保监局、保险行业协会、保险中介行业组织、保险机构、保险专业中介机构要研究建立消费风险提示专业咨询指导机制，邀请产学研领域、新闻媒体的专家学者和专业人士对消费风险提示工作进行指导，提供专业咨询等。

最高人民法院关于对四川省高级人民法院关于内江市东兴区农村信用合作社联合社与中国太平洋保险公司内江公司保险合同赔付纠纷合同是否成立等请示一案的答复

（2003 年 7 月 10 日　〔2003〕民二他字第 09 号）

四川省高级人民法院：

　　你院〔2002〕川民终字第 90 号关于内江市东兴区农村信用合作社联合社与中国太平洋保险公司内江支公司（以下简称内江太保公司）保险合同赔付纠纷一案，保险合同是否成立等问题的请示收悉。经研究，答复如下：

　　一般保险合同只要双方签字盖章，或者保险人向投保人签发保险单或者其他保险凭证，该保险合同即应认定已经成立。内江太保公司在签发保险单时如投保人未提供借款合同，则该公司不应签发保险单。内江太保公司经审核向钟玉琪签发了保险单，故应认定所涉借款合同已报送内江太保公司。虽投保人提供的借款合同与保险条款中所列的消费借款合同种类不一致，但至出险前内江太保公司未提出异议，应视为内江太保公司认可了钟玉琪提交的商业贷款合同代替了保险合同中的消费贷款。故同意你院研究的第一种意见，应认定本案保险合同有效，内江太保公司依约承担保险责任。

　　此复

最高人民法院研究室关于对《保险法》第十七条规定的"明确说明"应如何理解的问题的答复

（2000 年 1 月 24 日　法研〔2000〕5 号）

甘肃省高级人民法院：

　　你院甘高法研〔1999〕06 号《关于金昌市旅游局诉中保财产保险公司

金川区支公司保险赔偿一案的请示报告》收悉。经研究，答复如下：

《中华人民共和国保险法》第十七条规定："保险合同中规定有保险责任免除条款的，保险人应当向投保人明确说明，未明确说明的，该条款不发生法律效力。"这里所规定的"明确说明"，是指保险人在与投保人签订保险合同之前或者签订保险合同之时，对于保险合同中所约定的免责条款，除了在保险单上提示投保人注意外，还应当对有关免责条款的概念、内容及其法律后果等，以书面或者口头形式向投保人或其代理人作出解释，以使投保人明了该条款的真实含义和法律后果。

最高人民法院关于如何理解《中华人民共和国保险法》第六十五条"自杀"含义的请示的答复

(2002年3月6日 〔2001〕民二他字第18号)

江西省高级人民法院：

你院〔2001〕赣经请字第3号关于如何理解《中华人民共和国保险法》第六十五条"自杀"含义的请示收悉。经研究，答复如下：

本案被保险人在投保后两年内因患精神病，在不能控制自己行为的情况下溺水身亡，不属于主动剥夺自己生命的行为，亦不具有骗取保险金的目的，故保险人应按合同约定承担保险责任。

此复

最高人民法院执行工作办公室关于人民法院能否提取投保人在保险公司所投的第三人责任险应得的保险赔偿款问题的复函

(2000年7月13日 〔2000〕执他字第15号)

江苏省高级人民法院：

你院〔1999〕苏法执他字第15号《关于人民法院能否提取投保人在保险公司所投的第三人责任险应得的保险赔偿款的请示》收悉。经研究，答复如下：

人民法院受理此类申请执行案件，如投保人不履行义务时，人民法院可以依据债权人（或受益人）的申请向保险公司发出协助执行通知书，由保险公司依照有关规定理赔，并给付申请执行人；申请执行人对保险公司理赔数额有异议的，可通过诉讼予以解决；如保险公司无正当理由拒绝理赔的，人民法院可依法予以强制执行。

最高人民法院关于保证保险合同纠纷案件法律适用问题的答复

（2010年6月24日　〔2006〕民二他字第43号）

辽宁省高级人民法院：

你院《关于保证保险问题的请示报告》〔〔2006〕辽高法疑字第4号〕收悉。经研究答复如下：

汽车消费贷款保证保险是保险公司开办的一种保险业务。在该险种的具体实施中，由于合同约定的具体内容并不统一，在保险公司、银行和汽车销售代理商、购车人之间会形成多种法律关系。在当时法律规定尚不明确的情况下，应依据当事人意思自治原则确定合同的性质。你院请示所涉中国建设银行股份有限公司葫芦岛分行诉中国人民保险股份有限公司葫芦岛分公司保证保险合同纠纷案，在相关协议、合同中，保险人没有作出任何担保承诺的意思表示。因此，此案所涉保险单虽名为保证保险单，但性质上应属于保险合同。同意你院审判委员会多数意见，此案的保证保险属于保险性质。

此复

企业会计准则第 25 号——保险合同

(2020 年 12 月 19 日　财会〔2020〕20 号)

第一章　总　　则

第一条　为了规范保险合同的确认、计量和相关信息的列报，根据《企业会计准则——基本准则》，制定本准则。

第二条　保险合同，是指企业（合同签发人）与保单持有人约定，在特定保险事项对保单持有人产生不利影响时给予其赔偿，并因此承担源于保单持有人重大保险风险的合同。

保险事项，是指保险合同所承保的、产生保险风险的不确定未来事项。

保险风险，是指从保单持有人转移至合同签发人的除金融风险之外的风险。

第三条　本准则适用于下列保险合同：

（一）企业签发的保险合同（含分入的再保险合同）；

（二）企业分出的再保险合同；

（三）企业在合同转让或非同一控制下企业合并中取得的上述保险合同。

签发保险合同的企业所签发的具有相机参与分红特征的投资合同适用本准则。

再保险合同，是指再保险分入人（再保险合同签发人）与再保险分出人约定，对再保险分出人由对应的保险合同所引起的赔付等进行补偿的保险合同。

具有相机参与分红特征的投资合同，是指赋予特定投资者合同权利以收取保证金额和附加金额的金融工具。附加金额由企业（合同签发人）基于特定项目回报相机决定，且预计构成合同利益的重要部分。

第四条　下列各项适用其他相关会计准则：

（一）由《企业会计准则第 6 号——无形资产》、《企业会计准则第 14 号——收入》和《企业会计准则第 21 号——租赁》规范的基于非金融项目未来使用情况等形成的合同权利或义务，分别适用《企业会计准则第 6 号——无形资产》、《企业会计准则第 14 号——收入》和《企业会计准则第 21 号——租赁》。

（二）由《企业会计准则第 9 号——职工薪酬》和《企业会计准则第 11 号——股份支付》规范的职工薪酬计划、股份支付等形成的权利或义务，分别适用《企业会计准则第 9 号——职工薪酬》和《企业会计准则第 11 号——股份支付》。

（三）由《企业会计准则第 14 号——收入》规范的附有质量保证条款的销售，适用《企业会计准则第 14 号——收入》。

（四）生产商、经销商和零售商提供的余值担保，以及租赁合同中由承租方提供的余值担保，分别适用《企业会计准则第 14 号——收入》和《企业会计准则第 21 号——租赁》。

（五）企业合并中的或有对价，适用《企业会计准则第 20 号——企业合并》。

（六）财务担保合同，适用《企业会计准则第 22 号——金融工具确认和计量》、《企业会计准则第 23 号——金融资产转移》、《企业会计准则第 24 号——套期会计》和《企业会计准则第 37 号——金融工具列报》（以下统称金融工具相关会计准则）。企业明确表明将此类合同视作保险合同，并且已按照保险合同相关会计准则进行会计处理的，应当基于单项合同选择适用本准则或金融工具相关会计准则。选择一经作出，不得撤销。

（七）符合保险合同定义的信用卡合同或类似合同，如果定价时未单独评估和反映单一保单持有人的保险风险，合同条款中除保险保障服务以外的部分，适用金融工具相关会计准则或其他相关会计准则。

第五条 符合保险合同定义但主要以固定收费方式提供服务的合同，同时符合下列条件的，企业可以选择适用《企业会计准则第 14 号——收入》或本准则：

（一）合同定价不反映对单个保单持有人的风险评估；

（二）合同通过提供服务而非支付现金补偿保单持有人；

（三）合同转移的保险风险主要源于保单持有人对服务的使用而非服务成本的不确定性。

该选择应当基于单项合同，一经作出，不得撤销。

第六条 符合保险合同定义但对保险事项的赔偿金额仅限于清算保单持有人因该合同而产生的支付义务的合同（如包含死亡豁免条款的贷款合同），企业可以选择适用金融工具相关会计准则或本准则。该选择应当基于保险合同组合，一经作出，不得撤销。

第二章 保险合同的识别、合并和分拆

第七条 企业应当评估各单项合同的保险风险是否重大，据此判断该合同是否为保险合同。对于合同开始日经评估符合保险合同定义的合同，后续不再重新评估。

第八条 企业基于整体商业目的而与同一或相关联的多个合同对方订立的多份保险合同，应当合并为一份合同进行会计处理，以反映其商业实质。

第九条 保险合同中包含多个组成部分的，企业应当将下列组成部分予以分拆，并分别适用相关会计准则：

（一）符合《企业会计准则第 22 号——金融工具确认和计量》分拆条件的嵌入衍生工具，适用金融工具相关会计准则。

（二）可明确区分的投资成分，适用金融工具相关会计准则，但与投资成分相关的合同条款符合具有相机参与分红特征的投资合同定义的，应当适用本准则。

（三）可明确区分的商品或非保险合同服务的承诺，适用《企业会计准则第 14 号——收入》。

保险合同经上述分拆后的剩余组成部分，适用本准则。

投资成分，是指无论保险事项是否发生均须偿还给保单持有人的金额。

保险合同服务，是指企业为保险事项提供的保险保障服务、为不具有直接参与分红特征的保险合同持有人提供的投资回报服务，以及代具有直接参与分红特征的保险合同持有人管理基础项目的投资相关服务。

第十条 企业应当根据保险合同分拆情况分摊合同现金流量。合同现金流量扣除已分拆嵌入衍生工具和可明确区分的投资成分的现金流量后，在保险成分（含未分拆嵌入衍生工具、不可明确区分的投资成分和不可明确区分的商品或非保险合同服务的承诺，下同）和可明确区分的商品或非保险合同服务的承诺之间进行分摊，分摊至保险成分的现金流量适用本准则。

第三章　保险合同的分组

第十一条　企业应当将具有相似风险且统一管理的保险合同归为同一保险合同组合。

第十二条　企业应当将同一合同组合至少分为下列合同组：

（一）初始确认时存在亏损的合同组；

（二）初始确认时无显著可能性在未来发生亏损的合同组；

（三）该组合中剩余合同组成的合同组。

企业不得将签发时间间隔超过一年的合同归入同一合同组。

第十三条　企业可以按照获利水平、亏损程度或初始确认后在未来发生亏损的可能性等，对合同组作进一步细分。

第十四条　企业应当以合同组合中单项合同为基础，逐项评估其归属的合同组。但有合理可靠的信息表明多项合同属于同一合同组的，企业可以多项合同为基础评估其归属的合同组。

第十五条　企业针对不同特征保单持有人设定不同价格或承诺不同利益水平的实际能力因法律法规或监管要求而受到限制，并将因此限制而导致合同组合中的合同被归入不同合同组的，企业可以不考虑相关限制的影响，将这些合同归入同一合同组。

第四章　确　认

第十六条　企业应当在下列时点中的最早时点确认其签发的合同组：

（一）责任期开始日；

（二）保单持有人首付款到期日，或者未约定首付款到期日时企业实际收到首付款日；

（三）发生亏损时。

合同组合中的合同符合上述时点要求时，企业应当根据本准则第三章相关规定评估其归属的合同组，后续不再重新评估。

责任期，是指企业向保单持有人提供保险合同服务的期间。

第十七条　企业应当将合同组确认前已付或应付的、系统合理分摊至相关合同组的保险获取现金流量，确认为保险获取现金流量资产。

保险获取现金流量，是指因销售、核保和承保已签发或预计签发的合同组而产生的，可直接归属于其对应合同组合的现金流量。

第十八条 合同组合中的合同归入其所属合同组时，企业应当终止确认该合同对应的保险获取现金流量资产。

第十九条 资产负债表日，如果事实和情况表明保险获取现金流量资产可能存在减值迹象，企业应当估计其可收回金额。保险获取现金流量资产的可收回金额低于其账面价值的，企业应当计提资产减值准备，确认减值损失，计入当期损益。导致以前期间减值因素已经消失的，应当转回原已计提的资产减值准备，计入当期损益。

第五章　计　　量

第一节　一般规定

第二十条 企业应当以合同组作为计量单元。

企业应当在合同组初始确认时按照履约现金流量与合同服务边际之和对保险合同负债进行初始计量。

合同服务边际，是指企业因在未来提供保险合同服务而将于未来确认的未赚利润。

本准则第六章对分出的再保险合同组确认和计量另有规定的，从其规定。

第二十一条 履约现金流量包括下列各项：

（一）与履行保险合同直接相关的未来现金流量的估计；

（二）货币时间价值及金融风险调整；

（三）非金融风险调整。

非金融风险调整，是指企业在履行保险合同时，因承担非金融风险导致的未来现金流量在金额和时间方面的不确定性而要求得到的补偿。

履约现金流量的估计不考虑企业自身的不履约风险。

第二十二条 企业可以在高于合同组或合同组合的汇总层面估计履约现金流量，并采用系统合理的方法分摊至合同组。

第二十三条 未来现金流量的估计应当符合下列要求：

（一）未来现金流量估计值为无偏的概率加权平均值；

（二）有关市场变量的估计应当与可观察市场数据一致；

（三）以当前可获得的信息为基础，反映计量时存在的情况和假设；

（四）与货币时间价值及金融风险调整分别估计，估计技术适合合并估计的除外。

第二十四条　企业估计未来现金流量时应当考虑合同组内各单项合同边界内的现金流量，不得将合同边界外的未来现金流量用于合同组的计量。

企业有权要求保单持有人支付保费或者有实质性义务向保单持有人提供保险合同服务的，该权利或义务所产生的现金流量在保险合同边界内。

存在下列情形之一的，表明企业无实质性义务向保单持有人提供保险合同服务：

（一）企业有实际能力重新评估该保单持有人的风险，并据此可重新设定价格或承诺利益水平以充分反映该风险。

（二）企业有实际能力重新评估该合同所属合同组合的风险，并据此可重新设定价格或承诺利益水平以充分反映该风险，且重新评估日前对应保费在定价时未考虑重新评估日后的风险。

第二十五条　企业应当采用适当的折现率对履约现金流量进行货币时间价值及金融风险调整，以反映货币时间价值及未包含在未来现金流量估计中的有关金融风险。适当的折现率应当同时符合下列要求：

（一）反映货币时间价值、保险合同现金流量特征以及流动性特征；

（二）基于与保险合同具有一致现金流量特征的金融工具当前可观察市场数据确定，且不考虑与保险合同现金流量无关但影响可观察市场数据的其他因素。

第二十六条　企业在估计履约现金流量时应当考虑非金融风险调整，以反映非金融风险对履约现金流量的影响。

企业应当单独估计非金融风险调整，不得在未来现金流量和折现率的估计中隐含非金融风险调整。

第二十七条　企业应当在合同组初始确认时计算下列各项之和：

（一）履约现金流量；

（二）在该日终止确认保险获取现金流量资产以及其他相关资产或负债对应的现金流量；

（三）合同组内合同在该日产生的现金流量。

上述各项之和反映为现金净流入的，企业应当将其确认为合同服务边际；反映为现金净流出的，企业应当将其作为首日亏损计入当期损益。

第二十八条 企业应当在资产负债表日按照未到期责任负债与已发生赔款负债之和对保险合同负债进行后续计量。

未到期责任负债包括资产负债表日分摊至保险合同组的、与未到期责任有关的履约现金流量和当日该合同组的合同服务边际。

已发生赔款负债包括资产负债表日分摊至保险合同组的、与已发生赔案及其他相关费用有关的履约现金流量。

第二十九条 对于不具有直接参与分红特征的保险合同组，资产负债表日合同组的合同服务边际账面价值应当以期初账面价值为基础，经下列各项调整后予以确定：

（一）当期归入该合同组的合同对合同服务边际的影响金额；

（二）合同服务边际在当期计提的利息，计息利率为该合同组内合同确认时、不随基础项目回报变动的现金流量所适用的加权平均利率；

（三）与未来服务相关的履约现金流量的变动金额，但履约现金流量增加额超过合同服务边际账面价值所导致的亏损部分，以及履约现金流量减少额抵销的未到期责任负债的亏损部分除外；

（四）合同服务边际在当期产生的汇兑差额；

（五）合同服务边际在当期的摊销金额。

第三十条 企业应当按照提供保险合同服务的模式，合理确定合同组在责任期内各个期间的责任单元，并据此对根据本准则第二十九条（一）至（四）调整后的合同服务边际账面价值进行摊销，计入当期及以后期间保险服务收入。

第三十一条 企业因当期提供保险合同服务导致未到期责任负债账面价值的减少额，应当确认为保险服务收入；因当期发生赔案及其他相关费用导致已发生赔款负债账面价值的增加额，以及与之相关的履约现金流量的后续变动额，应当确认为保险服务费用。

企业在确认保险服务收入和保险服务费用时，不得包含保险合同中的投资成分。

第三十二条 企业应当将合同组内的保险获取现金流量，随时间流逝进行系统摊销，计入责任期内各个期间的保险服务费用，同时确认为保险服务收入，以反映该类现金流量所对应的保费的收回。

第三十三条 企业应当将货币时间价值及金融风险的影响导致的未到期责任负债和已发生赔款负债账面价值变动额，作为保险合同金融变动额。

企业可以选择将货币时间价值及金融风险的影响导致的非金融风险调整变动额不作为保险合同金融变动额。

第三十四条 企业应当考虑持有的相关资产及其会计处理，在合同组合层面对保险合同金融变动额的会计处理做出下列会计政策选择：

（一）将保险合同金融变动额全额计入当期保险财务损益。

（二）将保险合同金融变动额分解计入当期保险财务损益和其他综合收益。选择该会计政策的，企业应当在合同组剩余期限内，采用系统合理的方法确定计入各个期间保险财务损益的金额，其与保险合同金融变动额的差额计入其他综合收益。

保险财务损益，是指计入当期及以后期间损益的保险合同金融变动额。保险财务损益包括企业签发的保险合同的承保财务损益和分出的再保险合同的分出再保险财务损益。

第三十五条 企业应当将非金融风险调整账面价值变动中除保险合同金融变动额以外的金额计入当期及以后期间损益。

第三十六条 对于本准则适用范围内的具有相机参与分红特征的投资合同，企业应当按照本准则有关保险合同的规定进行会计处理，但下列各项特殊规定除外：

（一）初始确认的时点为企业成为合同一方的日期。

（二）企业有支付现金的实质性义务的，该义务所产生的现金流量在合同边界内。企业有实际能力对其支付现金的承诺进行重新定价以充分反映其承诺支付现金的金额及相关风险的，表明企业无支付现金的实质性义务。

（三）企业应当按照投资服务的提供模式，在合同组期限内采用系统合理的方法对合同服务边际进行摊销，计入当期及以后期间损益。

第三十七条 对于中期财务报表中根据本准则作出的相关会计估计处理结果，企业应当就是否在本年度以后中期财务报表和年度财务报表中进行调整做出会计政策选择，并一致应用于本准则适用范围内的合同组。

第三十八条 企业对产生外币现金流量的合同组进行计量时，应当将保险合同负债视为货币性项目，根据《企业会计准则第 19 号——外币折算》有关规定处理。

资产负债表日，产生外币现金流量的合同组的汇兑差额应当计入当期损益。企业根据本准则第三十四条规定选择将保险合同金融变动额分解计入当期保险财务损益和其他综合收益的，与计入其他综合收益的金额相关的汇兑差额，应当计入其他综合收益。

第二节 具有直接参与分红特征的保险
合同组计量的特殊规定

第三十九条 企业应当在合同开始日评估一项合同是否为具有直接参与分红特征的保险合同，后续不再重新评估。

第四十条 具有直接参与分红特征的保险合同，是指在合同开始日同时符合下列条件的保险合同：

（一）合同条款规定保单持有人参与分享清晰可辨认的基础项目；

（二）企业预计将基础项目公允价值变动回报中的相当大部分支付给保单持有人；

（三）预计应付保单持有人金额变动中的相当大部分将随基础项目公允价值的变动而变动。

第四十一条 企业应当按照基础项目公允价值扣除浮动收费的差额，估计具有直接参与分红特征的保险合同组的履约现金流量。

浮动收费，是指企业因代保单持有人管理基础项目并提供投资相关服务而取得的对价，等于基础项目公允价值中企业享有份额减去不随基础项目回报变动的履约现金流量。

第四十二条 对于具有直接参与分红特征的保险合同组，资产负债表日合同组的合同服务边际账面价值应当以期初账面价值为基础，经下列调整后予以确定：

（一）当期归入该合同组的合同对合同服务边际的影响金额。

（二）基础项目公允价值中企业享有份额的变动金额，但以下情形除外：

1. 企业使用衍生工具或分出再保险合同管理与该金额变动相关金融风险时，对符合本准则规定条件的，可以选择将该金额变动中由货币时间价值及金融风险的影响导致的部分计入当期保险财务损益。但企业将分出再保险合同的保险合同金融变动额分解计入当期保险财务损益和其他综合收益的，该金额变动中的相应部分也应予以分解。

2. 基础项目公允价值中企业享有份额的减少额超过合同服务边际账面价值所导致的亏损部分。

3. 基础项目公允价值中企业享有份额的增加额抵销的未到期责任负债的亏损部分。

（三）与未来服务相关且不随基础项目回报变动的履约现金流量的变动金额，但以下情形除外：

1. 企业使用衍生工具、分出再保险合同或以公允价值计量且其变动计入当期损益的非衍生金融工具管理与该履约现金流量变动相关金融风险时，对符合本准则规定条件的，可以选择将该履约现金流量变动中由货币时间价值及金融风险的影响导致的部分计入当期保险财务损益。但企业将分出再保险合同的保险合同金融变动额分解计入当期保险财务损益和其他综合收益的，该履约现金流量变动中的相应部分也应予以分解。

2. 该履约现金流量的增加额超过合同服务边际账面价值所导致的亏损部分。

3. 该履约现金流量的减少额抵销的未到期责任负债的亏损部分。

（四）合同服务边际在当期产生的汇兑差额。

（五）合同服务边际在当期的摊销金额。企业应当按照提供保险合同服务的模式，合理确定合同组在责任期内各个期间的责任单元，并据此对根据本条（一）至（四）调整后的合同服务边际账面价值进行摊销，计入当期及以后期间保险服务收入。

企业可以对本条（二）和（三）中的变动金额进行合并调整。

第四十三条 企业采用风险管理措施对具有直接参与分红特征的保险合同产生的金融风险予以缓释时，同时符合下列条件的，对于本准则第四十二条（二）和（三）相关金额变动中由货币时间价值及金融风险的影响导致的部分，可以选择不调整合同服务边际：

（一）企业制定了关于风险管理目标和策略的书面文件；

（二）保险合同与用于风险管理的衍生工具、分出再保险合同或以公允价值计量且其变动计入当期损益的非衍生金融工具之间存在经济抵销关系；

（三）经济抵销关系产生的价值变动中，信用风险的影响不占主导地位。

企业不再符合上述条件时，应当自不符合之日起，将本准则第四十二条（二）和（三）相关金额变动中由货币时间价值及金融风险的影响导致的部分调整合同服务边际，之前已经计入保险财务损益的金额不予调整。

第四十四条 对于企业不持有基础项目的具有直接参与分红特征的保险合同组，企业应当根据本准则第三十四条规定，对保险合同金额变动额进行会计处理。

对于企业持有基础项目的具有直接参与分红特征的保险合同组，企业根据本准则第三十四条规定，选择将保险合同金融变动额分解计入当期保险财务损益和其他综合收益的，计入当期保险财务损益的金额应当等于其持有的基础项目按照相关会计准则规定计入当期损益的金额。

本准则第四十二条对保险合同金融变动额的会计处理另有规定的，从其规定。

第四十五条 分入和分出的再保险合同不适用本节规定。

第三节 亏损保险合同组计量的特殊规定

第四十六条 合同组在初始确认时发生首日亏损的，或合同组合中的合同归入其所属亏损合同组而新增亏损的，企业应当确认亏损并计入当期保险服务费用，同时将该亏损部分增加未到期责任负债账面价值。

初始确认时，亏损合同组的保险合同负债账面价值等于其履约现金流量。

第四十七条 发生下列情形之一导致合同组在后续计量时发生亏损的，企业应当确认亏损并计入当期保险服务费用，同时将该亏损部分增加未到期责任负债账面价值：

（一）因与未来服务相关的未来现金流量或非金融风险调整的估计发生变更，导致履约现金流量增加额超过合同服务边际账面价值。

（二）对于具有直接参与分红特征的保险合同组，其基础项目公允价值中企业享有份额的减少额超过合同服务边际账面价值。

第四十八条 企业在确认合同组的亏损后，应当将未到期责任负债账面价值的下列变动额，采用系统合理的方法分摊至未到期责任负债中的亏损部分和其他部分：

（一）因发生保险服务费用而减少的未来现金流量的现值；

（二）因相关风险释放而计入当期损益的非金融风险调整的变动金额；

（三）保险合同金融变动额。

分摊至亏损部分的金额不得计入当期保险服务收入。

第四十九条 企业在确认合同组的亏损后，应当按照下列规定进行后续计量：

（一）将因与未来服务相关的未来现金流量或非金融风险调整的估计变更所导致的履约现金流量增加额，以及具有直接参与分红特征的保险合同组的基础项目公允价值中企业享有份额的减少额，确认为新增亏损并计入当期保险服务费用，同时将该亏损部分增加未到期责任负债账面价值。

（二）将因与未来服务相关的未来现金流量或非金融风险调整的估计变更所导致的履约现金流量减少额，以及具有直接参与分红特征的保险合同组的基础项目公允价值中企业享有份额的增加额，减少未到期责任负债的亏损部分，冲减当期保险服务费用；超出亏损部分的金额，确认为合同服务边际。

第四节　保险合同组计量的简化处理规定

第五十条 符合下列条件之一的，企业可以采用保费分配法简化合同组的计量：

（一）企业能够合理预计采用本节简化处理规定与根据本准则前述章节规定计量合同组未到期责任负债的结果无重大差异。企业预计履约现金流量在赔案发生前将发生重大变化的，表明该合同组不符合本条件。

（二）该合同组内各项合同的责任期不超过一年。

第五十一条 企业对其签发的保险合同采用保费分配法时，应当假设初始确认时该合同所属合同组合内不存在亏损合同，该假设与相关事实和情况不符的除外。

第五十二条 企业采用保费分配法时，合同组内各项合同初始确认时的责任期均不超过一年的，可以选择在保险获取现金流量发生时将其确认为费用，计入当期损益。

第五十三条 企业采用保费分配法计量合同组时，初始确认时未到期责任负债账面价值等于已收保费减去初始确认时发生的保险获取现金流量（根据本准则第五十二条规定选择在发生时计入当期损益的除外），减去（或加上）在合同组初始确认时终止确认的保险获取现金流量资产以及其他相关资产或负债的金额。

资产负债表日未到期责任负债账面价值等于期初账面价值加上当期已收保费，减去当期发生的保险获取现金流量（根据本准则第五十二条规定选择在发生时计入当期损益的除外），加上当期确认为保险服务费用的保险获取现金流量摊销金额和针对融资成分的调整金额，减去因当期提供保险合同服务而确认为保险服务收入的金额和当期已付或转入已发生赔款负债中的投资成分。

第五十四条 合同组内的合同中存在重大融资成分的，企业应当按照合同组初始确认时确定的折现率，对未到期责任负债账面价值进行调整，以反映货币时间价值及金融风险的影响。

合同组初始确认时，如果企业预计提供保险合同服务每一部分服务的时点与相关保费到期日之间的间隔不超过一年，可以不考虑合同中存在的重大融资成分。

第五十五条 相关事实和情况表明合同组在责任期内存在亏损时，企业应当将该日与未到期责任相关的履约现金流量超过按照本准则第五十三条确定的未到期责任负债账面价值的金额，计入当期保险服务费用，同时增加未到期责任负债账面价值。

第五十六条 企业应当根据与已发生赔案及其他相关费用有关的履约现金流量计量已发生赔款负债。相关履约现金流量预计在赔案发生后一年内支付或收取的，企业可以不考虑货币时间价值及金融风险的影响，且一致应用于本准则第五十五条规定的相关履约现金流量的计算。

第五十七条 企业应当将已收和预计收取的保费，在扣除投资成分并根据本准则第五十四条规定对重大融资成分进行调整后，分摊至当期的金额确认为保险服务收入。

企业应当随时间流逝在责任期内分摊经调整的已收和预计收取的保费；

保险合同的风险在责任期内不随时间流逝为主释放的，应当以保险服务费用预计发生时间为基础进行分摊。

第六章　分出的再保险合同组的确认和计量

第五十八条　企业对分出的再保险合同组进行确认和计量，除本章另有规定外，应当按照本准则有关保险合同的其他相关规定进行处理，但本准则第五章关于亏损合同组计量的相关规定不适用于分出的再保险合同组。

第五十九条　企业应当将同一分出的再保险合同组合至少分为下列合同组：

（一）初始确认时存在净利得的合同组；

（二）初始确认时无显著可能性在未来产生净利得的合同组；

（三）该组合中剩余合同组成的合同组。

企业可以按照净成本或净利得水平以及初始确认后在未来产生净利得的可能性等，对分出的再保险合同组作进一步细分。

企业不得将分出时间间隔超过一年的合同归入同一分出的再保险合同组。

第六十条　企业应当在下列时点中的最早时点确认其分出的再保险合同组：

（一）分出的再保险合同组责任期开始日；

（二）分出的再保险合同组所对应的保险合同组确认为亏损合同组时。

第六十一条　分出的再保险合同组分出成比例责任的，企业应当在下列时点中的最早时点确认该合同组：

（一）分出的再保险合同组责任期开始日和任一对应的保险合同初始确认时点中较晚的时点；

（二）分出的再保险合同组所对应的保险合同组确认为亏损合同组时。

第六十二条　企业在初始确认其分出的再保险合同组时，应当按照履约现金流量与合同服务边际之和对分出再保险合同资产进行初始计量。

分出再保险合同组的合同服务边际，是指企业为在未来获得再保险分入人提供的保险合同服务而产生的净成本或净利得。

第六十三条　企业在估计分出的再保险合同组的未来现金流量现值时，

采用的相关假设应当与计量所对应的保险合同组保持一致，并考虑再保险分入人的不履约风险。

第六十四条 企业应当根据分出的再保险合同组转移给再保险分入人的风险，估计非金融风险调整。

第六十五条 企业应当在分出的再保险合同组初始确认时计算下列各项之和：

（一）履约现金流量；

（二）在该日终止确认的相关资产或负债对应的现金流量；

（三）分出再保险合同组内合同在该日产生的现金流量；

（四）分保摊回未到期责任资产亏损摊回部分的金额。

企业应当将上述各项之和所反映的净成本或净利得，确认为合同服务边际。净成本与分出前发生的事项相关的，企业应当将其确认为费用并计入当期损益。

第六十六条 企业应当在资产负债表日按照分保摊回未到期责任资产与分保摊回已发生赔款资产之和对分出再保险合同资产进行后续计量。

分保摊回未到期责任资产包括资产负债表日分摊至分出的再保险合同组的、与未到期责任有关的履约现金流量和当日该合同组的合同服务边际。

分保摊回已发生赔款资产包括资产负债表日分摊至分出的再保险合同组的、与已发生赔款及其他相关费用的摊回有关的履约现金流量。

第六十七条 对于订立时点不晚于对应的保险合同确认时点的分出的再保险合同，企业在初始确认对应的亏损合同组或者将对应的亏损保险合同归入合同组而确认亏损时，应当根据下列两项的乘积确定分出再保险合同组分保摊回未到期责任资产亏损摊回部分的金额：

（一）对应的保险合同确认的亏损；

（二）预计从分出再保险合同组摊回的对应的保险合同赔付的比例。

企业应当按照上述亏损摊回部分的金额调整分出再保险合同组的合同服务边际，同时确认为摊回保险服务费用，计入当期损益。

企业在对分出的再保险合同组进行后续计量时，应当调整亏损摊回部分的金额以反映对应的保险合同亏损部分的变化，调整后的亏损摊回部分的金额不应超过企业预计从分出再保险合同组摊回的对应的保险合同亏损部分的相应金额。

第六十八条 资产负债表日分出的再保险合同组的合同服务边际账面价值应当以期初账面价值为基础，经下列各项调整后予以确定：

（一）当期归入该合同组的合同对合同服务边际的影响金额；

（二）合同服务边际在当期计提的利息，计息利率为该合同组内合同确认时、不随基础项目回报变动的现金流量所适用的加权平均利率；

（三）根据本准则第六十七条第一款计算的分保摊回未到期责任资产亏损摊回部分的金额，以及与分出再保险合同组的履约现金流量变动无关的分保摊回未到期责任资产亏损摊回部分的转回；

（四）与未来服务相关的履约现金流量的变动金额，但分摊至对应的保险合同组且不调整其合同服务边际的履约现金流量变动而导致的变动，以及对应的保险合同组采用保费分配法计量时因确认或转回亏损而导致的变动除外；

（五）合同服务边际在当期产生的汇兑差额；

（六）合同服务边际在当期的摊销金额。企业应当按照取得保险合同服务的模式，合理确定分出再保险合同组在责任期内各个期间的责任单元，并据此对根据本条（一）至（五）调整后的合同服务边际账面价值进行摊销，计入当期及以后期间损益。

第六十九条 再保险分入人不履约风险导致的履约现金流量变动金额与未来服务无关，企业不应当因此调整分出再保险合同组的合同服务边际。

第七十条 企业因当期取得再保险分入人提供的保险合同服务而导致分保摊回未到期责任资产账面价值的减少额，应当确认为分出保费的分摊；因当期发生赔款及其他相关费用的摊回导致分保摊回已发生赔款资产账面价值的增加额，以及与之相关的履约现金流量的后续变动额，应当确认为摊回保险服务费用。

企业应当将预计从再保险分入人收到的不取决于对应的保险合同赔付的金额，作为分出保费的分摊的减项。企业在确认分出保费的分摊和摊回保险服务费用时，不得包含分出再保险合同中的投资成分。

第七十一条 符合下列条件之一的，企业可以采用保费分配法简化分出的再保险合同组的计量：

（一）企业能够合理预计采用保费分配法与不采用保费分配法计量分

出再保险合同组的结果无重大差异。企业预计履约现金流量在赔案发生前将发生重大变化的，表明该合同组不符合本条件。

（二）该分出的再保险合同组内各项合同的责任期不超过一年。

第七十二条 企业采用保费分配法计量分出的再保险合同组时，根据本准则第六十七条第一款计算的亏损摊回部分的金额应当调整分出再保险合同组的分保摊回未到期责任资产账面价值，同时确认为摊回保险服务费用，计入当期损益。

第七章 合同转让或非同一控制下企业合并中取得的保险合同的确认和计量

第七十三条 企业对合同转让或非同一控制下企业合并中取得的保险合同进行确认和计量，除本章另有规定外，应当适用本准则其他相关规定。

第七十四条 企业在合同转让或非同一控制下企业合并中取得的保险合同，应当视为在转让日（或购买日）订立该合同，并根据本准则相关规定将该合同归入其所属合同组。

第七十五条 企业在合同转让或非同一控制下企业合并中为取得保险合同而收到或支付的对价，应当视为收取或支付的保费。

第七十六条 企业在合同转让或非同一控制下企业合并中取得保险合同的会计处理适用《企业会计准则第 20 号——企业合并》等其他会计准则的，应当根据相关会计准则进行处理。

第八章 保险合同的修改和终止确认

第七十七条 保险合同条款的修改符合下列条件之一的，企业应当终止确认原合同，并按照修改后的合同条款确认一项新合同：

（一）假设修改后的合同条款自合同开始日适用，出现下列情形之一的：

1. 修改后的合同不属于本准则的适用范围。

2. 修改后的合同应当予以分拆且分拆后适用本准则的组成部分发生变化。

3. 修改后的合同的合同边界发生实质性变化。

4. 修改后的合同归属于不同的合同组。

（二）原合同与修改后的合同仅有其一符合具有直接参与分红特征的保险合同的定义。

（三）原合同采用保费分配法，修改后的合同不符合采用保费分配法的条件。

保险合同条款的修改不符合上述条件的，企业应当将合同条款修改导致的现金流量变动作为履约现金流量的估计变更进行处理。

第七十八条 保险合同约定的义务因履行、取消或到期而解除的，企业应当终止确认保险合同。

第七十九条 企业终止确认一项保险合同，应当按照下列规定进行处理：

（一）调整该保险合同所属合同组的履约现金流量，扣除与终止确认的权利义务相关的未来现金流量现值和非金融风险调整。

（二）调整合同组的合同服务边际。

（三）调整合同组在当期及以后期间的责任单元。

第八十条 企业修改原合同并确认新合同时，应当按照下列两项的差额调整原合同所属合同组的合同服务边际：

（一）因终止确认原合同所导致的合同组履约现金流量变动金额；

（二）修改日订立与新合同条款相同的合同预计将收取的保费减去因修改原合同而收取的额外保费后的保费净额。

企业在计量新合同所属合同组时，应当假设于修改日收到本条（二）中的保费净额。

第八十一条 企业因合同转让而终止确认一项保险合同的，应当按照因终止确认该合同所导致的合同组履约现金流量变动金额与受让方收取的保费之间的差额，调整该合同所属合同组的合同服务边际。

第八十二条 企业因合同修改或转让而终止确认一项保险合同时，应当将与该合同相关的、由于会计政策选择而在以前期间确认为其他综合收益的余额转入当期损益；但对于企业持有基础项目的具有直接参与分红特征的保险合同，企业不得仅因终止确认该保险合同而进行上述会计处理。

第九章 列 报

第一节 资产负债表和利润表相关项目的列示及披露

第八十三条 企业应当根据自身实际情况，合理确定列报保险合同的详细程度，避免列报大量不重要信息或不恰当汇总实质性不同信息。

企业可以按照合同类型、地理区域或报告分部等对保险合同的信息披露进行恰当汇总。

第八十四条 企业应当在资产负债表中分别列示与保险合同有关的下列项目：

（一）保险合同资产；

（二）保险合同负债；

（三）分出再保险合同资产；

（四）分出再保险合同负债。

企业签发的保险合同组合账面价值为借方余额的，列示为保险合同资产；分出的再保险合同组合账面价值为贷方余额的，列示为分出再保险合同负债。

保险获取现金流量资产于资产负债表日的账面价值应当计入保险合同组合账面价值。

第八十五条 企业应当在利润表中分别列示与保险合同有关的下列项目：

（一）保险服务收入；

（二）保险服务费用；

（三）分出保费的分摊；

（四）摊回保险服务费用；

（五）承保财务损益；

（六）分出再保险财务损益。

第八十六条 企业应当在附注中分别就签发的保险合同和分出的再保险合同，单独披露未到期责任负债（或分保摊回未到期责任资产）和已发生赔款负债（或分保摊回已发生赔款资产）余额调节表，以反映与保险合同账面价值变动有关的下列信息：

（一）保险合同负债和保险合同资产（或分出再保险合同资产和分出再保险合同负债）的期初和期末余额及净额，及净额调节情况；

（二）未到期责任负债（或分保摊回未到期责任资产）当期变动情况，亏损部分（或亏损摊回部分）应单独披露；

（三）已发生赔款负债（或分保摊回已发生赔款资产）当期变动情况，采用保费分配法的保险合同应分别披露未来现金流量现值和非金融风险调整；

（四）当期保险服务收入；

（五）当期保险服务费用，包括当期发生赔款及其他相关费用、保险获取现金流量的摊销、亏损部分的确认及转回和已发生赔款负债相关履约现金流量变动；

（六）当期分出保费的分摊；

（七）当期摊回保险服务费用，包括摊回当期发生赔款及其他相关费用、亏损摊回部分的确认及转回和分保摊回已发生赔款资产相关履约现金流量变动；

（八）不计入当期损益的投资成分，保费返还可以在此项合并披露；

（九）与当期服务无关但影响保险合同账面价值的金额，包括当期现金流量、再保险分入人不履约风险变动额、保险合同金融变动额、其他与保险合同账面价值变动有关的金额。当期现金流量应分别披露收到保费（或支付分出保费）、支付保险获取现金流量、支付赔款及其他相关费用（或收到摊回赔款及其他相关费用）。

第八十七条 对于未采用保费分配法的保险合同，企业应当在附注中分别就签发的保险合同和分出的再保险合同，单独披露履约现金流量和合同服务边际余额调节表，以反映与保险合同账面价值变动有关的下列信息：

（一）保险合同负债和保险合同资产（或分出再保险合同资产和分出再保险合同负债）的期初和期末余额及净额，及净额调节情况；

（二）未来现金流量现值当期变动情况；

（三）非金融风险调整当期变动情况；

（四）合同服务边际当期变动情况；

（五）与当期服务相关的变动情况，包括合同服务边际的摊销、非金

融风险调整的变动、当期经验调整;

（六）与未来服务相关的变动情况，包括当期初始确认的保险合同影响金额、调整合同服务边际的估计变更、不调整合同服务边际的估计变更;

（七）与过去服务相关的变动情况，包括已发生赔款负债（或分保摊回已发生赔款资产）相关履约现金流量变动;

（八）与当期服务无关但影响保险合同账面价值的金额，包括当期现金流量、再保险分入人不履约风险变动额、保险合同金融变动额、其他与保险合同账面价值变动有关的金额。当期现金流量应分别披露收到保费（或支付分出保费）、支付保险获取现金流量、支付赔款及其他相关费用（或收到摊回赔款及其他相关费用）。

第八十八条 企业应当在附注中披露关于保险获取现金流量资产的下列定量信息:

（一）保险获取现金流量资产的期初和期末余额及其调节情况;

（二）保险获取现金流量资产减值准备当期计提和当期转回情况;

（三）期末保险获取现金流量资产预计在未来按适当的时间段终止确认的相关信息。

第八十九条 对于未采用保费分配法的保险合同，企业应当在附注中分别就签发的保险合同和分出的再保险合同，披露当期初始确认的保险合同对资产负债表影响的下列信息:

（一）未来现金流出现值，保险获取现金流量的金额应单独披露;

（二）未来现金流入现值;

（三）非金融风险调整;

（四）合同服务边际。

对于当期初始确认的亏损合同组以及在合同转让或非同一控制下企业合并中取得的保险合同，企业应当分别披露其对资产负债表影响的上述信息。

第九十条 对于未采用保费分配法的签发的保险合同，企业应当在附注中披露与本期确认保险服务收入相关的下列定量信息:

（一）与未到期责任负债变动相关的保险服务收入，分别披露期初预计当期发生的保险服务费用、非金融风险调整的变动、合同服务边际的摊销、其他金额（如与当期服务或过去服务相关的保费经验调整）;

（二）保险获取现金流量的摊销。

第九十一条 对于未采用保费分配法的保险合同，企业应当在附注中分别就签发的保险合同和分出的再保险合同，披露期末合同服务边际在剩余期限内按适当的时间段摊销计入利润表的定量信息。

第九十二条 企业应当披露当期保险合同金融变动额的定量信息及其解释性说明，包括对保险合同金融变动额与相关资产投资回报关系的说明。

第九十三条 企业应当披露与具有直接参与分红特征的保险合同相关的下列信息：

（一）基础项目及其公允价值；

（二）根据本准则第四十二条和第四十三条规定，将货币时间价值及金融风险的影响金额计入当期保险财务损益或其他综合收益对当期合同服务边际的影响。

第九十四条 对于具有直接参与分红特征的保险合同组，企业选择将保险合同金融变动额分解计入当期保险财务损益和其他综合收益的，根据本准则第四十四条规定，因是否持有基础项目的情况发生变动导致计入当期保险财务损益的计量方法发生变更的，应当披露变更原因和对财务报表项目的影响金额，以及相关合同组在变更日的账面价值。

第二节　与保险合同计量相关的披露

第九十五条 企业应当披露与保险合同计量所采用的方法、输入值和假设等相关的下列信息：

（一）保险合同计量所采用的方法以及估计相关输入值的程序。企业应当披露相关输入值的定量信息，不切实可行的除外。

（二）本条（一）中所述方法和程序的变更及其原因，以及受影响的合同类型。

（三）与保险合同计量有关的下列信息：

1. 对于不具有直接参与分红特征的保险合同，区分相机抉择与其他因素导致未来现金流量估计变更的方法；

2. 确定非金融风险调整的计量方法及计量结果所对应的置信水平，以及非金融风险调整变动额根据本准则第三十三条在利润表中的列示方法；

3. 确定折现率的方法，以及用于不随基础项目回报变动的现金流量折现的收益率曲线（或收益率曲线范围）；

4. 确定投资成分的方法；

5. 确定责任单元组成部分及相对权重的方法。

第九十六条 企业选择将保险合同金融变动额分解计入当期保险财务损益和其他综合收益的，应当披露确定保险财务损益金额的方法及其说明。

第九十七条 对于采用保费分配法计量的保险合同组，企业应当披露下列信息：

（一）合同组适用保费分配法的判断依据；

（二）未到期责任负债（或分保摊回未到期责任资产）和已发生赔款负债（或分保摊回已发生赔款资产）的计量是否反映货币时间价值及金融风险的影响；

（三）是否在保险获取现金流量发生时将其确认为费用。

第三节　与风险相关的披露

第九十八条 企业应当披露与保险合同产生的保险风险和金融风险等相关的定性和定量信息。金融风险包括市场风险、信用风险、流动性风险等。

第九十九条 对于保险合同产生的各类风险，企业应当按类别披露下列信息：

（一）风险敞口及其形成原因，以及在本期发生的变化。

（二）风险管理的目标、政策和程序以及计量风险的方法及其在本期发生的变化。

（三）期末风险敞口的汇总数据。该数据应当以向内部关键管理人员提供的相关信息为基础。期末风险敞口不能反映企业本期风险敞口变动情况的，企业应当进一步提供相关信息。

（四）风险集中度信息，包括企业确定风险集中度的说明和参考因素（如保险事项类型、行业特征、地理区域、货币种类等）。

第一百条 企业应当披露相关监管要求（如最低资本要求、保证利率等）对本准则适用范围内的合同的影响。保险合同分组时应用本准则第十五条规定的，企业应当披露这一事实。

第一百零一条 企业应当对保险风险和市场风险进行敏感性分析并披露下列信息：

（一）资产负债表日保险风险变量和各类市场风险变量发生合理、可能的变动时，将对企业损益和所有者权益产生的影响。

对于保险风险，敏感性分析应当反映对企业签发的保险合同及其经分出的再保险合同进行风险缓释后的影响。

对于各类市场风险，敏感性分析应当反映保险合同所产生的风险变量与企业持有的金融资产所产生的风险变量之间的关联性。

（二）本期进行敏感性分析所使用的方法和假设，以及在本期发生的变化及其原因。

第一百零二条 企业为管理保险合同所产生的风险，采用不同于本准则第一百零一条中所述方法进行敏感性分析的，应当披露下列信息：

（一）用于敏感性分析的方法、选用的主要参数和假设；

（二）所用方法的目的，以及该方法提供信息的局限性。

第一百零三条 企业应当披露索赔进展情况，以反映已发生赔款的实际赔付金额与未经折现的预计赔付金额的比较信息，及其与资产负债表日已发生赔款负债账面价值的调节情况。

索赔进展情况的披露应当从赔付时间和金额在资产负债表日仍存在不确定性的重大赔付最早发生期间开始，但最长披露期限可不超过十年。赔付时间和金额的不确定性在未来一年内将消除的索赔进展信息可以不披露。

第一百零四条 企业应当披露与保险合同所产生的信用风险相关的下列信息：

（一）签发的保险合同和分出的再保险合同分别于资产负债表日的最大信用风险敞口；

（二）与分出再保险合同资产的信用质量相关的信息。

第一百零五条 企业应当披露与保险合同所产生的流动性风险相关的下列信息：

（一）对管理流动性风险的说明。

（二）对资产负债表日保险合同负债和分出再保险合同负债的到期期限分析。

到期期限分析应当基于合同组合，所使用的时间段至少应当为资产负债表日后一年以内、一年至两年以内、两年至三年以内、三年至四年以内、四年至五年以内、五年以上。列入各时间段内的金额可以是未来现金流量现值或者未经折现的合同剩余净现金流量。

到期期限分析可以不包括采用保费分配法计量的保险合同负债和分出再保险合同负债中与未到期责任相关的部分。

（三）保单持有人可随时要求偿还的金额。企业应当说明该金额与相关保险合同组合账面价值之间的关联性。

第十章 衔接规定

第一百零六条 首次执行日之前的保险合同会计处理与本准则规定不一致的，企业应当按照《企业会计准则第28号——会计政策、会计估计变更和差错更正》的规定采用追溯调整法处理，但本准则另有规定的除外。

企业进行追溯调整的，无须披露当期和各个列报前期财务报表受影响项目和每股收益的调整金额。

第一百零七条 企业采用追溯调整法时，应当在过渡日按照下列规定进行衔接处理：

（一）假设一直按照本准则要求识别、确认和计量保险合同组；

（二）假设一直按照本准则要求识别、确认和计量保险获取现金流量资产，但无须估计该资产于过渡日前的可收回金额；

（三）确认追溯调整对所有者权益的累积影响数；

（四）不得在过渡日前运用本准则第四十三条规定的风险管理缓释选择权。

过渡日是指本准则首次执行日前最近一个会计年度的期初，企业列报经调整的更早期间的比较信息的，过渡日是更早比较期间的期初。

第一百零八条 对合同组采用追溯调整法不切实可行的，企业应当采用修正追溯调整法或公允价值法。对合同组采用修正追溯调整法也不切实可行的，企业应当采用公允价值法。

修正追溯调整法，是指企业在对本章所涉及相关事项采用追溯调整法不切实可行时，使用在过渡日无须付出不必要的额外成本或努力即可获得的合理可靠的信息，以获得接近追溯调整法结果为目标，在衔接处理上按本准则规定进行简化的方法。

公允价值法，是指以过渡日合同组公允价值与履约现金流量的差额确定合同组在该日的合同服务边际或未到期责任负债亏损部分，以及在衔接处理上按本准则规定进行简化的方法。

企业在过渡日前符合本准则第四十三条规定条件，使用衍生工具、分出的再保险合同或以公允价值计量且其变动计入当期损益的非衍生金融工具管理合同组产生的金融风险，并自过渡日起采用未来适用法运用风险管理缓释选择权进行会计处理的，企业可以对该合同组采用公允价值法进行衔接处理。

第一百零九条 企业采用修正追溯调整法时，应当在过渡日根据本准则规定识别下列事项并进行衔接处理：

（一）保险合同组，但在按照本准则规定进行保险合同分组时无法获得合理可靠的信息的，企业可以将签发或分出时间间隔超过一年的合同归入同一合同组；

（二）具有直接参与分红特征的保险合同；

（三）不具有直接参与分红特征的保险合同中的相机抉择现金流量；

（四）具有相机参与分红特征的投资合同。

企业采用修正追溯调整法时，对于在合同转让或非同一控制下企业合并中取得的保险合同，应当将该类合同在转让日或购买日前已发生的赔付义务确认为已发生赔款负债。

第一百一十条 对不具有直接参与分红特征的保险合同组在过渡日的合同服务边际或未到期责任负债亏损部分采用修正追溯调整法时，企业应当按照下列规定进行衔接处理：

（一）以过渡日或更早日期（如适用）估计的未来现金流量为基础，根据合同组初始确认时至过渡日或更早日期（如适用）发生的现金流量进行调整，确定合同组在初始确认时的未来现金流量；

（二）基于过渡日前最近至少三个会计年度可观察数据，考虑该数据与本准则第二十五条规定的折现率的相似性或差异，采用适当方法确定合同组在初始确认时或以后的折现率；

（三）以过渡日估计的非金融风险调整金额为基础，根据在过渡日签发或分出的类似保险合同的相关风险释放方式，估计过渡日之前合同组非金融风险调整的变动金额，确定合同组在初始确认时的非金融风险调整金额；

（四）采用与过渡日后一致的方法将过渡日前已付或应付的保险获取现金流量系统合理地分摊至过渡日确认和预计将于过渡日后确认的合同组，分别调整过渡日合同服务边际和确认为保险获取现金流量资产。企业无法获得合理可靠的信息进行上述处理的，则不应调整合同服务边际或确认保险获取现金流量资产；

（五）合同组在初始确认时根据本条（一）至（四）确认合同服务边际的，应当按照本条（二）确定的初始确认时折现率计提利息，并基于过渡日合同组中的剩余责任单元和该日前的责任单元，确定过渡日前计入损益的合同服务边际；

（六）合同组在初始确认时根据本条（一）至（四）确认未到期责任负债亏损部分的，应当采用系统合理的方法，确定分摊至过渡日前的亏损部分；

（七）对于订立时点不晚于对应的亏损保险合同确认时点的分出的再保险合同，应当根据过渡日对应的亏损保险合同的未到期责任负债亏损部分乘以预计从分出的再保险合同组摊回的对应的保险合同赔付的比例，计算分出再保险合同组分保摊回未到期责任资产在过渡日的亏损摊回部分金额，企业无法获得合理可靠的信息确定该亏损摊回部分金额的，则不应确认亏损摊回部分。

第一百一十一条　对具有直接参与分红特征的保险合同组在过渡日的合同服务边际或未到期责任负债亏损部分采用修正追溯调整法时，企业应当按照下列规定进行衔接处理：

（一）以过渡日基础项目公允价值减去该日履约现金流量的金额为基础，根据过渡日前相关现金流量以及非金融风险调整的变动进行恰当调整；

（二）采用与过渡日后一致的方法将过渡日前已付或应付的保险获取现金流量系统合理地分摊至过渡日确认和预计将于过渡日后确认的合同组，分别调整过渡日合同服务边际和确认为保险获取现金流量资产。企业无法获得合理可靠的信息进行上述处理的，则不应调整合同服务边际或确认保险获取现金流量资产；

（三）合同组根据本条（一）和（二）确认合同服务边际的，应当基于过渡日合同组中的剩余责任单元和该日前的责任单元，确定过渡日前计入损益的合同服务边际；

（四）合同组根据本条（一）和（二）确认未到期责任负债亏损部分的，应当将该亏损部分调整为零，同时将该亏损部分增加过渡日未到期责任负债账面价值。

第一百一十二条 企业对过渡日保险合同金融变动额采用修正追溯调整法时，应当按照下列规定进行衔接处理：

（一）根据本准则第一百零九条（一）规定将签发或分出时间相隔超过一年的合同归入同一合同组的，可以在过渡日确定合同组初始确认时或以后适用的折现率。企业根据本准则第三十四条选择将保险合同金融变动额分解计入保险财务损益和其他综合收益的，应当采用适当方法确定过渡日计入其他综合收益的累计金额。

（二）未将签发或分出时间相隔超过一年的合同归入同一合同组的，应当按照本准则第一百一十条（二）估计合同组初始确认时或以后适用的折现率。企业根据本准则第三十四条选择将保险合同金融变动额分解计入保险财务损益和计入其他综合收益的，应当采用适当方法确定过渡日计入其他综合收益的累计金额。

第一百一十三条 企业根据本准则第三十七条规定选择不调整中期财务报表有关会计估计处理结果的会计政策的，应当在过渡日对该会计政策采用追溯调整法处理。采用追溯调整法不切实可行的，企业可以采用修正追溯调整法，对保险合同金融变动额和不具有直接参与分红特征的保险合同的合同服务边际或未到期责任负债亏损部分进行衔接处理时，视同过渡日前未编制中期财务报表。

第一百一十四条 企业采用公允价值法时，可以使用在合同开始日或初始确认时根据合同条款和市场状况可确定的合理可靠的信息，或使用在过渡日可获得的合理可靠的信息，根据本准则规定识别下列事项并进行衔接处理：

（一）保险合同组，企业可以将签发或分出时间间隔超过一年的合同归入同一合同组；

（二）具有直接参与分红特征的保险合同；

（三）不具有直接参与分红特征的保险合同中的相机抉择现金流量；

（四）具有相机参与分红特征的投资合同。

企业采用公允价值法时，对于在合同转让或非同一控制下企业合并中取得的保险合同，可以将该类合同在转让日或购买日前已发生的赔付义务确认为已发生赔款负债。

第一百一十五条 企业采用公允价值法时，按照下列规定进行衔接处理：

（一）企业可以在过渡日确定合同组初始确认时或以后适用的折现率；

（二）对于分出的再保险合同组对应亏损保险合同的，应当根据过渡日对应的亏损保险合同的未到期责任负债亏损部分乘以预计从分出的再保险合同组摊回的对应的保险合同赔付的比例，计算分出再保险合同组分保摊回未到期责任资产在过渡日的亏损摊回部分金额；

（三）企业根据本准则第三十四条选择将保险合同金融变动额分解计入保险财务损益和其他综合收益的，应当采用适当方法确定过渡日计入其他综合收益的累计金额；

（四）对保险获取现金流量资产采用追溯调整法不切实可行时，企业应当采用适当方法确定过渡日的保险获取现金流量资产。

第一百一十六条 企业应当在附注中披露与衔接处理相关的下列信息：

（一）在采用修正追溯调整法和公允价值法的保险合同的存续期间，说明该类保险合同在过渡日的衔接处理；

（二）在本准则第八十六条和第八十七条规定的调节表中，分别就过渡日采用修正追溯调整法和公允价值法的保险合同，在该类保险合同存续期间单独披露其对保险服务收入和合同服务边际的影响；

（三）企业根据本准则第一百一十二条和第一百一十五条（三）的规定，采用修正追溯调整法或公允价值法确定过渡日计入其他综合收益的累计金额的，在该金额减计为零之前的期间，应当披露以公允价值计量且其变动计入其他综合收益的相关金融资产计入其他综合收益的累计金额自期初至期末的调节情况。

第一百一十七条 企业无须披露比首次执行日前最近一个会计年度更早期间的信息。企业选择披露未经调整的更早期间的比较信息的，应当列示该类信息并说明其编制基础。

企业可以选择不披露未公开的、比首次执行日前四个会计年度更早期间发生的索赔进展情况，但应当披露这一选择。

第一百一十八条 企业在本准则首次执行日前执行金融工具相关会计准则的，应当在本准则首次执行日对金融资产进行下列处理：

（一）企业可以对管理金融资产的业务模式进行重新评估并确定金融资产分类，但为了与本准则适用范围内合同无关的活动而持有的金融资产除外；

（二）在首次执行日前被指定为以公允价值计量且其变动计入当期损益的金融资产，因企业执行本准则而不再符合指定条件时，应当撤销之前的指定；

（三）金融资产因企业执行本准则而符合指定条件的，可以指定为以公允价值计量且其变动计入当期损益的金融资产；

（四）企业可以将非交易性权益工具投资指定为以公允价值计量且其变动计入其他综合收益的金融资产或撤销之前的指定。

企业应当以本准则首次执行日的事实和情况为基础进行上述处理，并追溯调整首次执行本准则当年年初留存收益或权益的其他部分。企业无须调整可比期间信息。企业选择调整可比期间信息的，应当以前期事实和情况为基础，以反映金融工具相关会计准则的要求。

第一百一十九条 企业根据本准则第一百一十八条规定进行处理的，应当披露下列信息：

（一）根据本准则第一百一十八条（一）对管理相关金融资产的业务模式进行重新评估并确定金融资产分类的标准；

（二）相关金融资产列报类型和账面价值的变化；

（三）撤销之前指定为以公允价值计量且其变动计入当期损益的金融资产的期末账面价值；

（四）指定或撤销指定以公允价值计量且其变动计入当期损益的相关金融资产的原因。

第十一章　附　　则

第一百二十条 本准则自 2023 年 1 月 1 日起施行。

中国银保监会关于印发保险业标准化"十四五"规划的通知

（2022 年 5 月 11 日　银保监发〔2022〕11 号）

各银保监局，各保险集团（控股）公司、保险公司、保险资产管理公司，保险保障基金公司、银保信公司、中保投资公司、上海保交所、保险业协会、保险学会、精算师协会、保险资管业协会：

为深入推进保险业标准化改革，确保"十四五"期间保险标准化工作的有序推进，全国金融标准化技术委员会保险分技术委员会制定了《中国保险业标准化"十四五"规划》（以下简称《规划》）。按照《全国金融标准化技术委员会保险分技术委员会章程》规定，现予印发，请遵照执行。

中国保险业标准化"十四五"规划

标准是保险业健康发展的技术支撑，是保险业基础性制度的重要组成部分。保险业标准化是促进保险业有效发挥经济"减震器"和社会"稳定器"作用的重要保障。"十四五"时期是我国开启全面建设社会主义现代化国家新征程、向第二个百年奋斗目标进军的第一个五年，为推动保险业高质量发展，奠定新时代保险业标准化工作基础，根据《中华人民共和国国民经济和社会发展第十四个五年规划和 2035 年远景目标纲要》《国家标准化发展纲要》《金融标准化"十四五"发展规划》和有关专项规划，制定本规划。

一、发展回顾与面临的形势

（一）发展回顾

"十三五"期间，按照"政府引导、市场驱动，服务大局、立足长远，统筹推进、突出重点"的原则，保险业科学谋划、多措并举，深入贯彻落实《中华人民共和国标准化法》，不断强化保险标准化工作，保险标准化工作机制日趋完善，标准体系更加健全，标准化意识不断提升，实施成效显著。政府部门发布保险业国家标准和行业标准18项,市场自主公开保险团体标准48项,覆盖保险业务、客户服务、信息技术、数据交换等诸多领域,标准化的基础性、规范性和引领性地位显著增强,得到了社会的广泛认可和保险业的高度肯定,为支持保险业发展改革发挥了重要作用。

1. 标准对保险业稳健发展的基础支撑作用凸显。积极开展保险业核心业务、重要服务和关键技术领域基础标准建设,《保险术语》于2018年成为保险业第一个国家标准,是保险行业内部沟通和外部交流的规范性、通用性语言,对保险业稳健发展具有重要意义。《产险单证》《财产保险业务要素数据规范》《人身保险业务要素数据规范》等标准对财产保险、人身保险的条款、格式、数据作出通用约定,增强了保险业务的规范性,促进了保险数据要素的运用。《保险消费投诉处理规范》纳入国家标准立项,对保护保险消费者权益具有重大意义。

2. 标准支持保险业服务社会民生的作用不断加强。针对新业务、新产品、新服务在保险行业的应用,发布《电子保单业务规范》《基于遥感技术的农业保险精确承保和快速理赔规范》《保险业车联网基础数据元目录》等标准,对提升保险效率、降低保险成本、便利保险消费者都发挥了重要作用。加强农业保险、巨灾保险、健康保险领域标准建设,加大信息技术及基础设施领域标准建设力度,加强客户服务和消费者保护等领域标准供给。截至"十三五"末期,在建国家标准3项,在建行业标准35项,为保险业规范、持续、健康发展提供了基础支撑。

3. 保险业多层次标准体系协同发展。紧密结合行业发展需求与技术创新趋势,建立更加符合监管要求和市场需求的多层次标准体系,形成政府标准、市场标准协同发展的新格局,制定了一批满足市场需求、快速响应技术创新的团体标准。鼓励企业在积极采用现有保险国家标准、行业标准的基础上,根据自身发展和业务需要,自主制定、实施企业标准,一批保险公司成为企业标准"领跑者"。

4. 保险业标准化工作机制日趋完善。为规范保险业标准制修订工作,提高标准制定的效率和质量,制定《保险标准化工作管理办法》,细化明确了保险范围内国家标准、行业标准、团体标准立项、制定、修订、审查、报批的具体要求和工作流程,对保险标准化工作涉及的各个环节和程序进行规范和要求,推动标准化工作机制进一步完善。优化全国金融标准化技术委员会保险分技术委员会（以下简称保险分委会）组成单位和人员结构，完善保险分委会章程，开展新一届保险分委会换届工作，保险业标准化工作管理水平迈上新台阶。

5. 保险业标准化意识大幅提升。保险业对标准化工作高度重视，加强宣传培训，全行业"学标准、懂标准、用标准"的氛围已经初步形成。通过鼓励保险机构积极参加企业标准"领跑者"活动、开展培训宣传等形式，多措并举推动保险标准贯彻实施，拓展了保险标准应用的广度和深度，在保证保险产品质量、规范保险管理服务、提升保险管理水平等方面发挥了重要作用。

总体看，"十三五"期间保险行业标准化工作成效显著，但与保险业日益增长的标准化需求相比，还存在一定差距，主要表现在：一是行业发展催生标准新需求，标准供给有一定的滞后；二是标准体系结构有待进一步优化完善；三是部分标准修订效率较低，标龄过长，与实际工作脱节；四是标准实施监督及信息反馈机制尚不完善；五是整体标准化意识有待进一步强化。

（二）面临形势

随着我国经济由高速增长阶段转向高质量发展阶段，机遇和挑战并存。立足新发展阶段，保险业标准化工作要完整、准确、全面贯彻新发展理念，支撑和保障保险业服务新发展格局，聚焦服务实体经济、防控金融风险、深化金融改革等重大任务，以高质量标准服务和支持保险业高质量发展。

1. 完整、准确、全面贯彻新发展理念要求。坚持创新、协调、绿色、开放、共享的新发展理念，是高质量发展的内涵要求。保险业标准化工作要深刻把握保险业贯彻新发展理念带来的新变化，以标准化引领和支持保险业创新发展，推动建立保险业内外部协调发展的良好生态，助力保险业服务碳达峰碳中和目标的实现，推动保险业制度型开放，提升保险业国际竞争力，促进保险业共享发展。

2. 加快构建新发展格局的要求。加快构建以国内大循环为主体、国内国际双循环相互促进的新发展格局对保险业提出新要求，也对保险业标准化工作提出新目标。保险业标准化要深刻把握构建新发展格局的大背景，支持保险业供给侧结构性改革，推动保险业加大供给能力、优化供给结构，提供更加丰富的保险产品、更加优质的保险服务，更好地服务实体经济，扩大普惠型保险覆盖范围，充分保护保险消费者合法权益，提升人民群众的获得感和幸福感。加快保险业与国际接轨，提升保险业国际竞争力，更好地支持"一带一路"等重大战略。

3. 防控金融风险的要求。防范风险是保险业永恒的主题。当前我国保险业面临的内外部形势仍然严峻复杂，行业自身发展不平衡、不充分的结构性问题逐步凸显，部分重点公司、重点领域面临的困难与风险不容忽视。提升风险防控能力，需要树立预防为主的意识，做到早识别、早预警、早发现、早处置，建立全面、主动、长期的风险管理模式。保险标准化工作要紧密围绕防控风险这一主题，积极服务监管，着力促进风险管理体系的规范化、风险信息共享交换的便利化、风险识别评估预警的智能化，促进保险业整体风险管理能力的提升。

4. 保险业数字化转型的需要。数字化转型是保险业贯彻新发展理念、推动高质量发展的重要途径。随着数字化转型的深入推进，保险业在治理、文化、业务、技术等方面面临着全方位改革与创新的挑战。保险业既要主动抓住数字化转型带来的重大机遇，也要面对保险业务价值链重塑带来的冲击和挑战。数字化转型过程中要更加注重发挥标准的作用，用标准引领和规范创新，用标准畅通和加强协作，用标准沉淀和共享成果，促进数字化转型发挥更大效用。

二、指导思想、基本原则与发展目标

（三）指导思想

以习近平新时代中国特色社会主义思想为指导，全面贯彻党的十九大和十九届历次全会精神，立足新发展阶段，贯彻新发展理念，服务新发展格局，坚持以人民为中心，聚焦保险业服务实体经济、防控金融风险、深化金融改革等重大任务，创新保险业标准化工作机制，优化保险业标准体系架构，增强保险业标准化治理效能，以高标准助力保险业高质量发展。

（四）基本原则

1. 坚持创新驱动。全面落实国家标准化发展和改革要求，创新保险业标准化工作机制，构建政府与市场并重的保险业标准供给模式，建立标准需求和标准供给良性互动的工作格局，优化保险业标准化组织架构和组织方式，完善保险业标准化工作流程，提升保险业标准化工作效率，保障标准质量。

2. 坚持问题导向。紧密结合人民群众需求和经济发展需要，聚焦保险业发展改革战略目标和重要任务，增强保险标准需求获取的及时性和精准性，加强急需紧缺标准、支柱性标准、关键技术标准和公益性标准研制工作，持续优化保险业标准体系，实现保险标准化发展向质量效益型转变。

3. 坚持开放共享。对标国际高标准，推动保险标准化工作由国内驱动向国内国际相互促进转变，提升保险标准化参与者的多样性，增强保险标准化工作活力，加强标准的宣传贯彻和应用实施，使标准成为行业经验成果共享的重要载体。

4. 坚持统筹发展。加强顶层设计和全局筹划，推动保险标准与保险法律法规的有机衔接，理顺政府标准与市场标准的关系，兼顾发展和安全，助力防控金融风险。

（五）发展目标

到2025年，保险标准化工作机制进一步完善，保险标准化组织的多样性和专业性显著提升，保险标准体系结构优化健全。保险标准质量水平明显提高，标准化普及推广效果良好，标准实施成效显著。保险从业人员标准化意识和素养显著提升。保险领域参与国际标准化活动能力增强，支撑保险业发展的标准化基础更加坚实。具体目标包括：

1. 保险标准体系更加优化健全。建立结构清晰、覆盖全面、效用突出的保险标准体系，形成保险标准体系动态优化的工作模式。保险标准化机制进一步完善。政府和市场并重的保险标准供给体系完全建立，形成覆盖保险各领域的标准化专业工作组和专家队伍，实现标准需求和供给的良性互动。

2. 保险标准供给进一步加大。在保险业核心业务、重要服务和关键技术领域加大标准制定力度，保险标准的科学性、先进性、实用性显著提升，强化保险标准对法律法规的衔接支持。

3. 保险标准的应用成效更加显著。推动建设保险业标准化示范机构，积极培育保险业企业标准"领跑者"，一批标准实施的典型经验得到总结和推广。

4. 保险业标准化意识显著增强。加强保险标准宣传推广，建立保险标准培训机制，培养一批保险标准化专家，保险业从业人员学标准、用标准、做标准的意识显著增强。

5. 保险标准化国际交流与合作深化推进。保险标准化国际交流渠道进一步拓展，国内保险标准与国际规则和国际标准衔接更加紧密。

三、标准化助力保险业服务实体经济

（六）推动农业保险标准建设

围绕乡村振兴战略，积极支持农业保险扩面、增品、提标，动态开展农业保险标准需求调查和项目规划，规范农业保险服务流程，针对农业保险在承保、理赔等环节与自然资源密切相关的特点，结合物联网、遥感、北斗导航、无人机等技术应用，制定相应的技术标准，提升保险服务"三农"质效。

（七）促进科技保险和知识产权保险标准供给

加强科技保险、知识产权保险等领域的标准研究，促进科技、专利和保险的衔接，助力保险支持战略新兴产业、先进制造业和新型基础设施建设，促进保险标准和科技标准的衔接，以标准化为科技保险和知识产权保险在风险计量、产品设计、损失估量等领域提供参考，支持高水平科技自立自强。

（八）加快完善绿色保险相关标准建设

助力保险业服务碳达峰碳中和目标，支持保险业探索开发环境气候领域等创新性绿色保险产品，加快研究服务新能源发展、绿色低碳技术研发应用、生物多样性保护等业务领域的绿色保险产品和服务标准，有效衔接各类环境权益市场相关标准。探索绿色保险统计、保险资金绿色运用、绿色保险业务评价等标准建设，更好推动完善我国绿色金融标准体系。

（九）加快保险资产管理标准化建设

制定保险资管产品的要素标准、产品分类标准，促进银行、证券、保险等各类行业资管业务统一标准。夯实保险资管数据基础，推动业务数据、风险数据、信息披露等领域标准化。统筹建立保险资管统计标准。建设资管标准人才队伍，强化保险资管标准化能力。

四、标准化支持保险业服务社会民生

（十）加强养老和健康保险领域标准建设

支持养老保险第三支柱建设，制定养老保险产品和服务标准，促进保险机构开发满足消费者需求的多样化养老保险产品。进一步规范行业共用的与医疗、疾病、意外相关的分类、代码、术语、数据交换格式标准，支持保险机构为人民群众提供覆盖全生命周期的、满足不同收入群体需要的健康保险产品。推动健康管理、长期护理、养老服务的标准化，促进保险和民政养老制度的有效衔接。推动制定商业保险与医疗、社保部门的数据共享和交换标准，促进普惠型保险的健康发展。

（十一）推动责任保险和保证保险领域标准建设

积极开展责任保险和保证保险领域的标准建设，支持保险机构在污染治理、安全生产、校园安全、医疗纠纷、建筑质量以及突发公共卫生事件等领域发挥辅助社会治理的作用，与环境、卫生、教育、应急等领域标准化组织加强协作，加强保险标准与相关领域标准的联动。

（十二）加强巨灾保险标准建设

制定巨灾分类和巨灾保险产品规范，推进共保体、政保合作、巨灾债券等巨灾保险机制标准建设，统筹制定巨灾风险责任累积管理和单一标的责任累积管理标准，增强再保险市场机构间的服务水平，优化风险防范机制，提升应对巨灾的社会保障能力。

五、标准化提升保险业风险管控能力

（十三）加强对保险业风险的监管支持能力建设

以深入推进金融供给侧结构性改革和防范化解保险业风险为主线，统筹研究加强保险业风险监管相关标准，推动保险业风险监管的基础数据标准建设，完善保险业监管数据体系建设，加强数字监管、智慧监管能力建设，推进保险业风险监管智能化水平持续提升。

（十四）推动保险业风险管理标准化建设

开展保险业风险管理标准体系研究，推动保险业风险管理术语、数据、指标、分类等基础标准建设。结合行业最佳实践和国际标准，提炼探索行业风险管理通用参考框架，规范风险管理流程，加强数据和经验模型共享，促进保险业风险管理能力提升。

（十五）加强保险反欺诈标准建设

制定针对不同欺诈手段的检测技术规范，增强快速检测能力，减少欺诈造成的损失。制定反欺诈模型描述规范，促进反欺诈模型在行业共享使用、共同训练，提升模型的精准性和智能性，增强欺诈识别能力。促进行业对欺诈事件相关信息和数据的积累、共享，增强行业欺诈预警及响应能力，遏制组团骗保、恶意退保等欺诈行为。

（十六）加强保险消费者权益保护标准建设

研究覆盖事前事中事后的保险消费者权益保护标准体系。配合互联网保险销售行为可回溯、"双录"等监管要求，制定细化技术标准和管理标准，保障政策执行的规范性和一致性。制定保险服务标准，进一步规范保险服务行为，提升行业整体服务质量和水平。制定保险消费投诉标准，规范工作程序。围绕保险消费者教育制定相关标准，促进消费者了解保险知识，树立正确保险意识，科学理性选择保险。

六、标准化促进保险业数字化转型

（十七）加大保险科技技术标准供给

在保险科技领域加强行业标准供给，在大数据、人工智能、云服务、区块链、下一代互联网、智慧健康、物联网等领域制定相关应用标准，以标准凝聚行业共识、积累行业经验、规范引领保险科技创新。加强跨行业生态标准建设，促进保险业在依法合规的前提下与第三方合作机构、数据服务提供商、其他行业产业合作，发挥更大的协同效应。同步加强网络和数据安全及个人隐私保护领域行业标准建设，兼顾发展和安全。推动信息科技基础能力标准建设，夯实发展基础。

（十八）推动保险中介行业标准化工作

研究制定保险中介业务数据和信息交互标准，促进中介业务数据质量提升，规范保险公司和保险中介机构间的业务信息交互。推动金融领域各类机构、人员、产品及业务标准在保险中介行业落地应用、规范实施。

（十九）加强保险业基础通用标准建设

进一步规范保险单证中的术语、表述和格式，扩展保险单证电子化标准，规范客户数据定义和格式。研究制定保险投保、核保、理赔、服务等重要业务流程规范及流程数据标准。制定保险数据分类分级标准，拓展保险业数据和信息交换技术标准，促进数据的安全保护和交流共享。

七、优化保险标准化工作机制

（二十）加强保险业标准化技术组织建设

优化保险分委会构成，加强保险分委会秘书处建设，提高工作能力和运行效率。建立专项工作组，提升标准制定效率，增强标准制定的专业性，加大标准供给能力。建立保险业标准化人才队伍以及保险标准化专家库。不断完善保险分委会信息平台建设，推动保险业标准化信息交换与资源共享，推进行业标准公开，全面提升保险业标准化信息服务能力。

（二十一）完善保险标准化工作机制

修订完善《保险标准化工作管理办法》，优化保险标准制定修订全周期流程，提升标准制修订和审批效率，提升标准质量。建立保险业标准监督评估体系，建立标准质量监督考核机制，制定保险标准实施效果评估工作细则，组织对重要标准实施情况追溯、监督和纠错，开展标准实施效果评估，建立标准实施与标准建设的互动反馈机制。

（二十二）推动保险标准体系进一步完善

充分考虑行业发展新趋势新方向，动态优化保险业标准体系框架，优化完善推荐性标准布局，逐步形成政府主导制定的标准与市场自主制定的标准协同发展、协调配套的新型保险业标准体系。不断提高保险业标准间的协调性，提高与其他相关产业标准和国际标准的衔接度，加强保险业标准与相关法律法规的协调配套。加大团体标准和企业标准制定力度，鼓励企业制定严于行业标准和团体标准、具有竞争力的企业产品与服务标准。

（二十三）推动保险标准落地实施

加大保险标准宣贯力度，重要标准发布后编制实施方案和释义，利用媒体、网络、会议等平台，开展多层次、多角度的宣传、培训、研讨和解读，推进行业标准公开。对涉及行业公共利益、关系消费者权益的重要标准，通过政策引导、示范试点、实施效果评估、监督纠错等方式，积极推动标准落地。增强标准对监管的支持能力，促进标准实施与行业监管的联动。发挥行业协会等社会组织作用，利用行业自律等手段，推动标准应用。发挥保险机构主体作用，鼓励保险机构积极采用行业标准和团体标准，建立完善企业标准体系，大力推动标准自我声明公开制度落实。

（二十四）夯实保险标准化理论和工作基础

深入开展标准化理论与应用研究，加强标准化科研课题的组织实施，从制度环境、发展战略、运行规律、实施模式、作用机理、组成要素、质量评估等方面，开展保险标准化基础理论和通用方法研究。鼓励有条件的保险机构设立标准化管理部门，促进保险基础研究、标准制定、应用实施的协调互动。引导鼓励科研院所和专业人员参与保险标准化研究和标准建设。

（二十五）持续推进保险标准国际化

研究制定我国保险业参与国际标准化战略、政策和策略，确定参与的重点领域、重点方向和可行路径。在互联网保险等我国优势领域、再保险等跨国业务领域，积极研究将我国标准上升为国际标准、区域标准的可能性。加强国际标准跟踪研究，积极参与保险领域标准化国际交流合作。

八、保障措施

（二十六）加强组织领导

各保险机构进一步增强对标准化工作的认识，明确责任，切实加强保险标准化工作的统筹协调与组织领导，充分发挥标准化在保险业发展中的技术支撑作用，将保险标准化工作置于优先发展的位置。健全工作制度，制定加快推进保险标准化工作的政策措施，形成领导重视、统一部署、定期检查、及时通报的工作机制，切实提高保险标准化工作的组织保障水平。

（二十七）加强资源保障

推动各保险机构加强资源保障力度，强化保险标准资源保障，配备标准化专兼职工作人员，加大对规划落实的经费投入，重点支持工作机制创新、标准体系建设、重点标准研制、标准宣贯实施、标准化试点建设等内容。

（二十八）加强人才培养

加大标准化培训力度，提高保险业从业人员标准化意识和能力水平。完善保险标准化培训机制，加强行业标准化学习交流，研发设置保险标准化课程，推广普及保险标准化知识。

（二十九）加强监督评估

完善规划实施动态管理机制，对规划的实施情况进行有效监督，做好实施情况的跟踪、评估和反馈工作，确保规划各项工作目标的完成。培育标准化示范单位和企业标准"领跑者"，对标准化工作取得显著成绩的机构和个人予以奖励。

银行保险机构消费者权益保护管理办法

（2022 年 12 月 12 日中国银行保险监督管理委员会令 2022 年第 9 号公布　自 2023 年 3 月 1 日起施行）

第一章　总　　则

第一条　为维护公平公正的金融市场环境，切实保护银行业保险业消费者合法权益，促进行业高质量健康发展，根据《中华人民共和国银行业监督管理法》《中华人民共和国商业银行法》《中华人民共和国保险法》《中华人民共和国消费者权益保护法》等法律法规，制定本办法。

第二条　本办法所称银行保险机构，是指在中华人民共和国境内依法设立的向消费者提供金融产品或服务的银行业金融机构和保险机构。

第三条　银行保险机构承担保护消费者合法权益的主体责任。银行保险机构应当通过适当程序和措施，在业务经营全过程公平、公正和诚信对待消费者。

第四条　消费者应当诚实守信，理性消费，审慎投资，依法维护自身合法权益。

第五条　中国银行保险监督管理委员会（以下简称银保监会）及其派出机构依法对银行保险机构消费者权益保护行为实施监督管理。

第六条　银行保险机构消费者权益保护应当遵循依法合规、平等自愿、诚实守信的原则。

第二章　工作机制与管理要求

第七条　银行保险机构应当将消费者权益保护纳入公司治理、企业文化建设和经营发展战略，建立健全消费者权益保护体制机制，将消费者权益保护要求贯穿业务流程各环节。

第八条　银行保险机构董事会承担消费者权益保护工作的最终责任，对消费者权益保护工作进行总体规划和指导，董事会应当设立消费者权益保护委员会。高级管理层应当建立健全消费者权益保护管理体系，确保消费者权益保护目标和政策得到有效执行。监事会应当对董事会、高级管理层消费者权益保护工作履职情况进行监督。

银行保险机构应当明确履行消费者权益保护职责的部门，由其牵头组织并督促指导各部门开展消费者权益保护工作。

第九条 银行保险机构应当建立消费者权益保护审查机制，健全审查工作制度，对面向消费者提供的产品和服务在设计开发、定价管理、协议制定、营销宣传等环节进行消费者权益保护审查，从源头上防范侵害消费者合法权益行为发生。推出新产品和服务或者现有产品和服务涉及消费者利益的条款发生重大变化时，应当开展审查。

第十条 银行保险机构应当建立完善消费者权益保护信息披露机制，遵循真实性、准确性、完整性和及时性原则，在售前、售中、售后全流程披露产品和服务关键信息。

银行保险机构应当通过年报等适当方式，将消费者权益保护工作开展情况定期向公众披露。

第十一条 银行保险机构应当建立消费者适当性管理机制，对产品的风险进行评估并实施分级、动态管理，开展消费者风险认知、风险偏好和风险承受能力测评，将合适的产品提供给合适的消费者。

第十二条 银行保险机构应当按照相关规定建立销售行为可回溯管理机制，对产品和服务销售过程进行记录和保存，利用现代信息技术，提升可回溯管理便捷性，实现关键环节可回溯、重要信息可查询、问题责任可确认。

第十三条 银行保险机构应当建立消费者个人信息保护机制，完善内部管理制度、分级授权审批和内部控制措施，对消费者个人信息实施全流程分级分类管控，有效保障消费者个人信息安全。

第十四条 银行保险机构应当建立合作机构名单管理机制，对涉及消费者权益的合作事项，设定合作机构准入和退出标准，并加强对合作机构的持续管理。在合作协议中应当明确双方关于消费者权益保护的责任和义务，包括但不限于信息安全管控、服务价格管理、服务连续性、信息披露、纠纷解决机制、违约责任承担和应急处置等内容。

第十五条 银行保险机构应当建立健全投诉处理工作机制，畅通投诉渠道，规范投诉处理流程，加强投诉统计分析，不断溯源整改，切实履行投诉处理主体责任。

第十六条 银行保险机构应当健全矛盾纠纷多元化解配套机制，积极主动与消费者协商解决矛盾纠纷，在协商不成的情况下，通过调解、仲裁、诉讼等方式促进矛盾纠纷化解。

消费者向银行业保险业纠纷调解组织请求调解的，银行保险机构无正当理由不得拒绝参加调解。

第十七条 银行保险机构应当建立消费者权益保护内部培训机制，对从业人员开展消费者权益保护培训，提升培训效能，强化员工消费者权益保护意识。

第十八条 银行保险机构应当完善消费者权益保护内部考核机制，建立消费者权益保护内部考核制度，对相关部门和分支机构的工作进行评估和考核。

银行保险机构应当将消费者权益保护内部考核纳入综合绩效考核体系，合理分配权重，并纳入人力资源管理体系和问责体系，充分发挥激励约束作用。

第十九条 银行保险机构应当建立常态化、规范化的消费者权益保护内部审计机制，制定消费者权益保护审计方案，将消费者权益保护工作纳入年度审计范围，以5年为一个周期全面覆盖本机构相关部门和一级分支机构。

第三章 保护消费者知情权、自主选择权和公平交易权

第二十条 银行保险机构应当优化产品设计，对新产品履行风险评估和审批程序，充分评估客户可能承担的风险，准确评定产品风险等级。

第二十一条 银行保险机构应当保障消费者的知情权，使用通俗易懂的语言和有利于消费者接收、理解的方式进行产品和服务信息披露。对产品和服务信息的专业术语进行解释说明，及时、真实、准确揭示风险。

第二十二条 银行保险机构应当以显著方式向消费者披露产品和服务的性质、利息、收益、费用、费率、主要风险、违约责任、免责条款等可能影响消费者重大决策的关键信息。贷款类产品应当明示年化利率。

第二十三条 银行保险机构不得进行欺诈、隐瞒或者误导性的宣传，不得作夸大产品收益或者服务权益、掩饰产品风险等虚假或者引人误解的

宣传。

第二十四条 银行业金融机构应当根据业务性质，完善服务价格管理体系，按照服务价格管理相关规定，在营业场所、网站主页等醒目位置公示服务项目、服务内容和服务价格等信息。新设收费服务项目或者提高服务价格的，应当提前公示。

第二十五条 银行保险机构不得允许第三方合作机构在营业网点或者自营网络平台以银行保险机构的名义向消费者推介或者销售产品和服务。

第二十六条 银行保险机构销售产品或者提供服务的过程中，应当保障消费者自主选择权，不得存在下列情形：

（一）强制捆绑、强制搭售产品或者服务；

（二）未经消费者同意，单方为消费者开通收费服务；

（三）利用业务便利，强制指定第三方合作机构为消费者提供收费服务；

（四）采用不正当手段诱使消费者购买其他产品；

（五）其他侵害消费者自主选择权的情形。

第二十七条 银行保险机构向消费者提供产品和服务时，应当确保风险收益匹配、定价合理、计量正确。

在提供相同产品和服务时，不得对具有同等交易条件或者风险状况的消费者实行不公平定价。

第二十八条 银行保险机构应当保障消费者公平交易权，不得存在下列情形：

（一）在格式合同中不合理地加重消费者责任、限制或者排除消费者合法权利；

（二）在格式合同中不合理地减轻或者免除本机构义务或者损害消费者合法权益应当承担的责任；

（三）从贷款本金中预先扣除利息；

（四）在协议约定的产品和服务收费外，以向第三方支付咨询费、佣金等名义变相向消费者额外收费；

（五）限制消费者寻求法律救济；

（六）其他侵害消费者公平交易权的情形。

第四章　保护消费者财产安全权和依法求偿权

第二十九条　银行保险机构应当审慎经营，保障消费者财产安全权，采取有效的内控措施和监控手段，严格区分自身资产与消费者资产，不得挪用、占用消费者资金。

第三十条　银行保险机构应当合理设计业务流程和操作规范，在办理业务过程中落实消费者身份识别和验证，不得为伪造、冒用他人身份的客户开立账户。

第三十一条　银行保险机构应当严格区分公募和私募资产管理产品，严格审核投资者资质，不得组织、诱导多个消费者采取归集资金的方式满足购买私募资产管理产品的条件。

资产管理产品管理人应当强化受托管理责任，诚信、谨慎履行管理义务。

第三十二条　保险公司应当勤勉尽责，收到投保人的保险要求后，及时审慎审核投保人提供的保险标的或者被保险人的有关情况。

保险公司应当对核保、理赔的规则和标准实行版本管理，不得在保险事故发生后以不同于核保时的标准重新对保险标的或者被保险人的有关情况进行审核。

第三十三条　保险公司收到被保险人或者受益人的赔偿或者给付保险金的请求后，应当依照法律法规和合同约定及时作出处理，不得拖延理赔、无理拒赔。

第五章　保护消费者受教育权和受尊重权

第三十四条　银行保险机构应当开展金融知识教育宣传，加强教育宣传的针对性，通过消费者日常教育与集中教育活动，帮助消费者了解金融常识和金融风险，提升消费者金融素养。

第三十五条　金融知识教育宣传应当坚持公益性，不得以营销、推介行为替代金融知识普及与消费者教育。银行保险机构应当建立多元化金融知识教育宣传渠道，在官方网站、移动互联网应用程序、营业场所设立公益性金融知识普及和教育专区。

第三十六条　银行保险机构应当加强诚信教育与诚信文化建设，构建诚信建设长效机制，培育行业的信用意识，营造诚实、公平、守信的信用环境。

第三十七条 银行保险机构应当不断提升服务质量，融合线上线下，积极提供高品质、便民化金融服务。提供服务过程中，应当尊重消费者的人格尊严和民族风俗习惯，不得进行歧视性差别对待。

第三十八条 银行保险机构应当积极融入老年友好型社会建设，优化网点布局，尊重老年人使用习惯，保留和改进人工服务，不断丰富适老化产品和服务。

第三十九条 银行保险机构应当充分保障残障人士公平获得金融服务的权利，加快线上渠道无障碍建设，提供更加细致和人性化的服务。有条件的营业网点应当提供无障碍设施和服务，更好满足残障人士日常金融服务需求。

第四十条 银行保险机构应当规范营销行为，通过电话呼叫、信息群发、网络推送等方式向消费者发送营销信息的，应当向消费者提供拒收或者退订选择。消费者拒收或者退订的，不得以同样方式再次发送营销信息。

第四十一条 银行保险机构应当规范催收行为，依法依规督促债务人清偿债务。加强催收外包业务管理，委托外部机构实施催收前，应当采取适当方式告知债务人。

银行保险机构自行或者委托外部机构催收过程中不得存在下列情形：

（一）冒用行政机关、司法机关等名义实施催收；

（二）采取暴力、恐吓、欺诈等不正当手段实施催收；

（三）采用其他违法违规和违背公序良俗的手段实施催收。

第六章 保护消费者信息安全权

第四十二条 银行保险机构处理消费者个人信息，应当坚持合法、正当、必要、诚信原则，切实保护消费者信息安全权。

第四十三条 银行保险机构收集消费者个人信息应当向消费者告知收集使用的目的、方式和范围等规则，并经消费者同意，法律法规另有规定的除外。消费者不同意的，银行保险机构不得因此拒绝提供不依赖于其所拒绝授权信息的金融产品或服务。

银行保险机构不得采取变相强制、违规购买等不正当方式收集使用消费者个人信息。

第四十四条 对于使用书面形式征求个人信息处理同意的，银行保险机构应当以醒目的方式、清晰易懂的语言明示与消费者存在重大利害关系的内容。

银行保险机构通过线上渠道使用格式条款获取个人信息授权的，不得设置默认同意的选项。

第四十五条 银行保险机构应当在消费者授权同意等基础上与合作方处理消费者个人信息，在合作协议中应当约定数据保护责任、保密义务、违约责任、合同终止和突发情况下的处置条款。

合作过程中，银行保险机构应当严格控制合作方行为与权限，通过加密传输、安全隔离、权限管控、监测报警、去标识化等方式，防范数据滥用或者泄露风险。

第四十六条 银行保险机构应当督促和规范与其合作的互联网平台企业有效保护消费者个人信息，未经消费者同意，不得在不同平台间传递消费者个人信息，法律法规另有规定的除外。

第四十七条 银行保险机构处理和使用个人信息的业务和信息系统，遵循权责对应、最小必要原则设置访问、操作权限，落实授权审批流程，实现异常操作行为的有效监控和干预。

第四十八条 银行保险机构应当加强从业人员行为管理，禁止违规查询、下载、复制、存储、篡改消费者个人信息。从业人员不得超出自身职责和权限非法处理和使用消费者个人信息。

第七章 监督管理

第四十九条 银保监会及其派出机构依法履行消费者权益保护监管职责，通过采取监管措施和手段，督促银行保险机构切实保护消费者合法权益。严格行为监管要求，对经营活动中的同类业务、同类主体统一标准、统一裁量，依法打击侵害消费者权益乱象和行为，营造公平有序的市场环境。

第五十条 银行保险机构发生涉及消费者权益问题的重大事件，应当根据属地监管原则，及时向银保监会或其派出机构消费者权益保护部门报告。

重大事件是指银行保险机构因消费者权益保护工作不到位或者发生侵

害消费者权益行为导致大量集中投诉、引发群体性事件或者造成重大负面舆情等。

第五十一条 各类银行业保险业行业协会以及各地方行业社团组织应当通过行业自律、维权、协调及宣传等方式，指导会员单位提高消费者权益保护水平，妥善化解矛盾纠纷，维护行业良好形象。

第五十二条 银保监会及其派出机构指导设立银行业保险业纠纷调解组织，监督银行业保险业消费纠纷调解机制的有效运行。

银行业保险业纠纷调解组织应当优化治理结构，建章立制，提升调解效能，通过线上、现场、电话等途径，及时高效化解纠纷。

第五十三条 银保监会及其派出机构对银行保险机构消费者权益保护工作中存在的问题，视情节轻重依法采取相应监管措施，包括但不限于：

（一）监管谈话；

（二）责令限期整改；

（三）下发风险提示函、监管意见书等；

（四）责令对直接负责的董事、高级管理人员和其他直接责任人员进行内部问责；

（五）责令暂停部分业务，停止批准开办新业务；

（六）将相关问题在行业内通报或者向社会公布；

（七）职责范围内依法可以采取的其他措施。

第五十四条 银行保险机构以及从业人员违反本办法规定的，由银保监会及其派出机构依据《中华人民共和国银行业监督管理法》《中华人民共和国商业银行法》《中华人民共和国保险法》《中华人民共和国消费者权益保护法》等法律法规实施行政处罚。法律、行政法规没有规定，但违反本办法的，由银保监会及其派出机构责令改正；情节严重或者逾期不改正的，区分不同情形，给予以下行政处罚：

（一）通报批评；

（二）警告；

（三）处以 10 万元以下罚款。

银行保险机构存在严重侵害消费者合法权益行为，且涉及人数多、涉案金额大、持续时间长、社会影响恶劣的，银保监会及其派出机构除按前款规定处理外，可对相关董事会成员及高级管理人员给予警告，并处以 10

万元以下罚款。

银行保险机构以及从业人员涉嫌犯罪的，依法移交司法机关追究其刑事责任。

第八章 附 则

第五十五条 本办法所称银行业金融机构是指商业银行、农村信用合作社等吸收公众存款的金融机构以及信托公司、消费金融公司、汽车金融公司、理财公司等非银行金融机构。保险机构是指保险集团（控股）公司、保险公司（不含再保险公司）和保险专业中介机构。

银保监会负责监管的其他金融机构参照适用本办法。邮政企业代理邮政储蓄银行办理商业银行有关业务的，适用本办法有关规定。

第五十六条 本办法由银保监会负责解释。

第五十七条 本办法自 2023 年 3 月 1 日起施行。

二、人身保险

健康保险管理办法

（2019 年 10 月 31 日中国银行保险监督管理委员会令 2019 年第 3 号公布 自 2019 年 12 月 1 日起施行）

第一章 总 则

第一条 为了促进健康保险的发展，规范健康保险的经营行为，保护健康保险活动当事人的合法权益，提升人民群众健康保障水平，根据《中华人民共和国保险法》（以下简称《保险法》）等法律、行政法规，制定本办法。

第二条 本办法所称健康保险，是指由保险公司对被保险人因健康原因或者医疗行为的发生给付保险金的保险，主要包括医疗保险、疾病保险、失能收入损失保险、护理保险以及医疗意外保险等。

本办法所称医疗保险，是指按照保险合同约定为被保险人的医疗、康复等提供保障的保险。

本办法所称疾病保险，是指发生保险合同约定的疾病时，为被保险人提供保障的保险。

本办法所称失能收入损失保险，是指以保险合同约定的疾病或者意外伤害导致工作能力丧失为给付保险金条件，为被保险人在一定时期内收入减少或者中断提供保障的保险。

本办法所称护理保险，是指按照保险合同约定为被保险人日常生活能力障碍引发护理需要提供保障的保险。

本办法所称医疗意外保险，是指按照保险合同约定发生不能归责于医疗机构、医护人员责任的医疗损害，为被保险人提供保障的保险。

第三条 健康保险是国家多层次医疗保障体系的重要组成部分，坚持健康保险的保障属性，鼓励保险公司遵循审慎、稳健原则，不断丰富健康保险产品，改进健康保险服务，扩大健康保险覆盖面，并通过有效管理和市场竞争降低健康保险价格和经营成本，提升保障水平。

第四条 健康保险按照保险期限分为长期健康保险和短期健康保险。

长期健康保险，是指保险期间超过一年或者保险期间虽不超过一年但含有保证续保条款的健康保险。

长期护理保险保险期间不得低于5年。

短期健康保险，是指保险期间为一年以及一年以下且不含有保证续保条款的健康保险。

保证续保条款，是指在前一保险期间届满前，投保人提出续保申请，保险公司必须按照原条款和约定费率继续承保的合同约定。

第五条 医疗保险按照保险金的给付性质分为费用补偿型医疗保险和定额给付型医疗保险。

费用补偿型医疗保险，是指根据被保险人实际发生的医疗、康复费用支出，按照约定的标准确定保险金数额的医疗保险。

定额给付型医疗保险，是指按照约定的数额给付保险金的医疗保险。

费用补偿型医疗保险的给付金额不得超过被保险人实际发生的医疗、康复费用金额。

第六条 中国银行保险监督管理委员会（以下简称银保监会）根据法律、行政法规和国务院授权，对保险公司经营健康保险的活动进行监督管理。

第七条 保险公司开展的与健康保险相关的政策性保险业务，除国家政策另有规定外，参照本办法执行。

保险公司开展不承担保险风险的委托管理服务不适用本办法。

第二章 经 营 管 理

第八条 依法成立的健康保险公司、人寿保险公司、养老保险公司，经银保监会批准，可以经营健康保险业务。

前款规定以外的保险公司，经银保监会批准，可以经营短期健康保险业务。

第九条 除健康保险公司外，保险公司经营健康保险业务应当成立专门健康保险事业部。健康保险事业部应当持续具备下列条件：

（一）建立健康保险业务单独核算制度；

（二）建立健康保险精算制度和风险管理制度；

（三）建立健康保险核保制度和理赔制度；

（四）建立健康保险数据管理与信息披露制度；

（五）建立功能完整、相对独立的健康保险信息管理系统；

（六）配备具有健康保险专业知识的精算人员、核保人员、核赔人员和医学教育背景的管理人员；

（七）银保监会规定的其他条件。

第十条　保险公司应当对从事健康保险的核保、理赔以及销售等工作的从业人员进行健康保险专业培训。

第十一条　保险公司应当加强投保人、被保险人和受益人的隐私保护，建立健康保险客户信息管理和保密制度。

第三章　产品管理

第十二条　保险公司拟定健康保险的保险条款和保险费率，应当按照银保监会的有关规定报送审批或者备案。

享受税收优惠政策的健康保险产品在产品设计、赔付率等方面应当遵循相关政策和监管要求。

第十三条　保险公司拟定的健康保险产品包含两种以上健康保障责任的，应当由总精算师按照一般精算原理判断主要责任，并根据主要责任确定产品类型。

第十四条　医疗意外保险和长期疾病保险产品可以包含死亡保险责任。长期疾病保险的死亡给付金额不得高于疾病最高给付金额。其他健康保险产品不得包含死亡保险责任，但因疾病引发的死亡保险责任除外。

医疗保险、疾病保险和医疗意外保险产品不得包含生存保险责任。

第十五条　长期健康保险产品应当设置合同犹豫期，并在保险条款中列明投保人在犹豫期内的权利。长期健康保险产品的犹豫期不得少于 15 天。

第十六条　保险公司应当严格按照审批或者备案的产品费率销售短期个人健康保险产品。

第十七条　除家族遗传病史之外，保险公司不得基于被保险人其他遗传信息、基因检测资料进行区别定价。

第十八条 短期团体健康保险产品可以对产品参数进行调整。

产品参数，是指保险产品条款中根据投保团体的具体情况进行合理调整的保险金额、起付金额、给付比例、除外责任、责任等待期等事项。

第十九条 保险公司将产品参数可调的短期团体健康保险产品报送审批或者备案时，提交的申请材料应当包含产品参数调整办法，并由总精算师遵循审慎原则签字确认。

保险公司销售产品参数可调的短期团体健康保险产品，应当根据产品参数调整办法、自身风险管理水平和投保团体的风险情况计算相应的保险费率，且产品参数的调整不得改变费率计算方法以及费率计算需要的基础数据。

保险公司销售产品参数可调的短期团体健康保险产品，如需改变费率计算方法或者费率计算需要的基础数据的，应当将该产品重新报送审批或者备案。

第二十条 保险公司可以在保险产品中约定对长期医疗保险产品进行费率调整，并明确注明费率调整的触发条件。

长期医疗保险产品费率调整应当遵循公平、合理原则，触发条件应当客观且能普遍适用，并符合有关监管规定。

第二十一条 含有保证续保条款的健康保险产品，应当明确约定保证续保条款的生效时间。

含有保证续保条款的健康保险产品不得约定在续保时保险公司有减少保险责任和增加责任免除范围的权利。

保险公司将含有保证续保条款的健康保险产品报送审批或者备案的，应当在产品精算报告中说明保证续保的定价处理方法和责任准备金计算办法。

第二十二条 保险公司拟定医疗保险产品条款，应当尊重被保险人接受合理医疗服务的权利，不得在条款中设置不合理的或者违背一般医学标准的要求作为给付保险金的条件。

第二十三条 保险公司在健康保险产品条款中约定的疾病诊断标准应当符合通行的医学诊断标准，并考虑到医疗技术条件发展的趋势。

健康保险合同生效后，被保险人根据通行的医学诊断标准被确诊疾病的，保险公司不得以该诊断标准与保险合同约定不符为理由拒绝给付保险金。

第二十四条 保险公司设计费用补偿型医疗保险产品，必须区分被保险人是否拥有公费医疗、基本医疗保险、其他费用补偿型医疗保险等不同情况，在保险条款、费率或者赔付金额等方面予以区别对待。

第二十五条 被保险人同时拥有多份有效的费用补偿型医疗保险保单的，可以自主决定理赔申请顺序。

第二十六条 保险公司可以同投保人约定，以被保险人在指定医疗机构中进行医疗为给付保险金的条件。

保险公司指定医疗机构应当遵循方便被保险人、合理管理医疗成本的原则，引导被保险人合理使用医疗资源、节省医疗费用支出，并对投保人和被保险人做好说明、解释工作。

第二十七条 疾病保险、医疗保险、护理保险产品的等待期不得超过180天。

第二十八条 医疗保险产品可以在定价、赔付条件、保障范围等方面对贫困人口适当倾斜，并以书面形式予以明确。

第二十九条 护理保险产品在保险期间届满前给付的生存保险金，应当以被保险人因保险合同约定的日常生活能力障碍引发护理需要为给付条件。

第三十条 鼓励保险公司开发医疗保险产品，对新药品、新医疗器械和新诊疗方法在医疗服务中的应用支出进行保障。

第三十一条 鼓励保险公司采用大数据等新技术提升风险管理水平。对于事实清楚、责任明确的健康保险理赔申请，保险公司可以借助互联网等信息技术手段，对被保险人的数字化理赔材料进行审核，简化理赔流程，提升服务效率。

第三十二条 保险公司应当根据健康保险产品实际赔付经验，对产品定价进行回溯、分析，及时修订新销售的健康保险产品费率，并按照银保监会有关规定进行审批或者备案。

第三十三条 鼓励保险公司提供创新型健康保险产品，满足人民群众多层次多样化的健康保障需求。

第三十四条 保险公司开发的创新型健康保险产品应当符合《保险法》和保险基本原理，并按照有关规定报银保监会审批或者备案。

第四章　销售管理

第三十五条　保险公司销售健康保险产品，应当严格执行经审批或者备案的保险条款和保险费率。

第三十六条　经过审批或者备案的健康保险产品，除法定理由和条款另有约定外，保险公司不得拒绝提供。

保险公司销售健康保险产品，不得强制搭配其他产品销售。

第三十七条　保险公司不得委托医疗机构或者医护人员销售健康保险产品。

第三十八条　保险公司销售健康保险产品，不得非法搜集、获取被保险人除家族遗传病史之外的遗传信息、基因检测资料；也不得要求投保人、被保险人或者受益人提供上述信息。

保险公司不得以被保险人家族遗传病史之外的遗传信息、基因检测资料作为核保条件。

第三十九条　保险公司销售健康保险产品，应当以书面或者口头等形式向投保人说明保险合同的内容，对下列事项作出明确告知，并由投保人确认：

（一）保险责任；

（二）保险责任的减轻或者免除；

（三）保险责任等待期；

（四）保险合同犹豫期以及投保人相关权利义务；

（五）是否提供保证续保以及续保有效时间；

（六）理赔程序以及理赔文件要求；

（七）组合式健康保险产品中各产品的保险期间；

（八）银保监会规定的其他告知事项。

第四十条　保险公司销售健康保险产品，不得夸大保险保障范围，不得隐瞒责任免除，不得误导投保人和被保险人。

投保人和被保险人就保险条款中的保险、医疗和疾病等专业术语提出询问的，保险公司应当用清晰易懂的语言进行解释。

第四十一条　保险公司销售费用补偿型医疗保险，应当向投保人询问被保险人是否拥有公费医疗、基本医疗保险或者其他费用补偿型医疗保险的情况，投保人应当如实告知。

保险公司应当向投保人说明未如实告知的法律后果，并做好相关记录。

保险公司不得诱导投保人为同一被保险人重复购买保障功能相同或者类似的费用补偿型医疗保险产品。

第四十二条　保险公司销售医疗保险，应当向投保人告知约定医疗机构的名单或者资质要求，并提供查询服务。

保险公司调整约定医疗机构的，应当及时通知投保人或者被保险人。

第四十三条　保险公司以附加险形式销售无保证续保条款的健康保险产品的，附加险的保险期限不得小于主险保险期限。

第四十四条　保险公司销售长期个人健康保险产品的，应当在犹豫期内对投保人进行回访。

保险公司在回访中发现投保人被误导的，应当做好解释工作，并明确告知投保人有依法解除保险合同的权利。

第四十五条　保险公司承保团体健康保险，应当以书面或者口头等形式告知每个被保险人其参保情况以及相关权益。

第四十六条　投保人解除团体健康保险合同的，保险公司应当要求投保人提供已通知被保险人退保的有效证明，并按照银保监会有关团体保险退保的规定将退保金通过银行转账或者原投保资金汇入路径退至投保人缴费账户或者其他账户。

第五章　准备金评估

第四十七条　经营健康保险业务的保险公司应当按照本办法有关规定提交上一年度的精算报告或者准备金评估报告。

第四十八条　对已经发生保险事故并已提出索赔、保险公司尚未结案的赔案，保险公司应当提取已发生已报案未决赔款准备金。

保险公司应当采取逐案估计法、案均赔款法等合理的方法谨慎提取已发生已报案未决赔款准备金。

保险公司如果采取逐案估计法之外的精算方法计提已发生已报案未决赔款准备金，应当详细报告该方法的基础数据、参数设定和估计方法，并说明基础数据来源、数据质量以及准备金计算结果的可靠性。

保险公司总精算师不能确认估计方法的可靠性或者相关业务的经验数

据不足 3 年的，应当按照已经提出的索赔金额提取已发生已报案未决赔款准备金。

第四十九条 对已经发生保险事故但尚未提出的赔偿或者给付，保险公司应当提取已发生未报案未决赔款准备金。

保险公司应当根据险种的风险性质和经验数据等因素，至少采用链梯法、案均赔款法、准备金进展法、B-F 法、赔付率法中的两种方法评估已发生未报案未决赔款准备金，并选取评估结果的最大值确定最佳估计值。

保险公司应当详细报告已发生未报案未决赔款准备金的基础数据、计算方法和参数设定，并说明基础数据来源、数据质量以及准备金计算结果的可靠性。

保险公司总精算师判断数据基础不能确保计算结果的可靠性，或者相关业务的经验数据不足 3 年的，应当按照不低于该会计年度实际赔款支出的 10% 提取已发生未报案未决赔款准备金。

第五十条 对于短期健康保险业务，保险公司应当提取未到期责任准备金。

短期健康保险提取未到期责任准备金，可以采用下列方法之一：

（一）二十四分之一毛保费法（以月为基础计提）；

（二）三百六十五分之一毛保费法（以天为基础计提）；

（三）根据风险分布状况可以采用其他更为谨慎、合理的方法，提取的未到期责任准备金不得低于方法（一）和（二）所得结果的较小者。

第五十一条 短期健康保险未到期责任准备金的提取金额应当不低于下列两者中较大者：

（一）预期未来发生的赔款与费用扣除相关投资收入之后的余额；

（二）在责任准备金评估日假设所有保单退保时的退保金额。

未到期责任准备金不足的，应当提取保费不足准备金，用于弥补未到期责任准备金和前款两项中较大者之间的差额。

第五十二条 本办法所称责任准备金为业务相关报告责任准备金，财务报告责任准备金、偿付能力报告责任准备金的计提按照财政部和银保监会的相关规定执行。

第五十三条 长期健康保险未到期责任准备金的计提办法应当按照银

保监会的有关规定执行。

第五十四条　保险公司应当按照再保前、再保后分别向银保监会报告准备金提取结果。

第六章　健康管理服务与合作

第五十五条　保险公司可以将健康保险产品与健康管理服务相结合，提供健康风险评估和干预、疾病预防、健康体检、健康咨询、健康维护、慢性病管理、养生保健等服务，降低健康风险，减少疾病损失。

第五十六条　保险公司开展健康管理服务的，有关健康管理服务内容可以在保险合同条款中列明，也可以另行签订健康管理服务合同。

第五十七条　健康保险产品提供健康管理服务，其分摊的成本不得超过净保险费的 20%。

超出以上限额的服务，应当单独定价，不计入保险费，并在合同中明示健康管理服务价格。

第五十八条　保险公司经营医疗保险，应当加强与医疗机构、健康管理机构、康复服务机构等合作，为被保险人提供优质、方便的医疗服务。

保险公司经营医疗保险，应当按照有关政策文件规定，监督被保险人医疗行为的真实性和合法性，加强医疗费用支出合理性和必要性管理。

第五十九条　保险公司应当积极发挥健康保险费率调节机制对医疗费用和风险管控的作用，降低不合理的医疗费用支出。

第六十条　保险公司应当积极发挥作为医患关系第三方的作用，帮助缓解医患信息不对称，促进解决医患矛盾纠纷。

第六十一条　保险公司与医疗机构、健康管理机构之间的合作，不得损害被保险人的合法权益。

第六十二条　保险公司应当按照法律、行政法规的规定，充分保障客户隐私和数据安全，依据服务范围和服务对象与医疗机构、基本医保部门等进行必要的信息互联和数据共享。

第七章　再保险管理

第六十三条　保险公司办理健康保险再保险业务，应当遵守《保险法》和银保监会有关再保险业务管理的规定。

第六十四条 保险公司分支机构不得办理健康保险再保险分入业务，再保险公司分支机构除外。

第八章 法律责任

第六十五条 保险公司及其分支机构违反本办法，由银保监会及其派出机构依照法律、行政法规进行处罚；法律、行政法规没有规定的，由银保监会及其派出机构责令改正，给予警告，对有违法所得的处以违法所得1倍以上3倍以下罚款，但最高不得超过3万元，对没有违法所得的处以1万元以下罚款；涉嫌犯罪的，依法移交司法机关追究其刑事责任。

第六十六条 保险公司从业人员、保险公司分支机构从业人员违反本办法，由银保监会及其派出机构依照法律、行政法规进行处罚；法律、行政法规没有规定的，由银保监会及其派出机构责令改正，给予警告，对有违法所得的处以违法所得1倍以上3倍以下罚款，但最高不得超过3万元，对没有违法所得的处以1万元以下罚款；涉嫌犯罪的，依法移交司法机关追究其刑事责任。

第九章 附 则

第六十七条 相互保险组织经营健康保险适用本办法。

第六十八条 保险中介机构及其从业人员销售健康保险产品适用本办法。

第六十九条 通过银行、邮政等渠道销售健康保险产品的，应当遵守相关监管部门的规定。

第七十条 本办法施行前原中国保险监督管理委员会颁布的规定与本办法不符的，以本办法为准。

第七十一条 本办法由银保监会负责解释。

第七十二条 本办法自2019年12月1日起施行。原中国保险监督管理委员会2006年8月7日发布的《健康保险管理办法》（保监会令2006年第8号）同时废止。

人身保险业务基本服务规定

(2010 年 2 月 11 日中国保险监督管理委员会令 2010 年第 4 号公布 自 2010 年 5 月 1 日起施行)

第一条 为了规范人身保险服务活动，保护投保人、被保险人和受益人的合法权益，依据《中华人民共和国保险法》等法律、行政法规，制定本规定。

第二条 保险公司、保险代理人及其从业人员从事人身保险产品的销售、承保、回访、保全、理赔、信息披露等业务活动，应当符合本规定的要求。

本规定所称保全，是指人身保险合同生效后，为了维持合同持续有效，保险公司根据合同约定或者投保人、被保险人、受益人的要求而提供的一系列服务，包括但不限于保险合同效力中止与恢复、保险合同内容变更等。

第三条 保险公司的营业场所应当设置醒目的服务标识牌，对服务的内容、流程及监督电话等进行公示，并设置投诉意见箱或者客户意见簿。

保险公司的柜台服务人员应当佩戴或者在柜台前放置标明身份的标识卡，行为举止应当符合基本的职业规范。

第四条 保险公司应当公布服务电话号码，电话服务至少应当包括咨询、接报案、投诉等内容。

保险代理人及其从业人员应当将相关保险公司的服务电话号码告知投保人。

第五条 保险公司应当提供每日 24 小时电话服务，并且工作日的人工接听服务不得少于 8 小时。

保险公司应当对服务电话建立来电事项的记录及处理制度。

第六条 保险销售人员通过面对面的方式销售保险产品的，应当出示工作证或者展业证等证件。保险销售人员通过电话销售保险产品的，应当将姓名及工号告知投保人。

保险销售人员是指从事保险销售的下列人员：

（一）保险公司的工作人员；

（二）保险代理机构的从业人员；

（三）保险营销员。

第七条 保险公司应当按照中国保监会的规定建立投保提示制度。保险销售人员在销售过程中应当向投保人提示保险产品的特点和风险，以便客户选择适合自身风险偏好和经济承受能力的保险产品。

第八条 通过电话渠道销售保险产品的，保险销售人员应当告知投保人查询保险合同条款的有效途径。

第九条 保险销售人员向投保人提供投保单时应当附保险合同条款。

保险销售人员应当提醒投保人在投保单上填写准确的通讯地址、联系电话等信息。

第十条 投保人提交的投保单填写错误或者所附资料不完整的，保险公司应当自收到投保资料之日起5个工作日内一次性告知投保人需要补正或者补充的内容。

第十一条 保险公司认为需要进行体检、生存调查等程序的，应当自收到符合要求的投保资料之日起5个工作日内通知投保人。

保险公司认为不需要进行体检、生存调查等程序并同意承保的，应当自收到符合要求的投保资料之日起15个工作日内完成保险合同制作并送达投保人。

第十二条 保险公司应当自收到被保险人体检报告或者生存调查报告之日起15个工作日内，告知投保人核保结果，同意承保的，还应当完成合同制作并送达投保人。

第十三条 保险公司通过银行扣划方式收取保险费的，应当就扣划的账户、金额、时间等内容与投保人达成协议。

第十四条 保险公司应当建立回访制度，指定专门部门负责回访工作，并配备必要的人员和设备。

第十五条 保险公司应当在犹豫期内对合同期限超过一年的人身保险新单业务进行回访，并及时记录回访情况。回访应当包括以下内容：

（一）确认受访人是否为投保人本人；

（二）确认投保人是否购买了该保险产品以及投保人和被保险人是否按照要求亲笔签名；

（三）确认投保人是否已经阅读并理解产品说明书和投保提示的内容；

（四）确认投保人是否知悉保险责任、责任免除和保险期间；

（五）确认投保人是否知悉退保可能受到的损失；

（六）确认投保人是否知悉犹豫期的起算时间、期间以及享有的权利；

（七）采用期缴方式的，确认投保人是否了解缴费期间和缴费频率。

人身保险新型产品的回访，中国保监会另有规定的，从其规定。

第十六条 保险公司与保险销售人员解除劳动合同或者委托合同，通过该保险销售人员签订的一年期以上的人身保险合同尚未履行完毕的，保险公司应当告知投保人保单状况以及获得后续服务的途径。

第十七条 投保人、被保险人或者受益人委托他人向保险公司领取金额超过人民币 1000 元的，保险公司应当将办理结果通知投保人、被保险人或者受益人。

第十八条 保险公司在回访中发现存在销售误导等问题的，应当自发现问题之日起 15 个工作日内由销售人员以外的人员予以解决。

第十九条 保险公司应当自收到资料齐全、符合合同约定条件的保全申请之日起 2 个工作日内完成受理。

保全申请资料不完整、填写不规范或者不符合合同约定条件的，应当自收到保全申请之日起 5 个工作日内一次性通知保全申请人，并协助其补正。

第二十条 保全不涉及保险费缴纳的，保险公司应当自同意保全之日起 5 个工作日内处理完毕；保全涉及保险费缴纳的，保险公司应当自投保人缴纳足额保险费之日起 5 个工作日内处理完毕。

保全涉及体检的，体检所需时间不计算在前款规定的期限内。

保险公司由于特殊情况无法在规定期限内完成的，应当及时向保全申请人说明原因并告知处理进度。

第二十一条 对于约定分期支付保险费的保险合同，保险公司应当向投保人确认是否需要缴费提示。投保人需要缴费提示的，保险公司应当在当期保费缴费日前向投保人发出缴费提示。

保险合同效力中止的，保险公司应当自中止之日起 10 个工作日内向投保人发出效力中止通知，并告知合同效力中止的后果以及合同效力恢复的方式。

第二十二条　保险公司在接到投保人、被保险人或者受益人的保险事故通知后，应当及时告知相关当事人索赔注意事项，指导相关当事人提供与确认保险事故的性质、原因、损失程度等有关的证明和资料。

第二十三条　保险公司在收到被保险人或者受益人的赔偿或者给付保险金的请求后，应当在 5 个工作日内作出核定；情形复杂的，应当在 30 日内作出核定，但合同另有约定的除外。

第二十四条　保险公司作出不属于保险责任的核定后，应当自作出核定之日起 3 日内向被保险人或者受益人发出拒绝赔偿或者拒绝给付保险金通知书，并说明理由。

第二十五条　对需要进行伤残鉴定的索赔或者给付请求，保险公司应当提醒投保人、被保险人或者受益人按照合同约定及时办理相关委托和鉴定手续。

第二十六条　保险公司应当在与被保险人或者受益人达成赔偿或者给付保险金的协议后 10 日内，履行赔偿或者给付保险金义务。保险合同对赔偿或者给付保险金的期限有约定的，保险公司应当按照约定履行赔偿或者给付保险金义务。

第二十七条　保险公司应当建立完善的应急预案，在发生特大交通事故、重大自然灾害等事故时，及时启动应急预案，通过建立快速理赔通道、预付赔款、上门服务等方式，提高理赔效率和质量。

第二十八条　保险公司应当建立保护投保人、被保险人和受益人个人隐私和商业秘密的制度。未经投保人、被保险人和受益人同意，保险公司不得泄露其个人隐私和商业秘密。

第二十九条　保险公司应当建立完善的投诉处理机制。

保险公司应当自受理投诉之日起 10 个工作日内向投诉人做出明确答复。由于特殊原因无法按时答复的，保险公司应当向投诉人反馈进展情况。

第三十条　保险公司应当根据本规定的要求制定服务标准与服务质量监督机制，每年定期进行服务质量检查评估。

第三十一条　保险公司、保险代理人及其从业人员违反本规定的，由中国保监会及其派出机构责令其限期改正，逾期不改正的，给予警告，对有违法所得的处违法所得 1 倍以上 3 倍以下的罚款，但最高不得超过 3 万元，对没有违法所得的处 1 万元以下的罚款。对直接责任人员和直接负责的主管人员可以给予警告，并处 1 万元以下的罚款。

第三十二条 团体人身保险业务不适用本规定。

第三十三条 本规定自 2010 年 5 月 1 日起施行。

中国保险监督管理委员会关于界定
责任保险和人身意外伤害保险的通知

(1999 年 12 月 15 日 保监发〔1999〕245 号)

各保险公司：

为进一步规范保险经营行为，维护保险市场的正常秩序，现就责任保险与人身意外伤害保险界限的有关问题通知如下：

一、根据《中华人民共和国保险法》第九十一条的规定，责任保险属于财产保险业务，由财产保险公司经营；人身意外伤害保险属于人身保险业务，由人寿保险公司经营。以由于被保险人的侵权行为造成他人人身伤害依法应承担的民事赔偿责任为保险标的的保险，属于责任保险。

二、责任保险与人身意外伤害保险界定的原则：

（一）责任保险的保险标的是被保险人对他人依法应承担的民事赔偿责任；人身意外伤害保险的保险标的是被保险人的身体和生命。

（二）责任保险的被保险人可以是自然人，也可以是法人，是可能承担民事赔偿责任的人；人身意外伤害保险的被保险人只能是自然人，是可能遭受意外伤害的人。

（三）责任保险只有当被保险人依据法律对第三者负有法律赔偿责任时，保险人才履行赔偿责任；人身意外伤害保险则不论事故的起因，凡属于保险责任范围内的事故造成被保险人死亡、伤残，保险人均负责赔偿。

（四）责任保险适用补偿原则，责任保险的保险金额是赔偿限额，保险事故发生后，保险人按被保险人对第三者实际承担的民事赔偿责任核定保险赔款，并且保险赔款金额以不超过保险金额为限，保险人赔款后依法享有代位求偿权；人身意外伤害保险适用定额给付原则，赔偿金额是根据保险合同中规定的死亡或伤残程度给付标准来给付保险金，保险人给付保险金，不产生代位求偿权。

（五）责任保险的投保人与被保险人一般为同一人，同时也是缴费义务人；人身意外伤害保险的投保人既可以为自己投保，也可以为与其有保险利益的其他自然人投保，投保人与被保险人可以为同一人（此时被保险人为缴费义务人），也可不为同一人（此时被保险人不是缴费义务人）。

95

三、各保险公司要严格按照《中华人民共和国保险法》第九十一条关于保险公司业务范围的规定经营业务，不得任意混淆责任保险和人身意外伤害保险的界限，严禁各保险公司超业务范围经营。

四、各保险公司在接到此通知后，要立即对本公司系统的有关保险条款进行清理，坚决停办超范围经营的责任保险或人身意外伤害保险业务。

五、本通知下发后，凡发现保险公司超范围经营保险业务的，我会将依法进行严肃处理。

特此通知

人身保险产品信息披露管理办法

（2022 年 11 月 11 日中国银行保险监督管理委员会令 2022 年第 8 号公布　自 2023 年 6 月 30 日起施行）

第一章　总　　则

第一条　为规范人身保险产品信息披露行为，促进行业健康可持续发展，保护投保人、被保险人和受益人的合法权益，根据《中华人民共和国保险法》等法律、行政法规，制定本办法。

第二条　本办法所称人身保险，按险种类别划分，包括人寿保险、年金保险、健康保险、意外伤害保险等；按设计类型划分，包括普通型、分红型、万能型、投资连结型等。按保险期间划分，包括一年期以上的人身保险和一年期及以下的人身保险。

第三条　本办法所称产品信息披露，指保险公司及其保险销售人员、保险中介机构及其从业人员根据法律、行政法规等要求，通过线上或线下等形式，向投保人、被保险人、受益人及社会公众公开保险产品信息的行为。

第四条　产品信息披露应当遵循真实性、准确性、完整性、及时性原则。保险公司及其保险销售人员、保险中介机构及其从业人员应当准确说明并充分披露与产品相关的信息，无重大遗漏，不得对投保人、被保险人、受益人及社会公众进行隐瞒和欺骗。

第五条　中国银行保险监督管理委员会（以下简称银保监会）根据法律、行政法规和国务院授权，对保险公司及其保险销售人员、保险中介机构及其从业人员人身保险产品信息披露行为进行监督管理。

第二章　信息披露主体和披露方式

第六条　产品信息披露主体为保险公司。

保险公司保险销售人员、保险中介机构及其从业人员应当按照保险公司提供的产品信息披露材料，向社会公众介绍或提供产品相关信息。

第七条　产品信息披露对象包括投保人、被保险人、受益人及社会公众。保险公司应当向社会公众披露其产品信息，接受保险监管部门及社会公众的监督。保险公司及其保险销售人员、保险中介机构及其从业人员应当在售前、售中、售后及时向投保人、被保险人、受益人披露应知的产品信息，维护保险消费者的合法权益。

第八条　保险公司可以通过以下渠道披露产品信息材料：

（一）保险公司官方网站、官方公众服务号等自营平台；

（二）中国保险行业协会等行业公共信息披露渠道；

（三）保险公司授权或委托的合作机构和第三方媒体；

（四）保险公司产品说明会等业务经营活动；

（五）保险公司根据有关要求及公司经营管理需要，向保险消费者披露产品信息的其他渠道。

第九条　中国保险行业协会、中国银行保险信息技术管理有限公司等机构应当积极发挥行业保险产品信息披露的平台作用，为社会公众及保险消费者提供行业保险产品信息查询渠道。

保险公司在公司官方网站以外披露产品信息的，其内容不得与公司官方网站披露的内容相冲突。

第十条　保险公司的产品信息材料因涉及国家秘密、商业秘密和个人隐私不予披露的，应当有充分的认定依据和完善的保密措施。

第三章　信息披露内容和披露时间

第十一条　保险公司应当根据保险产品审批或备案材料报送内容，披露下列保险产品信息：

（一）保险产品目录；

（二）保险产品条款；

（三）保险产品费率表；

（四）一年期以上的人身保险产品现金价值全表；

（五）一年期以上的人身保险产品说明书；

（六）银保监会规定的其他应当披露的产品材料信息。

第十二条　保险公司销售一年期以上的人身保险产品，应当在销售过程中以纸质或电子形式向投保人提供产品说明书。产品说明书应当结合产品特点，按照监管要求制定。

保险公司通过产品组合形式销售人身保险产品的，应当分别提供每个一年期以上的人身保险产品对应的产品说明书。

第十三条　订立保险合同，采用保险公司提供的格式条款的，保险公司向投保人提供的投保单应当附格式条款及条款查询方式，保险公司应当通过适当方式向投保人说明保险合同的内容，并重点提示格式条款中与投保人有重大利害关系的条款。

第十四条　保险公司在保单承保后，应当为投保人、被保险人、受益人提供电话、互联网等方式的保单查询服务，建立可以有效使用的保单查询通道。

保单查询内容包括但不限于：产品名称，产品条款，保单号，投保人、被保险人及受益人信息，保险销售人员、保险服务人员信息，保险费，交费方式，保险金额，保险期间，保险责任，责任免除，等待期，保单生效日，销售渠道，查询服务电话等。

第十五条　对购买一年期以上的人身保险产品且有转保需求的客户，经双方协商一致，保险公司同意进行转保的，保险公司应当向投保人披露相关转保信息，充分提示客户了解转保的潜在风险，禁止发生诱导转保等不利于客户利益的行为。披露信息包括但不限于以下内容：

（一）确认客户知悉对现有产品转保需承担因退保或保单失效而产生

的相关利益损失；

（二）确认客户知悉因转保后年龄、健康状况等变化可能导致新产品保障范围的调整；

（三）确认客户知悉因转保后的年龄、健康状况、职业等变化导致相关费用的调整；

（四）确认客户对转保后产品的保险责任、责任免除、保单利益等产品信息充分知情；

（五）确认客户知悉转保后新产品中的时间期限或需重新计算，例如医疗保险、重大疾病保险产品的等待期、自杀或不可抗辩条款的起算时间等。

第十六条　保险公司决定停止销售保险产品的，应当自决定停止之日起 10 个工作日内，披露停止销售产品的名称、停止销售的时间、停止销售的原因，以及后续服务措施等相关信息。

第十七条　保险公司应当通过公司官方网站、官方 APP、官方公众服务号、客户服务电话等方便客户查询的平台向客户提供理赔流程、理赔时效、理赔文件要求等相关信息。理赔披露内容包括但不限于：

（一）理赔服务的咨询电话等信息；

（二）理赔报案、申请办理渠道，办理理赔业务所需材料清单以及服务时效承诺；

（三）理赔进度、处理依据、处理结果以及理赔金额计算方法等信息。

保险公司应当在产品或服务合约中，提供投诉电话或其他投诉渠道信息。

第十八条　保险公司应当对 60 周岁以上人员以及残障人士等特殊人群，提供符合该人群特点的披露方式，积极提供便捷投保通道等客户服务，确保消费者充分知悉其所购买保险产品的内容和主要特点。

第十九条　保险公司应当在公司官方网站披露本办法第十一条、第十六条规定的产品信息。产品信息发生变更的，保险公司应当自变更之日起 10 个工作日内更新。上述变更包括产品上市销售、产品变更或修订，以及银保监会规定的其他情形。

第四章　信息披露管理

第二十条　保险公司应当加强产品信息披露管理，建立产品信息披露内部管理办法，完善内部管理机制，加强公司网站披露页面建设，强化产品销售过程与售后信息披露监督管理。

第二十一条 保险产品信息披露材料应当由保险公司总公司统一负责管理。保险公司总公司可以授权省级分公司设计或修改保险产品信息披露材料，但应当报经总公司批准。除保险公司省级分公司以外，保险公司的其他各级分支机构不得设计和修改保险产品信息披露材料。

第二十二条 保险公司不得授权或委托保险销售人员、保险中介机构及其从业人员自行修改保险产品信息披露材料。保险销售人员、保险中介机构及其从业人员不得自行修改代理销售的保险产品信息披露材料。

保险公司保险销售人员、保险中介机构及其从业人员使用的产品信息披露材料应当与保险公司产品信息披露材料保持一致。保险中介机构及其从业人员所使用产品宣传材料中的产品信息应当与保险公司产品信息披露材料内容保持一致。

第二十三条 保险公司应当加强数据和信息的安全管理，防范假冒网站、假冒 APP 等的违法活动，并检查网页上外部链接的可靠性。

第二十四条 保险公司及其保险销售人员、保险中介机构及其从业人员不得违规收集、使用、加工、泄露客户信息。保险公司应当加强客户信息保护管理，建立客户信息保护机制。

第五章 监 督 管 理

第二十五条 保险公司应当对产品信息披露的真实性、准确性、完整性、及时性承担主体责任。

保险公司应当指定公司高级管理人员负责管理产品信息披露事务。保险公司负责产品信息披露的高级管理人员、承办产品信息披露的部门负责人员对产品信息披露承担管理责任。保险公司保险销售人员、保险中介机构及其从业人员对产品信息披露材料的使用承担责任。

第二十六条 银保监会及其派出机构依法履行消费者权益保护监管职责，通过非现场监管、现场检查、举报调查等手段和采取监管谈话、责令限期整改、下发风险提示函等监管措施，督促保险公司、保险中介机构落实产品信息披露的各项要求，严厉打击侵害消费者权益行为，营造公平有序的市场环境。

第二十七条 保险公司、保险中介机构有下列行为之一的，由银保监会及其派出机构依据《中华人民共和国保险法》等法律、行政法规予以处罚：

（一）未按照本办法规定披露产品信息且限期未改正；

（二）编制或提供虚假信息；

（三）拒绝或妨碍依法监督检查；

（四）银保监会规定的其他情形。

第二十八条 保险公司、保险中介机构未按照本办法规定设计、修改、使用产品信息披露材料的，由银保监会及其派出机构责令限期改正；逾期不改正的，对保险机构处以一万元以上十万元以下的罚款，对其直接负责的主管人员和其他直接责任人员给予警告，并处一万元以上十万元以下的罚款。

第六章 附 则

第二十九条 本办法适用于个人人身保险产品信息披露要求。团体人身保险产品信息披露不适用本办法，另行规定。

第三十条 本办法由银保监会负责解释。

第三十一条 本办法自 2023 年 6 月 30 日起施行。《人身保险新型产品信息披露管理办法》（中国保险监督管理委员会令 2009 年第 3 号）、《关于执行〈人身保险新型产品信息披露管理办法〉有关事项的通知》（保监发〔2009〕104 号）和《关于〈人身保险新型产品信息披露管理办法〉有关条文解释的通知》（保监寿险〔2009〕1161 号）同时废止。

人身保险公司保险条款和保险费率管理办法

（2011 年 12 月 30 日中国保险监督管理委员会令 2011 年第 3 号发布 根据 2015 年 10 月 19 日中国保险监督管理委员会令 2015 年第 3 号《关于修改〈保险公司设立境外保险类机构管理办法〉等八部规章的决定》修订）

第一章 总 则

第一条 为了加强人身保险公司（以下简称保险公司）保险条款和保险费率的监督管理，保护投保人、被保险人和受益人的合法权益，维护保险市场竞争秩序，鼓励保险公司创新，根据《中华人民共和国保险法》（以下简称《保险法》）等有关法律、行政法规，制定本办法。

第二条 中国保险监督管理委员会（以下简称中国保监会）依法对保险公司的保险条款和保险费率实施监督管理。中国保监会派出机构在中国保监会授权范围内行使职权。

第三条 保险公司应当按照《保险法》和中国保监会有关规定，公平、合理拟订保险条款和保险费率，不得损害投保人、被保险人和受益人的合法权益。保险公司对其拟订的保险条款和保险费率承担相应责任。

第四条 保险公司应当按照本办法规定将保险条款和保险费率报送中国保监会审批或者备案。

第五条 保险公司应当建立科学、高效、符合市场需求的人身保险开发管理机制，定期跟踪和分析经营情况，及时发现保险条款、保险费率经营管理中存在的问题并采取相应解决措施。

第六条 保险公司应当充分发挥核心竞争优势，合理配置公司资源，围绕宏观经济政策、市场需求、公司战略目标开发保险险种。

第二章　设计与分类

第七条 人身保险分为人寿保险、年金保险、健康保险、意外伤害保险。

第八条 人寿保险是指以人的寿命为保险标的的人身保险。人寿保险分为定期寿险、终身寿险、两全保险等。

定期寿险是指以被保险人死亡为给付保险金条件，且保险期间为固定年限的人寿保险。

终身寿险是指以被保险人死亡为给付保险金条件，且保险期间为终身的人寿保险。

两全保险是指既包含以被保险人死亡为给付保险金条件，又包含以被保险人生存为给付保险金条件的人寿保险。

第九条 年金保险是指以被保险人生存为给付保险金条件，并按约定的时间间隔分期给付生存保险金的人身保险。

第十条 养老年金保险是指以养老保障为目的的年金保险。养老年金保险应当符合下列条件：

（一）保险合同约定给付被保险人生存保险金的年龄不得小于国家规定的退休年龄；

（二）相邻两次给付的时间间隔不得超过一年。

第十一条 健康保险是指以因健康原因导致损失为给付保险金条件的人身保险。健康保险分为疾病保险、医疗保险、失能收入损失保险、护理保险等。

疾病保险是指以保险合同约定的疾病发生为给付保险金条件的健康保险。

医疗保险是指以保险合同约定的医疗行为发生为给付保险金条件，按约定对被保险人接受诊疗期间的医疗费用支出提供保障的健康保险。

失能收入损失保险是指以因保险合同约定的疾病或者意外伤害导致工作能力丧失为给付保险金条件，按约定对被保险人在一定时期内收入减少或者中断提供保障的健康保险。

护理保险是指以因保险合同约定的日常生活能力障碍引发护理需要为给付保险金条件，按约定对被保险人的护理支出提供保障的健康保险。

第十二条 意外伤害保险是指以被保险人因意外事故而导致身故、残疾或者发生保险合同约定的其他事故为给付保险金条件的人身保险。

第十三条 人寿保险和健康保险可以包含全残责任。

健康保险包含两种以上健康保障责任的，应当按照一般精算原理判断主要责任，并根据主要责任确定险种类别。长期健康保险中的疾病保险，可以包含死亡保险责任，但死亡给付金额不得高于疾病最高给付金额。其他健康保险不得包含死亡保险责任，但因疾病引发的死亡保险责任除外。

医疗保险和疾病保险不得包含生存保险责任。

意外伤害保险可以包含由意外伤害导致的医疗保险责任。仅包含由意外伤害导致的医疗保险责任的保险应当确定为医疗保险。

第十四条 保险公司应当严格遵循本办法所规定的人寿保险、年金保险、健康保险、意外伤害保险的分类标准，中国保监会另有规定的除外。

第十五条 人身保险的定名应当符合下列格式：

"保险公司名称"＋"吉庆、说明性文字"＋"险种类别"＋"（设计类型）"

前款规定的保险公司名称可用全称或者简称；吉庆、说明性文字的字数不得超过 10 个。

附加保险的定名应当在"保险公司名称"后标注"附加"字样。

团体保险应当在名称中标明"团体"字样。

第十六条 年金保险中的养老年金保险险种类别为"养老年金保险"，其他年金保险险种类别为"年金保险"；意外伤害保险险种类别为"意外伤害保险"。

第十七条 人身保险的设计类型分为普通型、分红型、投资连结型、万能型等。

第十八条 分红型、投资连结型和万能型人身保险应当在名称中注明设计类型，普通型人身保险无须在名称中注明设计类型。

第三章 审批与备案

第十九条 保险公司总公司负责将保险条款和保险费率报送中国保监会审批或者备案。

第二十条 保险公司下列险种的保险条款和保险费率，应当在使用前报送中国保监会审批：

（一）关系社会公众利益的保险险种；

（二）依法实行强制保险的险种；

（三）中国保监会规定的新开发人寿保险险种；

（四）中国保监会规定的其他险种。

前款规定以外的其他险种，应当报送中国保监会备案。

第二十一条 保险公司报送保险条款和保险费率备案的，应当提交下列材料：

（一）《人身保险公司保险条款和保险费率备案报送材料清单表》；

（二）保险条款；

（三）保险费率表；

（四）总精算师签署的相关精算报告；

（五）总精算师声明书；

（六）法律责任人声明书；

（七）中国保监会规定的其他材料。

第二十二条 保险公司报送分红保险、投资连结保险、万能保险保险条款和保险费率备案的，除提交第二十一条规定的材料以外，还应当提交下列材料：

（一）财务管理办法；

（二）业务管理办法；

（三）信息披露管理制度；

（四）业务规划及对偿付能力的影响；

（五）产品说明书。

分红保险，还应当提交红利计算和分配办法、收入分配和费用分摊原则；投资连结保险和万能保险，还应当提交包括销售渠道、销售区域等内容的销售管理办法。

保险公司提交的上述材料与本公司已经中国保监会审批或者备案的同类险种对应材料完全一致的，可以免于提交该材料，但应当在材料清单表中予以注明。

第二十三条 保险公司报送保险条款和保险费率审批的，除提交第二十一条第（二）项至第（七）项以及第二十二条规定的材料外，还应当提交下列材料：

（一）《人身保险公司保险条款和保险费率审批申请表》；

（二）《人身保险公司保险条款和保险费率审批报送材料清单表》；

（三）保险条款和保险费率的说明材料，包括保险条款和保险费率的主要特点、市场风险和经营风险分析、相应的管控措施等。

第二十四条 保险公司报送下列保险条款和保险费率审批或者备案的，除分别按照第二十一条、第二十二条、第二十三条规定报送材料以外，还应当按照下列规定提交材料：

（一）具有现金价值的，提交包含现金价值表示例的书面材料以及包含各年龄现金价值全表的电子文档；

（二）具有减额交清条款的，提交包含减额交清保额表示例的书面材料以及包含各年龄减额交清保额全表的电子文档；

（三）中国保监会允许费率浮动或者参数调整的，提交由总精算师签署的费率浮动管理办法或者产品参数调整办法；

（四）保险期间超过一年的，提交利润测试模型的电子文档。

第二十五条 保险公司报送保险条款和保险费率审批或者备案的，提交的精算报告至少应当包括下列内容：

（一）数据来源和定价基础；

（二）定价方法和定价假设，保险期间超过一年的，还应当包括利润测试参数、利润测试结果以及主要参数变化的敏感性分析；

（三）法定准备金计算方法；

（四）主要风险及相应管理意见；

（五）总精算师需要特别说明的内容；

（六）中国保监会规定的其他内容。

第二十六条 保险公司报送下列保险条款和保险费率审批或者备案的，提交的精算报告除符合第二十五条规定外，还应当符合下列规定：

（一）具有现金价值的，列明现金价值计算方法；

（二）具有减额交清条款的，列明减额交清保额的计算方法；

（三）具有利益演示的，列明利益演示的计算方法。

第二十七条 中国保监会收到保险公司报送的保险条款和保险费率审批申请后，应当根据下列情况分别作出处理：

（一）申请材料不齐全的，自收到材料之日起 5 日内一次告知保险公司需要补正的全部内容；

（二）申请材料齐全或者保险公司按照规定提交全部补正申请材料的，受理该申请，并向保险公司出具加盖受理专用印章的书面凭证。

第二十八条 中国保监会应当自受理保险条款和保险费率审批申请之日起 20 日内作出批准或者不予批准的决定。20 日内不能作出决定的，经中国保监会负责人批准，审批期限可以延长 10 日。中国保监会应当将延长期限的理由告知保险公司。

决定批准的，中国保监会应当将批准决定在保监会文告或者网站上向社会公布；决定不予批准的，中国保监会应当书面通知保险公司，说明理由并告知其享有依法申请行政复议或者提起行政诉讼的权利。

第二十九条 中国保监会可以对审批的保险条款和保险费率进行专家评审，并将专家评审所需时间书面告知保险公司。

中国保监会对涉及社会公共利益的保险条款和保险费率可以组织听证，并根据《中华人民共和国行政许可法》有关规定予以实施。

专家评审时间和听证时间不在本办法第二十八条规定的审批期限内计算。

第三十条 保险公司在保险条款和保险费率审批申请受理后、审批决定作出前，撤回审批申请的，应当向中国保监会提交书面申请，中国保监会应当及时终止对保险条款和保险费率审批申请的审查，并将审批申请材料退回保险公司。

第三十一条 保险公司在保险条款和保险费率审批申请受理后、审批决定作出前，对申报的保险条款和保险费率进行修改的，应当向中国保监会申请撤回审批。

保险公司有前款规定情形的，审批期限自中国保监会收到修改后的完整申请材料之日起重新计算。

第三十二条 保险公司对于未获批准的保险条款和保险费率，可以在修改后重新报送中国保监会审批。

第三十三条 保险公司报送保险条款和保险费率备案，不得迟于使用后 10 日。

第三十四条 中国保监会收到备案材料后，应当根据下列情况分别作出处理：

（一）备案材料不齐全的，一次告知保险公司在 10 日内补正全部备案材料；

（二）备案材料齐全或者保险公司按照规定提交全部补正材料的，将备案材料存档，并向保险公司出具备案回执；

（三）发现备案的保险条款和保险费率有《保险法》第一百三十六条规定情形的，责令保险公司立即停止使用。

第四章　变更与停止使用

第三十五条 保险公司变更已经审批或者备案的保险条款和保险费率，改变其保险责任、险种类别或者定价方法的，应当将保险条款和保险费率重新报送审批或者备案。

第三十六条 保险公司变更已经审批或者备案的保险条款和保险费率，且不改变保险责任、险种类别和定价方法的，应当在发生变更之日起 10 日内向中国保监会备案，并提交下列材料：

（一）《变更备案报送材料清单表》；

（二）变更原因、主要变更内容的对比说明；

（三）已经审批或者备案的保险条款；

（四）变更后的相关材料；

（五）总精算师声明书；

（六）法律责任人声明书；

（七）中国保监会规定的其他材料。

保险公司名称变更导致人身保险定名发生变更，但其他内容未变更的，可以不提交前款第（三）、（四）、（五）项规定的材料。

第三十七条 保险公司决定在全国范围内停止使用保险条款和保险费率的，应当在停止使用后 10 日内向中国保监会提交报告，说明停止使用的原因、后续服务的相关措施等情况，并将报告抄送原使用区域的中国保监会派出机构。

保险公司决定在部分区域停止使用保险条款和保险费率的，不得以停止使用保险条款和保险费率进行宣传和销售误导。

保险公司省级分公司及以下分支机构，不得决定停止使用保险条款和保险费率。

第三十八条 保险公司决定重新销售已经停止使用的保险条款和保险费率的，应当在重新销售后 10 日内向中国保监会提交报告，说明重新使用的原因、管理计划等情况，并将报告抄送拟使用区域的中国保监会派出机构。

第五章　总精算师和法律责任人

第三十九条 保险公司总精算师应当对报送审批或者备案的保险条款和保险费率出具总精算师声明书，并签署相关的精算报告、费率浮动管理办法或者产品参数调整办法。

保险公司总精算师对报送审批或者备案的保险条款和保险费率承担下列责任：

（一）分类准确，定名符合本办法规定；

（二）精算报告内容完备；

（三）精算假设和精算方法符合一般精算原理和中国保监会的精算规定；

（四）具有利益演示的险种，利益演示方法符合一般精算原理和中国保监会的有关规定；

（五）保险费率厘定合理，满足充足性、适当性和公平性原则；

（六）中国保监会规定的其他责任。

第四十条 保险公司应当指定法律责任人，并向中国保监会备案。

第四十一条 保险公司指定的法律责任人应当符合下列条件：

（一）在中华人民共和国境内有住所；

（二）具有本科以上学历；

（三）具有中国律师资格证书或者法律职业资格证书；

（四）属于公司正式员工，且在公司内担任部门负责人及以上职务；

（五）具有5年以上国内保险或者法律从业经验，其中包括三年以上在保险行业内的法律从业经验；

（六）过去3年内未因违法执业行为受到行政处罚；

（七）未受过刑事处罚；

（八）中国保监会规定的其他条件。

第四十二条 保险公司法律责任人履行下列职责：

（一）参与制定人身保险开发策略；

（二）审核保险条款的相关材料；

（三）定期分析由保险条款引发的诉讼案件；

（四）及时向中国保监会报告保险条款的重大风险隐患；

（五）中国保监会或者保险公司章程规定的其他职责。

第四十三条 保险公司法律责任人应当对报送审批或者备案的保险条款出具法律责任人声明书，并承担下列责任：

（一）保险条款公平合理，不损害社会公共利益，不侵害投保人、被保险人和受益人的合法权益；

（二）保险条款文字准确，表述严谨；

（三）具有产品说明书的，产品说明书符合条款表述，内容全面、真实，符合中国保监会的有关规定；

（四）保险条款符合《保险法》等法律、行政法规和中国保监会有关规定；

（五）中国保监会规定的其他责任。

第四十四条 保险公司报送法律责任人备案的，应当向中国保监会提交下列材料一式两份：

（一）《法律责任人备案情况表》；

（二）拟任人身份证明和住所证明复印件；

（三）学历证明和专业资格证明复印件；

（四）从业经历证明；

（五）中国保监会规定的其他材料。

第四十五条 保险公司应当加强对法律责任人管理，建立法律责任人相关制度，向法律责任人提供其承担工作职责所必需的信息，并保证法律责任人能够独立地履行职责。

第四十六条 法律责任人因辞职、被免职或者被撤职等原因离职的，保险公司应当自作出批准辞职或者免职、撤职等决定之日起 30 日内，向中国保监会报告，并提交下列材料：

（一）法律责任人被免职或者被撤职的原因说明；

（二）免职、撤职或者批准辞职等有关决定的复印件；

（三）法律责任人作出的离职报告或者保险公司对未作离职报告的法律责任人作出的离职说明报告。

第六章　法律责任

第四十七条 保险公司未按照规定申请批准保险条款、保险费率的，由中国保监会依据《保险法》第一百六十四条进行处罚。

第四十八条 保险公司使用的保险条款和保险费率有下列情形之一的，由中国保监会责令停止使用，限期修改；情节严重的，可以在一定期限内禁止申报新的保险条款和保险费率：

（一）损害社会公共利益；

（二）内容显失公平或者形成价格垄断，侵害投保人、被保险人或者受益人的合法权益；

（三）条款设计或者费率厘定不当，可能危及保险公司偿付能力；

（四）违反法律、行政法规或者中国保监会的其他规定。

第四十九条 保险公司有下列行为之一的，由中国保监会依据《保险法》第一百六十九条进行处罚：

（一）未按照规定报送保险条款、保险费率备案的；

（二）未按照规定报送停止使用保险条款和保险费率相关报告的；

（三）未按照规定报送或者保管与保险条款、保险费率相关的其他报告、报表、文件、资料的，或者未按照规定提供有关信息、资料的。

第五十条 保险公司有下列行为之一的，由中国保监会依据《保险法》第一百七十条进行处罚：

（一）报送审批、备案保险条款和保险费率时，编制或者提供虚假的报告、报表、文件、资料的；

（二）报送法律责任人备案时，编制或者提供虚假的报告、报表、文件、资料的；

（三）未按照规定使用经批准或者备案的保险条款、保险费率的。

第五十一条 保险公司违反本办法第三十七条第三款的由中国保监会给予警告，处 3 万元以下罚款。

第五十二条 保险公司以停止使用保险条款和保险费率进行销售误导的，由中国保监会依据《保险法》第一百六十一条进行处罚。

第五十三条 保险公司违反本办法规定，聘任不符合规定条件的法律责任人的，由中国保监会责令限期改正；逾期不改正的，给予警告，处 1 万元以下罚款。

第七章 附 则

第五十四条 中国保监会对保险公司总精算师、法律责任人另有规定的，适用其规定。

团体保险的保险条款和保险费率的管理，中国保监会另有规定的，适用其规定。

第五十五条 本办法规定的期限以工作日计算。

第五十六条 本办法由中国保监会负责解释。

第五十七条 本办法自颁布之日起施行。中国保监会 2000 年 3 月 23 日发布的《人身保险产品定名暂行办法》（保监发〔2000〕42 号）、2000 年 5 月 16 日发布的《关于放开短期意外险费率及简化短期意外险备案手续的通知》（保监发〔2000〕78 号）、2004 年 6 月 30 日发布的《人身保险产品审批和备案管理办法》（保监会令〔2004〕6 号）以及 2004 年 7 月 1 日发布的《关于〈人身保险产品审批和备案管理办法〉若干问题的通知》（保监发〔2004〕76 号）同时废止。

附件：1. 人身保险公司保险条款和保险费率审批申请表

2. 人身保险公司保险条款和保险费率审批报送材料清单表

3. 人身保险公司保险条款和保险费率备案报送材料清单表

4. 变更备案报送材料清单表

5. 法律责任人备案情况表

6. 总精算师声明书

7. 法律责任人声明书

附件1：

人身保险公司保险条款和保险费率审批申请表

公司名称	
险种名称	
险种类别	
销售渠道	
报送日期	
申请审批的主要原因	
保险责任	
责任免除	

公司文号及公司印章	保监会受理时间及印章
年　月　日	年　月　日

附件2：

人身保险公司保险条款和保险费率审批报送材料清单表

公司名称	
险种名称	
险种类别	
销售渠道	
报送日期	

报送材料清单	材料齐全检查	
	公司报送	保监会核实
1. 人身保险公司保险条款和保险费率审批申请表		
2. 人身保险公司保险条款和保险费率审批报送材料清单表		
3. 保险条款和保险费率的说明材料		
4. 保险条款		
5. 保险费率表		
6. 现金价值表（示例）#		
7. 减额交清保额表（示例）#		
8. 费率浮动管理办法（或产品参数调整办法，须总精算师签字）#		
9. 精算报告（须总精算师签字）		
10. 总精算师声明书（须总精算师签字）		
11. 法律责任人声明书（须法律责任人签字）		
12. 财务管理办法#		

续表

13. 业务管理办法[#]		
14. 信息披露管理制度[#]		
15. 业务规划及对偿付能力的影响[#]		
16. 产品说明书文稿[#]		
17. 分红保险的红利计算和分配办法		
18. 分红保险的收入分配和费用分摊原则		
19. 利润测试模型的电子文档[#]		
20. 中国保监会规定的其他材料[#]		
公司声明： 本公司《××》保险条款和保险费率不违反法律、行政法规或者中国保监会的其他规定；不损害社会公共利益；不存在内容显失公平或者形成价格垄断的情况，不侵害投保人、被保险人或者受益人的合法权益；条款设计或者费率厘定适当，不危及本公司偿付能力。 公司文号： 公司印章 年 月 日		保监会备注： 你公司应该依法合规使用保险条款和保险费率，不得侵害投保人、被保险人或者受益人的合法权益。 年 月 日

注：1. 带[#]号材料为特定险种提供的材料；

2. 第 17、18 项仅对分红保险要求；

3. 公司声明中的"《××》"为险种名称；

4. 保险公司填报"材料齐全检查"项时，应在"公司报送"栏内填写报送份数，如无，则注明原因。

附件 3：

人身保险公司保险条款和保险费率备案报送材料清单表

公司名称				
险种名称				
险种类别		销售渠道		
销售时间		报送日期		
报送材料清单			材料齐全检查	
			公司报送	保监会核实
1. 人身保险公司保险条款和保险费率备案报送材料清单表				
2. 保险条款				
3. 保险费率表				
4. 现金价值表（示例）#				
5. 减额交清保额表（示例）#				
6. 费率浮动管理办法（或产品参数调整办法，须总精算师签字)#				
7. 精算报告（须总精算师签字)				
8. 总精算师声明书（须总精算师签字)				
9. 法律责任人声明书（须法律责任人签字)				
10. 分红保险、万能保险、投资连结保险的其他材料	分红保险、万能保险、投资连结保险的财务管理办法			
	分红保险、万能保险、投资连结保险的业务管理办法			

续表

10. 分红保险、万能保险、投资连结保险的其他材料	分红保险、万能保险、投资连结保险的信息披露管理制度		
	分红保险、万能保险、投资连结保险的业务规划及对偿付能力的影响		
	分红保险、万能保险、投资连结保险的产品说明书文稿		
	分红保险的红利计算和分配办法		
	分红保险的收入分配和费用分摊原则		
	万能保险、投资连结保险的销售管理办法		
11. 利润测试模型的电子文档#			
12. 中国保监会规定的其他材料#			
公司声明： 本公司《××》保险条款和保险费率不违反法律、行政法规或者中国保监会的其他规定；不损害社会公共利益；不存在内容显失公平或者形成价格垄断的情况，不侵害投保人、被保险人或者受益人的合法权益；条款设计或者费率厘定适当，不危及本公司偿付能力。 公司文号：　　　　　　公司印章 年　月　日		保监会备注： 你公司应该依法合规使用保险条款和保险费率，不得侵害投保人、被保险人或者受益人的合法权益。 年　月　日	

注：1. 带#号材料为特定险种提供的材料；

2. 保险公司填报"销售时间"时，如果尚未销售则填写"尚未销售"，已经销售则填写开始销售日期；

3. 第10项仅对分红保险、万能保险、投资连结保险要求；

4. 公司声明中的"《××》"为险种名称；

5. 保险公司填报"材料齐全检查"项时，应在"公司报送"栏内填写报送份数，如无，则注明原因。

附件4：

变更备案报送材料清单表

公司名称				
险种名称				
险种类别		销售渠道		
历次审批或备案时间		报送日期		

报送材料清单		材料齐全检查	
		公司报送	保监会核实
1. 变更备案报送材料清单表			
2. 变更原因、主要变更内容的对比说明			
3. 已经审批或者备案的保险条款			
4. 变更后的相关材料（注明每一项材料的名称）	材料1		
	材料2		
	……		
5. 总精算师声明书（须总精算师签字）			
6. 法律责任人声明书（须法律责任人签字）			
7. 中国保监会规定的其他材料[#]			

公司声明： 本公司《××》保险条款和保险费率不违反法律、行政法规或者中国保监会的其他规定；不损害社会公共利益；不存在内容显失公平或者形成价格垄断的情况，不侵害投保人、被保险人或者受益人的合法权益；条款设计或者费率厘定适当，不危及本公司偿付能力。 公司文号：　　　　　　　公司印章 　　　　　　　　　　　年　月　日	保监会备注： 你公司应该依法合规使用保险条款和保险费率，不得侵害投保人、被保险人或者受益人的合法权益。 　　　　　　年　月　日

注：1. 带#号材料为特定险种提供的材料；

2. 历次审批或备案时间：经中国保监会审批的保险条款和保险费率，审批时间为中国保监会批复文件的时间；2004年7月1日之前报送中国保监会备案的保险条款和保险费率，备案时间为中国保监会备案该险种的时间（以备案表中有关时间为准）；2004年7月1日之后报送中国保监会备案的保险条款和保险费率，备案时间为保险公司报送该险种的时间（以清单表中报送日期为准）；

3. 若涉及多项材料的变更，应将变更材料一一列明在报送材料清单中，并注明材料名称；

4. 保险公司名称变更导致其定名发生变更，但其他内容未变更的，可以不提交第3、4、5项材料；

5. 公司声明中的"《××》"为险种名称；

6. 保险公司填报"材料齐全检查"项时，应在"公司报送"栏内填写报送份数，如无，则注明原因。

附件5:

法律责任人备案情况表

姓　名		性　别	男/女	民　族		贴照片处
出生年月		政治面貌		国　籍		
护照号码		身份证号				
学　历		专　业				
专业资格		专业资格授予单位		专业资格授予时间		
现任职务						
办公电话		移动电话		传　真		
通讯地址及邮编						
家庭住址						

学习经历	起止年月	院　校	专　业	学　历

工作经历	起止年月	工作单位、部门	职　务

保险公司意见	1. 以上内容真实; 2. ××在过去三年内未因违法执业行为受到行政处罚; 3. ××未受过刑事处罚; 4. 同意××担任我公司法律责任人。 　　　　　　　　　　　　　　　单位公章 　　　　　　　　　　　　　　　年　月　日

注:填写时若无对应内容则填写"无"。

附件6：

总精算师声明书

中国保险监督管理委员会：

　　本人已恪尽对××保险公司××保险条款和保险费率精算审核的职责，现确认如下事项：

　　一、分类准确，定名符合中国保监会有关规定；

　　二、精算报告内容完备；

　　三、精算假设和精算方法符合一般精算原理和中国保监会精算规定；

　　四、利益演示方法符合一般精算原理和中国保监会有关规定；（本条适用于有利益演示的险种）

　　五、保险费率厘定合理，满足充足性、适当性和公平性原则；

　　六、其他需要特别声明的事项。

总精算师：

年　月　日

　　注：

　　对于保险条款和保险费率报送审批的、或者按照本办法第三十六条报送备案的，总精算师可以根据本办法对总精算师应当承担责任的要求和具体情况出具声明书；对于其他保险条款和保险费率报送备案的，总精算师应当严格按照本格式出具声明书。

附件7：

法律责任人声明书

中国保险监督管理委员会：

本人已恪尽对××保险公司××保险条款法律审核的职责，现确认如下事项：

一、保险条款公平合理，不损害社会公共利益，不侵害投保人、被保险人和受益人的合法权益；

二、保险条款文字准确，表述严谨；

三、产品说明书符合条款表述，内容全面、真实，符合中国保监会有关规定；（本条适用于有产品说明书的险种）

四、保险条款符合《中华人民共和国保险法》等法律、行政法规和中国保监会的有关规定；

五、其他需要特别声明的事项。

法律责任人：
年　月　日

注：

对于保险条款和保险费率报送审批的、或者按照本办法第三十六条报送备案的，法律责任人可以根据本办法对法律责任人应当承担责任的要求和具体情况出具声明书；对于其他保险条款和保险费率报送备案的，法律责任人应当严格按照本格式出具声明书。

中国保险监督管理委员会关于
《人身保险公司保险条款和保险费率
管理办法》若干问题的通知

(2012 年 1 月 4 日 保监发〔2012〕2 号)

各人身保险公司、各保监局：

为了规范人身保险公司保险条款和保险费率管理，配合《人身保险公司保险条款和保险费率管理办法》（保监会令〔2011〕3 号，以下简称《办法》）的施行，现就有关事项通知如下：

一、下列人身保险险种的保险条款和保险费率，应当报中国保监会审批，包括：

（一）普通型、分红型、万能型、投资连结型以外的其他类型人寿保险；

（二）普通型、分红型、万能型、投资连结型以外的其他类型年金保险；

（三）未能比照《关于印发人身保险新型产品精算规定的通知》（保监发〔2003〕67 号）之《个人分红保险精算规定》开发的团体分红型人寿保险和团体分红型年金保险；

（四）中国保监会规定须经审批的其他保险险种。

前款规定以外的保险条款和保险费率，应当报中国保监会备案。

二、保险公司开发的两全保险应符合以下条件：

（一）首次给付生存保险金应当在保单生效满 3 年之后；

（二）保险期间不得少于 5 年；

（三）投资连结型两全保险和万能型两全保险被保险人为成年人的，在保单签发时的死亡保险金额不得低于已交保险费的 105% 或保单账户价值的 105%。其他类型两全保险被保险人为成年人的，在保单签发时的死亡保险金额不得低于已交保险费的 105%。

（四）死亡保险至少应当提供疾病身故保障责任和意外身故保障责任。

三、保险公司不得开发团体两全保险。

四、保险公司开发的年金保险可以包含死亡给付保险金责任或全残给付保险金责任，但死亡给付保险金不得超过已交保险费和保单现金价值的较大者。

变额年金保险适用《关于印发〈变额年金保险管理暂行办法〉的通知》（保监发〔2011〕25 号）的有关规定。

五、万能保险、投资连结保险可以提供持续奖金，应当符合下列条件：

（一）按照账户价值、累计已交保险费或趸交保险费的一定比例给付的持续奖金，其首次给付时间应当在保单生效满 5 年之后；

（二）按照当期期交保险费的一定比例给付的持续奖金，可在投保人交纳第 2 期保险费时开始给付，给付比例应不得高于当期期交保险费的 2%，未交纳期交保险费的保单年度不应给付持续奖金。

六、保险公司报送保险条款和保险费率审批或备案的，应当提交书面材料一式两份以及包含所有报送材料电子文档的光盘一份。保险公司应以 EXCEL 格式报送利润测试模型的电子文档，以 PDF 格式报送审批或备案有关材料的电子文档，其中利润测试模型的电子文档、精算报告的电子文档和其他材料的电子文档应当分开。保险公司应将电子文档通过客户端程序打包成电子压缩文件，填写人身保险产品压缩包文件清单，并将电子压缩文件和人身保险产品压缩包文件清单通过光盘形式报送中国保监会。客户端程序下载地址为：http：//www.circ.gov.cn/portals/0/attachments/cpkhd.zip

七、保险公司可以对已报送中国保监会备案的短期意外伤害保险实行费率浮动，但费率的浮动范围或浮动办法应由总公司统一制定。短期个人健康保险的费率浮动应当符合中国保监会的有关规定。

八、保险公司可以对已报送中国保监会备案的保险条款和保险费率进行组合销售，但组合销售时不得改变保险责任、除外责任、保险期间和现金价值，并不得违反本通知第七条规定。

九、保险公司应当加强对正在使用的保险条款和保险费率的管理，定期跟踪和分析经营情况，保险条款和保险费率出现重大问题时，应当及时采取有效措施，并向中国保监会及当地派出机构报告。

十、中国保监会各派出机构可以根据当地情况要求保险公司分支机构报告保险条款和保险费率的相关信息。

十一、《办法》施行前已经中国保监会审批或者备案的保险条款和保险费率可以继续使用；《办法》施行后报送中国保监会审批或者备案的保险条款和保险费率，应当符合《办法》以及本通知规定。

十二、美国友邦保险有限公司分公司保险条款和保险费率的管理适用《办法》以及本通知对人身保险公司总公司的规定。

十三、本通知自《办法》施行之日起执行。

中国保险监督管理委员会关于人身保险伤残程度与保险金给付比例有关事项的通知

(2013 年 6 月 4 日　保监发〔2013〕46 号)

各保险公司，中国保险行业协会：

为进一步规范人身保险合同对伤残程度与保险金给付比例的约定，更好地保护投保人和被保险人利益，现将有关事项通知如下：

一、保险责任涉及伤残给付的人身保险合同应在保险条款中明确约定伤残程度的定义及对应保险金给付比例。保险公司应科学划分伤残程度，公平设定保险金给付比例。

二、保险条款中约定的伤残程度评定标准为经国家标准化行政主管部门制定的国家标准，或由国务院有关行政主管部门制定并报国务院标准化行政主管部门备案的行业标准的，条款内容应包含该标准的全称、发布机构、发文号及标准编号。

三、中国保险行业协会应加强对相关技术标准的基础研究工作，研究制定伤残程度评定与保险金给付比例标准，供保险公司使用。行业协会应请相关专业组织或专业鉴定机构对行业标准进行论证，并将论证结果向社会公示。行业协会应根据实际情况建立科学调整机制。

保险条款中约定的伤残程度评定标准为行业标准的，条款内容应包含该评定标准全文，并注明"行业标准"字样。

四、保险公司应在每年 3 月 15 日前向中国保监会提交短期意外伤害保险产品的定价回顾报告。定价回顾报告要求参照《关于〈健康保险管理办法〉实施中有关问题的通知》（保监发〔2006〕95 号）第七、八、九条执行。①

五、需要调整伤残程度与保险金给付比例的保险条款，应于 2013 年 12 月 31 日前完成重新备案和条款更换工作。对于已经生效的保险合同，保险公司应做好客户服务工作，确保产品调整工作平稳有序进行。

六、本通知自下发之日起执行，中国保监会《关于继续使用〈人身保险残疾程度与保险金给付比例表〉的通知》（保监发〔1999〕237 号）同时废止。

中国保险监督管理委员会关于普通型
人身保险费率政策改革有关事项的通知

（2013 年 8 月 1 日　保监发〔2013〕62 号）

各人身保险公司、各保监局：

为建立符合社会主义市场经济规律的保险费率形成机制，推动保险公司经营管理和保险监管的创新，切实保护保险消费者合法权益，促进人身保险业持续稳定健康发展，我会决定实施普通型人身保险费率政策改革。现将有关事项通知如下：

一、人身保险费率政策调整

（一）普通型人身保险，是指保单签发时保险费和保单利益确定的人身保险。

（二）普通型人身保险预定利率由保险公司按照审慎原则自行决定。

分红型人身保险的预定利率、万能型人身保险的最低保证利率不得高于 2.5%。

（三）保险公司对人身保险产品进行定价，应当符合有关精算规定。

（四）保险公司采用的法定责任准备金评估利率不得高于保单预定利率和中国保监会公布的法定评估利率的小者。

---

①　该条已被《中国银保监会办公厅关于印发意外伤害保险业务监管办法的通知》废止。

二、人身保险费率政策改革配套措施

（一）普通型人身保险保单的法定评估利率。

1. 2013 年 8 月 5 日以前签发的普通型人身保险保单法定评估利率继续执行原规定。

2. 2013 年 8 月 5 日及以后签发的普通型人身保险保单法定评估利率为 3.5%。

3. 中国保监会支持保险公司参与多层次养老保障体系建设，对国家政策鼓励发展的养老保险业务实施差别化的准备金评估利率。2013 年 8 月 5 日及以后签发的普通型养老年金或保险期间为 10 年及以上的其他普通型年金保单，保险公司采用的法定责任准备金评估利率可适当上浮，上限为法定评估利率的 1.15 倍和预定利率的小者。

（二）分红型人身保险保单法定评估利率为 2.5%。

（三）中国保监会鼓励保险公司发展风险保障业务，发挥经济补偿功能，服务经济社会发展。计算长期人身保险业务的最低资本时，与风险保额相关的最低资本等于风险保额与相应计算因子之乘积。各保险责任计算因子如下：

责任类别	计算因子
健康保险责任	0.24%
死亡保险责任	0.15%
意外伤害保险责任	0.06%

（四）保险公司根据代理协议向代理销售保险的个人支付佣金的，佣金占年度保费的比例以所售产品定价时的附加费用率为上限。

（五）前述配套措施第（三）款、第（四）款适用于所有长期人身保险业务。

三、人身保险条款和保险费率的审批与备案

（一）保险公司报送中国保监会审批或者备案的人身保险条款和保险费率，应由董事长或总经理签发。

（二）保险公司开发普通型人身保险，预定利率不高于中国保监会规定的评估利率上限的，应按照《人身保险公司保险条款和保险费率管理办法》的有关规定报送中国保监会备案。

（三）保险公司开发普通型人身保险，预定利率高于中国保监会规定的评估利率上限的，应按照一事一报的原则在使用前报送中国保监会审批。在中国保监会作出批准或者不予批准的决定之前，保险公司不得再次报送新的保险条款和保险费率审批。

（四）保险公司报送普通型长期人身保险条款和保险费率审批或者备案的，除按照《人身保险公司保险条款和保险费率管理办法》提交有关材料外，还应提交《费率改革产品信息表》（见附件）。

（五）保险公司报送人身保险条款和保险费率审批的，最近季度末偿付能力充足率不得低于150%；保险公司报送人身保险条款和保险费率备案的，最近季度末偿付能力充足率不得低于100%。

（六）保险公司报送的人身保险条款和保险费率违反法律法规的，自中国保监会认定之日起1年内，该保险公司不得报送新的保险条款和保险费率审批或者备案。

四、其他

（一）本通知中"2.5%"、"3.5%"等利率，指年化复利。

（二）本通知自2013年8月5日起施行。

（三）中国保监会1999年6月10日发布的《关于调整寿险保单预定利率的紧急通知》（保监发〔1999〕93号）自本通知施行之日起废止。

（四）中国保监会此前下发的有关规定与本通知内容不符的，以本通知为准。

附件：费率改革产品信息表（略）

中国保险监督管理委员会关于规范
人身保险公司赠送保险有关行为的通知

（2015年1月23日　保监发〔2015〕12号）

各人身保险公司：

为规范人身保险公司赠送保险的行为，维护人身保险市场的正常秩序，保护保险消费者的合法权益，现就人身保险公司赠送保险的有关问题通知如下：

一、赠送保险是指保险人在订立保险合同时，免除投保人支付保险费的义务，或者代替投保人履行支付保险费的义务。人身保险公司可以以促销或者公益事业为目的赠送人身保险，但不得赠送财产保险。

二、人身保险公司赠送的人身保险产品仅限于意外伤害保险和健康保险，且保险期间不能超过1年。对每人每次赠送保险的纯风险保费不能超过100元，以公益事业为目的的赠送保险不受此金额限制。

三、人身保险公司赠送的人身保险产品应当符合《人身保险公司保险条款和保险费率管理办法》的有关规定。

四、人身保险公司赠送人身保险时，投保人对被保险人应当具有保险利益；赠送的人身保险为以死亡为给付保险金条件的，应经被保险人同意并认可保险金额；被保险人为未成年人的，死亡给付的保险金额应符合有关监管规定。

五、人身保险公司应向投保人出具纸质或电子保险单，赠送团体人身保险产品的，应向被保险人出具纸质或电子保险凭证。

六、人身保险公司赠送人身保险对应的保费，根据会计准则不应确认为保费收入，但应按照监管规定计提责任准备金，同时将赔款计入赔付成本。

七、人身保险公司应当将赠送的人身保险视同正常销售的保险产品进行管理，认真做好客户服务、保全和理赔工作；其中赠送的意外伤害保险要符合《人身意外伤害保险业务经营标准》的有关要求。

八、人身保险公司总公司应加强对赠送保险行为的管控，赠送保险行为要经过总公司的批准。严禁以赠送保险为由，变相开展违法违规业务或进行不正当竞争。

本通知自2015年4月1日起施行，《关于规范寿险公司赠送保险有关行为的通知》（保监发〔2005〕98号）同时废止。

中国保监会关于万能型人身保险费率
政策改革有关事项的通知

（2015 年 2 月 3 日　保监发〔2015〕19 号）

各人身保险公司：

为进一步发挥市场在保险资源配置中的决定性作用，建立符合社会主义市场经济规律的人身保险费率形成机制，推动保险公司经营管理和保险监管的创新，切实保护保险消费者合法权益，促进人身保险业持续稳定健康发展，我会决定实施万能保险费率政策改革。现将有关事项通知如下：

一、本通知所附之《万能保险精算规定》（以下简称《规定》）自 2015 年 2 月 16 日起实施。

二、自《规定》实施之日起，《关于印发投资连结保险、万能保险精算规定的通知》（保监寿险〔2007〕335 号）之《万能保险精算规定》废止。

三、自《规定》实施之日起，万能型人身保险的最低保证利率由保险公司按照审慎原则自行决定。

四、自《规定》实施之日起，万能型人身保险的评估利率上限为年复利 3.5%。

五、自《规定》实施之日起，保险公司开发万能型人身保险最低保证利率不高于中国保监会规定的评估利率上限的，应按照《人身保险公司保险条款和保险费率管理办法》（保监会令 2011 年第 3 号）的有关规定报送中国保监会备案。保险公司开发万能型人身保险最低保证利率高于中国保监会规定的评估利率上限的，应报送中国保监会审批。

六、自《规定》实施之日起，各公司应按照《规定》开发万能型人身保险产品，新开发的产品应按照《规定》要求设立万能单独账户、公布结算利率和提取准备金。

七、本《规定》实施之日前，各公司已审批或备案的万能型人身保险产品，应于 2015 年 7 月 1 日前完成业务衔接工作：

（一）与《规定》不符的应停止使用，或按照《规定》修改后重新报送审批或备案；

（二）对于有效保单，应按照《规定》要求进行万能单独账户管理、公布结算利率和提取准备金。

2015年7月1日后，不符合本规定的万能型人身保险产品不得销售。

附件：万能保险精算规定

附件：

万能保险精算规定

第一部分　适用范围

一、本规定适用于个人万能保险和团体万能保险。

第二部分　风险保额

二、除本条第二款规定情形外，对于投保时被保险人的年龄满18周岁的，个人万能保险在保单签发时的死亡风险保额不低于保单账户价值的20%。

年金保险的死亡风险保额可以为零。团体万能保险的死亡风险保额可以为零。

死亡风险保额是指有效保额减去保单账户价值。其中有效保额是指被保险人因疾病和意外等身故时，保险公司支付的死亡保险金额。

三、万能保险可以提供死亡保险责任以外的其他保险责任。

第三部分　万能账户及结算利率

四、万能保险应当提供最低保证利率，最低保证利率不得为负。保险期间内各年度最低保证利率数值应一致，不得改变。

五、保险公司应为万能保险设立一个或多个单独账户。

万能单独账户的资产应当单独管理，应当能够提供资产价值、对应保单账户价值、结算利率和资产负债表等信息，满足保险公司对该万能单独账户进行管理和保单利益结算的要求。

六、保险公司应当根据万能单独账户资产的实际投资状况确定结算利率。结算利率不得低于最低保证利率。

七、保险公司可以为万能单独账户设立特别储备，用于未来结算。特别储备不得为负，并且只能来自于实际投资收益与结算利息之差的积累。

八、保险公司应当定期检视万能单独账户的资产价值，以确保其不低于对应保单账户价值。

季度末出现万能单独账户的资产价值小于对应保单账户价值的，保险公司应采取以下措施：

（一）下季度内每一次公布的年化结算利率不得超过本季度内年化结算利率；

（二）应当在15个工作日之内向万能单独账户注资补足差额，注资资金只能来自于公司自有资金。

在其他情况下，保险公司不得以任何形式注资。

九、在同一万能单独账户管理的保单，应采用同一结算利率。

十、下列情形可以采用不同的结算利率或不同的最低保证利率：

（一）不同的万能保险产品；

（二）不同的团体万能保险客户；

（三）不同时段售出的万能保险业务。

按照前款要求，不同的结算利率的万能保单应在不同的万能单独账户中管理。

第四部分　费用的收取

十一、万能保险可以并且仅可以收取以下几种费用：

（一）初始费用，即保险费进入万能账户之前扣除的费用。

（二）死亡风险保险费，即保单死亡风险保额的保障成本。

风险保险费应通过扣减保单账户价值的方式收取，其计算方法为死亡风险保额乘以死亡风险保险费费率。

保险公司可以通过扣减保单账户价值的方式收取其他保险责任的风险保险费。

（三）保单管理费，即为维护保险合同向投保人或被保险人收取的管理费用。

保单管理费应当是一个不受保单账户价值变动影响的固定金额，在保单首年度与续年度可以不同。保险公司不得以保单账户价值一定比例的形式收取保单管理费。

对于团体万能保险，保险公司可以在对投保人收取保单管理费的基础上，对每一被保险人收取固定金额形式的保单管理费。

（四）手续费，保险公司可在提供部分领取等服务时收取，用于支付相关的管理费用。

（五）退保费用，即保单退保或部分领取时保险公司收取的费用，用以弥补尚未摊销的保单获取成本。

十二、期交保险费形式的万能保险的保险费由基本保险费和额外保险费构成。

基本保险费不得高于人民币 10000 元。对于投保年龄在 18 周岁至 60 周岁的被保险人，基本保险费不得高于保险金额除以 20。此处保险金额是指保单签发时的死亡保险金额。

保险公司对同一投保人并同一被保险人销售有多张同一产品的万能保单的，所有有效保单的基本保险费之和不得高于人民币 10000 元。

期交保险费高于基本保险费的部分为额外保险费。

十三、基本保险费初始费用的比例不得超过下表所示的上限。投保人暂缓支付保险费的，以后每次支付保险费时，其中基本保险费的初始费用上限应当参照该保险费原属保单年度的上限。

保单年度	初始费用上限
第一年	50%
第二年	25%
第三年	15%
第四、五年	10%
以后各年	5%

十四、额外保险费初始费用比例的上限为5%。

十五、期交保险费保单追加保险费的初始费用比例的上限为3%。

十六、趸交保险费形式的万能保险初始费用的比例不得超过下表所示的上限：

保险费	初始费用上限
人民币 50000 元及以下部分	5%
人民币 50000 元以上部分	3%

趸交保险费保单追加保险费的初始费用比例的上限为 3%。

十七、团体万能保险保险费的初始费用比例的上限为 5%。

十八、万能保险的初始费用不得以减少保单账户价值的形式扣除。

十九、保险公司收取的退保费用不得高于保单账户价值或者部分领取部分对应的保单账户价值的以下比例:

保单年度	退保费用比例上限
第一年	5%
第二年	4%
第三年	3%
第四年	2%
第五年	1%
第六年及以后	0%

保单账户价值和现金价值(即保单账户价值与退保费用之间的差额)应当同时列示在利益演示表上。

二十、万能保险应当保证各项费用收取的最高水平。若不保证,应在合同条款中约定变更收费水平的方法。

保险公司不得通过费用水平调整弥补过去的费用损失。

二十一、保险公司应当在保险合同中约定死亡风险保险费费率的最高水平。

非标准体保险合同的死亡风险保险费应由保险公司根据普遍认可的精算原则确定,不适用本条第一款的规定。

二十二、对于团体万能保险,保险公司可以在备案或审批的费用基础上,在本规定的范围内进行合理调整。

第五部分 持续奖金

二十三、万能保险可以提供持续奖金。持续奖金是保险公司对持续有效的保单或持续交费的保单，满足合同约定条件时给予的奖金。保险公司应当在保险合同和产品说明书上明确说明持续奖金发放的条件及金额。

二十四、保险公司应在产品精算报告中对有关持续奖金的设计、发放、准备金的计提方法以及对公司财务的影响等进行阐述。

第六部分 现金价值与责任准备金

二十五、现金价值指保单账户价值与退保费用之间的差额。

二十六、责任准备金由账户准备金、最低保证利率准备金和其他保单利益准备金三部分构成。

（一）账户准备金等于评估日的保单账户价值。

（二）最低保证利率准备金

为体现最低保证利率带来的额外成本，保险公司应当计提最低保证利率准备金。

预期在未来每个时间段内，因为市场波动，万能单独账户投资收益可能不足以满足最低保证利率的结算利息要求而带来的额外成本：

$$C_T = K_T \times AV_T \times M;$$

$$K_T = MAX（最低保证利率-压力利率，0）$$

其中：

C_T 为 T 时刻的额外成本。

K_T 为 T 时刻在压力利率情景下预计的收益率缺口。

压力利率为评估利率-0.5%，指压力利率情景下预计的投资收益率水平。

AV_T 为 T 时刻预计的保单账户价值。

M 指该时间段占 1 年的比例。

最低保证利率准备金为各时间段额外成本按照评估利率贴现至评估日的现值之和，额外成本的计算时间为每期期初。

（三）其他保单利益准备金。

为确保未来对保单利息支出及保单账户之外的各项支出有足够的支付能力，保险公司应参照下述现金流折现方法计算其他保单利益准备金：

1. 预期在未来的每个时间段内，保单账户以外的现金流（包括所有保证和非保证保单利益的现金流）。

需要考虑的现金流包括但不局限于：保单账户以外的理赔、营业费用、持续奖金。需要考虑的现金流不包括利差收入。

2. 若预期的净现金流在未来的某些时间点为负值，则从最远的负值点（N）往回，按如下递推公式计算：

$$V_{N-1} = -PV_{N-1}（CF_N）$$

$$V_{N-T} = MAX（0，PV_{N-T}（V_{N-T+1}）-PV_{N-T}（CF_{N-T+1}））$$

其中：

V_T 为 T 时刻的非账户准备金，T=0，1⋯，N-1。

CF_T 为 [T-1，T] 时间段内的净现金流，T=1，2...，N。

PV_T（）为相应项目在 T 时刻的精算现值，贴现率为评估利率。

3. 万能保险评估日的结算利率高于未来 1 年的可预测投资收益率与最低保证利率之较大者的，保险公司还应当按如下公式增加计提相应的其他保单利益准备金。

$$AV_0 \times MAX（I_0 - J_0，0）\times MIN（1，剩余保险期间天数/365）$$

其中：

AV_0 为评估日的实际保单账户价值。

I_0 为截止评估日的结算利率。

J_0 为截止评估日万能单独账户投资组合中固定收益类及其他具有明确存续到期时间、按照预定的利率和形式偿付利息和本金等特征的资产的投资收益率，并与最低保证利率取较大者。

二十七、责任准备金计算要求

（一）预测现金流时，未来每个时间段最长为 1 年。

（二）评估利率由中国保监会指定并公布。

（三）计算责任准备金时需要预计未来万能保单账户价值的，应根据万能单独账户资产预测投资收益率和已公布的结算利率合理预测未来结算利率。预测的结算利率不得低于最低保证利率，且不得低于评估利率-1%。

（四）保险公司应遵循普遍认可的精算原则选取其他精算假设，可以与公司内含价值假设保持一致。

（五）保险公司出于谨慎原则，可以采用不同于上述的方法和假设，但计算结果不能小于上述方法、假设所得结果。

（六）责任准备金应逐单计算。但是，若保险公司认为将具有相似特征的保单分组计算的结果与逐单计算的结果无实质性差异，也可采用分组方法计算。

中国保监会关于加强人身保险费率
政策改革产品管理有关事项的通知

(2015 年 7 月 31 日　保监寿险〔2015〕136 号)

各人身保险公司：

为深入推进人身保险产品费率政策改革，做好费率政策改革产品管理工作，促进人身保险市场持续稳定健康发展，现将有关事项通知如下：

一、本通知所称费率政策改革审批产品是指根据中国保监会人身保险费率政策改革相关规定，需要报送中国保监会审批的普通型、分红型和万能型人身保险产品。

二、保险公司开发费率政策改革审批产品的，应按照《人身保险公司保险条款和保险费率管理办法》（保监会令 2011 年第 3 号）的有关规定报送中国保监会审批，同时应满足以下要求：

（一）公司最近两个季度末偿付能力充足率处于充足 II 类。保险公司偿付能力充足率低于充足 II 类时，应立即停止销售费率政策改革审批产品。

（二）公司最近 3 年未受到监管部门重大行政处罚。

（三）公司没有因涉嫌违法违规行为正在被监管部门调查，或者正处于风险处置、整顿或接管期间。

（四）产品预定利率和最低保证利率由保险公司按照可持续性原则审慎确定，应不超过公司过去 5 年平均投资收益率。对于开业时间不满 5 年的公司，其开业之前的投资收益率采用保险行业投资收益率。同时，公司应该说明产品拟配置资产组合的预期投资收益能够支持产品最低保证成本及相关费用等支出；对于分红保险产品，公司还应考虑未来红利分配的影响。

本通知所指的投资收益率为财务收益率（财务收益率=（投资收益+公允价值变动损益+其他收益−资产减值损失）/资金运用平均余额 * 100% [1]），公司过去 5 年各年度的投资收益率应经过外部审计或监管部门认可。

（五）产品在报送中国保监会审批时应提供经董事会审议通过的书面决议。对于境外保险公司的分公司，产品在报送中国保监会审批时应提供经管理层审议通过的书面决议。

三、在收到保险公司报送的费率政策改革审批产品相关材料后，中国保监会根据产品监管和费率政策改革的有关规定及本通知第二条之规定对相关产品进行审核。

四、保险公司报送普通型、分红型和万能型人身保险条款和保险费率审批或者备案，如果产品预定利率或最低保证利率超过 2.5% 的，除按照《人身保险公司保险条款和保险费率管理办法》提交有关材料外，还应提交《费率政策改革产品信息表》（见附件）。

五、保险公司总经理、总精算师、法律责任人、合规负责人等相关管理人员应切实履行审核责任，确保向中国保监会报送的产品审批材料真实有效，不存在虚假记载和陈述等。

六、本通知自发布之日起执行。中国保监会此前下发的有关规定与本通知内容不符的，以本通知为准。

中国保险监督管理委员会关于父母
为其未成年子女投保以死亡为给付
保险金条件人身保险有关问题的通知

（2015 年 9 月 14 日　保监发〔2015〕90 号）

各保险公司：

为保护未成年人的合法权益，根据《中华人民共和国保险法》第三十三条规定，现就规范父母作为投保人为其未成年子女投保以死亡为给付保险金条件人身保险的有关问题通知如下：

一、对于父母为其未成年子女投保的人身保险，在被保险人成年之前，各保险合同约定的被保险人死亡给付的保险金额总和、被保险人死亡时各保险公司实际给付的保险金总和按以下限额执行：

（一）对于被保险人不满 10 周岁的，不得超过人民币 20 万元。

（二）对于被保险人已满 10 周岁但未满 18 周岁的，不得超过人民币 50 万元。

二、对于投保人为其未成年子女投保以死亡为给付保险金条件的每一份保险合同，以下三项可以不计算在前款规定限额之中：

（一）投保人已交保险费或被保险人死亡时合同的现金价值；对于投资连结保险合同、万能保险合同，该项为投保人已交保险费或被保险人死亡时合同的账户价值。

（二）合同约定的航空意外死亡保险金额。此处航空意外死亡保险金额是指航空意外伤害保险合同约定的死亡保险金额，或其他人身保险合同约定的航空意外身故责任对应的死亡保险金额。

（三）合同约定的重大自然灾害意外死亡保险金额。此处重大自然灾害意外死亡保险金额是指重大自然灾害意外伤害保险合同约定的死亡保险金额，或其他人身保险合同约定的重大自然灾害意外身故责任对应的死亡保险金额。

三、保险公司在订立保险合同前，应向投保人说明父母为其未成年子女投保以死亡为给付保险金条件人身保险的有关政策规定，询问并记录其未成年子女在本公司及其他保险公司已经参保的以死亡为给付保险金条件人身保险的有关情况。各保险合同约定的被保险人死亡给付的保险金额总和已经达到限额的，保险公司不得超过限额继续承保；尚未达到限额的，保险公司可以就差额部分进行承保，保险公司应在保险合同中载明差额部分的计算过程。

四、保险公司应在保险合同中明确约定因未成年人死亡给付的保险金额，不得以批单、批注（包括特别约定）等方式改变保险责任或超过本通知规定的限额进行承保。

五、保险公司应积极引导投保人树立正确的保险理念，在注重自身保险保障的基础上，为未成年人购买切合实际的人身保险产品。

六、保险公司应进一步完善未成年人人身保险的有关业务流程，强化投保、核保等环节的风险管控，在防范道德风险的同时，为未成年人提供更加丰富多样的保险保障，保护未成年人合法权益。

七、本通知自 2016 年 1 月 1 日起执行。中国保监会《关于父母为其未成年子女投保以死亡为给付保险金条件人身保险有关问题的通知》（保监发〔2010〕95号）自本通知执行之日起废止。

中国保监会关于推进分红型人身保险费率政策改革有关事项的通知

（2015年9月25日　保监发〔2015〕93号）

各人身保险公司：

为进一步发挥市场在保险资源配置中的决定性作用，建立符合社会主义市场经济规律的人身保险费率形成机制，推动保险公司经营管理和保险监管的创新，切实保护保险消费者合法权益，促进人身保险业持续稳定健康发展，按照稳中求进的指导方针，我会决定推进分红型人身保险费率政策改革。现将有关事项通知如下：

一、自本通知实施之日起，分红型人身保险的预定利率由保险公司按照审慎原则自行决定。分红型人身保险未到期责任准备金的评估利率为定价利率和3.0%的较小者。

二、自本通知实施之日起，保险公司应按照《人身保险公司保险条款和保险费率管理办法》（保监会令2011年第3号）有关规定，对于开发的分红型人身保险产品预定利率不高于3.5%的，报送中国保监会备案；预定利率高于3.5%的，报送中国保监会审批。

三、保险公司用于分红保险利益演示的低、中、高档的利差水平分别不得高于0、4.5%减去产品预定利率、6%减去产品预定利率。

保险公司应当在分红保险产品说明书中用醒目字体标明保单的红利水平是不保证的，在某些年度红利可能为零。

对于保险公司在售的分红保险产品，如果连续3年实际分红水平达不到中档红利演示水平的，保险公司必须下调相关产品的中、高档红利演示水平，下调后的中档红利演示水平不得高于公司近3年实际平均分红水平。

保险公司新开发分红保险产品时，应根据公司历史投资回报率经验和对未来的合理预期，按照审慎原则确定各档红利演示水平。

四、保险公司应加强分红保险产品的信息披露工作，进一步增强产品透明性。鼓励保险公司逐步向客户披露分红保险产品的费用收取等情况，加深客户理解。

五、中国风险导向偿付能力体系（以下称偿二代）实施过渡期内，保险公司应按照《分红保险精算规定》（以下简称《规定》，详见附件），提取现行偿付能力体系下的分红保险法定责任准备金。偿二代所使用的准备金按照偿二代监管规则计算。

六、自本通知实施之日起，各公司新开发的分红保险产品应按照《规定》要求执行。

各公司在本通知实施之日前已审批或备案的分红保险产品，可以继续销售。

七、自本通知实施之日起，《关于下发〈分红保险管理暂行办法〉、〈投资连结管理暂行办法〉的通知》（保监发〔2000〕26 号）及《关于印发人身保险新型产品精算规定的通知》（保监发〔2003〕67 号）废止。

八、本通知自 2015 年 10 月 1 日起实施。有关规定与本通知不一致的，以本通知为准。

附件：分红保险精算规定

附件：

分红保险精算规定

第一部分　总　　则

一、本规定所称分红保险，是指保险公司将其实际经营成果产生的盈余，按一定比例向保单持有人进行分配的人身保险产品。

二、本规定适用于个人分红保险和团体分红保险。

三、分红保险可以采取终身寿险、两全保险或年金保险的形式。保险公司不得将其他产品形式设计为分红保险。

第二部分　保险金额

四、对于投保时被保险人的年龄满 18 周岁的，个人分红终身寿险、个人分红两全保险在保单签发时或保险责任等待期结束时的死亡保险金额不得低于已交保费的120%。

死亡保险责任至少应当包括疾病身故保障责任和意外身故保障责任。

第三部分 保险费

五、保险公司厘定保险费，应当符合一般精算原理，采用公平、合理的定价假设。

六、保险费应当根据预定利率、预定发生率、预定附加费用率等要素采用换算表方法进行计算。

（一）预定利率

保险公司在厘定保险费时，应根据公司历史投资回报率经验和对未来的合理预期及产品特性按照审慎原则确定预定利率。

（二）预定发生率

保险公司在厘定保险费时，应以公司实际经验数据和行业公开发布的经验发生率表为基础，同时考虑未来的趋势和风险变化，按照审慎原则确定预定发生率。

（三）预定附加费用率

保险公司在厘定保险费时，应以公司实际经验数据为基础，按照审慎原则确定预定附加费用率。

各保单年度的预定附加费用率由保险公司自主设定，但平均附加费用率不得超过下表规定的上限。平均附加费用率是指保单各期预定附加费用精算现值之和占保单毛保费精算现值之和的比例。

个人分红型人寿保险和年金保险平均附加费用率上限		
交费方式	两全保险、年金保险	终身寿险
分　期	16%	30%
趸　交	8%	18%

团体分红型人寿保险和年金保险平均附加费用率上限		
交费方式	年金保险	终身寿险
分　期	10%	15%
趸　交	5%	8%

七、保险公司应当对定价假设相关参数进行定期回顾与分析，并根据公司实际经验及时调整相关参数。

八、保险公司在产品定价时应进行利润测试。

第四部分　保单最低现金价值

九、保单年度末保单价值准备金

保单年度末保单价值准备金指为计算保单年度末保单最低现金价值，按照本条所述计算基础和计算方法算得的准备金数值。

（一）计算基础

1. 发生率采用险种报备时厘定保险费所使用的预定发生率；

2. 个人分红保险的附加费用率采用下表规定的数值进行计算：

类别		保单年度	第一年	第二年	第三年	以后各年
趸交		终身寿险	18%	–	–	–
		年金保险、两全保险	8%	–	–	–
期交	交费期为10年以下	终身寿险	55%	35%	25%	20%
		年金保险、两全保险	30%	20%	15%	12%
	交费期为10年至19年	终身寿险	65%	40%	30%	25%
		年金保险、两全保险	40%	25%	15%	12%
	交费期为20年及以上	终身寿险	70%	45%	35%	25%
		年金保险、两全保险	45%	25%	15%	12%

团体分红保险的附加费用率由公司自主确定。

3. 利率采用下表规定的数值进行计算：

保险期间为10年及以下	预定利率+1.0%
保险期间为10年以上	预定利率+1.5%

（二）计算方法

1. 根据该保单的保险责任和各保单年度净保费按上述计算基础采用"未来法"计算。对确实不能用"未来法"计算的，可以采用"过去法"计算。

2. 保单各保单年度净保费为该保单年度的毛保费扣除附加费用。其中，毛保费是指按保单年度末保单价值准备金的计算基础重新计算的保险费，附加费用为毛保费乘以上表中规定的附加费用率。

（三）保单年度末保单价值准备金不包括该保单在保单年度末的生存给付金额。

十、保单年度末保单最低现金价值

保单年度末保单最低现金价值是保险公司确定保单现金价值最低标准，其计算公式为：

$$MCV = r \times \max(PVR,\ 0)$$

系数 r 按下列公式计算：

$$r = k + \frac{t \times (1 - k)}{\min(20,\ n)},\ t < \min(20,\ n)$$

$$r = 1,\ t > = \min(20,\ n)$$

其中，

MCV 为保单年度末保单最低现金价值；

PVR 为保单年度末保单价值准备金；

n 为保单交费期间（趸交保费时，n=1）；

t 为已经过保单年度，t=1，2，…；

参数 k 的取值按如下标准：

k 值		
	两全保险、年金保险	终身寿险
期交个人业务	0.9	0.8
期交团体业务	0.95	0.85
趸交个人业务	1	1
趸交团体业务	1	1

十一、保单年度末保单现金价值

保险公司可以按本规定所确定的保单年度末保单最低现金价值作为保单年度末保单现金价值，也可以按其他合理的计算基础和方法确定保单现金价值，但要保证其数值不低于按本规定所确定的保单年度末保单最低现金价值。

对于采用增额红利分配方式的分红保险，除计算基本保额现金价值外，还需计算每单位增额红利现金价值。其数值应不低于按照第九条及第十条所述的计算基础和计算方法算得的现金价值数值。

十二、保单年度中保单现金价值根据保单年度末保单现金价值按合理的方法确定。

第五部分　账户管理和盈余分配

十三、保险公司应为分红保险业务设立一个或多个单独账户，单独账户应单独管理、独立核算。

十四、保险公司应在分红产品的产品说明书中明确其红利来源，并依据红利来源确定分红保险账户中权益共同属于保单持有人和股东双方的盈余。

保险公司在确定上述盈余时应采用本规定第六部分规定的责任准备金或产品的毛保费定价基础准备金。同一分红保险账户所采用的准备金基础应具有一致性，一经确立，不得随意变更。

十五、对于第十四条中所述盈余，保险公司应根据自身实际，采用盈余计算与分配表（见附件）中某一张报表的方法和口径进行计算。方法一经确立，不得随意变更。保险公司应在公司互联网站上信息披露的相关栏目中披露盈余计算方法。如果采用其它盈余计算方法，应说明其合理性。

十六、保险公司为各分红保险账户确定每一年度的可分配盈余时应当遵循普遍接受的精算原理，并符合可支撑性、可持续性原则，其中分配给保单持有人的比例不低于可分配盈余的70%。

十七、保险公司应对分红保险账户提取分红保险特别储备。

（一）分红保险特别储备是分红保险账户逐年累积的，其权益共同属于保单持有人和股东双方，用于平滑未来的分红水平。

（二）分红账户的分红保险特别储备等于该账户共同属于保单持有人和股东双方的盈余的累积值减去该账户已分配盈余的累积值。分红保险特别储备的计算方法应与十五条中盈余的计算方法保持一致。

十八、分红保险特别储备的规模应保持在合理的水平。保险公司在确定本期保单红利分配方案时，应测算本期分红后的分红账户分红保险特别储备的水平。

（一）本期分红后的分红账户分红保险特别储备的规模连续2年超过该账户准备金的15%的，超出的部分应作为当期可分配盈余予以释放。

（二）在红利计算和红利分配时，分红保险特别储备可以为负。本期分红后的分红账户分红保险特别储备为负并且规模超过该账户准备金的15%的，当期保单红利水平不得超过上期保单红利分配水平。

本条中所指准备金应与第十四条保持一致。本条中的相关时间期限自本规定实施之日起开始计算。

十九、红利分配方式

分红保险产品可以采用现金红利方式或增额红利方式分配盈余。

（一）现金红利

现金红利分配方式包括现金领取、抵交保费、累积生息以及购买交清保额等形式。

（二）增额红利

增额红利分配方式指每年以增加保额的方式分配红利，增加的保额作为红利一旦公布，则不得取消。

采用增额红利分配方式的保险公司可在合同终止时以现金方式给付终了红利。

二十、红利计算方法

（一）采用现金红利分配方式的保险公司应根据贡献法计算红利。

1. 以利差、死差、费差三种利源项目为例，每张保单对应的可分配盈余计算公式为：

$$C = (V_0 + P)(i' - i) + (q - q')(S - V_1) + (GP - P - e')(1 + i')$$

其中，

C 指该张保单对可分配盈余的贡献；

V_0 指本保单年度期初准备金，其中不包括该时点的生存给付金金额；

V_1 指本保单年度期末准备金；

P 指按准备金评估基础计算的本保单年度净保费；

i' 指公司计算可分配盈余使用的利率参数；

i 指准备金评估利率；

q' 指公司计算可分配盈余使用的死亡率参数；

q 指准备金评估死亡率；

S 指该张保单本保单年度末死亡保险金；

GP 指该张保单本保单年度保险费；

e' 指公司计算可分配盈余使用的费用支出参数。

本公式使用的准备金应与第十四条保持一致。

保险公司采用贡献法计算可分配盈余时，可以根据产品说明书中明确的利源项目，减少或增加上述公式所包括的利源项目。

2. 保险公司应按照下列公式计算每张保单实际分配的红利：

$$C \times R$$

其中，C 指该张保单对可分配盈余的贡献，R 为保险公司确定的不低于 70% 的比例。

（二）采用增额红利分配方式的保险公司应当根据下列要求计算增额红利和终了红利。

1. 增额红利成本应当按照评估基础计算，每张保单增额红利成本的计算公式为：

$$RB_t \times A_t$$

其中，RB_t 为该保单在 t 时刻分配到的增额红利；A_t 为按照评估基础计算的在 t 时刻购买原保单责任的趸交净保费。

2. 终了红利的计算应当按照每张保单对分红保险特别储备的贡献确定：

保险公司可根据产品特性对所有分红保单分组，计算各组的资产份额，并利用各组的资产份额和准备金，划分各组对应的分红保险特别储备，即：

每组对应的分红保险特别储备份额

= 每组的资产份额 减 每组的准备金

每张保单享有的终了红利应当与该保单对应的分红保险特别储备份额中将分配给保单持有人的比例大体相当。

二十一、保险公司分红账户的盈余分配，应当由外部审计机构予以审计。

第六部分 责任准备金

二十二、会计年度末保单未到期责任准备金应当用"未来法"逐单计算。对确实不能用"未来法"逐单计算的，可以采用"过去法"逐单计算。

二十三、未到期责任准备金的计算基础

（一）评估利率不得高于下面两项规定的最低值：

1. 中国保监会公布的未到期责任准备金评估利率；

2. 该险种厘定保险费所使用的预定利率。

（二）评估死亡率

评估死亡率采用《中国人寿保险业经验生命表（2000－2003）》所提供的数据。

保险公司应根据产品特征，对同一产品的全部保单整体考虑，按照审慎性原则在非养老金业务表和养老金业务表之间选择采用较为保守的评估死亡率。

二十四、未到期责任准备金的计算方法

（一）未到期责任准备金的计算采用修正法：

1. 修正净保费的确定

（1）修正后首年净保费 α 按下列公式计算：

$$\alpha = P^{NL} - EA$$

其中，P^{NL} 为根据评估基础确定的交费期间均衡净保费，EA 为费用扣除额。

如果 α 的计算结果小于根据评估基础计算的首年自然净保费，则 α 取自然净保费。

（2）修正后续年净保费 β 按下列公式和未到期责任准备金计算基础计算：

α+β 在交费期初的精算现值＝ P^{NL} 在交费期初的精算现值

2. 费用扣除额不得高于基本死亡保险金额的 3.5%。

3. 根据上述未到期责任准备金计算基础（即评估基础）和修正方法计算修正准备金。

（二）如果按修正方法计算的续年评估均衡净保费高于毛保费，还应计提保费不足准备金。保费不足准备金为保单在未来的交费期间内，评估净保费与毛保费之差在保单年度末按评估基础计算的精算现值。

（三）保险公司采用增额红利分配方式的，计算未到期责任准备金时，保险责任应包括已公布的增额红利部分，但不包括未来增额红利和终了红利。

（四）保单年度末保单未到期责任准备金为上述修正准备金与保费不足准备金之和。

（五）会计年度末未到期责任准备金的计算，应当根据所对应的上一保单年度末的保单未到期责任准备金，扣除保单在上一保单年度末的生存给付金额后和该保单年度末保单未到期责任准备金进行插值计算，并加上未到期评估净保费（如果评估净保费大于毛保费，则为未到期毛保费）。会计年度末未到期责任准备金不得低于会计年度末保单现金价值。

（六）会计年度末保单未到期责任准备金数额是会计年度末保单责任准备金计提的最低标准。保险公司可采用其他合理的计算基础和评估方法计算会计年度末保单责任准备金，但要保证其数值不低于按本规定所确定的会计年度末未到期责任准备金。

二十五、未决赔款准备金

人寿保险保单在会计年度末应计提已发生已报案未决赔款准备金和已发生未报案未决赔款准备金，参照短期意外伤害保险的相关规定执行。

附件： 分红保险盈余计算与分配表

附件

XXXX 账户分红保险盈余计算与分配表（格式一）

	＊＊＊＊年度	＊＊＊＊年度
一、营业收入		
保费收入（减：分出保费）		
投资收益		
公允价值变动损益		
其他收入		
二、营业支出		
退保金		
赔付支出（减：摊回赔付支出）		
提取分红保险准备金（减：摊回准备金）		
营业税金及附加		
手续费及佣金支出		
业务及管理费（减：摊回分保费用）		
资产减值损失		
其他支出		

续表

	＊＊＊＊年度	＊＊＊＊年度
三、本期业务盈余		
——本期股东专属盈余		
——本期分红账户共有盈余		
四、转回分红保险特别储备		
五、上一年度红利派发差异调整		
——保户保单红利调整		
——股东保单红利调整		
六、本期分红前共有盈余		
七、本期可分配盈余		
——本期保户保单红利		
——本期股东保单红利		
八、本期分红后的分红保险特别储备		
九、分红保险准备金余额		
十、分红保险特别储备余额与分红保险准备金余额的比值		

XXXX 账户分红保险盈余计算与分配表（格式二）

	＊＊＊＊年度	＊＊＊＊年度
一、营业收入		
保费收入（减：分出保费）		
投资收益		
公允价值变动损益		
可供出售金融资产公允价值变动		
其他收入		
二、营业支出		
退保金		

续表

	＊＊＊＊年度	＊＊＊＊年度
赔付支出（减：摊回赔付支出）		
提取分红保险准备金（减：摊回准备金）		
营业税金及附加		
手续费及佣金支出		
业务及管理费（减：摊回分保费用）		
资产减值损失		
其他支出		
三、本期综合盈余		
——本期股东专属综合盈余		
——本期分红账户共有综合盈余		
四、转回分红保险特别储备		
五、上一年度红利派发差异调整		
——保户保单红利调整		
——股东保单红利调整		
六、本期分红前共有综合盈余		
七、本期可分配盈余		
——本期保户保单红利		
——本期股东保单红利		
八、本期分红后的分红保险特别储备		
九、分红保险准备金余额		
十、分红保险特别储备余额与分红保险准备金余额的比值		

XXXX 账户分红保险盈余计算与分配表（格式三）

	＊＊＊＊年度	＊＊＊＊年度
一、本期分红账户共有盈余		
——利差		
——死差		
——费差		
——其他差		
二、转回分红保险特别储备		
三、上一年度红利派发差异调整		
——保户保单红利调整		
——股东保单红利调整		
四、本期分红前共有盈余		
五、本期可分配盈余		
——本期保户保单红利		
——本期股东保单红利		
六、本期分红后的分红保险特别储备		
七、分红保险准备金余额		
八、分红保险特别储备余额与分红保险准备金余额的比值		

XXXX 账户分红保险盈余计算与分配表（格式四）

	＊＊＊＊年度	＊＊＊＊年度
一、本期分红账户共有综合盈余		
——利差		
——死差		
——费差		
——其他差		
二、转回分红保险特别储备		

续表

	＊＊＊＊年度	＊＊＊＊年度
三、上一年度红利派发差异调整		
——保户保单红利调整		
——股东保单红利调整		
四、本期分红前共有综合盈余		
五、本期可分配盈余		
——本期保户保单红利		
——本期股东保单红利		
六、本期分红后的分红保险特别储备		
七、分红保险准备金余额		
八、分红保险特别储备余额与分红保险准备金余额的比值		

附注：

1. 格式一和格式三采用损益表口径填报，格式二和格式四采用资产负债表口径填报。

2. 各保险公司可以根据自己实际情况，将本期业务盈余划分为本期股东专属盈余和本期分红账户共有盈余两部分。

3. 本期股东专属盈余是指年度盈余中权益完全属于股东的部分，它不参与面向保单持有人的红利分配。

4. 本期分红账户共有盈余是指年度盈余中权益共同属于保单持有人和股东双方的部分，其定义应与《分红保险精算规定》第十四条保持一致。

5. 综合盈余是指在损益表口径的盈余基础上考虑了可供出售金融资产公允价值变动的盈余。

6. 转回分红保险特别储备填报上一年度分红保险特别储备余额。

7. 上一年度红利派发差异调整是指对上一年度公司宣告的保单红利与实际派发（增加保额等）红利之间的差异部分，应该转回并重新参与未来保单红利分配所做的调整。

8. 本期分红前共有盈余等于本期分红账户共有盈余，加转回分红保险特别储备，加上一年度红利派发调整。

9. 本期可分配盈余等于本期保户保单红利，加上本期股东保单红利。

10. 本期分红后的分红保险特别储备等于本期分红前共有盈余，减去本期可分配盈余。

11. 分红保险准备金余额科目中所指准备金应与《分红保险精算规定》第十四条保持一致。

中国保险监督管理委员会关于进一步加强人身保险公司销售管理工作的通知

（2017 年 5 月 17 日　保监人身险〔2017〕136 号）

各保监局、各人身保险公司：

为进一步规范人身保险市场秩序、整治市场乱象，加强人身保险公司销售管理工作，严厉打击违法违规行为，保护保险消费者合法权益，现就有关事项通知如下：

一、各人身保险公司应当高度重视销售管理工作，认真贯彻落实"保险业姓保"要求，坚持正确经营理念，强化公司主体责任，把合规经营和防控风险摆在更加重要的位置，进一步加强内部管控和人员教育培训，为保险消费者提供优质的保险产品和服务。

二、自本通知下发之日起，各人身保险公司应当立即对 2016 年以来公司销售管理合规情况开展自查自纠，重点针对产品管理、信息披露、销售宣传、客户回访、续期服务和投诉处理等业务环节，排查相关经营行为是否依法合规、内控制度是否健全有效、信息资料是否真实完整，对捏造散布"返还型健康险被叫停"、"部分重大疾病将列为免责病种"等虚假信息的炒作行为和通过虚假宣传引诱投保人订立保险合同等违规销售问题开展全面清查和责任追究。各人身保险公司总公司应于 2017 年 6 月 30 日前将自查整改和责任追究情况向中国保监会报告，省级分公司应向当地保监局进行报告。

中国保监会将对公司自查整改情况进行全面核查。对违法行为轻微并及时纠正、没有造成危害后果的，中国保监会将免于处理。对认真自查自纠、主动消除或减轻违法行为危害后果的，中国保监会将依法从轻或减轻处理。对自查自纠走过场、不真查实改以及迟报、瞒报的公司，中国保监会将依法严肃处理，采取责令停止接受新业务等措施。

三、各保监局应当切实履行好属地监管责任，始终保持监管高压态势，重点针对公司销售合规情况开展现场检查，在日常监管中采取多种调查取证方式，切实加大监管力度，加快调查程序，对公司销售行为存在违法违规问题且一经查实的，应依法从严从速进行处罚。

各人身保险公司存在以下情形之一的，各保监局应当依法进行行政处罚；情节严重的，依法责令省级分公司停止接受新业务3个月至12个月，并向中国保监会报告：

（一）对与保险业务相关的法律、法规、政策作虚假宣传；

（二）以保险产品即将停售为由进行宣传销售；

（三）对保险产品的不确定利益承诺保证收益，以历史较高收益率披露宣传并承诺保证收益；

（四）以银行理财产品、银行存款、证券投资基金份额等其他金融产品的名义宣传销售保险产品；

（五）未经客户同意擅自签订、变更保险合同；

（六）因销售行为存在违法违规问题而导致非正常给付与退保群体性事件；

（七）通过虚假客户信息阻碍投保人接受回访、诱导投保人不接受回访或者不如实回答回访问题；

（八）保险机构及其高管人员指挥、决策、组织、实施销售违法违规行为，或者指使、教唆、帮助、授意他人实施销售违法违规行为，以及有直接管理职责，但未采取必要措施制止或纠正销售违法违规行为；

（九）采取委托销售、产品包销、层层分销等方式，通过无合法资质的第三方平台销售意外伤害保险和其他人身保险产品；

（十）其他因销售行为存在违法违规问题而造成严重负面影响，或引发较大风险的情形。

人身保险公司一年内因上述情形有2家以上省级分公司被保监局责令停止接受新业务，总公司负有直接责任的，中国保监会将依法责令总公司停止接受新业务3个月至12个月。

四、各人身保险公司应当建立与薪酬和职级挂钩的内部问责制度。对于出现销售违法违规问题、侵害保险消费者合法权益的机构和个人，应当从严从重给予经济处分和纪律处分，对直接责任人和直接负责的主管人员采取限薪、降职、停职、撤职等措施。

人身保险公司总公司应当对销售管理工作承担首要责任，从制度层面查漏补缺，不断强化合规经营管理，因制度规定缺失、监督执行不到位、合规管控不力等原因导致销售行为违法违规问题的，应当追究总公司相关部门和高管人员责任。省级分公司经营区域内发生本通知第三条所列情形的，应当对省级分公司相关高管人员进行追责；一年内发生 2 次以上本通知第三条所列情形的，还应当对省级分公司主要负责人进行追责。

五、各人身保险公司应当做好销售管理的宣传和舆论引导工作，主动接受新闻媒体和社会舆论的监督，加强舆情监测和信息沟通。对于市场出现的不实宣传和虚假信息，应当及时主动澄清事实，并向监管部门报告有关情况。

中国银保监会办公厅关于规范短期
健康保险业务有关问题的通知

(2021 年 1 月 11 日　银保监办发〔2021〕7 号)

各保险公司、中国保险行业协会：

为规范各保险公司短期健康保险业务经营管理行为，切实保护保险消费者合法权益，根据《中华人民共和国保险法》《健康保险管理办法》等法律法规，经银保监会同意，现就规范短期健康保险业务有关问题通知如下：

一、本通知所规范的短期健康保险，是指保险公司向个人销售的保险期间为一年及一年以下且不含有保证续保条款的健康保险。团体保险业务除外。

二、保险公司开发设计的短期健康保险产品，应当以提升人民群众的健康保障水平，满足多层次、多样化的健康保障需求为目标，不断扩大健康保障与健康管理服务的覆盖面。

保险公司开发的短期健康保险产品应当在保险条款中对保险期间、保险责任、责任免除、理赔条件、退保约定，以及保费交纳方式、等待期设置，保险金额、免赔额、赔付比例等产品关键信息进行清晰、明确、无歧义的表述。

三、保险公司开发的短期健康保险产品中包含续保责任的，应当在保险条款中明确表述为"不保证续保"条款。不保证续保条款中至少应当包含以下内容：

本产品保险期间为一年（或不超过一年）。保险期间届满，投保人需要重新向保险公司申请投保本产品，并经保险人同意，交纳保险费，获得新的保险合同。

保险公司不得在短期健康保险产品条款、宣传材料中使用"自动续保""承诺续保""终身限额"等易与长期健康保险混淆的词句。

四、保险公司应当科学合理确定短期健康保险产品价格。产品定价所使用的各项精算假设应当以经验数据为基础，不得随意约定或与经营实际出现较大偏差。保险公司可以根据不同风险因素确定差异化的产品费率，并严格按照审批或者备案的产品费率销售短期个人健康保险产品。

保险公司应当每半年在公司官网披露一次个人短期健康保险业务整体综合赔付率指标。其中，上半年赔付率指标应当不晚于每年 7 月底前披露；年度赔付率指标应当不晚于次年 2 月底前披露。综合赔付率指标计算公式如下：

综合赔付率=（再保后赔款支出+再保后未决赔款准备金提转差）÷再保后已赚保费

其中，未决赔款准备金包含已发生未报告未决赔款准备金（IBNR 准备金）。

五、保险公司应当根据医疗费用实际发生水平、理赔经验数据等因素，合理确定短期健康保险产品费率、免赔额、赔付比例和保险金额等。保险公司不得设定严重背离理赔经验数据基础的、虚高的保险金额。

六、保险公司计算短期健康保险产品的最低现金价值，应当采用未满期净保费计算方法，其计算公式为：最低现金价值=净保费×（1-m/n），其中，m 为已生效天数，n 为保险期间的天数，经过日期不足一日的按一日计算。

七、保险公司将短期健康险开发设计成主险产品的，不得强制要求保险消费者在购买主险产品的同时，购买该公司其他产品。

保险公司将短期健康险开发设计成附加险产品的，应当明确告知保险消费者附加险所对应的主险产品情况，并由保险消费者自主决定是否购买该产品组合。

保险公司不得在附加险产品条款中限制投保人单独解除附加险合同的权利。

八、保险公司应当加强销售人员管理，严格规范销售行为。保险公司应当以合理方式引导保险消费者完整阅读保险条款，使投保人充分了解保险产品及服务等信息。

保险公司在销售短期健康保险产品时，应当向保险消费者提供"短期健康保险产品投保须知书"，并重点提示以下内容：

（一）投保人如实告知义务及未如实告知会造成的后果；

（二）保险责任及除外责任；

（三）保险期间；

（四）保险金额；

（五）免赔额；

（六）赔付比例；

（七）等待期；

（八）投保年龄与保费高低具有关联性等情况；

（九）银保监会规定的其他告知事项。

九、保险公司应当加强对短期健康保险产品的核保、理赔管理，规范设定健康告知信息，健康告知信息的设定不得出现有违一般医学常识等情形。保险公司应当引导保险消费者向保险公司履行如实告知义务。

保险公司不得无理拒赔。严禁保险公司通过设定产品拒赔率等考核指标，影响保险消费者正常、合理的理赔诉求，以弥补因产品定价假设不合理、不科学造成的实际经营损失，侵害消费者利益。

十、保险公司决定停止销售短期健康保险产品的，应当将产品停售的具体原因、具体时间，以及后续服务措施等信息通过公司官网和即时通讯工具等便于公众知晓的方式披露告知保险消费者，并为已购买产品的保险消费者在保险期间内继续提供保障服务，同时在保险期间届满时提供转保建议。

保险公司主动停售保险产品的，应当至少在产品停售前 30 日披露相关信息。保险公司因产品设计存在违法违规等问题被监管机构责令停售的，应当于停售之日起3日内披露相关信息。保险公司应当在披露产品停售相关信息后，以合理方式通知每一张有效保单的投保人。

保险公司对已经停售的短期健康保险产品应当及时清理注销。保险公司对已经停售产品进行重新销售的，应当向监管部门重新报批或备案保险产品。

保险公司应当于每年3月31日前在公司官网披露前三个年度个人短期健康保险产品停售情况及每一款产品的有效保单数量。

保险公司经营短期健康保险业务，可以不受《中国保监会关于强化人身保险产品监管工作的通知》（保监寿险〔2016〕199号）第四条第一款产品停售有关规定限制。

十一、中国保险行业协会应当加强对短期健康保险产品定价基础、核保理赔等行业基础性标准建设，促进短期健康保险业务科学化、规范化发展。

十二、保险公司违反本通知有关规定的，银保监会将依法依规追究保险公司和相关责任人责任。情节严重的，银保监会将依法采取包括责令停止接受新业务、撤销相关人员任职资格等行政处罚措施。

十三、本通知印发前保险公司已经审批或备案的短期健康保险产品，不符合本通知要求的，应于2021年5月1日前停止销售。

中国银保监会办公厅关于进一步规范保险机构互联网人身保险业务有关事项的通知

（2021年10月12日　银保监办发〔2021〕108号）

各银保监局，各保险公司，各保险中介机构：

根据《中华人民共和国保险法》《互联网保险业务监管办法》等法律法规，为加强和改进互联网人身保险业务监管，规范市场秩序、防范经营风险，促进公平竞争，切实保护保险消费者合法权益，经银保监会同意，现就保险机构经营互联网人身保险业务有关事项通知如下：

一、加强能力建设，提升经营服务水平

（一）本通知所称互联网人身保险业务，是指保险公司通过设立自营网络平台，或委托保险中介机构在其自营网络平台，公开宣传和销售互联网人身保险产品、订立保险合同并提供保险服务的经营活动。本通知所称保险机构，包括各保险公司（包括相互保险组织和互联网保险公司）和各保险中介机构（包括保险专业中介机构和保险兼业代理机构）。

符合本通知有关条件的保险公司，可在全国范围内不设分支机构开展互联网人身保险业务。不满足相关条件的，不得开展互联网人身保险业务。保险公司委托保险中介机构开展互联网人身保险业务，保险中介机构应为全国性机构。涉及线上线下融合开展人身保险业务的，不得使用互联网人身保险产品，不得将经营区域扩展至未设立分支机构的地区。

（二）保险公司、保险中介机构开展互联网人身保险业务，应具备相应的技术能力、运营能力和服务能力，选择符合互联网渠道特征的人身保险产品上线销售，强化销售过程管理，健全风险管控体系。

保险公司应借助科技手段优化产品供给、改进保险服务，提高经营效率，推广具有风险保障或长期储蓄功能的人身保险产品。

（三）保险公司（不包括互联网保险公司）开展互联网人身保险业务，应具备以下条件：

1. 连续四个季度综合偿付能力充足率达到120%，核心偿付能力不低于75%。

2. 连续四个季度风险综合评级在B类及以上。

3. 连续四个季度责任准备金覆盖率高于100%。

4. 保险公司公司治理评估为C级（合格）及以上。

5. 银保监会规定的其他条件。

互联网保险公司开展互联网人身保险业务，应符合《互联网保险业务监管办法》有关条件。上季度末偿付能力、风险综合评级和责任准备金覆盖率满足前款要求的指标。

（四）保险公司开展互联网人身保险业务，应具备高效、稳定的业务系统。能够支持互联网人身保险业务专属管理，具有与业务需求相适应的并发处理能力，以及完善的网络安全防护手段和管理体系。

保险公司应具有满足互联网人身保险业务开展所需要的财务系统，对

互联网人身保险业务实行独立核算。

（五）保险公司开展互联网人身保险业务，应具备相应在线运营能力，符合如下要求：

1. 在线投保。支持在线向消费者展示全部投保资料，远程获取必要投保信息，能够实现投保人和被保险人所在地确认、本人身份识别等基本功能。

2. 在线核保。应尽快全面实现自动核保，鼓励保险公司应用科技手段改进核保质量，提升核保效率，进一步提高反欺诈能力和水平，探索差异化、智能化核保。

3. 在线承保。支持在线确认投保意愿、完成保费收支，实现犹豫期退保等功能，并出具合法有效的电子保单。

4. 在线服务。各销售平台均实现消费者咨询、查询、保全、退保、理赔、投诉等服务入口全面在线化，不断提升在线服务水平，确保在保单有效期内持续提供不低于同类在售业务线下服务标准的服务支持。

（六）保险公司开展互联网人身保险业务，应建立便捷高效的在线服务体系，服务标准不低于如下要求：

1. 保险公司应保障每日无间断在线服务，消费者咨询或服务请求接通率不低于95%。

2. 保险公司应为消费者自主购买、自助服务提供全面的技术支持。保险公司客户服务人员可应消费者要求在线提供互联网人身保险业务咨询和服务，交流页面实时展示所属保险机构及客服工号。保险公司客户服务人员不得主动营销，其薪资不得与互联网人身保险业务销售考核指标挂钩。

3. 互联网人身保险业务应尽快全面实现实时核保、实时承保，如需进行体检、生存调查等程序的，应于收到完整的投保资料1个工作日内通知投保人，并尽快完成承保。

4. 互联网人身保险业务应使用电子保单，载明委托中介机构信息（如有），应自承保后2个工作日内送达投保人。保险公司在保险期间内应根据投保人要求及时提供纸质保单。

5. 保险公司在保险期间内向消费者持续提供在线保全服务，在线保全事项应在申请提交后2个工作日内处理完毕。由于特殊情况无法在规定时限内完成的，应及时向申请人说明原因并告知处理进度。

6. 保险公司接收到投保人、被保险人或者受益人的保险事故通知后，应在 1 个工作日内一次性给予理赔指导；在接收到被保险人或者受益人的赔偿或者给付保险金请求后，保险公司认为有关证明和资料不完整的，应于 2 个工作日内一次性通知投保人、被保险人或者受益人补充；在接收到被保险人或者受益人的赔偿或者给付保险金请求及完整材料后，于 5 个工作日内作出核定，并于作出核定后 1 个工作日内通知申请人；如遇复杂情形，可将核定期限延展至 30 日。

7. 互联网人身保险业务在线申请退保，应在 1 个工作日内核定并通知申请人；如遇复杂情形，可将核定期限延展至 3 个工作日。

8. 互联网人身险业务应加强投诉管理，设立在线投诉渠道，接收到投诉后 1 个工作日内与投诉人取得联系，提高办理效率，探索建立投诉回访机制。

（七）保险公司委托保险中介机构开展互联网人身保险业务，应审慎筛选合作方，严格管控销售行为，保障服务品质。

保险中介机构开展互联网人身保险业务，应加强系统建设，具备符合第（五）（六）条要求的运营和服务能力。保险中介机构的客户服务人员不得主动营销，其薪资不得与互联网人身保险业务销售考核指标挂钩。

二、实施业务专属管理，规范市场竞争秩序

（八）保险公司应对互联网人身保险业务实施专属管理，使用符合本通知有关规定的互联网人身保险产品，遵循网点布设、销售管理等经营规则。保险公司开发互联网人身保险产品，应符合精算原理，可保利益清晰明确，条款设计及费率厘定依法合规、公平合理。鼓励保险公司应用数字工具、科技手段提供差异化定价、精细化服务，满足人民群众日益增长的人身风险保障和长期储蓄需求。

互联网人身保险产品范围限于意外险、健康险（除护理险）、定期寿险、保险期间十年以上的普通型人寿保险（除定期寿险）和保险期间十年以上的普通型年金保险，以及银保监会规定的其他人身保险产品。不符合本通知要求的互联网人身保险产品不得上线经营，不得通过互联网公开展示产品投保链接或直接指向其投保链接。

（九）保险公司申请审批或者备案互联网人身保险产品，应满足如下要求：

1. 产品名称应包含"互联网"字样，销售渠道限于互联网销售。非互联网人身保险产品不得使用相关字样。

2. 产品设计应体现互联网渠道直接经营的特征。保险期间一年及以下的互联网人身保险产品预定附加费用率不得高于35%；保险期间一年以上的互联网人身保险产品首年预定附加费用率不得高于60%，平均附加费用率不得高于25%。

3. 产品可提供灵活便捷的缴费方式。保险期间一年及以下的互联网人身保险产品分期缴费的、每期缴费金额应一致，保险期间一年以上的互联网人身保险产品应符合银保监会相关规定。

4. 产品设计应做到保险期间与实际存续期间一致，不得通过退保费用、调整现金价值利率等方式变相改变实际存续期间。

5. 保险期间一年及以下的互联网人身保险产品最低现金价值计算，应当采用未满期净保费计算方法，其计算公式为：最低现金价值＝净保费×（1-m/n），其中，m 为已生效天数，n 为保险期间的天数，经过日期不足一日的按一日计算。

6. 银保监会规定的其他条件。

（十）保险公司申请审批或者备案互联网人身保险产品，报送材料除符合保险条款和保险费率管理相关监管规定外，还应报送精算报告，并在精算报告中列明产品定价基础。

保险期间一年及以下的互联网人身保险产品应在精算报告中列明预期赔付率；保险期间一年以上的互联网人身保险产品如使用再保险数据或经验数据定价的，应指明银保监会发布或者指定相关机构发布的最新发生率表，列明平均折算比率。

互联网人身保险产品须在精算报告中列明中介费用率上限，项下不得直接列支因互联网人身保险业务运营所产生的信息技术支持和信息技术服务类费用，不得突破或变相突破预定附加费用率上限。

保险公司申请审批或备案本《通知》第（十三）条所列互联网人身保险产品，还应在提交材料中列明分支机构及合作机构名录。

（十一）保险公司申请审批或者使用新备案的互联网意外险、定期寿险产品，应符合本通知第（三）至第（六）条。

保险公司申请审批或者使用新备案的互联网健康险（除护理险）产

品，除符合前款外，还应满足上年度未因互联网保险业务违规经营受到重大行政处罚。

保险公司申请审批或者使用新备案的保险期间十年以上的普通型人寿保险（除定期寿险）和保险期间十年以上的普通型年金保险产品，须符合如下条件：

1. 连续四个季度综合偿付能力充足率超过150%，核心偿付能力不低于100%。

2. 连续四个季度综合偿付能力溢额超过30亿元。

3. 连续四个季度（或两年内六个季度）风险综合评级在A类以上。

4. 上年度未因互联网保险业务经营受到重大行政处罚。

5. 保险公司公司治理评估为B级（良好）及以上。

6. 银保监会规定的其他条件。

（十二）保险公司委托保险中介机构开展互联网人身保险业务，应明确双方权利义务、合作期限、争议解决预案、违约责任及客户投诉处理机制等。

保险中介机构销售保险期间十年以上的普通型人寿保险（除定期寿险）和保险期间十年以上的普通型年金保险产品，应符合如下条件：

1. 具有三年以上互联网人身保险业务经营经验。

2. 具有完备的销售管理、保单管理、客户服务系统，以及安全、高效、实时的办理线上支付结算业务的信息系统和资金清算流程。

3. 上年度未因互联网保险业务经营受到重大行政处罚。

4. 银保监会规定的其他条件。

（十三）保险公司通过互联网开展费用补偿型医疗保险、失能收入损失保险、医疗意外保险业务，除符合前述基本条件，还需在经营区域内设立省级分公司，或与其他已开设分支机构的保险公司和保险中介机构合作经营，确保销售区域内具备线下服务能力。

保险公司开展其他互联网人身保险业务，应具备不低于同类在售业务的线下服务能力。

（十四）保险公司经营或委托中介机构开展互联网人身保险业务，应于投保前进行适当性评估，科学评估消费者在线购买保险产品、享受保险服务的行为能力，坚持向消费者销售与其风险保障需求和支付能力相适应的保险产品。

（十五）保险公司开展互联网人身保险业务，应加强核保管理，掌握全量核保信息，确保核保独立性，不得降低核保标准，减轻核保责任。

互联网人身保险业务告知文本由保险公司制定并提供，满足内容清晰明确、文字浅显易懂、表达简洁流畅的基本要求，减少生僻术语的使用。保险中介机构不得擅自改变和减少告知内容，不得诱导投保人虚假陈述。

三、充实监管机制手段，强化创新业务监管

（十六）保险公司开展互联网人身保险业务，应建立健全业务回溯机制。保险公司应定期按要求开展互联网人身保险业务回溯，重点关注赔付率、发生率、费用率、退保率、投资收益率等关键指标，回溯实际经营情况与精算假设之间的偏差，并主动采取关注、调整改进、主动报告及信息披露等措施。保险公司总精算师是互联网人身保险业务回溯工作的直接责任人，应按要求组织实施回溯工作，确保所用数据全面真实，计算方法符合精算原理，整改措施及时有效。

（十七）保险公司开展互联网人身保险业务，应于每年3月20日前通过互联网保险监管相关信息系统提交上年度经营情况报告（模板详见附件2，报告数据应截至上年度12月31日），完成互联网人身保险业务经营及信息披露登记。

保险公司如需调整互联网人身保险业务范围的，应在自营平台、代销中介机构自营平台及各产品销售页面提前10日连续公告。公告内容应包括业务范围调整决定、原因及服务保障措施等，调整工作应于每年4月1日前全部完成。互联网人身保险业务范围收窄的，还应通过有效途径对已投保客户专门提示。

（十八）保险公司违反本通知有关规定的，视情况采取监管谈话、风险提示和依法在一定期限内禁止申报互联网人身保险新产品等监管措施，并依据相关法律法规予以行政处罚。

保险公司委托中介机构开展互联网人身保险业务违反本通知有关规定的，对保险公司和中介机构同查同处，同类业务保持统一的裁量标准。

（十九）银保监会将根据保险公司互联网人身保险业务回溯情况，启动质询、调查、检查等监管程序，依法查处违法违规事项。保险公司存在未按照通知要求定期回溯、回溯数据不真实、定价风险长期未改善等情况，除按照第（十八）条规则予以处理外，银保监会还将向董事会提示相关风险，同时依法追究公司主要负责人及相关管理人员责任。

（二十）保险公司因互联网人身保险产品存在重大违法违规、严重侵害消费者合法权益受到行政处罚的，应及时制定消费者权益保障和整改方案，并向社会公告。

（二十一）本通知所指精算责任准备金覆盖率，计算公式参见附件1。

本通知所指重大行政处罚，是指保险机构因互联网保险业务受到下列行政处罚：限制业务范围、责令停止接受新业务、责令停业整顿、吊销业务许可证、公司高管被撤销任职资格或者行业禁入处罚。

（二十二）自本通知印发之日起，此前规定与本通知不符的，以本通知为准。

对已经开展互联网人身保险业务的保险公司给予过渡期。保险公司应立足于保护消费者合法权益，在充分评估、做好预案的前提下推进存量互联网人身保险业务整改，并于2021年12月31日前全面符合本通知各项要求。

保险公司应自本通知印发后第二个季度开始试运行互联网人身保险业务回溯机制，银保监会指定行业组织协助实施相关工作。互联网人身保险业务回溯机制自2023年1月1日起正式实施。

附件： 1. 关于责任准备金覆盖率计算公式的说明

2. 2XXX年互联网人身保险业务经营情况报告

附件1

关于责任准备金覆盖率计算公式的说明

责任准备金覆盖率＝（资产−其他负债+费用调整项）÷责任准备金

其中："资产""其他负债""费用调整项"均取自保险公司母公司口径的财务报表。有关口径如下：

1. 资产：指总资产扣除应收分保准备金、应收分保账款和其他资产项目中与分出摊余成本有关的项目。

2. 其他负债：指总负债除准备金相关负债、与保单利益相关的其他负债、次级定期债务和资本补充债券账面价值与认可负债的差额、应付分保账款的负债金额。其中，准备金相关负债指寿险责任准备金、长期健康险责任准备金、长期意外险责任准备金、未到期责任准备金、未决赔款准备金、保户储金及投资款和独立账户负债；与保单利益相关的其他负债指应当给付的效力终止保单的现金价值及其他应给付但尚未实际支付的保险利益，包括但不限于应付满期金、应付退保金、应付红利金等；次级定期债务和资本补充债券的认可负债按保险公司偿付能力规则相关规定计算。

3. 费用调整项：指按下表计算的保险公司总费用加权之和，总费用包括业务及管理费、佣金及手续费。加权系数如下：

起始日期（不含当日）	结束日期（含当日）	费用加权系数
评估日-1 年	评估日	0.8
评估日-2 年	评估日-1 年	0.6
评估日-3 年	评估日-2 年	0.4
评估日-4 年	评估日-3 年	0.2

4. 责任准备金：包括长期险未到期责任准备金、短险未到期责任准备金、未决赔款准备金、与保单利益相关的其他负债，不包括分红保险特别储备及万能保险特别储备。"责任准备金"指以上各项责任准备金净额合计，其中责任准备金净额＝直接业务+分入业务-分出业务。

附件 2

2XXX 年互联网人身保险业务经营情况报告

一、互联网人身保险业务经营情况

（一）意外险经营情况。包括：业务发展指标，保费规模、保单件数、承保人数等；业务结构指标，主流产品形态、自营和中介业务占比，保险期间等；业务持续性指标，成本费用情况、盈利性等。

（二）人寿保险经营情况。同（一）。

（三）健康保险经营情况。除前述外，应列明经营区域及网点建设相关内容。

（四）年金保险。同（一）。

二、互联网人身保险经营资质

（一）基本情况。包括：上年度偿付能力、风险综合评级、责任准备金监管相关指标、互联网保险业务合规经营等情况。

（二）业务范围调整情况及相关保障措施。包括：是否需要开展业务范围调整，及触发调整的原因。

（三）互联网人身保险产品情况。包括：在售产品列表，报告期内停售产品列表及原因，报告期内新审批或备案产品列表。

三、互联网人身保险回溯工作情况

（一）上年度回溯工作情况。包括：四次业务回溯工作时间和方法，回溯情况及采取的相应措施，对公司定价科学性的整体判断。

（二）上年一季度业务回溯情况。包括：纳入定价回溯的各互联网人身保险产品基本信息及再保险安排，相关指标回溯情况、原因及合理性评估，保险公司采取的措施。

（三）上年二季度业务回溯情况。同（二）。

（四）上年三季度业务回溯情况。同（二）。

（五）上年四季度业务回溯情况。同（二）。

四、存在风险和主要问题

当前保险公司经营互联网人身保险业务面临的风险和主要问题。

五、业务发展计划及政策建议

今后一年保险公司互联网人身保险发展计划，以及对加强和改进监管的意见建议。

三、财产保险

中国保险监督管理委员会关于规范
机动车交通事故责任强制保险
单证和标志管理的通知

(2006 年 6 月 5 日 保监发〔2006〕60 号)

各保监局，各中资财产保险公司：

为保障机动车交通事故责任强制保险制度的顺利实施，规范机动车交通事故责任强制保险（以下简称交强险）单证和标志的管理，根据《机动车交通事故责任强制保险条例》及有关法律、行政法规，现就有关事项通知如下：

一、交强险单证是指投保人与保险公司签订的，证明强制保险合同关系存在的法定证明文件；交强险标志是指根据法律、行政法规的有关规定，保险公司向投保人核发的，证明其已经投保强制保险的标识。

二、保险公司经营交强险，应使用中国保险监督管理委员会（以下简称保监会）监制的交强险单证和交强险标志。

三、交强险单证分为机动车交通事故责任强制保险单（简称交强险保险单）、机动车交通事故责任强制保险摩托车定额保险单和机动车交通事故责任强制保险农用型拖拉机定额保险单（简称交强险定额保险单）、机动车交通事故责任强制保险批单（简称交强险批单）。

除摩托车和农用拖拉机可以使用交强险定额保险单外，其他投保车辆必须使用交强险保险单。

四、交强险保险单和交强险定额保险单由正本和副本组成。正本由投保人或被保险人留存；副本应包括业务留存联、财务留存联和公安交管部门留存联。业务留存联和财务留存联由保险公司留存，公安交管部门留存联由保险公司加盖印章后交投保人或被保险人，由其在公安交管部门进行注册登记、检验等时交公安交管部门留存。

交强险批单由正本和副本组成。正本由投保人或被保险人留存；副本应包括业务留存联和财务留存联。

交强险保险单证第一联应为业务留存联。

五、交强险标志分为内置型交强险标志和便携型交强险标志两种。

具有前挡风玻璃的投保车辆应使用内置型保险标志；不具有前挡风玻璃的投保车辆应使用便携型保险标志。

六、交强险单证和交强险标志的印制要求是：

（一）交强险单证和交强险标志式样全国统一（具体式样见附件1）。保险公司应将公司名称等信息印制在式样中指定位置。

（二）各保险公司应选择行业资质良好、管理规范、技术先进的印刷企业印刷交强险单证和交强险标志（有关资质要求详见附件2）。

（三）交强险单证和交强险标志印刷，须按照保监会规定的印刷技术要求印刷，外观应与式样一致（有关技术要求见附件3）。

保险单上不得印制其他商业性保险的内容。

（四）交强险单证和交强险标志的印刷流水号及使用编号办法，由各保险公司统一编制。

（五）保险公司选定的印刷企业名称及有关情况、交强险单证和交强险标志的印刷样本、印刷流水号以及使用编号办法应向保监会备案。

七、交强险单证和交强险标志使用应符合下列要求：

（一）保险公司签发交强险单证或交强险标志时，有关内容不得涂改，涂改后的交强险单证或交强险标志无效。

（二）保险公司应提示被保险人妥善保管交强险单证，按规定张贴或携带交强险标志。

（三）保险公司应提示投保人或被保险人在公安交管部门注册登记或检验机动车等时，将"公安交管部门留存联"交公安交管部门留存。

（四）已生效的交强险单证或交强险标志发生损毁或者遗失时，交强险单证或交强险标志所有人应向保险公司申请补办。保险公司在收到补办申请及报失认定证明后的5个工作日内，完成对被保险人申请的审核，并补发相应的交强险单证或交强险标志。

八、保险监管部门、保险公司应加强对交强险单证和交强险标志的管理。

（一）保监会应及时向社会公布交强险单证和交强险标志的内容和格式。

保险公司应在营业场所张贴本公司的交强险单证和交强险标志的内容和格式。

（二）保险公司应指定专人负责交强险单证和交强险标志的管理，建立、健全严格的管理制度。管理制度应当包括交强险单证和交强险标志的印制、发送、存放、登记、申领、使用、收回、核销、盘点以及归档等内容。

（三）保险公司签发、批改、补发交强险单证或交强险标志的，应遵守公司内控管理制度要求，并纳入计算机系统管理。

交强险保险单和交强险批单必须通过计算机系统出单；交强险定额保险单可手工出单，但必须在 7 个工作日内补录到计算机系统内，计算机系统的各项资料应与手工签发的交强险定额保险单内容保持一致。

（四）保险公司补发交强险单证或交强险标志时，重新打印的交强险单证或交强险标志应与原交强险单证或交强险标志的内容一致。

作废的交强险单证或交强险标志的印刷流水号码应能通过计算机系统查询。

（五）空白交强险单证或交强险标志遗失，应将遗失的单证或标志的印刷流水号及数量向当地保监局报告。

（六）交强险单证和交强险标志的销毁原则上以各保监局辖区为单位统一进行。保险公司应建立交强险单证和交强险标志的销毁登记制度，保险公司分支机构销毁前应征得其总公司同意，并向当地保监局报告，各保监局可到销毁现场检查。

九、保险公司应严格执行本通知的各项规定，对违反本通知要求的，保监会将依据有关法律、行政法规进行处罚。

十、本通知自 2006 年 7 月 1 日起执行。

附件1：机动车交通事故责任强制保险单证和标志式样（略）

附件2：机动车交通事故责任强制保险单证和标志印刷企业资质标准（略）

附件3：机动车交通事故责任强制保险单证和标志的印刷技术要求（略）

最高人民法院明确机动车第三者
责任保险性质的明传电报

（2006 年 7 月 26 日　法（民一）明传（2006）6 号）

各省、自治区、直辖市高级人民法院，解放军军事法院，新疆维吾尔自治区高级人民法院生产建设兵团分院民一庭：

现将我院对浙江省高级人民法院请示作出的（2006）民一他字第 1 号函复转发给你院。

该函明确 2006 年 7 月 1 日以前投保的第三者责任险的性质为商业保险，请参照执行。

附：（2006）民一他字第 1 号函复

中华人民共和国最高人民法院
（〔2006〕民一他字第 1 号）

（2006 年 4 月 19 日）

浙江省高级人民法院：

你院（2005）浙法民一他字第 1 号《中国人民财产保险股份有限公司浦江支公司与楼棕荣、吴林宵、楼超建、张伏莲、邱朝阳道路交通事故损害赔偿纠纷一案的请示报告》收悉。经研究，答复如下：

根据《中华人民共和国道路交通安全法》第十七条的规定，本案第三者责任险的性质为商业保险。交通事故损害纠纷发生后，应当依照保险合同的约定，确定保险公司承担的赔偿责任。

中国保险监督管理委员会关于修改机动车交通事故责任强制保险保单的通知

(2007 年 4 月 29 日　保监产险〔2007〕501 号)

各中资财产保险公司，各保监局：

为了保障机动车交通事故责任保险（以下简称"交强险"）代收代缴机动车车船税有关工作的顺利实施，规范交强险单证管理，现就交强险保单修改的有关问题通知如下：

一、从 2007 年 7 月 1 日起，各具备交强险经营资格的保险公司应启用经中国保监会监制的 2007 年版交强险保险单和 2007 年版摩托车交强险定额保单（见附件）。从文到之日起，可启用 2007 年版兼用型拖拉机定额保单和 2007 年版运输型拖拉机定额保单。原 2006 年版交强险保险单之后不再使用。

二、2007 年版交强险保险单和摩托车定额保险单涉及代收车船税的项目及说明如下：

（一）整备质量。对于载货汽车、三轮汽车、低速货车、专项作业车和轮式专用机械车需要填写整备质量，以计算应纳税额。其他车辆可以不填写。整备质量应按照机动车登记证书或行驶证书所载相应项目的内容录入，还未登记的新机动车，按照机动车出厂合格证明或进口凭证录入。投保人无法提供车辆整备质量信息的，整备质量按照总质量与核定载质量的差额计算。

（二）纳税人识别号。对于已经办理税务登记证的单位需要根据税务登记证填写纳税人识别号。单位纳税人识别号为 15 位码：由行政区域码+组织机构代码。未办理税务登记的单位或个人不需要填写。

（三）当年应缴。当年应缴纳车船税的金额应按照车辆类型、计税单位和当地计税标准计算当年应缴税款，公式为：

1. 对于新车，应纳税额的计算公式为：

应纳税额=计税单位×年单位税额×应纳税月份数/12

其中，应纳税月份数为购买"交强险"日期的当月起至该年度终了的月份数。

2. 对于境外机动车临时入境、机动车临时上道路行驶、机动车距规定的报废期限不足一年而购买短期"交强险"的车辆，应纳税额的计算公式为：

应纳税额=计税单位×年单位税额×应纳税月份数/12

其中，应纳税月份数为"交强险"有效期的月份数。

3. 其他车辆，应纳税额的计算公式为：

应纳税额=计税单位×年单位税额

（四）往年补缴。自 2008 年 7 月 1 日起，保险机构在代收代缴车船税时，应根据纳税人提供的上年度交强险保单或车船税完税凭证，查验纳税人上一次的完税情况。以前年度未缴车船税而补缴的金额应根据前次缴税年度，按照车辆类型、计税单位和当地计税标准计算，公式为：往年补缴=计税单位×年单位税额×（本次缴税年度-前次缴税年度-1）

（五）滞纳金。应根据前次缴税年度分年度计算。从前次"交强险"有效期截止日期的次日起，每延迟 1 天，加收应纳税款万分之五的滞纳金。

（六）合计。等于"当年应缴"、"往年补缴"与"滞纳金"的合计数。

（七）完税凭证号（减免税证明号）。对于已向税务机关完税的机动车或税务机关已批准减免税的机动车，要根据税务机关开具的完税凭证或减免税证明，录入上述凭证的号码。长度 7-8 位。

（八）开具税务机关。指开具完税凭证号或减免税证明号的税务机关名称。

三、有条件的地区或保险公司可以通过计算机系统对拖拉机或摩托车出具交强险保险单，而不使用交强险定额保单。

四、交强险保单的印刷技术要求、单证管理要求等仍然按照中国保监会《关于规范机动车交通事故责任强制保险单证和标志管理的通知》（保监发〔2006〕60 号）执行。

五、各经营交强险业务的保险公司应做好 2007 年版交强险保单的印制和 2006 年版交强险保单的销毁工作。各公司应在 2007 年 6 月 15 日前，将 2007 年版各类交强险保单印刷样本向中国保监会备案。并于 2007 年 7 月 15 日前，将 2006 年版各类交强险保单的销毁情况报中国保监会财产保险监管部。

六、各保监局要及时将 2007 年版交强险保单样张转送辖区内公安、农业、税务、卫生等相关部门，并督促当地公司做好 2007 版各类交强险保单启用工作，及 2006 年版各类交强险保单的销毁工作。

附件：

1. 机动车交通事故责任强制保险单样张（略）

2. 机动车交通事故责任强制保险兼用型拖拉机定额保险单样张（功率 14.7KW 以上）（略）

3. 机动车交通事故责任强制保险兼用型拖拉机定额保险单样张（功率 14.7KW 及以下）（略）

4. 机动车交通事故责任强制保险运输型拖拉机定额保险单样张（功率 14.7KW 以上）（略）

5. 机动车交通事故责任强制保险运输型拖拉机定额保险单样张（功率 14.7KW 及以下）（略）

6. 机动车交通事故责任强制保险摩托车定额保险单样张（排气量 50CC 及以下）（略）

7. 机动车交通事故责任强制保险摩托车定额保险单样张（排气量 50CC-250CC（含））（略）

8. 机动车交通事故责任强制保险摩托车定额保险单样张（排气量 250CC 以上及侧三轮）（略）

中国保险监督管理委员会关于印发
《机动车交通事故责任强制保险
费率浮动暂行办法》的通知

（2007 年 6 月 27 日　保监发〔2007〕52 号）

各中资财产保险公司，各保监局，中国保险行业协会：

根据《机动车交通事故责任强制保险条例》第八条的规定，我会会同国务院公安部门经广泛征求意见，制定了《机动车交通事故责任强制保险费率浮动暂行办法》（以下简称《暂行办法》）。现印发给你们，请遵照执行，并就有关问题通知如下：

一、2007 年 7 月 1 日起，在全国范围内统一实行机动车交通事故责任强制保险（以下简称交强险）费率浮动与道路交通事故相联系，暂不在全国范围内统一实行与道路交通安全违法行为相联系。按《机动车交通事故责任强制保险条例》第九条的规定精神，保监会将会同国务院公安部门逐步推进机动车联合信息平台建设。在有条件地区，可以探索通过相互报盘、简易查询、信息平台等多种方式实现公安部门和保险行业数据交换。

二、实行交强险费率浮动机制有利于促使驾驶人提高道路交通安全意识和守法意识，有利于预防和减少道路交通事故的发生。各从事交强险业务的保险公司（以下简称各保险公司）要高度重视《暂行办法》实施工作，切实做好业务系统的修改、调试等各项准备工作，确保按时顺利实现交强险费率浮动机制。

三、各保险公司应督促各分支机构严格执行《暂行办法》的各项规定，严禁通过违规批单退费、虚列营业费用等各种方式变相提高或降低交强险费率。

四、各保监局要加大对辖区内各保险公司的监管力度，对不严格执行交强险条款、费率、不按照《暂行办法》进行交强险费率浮动等违规行为严加查处。

五、中国保险行业协会要根据《暂行办法》规定，及时组织修订并下发《机动车交通事故责任强制保险承保、理赔实务规程要点》，同时，要组织各有关保险公司加快交强险信息共享机制建设。

附件：

机动车交通事故责任强制保险费率浮动暂行办法①

一、根据国务院《机动车交通事故责任强制保险条例》第八条的有关规定，制定本办法。

二、从2007年7月1日起签发的机动车交通事故责任强制保险（以下简称交强险）保单，按照本办法，实行交强险费率与道路交通事故相联系浮动。

三、交强险费率浮动因素及比率如下：

浮动因素		浮动比率
与道路交通事故相联系的浮动A	A1 上一个年度未发生有责任道路交通事故	−10%
	A2 上两个年度未发生有责任道路交通事故	−20%
	A3 上三个及以上年度未发生有责任道路交通事故	−30%
	A4 上一个年度发生一次有责任不涉及死亡的道路交通事故	0%
	A5 上一个年度发生两次及两次以上有责任道路交通事故	10%
	A6 上一个年度发生有责任道路交通死亡事故	30%

---

① 本法规中"第三条""第四条""第七条"已被《中国银保监会关于调整交强险责任限额和费率浮动系数的公告》修改。

将第三条修改如下：

1. 内蒙古、海南、青海、西藏4个地区实行以下费率调整方案A：

浮动因素		浮动比率
与道路交通事故相联系的浮动方案A	A1，上一个年度未发生有责任道路交通事故	−30%
	A2，上两个年度未发生有责任道路交通事故	−40%
	A3，上三个及以上年度未发生有责任道路交通事故	−50%
	A4，上一个年度发生一次有责任不涉及死亡的道路交通事故	0%
	A5，上一个年度发生两次及两次以上有责任道路交通事故	10%
	A6，上一个年度发生有责任道路交通死亡事故	30%

（转下页注）

───────────

(接上页注①)

2. 陕西、云南、广西3个地区实行以下费率调整方案B：

	浮动因素		浮动比率
	B1，上一个年度未发生有责任道路交通事故		-25%
与道路交	B2，上两个年度未发生有责任道路交通事故		-35%
通事故相	B3，上三个及以上年度未发生有责任道路交通事故		-45%
联系的浮	B4，上一个年度发生一次有责任不涉及死亡的道路交通事故		0%
动方案B	B5，上一个年度发生两次及两次以上有责任道路交通事故		10%
	B6，上一个年度发生有责任道路交通死亡事故		30%

3. 甘肃、吉林、山西、黑龙江、新疆5个地区实行以下费率调整方案C：

	浮动因素		浮动比率
	C1，上一个年度未发生有责任道路交通事故		-20%
与道路交	C2，上两个年度未发生有责任道路交通事故		-30%
通事故相	C3，上三个及以上年度未发生有责任道路交通事故		-40%
联系的浮	C4，上一个年度发生一次有责任不涉及死亡的道路交通事故		0%
动方案C	C5，上一个年度发生两次及两次以上有责任道路交通事故		10%
	C6，上一个年度发生有责任道路交通死亡事故		30%

4. 北京、天津、河北、宁夏4个地区实行以下费率调整方案D：

	浮动因素		浮动比率
	D1，上一个年度未发生有责任道路交通事故		-15%
与道路交	D2，上两个年度未发生有责任道路交通事故		-25%
通事故相	D3，上三个及以上年度未发生有责任道路交通事故		-35%
联系的浮	D4，上一个年度发生一次有责任不涉及死亡的道路交通事故		0%
动方案D	D5，上一个年度发生两次及两次以上有责任道路交通事故		10%
	D6，上一个年度发生有责任道路交通死亡事故		30%

5. 江苏、浙江、安徽、上海、湖南、湖北、江西、辽宁、河南、福建、重庆、山东、广东、深圳、厦门、四川、贵州、大连、青岛、宁波20个地区实行以下费率调整方案E：

	浮动因素		浮动比率
	E1，上一个年度未发生有责任道路交通事故		-10%
与道路交	E2，上两个年度未发生有责任道路交通事故		-20%
通事故相	E3，上三个及以上年度未发生有责任道路交通事故		-30%
联系的浮	E4，上一个年度发生一次有责任不涉及死亡的道路交通事故		0%
动方案E	E5，上一个年度发生两次及两次以上有责任道路交通事故		10%
	E6，上一个年度发生有责任道路交通死亡事故		30%

四、交强险最终保险费计算方法是：交强险最终保险费＝交强险基础保险费×（1+与道路交通事故相联系的浮动比率 A）

五、交强险基础保险费根据中国保监会批复中国保险行业协会《关于中国保险行业协会制定机动交通事故责任强制保险行业协会条款费率的批复》（保监产险〔2006〕638 号）执行。

六、交强险费率浮动标准根据被保险机动车所发生的道路交通事故计算。摩托车和拖拉机暂不浮动。

七、与道路交通事故相联系的浮动比率 A 为 A1 至 A6 其中之一，不累加。同时满足多个浮动因素的，按照向上浮动或者向下浮动比率的高者计算。

八、仅发生无责任道路交通事故的，交强险费率仍可享受向下浮动。

九、浮动因素计算区间为上期保单出单日至本期保单出单日之间。

十、与道路交通事故相联系浮动时，应根据上年度交强险已赔付的赔案浮动。上年度发生赔案但还未赔付的，本期交强险费率不浮动，直至赔付后的下一年度交强险费率向上浮动。

十一、几种特殊情况的交强险费率浮动方法

（一）首次投保交强险的机动车费率不浮动。

（二）在保险期限内，被保险机动车所有权转移，应当办理交强险合同变更手续，且交强险费率不浮动。

（三）机动车临时上道路行驶或境外机动车临时入境投保短期交强险的，交强险费率不浮动。其他投保短期交强险的情况下，根据交强险短期基准保险费并按照上述标准浮动。

（四）被保险机动车经公安机关证实丢失后追回的，根据投保人提供的公安机关证明，在丢失期间发生道路交通事故的，交强险费率不向上浮动。

（五）机动车上一期交强险保单满期后未及时续保的，浮动因素计算区间仍为上期保单出单日至本期保单出单日之间。

（接上页注①）

将第四条修改为："交强险最终保险费计算方法是：交强险最终保险费＝交强险基础保险费×（1+与道路交通事故相联系的浮动比率 X，X 取 ABCDE 方案其中之一对应的值）。"

将第七条修改为："与道路交通事故相联系的浮动比率 X 为 X1 至 X6 其中之一，不累加。同时满足多个浮动因素的，按照向上浮动或者向下浮动比率的高者计算。"

（六）在全国车险信息平台联网或全国信息交换前，机动车跨省变更投保地时，如投保人能提供相关证明文件的，可享受交强险费率向下浮动。不能提供的，交强险费率不浮动。

十二、交强险保单出单日距离保单起期最长不能超过三个月。

十三、除投保人明确表示不需要的，保险公司应当在完成保险费计算后、出具保险单以前，向投保人出具《机动车交通事故责任强制保险费率浮动告知书》（附件），经投保人签章确认后，再出具交强险保单、保险标志。投保人有异议的，应告知其有关道路交通事故的查询方式。

十四、已经建立车险联合信息平台的地区，通过车险联合信息平台实现交强险费率浮动。除当地保险监管部门认可的特殊情形以外，《机动车交通事故责任强制保险费率浮动告知书》和交强险保单必须通过车险信息平台出具。

未建立车险信息平台的地区，通过保险公司之间相互报盘、简易理赔共享查询系统或者手工方式等，实现交强险费率浮动。

十五、本办法适用于从 2007 年 7 月 1 日起签发的交强险保单。2007 年 7 月 1 日前已签发的交强险保单不适用本办法。

附件：

机动车交通事故责任强制保险费率浮动告知单

尊敬的投保人：

您的机动车投保基本信息如下：

车牌号码：　　　　号牌种类：

发动机号：　　　　识别代码（车架号）：

浮动因素计算区间：＿＿年＿月＿日零时至＿＿年＿月＿日二十四时

根据中国保险监督管理委员会批准的机动车交通事故责任强制保险（以下简称交强险）费率，您的机动车交强险基础保险费是：人民币＿＿＿＿＿元。

您的机动车从上年度投保以来至今，发生的有责任道路交通事故记录如下：

序号	赔付时间	是否造成受害人死亡

或者：您的机动车在上__个年度内未发生道路交通事故。

根据中国保险监督管理委员会公布的《机动车交通事故责任强制保险费率浮动暂行办法》，与道路交通事故相联系的费率浮动比率为：____%。

交强险最终保险费＝交强险基础保险费×（1+与道路交通事故相联系的浮动比率）

本次投保的应交保险费：人民币____元（大写：_____）

以上告知，如无异议，请您签字（签章）确认。

投保人签字（盖章）：_____

日期：_____年____月____日

中国保险监督管理委员会关于严格执行《机动车交通事故责任强制保险费率浮动暂行办法》的通知

（2009 年 7 月 30 日　保监厅发〔2009〕62 号）

各中资财产保险公司，各保监局，中国保险行业协会：

根据《机动车交通事故责任强制保险条例》，中国保监会于 2007 年 6 月下发了《机动车交通事故责任强制保险费率浮动暂行办法》（保监发〔2007〕52 号，以下简称《暂行办法》）。《暂行办法》规定交强险费率与道路交通事故相挂钩，实行"奖优罚劣"的费率浮动机制。《暂行办法》的实施对促进驾驶人提高道路交通安全意识、预防减少道路交通事故发挥了积极作用。

近期，个别保险公司不严格执行《暂行办法》中费率浮动的规定，对未发生有责任道路交通事故的投保人，不按《暂行办法》实行优惠费率。为维护保险市场秩序，保护投保人合法权益，现就有关事项通知如下：

一、各保险公司应督促各分支机构严格执行《暂行办法》。投保人能够提供上年度未发生有责任道路交通事故证明的，各保险机构要按照《暂行办法》实行优惠费率。投保人不能提供上年度未发生有责任道路交通事故证明的，各保险机构要主动通过公司业务系统、车险信息平台或其他方式进行查询，并根据查询结果，按照《暂行办法》实行费率浮动。各保险机构不得以各种理由，不执行《暂行办法》的有关规定。

二、各保监局要加大对辖区内各保险机构的监管力度。要对辖区内各保险机构执行《暂行办法》的情况进行巡视抽查，要高度重视信访工作，一旦发现不按照《暂行办法》进行交强险费率浮动的违规线索，要及时查处、从严处理。

三、中国保险行业协会要加快推进车险信息平台建设，确保《暂行办法》的顺利实施。未建立车险信息平台的地区，协会要组织各保险机构通过相互报盘或手工方式等，实现交强险费率浮动。

四、各单位要加大对《暂行办法》的宣传力度，以张贴提示、分发宣传册等灵活多样的形式宣传交强险费率浮动机制，提高公众道路交通安全意识。

财产保险公司保险条款和保险费率管理办法

（2021 年 8 月 16 日中国银行保险监督管理委员会令 2021 年第 10 号公布　自 2021 年 10 月 1 日起施行）

第一章　总　　则

第一条　为了加强和改进对财产保险公司保险条款和保险费率的监督管理，保护投保人、被保险人和受益人的合法权益，维护保险市场秩序，鼓励财产保险公司创新，根据《中华人民共和国保险法》，制定本办法。

第二条　中国银行保险监督管理委员会（以下简称银保监会）及其派出机构依法对财产保险公司及其分支机构的保险条款和保险费率实施监督

管理，遵循保护社会公众利益、防止不正当竞争、与市场行为监管协调配合原则。

第三条 财产保险公司保险条款和保险费率实施分类监管、属地监管，具体由银保监会另行规定。

第四条 财产保险公司应当依据法律、行政法规和银保监会的有关规定制订保险条款和保险费率，并对保险条款和保险费率承担相应的责任。

第五条 财产保险公司应当依据本办法的规定向银保监会或其省一级派出机构申报保险条款和保险费率审批或者备案。财产保险公司分支机构不得申报保险条款和保险费率审批或者备案。

第六条 中国保险行业协会应当切实履行保险条款和保险费率行业自律管理职责，推进保险条款和保险费率的通俗化、标准化、规范化工作，研究制订修订主要险种的行业示范条款，建立保险条款费率评估和创新保护机制。中国精算师协会应当研究制订修订主要险种的行业基准纯风险损失率。

第二章 条款开发和费率厘定

第七条 财产保险公司的保险条款和保险费率，应当依法合规，公平合理，不侵害投保人、被保险人和受益人的合法权益，不危及财产保险公司财务稳健和偿付能力；应当符合保险原理，尊重社会公德，不违背公序良俗，不损害社会公共利益，符合《中华人民共和国保险法》等法律、行政法规和银保监会的有关规定。

第八条 财产保险公司的保险条款应当要素完整、结构清晰、文字准确、表述严谨、通俗易懂，名称符合命名规则。

第九条 财产保险公司的保险费率应当按照合理、公平、充足原则科学厘定，不得妨碍市场公平竞争；保险费率可以上下浮动的，应当明确保险费率调整的条件和范围。

第十条 财产保险公司的合规负责人和总精算师分别负责保险条款审查和保险费率审查，并承担相应的责任。

第十一条 财产保险公司应当向合规负责人和总精算师提供其履行工作职责所必需的信息，并充分尊重其专业意见。

财产保险公司应当加强对合规负责人和总精算师的管理，按照银保监会的相关规定，建立健全相应的内部管控及问责机制。

第十二条 财产保险公司应当按照本办法规定提交由合规负责人出具的法律审查声明书。合规负责人应对以下内容进行审查：

（一）保险条款符合《中华人民共和国保险法》等法律、行政法规和银保监会的有关规定；

（二）保险条款公平合理，符合保险原理，不损害社会公共利益，不侵害投保人、被保险人和受益人的合法权益，并已通过消费者权益保护审查；

（三）命名符合规定，要素完备、文字准确、语言通俗、表述严谨。

第十三条 财产保险公司应当按本办法规定提交由总精算师签署的精算报告和出具的精算审查声明书。总精算师应对以下内容进行审查：

（一）精算报告内容完备；

（二）精算假设和精算方法符合通用精算原理；

（三）保险费率厘定科学准确，满足合理性、公平性和充足性原则，并已通过消费者权益保护审查；

（四）保险费率符合《中华人民共和国保险法》等法律、行政法规和银保监会的有关规定。

第三章 审批和备案

第十四条 财产保险公司应当将关系社会公众利益的保险险种、依法实行强制保险的险种的保险条款和保险费率报银保监会审批。

其他险种的保险条款和保险费率，财产保险公司应当报银保监会或其省一级派出机构备案。

具体应当报送审批或者备案的险种，由银保监会另行规定。

第十五条 对于应当审批的保险条款和保险费率，在银保监会批准前，财产保险公司不得经营使用。

对于应当备案的保险条款和保险费率，财产保险公司应当在经营使用后十个工作日内报银保监会或其省一级派出机构备案。

第十六条 财产保险公司报送审批或者备案保险条款和保险费率，应当提交下列材料：

（一）申请文件；

（二）保险条款和保险费率文本；

（三）可行性报告，包括可行性分析、保险条款和保险费率的主要特点、经营模式、风险分析以及风险控制措施等；

（四）总精算师签署的保险费率精算报告，包括费率结果、基础数据及数据来源、厘定方法和模型，以及费率厘定的主要假设、参数和精算职业判断等；

（五）法律审查声明书，精算审查声明书；

（六）银保监会规定的其他材料。

第十七条 财产保险公司使用中国保险行业协会示范条款的，无需提交可行性报告。

财产保险公司使用行业基准纯风险损失率的，应当在精算报告中予以说明，无需提供纯风险损失率数据来源。

附加险无需提供可行性报告及精算报告，另有规定的除外。

第十八条 财产保险公司修改经批准或备案的保险条款或者保险费率的，应当依照本办法重新报送审批或备案。财产保险公司报送修改保险条款或者保险费率的，除应当提交本办法第十六条规定的材料外，还应当提交保险条款或保险费率的修改前后对比表和修订说明。

修改后的保险条款和保险费率经批准或者备案后，原保险条款和保险费率自动废止，财产保险公司不得在新订立的保险合同中使用原保险条款和保险费率。

第十九条 财产保险公司因名称发生变更，仅申请变更其保险条款和保险费率中涉及的公司名称的，无需提交本办法第十六条中（三）、（四）项规定的材料。

第二十条 银保监会或其省一级派出机构收到备案材料后，应根据下列情况分别作出处理：

（一）备案材料不完整齐备的，要求财产保险公司补正材料；

（二）备案材料完整齐备的，编号后反馈财产保险公司。

第二十一条 财产保险公司及其分支机构可以对已经审批或者备案的保险条款和保险费率进行组合式经营使用，但应当分别列明各保险条款对应的保险费和保险金额。

财产保险公司及其分支机构经营使用组合式保险条款和保险费率，不得修改已经审批或者备案的保险条款和保险费率。如需修改，应当按照本办法的规定重新报送审批或者备案。

第二十二条 在共保业务中，其他财产保险公司可直接使用首席承保人经审批或者备案的保险条款和保险费率，无需另行申报。

第四章　监督管理

第二十三条 财产保险公司及其分支机构应当严格执行经批准或者备案的保险条款和保险费率，不得违反本办法规定以任何方式改变保险条款或者保险费率。

第二十四条 财产保险公司及其分支机构使用的保险条款或者保险费率被发现违反法律、行政法规或者本办法第七条、第八条、第九条规定的，由银保监会或其省一级派出机构责令停止使用、限期修改；情节严重的，可以在一定期限内禁止申报新的保险条款和保险费率。

第二十五条 财产保险公司应当制定保险条款和保险费率开发管理制度，建立审议机制，对保险条款和保险费率开发和管理的重大事项进行审议。

第二十六条 财产保险公司应当指定专门部门履行保险条款和保险费率开发管理职能，负责研究开发、报送审批备案、验证修订、清理注销等全流程归口管理。

第二十七条 财产保险公司应当加强对使用中保险条款和保险费率的管理，指定专门部门进行跟踪评估、完善修订，对不再使用的及时清理。

第二十八条 财产保险公司应当于每年3月底前，统计分析前一年保险条款和保险费率的开发情况、修订情况和清理情况，并形成财产保险公司保险条款和保险费率年度分析报告和汇总明细表，经公司产品管理委员会审议通过后同时报银保监会和其省一级派出机构。

第二十九条 财产保险公司履行保险条款和保险费率开发管理职能的部门负责人对本公司保险条款和保险费率开发管理工作负直接责任。合规负责人对保险条款审查负直接责任，总精算师对保险费率审查负直接责任。

第三十条 财产保险公司履行保险条款和保险费率开发管理职能的部门负责人、合规负责人、总精算师违反本办法规定的，由银保监会或其省一级派出机构责令改正、提交书面检查，并可责令公司作出问责处理。

第五章　法　律　责　任

第三十一条　财产保险公司未按照规定申请批准保险条款、保险费率的，由银保监会依法采取监督管理措施或予以行政处罚。

第三十二条　财产保险公司有下列行为之一的，由银保监会或其省一级派出机构依法采取监督管理措施或予以行政处罚：

（一）未按照规定报送保险条款、保险费率备案的；

（二）未按照规定报送或者保管保险条款、保险费率相关的报告、报表、文件、资料的，或者未按照规定提供有关信息、资料的。

第三十三条　财产保险公司报送审批、备案保险条款和保险费率时，编制或者提供虚假的报告、报表、文件、资料的，由银保监会或其省一级派出机构依法采取监督管理措施或予以行政处罚。

第三十四条　财产保险公司及其分支机构有违反本办法第二十三条规定的，由银保监会或其派出机构依法采取监督管理措施或予以行政处罚。

第三十五条　银保监会或其省一级派出机构依照本办法第二十四条的规定，责令财产保险公司及其分支机构停止使用或限期修改保险条款和保险费率，财产保险公司未停止使用或逾期不改正的，依法采取监督管理措施或予以行政处罚。

第三十六条　财产保险公司及其分支机构违反相关规定的，银保监会或其派出机构除依法对该单位给予处罚外，对其直接负责的主管人员和其他直接责任人员依法采取监督管理措施或予以行政处罚。

第六章　附　　则

第三十七条　银保监会对财产保险公司保险条款和保险费率的审批程序，适用《中华人民共和国行政许可法》和银保监会的有关规定。

第三十八条　法律、行政法规和国务院对机动车辆保险、农业保险、出口信用保险另有规定的，适用其规定。

第三十九条　本办法由银保监会负责解释。

第四十条　本办法自 2021 年 10 月 1 日起施行。原中国保险监督管理委员会 2010 年 2 月 5 日发布的《财产保险公司保险条款和保险费率管理办法》（中国保险监督管理委员会令 2010 年第 3 号）同时废止。

中国保险监督管理委员会关于印发
《机动车辆保险理赔管理指引》的通知

(2012 年 2 月 21 日 保监发〔2012〕15 号)

各保监局、各财产保险公司、中国保险行业协会：

为贯彻落实全国保险监管工作会关于"抓服务、严监管、防风险、促发展"的总体要求和《中国保监会关于加强和改进财产保险理赔服务质量的意见》（保监发〔2012〕5 号，以下简称《意见》）的原则精神，规范财产保险公司车险经营行为，切实保护保险消费者的合法权益，我会制定了《机动车辆保险理赔管理指引》（以下简称《指引》），现印发你们，并就有关事项通知如下：

一、保险公司应高度重视车险理赔管理工作，强化基础管理，提升理赔服务能力

（一）加强车险理赔管理制度建设，加大理赔资源配置力度，夯实理赔服务基础。

1. 公司应建立完整统一的车险理赔组织管理、赔案管理、数据管理、运行保障等制度，加强理赔运行管理、资源配置、流程管控、服务标准及服务体系建设。

2. 公司应根据理赔管理、客户服务和业务发展需要，制定理赔资源配置方案及理赔服务方案，明确理赔资源和其他业务资源配比，确保理赔资源配备充足。不能满足上述要求的，应暂缓业务发展速度，控制业务规模。鼓励中小公司创新服务模式。

3. 公司应制定覆盖车险理赔全流程的管理制度和操作规范。按照精简高效的原则，对接报案、调度、查勘、立案、定损（估损）、人身伤亡跟踪（调查）、报核价、核损等各环节的工作流程和操作办法进行统一规范，逐步实现理赔管理和客户服务规范化和标准化。

（二）加强信息化建设，充分运用信息化手段实现车险理赔集中统一管理。

1. 公司应按照车险理赔集中统一管理原则，实现全国或区域接报案集中，以及对核损、核价、医疗审核、核赔等理赔流程关键环节的总公司集中管控。

2. 公司理赔信息系统数据库应建立在总公司。总公司不得授予省级分公司程序修改权和数据修改权。所有程序及数据的修改应保存审批及操作记录，以确保数据真实、准确、规范。

3. 公司理赔信息系统应与接报案系统、承保系统、再保险系统、财务系统数据实现集成管理、无缝对接，并实现对理赔全流程运行的管控。

（三）建立科学合理的理赔考核监督机制，加强对理赔服务质量考核。

1. 公司应加强对理赔管理和客户服务的监督管理，加强对理赔案件处理的监督考核，严防人为操控导致的拖赔惜赔、无理拒赔。

2. 公司应健全完善科学有效的理赔管理和客户服务考核监督体系，将理赔服务客户满意度纳入考核体系中。不得单纯考核赔付率、变相压低赔偿金额而影响理赔服务质量、损害消费者合法权益。

3. 公司应建立客户回访制度、信访投诉处理机制及争议调处机制，向社会公布理赔投诉电话，接受社会监督。对理赔中出现的争议要注重通过调解来解决。

4. 公司应定期或不定期开展理赔质量现场或非现场专项检查，包括对各级机构理赔服务的规范性、理赔服务效率、理赔关键举措、赔案质量、特殊案件处理、理赔费用列支等进行专项检查或评估。

（四）提高服务质量和水平，强化服务创新意识，提升社会满意度。

1. 公司应建立统一的理赔流程，明确理赔时效和理赔服务标准，并通过网络等多种形式向社会公开承诺。要不断提升理赔服务水平，通过必要的手段和机制保证理赔服务承诺落到实处。要创新服务形式，采取上门收取单证、提供救援车辆等方式加强服务，并通过客户服务回访、客户满意度调查等多种方式对理赔服务质量进行监督检查。

2. 公司应确保客户自由选择维修单位的权利，不得强制指定或变相强制指定车辆维修单位。要监督维修单位使用经有关部门认证企业生产、符合原厂技术规范和配件性能标准、质量合格的配件进行维修，协助客户跟踪维修质量与进度。

3. 公司应建立异地理赔管理制度和考核奖惩办法。按照"异地出险，就地理赔"的原则，建立信息管理系统和网络，搭建省间代查勘、代定损、代赔付操作平台，确保全国理赔服务标准规范统一。

4. 公司在加强理赔管理防范骗赔的同时，应落实理赔服务承诺，不得以打击车险骗赔等为由，降低车险理赔服务质量。

二、保险行业协会要统筹协调，提升行业理赔服务水平

（一）中国保险行业协会要进一步细化行业车险理赔规范，积极探索理赔纠纷争议调处机制，通过自律公约、制定行业理赔服务和客户服务标准等形式提升行业车险理赔服务质量和水平。

（二）中国保险行业协会要加快推进车险信息平台建设，利用信息化手段细化管理要求，实现系统管控。要集中行业力量，逐步研究探索建立配件价格、修理工时、工时费率行业标准。

（三）中国保险行业协会要逐步探索实施行业统一的理赔人员从业资格、培训考试、考核评级等制度，建立理赔人员信息库。

（四）各地保险行业协会应在行业基础规范和标准的基础上，根据本地区区域、自然环境、道路交通情况等因素确定各理赔环节的基本服务效率标准。

（五）各地保险行业协会应就加强理赔服务，积极组织公司与相关的汽车修理企业、医疗机构、残疾鉴定机构、公估机构等进行沟通协调，加强行业间协作。

三、保险监管部门要加强监管，督促落实，切实维护消费者合法权益

（一）各保监局应指导监督行业协会根据本地区区域、自然环境、道路交通情况等因素细化各理赔环节的基本服务效率标准。

（二）各保监局应指导行业协会定期组织开展质量评价和信息披露工作，加强对辖区内各保险机构理赔服务质量评价和信息披露工作的指导监督，通过加大信息披露力度，引导消费者理性选择保险机构。

（三）各保监局在本通知基础上，应结合本地区实际进一步细化要求，规范操作，指导各地行业协会落实《指引》要求，切实保护被保险人合法权益。

（四）各保监局要督促辖区内保险机构认真贯彻执行关于理赔管理和客户服务的监管政策和要求。对恶意拖赔、惜赔、无理拒赔和消费者反映强烈的保险机构，要依法加大查处力度，加大信息披露力度，将处罚情况定期向社会公布，切实保护保险消费者的利益。

各公司应严格按照《指引》要求进行自查，结合《意见》精神尽快完善制度，并迅速向社会公开承诺理赔时效、理赔服务质量和标准，公布投诉电话及争议调处机制。2012年5月底前将自查情况和整改落实方案（包括完成时限及责任人）、理赔服务承诺和落实方案（包括责任人）上报保监会财产保险监管部。

我会将进一步完善车险理赔服务质量评价体系，统一评价指标，规范评价口径和标准，探索建立理赔服务质量评价和信息披露的长效机制。对总公司内部管理薄弱、理赔管理粗放、严重侵犯消费者权益的，我会将在依法从重处罚违法违规行为的基础上，进一步采取对总公司下发监管函、将总公司列为重点监管公司、限制批设分支机构等措施。

机动车辆保险理赔管理指引

第一章　总　　则

第一条　为维护被保险人合法权益，规范财产保险公司（以下简称"公司"）机动车辆保险（以下简称"车险"）经营行为，控制经营风险，提升行业理赔管理服务水平，促进行业诚信建设，根据《中华人民共和国保险法》及相关法律法规制订《机动车辆保险理赔管理指引》（以下简称《指引》）。

第二条　本《指引》所称公司，是指在中华人民共和国境内依法经营车险的财产保险公司，包括中资保险公司、中外合资保险公司、外商独资保险公司以及外资保险公司在华设立的分公司。

第三条　本《指引》中的车险理赔是指公司收到被保险人出险通知后，依据法律法规和保险合同，对有关事故损失事实调查核实，核定保险责任并赔偿保险金的行为，是保险人履行保险合同义务的体现。

第四条　车险理赔一般应包括报案受理、调度、查勘、立案、定损（估损）、人身伤亡跟踪（调查）、报核价、核损、医疗审核、资料收集、理算、核赔、结销案、赔款支付、追偿及损余物资处理、客户回访、投诉处理以及特殊案件处理等环节。

第五条 公司应制定完整统一的车险理赔组织管理、赔案管理、数据管理、运行保障管理等制度，搭建与业务规模、风险控制、客户服务相适应的理赔管理、流程控制、运行管理及服务体系。

第六条 公司车险理赔管理及服务应遵循以下原则：

（一）强化总公司集中统一的管理、控制和监督；

（二）逐步实现全过程流程化、信息化、规范化、标准化、一致性的理赔管理服务模式；

（三）建立健全符合合规管理及风险防范控制措施的理赔管理、风险控制、客户服务信息管理系统；

（四）确保各级理赔机构人员合理分工、职责明确、责任清晰、监督到位、考核落实；

（五）理赔资源配置要兼顾成本控制、风险防范、服务质量和效率。

第七条 本《指引》明确了公司在车险理赔管理中应达到的管理与服务的基本要求。公司与客户之间的权利义务关系应以《保险法》及相关法律法规和保险合同条款为准。

第八条 中国保险监督管理委员会及其派出机构依法对公司车险理赔实施监督检查，并可向社会公开《指引》的有关执行情况。

第二章　理赔管理

第一节　组织管理和资源配置

第九条 公司应建立健全车险理赔组织管理制度。明确理赔管理架构、管理机制、工作流程及各环节操作规范，明确各类理赔机构和人员的工作职责及权限、考核指标、标准及办法。明确理赔关键环节管理机制、关键岗位人员管理方式。明确理赔岗位各相关人员资格条件，建立理赔人员培训考试及考核评级制度，制订与业务规模、理赔管理和客户服务需要相适应的理赔资源配置办法等。

第十条 公司应按照车险理赔集中统一管理原则，建立完整合理的车险理赔组织架构，有效满足业务发展、理赔管理及客户服务需要。

（一）集中统一管理原则是指总公司统一制定理赔管理制度、规范理赔服务流程及标准，完善监督考核机制，应实现全国或区域接报案集中，以及对核损、核价、医疗审核、核赔等理赔流程关键环节和关键数据修改的总公司集中管控。

（二）完整合理的理赔组织架构，应将理赔管理职能、理赔操作职能以及客户服务职能分开设置，形成相互协作、相互监督的有效管理机制。

鼓励总公司对理赔线实行人、财、物全部垂直化管理。

第十一条 公司应制定严格管控措施和 IT 系统管控手段，强化关键岗位和关键环节的集中统一管理、监督和控制。

对核损、核价、医疗审核、核赔等关键岗位人员，应逐步实行总公司自上而下垂直管理，统一负责聘用、下派、任命、考核、薪酬发放、职务变动以及理赔审核管理权限授予等。

第十二条 对分支机构实行分类授权理赔管理，应充分考虑公司业务规模、经营效益、管理水平、区域条件等，可以选择"从人授权"和"从机构授权"方式。从机构授权只限于总公司对省级分公司的授权。

"从人授权"应根据理赔人员专业技能、考试评级结果授予不同金额、不同类型案件的审核权限；"从机构授权"应根据分支机构的经营管理水平、风险控制能力、经营效益以及服务需求授予不同理赔环节和内容的管理权限。

鼓励公司采取"从人授权"方式，加强专业化管理。

第十三条 公司应针对不同理赔岗位风险特性，制订严格岗位互掣制度。

核保岗位不得与核损、核价、核赔岗位兼任。同一赔案中，查勘、定损与核赔岗位，核损与核赔岗位之间不得兼任。在一定授权金额内，查勘、定损与核损岗位，理算与核赔岗位可兼任，但应制定严格有效的事中、事后抽查监督机制。

第十四条 公司应根据理赔管理、客户服务和业务发展需要，充分考虑业务规模、发展速度及地域特点，拟定理赔资源配置方案，明确理赔资源和业务资源配比。保证理赔服务场所、理赔服务工具、理赔信息系统、理赔人员等资源配备充足。

（一）在设有营销服务部以上经营机构地区

1. 应设立固定理赔服务场所或在营业场所内设立相对独立理赔服务区域，接受客户上门查勘定损、提交索赔材料。理赔服务场所数量应根据业务规模、案件数量以及服务半径合理设置、科学布局。理赔服务场所应保证交通便利、标识醒目。公司应对外公布理赔服务场所地址、电话。

2. 各地保险行业协会应根据本地区地域、自然环境、道路交通情况等因素确定各理赔环节的基本服务效率标准，各公司应保证各岗位理赔人员、理赔服务工具的配备满足上述标准要求。

（二）在未设分支机构地区

公司应制定切实可行的理赔服务方案，保证报案电话畅通，采取委托第三方等便捷方式为客户提供及时查勘、定损和救援等服务。在承保时，应向客户明确说明上述情况，并告知理赔服务流程。

不能满足上述要求的，公司应暂缓业务发展速度，控制业务规模。

第十五条 公司应建立各理赔岗位职责、上岗条件、培训、考核、评级、监督等管理制度和机制，建立理赔人员技术培训档案及服务投诉档案，如实记录理赔人员技能等级、培训考核情况和服务标准执行情况。

鼓励保险行业协会逐步探索实施行业统一的理赔人员从业资格、培训考试、考核评级等制度，建立理赔人员信息库。

第十六条 公司应对理赔人员进行岗前、岗中、晋级培训并考试。制定详实可行的培训计划和考核方案，保证基本培训时间、质量和效果。

（一）岗前培训：各岗位人员上岗前应参加岗前培训和考核，培训时间不应少于60小时，考试合格后可上岗工作；

（二）岗中培训：公司应通过集中面对面授课、视频授课等形式，对各岗位人员进行培训。核损、核价、医疗审核、核赔人员每年参加培训时间不应少于100小时，其他岗位人员每年参加培训时间不应少于50小时；

（三）晋级培训：各岗位人员晋级或非核损、核价、医疗审核、核赔岗位人员拟从事核损、核价、医疗审核、核赔岗位的，应经过统一培训和考试，合格后可晋级。

第二节 赔案管理

第十七条 公司应制定覆盖车险理赔全过程的管理制度和操作规范。按照精简高效原则，对接报案、调度、查勘、立案、定损（估损）、人身伤亡跟踪（调查）、报核价、核损、医疗审核、资料收集、理算、核赔、结销案、赔款支付、追偿及损余物资处理、客户回访、投诉处理以及特殊案件处理等各环节的工作流程和操作办法进行统一规范，逐步实现标准化、一致性的理赔管理和客户服务。

为防范风险，提高工作质量和效率，理赔处理各环节衔接点要严格规范，前后各环节间应形成必要的相互监督控制机制。

第十八条 公司应建立严格的未决赔案管理制度。规范未决赔案管理流程，准确掌握未决赔案数量及处理进度；监督促进提升理赔处理时效。根据未决赔案估损及估损调整管理规则确定估损金额，确保未决赔款准备金准确计提，真实反映负债和经营结果。

第十九条 公司应制订报核价管理制度。建立或采用科学合理的汽车零配件价格标准，做好零配件价格信息维护和本地化工作。

行业协会应积极推动保险行业与汽车产业链相关行业共同研究建立科学、合理的维修配件和工时系数标准化体系。

第二十条 公司应建立特殊案件管理制度。对案件注销、注销恢复、重开赔案、通融赔案、拒赔案件、预付赔款、规定范围内的诉讼案件、追偿赔案及其他特殊案件的审核和流程进行规范，并将审批权限上收到总公司。

第二十一条 公司应建立反欺诈管理制度。总公司及分支机构应建立自上而下、内外部合作、信息共享的反欺诈专职团队。对重点领域和环节通过在理赔信息系统中设立欺诈案件和可疑赔案筛查功能加大反欺诈预防查处力度。建立投诉、举报、信访处理机制和反欺诈奖励制度，向社会公布理赔投诉电话。

有条件的地区应建立本地区保险行业内联合反欺诈处理（或信息共享）机制或保险行业与当地公安机关联合反欺诈处理（或信息共享）机制。

第二十二条 公司应建立异地理赔管理制度和考核奖惩办法。按照"异地出险，就地理赔"原则，建立信息管理系统和网络，搭建省间代查勘、代定损、代赔付操作平台，规范实务流程和操作规则，做好跨省间客户投诉管理工作，确保全国理赔服务标准规范统一。

第三节 数据管理

第二十三条 公司应建立支撑车险理赔管理、风险控制及客户服务全流程化业务处理及信息管理系统。系统间实现无缝连接，无人工干预，实时数据传送处理，避免数据漏失、人工调整及时滞差异。

第二十四条 公司应制定数据质量管理制度。加强理赔与承保、财务间数据规范性、准确性和及时性的管理监督，使业务、财务数据归集、统计口径保持一致。公司应对数据质量定期监控与考评，对疑问数据及时通报。

第二十五条 公司应规范理赔各环节间数据管理。明确数据间勾稽关系，做到历史数据可追溯，对日常数据日清日结。应确定数据维护流程、使用性质和查询范围。应制定数据标准化推行制度。对异常（风险）数据设立基础考察观测项目，根据管理控制的重点适时调整考察观测项目。

疑问数据修改应依法合规，严格修改规范。疑问数据应及时整改，整改时应充分考虑整改方案是否合理以及是否会引发其他数据质量问题，严禁随意修改。

第二十六条 公司应建立内部各部门、各地区间必要的信息交流沟通机制。根据理赔数据管理情况，实现理赔部门与产品、承保、财务、精算、法律和客户服务等相关部门间沟通及信息反馈。

建立信息平台地区，公司应及时向信息平台上传理赔信息，确保上传信息与核心业务系统信息完整一致。

第四节　运行保障

第二十七条 公司应建立理赔费用管理制度，严格按照会计制度规定，规范直接理赔费用和间接理赔费用管理。理赔费用分摊应科学、合理并符合相关规定。

直接理赔费用要严格按照列支项目和原始凭证、材料，如实列支，审批权应集中到省级或以上机构，并按照直接理赔费用占赔款的一定比例监控；间接理赔费用要制定严格的间接理赔费用预算管理、计提标准、列支项目、列支审核以及执行监督制度，间接理赔费用的列支项目和单笔大额支出应规定严格的审批流程等。

公司应将理赔费用纳入考核政策，对各级机构形成约束。

第二十八条 公司应制定未决赔款准备金管理制度。根据未决赔款数据准确估算未决赔款准备金，建立理赔与精算的联合估算规则，要真实、准确、及时反映车险经营状况，有效预警经营风险，保证经营稳定。

第二十九条 公司应加强对合作单位管理，包括合作修理厂、合作医疗机构、医疗评残机构、公估机构以及其他保险中介机构的管理。

（一）公司在选择合作单位时，应保证公正、公平、公开原则，维护被保险人、受害人以及保险人的合法权益，依法选择，严格管理，建立准入、考核、监督及退出机制。

（二）公司应保证客户自由选择维修单位的权利，不得强制指定或变相强制指定车辆维修单位。

公司选择合作修理厂，应与经过规定程序产生的车辆维修单位签订维修合作协议。承修方要保证维修质量、维修时间达到客户满意，保险公司应协助客户跟踪维修质量与进度。

保险行业协会应积极协调组织公司就保险理赔服务有关工作与汽车修理厂、医疗机构、医疗评残机构、公估机构等相关单位沟通协调，加强行业间协作。

（三）严格理赔权限管理

1. 公司严禁将核损、核价、医疗审核、核赔等关键岗位理赔权限授予合作单位等非本公司系统内的各类机构或人员。

2. 原则上不允许合作单位代客户报案，代保险公司查勘、定损（专业公估机构除外），代客户领取赔款。

第三十条 公司应制定防灾防损制度，包括控制保险标的风险，抗御灾害及应对突发事件办法，降低保险事故发生频率和减少事故损失程度技能，增强为客户服务能力。

第三十一条 公司应建立客户投诉管理制度。对客户投诉渠道、投诉信息、投诉受理人、建议解决措施、投诉结果反馈、投诉结果归档、投诉处理的监督考核等规范管理。

第三十二条 公司应建立客户回访制度，对出险客户回访量、回访类型、回访内容、问题处置流程、解决问题比率、回访统计分析与反馈、回访结果归档，回访质量监督考核办法等进行规范管理。

第三十三条 公司应建立绩效考核机制。科学设计理赔质量指标体系，制定绩效考核管理办法。

理赔质量指标体系应包括客户服务满意度、投诉率、投诉处理满意度等客户服务类指标，案均结案时长、结案率等理赔效率类指标，估损偏差率、限时立案率、未决发展偏差率、服务质量、数据质量等理赔管理类指标以及赔付率、案均赔款、理赔费用等理赔成本类指标。公司应加强对理赔质量整体考核监管，不得单纯考核赔付率，不合理压低赔偿金额，损害消费者权益，影响理赔服务质量。

第三十四条 公司应定期或不定期开展理赔质量现场或非现场专项检查，包括对理赔服务、理赔关键举措、赔案质量、特殊案件处理、理赔费用列支等问题专项检查或评估。在日常赔案管理中，总公司应加强对分支机构理赔质量的常规检查和远程非现场检查监督，必要时可进行理赔效能专项检查。

第三十五条 公司应严格遵守各项法律法规，忠实履行保险合同义务。诚实守信、合法经营，禁止下列行为：

（一）理赔人员"吃、拿、卡、要"、故意刁难客户，或利用权力谋取个人私利；

（二）利用赔案强制被保险人提前续保；

（三）冒用被保险人名义缮制虚假赔案；

（四）无正当理由注销赔案；

（五）错赔、惜赔、拖赔、滥赔；

（六）理赔人员与客户内外勾结采取人为扩大损失等非法手段骗取赔款，损害公司利益的行为；

（七）其他侵犯客户合法权益的失信或违法违规行为。

第三章　流程控制

第一节　理赔信息系统

第三十六条 公司应以支持公司理赔全过程、流程化、规范化、标准化运行管控为目标，统一规划、开发、管理和维护理赔信息系统。

第三十七条 理赔流程中关键风险点的合规管控要求，应内嵌入理赔信息系统，并通过信息系统控制得以实现。

理赔信息系统操作应与理赔实务相一致，并严格规范指导实际操作。

第三十八条 公司应保证所有理赔案件处理通过理赔信息系统，实现全流程运行管控。严禁系统外处理赔案。

第三十九条 理赔信息系统数据库应建立在总公司。总公司不得授权省级分公司程序修改权和数据修改权。所有程序、数据的修改应保存审批及操作记录。

严禁将理赔信息系统数据库建立在省级及省级以下分支机构。

第四十条 公司理赔信息系统的功能设置应满足内控制度各项要求，至少应包括以下内容：

（一）理赔信息系统应与接报案系统、承保系统、再保险系统、财务系统数据实现集成管理，无缝对接。通过公司行政审批系统审批的案件信息应该自动对接到理赔系统，如果不能自动对接，应将行政审批意见扫描并上传至理赔系统中。

（二）理赔信息系统应实现理赔全流程管控，至少包括接报案、调度、查勘、立案、定损（估损）、人身伤亡跟踪（调查）、报核价、核损、医疗审核、资料收集、理算、核赔、结销案、赔款支付、追偿及损余物资处理、客户回访、投诉处理以及特殊案件处理等必要环节及完整的业务处理信息。理赔信息系统应实时准确反映各理赔环节、岗位的工作时效。

（三）理赔信息系统应能对核损、报核价、医疗审核、核赔等重要环节实现分级授权设置，系统按照授权规则自动提交上级审核；未经最终核损人审核同意，理赔系统不能打印损失确认书。未经最终核赔人审核同意，理赔系统不得核赔通过，财务系统不得支付赔款。

（四）理赔信息系统应按法律法规及条款约定设定理算标准及公式。

（五）理赔信息系统中不得单方面强制设置保险条款以外的责任免除、赔款扣除等内容。

（六）理赔信息系统数据应保证完整、真实并不能篡改。

（七）理赔信息系统应设置反欺诈识别提醒功能，对出险时间与起保或终止时间接近、保险年度内索赔次数异常等情况进行提示。

（八）理赔信息系统可在各环节对采集到的客户信息进行补充修正，确保客户信息真实、准确、详实。

（九）理赔信息系统应具备影像存储传输功能，逐步实现全程电子化单证，推行无纸化操作；鼓励公司使用远程视频传输系统功能。

（十）理赔信息系统可对符合快速处理条件的赔案适当简化流程。

（十一）理赔信息系统应加强对一人多岗的监控，严禁使用他人工号。

第四十一条 公司应制订应急处理机制，保证系统故障时接报案等理赔服务工作及时有序进行。

第二节 接 报 案

第四十二条 公司应实行接报案全国或区域统一管理模式，不得将接报案统一集中到省级或以下机构管理。所有车险理赔案件必须通过系统接报案环节录入并生成编号后方可继续下一流程。

第四十三条 公司应建立有效报案甄别机制，通过接报案人员采用标准话术详细询问、接报案受理后及时回访等方法，逐步减少无效报案。

第四十四条 报案时间超过出险时间 48 小时的，公司应在理赔信息系统中设定警示标志，并应录入具体原因。公司应对报案时间超过出险时间 15 天的案件建立监督审核机制。

第四十五条 接报案时，理赔信息系统应自动查询并提示同一保单项下或同一车辆的以往报案记录，包括标的车辆作为第三者车辆的案件记录。对 30 天内多次报案的应设警示标志，防止重复报案并降低道德风险。

第四十六条 公司应积极引导被保险人或肇事司机直接向保险公司报案。对由修理单位等机构或个人代被保险人报案的，公司应要求其提供被保险人真实联系方式，并向被保险人核实。同时，公司应在后续理赔环节中通过查验被保险人有效身份证件或与被保险人见面方式对案件进行核实。

第四十七条 公司接报案受理人员应仔细询问并记录报案信息，报案记录应尽可能详尽，至少应包括以下内容：保单信息、出险车辆信息、被保险人信息、报案人信息、驾驶员信息、出险情况、损失情况、事故处理及施救等情况。

完成报案记录后，接报案人员或查勘人员要及时向报案人或被保险人详细明确说明理赔处理流程和所需证明材料等有关事项。

为方便客户了解赔偿程序和索赔要领，公司应向客户提供多渠道、多方式解释说明。

第三节 调 度

第四十八条 公司应建立完善、科学的调度体系，利用信息化手段准确调度，提高效率。

第四十九条 公司应通过调度系统实时掌握理赔人员、理赔车辆、理赔任务的工作状态。

第四节 查 勘

第五十条 公司应通过移动终端、远程控制或双人查勘等方式确保现场查勘信息真实。对重大、可疑赔案，应双人、多人查勘。

公司应加大对疑难重大案件复勘力度，并对第一现场、复勘现场、无现场查勘方式进行统计。

公司应建立查勘应急处理机制，防范并妥善处理突发大案或案件高峰期可能出现的查勘资源配置不到位。

第五十一条 理赔案件查勘报告应真实客观反映查勘情况，查勘报告重要项目应填写完整规范。重要项目至少应包括：出险车辆信息、驾驶员信息、事故成因、经过和性质、查勘时间、地点、内容、人员伤亡情况、事故车辆损失部位、程度等情况、查勘人员签名等。

现场照片应清楚反映事故全貌和损失情况。公司应采取技术手段防止或识别数码相片的修改。

查勘信息应及时录入理赔系统，超过规定时限的，应提交上级管理人员，对查勘人员进行考核处罚。

第五十二条 查勘人员应详细记录客户信息，了解事故情况，进行调查取证。

查勘人员应向客户递交书面"索赔须知"，并进行必要讲解，提示客户及时提出索赔申请。"索赔须知"至少应包括：索赔程序指引、索赔需提供的资料、理赔时效承诺、理赔投诉电话、理赔人员信息、理赔信息客户自主查询方式方法以及其他注意事项等。

第五十三条 公司查勘人员应在查勘环节收集真实完整的客户信息，并在后续环节中不断完善补充。

第五十四条 公司应对委托外部机构查勘严格管理。公司应制定外部合作机构资质标准，并与委托查勘机构签订合作协议。分支机构委托外部机构查勘的，应经总公司审批授权。

第五十五条 鼓励公司印制防伪易碎贴或防伪易碎封签（标签），加贴于特定部位，防止损坏配件被恶意替换，并加强配件残值管理处置。主要用于以下方面：

（一）第一现场估损符合自动核价条件的，对需要回收残值的配件加贴。

（二）第一现场不能估损的案件，对外表损坏配件加贴，对易产生替换和可能损坏的配件加贴；对需监督拆解车辆，在拆解关键点加贴。

（三）水损事故中对损失与否不能确认的配件，如电脑板等加贴。

第五十六条 公司应严格按照《保险法》及相关法律法规和保险合同的约定，在法律规定时限内，核定事故是否属于保险责任。情形复杂的，应在 30 日内作出核定，但合同另有约定的除外。不属于保险责任的，应自作出核定之日起 3 日内向被保险人发出拒绝赔偿通知书并说明理由，将索赔单证扫描存入系统后，退还相关索赔单证，并办理签收手续。

第五节 立 案

第五十七条 公司应加强立案过程管理，确保立案时估损金额尽量准确。公司原则上应实行报案即立案。接到报案后应及时在理赔信息系统中进行立案处理。系统应设置超过 3 日尚未立案则强制自动立案功能。

第五十八条 公司应及时充足准确录入估损金额，对自动立案并通过理赔系统对案件进行自动估损赋值的，应本着充分原则，赋值金额参考历史同类案件的案均赔款或其他合理统计量确定。公司应根据险别、有无人伤等不同情况明确赋值规则。

第六节 定损（估损）

第五十九条 公司定损人员应准确记录损失部位和项目，提出修理、更换建议，及时录入理赔信息系统。并请客户签字确认损失部位和项目。

第六十条 定损人员应及时向客户说明损失情况，并就定损项目、修复方式、配件类型、维修金额等向客户耐心细致解释。核损通过后的损失确认书，应由客户签字确认。对客户自行承担的损失，应明确告知客户并做好解释说明。

定损项目和金额需要调整的，定损人员应征得客户同意并签字确认。

第六十一条 公司应对委托外部机构定损严格管控。

第七节 报 核 价

第六十二条 公司应建立专业报核价队伍，在理赔信息系统中设置报核价模块，逐步实现常用配件自动报价。

第六十三条 公司应维护更新零部件价格信息，推行价格信息本地化，保证价格信息与区域市场匹配。

公司应采用经国家有关部门批准和认证的正规配件企业生产、符合原厂技术规范和配件性能标准、有合法商标、质量检验合格的配件。

第八节 核 损

第六十四条 公司应高度重视核损环节管理，加强核损队伍建设，提高核损人员专业技能。

第六十五条 核损人员应认真核对查勘、定损人员提交的事故现场查勘情况，与客户填报的事故经过是否一致，确定事故真伪及是否属于保险责任。

鼓励公司核损人员对拟提供给客户的"索赔须知"内容进行审核，确保对需提供的索赔材料说明准确。

第六十六条 核损人员应对定损人员提交的标的损失项目、修复方式、估损金额，根据报核价环节提供的配件价格信息进行远程在线审核或现场审核，并提出审核意见。

第六十七条 理赔信息系统应自动按照核损通过数值调整未决赔款金额。对于未决赔款金额波动较大的，应在系统中设置提醒标志。

第九节 人伤跟踪和医疗审核

第六十八条 总公司应建立人身伤亡案件（以下简称为"人伤"）审核专业管理团队，省级及以下理赔部门设置专职人伤跟踪（调查）和医疗审核团队或岗位，参与人伤损失的事故查勘、损伤调查、处理跟踪、协助合解、参与诉讼、资料收集、单证审核和费用核定等工作。公司应制订人伤跟踪、审核实务，应实现提前介入、过程跟踪、全程协助、加强管控的目标。

公司原则上应设置专线电话，安排人伤专业人员，为被保险人或受害人提供人伤处理全程咨询服务。

公司应加大人伤调查力度，制订人伤调查要求、具体内容和调查时效。

人伤审核人员应主动参与被保险人与事故受害人之间的损害赔偿合解工作，促成双方达成满意的合解结果。

在被保险人与受害人之间发生诉讼纠纷时，公司应积极主动协助被保险人做好诉讼案件处理工作。

第六十九条 公司在人伤跟踪过程中，应及时就诊疗方案、用药标准、后续治疗费用、残疾器具使用等问题向医疗单位、被保险人或受害人进行了解，并及时修正未决赔案估损金额。

第七十条 公司应根据相关法律法规和保险合同，按照以人为本和有利及时救治原则，进行人伤费用审核和支付。

第七十一条 公司对需进行伤残鉴定的人伤案件，应优先推荐和引导伤者到当地公信力较高的伤残鉴定机构进行评定，确保评残公正、客观。公司应跟踪评残过程及鉴定结果，发现疑义的应及时向鉴定机构反馈或要求复评。

公司应将"低残高评"、"疑义伤残"等记录在案，向有关主管部门反馈。

第十节 资料收集

第七十二条 公司接收、记录客户送达的索赔资料时，应按照"索赔须知"当场查验索赔资料是否齐全，及时出具接收回执。回执上应注明公司接收人、接收时间和公司咨询电话。

第七十三条 公司认为有关证明和资料不完整的，应当及时一次性书面通知投保人、被保险人或者受益人补充提供。

第十一节 理 算

第七十四条 公司对索赔资料齐全、无异议的案件，应及时完成理算工作。

第十二节 核 赔

第七十五条 公司理赔时效标准不得低于法律法规以及行业关于理赔

时效的规定。

公司自收到索赔请求和有关证明、资料之日起60日内，对其赔偿数额不能确定的，应根据已有证明和资料可以确定的数额先予支付。最终确定赔偿数额后，支付相应差额。

第七十六条 公司应对疑难案件会商，在充分尊重事实，准确适用法律，综合评定各方利益，并与客户有效沟通后，做出最终结论，并将结果及时反馈。

第十三节 结 销 案

第七十七条 公司应当在全部损失标的核赔通过后自动或人工结案。结案后的重开赔案权限应通过理赔信息系统上收至总公司。

第七十八条 公司应明确规定赔案注销、零结案和拒赔条件，严格注销案件、零结案和拒赔管理。

注销恢复案件处理权限应通过理赔信息系统上收至总公司。

第十四节 赔 款 支 付

第七十九条 公司应在与客户达成赔偿协议后10日内赔付。公司应及时通知客户领取保险赔款，定期清理已决未支付赔案。不得通过预付赔款方式支付已达成协议的赔款。

鼓励公司建立快速理赔机制。

第八十条 公司应在理赔信息系统中设定赔款收款人姓名、账号和开户银行名称，赔款支付时应遵守反洗钱的相关规定。

在赔款成功支付后，公司应通过电话、短信或书面等方式告知客户。

鼓励公司在客户投保时，积极引导客户约定赔款支付方式、明确赔款支付对象、开户行、账号等信息。

第八十一条 被保险人为个人的，公司应积极引导被保险人通过银行转账方式领取保险赔款。保险赔款金额超过一定金额的，要通过非现金方式支付，且支付到与被保险人、道路交通事故受害人等符合法律法规规定的人员名称相一致的银行账户。

各地区、各公司可根据实际情况，制订现金支付的最高限额。

第八十二条 被保险人为单位的，公司应严格按照有关支付结算规定，对 1000 元以上的保险赔款要通过非现金方式支付，且支付到与被保险人、道路交通事故受害人等符合法律法规规定的人员名称相一致的银行账户。

各地区、各公司可根据实际情况，进一步限定采取汇款、网上银行等无背书功能的转账支付方式。

鼓励公司采取无现金支付方式支付赔款。

第八十三条 公司应严格管控代领保险赔款风险。

（一）严格"直赔"修理厂管理

公司对签订"直赔"协议的修理单位（以下简称"直赔厂"），必须严格管理监督。

1. 不得将代报案、代查勘权限授予直赔厂。

2. 直赔厂在代客户索赔时，应提供维修发票、维修清单以及被保险人出具的授权书原件、身份证明等材料。

3. 公司应通过银行采用无背书功能的转账支付方式将保险赔款划入以承修事故车辆的修理单位为户名的银行账户，并通过电话回访或书面方式告知被保险人。

4. 对于不能提供被保险人真实联系方式、授权书的修理单位，公司不应与其签订或续签"直赔"协议。

（二）严格管控其他单位或个人代领保险赔款

对于直赔厂之外的其他单位或个人代被保险人或道路交通事故受害人领取保险赔款的，必须提供被保险人或道路交通事故受害人有效身份证明原件、授权书原件以及代领赔款人身份证明原件。

赔款支付方式按照第八十一条和第八十二条的规定执行。

第八十四条 被保险人给第三者造成损害，被保险人对第三者应负的赔偿责任确定的，根据被保险人的请求，公司应直接向该第三者赔偿保险金。被保险人怠于请求的，第三者有权就其应获赔偿部分直接向公司请求赔偿，公司应受理。

第十五节 追偿及损余物资处理

第八十五条 公司应加强代位追偿案件管理，制订制度规范以及追偿案件的业务、财务处理方式及流程。

第八十六条 公司应制订损余物资管理办法。损余物资折归被保险人的，应与被保险人协商同意，确保公平合理。

公司回收损余物资的，应在理赔信息系统中准确录入损余物资管理信息和处置情况，统计损余物资处置金额。处理款项应及时冲减赔款。

对于盗抢险追回车辆、推定全损车辆的损余处理，应上收到省级或以上机构统一处理。

第四章 理赔服务

第一节 服务标准

第八十七条 理赔服务应贯彻于理赔全过程，包括风险管理、客户回访、投诉处理等内容。

第八十八条 公司应制订理赔服务规范，确保流程控制中各环节理赔手续简便、服务时效明确、服务标准一致。

第八十九条 公司应建立"首问负责制"，保证流程顺畅，不互相推诿。

最先受理客户咨询、投诉的人员作为首问责任人，负责处理或督促相关部门解决客户提出的各类问题，并跟踪至问题解决。

第九十条 公司应设立全国统一的服务电话号码，并向社会公示，24小时×365天接受报案和咨询。公司应保证报案电话畅通，接通率不低于85%。

公司应提供24小时×365天查勘定损服务。

各地保险行业协会应根据本地实际情况，规定理赔人员到达事故现场时限，并向社会公布。

第九十一条 公司应建立理赔服务指标体系。理赔服务指标至少应包括：报案电话接通率、到达现场时长、平均结案周期、小额赔案结案周期、赔付时效、客户有效投诉率等。

各地保险行业协会应根据本地实际情况，制定理赔服务指标参考标准，并向社会公布。

第九十二条 公司应统一查勘定损员服装样式，统一制作并悬挂胸牌，按照公司视觉识别标识统一进行查勘车辆的外观喷涂和编号，便于各级理赔服务工作管理监督，提升理赔服务形象。

第九十三条 公司应制订理赔标准用语规范，涵盖理赔全流程。理赔人员在服务过程中应体现出良好的保险职业道德和精神风貌，主动迅速准确为客户提供优质服务。

第九十四条 异地理赔服务、委托外部机构理赔服务不得低于规定的理赔服务时效、理赔标准。

第二节 服务内容

第九十五条 公司应高度重视车险理赔服务工作，进一步强化理赔服务意识、增强理赔服务能力、提高理赔服务质量。

公司应积极协助被保险人向责任对方（责任对方是指在事故中对被保险人负有赔偿责任的当事人）进行索赔；当被保险人选择直接向投保保险公司索赔，并将向责任对方请求赔偿的权利转让给保险公司时，保险公司应该认真履行赔付义务。

各公司之间应进一步加强沟通协调。对于涉及多家保险公司的赔案，各公司均应积极参与处理，不得推诿。

为提高运行效率，各省级行业协会应逐步依托行业车险信息平台尽快实现数据及时传递和共享，应组织保险公司逐步建立行业间定损标准、赔付标准和追偿实务标准，积极解决保险理赔服务问题，提高客户满意度。

第九十六条 公司应根据赔案类型、客户分类和赔付数据建立差异化理赔服务机制。

公司应建立小额赔案理赔快速处理机制，不断提高小额案件理赔时效和服务质量。小额赔案的标准和赔付时限由各省级行业协会根据情况确定。

第九十七条 公司可在合理成本范围内为客户提供车辆救援、风险管理等增值服务。

第九十八条 公司应提供多渠道的理赔信息反馈服务。公司应按照相关规定，提供理赔信息自助查询服务。公司应在与理赔相关的营业场所或服务场所，张贴统一印制的索赔指引或索赔流程图，在保险凭证和保险宣传资料上明示服务电话，制订并对外公布理赔服务承诺。

公司应逐步实施电话、短信通知提醒、网络平台上传资料等服务内容。

第 三 节　服 务 保 证

第九十九条　公司应建立客户回访制度，应设专职人员在赔款支付 15 个工作日内进行客户回访，各公司应根据案件量确保一定回访比例。

建立客户回访台账或留存回访电话录音，内容至少应包括：案件情况真实性、理赔服务质量、赔款领取情况等。回访记录应妥善保存，自保险合同终止之日起计算，保管期限不得少于 5 年。

第一百条　公司应建立投诉信访处理机制，设立客户服务部门或者咨询投诉岗位，向社会公布理赔投诉电话，接受社会监督。

（一）公司应设专职人员负责受理客户理赔投诉工作。建立客户投诉登记台账，台账内容至少应包括：投诉编号、投诉日期、投诉人及联系方式、被投诉人、涉及保单或赔案号、投诉原因、投诉具体内容、处理结果、答复客户日期等。

（二）对保险监管部门按照规定转办的涉及理赔服务方面的信访事项，不得推诿、敷衍、拖延、弄虚作假，由公司分管领导负责并按照监管部门要求报告受理情况和办理结果。

（三）上门投诉的客户，有专人负责接待，尽最大努力即时解决。无法即时解决的，明确答复时限。其他形式（如电话、传真、信访和电子邮件等）的一般性投诉，承办部门应在 3 个工作日内答复；重大、疑难类投诉，应在 5 个工作日内答复。

对信访投诉情况定期分析，并采取改进措施。

第一百零一条　公司应建立并不断完善重大突发性事件、群体性投诉和媒体曝光事件的应急机制。

第一百零二条　公司应建立对理赔服务的内部稽核检查机制。

公司应通过客户服务暗访、客户满意度调查制度等多种方式对理赔服务质量监督检查，确保理赔服务水平。

第一百零三条　公司在加强理赔管理的同时，应不断提升理赔服务水平，落实理赔服务承诺，不得以打击车险骗赔等各种理由为名，降低车险理赔服务质量。

第五章 附 则

第一百零四条 车险电销专用产品业务的理赔及后续管理等原则上在保险标的所在地进行，并实行属地管理。

第一百零五条 交强险案件的理赔，应严格遵照监管部门及行业协会的有关规定执行。

第一百零六条 公司在与保险公估机构建立业务合作关系时，双方签订的合作协议中应明确规定保险公估机构提供的相关服务不低于本《指引》要求的管理与服务质量水平。

第一百零七条 本《指引》自下发之日起实施。

机动车交通事故责任强制保险条例

（2006年3月21日中华人民共和国国务院令第462号公布
根据2012年3月30日《国务院关于修改〈机动车交通事故责任强制保险条例〉的决定》第一次修订 根据2012年12月17日《国务院关于修改〈机动车交通事故责任强制保险条例〉的决定》第二次修订 根据2016年2月6日《国务院关于修改部分行政法规的决定》第三次修订 根据2019年3月2日《国务院关于修改部分行政法规的决定》第四次修订）

第一章 总 则

第一条 为了保障机动车道路交通事故受害人依法得到赔偿，促进道路交通安全，根据《中华人民共和国道路交通安全法》、《中华人民共和国保险法》，制定本条例。

第二条 在中华人民共和国境内道路上行驶的机动车的所有人或者管理人，应当依照《中华人民共和国道路交通安全法》的规定投保机动车交通事故责任强制保险。

机动车交通事故责任强制保险的投保、赔偿和监督管理，适用本条例。

第三条 本条例所称机动车交通事故责任强制保险，是指由保险公司对被保险机动车发生道路交通事故造成本车人员、被保险人以外的受害人的人身伤亡、财产损失，在责任限额内予以赔偿的强制性责任保险。

第四条 国务院保险监督管理机构依法对保险公司的机动车交通事故责任强制保险业务实施监督管理。

公安机关交通管理部门、农业（农业机械）主管部门（以下统称机动车管理部门）应当依法对机动车参加机动车交通事故责任强制保险的情况实施监督检查。对未参加机动车交通事故责任强制保险的机动车，机动车管理部门不得予以登记，机动车安全技术检验机构不得予以检验。

公安机关交通管理部门及其交通警察在调查处理道路交通安全违法行为和道路交通事故时，应当依法检查机动车交通事故责任强制保险的保险标志。

第二章 投 保

第五条 保险公司可以从事机动车交通事故责任强制保险业务。

为了保证机动车交通事故责任强制保险制度的实行，国务院保险监督管理机构有权要求保险公司从事机动车交通事故责任强制保险业务。

除保险公司外，任何单位或者个人不得从事机动车交通事故责任强制保险业务。

第六条 机动车交通事故责任强制保险实行统一的保险条款和基础保险费率。国务院保险监督管理机构按照机动车交通事故责任强制保险业务总体上不盈利不亏损的原则审批保险费率。

国务院保险监督管理机构在审批保险费率时，可以聘请有关专业机构进行评估，可以举行听证会听取公众意见。

第七条 保险公司的机动车交通事故责任强制保险业务，应当与其他保险业务分开管理，单独核算。

国务院保险监督管理机构应当每年对保险公司的机动车交通事故责任强制保险业务情况进行核查，并向社会公布；根据保险公司机动车交通事故责任强制保险业务的总体盈利或者亏损情况，可以要求或者允许保险公司相应调整保险费率。

调整保险费率的幅度较大的，国务院保险监督管理机构应当进行听证。

第八条 被保险机动车没有发生道路交通安全违法行为和道路交通事故的，保险公司应当在下一年度降低其保险费率。在此后的年度内，被保险机动车仍然没有发生道路交通安全违法行为和道路交通事故的，保险公司应当继续降低其保险费率，直至最低标准。被保险机动车发生道路交通安全违法行为或者道路交通事故的，保险公司应当在下一年度提高其保险费率。多次发生道路交通安全违法行为、道路交通事故，或者发生重大道路交通事故的，保险公司应当加大提高其保险费率的幅度。在道路交通事故中被保险人没有过错的，不提高其保险费率。降低或者提高保险费率的标准，由国务院保险监督管理机构会同国务院公安部门制定。

第九条 国务院保险监督管理机构、国务院公安部门、国务院农业主管部门以及其他有关部门应当逐步建立有关机动车交通事故责任强制保险、道路交通安全违法行为和道路交通事故的信息共享机制。

第十条 投保人在投保时应当选择从事机动车交通事故责任强制保险业务的保险公司，被选择的保险公司不得拒绝或者拖延承保。

国务院保险监督管理机构应当将从事机动车交通事故责任强制保险业务的保险公司向社会公示。

第十一条 投保人投保时，应当向保险公司如实告知重要事项。

重要事项包括机动车的种类、厂牌型号、识别代码、牌照号码、使用性质和机动车所有人或者管理人的姓名（名称）、性别、年龄、住所、身份证或者驾驶证号码（组织机构代码）、续保前该机动车发生事故的情况以及国务院保险监督管理机构规定的其他事项。

第十二条 签订机动车交通事故责任强制保险合同时，投保人应当一次支付全部保险费；保险公司应当向投保人签发保险单、保险标志。保险单、保险标志应当注明保险单号码、车牌号码、保险期限、保险公司的名称、地址和理赔电话号码。

被保险人应当在被保险机动车上放置保险标志。

保险标志式样全国统一。保险单、保险标志由国务院保险监督管理机构监制。任何单位或者个人不得伪造、变造或者使用伪造、变造的保险单、保险标志。

第十三条 签订机动车交通事故责任强制保险合同时，投保人不得在保险条款和保险费率之外，向保险公司提出附加其他条件的要求。

签订机动车交通事故责任强制保险合同时，保险公司不得强制投保人订立商业保险合同以及提出附加其他条件的要求。

第十四条 保险公司不得解除机动车交通事故责任强制保险合同；但是，投保人对重要事项未履行如实告知义务的除外。

投保人对重要事项未履行如实告知义务，保险公司解除合同前，应当书面通知投保人，投保人应当自收到通知之日起5日内履行如实告知义务；投保人在上述期限内履行如实告知义务的，保险公司不得解除合同。

第十五条 保险公司解除机动车交通事故责任强制保险合同的，应当收回保险单和保险标志，并书面通知机动车管理部门。

第十六条 投保人不得解除机动车交通事故责任强制保险合同，但有下列情形之一的除外：

（一）被保险机动车被依法注销登记的；

（二）被保险机动车办理停驶的；

（三）被保险机动车经公安机关证实丢失的。

第十七条 机动车交通事故责任强制保险合同解除前，保险公司应当按照合同承担保险责任。

合同解除时，保险公司可以收取自保险责任开始之日起至合同解除之日止的保险费，剩余部分的保险费退还投保人。

第十八条 被保险机动车所有权转移的，应当办理机动车交通事故责任强制保险合同变更手续。

第十九条 机动车交通事故责任强制保险合同期满，投保人应当及时续保，并提供上一年度的保险单。

第二十条 机动车交通事故责任强制保险的保险期间为1年，但有下列情形之一的，投保人可以投保短期机动车交通事故责任强制保险：

（一）境外机动车临时入境的；

（二）机动车临时上道路行驶的；

（三）机动车距规定的报废期限不足1年的；

（四）国务院保险监督管理机构规定的其他情形。

第三章 赔　　偿

第二十一条 被保险机动车发生道路交通事故造成本车人员、被保险人以外的受害人人身伤亡、财产损失的，由保险公司依法在机动车交通事故责任强制保险责任限额范围内予以赔偿。

道路交通事故的损失是由受害人故意造成的，保险公司不予赔偿。

第二十二条 有下列情形之一的，保险公司在机动车交通事故责任强制保险责任限额范围内垫付抢救费用，并有权向致害人追偿：

（一）驾驶人未取得驾驶资格或者醉酒的；

（二）被保险机动车被盗抢期间肇事的；

（三）被保险人故意制造道路交通事故的。

有前款所列情形之一，发生道路交通事故的，造成受害人的财产损失，保险公司不承担赔偿责任。

第二十三条 机动车交通事故责任强制保险在全国范围内实行统一的责任限额。责任限额分为死亡伤残赔偿限额、医疗费用赔偿限额、财产损失赔偿限额以及被保险人在道路交通事故中无责任的赔偿限额。

机动车交通事故责任强制保险责任限额由国务院保险监督管理机构会同国务院公安部门、国务院卫生主管部门、国务院农业主管部门规定。

第二十四条 国家设立道路交通事故社会救助基金（以下简称救助基金）。有下列情形之一时，道路交通事故中受害人人身伤亡的丧葬费用、部分或者全部抢救费用，由救助基金先行垫付，救助基金管理机构有权向道路交通事故责任人追偿：

（一）抢救费用超过机动车交通事故责任强制保险责任限额的；

（二）肇事机动车未参加机动车交通事故责任强制保险的；

（三）机动车肇事后逃逸的。

第二十五条 救助基金的来源包括：

（一）按照机动车交通事故责任强制保险的保险费的一定比例提取的资金；

（二）对未按照规定投保机动车交通事故责任强制保险的机动车的所有人、管理人的罚款；

（三）救助基金管理机构依法向道路交通事故责任人追偿的资金；

（四）救助基金孳息；

（五）其他资金。

第二十六条 救助基金的具体管理办法，由国务院财政部门会同国务院保险监督管理机构、国务院公安部门、国务院卫生主管部门、国务院农业主管部门制定试行。

第二十七条 被保险机动车发生道路交通事故，被保险人或者受害人通知保险公司的，保险公司应当立即给予答复，告知被保险人或者受害人具体的赔偿程序等有关事项。

第二十八条 被保险机动车发生道路交通事故的，由被保险人向保险公司申请赔偿保险金。保险公司应当自收到赔偿申请之日起1日内，书面告知被保险人需要向保险公司提供的与赔偿有关的证明和资料。

第二十九条 保险公司应当自收到被保险人提供的证明和资料之日起5日内，对是否属于保险责任作出核定，并将结果通知被保险人；对不属于保险责任的，应当书面说明理由；对属于保险责任的，在与被保险人达成赔偿保险金的协议后10日内，赔偿保险金。

第三十条 被保险人与保险公司对赔偿有争议的，可以依法申请仲裁或者向人民法院提起诉讼。

第三十一条 保险公司可以向被保险人赔偿保险金，也可以直接向受害人赔偿保险金。但是，因抢救受伤人员需要保险公司支付或者垫付抢救费用的，保险公司在接到公安机关交通管理部门通知后，经核对应当及时向医疗机构支付或者垫付抢救费用。

因抢救受伤人员需要救助基金管理机构垫付抢救费用的，救助基金管理机构在接到公安机关交通管理部门通知后，经核对应当及时向医疗机构垫付抢救费用。

第三十二条 医疗机构应当参照国务院卫生主管部门组织制定的有关临床诊疗指南，抢救、治疗道路交通事故中的受伤人员。

第三十三条 保险公司赔偿保险金或者垫付抢救费用，救助基金管理机构垫付抢救费用，需要向有关部门、医疗机构核实有关情况的，有关部门、医疗机构应当予以配合。

第三十四条 保险公司、救助基金管理机构的工作人员对当事人的个人隐私应当保密。

第三十五条 道路交通事故损害赔偿项目和标准依照有关法律的规定执行。

第四章 罚 则

第三十六条 保险公司以外的单位或者个人，非法从事机动车交通事故责任强制保险业务的，由国务院保险监督管理机构予以取缔；构成犯罪的，依法追究刑事责任；尚不构成犯罪的，由国务院保险监督管理机构没收违法所得，违法所得20万元以上的，并处违法所得1倍以上5倍以下罚款；没有违法所得或者违法所得不足20万元的，处20万元以上100万元以下罚款。

第三十七条 保险公司违反本条例规定，有下列行为之一的，由国务院保险监督管理机构责令改正，处5万元以上30万元以下罚款；情节严重的，可以限制业务范围、责令停止接受新业务或者吊销经营保险业务许可证：

（一）拒绝或者拖延承保机动车交通事故责任强制保险的；

（二）未按照统一的保险条款和基础保险费率从事机动车交通事故责任强制保险业务的；

（三）未将机动车交通事故责任强制保险业务和其他保险业务分开管理，单独核算的；

（四）强制投保人订立商业保险合同的；

（五）违反规定解除机动车交通事故责任强制保险合同的；

（六）拒不履行约定的赔偿保险金义务的；

（七）未按照规定及时支付或者垫付抢救费用的。

第三十八条 机动车所有人、管理人未按照规定投保机动车交通事故责任强制保险的，由公安机关交通管理部门扣留机动车，通知机动车所有人、管理人依照规定投保，处依照规定投保最低责任限额应缴纳的保险费的2倍罚款。

机动车所有人、管理人依照规定补办机动车交通事故责任强制保险的，应当及时退还机动车。

第三十九条 上道路行驶的机动车未放置保险标志的，公安机关交通管理部门应当扣留机动车，通知当事人提供保险标志或者补办相应手续，可以处警告或者20元以上200元以下罚款。

当事人提供保险标志或者补办相应手续的，应当及时退还机动车。

第四十条 伪造、变造或者使用伪造、变造的保险标志，或者使用其他机动车的保险标志，由公安机关交通管理部门予以收缴，扣留该机动车，处200元以上2000元以下罚款；构成犯罪的，依法追究刑事责任。

当事人提供相应的合法证明或者补办相应手续的，应当及时退还机动车。

第五章 附 则

第四十一条 本条例下列用语的含义：

（一）投保人，是指与保险公司订立机动车交通事故责任强制保险合同，并按照合同负有支付保险费义务的机动车的所有人、管理人。

（二）被保险人，是指投保人及其允许的合法驾驶人。

（三）抢救费用，是指机动车发生道路交通事故导致人员受伤时，医疗机构参照国务院卫生主管部门组织制定的有关临床诊疗指南，对生命体征不平稳和虽然生命体征平稳但如果不采取处理措施会产生生命危险，或者导致残疾、器官功能障碍，或者导致病程明显延长的受伤人员，采取必要的处理措施所发生的医疗费用。

第四十二条 挂车不投保机动车交通事故责任强制保险。发生道路交通事故造成人身伤亡、财产损失的，由牵引车投保的保险公司在机动车交通事故责任强制保险责任限额范围内予以赔偿；不足的部分，由牵引车方和挂车方依照法律规定承担赔偿责任。

第四十三条 机动车在道路以外的地方通行时发生事故，造成人身伤亡、财产损失的赔偿，比照适用本条例。

第四十四条 中国人民解放军和中国人民武装警察部队在编机动车参加机动车交通事故责任强制保险的办法，由中国人民解放军和中国人民武装警察部队另行规定。

第四十五条 机动车所有人、管理人自本条例施行之日起3个月内投保机动车交通事故责任强制保险；本条例施行前已经投保商业性机动车第三者责任保险的，保险期满，应当投保机动车交通事故责任强制保险。

第四十六条 本条例自2006年7月1日起施行。

最高人民法院研究室关于新的人身损害赔偿审理标准是否适用于未到期机动车第三者责任保险合同问题的答复

(2004 年 6 月 4 日　法研〔2004〕81 号)

中国保险监督管理委员会办公厅：

你厅《关于新的人身损害赔偿审理标准是否适用于未到期机动车第三者责任保险合同问题的函》（保监厅函〔2004〕90 号）收悉。经研究，答复如下：

《合同法》第四条规定，"当事人依法享有自愿订立合同的权利，任何单位和个人不得非法干预。"《合同法》本条所确定的自愿原则是合同法中一项基本原则，应当适用于保险合同的订立。《保险法》第四条也规定，从事保险活动必须遵循自愿原则（2002 年《保险法》第四条中的"自愿原则"于2009 年删除）。因此，投保人与保险人在保险合同中有关"保险人按照《道路交通事故处理办法》规定的人身损害赔偿范围、项目和标准以及保险合同的约定，在保险单载明的责任限额内承担赔偿责任"的约定只是保险人应承担的赔偿责任的计算方法，而不是强制执行的标准，它不因《道路交通事故的处理办法》的失效而无效。我院《关于审理人身损害赔偿案件适用法律若干问题的解释》施行后，保险合同的当事人既可以继续履行 2004 年 5 月 1 日前签订的机动车辆第三者责任保险合同，也可以经协商依法变更保险合同。

最高人民法院关于财产保险单能否用于抵押的复函

(1992 年 4 月 2 日　法函〔1992〕47 号)

江西省高级人民法院：

你院赣法经〔1991〕6 号《关于保险单能否抵押的请示》收悉。经商中国人民银行和中国人民保险公司，答复如下：

394　　依照《中华人民共和国民法通则》第八十九条第（二）项的规定，抵押物应当是特定的、可以折价或变卖的财产。财产保险单是保险人与被保险人订立保险合同的书面证明，并不是有价证券，也不是可以折价或者变卖的财产。因此，财产保险单不能用于抵押。

四、其他保险

农业保险条例

(2012 年 11 月 12 日中华人民共和国国务院令第 629 号公布　根据 2016 年 2 月 6 日《国务院关于修改部分行政法规的决定》修订)

第一章　总　　则

第一条　为了规范农业保险活动，保护农业保险活动当事人的合法权益，提高农业生产抗风险能力，促进农业保险事业健康发展，根据《中华人民共和国保险法》、《中华人民共和国农业法》等法律，制定本条例。

第二条　本条例所称农业保险，是指保险机构根据农业保险合同，对被保险人在种植业、林业、畜牧业和渔业生产中因保险标的遭受约定的自然灾害、意外事故、疫病、疾病等保险事故所造成的财产损失，承担赔偿保险金责任的保险活动。

本条例所称保险机构，是指保险公司以及依法设立的农业互助保险等保险组织。

第三条　国家支持发展多种形式的农业保险，健全政策性农业保险制度。

农业保险实行政府引导、市场运作、自主自愿和协同推进的原则。

省、自治区、直辖市人民政府可以确定适合本地区实际的农业保险经营模式。

任何单位和个人不得利用行政权力、职务或者职业便利以及其他方式强迫、限制农民或者农业生产经营组织参加农业保险。

第四条　国务院保险监督管理机构对农业保险业务实施监督管理。国务院财政、农业、林业、发展改革、税务、民政等有关部门按照各自的职责，负责农业保险推进、管理的相关工作。

财政、保险监督管理、国土资源、农业、林业、气象等有关部门、机构应当建立农业保险相关信息的共享机制。

第五条 县级以上地方人民政府统一领导、组织、协调本行政区域的农业保险工作，建立健全推进农业保险发展的工作机制。县级以上地方人民政府有关部门按照本级人民政府规定的职责，负责本行政区域农业保险推进、管理的相关工作。

第六条 国务院有关部门、机构和地方各级人民政府及其有关部门应当采取多种形式，加强对农业保险的宣传，提高农民和农业生产经营组织的保险意识，组织引导农民和农业生产经营组织积极参加农业保险。

第七条 农民或者农业生产经营组织投保的农业保险标的属于财政给予保险费补贴范围的，由财政部门按照规定给予保险费补贴，具体办法由国务院财政部门商国务院农业、林业主管部门和保险监督管理机构制定。

国家鼓励地方人民政府采取由地方财政给予保险费补贴等措施，支持发展农业保险。

第八条 国家建立财政支持的农业保险大灾风险分散机制，具体办法由国务院财政部门会同国务院有关部门制定。

国家鼓励地方人民政府建立地方财政支持的农业保险大灾风险分散机制。

第九条 保险机构经营农业保险业务依法享受税收优惠。

国家支持保险机构建立适应农业保险业务发展需要的基层服务体系。

国家鼓励金融机构对投保农业保险的农民和农业生产经营组织加大信贷支持力度。

第二章 农业保险合同

第十条 农业保险可以由农民、农业生产经营组织自行投保，也可以由农业生产经营组织、村民委员会等单位组织农民投保。

由农业生产经营组织、村民委员会等单位组织农民投保的，保险机构应当在订立农业保险合同时，制定投保清单，详细列明被保险人的投保信息，并由被保险人签字确认。保险机构应当将承保情况予以公示。

第十一条 在农业保险合同有效期内，合同当事人不得因保险标的的危险程度发生变化增加保险费或者解除农业保险合同。

第十二条 保险机构接到发生保险事故的通知后，应当及时进行现场查勘，会同被保险人核定保险标的的受损情况。由农业生产经营组织、村民委员会等单位组织农民投保的，保险机构应当将查勘定损结果予以公示。

保险机构按照农业保险合同约定，可以采取抽样方式或者其他方式核定保险标的的损失程度。采用抽样方式核定损失程度的，应当符合有关部门规定的抽样技术规范。

第十三条 法律、行政法规对受损的农业保险标的的处理有规定的，理赔时应当取得受损保险标的已依法处理的证据或者证明材料。

保险机构不得主张对受损的保险标的的残余价值的权利，农业保险合同另有约定的除外。

第十四条 保险机构应当在与被保险人达成赔偿协议后 10 日内，将应赔偿的保险金支付给被保险人。农业保险合同对赔偿保险金的期限有约定的，保险机构应当按照约定履行赔偿保险金义务。

第十五条 保险机构应当按照农业保险合同约定，根据核定的保险标的的损失程度足额支付应赔偿的保险金。

任何单位和个人不得非法干预保险机构履行赔偿保险金的义务，不得限制被保险人取得保险金的权利。

农业生产经营组织、村民委员会等单位组织农民投保的，理赔清单应当由被保险人签字确认，保险机构应当将理赔结果予以公示。

第十六条 本条例对农业保险合同未作规定的，参照适用《中华人民共和国保险法》中保险合同的有关规定。

第三章 经 营 规 则

第十七条 保险机构经营农业保险业务，应当符合下列条件：
（一）有完善的基层服务网络；
（二）有专门的农业保险经营部门并配备相应的专业人员；
（三）有完善的农业保险内控制度；
（四）有稳健的农业再保险和大灾风险安排以及风险应对预案；
（五）偿付能力符合国务院保险监督管理机构的规定；
（六）国务院保险监督管理机构规定的其他条件。
除保险机构外，任何单位和个人不得经营农业保险业务。

第十八条 保险机构经营农业保险业务，实行自主经营、自负盈亏。

保险机构经营农业保险业务，应当与其他保险业务分开管理，单独核算损益。

第十九条 保险机构应当公平、合理地拟订农业保险条款和保险费率。属于财政给予保险费补贴的险种的保险条款和保险费率，保险机构应当在充分听取省、自治区、直辖市人民政府财政、农业、林业部门和农民代表意见的基础上拟订。

农业保险条款和保险费率应当依法报保险监督管理机构审批或者备案。

第二十条 保险机构经营农业保险业务的准备金评估和偿付能力报告的编制，应当符合国务院保险监督管理机构的规定。

农业保险业务的财务管理和会计核算需要采取特殊原则和方法的，由国务院财政部门制定具体办法。

第二十一条 保险机构可以委托基层农业技术推广等机构协助办理农业保险业务。保险机构应当与被委托协助办理农业保险业务的机构签订书面合同，明确双方权利义务，约定费用支付，并对协助办理农业保险业务的机构进行业务指导。

第二十二条 保险机构应当按照国务院保险监督管理机构的规定妥善保存农业保险查勘定损的原始资料。

禁止任何单位和个人涂改、伪造、隐匿或者违反规定销毁查勘定损的原始资料。

第二十三条 保险费补贴的取得和使用，应当遵守依照本条例第七条制定的具体办法的规定。

禁止以下列方式或者其他任何方式骗取农业保险的保险费补贴：

（一）虚构或者虚增保险标的或者以同一保险标的进行多次投保；

（二）以虚假理赔、虚列费用、虚假退保或者截留、挪用保险金、挪用经营费用等方式冲销投保人应缴的保险费或者财政给予的保险费补贴。

第二十四条 禁止任何单位和个人挪用、截留、侵占保险机构应当赔偿被保险人的保险金。

第二十五条 本条例对农业保险经营规则未作规定的，适用《中华人民共和国保险法》中保险经营规则及监督管理的有关规定。

第四章 法 律 责 任

第二十六条 保险机构不符合本条例第十七条第一款规定条件经营农业保险业务的，由保险监督管理机构责令限期改正，停止接受新业务；逾期不改正或者造成严重后果的，处 10 万元以上 50 万元以下的罚款，可以责令停业整顿或者吊销经营保险业务许可证。

保险机构以外的其他组织或者个人非法经营农业保险业务的，由保险监督管理机构予以取缔，没收违法所得，并处违法所得 1 倍以上 5 倍以下的罚款；没有违法所得或者违法所得不足 20 万元的，处 20 万元以上 100 万元以下的罚款。

第二十七条 保险机构经营农业保险业务，有下列行为之一的，由保险监督管理机构责令改正，处 10 万元以上 50 万元以下的罚款；情节严重的，可以限制其业务范围、责令停止接受新业务：

（一）编制或者提供虚假的报告、报表、文件、资料；

（二）拒绝或者妨碍依法监督检查；

（三）未按照规定使用经批准或者备案的农业保险条款、保险费率。

第二十八条 保险机构经营农业保险业务，违反本条例规定，有下列行为之一的，由保险监督管理机构责令改正，处 5 万元以上 30 万元以下的罚款；情节严重的，可以限制其业务范围、责令停止接受新业务：

（一）未按照规定将农业保险业务与其他保险业务分开管理，单独核算损益；

（二）利用开展农业保险业务为其他机构或者个人牟取不正当利益；

（三）未按照规定申请批准农业保险条款、保险费率。

保险机构经营农业保险业务，未按照规定报送农业保险条款、保险费率备案的，由保险监督管理机构责令限期改正；逾期不改正的，处 1 万元以上 10 万元以下的罚款。

第二十九条 保险机构违反本条例规定，保险监督管理机构除依照本条例的规定给予处罚外，对其直接负责的主管人员和其他直接责任人员给予警告，并处 1 万元以上 10 万元以下的罚款；情节严重的，对取得任职资格或者从业资格的人员撤销其相应资格。

第三十条 违反本条例第二十三条规定，骗取保险费补贴的，由财政部门依照《财政违法行为处罚处分条例》的有关规定予以处理；构成犯罪的，依法追究刑事责任。

违反本条例第二十四条规定，挪用、截留、侵占保险金的，由有关部门依法处理；构成犯罪的，依法追究刑事责任。

第三十一条 保险机构违反本条例规定的法律责任，本条例未作规定的，适用《中华人民共和国保险法》的有关规定。

第五章 附 则

第三十二条 保险机构经营有政策支持的涉农保险，参照适用本条例有关规定。

涉农保险是指农业保险以外、为农民在农业生产生活中提供保险保障的保险，包括农房、农机具、渔船等财产保险，涉及农民的生命和身体等方面的短期意外伤害保险。

第三十三条 本条例自2013年3月1日起施行。

最高人民法院关于转知保险总公司对
木筏保险的办法及保险期限的问题的函

(1954年2月25日 法行字第1771号)

最高人民法院西南分院：

你院院民（53）字第906号报告收悉。关于你院提出保险公司接保木筏险的办法以及"保险期限"的规定中存在的问题，由于这个问题系专门性的问题，我们缺乏这方面的经验，特函请中国人民保险公司总公司提供意见。接该总公司于1954年2月18日以总内运（54）字第86号函函复如下：

一、排筏险所承保的木排竹筏其本身性质诚如你院西南分院所说，既是货物又是运输工具，它既不同于一般的货物，又不同于一般的运输工具。因此我公司将此类排筏险列为运输保险中的特种业务，对其责任费率也与一般的货物运输保险作了不同的规定。

二、关于排筏险的期限问题，由于排筏的承运人，一般的就是货主，没有一般的承运人和货主之间的关系，到埠以后可由货主直接掌握，没有一般货物运输存放在承运人处所的候提情况，需要堆存候提期间的保险责任的意义就不大了。其次，排筏到埠以后在未折排起岸以前，因木排已在水中长期漂浮，容易发生自沉或冲散的损失，而这种损失根据我们已往业务的经验来看，如经事先严加防止，是可以避免的。因此，为了督促保户于排筏到达后加强防灾工作，克服保户单纯依赖保险的思想，以减少国家财产不必要的损失，我们对排筏险责任规定到埠为止，还是比较合适的。

三、我公司排筏险业务尚在试办阶段中，在办法上还不够成熟，有关保险期限的条款文字，由于兼用木船运输保险单的关系，确有不够明确的地方，西南分院的意见，对于我们正在进行的条款修订工作有很大帮助，我们预备以后研究修正。特此转知你院参考。

中国银保监会办公厅关于进一步明确
农业保险业务经营条件的通知

（2020 年 6 月 1 日　银保监办发〔2020〕51 号）

各银保监局，各财产保险公司：

为深入贯彻中央全面深化改革委员会关于加快农业保险高质量发展的总体部署，落实好农业保险领域"放管服"改革要求，进一步深化农业保险供给侧结构性改革，建立健全农业保险业务经营条件管理机制，现将有关事项通知如下：

一、根据《保险法》《农业保险条例》等规定，符合相关法律法规和本通知要求的保险机构，可经营农业保险业务。

二、如无特别说明，本通知所称保险机构，是指财产保险总公司及其分支机构。

本通知所称保险公司省级分公司是指财产保险公司省分公司、计划单列市分公司。

三、农业保险坚持适度竞争原则。鼓励保险机构在西部地区、深度贫困地区和农业保险经营机构相对较少地区经营农业保险业务。鼓励保险机构加大投入力度，优化机构布局，完善农业保险基层服务网络。

四、保险公司总公司经营农业保险业务，应当具备以下条件：

（一）符合《保险法》《农业保险条例》等法律法规规定。

（二）公司业务范围包含农业保险。

（三）公司治理和内控管理良好，近3年内未因农业保险业务受到重大行政处罚。

（四）有经股东会或董事会批准的农业保险发展规划，包括经营策略、组织架构和风控体系等。

（五）有专门的农业保险管理部门，并配备8名以上农业、保险等相关专业人员，具有较强的农业保险经营和风险管理能力。

（六）具备相对独立、完善的农业保险信息管理系统，与设立在中国银行保险信息技术管理有限公司的全国农业保险信息管理平台实现数据对接，能完整、及时、准确报送农业保险数据信息。

（七）有稳健的农业再保险、大灾风险安排以及风险应对预案。

（八）上一年度末及最近两个季度末综合偿付能力充足率180%以上；其中专业性农业保险公司上一年度末及最近两个季度末综合偿付能力充足率150%以上。

（九）农业保险业务与其他业务分开管理，单独核算损益。

（十）中国银保监会规定的其他条件。

五、保险公司省级分公司经营农业保险业务，应当具备以下条件：

（一）符合《保险法》《农业保险条例》等法律法规规定。

（二）总公司符合本通知第四条规定的农业保险业务经营条件。

（三）总公司批准同意开展农业保险业务。

（四）具备完善的农业保险管理制度体系，内控管理良好，近3年内未因农业保险业务受到重大行政处罚。

（五）有专门的农业保险管理部门，并配备5名以上农业、保险等相关专业人员，具有较强的核保核赔和风险管理能力。

（六）在经营农业保险业务的县级区域内设有分支机构，分支机构的信息系统、查勘设备和交通工具等办公条件能够满足业务管理和农业保险服务的要求，并建立与业务规模相适应的农业保险基层服务网络。

（七）在经营农业保险业务的县级分支机构应配备农业保险专职人员，专职人员的数量应当能满足当地农业保险业务管理和服务的需要。

六、保险公司总公司所在地的省级分公司符合下列条件的，可向所在地银保监局提出豁免适用本通知第五条第（二）项规定的申请，所在地银保监局在统筹考虑相关情况的基础上按程序予以豁免：

（一）拟开展的农业保险业务符合国家精准扶贫、乡村振兴等战略。

（二）总公司上一年度末和最近两个季度末综合偿付能力充足率100%以上。

（三）符合本通知第五条除第（二）项外的其他条件。

所在地银保监局豁免的省级分公司家数不得超过1家。

七、不具备农业保险业务经营条件的省级分公司不得以共保的形式参与当地农业保险经营。

农业保险共保体要加强自身管理，明确各方权利义务，强化风险管控，鼓励适度竞争和创新，提升服务能力和水平。

八、保险机构不符合条件经营农业保险业务的，由银保监会或其派出机构责令限期改正，停止接受新业务；逾期不改正或者造成严重后果的，处10万元以上50万元以下的罚款，可以责令停业整顿或者吊销经营保险业务许可证。

九、保险公司总公司因自身原因主动退出农业保险经营的，应当向银保监会报告。

保险公司省级分公司因自身原因主动退出农业保险经营的，应当向所在地银保监局报告。

十、保险公司总公司退出农业保险经营的，其所有省级分公司自动退出农业保险经营。

十一、保险机构退出农业保险经营的，要严格按照规定处理未了责任，做好交接工作，妥善做好后续事宜。

保险机构退出后，未妥善做好后续事宜造成严重影响的，银保监会或其派出机构将依法依规采取监管措施。

十二、保险机构存在本通知第九条规定的情形满三年的，如需重新经营农业保险业务，仍应符合本通知规定的条件。

十三、银保监会适时对保险公司总公司农业保险业务经营管理等情况进行综合考评；银保监局适时对保险公司省级分公司农业保险业务经营管理情况进行综合考评。

十四、各银保监局应根据本通知要求，结合当地实际，细化制定辖区内的农业保险业务经营条件管理规定。

各银保监局应将管理规定和符合辖区内农业保险业务经营条件的保险机构目录，自公布之日起十个工作日内报送银保监会。保险机构退出农业保险经营的，各银保监局应在十个工作日内向银保监会报告。

十五、本通知下发前已获得农业保险业务经营资格或开展农业保险共保业务的保险机构，如不符合本通知要求，应在本通知施行后两年内达到本通知要求。届时仍未符合条件的，不得继续经营农业保险业务。

十六、本通知所称农业保险业务，包括有政策支持的农业保险业务和商业性农业保险业务。保险机构经营有政策支持的涉农保险，参照适用本通知规定。

十七、本通知所称重大行政处罚，是指保险机构或公司董事、监事和高级管理人员因农业保险（含涉农保险）业务受到下列行政处罚：限制业务范围、责令停止接受新业务、责令停业整顿、吊销业务许可证、公司高管被撤销任职资格或者行业禁入处罚。

十八、依法设立的其他保险组织经营农业保险业务，参照适用本通知规定。

十九、本通知由银保监会负责解释。

中国银保监会关于印发
农业保险精算规定（试行）的通知

（2023 年 4 月 21 日　银保监规〔2023〕4 号）

各银保监局，各财产保险公司：

为完善农业保险精算制度，加快农业保险高质量发展，银保监会制定了《农业保险精算规定（试行）》。现印发给你们，请遵照执行。

农业保险精算规定（试行）

一、适用范围

（一）本规定适用于种植业、养殖业和森林等农业保险业务。

（二）本规定所称保险公司是指符合银保监会关于农业保险业务经营条件的财产保险公司。

（三）本规定所称监管机构是指银保监会及其派出机构。

二、费率构成

（四）保险公司厘定农业保险费率，应当符合非寿险精算原理，严格遵循公平、合理、充足的原则。

（五）农业保险费率标准公式为：费率＝基准费率×费率调整系数。其中，基准费率＝基准纯风险损失率/目标赔付率，目标赔付率＝1－附加费率。财政补贴性产品的费率调整系数范围为［0.75－1.25］，其他产品的费率调整系数范围为［0.5－1.5］。

（六）对于中国精算师协会已发布农业保险行业基准纯风险损失率的产品，公司定价时的基准纯风险损失率应当使用行业基准。

（七）财政补贴性产品的附加费率不得高于25%，其他产品的上限可以适当提高。

（八）保险公司应当按照保险费率与标的风险、经营成本相匹配的原则，合理确定费率调整系数和附加费率，并进行保费充足性测试。

三、费率回溯和纠偏

（九）保险公司应当建立费率回溯和纠偏机制，动态监测、分析费率精算假设与公司实际经营情况的偏离度，合理考虑大灾影响，及时调整农业保险费率。

（十）对于使用行业基准纯风险损失率的产品，保险公司的费率调整限于费率调整系数和附加费率。中国精算师协会应当加强农业保险风险区划研究，构建农业生产风险地图，发布农业保险行业基准纯风险损失率，并根据市场实际风险情况，适时更新测算农业保险基准纯风险损失率，建立行业基准纯风险损失率调整的常态化机制。

四、保费不足准备金的评估

（十一）保险公司应当完善农业保险的保费充足性测试流程，评估保费不足准备金。对于中国精算师协会已发布行业基准纯风险损失率的产品，保险公司应当在每年末逐单测试所有未满期保单的保费充足性，且保费不足准备金（PDR）不得低于以下计算标准下的金额：

$$PDR = \max(PDT, 0)$$

$$PDT = \sum w_i (k_i PRR_i + C_i + OE_i - R_i) SI_i$$

其中：

w_i = 评估时点保单 i 未满期天数/保单 i 起止天数；

k_i 为评估时对保单 i 使用的系数，且 $k_i \geq k$，当前设定 k 值为 0.85；

PRR_i 为保单 i 所对应的行业基准纯风险损失率；

C_i 为保单 i 发生的协办费用与保险金额的比率，协办费用指保险公司向财政、农业、林草、村民委员会、村级集体经济组织等基层机构支付的用于协助办理农业保险业务的费用；

OE_i 为保单 i 除协办费用外其他费用（含分摊费用）与保险金额的比率；

R_i 为保单 i 经费率调整系数调整后的费率；

SI_i 为保单 i 的保险金额。

（十二）保险公司对于农业保险分入业务的保费不足准备金评估，同样适用第十一条要求，分出公司应当向分入公司提供评估所需的必要数据。

（十三）监管机构可以依据审慎监管原则，适时调整行业或个体保险公司进行保费充足性测试的频率、保费充足性测试所使用的 k 值。

（十四）保险公司应当在每年末根据本规定评估农业保险保费不足准备金，并在次年 3 月 31 日前将评估结果报告公司所属监管机构。

五、总精算师的职责

（十五）保险公司总精算师作为公司农业保险精算管理的第一责任人，应当严格遵照监管规定，切实履行责任。

（十六）总精算师应当在农业保险的准备金评估和产品定价过程中，充分考虑农业保险经营的季节性、地域性等特点，并审慎估计大灾损失。

（十七）保险公司农业保险准备金回溯出现不利进展或持续定价不足等风险，总精算师应当及时向监管机构报告。

六、监管措施

（十八）对于保险公司向监管机构备案的农业保险费率违反法律、行政法规或者监管机构有关规定的情形的，监管机构责令保险公司停止使用该产品，限期修改；情节严重的，可以在一定期限内禁止申报新的保险条款和费率。

（十九）保险公司编制或者提供虚假的农业保险准备金评估报告、准备金回溯分析报告以及相关报表、文件、资料的，由监管机构依照《中华人民共和国保险法》（以下简称《保险法》）相关规定责令改正，并处十万元以上五十万元以下的罚款；情节严重的，可以限制其业务范围、责令停止接受新业务或者吊销业务许可证。对直接负责主管人员和其他直接责任人员，由监管机构依照《保险法》相关规定给予警告，并处一万元以上十万元以下的罚款；情节严重的，撤销任职资格。

（二十）保险公司未按照规定提取或者结转农业保险各项责任准备金，存在《保险公司非寿险业务准备金管理办法》（中国银行保险监督管理委员会令 2021 年第 11 号）第三十四条列举的情形之一的，由监管机构依照《保险法》相关规定处五万元以上三十万元以下的罚款；情节严重的，可以限制其业务范围、责令停止接受新业务或者吊销业务许可证。对直接负责主管人员和其他直接责任人员，由监管机构依照《保险法》相关规定给予警告，并处一万元以上十万元以下的罚款；情节严重的，撤销任职资格。

本规定由银保监会负责解释，自 2023 年 9 月 1 日起施行。

五、保险公司

中华人民共和国外资保险公司管理条例

(2001 年 12 月 12 日中华人民共和国国务院令第 336 号公布
根据 2013 年 5 月 30 日《国务院关于修改〈中华人民共和国外资
保险公司管理条例〉的决定》第一次修订　根据 2016 年 2 月 6 日
《国务院关于修改部分行政法规的决定》第二次修订　根据 2019 年
9 月 30 日《国务院关于修改〈中华人民共和国外资保险公司管理条
例〉和〈中华人民共和国外资银行管理条例〉的决定》第三次修订)

第一章　总　　则

第一条　为了适应对外开放和经济发展的需要，加强和完善对外资保
险公司的监督管理，促进保险业的健康发展，制定本条例。

第二条　本条例所称外资保险公司，是指依照中华人民共和国有关法
律、行政法规的规定，经批准在中国境内设立和营业的下列保险公司：

（一）外国保险公司同中国的公司、企业在中国境内合资经营的保险
公司（以下简称合资保险公司）；

（二）外国保险公司在中国境内投资经营的外国资本保险公司（以下
简称独资保险公司）；

（三）外国保险公司在中国境内的分公司（以下简称外国保险公司分
公司）。

第三条　外资保险公司必须遵守中国法律、法规，不得损害中国的社
会公共利益。

外资保险公司的正当业务活动和合法权益受中国法律保护。

第四条　国务院保险监督管理机构负责对外资保险公司实施监督管理。
国务院保险监督管理机构的派出机构根据国务院保险监督管理机构的授权，
对本辖区的外资保险公司进行日常监督管理。

第二章　设立与登记

第五条　设立外资保险公司，应当经国务院保险监督管理机构批准。

设立外资保险公司的地区，由国务院保险监督管理机构按照有关规定确定。

第六条　设立经营人身保险业务的外资保险公司和经营财产保险业务的外资保险公司，其设立形式、外资比例由国务院保险监督管理机构按照有关规定确定。

第七条　合资保险公司、独资保险公司的注册资本最低限额为 2 亿元人民币或者等值的自由兑换货币；其注册资本最低限额必须为实缴货币资本。

外国保险公司分公司应当由其总公司无偿拨给不少于 2 亿元人民币或者等值的自由兑换货币的营运资金。

国务院保险监督管理机构根据外资保险公司业务范围、经营规模，可以提高前两款规定的外资保险公司注册资本或者营运资金的最低限额。

第八条　申请设立外资保险公司的外国保险公司，应当具备下列条件：

（一）提出设立申请前 1 年年末总资产不少于 50 亿美元；

（二）所在国家或者地区有完善的保险监管制度，并且该外国保险公司已经受到所在国家或者地区有关主管当局的有效监管；

（三）符合所在国家或者地区偿付能力标准；

（四）所在国家或者地区有关主管当局同意其申请；

（五）国务院保险监督管理机构规定的其他审慎性条件。

第九条　设立外资保险公司，申请人应当向国务院保险监督管理机构提出书面申请，并提交下列资料：

（一）申请人法定代表人签署的申请书，其中设立合资保险公司的，申请书由合资各方法定代表人共同签署；

（二）外国申请人所在国家或者地区有关主管当局核发的营业执照（副本）、对其符合偿付能力标准的证明及对其申请的意见书；

（三）外国申请人的公司章程、最近 3 年的年报；

（四）设立合资保险公司的，中国申请人的有关资料；

（五）拟设公司的可行性研究报告及筹建方案；

（六）拟设公司的筹建负责人员名单、简历和任职资格证明；

（七）国务院保险监督管理机构规定提供的其他资料。

第十条　国务院保险监督管理机构应当对设立外资保险公司的申请进行初步审查，自收到完整的申请文件之日起 6 个月内作出受理或者不受理的决定。决定受理的，发给正式申请表；决定不受理的，应当书面通知申请人并说明理由。

第十一条　申请人应当自接到正式申请表之日起 1 年内完成筹建工作；在规定的期限内未完成筹建工作，有正当理由的，经国务院保险监督管理机构批准，可以延长 3 个月。在延长期内仍未完成筹建工作的，国务院保险监督管理机构作出的受理决定自动失效。筹建工作完成后，申请人应当将填写好的申请表连同下列文件报国务院保险监督管理机构审批：

（一）筹建报告；

（二）拟设公司的章程；

（三）拟设公司的出资人及其出资额；

（四）法定验资机构出具的验资证明；

（五）对拟任该公司主要负责人的授权书；

（六）拟设公司的高级管理人员名单、简历和任职资格证明；

（七）拟设公司未来 3 年的经营规划和分保方案；

（八）拟在中国境内开办保险险种的保险条款、保险费率及责任准备金的计算说明书；

（九）拟设公司的营业场所和与业务有关的其他设施的资料；

（十）设立外国保险公司分公司的，其总公司对该分公司承担税务、债务的责任担保书；

（十一）设立合资保险公司的，其合资经营合同；

（十二）国务院保险监督管理机构规定提供的其他文件。

第十二条　国务院保险监督管理机构应当自收到设立外资保险公司完整的正式申请文件之日起 60 日内，作出批准或者不批准的决定。决定批准的，颁发经营保险业务许可证；决定不批准的，应当书面通知申请人并说明理由。

经批准设立外资保险公司的，申请人凭经营保险业务许可证向市场监督管理部门办理登记，领取营业执照。

第十三条　外资保险公司成立后，应当按照其注册资本或者营运资金总额的20％提取保证金，存入国务院保险监督管理机构指定的银行；保证金除外资保险公司清算时用于清偿债务外，不得动用。

第十四条　外资保险公司在中国境内设立分支机构，由国务院保险监督管理机构按照有关规定审核批准。

第三章　业务范围

第十五条　外资保险公司按照国务院保险监督管理机构核定的业务范围，可以全部或者部分依法经营下列种类的保险业务：

（一）财产保险业务，包括财产损失保险、责任保险、信用保险等保险业务；

（二）人身保险业务，包括人寿保险、健康保险、意外伤害保险等保险业务。

外资保险公司经国务院保险监督管理机构按照有关规定核定，可以在核定的范围内经营大型商业风险保险业务、统括保单保险业务。

第十六条　同一外资保险公司不得同时兼营财产保险业务和人身保险业务。

第十七条　外资保险公司可以依法经营本条例第十五条规定的保险业务的下列再保险业务：

（一）分出保险；

（二）分入保险。

第十八条　外资保险公司的具体业务范围、业务地域范围和服务对象范围，由国务院保险监督管理机构按照有关规定核定。外资保险公司只能在核定的范围内从事保险业务活动。

第四章　监督管理

第十九条　国务院保险监督管理机构有权检查外资保险公司的业务状况、财务状况及资金运用状况，有权要求外资保险公司在规定的期限内提供有关文件、资料和书面报告，有权对违法违规行为依法进行处罚、处理。

外资保险公司应当接受国务院保险监督管理机构依法进行的监督检查，如实提供有关文件、资料和书面报告，不得拒绝、阻碍、隐瞒。

第二十条 除经国务院保险监督管理机构批准外，外资保险公司不得与其关联企业进行资产买卖或者其他交易。

前款所称关联企业，是指与外资保险公司有下列关系之一的企业：

（一）在股份、出资方面存在控制关系；

（二）在股份、出资方面同为第三人所控制；

（三）在利益上具有其他相关联的关系。

第二十一条 外国保险公司分公司应当于每一会计年度终了后3个月内，将该分公司及其总公司上一年度的财务会计报告报送国务院保险监督管理机构，并予公布。

第二十二条 外国保险公司分公司的总公司有下列情形之一的，该分公司应当自各该情形发生之日起10日内，将有关情况向国务院保险监督管理机构提交书面报告：

（一）变更名称、主要负责人或者注册地；

（二）变更资本金；

（三）变更持有资本总额或者股份总额10%以上的股东；

（四）调整业务范围；

（五）受到所在国家或者地区有关主管当局处罚；

（六）发生重大亏损；

（七）分立、合并、解散、依法被撤销或者被宣告破产；

（八）国务院保险监督管理机构规定的其他情形。

第二十三条 外国保险公司分公司的总公司解散、依法被撤销或者被宣告破产的，国务院保险监督管理机构应当停止该分公司开展新业务。

第二十四条 外资保险公司经营外汇保险业务的，应当遵守国家有关外汇管理的规定。

除经国家外汇管理机关批准外，外资保险公司在中国境内经营保险业务的，应当以人民币计价结算。

第二十五条 本条例规定向国务院保险监督管理机构提交、报送文件、资料和书面报告的，应当提供中文本。

第五章 终止与清算

第二十六条 外资保险公司因分立、合并或者公司章程规定的解散事由出现，经国务院保险监督管理机构批准后解散。外资保险公司解散的，应当依法成立清算组，进行清算。

经营人寿保险业务的外资保险公司，除分立、合并外，不得解散。

第二十七条 外资保险公司违反法律、行政法规，被国务院保险监督管理机构吊销经营保险业务许可证的，依法撤销，由国务院保险监督管理机构依法及时组织成立清算组进行清算。

第二十八条 外资保险公司因解散、依法被撤销而清算的，应当自清算组成立之日起 60 日内在报纸上至少公告 3 次。公告内容应当经国务院保险监督管理机构核准。

第二十九条 外资保险公司不能支付到期债务，经国务院保险监督管理机构同意，由人民法院依法宣告破产。外资保险公司被宣告破产的，由人民法院组织国务院保险监督管理机构等有关部门和有关人员成立清算组，进行清算。

第三十条 外资保险公司解散、依法被撤销或者被宣告破产的，未清偿债务前，不得将其财产转移至中国境外。

第六章 法律责任

第三十一条 违反本条例规定，擅自设立外资保险公司或者非法从事保险业务活动的，由国务院保险监督管理机构予以取缔；依照刑法关于擅自设立金融机构罪、非法经营罪或者其他罪的规定，依法追究刑事责任；尚不够刑事处罚的，由国务院保险监督管理机构没收违法所得，并处违法所得 1 倍以上 5 倍以下的罚款，没有违法所得或者违法所得不足 20 万元的，处 20 万元以上 100 万元以下的罚款。

第三十二条 外资保险公司违反本条例规定，超出核定的业务范围、业务地域范围或者服务对象范围从事保险业务活动的，依照刑法关于非法经营罪或者其他罪的规定，依法追究刑事责任；尚不够刑事处罚的，由国务院保险监督管理机构责令改正，责令退还收取的保险费，没收违法所得，并处违法所得 1 倍以上 5 倍以下的罚款，没有违法所得或者违法所得不足 10 万元的，处 10 万元以上 50 万元以下的罚款；逾期不改正或者造成严重后果的，责令限期停业或者吊销经营保险业务许可证。

第三十三条 外资保险公司违反本条例规定，有下列行为之一的，由国务院保险监督管理机构责令改正，处 5 万元以上 30 万元以下的罚款；情节严重的，可以责令停止接受新业务或者吊销经营保险业务许可证：

（一）未按照规定提存保证金或者违反规定动用保证金的；

（二）违反规定与其关联企业从事交易活动的；

（三）未按照规定补足注册资本或者营运资金的。

第三十四条 外资保险公司违反本条例规定，有下列行为之一的，由国务院保险监督管理机构责令限期改正；逾期不改正的，处 1 万元以上 10 万元以下的罚款：

（一）未按照规定提交、报送有关文件、资料和书面报告的；

（二）未按照规定公告的。

第三十五条 外资保险公司违反本条例规定，有下列行为之一的，由国务院保险监督管理机构处 10 万元以上 50 万元以下的罚款：

（一）提供虚假的文件、资料和书面报告的；

（二）拒绝或者阻碍依法监督检查的。

第三十六条 外资保险公司违反本条例规定，将其财产转移至中国境外的，由国务院保险监督管理机构责令转回转移的财产，处转移财产金额 20% 以上等值以下的罚款。

第三十七条 外资保险公司违反中国有关法律、行政法规和本条例规定的，国务院保险监督管理机构可以取消该外资保险公司高级管理人员一定期限直至终身在中国的任职资格。

第七章　附　　则

第三十八条 对外资保险公司的管理，本条例未作规定的，适用《中华人民共和国保险法》和其他有关法律、行政法规和国家其他有关规定。

第三十九条 香港特别行政区、澳门特别行政区和台湾地区的保险公司在内地（大陆）设立和营业的保险公司，比照适用本条例。

第四十条 外国保险集团公司可以在中国境内设立外资保险公司，具体管理办法由国务院保险监督管理机构依照本条例的原则制定。

第四十一条 境外金融机构可以入股外资保险公司，具体管理办法由国务院保险监督管理机构制定。

第四十二条 本条例自 2002 年 2 月 1 日起施行。

中国保险监督管理委员会关于
外国财产保险分公司改建为独资财产
保险公司有关问题的通知

(2004 年 5 月 10 日　保监发〔2004〕45 号)

各外国财产保险分公司、中银集团保险有限公司深圳分公司、香港民安保险有限公司深圳分公司、香港民安保险有限公司海口分公司：

为了明确已在华设立的外国财产保险分公司改建为独资财产保险公司的有关事宜，现通知如下：

一、外国财产保险公司分公司，符合本通知规定的有关条件的，其总公司可以申请将该分公司改建为独资财产保险公司。

二、外国财产保险公司分公司改建为独资财产保险公司的，除符合《中华人民共和国外资保险公司管理条例》和《保险公司管理规定》以外，还应当符合下列条件：

（一）外国财产保险公司分公司设立一年以上；

（二）外国财产保险公司分公司内控制度健全、机构运转正常，其总公司符合所在国家或者地区偿付能力标准；

（三）在华营业以来无重大违法、违规行为；

（四）具有符合中国保监会规定的任职资格的高级管理人员；

（五）中国保监会规定的其他条件。

三、外国财产保险公司分公司改建为独资财产保险公司，不得损害改建前该分公司原保单持有人的合法权益。

因改建发生的有关民事责任，外国财产保险公司和改建后的独资财产保险公司应当承担连带责任。

四、外国财产保险公司向中国保监会申请将其在华设立的分公司改建为独资财产保险公司前，应就改建事宜向社会公告。公告中应明确以下内容：

（一）改建前该分公司原有的税务、债务等责任由改建后的外资独资财产保险公司承担；

（二）改建前该分公司原保单持有人有权对所持有的保单合同作出继续或终止的选择；

（三）因改建发生的有关民事责任由外国财产保险公司和改建后的独资财产保险公司承担连带责任。

五、外国财产保险公司向中国保监会申请将其在华设立的分公司改建为独资财产保险公司的，须提交下列材料：

（一）改建申请；

（二）改建报告，包括可行性研究报告、详细的改建方案；

（三）外国财产保险公司承担拟改建分公司改建前的税务、债务等责任的担保书；

（四）外国财产保险公司对拟改建分公司的改建事宜向社会公告的有关材料；

（五）拟改建后公司的章程；

（六）外国保险公司所在国家或者地区有关主管当局核发的营业执照（副本），以及对其符合偿付能力标准的证明；

（七）法定验资机构出具的验资证明；

（八）拟改建后公司的高级管理人员名单、简历和任职资格证明；

（九）拟改建后公司未来三年的经营规划和分保方案；

（十）中国保监会规定提供的其他材料。

六、中国保监会自收到完整的正式申请文件之日起二个月内，应当作出批准或者不批准的决定。决定批准的，颁发保险机构法人许可证，并在保险公司办理工商登记手续后五日内收回原先颁发给外国财产保险公司分公司的经营保险业务许可证；决定不批准的，应当书面通知申请人并说明理由。

七、中国保监会批准外国财产保险公司分公司改建为独资财产保险公司，该独资财产保险公司完成工商登记注册手续三个月后，可按照有关法规申请设立分支机构。

八、在华设立多家分支机构的外国财产保险公司，只能将其中一家分支机构改建为独资财产保险公司；其在华的其他分支机构，在符合中国保监会有关规定的条件下，可以改建为独资财产保险公司的分支机构。

九、香港特别行政区、澳门特别行政区和台湾地区的财产保险公司在内地设立的分公司改建为独资保险公司的，比照适用本通知。

外国保险机构驻华代表机构管理办法

(2006 年 7 月 12 日中国保险监督管理委员会令 2006 年第 5 号公布　根据 2018 年 2 月 13 日《中国保险监督管理委员会关于修改〈中华人民共和国外资保险公司管理条例实施细则〉等四部规章的决定》修正)

第一章　总　　则

第一条　为了加强对外国保险机构驻华代表机构（以下简称"代表机构"）的管理，适应中国保险市场对外开放的需要，根据《中华人民共和国保险法》，制定本办法。

第二条　本办法所称外国保险机构，是指在中国境外注册的保险公司、再保险公司、保险中介机构、保险协会及其他保险组织。

本办法所称代表机构，是指外国保险机构在中国境内获准设立并从事联络、市场调查等非经营性活动的代表处、总代表处。

本办法所称首席代表，是指代表处的主要负责人；本办法所称总代表，是指总代表处的主要负责人。

第三条　代表机构必须遵守中国法律、法规和中国保险监督管理委员会（以下简称"中国保监会"）的有关规定。

代表机构的合法权益受中国法律保护。

第四条　中国保监会根据法律和国务院授权，对代表机构履行监管职责。

中国保监会派出机构，在中国保监会授权范围内，代表中国保监会对本辖区的代表机构实施日常监管。

第二章　申请与设立

第五条　申请设立代表处的外国保险机构（以下简称"申请者"）应

当具备下列条件：

（一）经营状况良好；

（二）外国保险机构经营有保险业务的，应当经营保险业务 20 年以上，没有经营保险业务的，应当成立 20 年以上；

（三）申请之日前 3 年内无重大违法违规记录；

（四）中国保监会规定的其他审慎性条件。

本条所称经营保险业务 20 年以上，是指外国保险机构持续经营保险业务 20 年以上，外国保险机构吸收合并其他机构或者与其他机构合并设立新保险机构的，不影响其经营保险业务年限的计算。

外国保险机构子公司经营保险业务的年限，自该子公司设立时开始计算。

外国保险集团公司经营保险业务的年限，以下列两项时间中较早的一项时间开始计算：

（一）该集团开始经营保险业务的时间；

（二）该集团中经营保险业务的子公司开始经营保险业务的时间。

第六条 申请者应当提交下列材料：

（一）正式申请表；

（二）由董事长或者总经理签署的致中国保监会主席的申请书；

（三）所在国家或者地区有关主管当局核发的营业执照或者合法开业证明或者注册登记证明的复印件；

（四）机构章程，董事会成员名单、管理层人员名单或者主要合伙人名单；

（五）申请之日前 3 年的年报；

（六）所在国家或者地区有关主管当局出具的对申请者在中国境内设立代表处的意见书，或者由所在行业协会出具的推荐信，意见书或者推荐信应当陈述申请者在出具意见书或者推荐信之日前 3 年受处罚的记录；

（七）代表机构设立的可行性和必要性研究报告；

（八）由董事长或者总经理签署的首席代表授权书；

（九）申请者就拟任首席代表在申请日前 3 年没有因重大违法违规行为受到所在国家或者地区处罚的声明；

（十）拟任首席代表的简历；

（十一）中国保监会规定提交的其他资料。

申请者提交的材料应当真实有效。

第七条 申请者应当向中国保监会提交申请材料。对拟设代表处的申请，中国保监会应当根据下列情况分别处理：

（一）申请材料存在可以当场更正的错误的，应当允许申请人当场更正；

（二）申请材料不齐全或者不符合法定形式的，应当当场或者在 5 日内一次告知申请人需要补正的全部内容，逾期不告知的，自收到申请材料之日起即为受理；

（三）申请材料齐全、符合法定形式，或者申请人按照要求提交全部补正申请材料的，应当受理申请。

中国保监会受理或者不予受理申请，应当出具加盖专用印章和注明日期的书面凭证。

第八条 中国保监会根据审慎性原则对设立代表处的申请进行审查，并应当自受理申请之日起 20 日内，作出批准或者不予批准的决定。20 日内不能作出决定的，经中国保监会主席批准，可以延长 10 日，并应当将延长期限的理由告知申请人。

决定批准的，颁发批准书；决定不予批准的，应当书面说明理由。

第九条 代表处领取批准书后，应当按有关规定办理工商登记。

代表处应当自领取批准书之日起 3 个月内迁入固定的办公场所，并向中国保监会书面报告下列事项：

（一）工商登记注册证明；

（二）办公场所的合法使用权证明；

（三）办公场所电话、传真、邮政通讯地址；

（四）首席代表移动电话、电子邮箱。

代表处自领取批准书之日起 3 个月内未向中国保监会提交书面报告的，视为未迁入固定办公场所，原批准书自动失效。

第三章　监　督　管　理

第十条 代表处的名称应当依次由下列内容组成："外国保险机构所属国家或者地区名称"、"外国保险机构名称"、"所在城市名称"和"代表处"；总代表处的名称应当依次由下列内容组成："外国保险机构所属国家或者地区名称"、"外国保险机构名称"和"驻中国总代表处"。

第十一条 代表机构除主要负责人外，其他主要工作人员应当称"代表"、"副代表"。

第十二条 代表机构工作人员应当遵守中国的法律法规，品行良好，无重大违法违规记录。

第十三条 总代表和首席代表应当具备履行职责所需的学历、从业经历和工作能力。

总代表应当具备8年以上工作经历、大学专科以上学历；首席代表应当具备5年以上工作经历、大学专科以上学历。

总代表和首席代表不具备大学专科以上学历的，应当具备10年以上保险从业经历。

第十四条 每个代表机构的外籍工作人员最多不得超过3人。

第十五条 代表机构及其工作人员不得以任何方式从事或者参与经营性活动。

第十六条 代表机构应当有独立、固定的办公场所和专职的工作人员。

第十七条 总代表或首席代表不得在2个以上代表机构中任职；也不得在中国境内任何经营性机构中任职。

第十八条 总代表或首席代表应当常驻代表机构主持日常工作，并且常驻时间每年累计不得少于240日。

总代表或者首席代表离开代表机构的时间每次不得连续超过30日；离开代表机构连续超过14日的，应当指定专人代行其职，并向当地中国保监会派出机构书面报告。

第十九条 代表机构应当在每年2月底前向当地中国保监会派出机构报送上一年度的工作报告一式两份，由中国保监会派出机构转报中国保监会。

工作报告应当按中国保监会规定的格式填写。

第二十条 代表机构每年在其代表的外国保险机构会计年度结束后的6个月内，应当分别向中国保监会和当地中国保监会派出机构报送其所代表的外国保险机构上一年度的年报。

第二十一条 代表机构代表的外国保险机构有下列情形之一的，代表机构应当自事件发生之日起 10 日内，向中国保监会提交书面报告，同时抄报当地中国保监会派出机构：

（一）公司章程、注册资本或者注册地址变更；

（二）分立、合并或者主要负责人变动；

（三）经营严重亏损；

（四）因违法、违规行为受到处罚；

（五）外国保险机构所在国家或者地区的有关主管当局对其实施重大监管措施；

（六）对经营有重大影响的其他事项。

第二十二条　代表机构更换总代表或者首席代表的，应当向中国保监会申请，并提交下列材料：

（一）由其代表的外国保险机构董事长或者总经理签署的致中国保监会主席的申请书；

（二）由其代表的外国保险机构董事长或者总经理签署的拟任总代表或者首席代表的授权书；

（三）拟任总代表或者首席代表的身份证明、学历证明和简历；

（四）中国保监会规定的其他材料。

第二十三条　代表机构变更名称，应当向中国保监会申请，并提交下列材料：

（一）名称变更申请表；

（二）由其所代表的外国保险机构董事长或者总经理签署的致中国保监会主席的申请书；

（三）中国保监会规定的其他材料。

第二十四条　在中国境内已设立 2 个以上代表处的外国保险机构，可以指定其中一个代表处为总代表处，但应当按照本办法第二十三条的规定，向中国保监会申请将代表处名称变更为总代表处。

代表处经批准变更为总代表处的，总代表处应当自中国保监会批准变更之日起 1 个月内依法办理代表处的工商变更登记。

第二十五条　代表机构变更总代表、首席代表或者变更名称，按照本办法规定向中国保监会提出申请的，中国保监会应当自受理申请之日起 20 日内，作出批准或者不予批准的决定。

决定批准的，颁发批准书；决定不予批准的，应当作出书面决定并说明理由。

第二十六条 代表机构只能在所在城市的行政辖区内变更办公场所，并应当自变更之日起 5 日内向中国保监会和当地中国保监会派出机构书面报告下列事项：

（一）新办公场所合法使用权证明；

（二）新办公场所电话、传真、邮政通讯地址。

本条所称变更办公场所包括原有办公场所的搬迁、扩大、缩小或者新增办公场所等情形。

第二十七条 代表机构撤销的，应当自撤销之日起 20 日内，向中国保监会书面报告下列事项：

（一）撤销代表机构的情况说明；

（二）外国保险机构撤销代表机构文件的复印件。

第二十八条 代表机构更换或者增减代表、副代表、外籍工作人员，应当自更换或者增减人员之日起 5 日内向当地中国保监会派出机构报告，并提交被任命人员的身份证明、学历证明和简历。

第二十九条 外国保险机构的代表处撤销后，总代表处是其惟一驻华代表机构的，总代表处应当按照本办法第二十三条的规定，向中国保监会申请将总代表处名称变更为代表处。

总代表处经批准变更为代表处的，代表处应当自中国保监会批准变更之日起 1 个月内依法办理工商变更登记。

第三十条 代表处撤销后，其代表的外国保险机构设有总代表处的，由总代表处负责未了事宜；没有设立总代表处的，由其代表的外国保险机构的其他代表处负责未了事宜；其代表的外国保险机构的所有代表机构均已撤销的，由其代表的外国保险机构负责未了事宜。

第三十一条 中国保监会或者当地中国保监会派出机构根据监管需要，可以对代表机构的总代表或者首席代表进行监管谈话，提示风险，并要求其就有关问题作出说明。

第三十二条 中国保监会及其派出机构依法对代表机构进行日常和年度检查。

日常和年度检查的内容包括：

（一）代表机构变更事项的手续是否完备；

（二）各项申报材料的内容与实际情况是否相符；

（三）代表机构工作人员的任用或者变更手续是否完备；

（四）代表机构是否从事经营性活动；

（五）中国保监会及其派出机构认为需要检查的其他事项。

第四章　法　律　责　任

第三十三条　违反本办法，未经批准擅自设立代表机构的，中国保监会依法予以取缔。

第三十四条　违反本办法规定从事保险经营活动的，由中国保监会按照有关法律、法规的规定予以处罚。

第三十五条　未按照本办法规定提交有关报告或者材料的，由中国保监会或者当地中国保监会派出机构责令限期改正，予以警告，情节严重的，处以 1000 元罚款。

第三十六条　对代表机构违反本办法从事保险经营活动的行为负有直接责任的代表机构工作人员，由中国保监会予以警告，情节严重的，处以 5000 元以下罚款；对违反本办法的其他非经营行为负有直接责任的代表机构工作人员，由中国保监会予以警告，情节严重的，处以 1000 元以下罚款。

第三十七条　代表机构提供虚假信息或者隐瞒重要事实的，予以警告。

第三十八条　违反本办法其他规定的，责令改正；逾期未改正的，予以警告。

第三十九条　当地中国保监会派出机构应当及时将对代表机构处罚的情况向中国保监会报告。

代表机构受到中国保监会或者当地中国保监会派出机构 3 次以上行政处罚，或者从事、参与经营性活动违法所得数额巨大，危害严重的，中国保监会可以将其受处罚的情况作为其所代表的外国保险机构申请在中国设立外资保险公司的审慎性条件予以考虑。

第五章　附　　则

第四十条　香港、澳门和台湾地区的保险机构在内地设立的代表机构，比照适用本办法。

第四十一条 经中国保监会批准设立的外国保险机构驻华办事处，比照适用本办法。

第四十二条 外国保险机构设立代表处的正式申请表和代表机构名称变更申请表由中国保监会提供。

第四十三条 本办法所称"以上"、"以下"、"以内"，包括本数。

第四十四条 本办法规定提交的材料应当使用中文。外国保险机构所在国家或者地区提供的材料为外文的，应当附中文译本；中文译本与外文有歧义的，以中文译本为准。

第四十五条 本办法有关批准、报告期间的规定是指工作日，不含节假日。

第四十六条 本办法由中国保监会负责解释。

第四十七条 本办法自 2006 年 9 月 1 日起施行。中国保监会 2004 年 1 月 15 日发布的《外国保险机构驻华代表机构管理办法》同时废止。

中国保险监督管理委员会关于适用《外国保险机构驻华代表机构管理办法》若干问题的解释

（2008 年 11 月 14 日　保监发〔2008〕101 号）

为正确适用《外国保险机构驻华代表机构管理办法》（以下简称："《办法》"），加强对外国保险机构驻华代表机构的管理工作，根据有关监管实践，制定本解释。

第一条 《办法》第二条第一款"其他保险组织"是指：在其他国家和地区注册登记的从事保险学术、研究、培训及合作等非营利性活动的机构。

第二条 《办法》第五条第一款第四项"其他审慎性条件"包括但不限于：

（一）提出申请的前一年年末总资产应超过 20 亿美元；

（二）设立代表机构必要性充分，并具备可行性；

（三）拟任首席代表对保险知识及代表机构运行的相关法规掌握情况良好；

（四）所在国政治经济形势稳定、相关金融监管制度完备有效；

（五）申请者自身及其关联公司治理结构完善、内控制度有效、经营合规、发展稳健。

前款第（一）项、第（五）项规定的条件不适用于外国非营利性保险机构。

第三条 申请设立驻华代表机构的外国保险机构在申请材料中可提供所在国家或者地区有关主管当局出具的对申请者在中国境内设立代表处的意见书，或者由所在行业协会出具的推荐信；但所在国家或地区有主管当局的，应当提供所在国家或者地区有关主管当局出具的对申请者在中国境内设立代表机构的意见书。

前款意见书或推荐信必须经其所在国家或者地区依法设立的公证机构公证或者经中国驻该国使、领馆认证。

第四条 外国保险机构名称的中文译名须与该机构外文名称具有关联性，且不致引起市场混淆。

外国保险机构名称的中文译名应当在汉语发音或者含义方面与该机构外文名称保持一致，并如实反映其业务性质。

第五条 《办法》第十五条中"从事或参与经营性活动"包括以任何方式直接或间接地介入任何种类的经营性活动，包括但不限于代表机构自身从事或参与经营性活动及为他人从事或参与经营性活动提供各种形式的帮助等。

代表机构或有关个人是否获得利益不影响对有关行为性质的认定。

第六条 代表机构的工作人员应为专职。

第七条 《办法》第十七条中"代表机构"包括但不限于下列机构：外国保险机构驻华代表机构、以及除外国保险机构以外其他机构在中国境内设立的代表机构。

第八条 代表机构提交的工作报告应真实、详尽。

工作报告应准确反映代表机构年度工作情况并提供相应证明材料备查。

中国保监会可约谈首席代表及代表机构其他人员，要求其就工作报告中的相关内容进行解释。

第九条 代表机构首席代表每年度应到所在地中国保监会派出机构汇报工作至少一次。

第十条 中国保监会可对代表机构拟任和现任首席代表进行以相关法律法规为内容的考核。考核结果作为判断其工作能力的因素之一。

前款所称"代表机构"包括已设立的代表机构和申请设立过程中的代表机构。

第十一条 中国保监会根据《办法》第三十一条对代表机构的有关人员进行监管谈话结束后，代表机构应就监管谈话的相关情况向其外国保险机构报告。

监管谈话由中国保监会派出机构进行的，报告文件应抄报中国保监会和代表机构所在地中国保监会派出机构。

外国保险机构应在监管谈话之日起一个月内，就监管谈话涉及的有关问题书面反馈中国保监会及代表机构所在地中国保监会派出机构，并在中国保监会规定的时间内将监管谈话涉及有关问题的整改情况书面报告中国保监会及代表机构所在地中国保监会派出机构。

第十二条 中国保监会可就首席代表及代表机构其他工作人员的有关工作情况通知外国保险机构，并就有关人员的任免提出监管建议。

第十三条 中国保监会可约谈设立代表机构的外国保险机构有关管理人员，向其通报代表机构的工作情况或要求其就代表机构的工作中出现的问题进行说明。

第十四条 中国保监会可就代表机构的工作情况通报设立代表机构的外国保险机构及其所在国家或者地区有关主管当局，并提出有关监管意见。

第十五条 中国保监会可就《办法》的三十二条规定的有关检查之结果，结合代表机构及其工作人员的工作情况出具监管评价意见，并可将有关监管评价意见通知设立代表机构的外国保险机构及其所在国家或者地区有关主管当局。

第十六条 中国保监会可将针对代表机构的有关监管措施及处罚等有关情况通过官方网站予以公布。

第十七条 外国保险机构所在国家或者地区提供的材料为外文的，应当附经中国境内依法设立的公证机构公证的中文译本。

第十八条 本解释自 2008 年 12 月 1 日起施行。

中国保险监督管理委员会关于加强
人身保险公司总精算师管理的通知

(2013 年 8 月 1 日　保监寿险〔2013〕620 号)

各人身保险公司、各保监局、中国精算师协会：

为加强总精算师任职管理，明确总精算师的责任，保障总精算师履行职责，根据《中华人民共和国保险法》、《保险公司总精算师管理办法》和《保险公司董事、监事和高级管理人员任职资格管理规定》，现就人身保险公司总精算师任职、履职等事项通知如下：

一、《保险公司总精算师管理办法》第七条第一款第二项"5 年以上在保险行业内担任保险精算、保险财务或者保险投资管理职务的任职经历"，是指具有下列任职经历之一：

（一）担任保险公司相关部门负责人及以上职务 5 年以上；

（二）其他足以证明其具有拟任职务所需专业知识、管理能力及经验的职业资历。

其中，在中国大陆保险业内具有满足上述要求的任职经历不得少于两年。

二、总精算师不得频繁变换任职机构。拟任保险公司总精算师的，原则上在原任职机构连续工作年限不得低于两年。

三、拟任总精算师在原任职机构被撤职的，应在任职资格审查材料中说明在原任职机构工作的基本情况及被撤职的理由。

四、中国保监会在核准总精算师任职资格前，可以向原任职机构、中国精算师协会核实拟任总精算师的职业道德、专业能力和管理能力等基本情况。

五、保险公司报送的总精算师任职资格审查材料及其他文件资料，应当用中文书写。原件是外文的，应当附经中国公证机构公证的中文译本。

六、中国保监会支持中国精算师协会建立中国精算从业人员职业道德、职业技能评价体系，推动该评价体系与保险公司总精算师任职管理进行对接。

七、保险公司应保障总精算师独立履行职责，向其提供必要的条件。总精算师无法正常履行职责时，应当及时向中国保监会报告。中国保监会有权调查核实情况，并责令公司进行整改。

八、保险公司更换总精算师应提前向中国保监会报告，由保险公司和总精算师分别阐明理由。

九、保险公司不得频繁更换总精算师。因频繁更换总精算师对经营造成不利影响的，中国保监会可采取以下措施：

（一）要求保险公司做出说明；

（二）出示重大风险提示函；

（三）对有关人员进行监管谈话；

（四）依法采取其他措施。

十、保险公司出现以下情形之一的，可以指定精算临时负责人，但临时负责时间不得超过3个月：

（一）原总精算师辞职或者被撤职；

（二）总精算师因疾病、意外事故等原因无法正常履行工作职责；

（三）中国保监会认可的其他特殊情况。

十一、保险公司应在指定或者撤销精算临时负责人的决定作出之日起10日内向中国保监会报告。

指定精算临时负责人的报告应包含精算临时负责人基本情况及身份证、学历证书、精算师资格证书复印件等材料，证明其具有与履行职责相当的能力，且不具有法律法规禁止担任高级管理人员的情形。

十二、保险公司聘任未经核准任职资格的人员担任总精算师或实际履行总精算师职责的，中国保监会依法追究保险公司及有关人员责任。

十三、保险公司出现利差损、偿付能力、现金流等方面重大风险的，总精算师应及时向中国保监会报告。未及时报告的，中国保监会依法追究总精算师责任。

十四、保险公司总精算师对产品定价、法定责任准备金评估、分红方案确定等履职行为负终身责任。中国保监会依法对总精算师的不当履职行为追究责任。

十五、本通知自 2013 年 8 月 5 日起施行。

中国保险监督管理委员会关于进一步
加强保险公司股权信息披露有关事项的通知

(2016 年 7 月 15 日　保监发〔2016〕62 号)

各保险集团（控股）公司、保险公司、保险资产管理公司：

为落实《保险公司信息披露管理办法》《保险公司股权管理办法》的有关要求，进一步强化社会监督和提高审核工作透明度，规范保险公司筹建及股权变更行为，确保资金来源真实、合法、有效，现将有关事项通知如下：

一、保险公司应在股东（大）会审议通过变更注册资本方案后的 10 个工作日内，在公司官方网站和中国保险行业协会网站发布信息披露公告，公开披露以下信息：

（一）决策程序，包括股东（大）会决议、议案概述及表决情况等；

（二）变更注册资本的方案，包括增（减）资规模、各股东增（减）资金额、增（减）资前后股权结构对照表（上市保险公司披露到 5% 以上的股东）等；

（三）增资资金来源的声明；

（四）股东之间关联关系的说明；

（五）中国保监会基于审慎监管认为应当披露的其他信息。

二、保险公司应在收到持股 5% 以上股东变更有关申请材料后的 10 个工作日内，在公司官方网站和中国保险行业协会网站发布信息披露公告，公开披露以下信息：

（一）决策程序；

（二）变更股东的有关情况，包括转让方、受让方、股份数（出资金额）、股权比例等；

（三）资金来源声明；

（四）股东之间关联关系的说明；

（五）中国保监会基于审慎监管认为应当披露的其他信息。

三、关于新设保险公司筹建申请的有关情况，由中国保监会在官方网站或指定统一信息平台进行公开披露。

四、投资人和保险公司按照本通知规定披露的信息，应当真实、准确、完整、规范，不得存在虚假记载、误导性陈述或者重大遗漏。如发现存在不符合本办法披露要求的有关行为，经查实后，中国保监会将依据《保险法》有关规定进行处罚。

五、保险公司应当在向中国保监会提交有关申请材料时提供履行信息披露的有关证明。

六、保险集团（控股）公司、保险资产管理公司参照保险公司管理。

七、本通知自发布之日起实施。

附件：1. XX 公司关于变更注册资本有关情况的信息披露公告

2. XX 公司关于变更股东有关情况的信息披露公告

3. 关于拟设立 XX 公司有关情况的信息披露公告

附件 1

XX 公司关于变更注册资本有关情况的信息披露公告

根据中国保监会《关于进一步加强保险公司股权信息披露有关事项的通知》的有关规定，现将我公司关于变更注册资本的有关情况披露如下：

一、变更注册资本决议情况

1. 变更注册资本决议议案概述。

2. 表决情况。

二、变更注册资本的方案

1. 包括增（减）资规模、各股东增（减）资金额、有无新增股东。

2. 新增股东名称、持股数量（增资金额）、持股比例。

3. 增（减）资前后股权结构对照表（上市保险公司披露到 5% 以上的股东）。

三、增资资金来源的声明（现有股东与新增股东均适用）

股东就增资资金来源作出说明，如为自有资金，股东作出以下承诺。如为非自有资金，说明详细情况和依据。

XX 公司承诺：我公司严格按照国家法津法规及相关监管要求，投资 XX 公司资金，源于合法的自有资金，并非使用任何形式的金融机构贷款或其他融资渠道资金。

四、关联关系声明及逐级披露（参与增资的股东适用）

XX 公司声明：

经认真对照《公司法》、《企业会计准则》等法律、法规和监管规则的有关规定，

（如有关联关系）我公司、我公司实际控制人与其他股东、投资人之间存在以下关联关系：

（如无关联关系）我公司、我公司实际控制人与其他股东、投资人之间不存在关联关系，也不存在股权代持或其他安排。

股权结构披露情况（上溯一级，上市公司披露到持股 5% 以上股东）

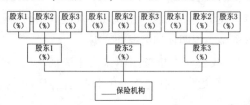

五、其他需要披露的信息

上述变更注册资本事项待中国保监会批准后生效。我公司承诺：对本公告所披露信息的真实性、准确性、完整性和合规性负责，愿意接受有关方面监督。对本公告所披露信息如有异议，可以于本公告发布之日起 10 个工作日内发送邮件至 iad@circ.gov.cn。

附件 2

XX 公司关于变更股东有关情况的信息披露公告

根据中国保监会《关于进一步加强保险公司股权信息披露有关事项的通知》的有关规定，现将我公司变更股东有关情况披露如下：

一、变更股东决议情况（如有）

1. 变更股东决议议案概述。

2. 表决情况。

二、变更股东的有关情况

1. 股权转让方、股权受让方情况介绍（现有股东或者新增股东）

2. 转让的股份数量（出资金额）、股权比例。

3. 股东变更前后对照表。

4. 发生分立、合并等其他情形。

三、资金来源的声明

股权受让方就投资资金来源作出说明，如为自有资金，需作出以下承诺。如为非自有资金，说明详细情况和依据。

XX 公司承诺：我公司严格按照国家法津法规及相关监管要求，投资 XX 公司资金，源于合法的自有资金，并非使用任何形式的金融机构贷款或其他融资渠道资金。

四、关联关系声明及逐级披露（参与投资的股东适用） XX 公司声明：

经认真对照《公司法》、《企业会计准则》等法律、法规和监管规则的有关规定，

（如有关联关系）我公司、我公司实际控制人与其他股东、投资人之间存在以下关联关系：

（如无关联关系）我公司、我公司实际控制人与其他股东、投资人之间不存在关联关系，也不存在股权代持或其他安排。

股权结构披露情况（上溯一级，上市公司披露到持股 5%以上股东）

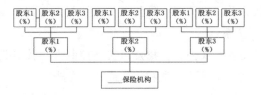

五、其他需要披露的信息

上述变更股东事项待中国保监会批准后生效。我公司承诺：对本公告所披露信息的真实性、准确性、完整性和合规性负责，愿意接受有关方面监督。对本公告所披露信息如有异议，可以于本公告发布之日起10个工作日内发送邮件至 iad@ circ. gov. cn。

附件3

关于拟设立 XX 公司有关情况的信息披露公告

根据中国保监会《关于进一步加强保险公司股权信息披露有关事项的通知》的相关规定，现将拟设立 XX 公司有关情况披露如下：

一、拟设立 XX 公司的筹建方案

1. 公司名称、注册资本、注册地（营业场所）和业务范围等情况。

2. 股权结构、各投资人持股数量（出资金额）、持股比例等情况。

二、资金来源的声明

各投资人就投资资金来源作出说明，如为自有资金，需作出以下承诺。如为非自有资金，说明详细情况和依据。

我公司严格按照国家法津法规及相关监管要求，投资 XX 公司资金，源于合法的自有资金，并非使用任何形式的金融机构贷款或其他融资渠道资金。

三、关联关系声明

我公司声明：

经认真对照《公司法》、《企业会计准则》等法律、法规和监管规则的有关规定，

（如有关联关系）我公司、我公司实际控制人与其他股东、投资人之间存在以下关联关系：

（如无关联关系）我公司、我公司实际控制人与其他股东、投资人之间不存在关联关系，也不存在股权代持或其他安排。

股权结构披露情况（上溯一级，上市公司披露到持股 5%以上股东）

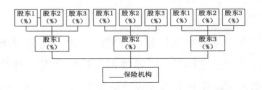

四、其他需要披露的信息

上述 XX 公司设立申请待中国保监会批准后生效。我筹备组及各投资人承诺：对本公告所披露信息的真实性、准确性、完整性和合规性负责，愿意接受有关方面监督。对本公告所披露信息如有异议，可以于本公告发布之日起 10 个工作日内发送邮件至 iad@ circ. gov. cn。

中国保险监督管理委员会关于
财产保险公司和再保险公司实施
总精算师制度有关事项的通知

（2017 年 11 月 24 日　保监财险〔2017〕271 号）

各财产保险公司、再保险公司：

为进一步完善非寿险精算监管制度，充分发挥总精算师在财产保险公司、再保险公司经营管理中的作用，促进财产保险公司、再保险公司健康发展，根据《保险公司总精算师管理办法》（以下简称《办法》）有关规定，现将财产保险公司、再保险公司实施总精算师制度有关事项通知如下：

一、中国保监会于本通知发布之日起在财产保险公司、再保险公司全面实施总精算师制度，各财产保险公司、再保险公司应严格执行《办法》

和本通知中对总精算师的相关规定。

二、财产保险公司、再保险公司已经聘任总精算师的，不得取消该职位；聘任精算责任人的，最迟应于 2020 年 1 月 1 日之前聘任总精算师，若精算责任人因辞职、被免职或者被撤职等原因离职的，财产保险公司、再保险公司应立即聘任总精算师；本通知发布之日以后成立的财产保险公司、再保险公司，应聘任总精算师。

三、财产保险公司、再保险公司聘任总精算师，应报中国保监会进行任职资格核准。财产保险公司总精算师应具备财产保险方向精算师资格，专营财产再保险业务的再保险公司总精算师应具备财产保险方向精算师资格，专营人身再保险业务的再保险公司总精算师应具备人身保险方向精算师资格，经营财产再保险业务和人身再保险业务的再保险公司总精算师的精算师资格不限方向。

四、本通知自发布之日起实施，中国保监会 2010 年 7 月 8 日发布的《关于加强非寿险精算工作有关问题的通知》（保监发〔2010〕58 号）同时废止。

中国银行保险监督管理委员会关于放开外资保险经纪公司经营范围的通知

（2018 年 4 月 27 日　银保监发〔2018〕19 号）

各保监局、各外资保险经纪公司：

为进一步扩大保险业对外开放，促进我国保险经纪行业发展，现将有关事项通知如下：

一、经国务院保险监督管理机构批准取得经营保险经纪业务许可证的外资保险经纪机构，可在中华人民共和国境内经营下列保险经纪业务：

（一）为投保人拟定投保方案、选择保险人、办理投保手续；

（二）协助被保险人或者受益人进行索赔；

（三）再保险经纪业务；

（四）为委托人提供防灾、防损或风险评估、风险管理咨询服务；

（五）中国银行保险监督管理委员会批准的其他业务。

二、本通知自发布之日起执行。《关于印发我国加入 WTO 法律文件有关保险业内容的通知》有关内容与本通知不符的，以本通知为准。

三、请符合条件的外资保险经纪公司到当地保监局申请办理《经营保险经纪业务许可证》变更手续。

中国银保监会关于保险资产管理公司
设立专项产品有关事项的通知

（2018 年 10 月 24 日　银保监发〔2018〕65 号）

各保险集团（控股）公司、保险公司、保险资产管理公司：

为发挥保险资金长期稳健投资优势，参与化解上市公司股票质押流动性风险，加大保险资金投资优质上市公司力度，现就保险资产管理公司设立专项产品有关事项通知如下：

一、保险资产管理公司设立专项产品，应当符合下列条件：

（一）具有规范的公司治理结构、完善的内部控制和风险管理体系；

（二）具备发行组合类保险资产管理产品业务资格；

（三）最近三年内未因重大违法违规行为、重大失信行为受到行政处罚；

（四）银保监会规定的其他条件。

二、专项产品主要用于化解优质上市公司股票质押流动性风险，投资标的包括：

（一）上市公司股票；

（二）上市公司及其股东公开发行的债券；

（三）上市公司股东非公开发行的可交换债券；

（四）经银保监会认可的其他资产。

三、专项产品的投资者主要为保险机构、社保基金等机构投资者及金融机构资产管理产品。

四、专项产品应当设定合理的封闭期及产品存续期限。

五、保险资产管理公司应当合理控制产品投资集中度，有效管理各类风险。

六、保险资产管理公司应当积极发挥机构投资者作用，支持上市公司改善公司治理，提升公司价值，维护公司长期稳健经营。专项产品主要采取股东受让、上市公司回购、大宗交易与协议转让及其他方式平稳退出。

七、专项产品应当单独管理、单独建账和单独核算，确保每只产品与所投资资产相对应。专项产品应当选择符合条件的商业银行实施独立托管。

八、专项产品发行前应当向中保保险资产登记交易系统有限公司申请登记产品信息，并提交下列材料：

（一）产品登记申请；

（二）产品合同；

（三）产品募集说明书；

（四）托管协议；

（五）银保监会规定的其他材料。

九、保险公司投资专项产品的账面余额，不纳入权益类资产计算投资比例，纳入其他金融资产投资比例监管。

十、保险资产管理公司应当按照银保监会相关规定，向投资者披露专项产品的有关法律文件、产品净值以及产品运作期间发生的重大事项等情况。

十一、保险公司和保险资产管理公司不得以专项产品的资金进行不正当关联交易、利益输送、内幕交易和操纵市场。

十二、保险资产管理公司应当于每月 10 日前向中保保险资产登记交易系统报告专项产品存续期信息、产品资产负债表及投资持仓明细信息。

十三、专项产品存续期内，发生可能对投资者权益产生重大影响的事件，或发生严重影响产品正常运作的重大风险，保险资产管理公司应当及时向银保监会报告，并在事件发生后的 2 个工作日内向投资者披露相关信息。

十四、符合条件的养老保险公司设立专项产品参照本通知执行。

中国银保监会办公厅关于进一步加强和改进财产保险公司产品监管有关问题的通知

(2020 年 2 月 19 日 银保监办发〔2020〕17 号)

各银保监局，各财产保险公司，中国保险行业协会：

为深化"放管服"改革，突出监管重点，统筹监管资源，提高监管效率，提升财产保险行业产品质量，经研究决定进一步加强和改进财产保险公司产品监管，现就有关事项通知如下：

一、改进管理方式，完善监管机制

（一）调整产品审批备案范围。原保监会《关于实施<财产保险公司保险条款和保险费率管理办法>有关问题的通知》（保监发〔2010〕43 号）规定，机动车辆保险、1 年期以上信用保险和保证保险产品均需报我会审批。为进一步提高产品监管效率，强化产品监管有效性，将使用示范产品的机动车辆商业保险、1 年期以上信用保险和保证保险产品由审批改为备案，原属于备案类的产品仍采用备案管理。同时，银保监会将坚持放管结合、并重的原则，对备案产品持续强化监管。

（二）实施产品分类监管和属地监管。使用示范产品的机动车辆商业保险、中央财政保费补贴型农业保险产品（以下简称"两类产品"）由银保监会负责备案并监管；其他产品由属地银保监局负责备案并监管。银保监会将根据市场情况变化和产品监管工作需要，适时调整由银保监局负责备案并监管的产品范围。

（三）进一步明确产品监管职责。银保监会负责研究制定产品监管政策、制度规则、工作规划，组织实施全国性的产品非现场检查，以及两类产品的备案和监管等。银保监局负责具体组织实施和执行产品监管规定，以及两类产品以外其他产品的备案和监管等，具体包括：一是落实好产品属地监管职责，跟踪监测公司产品情况，对问题产品及时采取监管措施；二是将个人类产品和风险较高产品作为重点领域实施重点监管，维护好保险消费者合法权益，防范潜在风险；三是组织实施好辖内公司产品非现场检查，配合做好全国性产品非现场检查；四是做好与产品相关的信息公开、信访投诉等工作；五是银保监会交办的其他事项。

（四）强化产品退出机制。对存在违反《中华人民共和国保险法》及相关法律法规规定、不符合保险原理、违背公序良俗、噱头炒作、损害社会公众利益和保险消费者合法权益以及危及公司偿付能力和财务稳健等问题的产品，一经发现，将严格按照有关规定责令停止使用、限期修改，情节严重的，在一定期限内禁止申报新产品。

二、明确备案流程，规范产品报备

（一）产品申报主体。财产保险公司总公司为产品备案申报主体。除两类产品以外，使用范围超出单个省（自治区、直辖市、计划单列市）的产品，由财产保险公司总公司向总公司营业场所所在地银保监局备案；仅在某一省（自治区、直辖市、计划单列市）使用的产品，由财产保险公司总公司向产品使用地银保监局备案。

（二）产品报送方式。所有备案产品均以电子化方式报送材料，并在经营使用后按规定报送备案。其中，使用示范产品的机动车商业保险产品、农业保险和涉农保险产品（含中央财政保费补贴型、地方财政保费补贴型、非财政保费补贴型农业保险以及涉农保险产品）通过银保监会"保险产品电子化报备和管理信息系统"报送。其他产品通过中国保险行业协会"财产保险公司备案产品自主注册平台"报送。中国保险行业协会负责将产品注册数据及时导入"保险产品电子化报备和管理信息系统"，银保监局通过该系统管理员账号进行备案及发放备案号等后续操作。

（三）产品备案报送材料。财产保险公司报送产品备案材料一般应当包括：报备文件、备案表、保险条款费率文本、精算报告、可行性报告以及银保监会规定的其他材料。下列险种产品备案时还应提供以下材料：一是机动车商业保险产品提供条款费率说明、新开业地区批筹或开业文件。二是财政保费补贴型的农业保险和涉农保险产品，应至少提供可真实反映地方政府财政、农业、林业部门意见的相关材料（如政府出具的开办方案等）。三是融资性信用保险和保证保险产品提供公司产品管理委员会审议情况、风控措施等材料。四是其他产品备案材料应符合产品自主注册指引要求。此外，修订产品的应当提供保险条款或费率修订前后对比表和修订说明。

三、有关工作要求

（一）各财产保险公司要高度重视产品管理工作，切实承担起产品管理主体责任；严格产品法律审查、精算审查、合规审查，对直接面向个人销售的产品，还应进行消费者保护审查；规范产品开发使用，强化产品管理管控，做好产品清理修订，不断提高产品质量和水平。

（二）中国保险行业协会要发挥好行业自律职能，做好产品注册日常管理和服务；严格保障产品自主注册平台安全运行，完善应急处置机制，不断优化系统平台各项功能；研究建立产品评估和创新产品保护相关机制，激发行业创新动力和市场活力。

（三）各银保监局要统筹好产品监管工作，加强组织保障，确保各项产品监管职责落实到位；建设好产品监管队伍，不断提高产品监管专业化能力和水平；落实好各项产品监管规定，维护良好的市场秩序和产品生态。

四、其他事项

（一）中国出口信用保险公司除中长期出口信用保险和海外投资保险以外的其他保险产品，适用本通知规定。

（二）本通知自 2020 年 3 月 1 日起实施，原有关规定与本通知不一致的，以本通知为准。

附件：财产保险公司备案产品属地监管一览表（略）

中国人民银行、中国银行保险监督管理委员会关于保险公司发行无固定期限资本债券有关事项的通知

（2022 年 8 月 10 日　银发〔2022〕175 号）

各保险公司：

为完善保险公司资本补充机制，提高保险业风险抵御能力，保护投资者利益，根据《中华人民共和国中国人民银行法》、《中华人民共和国保险法》、《全国银行间债券市场金融债券发行管理办法》（中国人民银行令

〔2005〕第 1 号发布）以及《中国人民银行 中国保险监督管理委员会公告》
（〔2015〕第 3 号），现就保险公司发行无固定期限资本债券有关事项通知
如下：

一、本通知所称无固定期限资本债券是指，保险公司发行的没有固定
期限、含有减记或转股条款、在持续经营状态下和破产清算状态下均可以
吸收损失、满足偿付能力监管要求的资本补充债券。

二、保险公司应当按照《中国人民银行 中国保险监督管理委员会公
告》（〔2015〕第 3 号）规定的条件和程序，向中国人民银行、中国银行保
险监督管理委员会提出发行申请，做好信息披露，并及时向中国人民银行、
中国银行保险监督管理委员会报告发行、赎回等重大情况。

保险集团（控股）公司不得发行无固定期限资本债券。

三、中国人民银行、中国银行保险监督管理委员会按照《中国人民银
行 中国保险监督管理委员会公告》（〔2015〕第 3 号）和本通知的规定，对
保险公司发行无固定期限资本债券进行监督管理。

四、保险公司发行的无固定期限资本债券应当含有减记或转股条款，
当触发事件发生时，无固定期限资本债券应当实施减记或转股。

五、保险公司减记和转股的触发事件包括持续经营触发事件和无法生
存触发事件。持续经营触发事件是指保险公司的核心偿付能力充足率低于
30%。无法生存触发事件是指发生以下情形之一：一是中国银行保险监督
管理委员会认为若不进行减记或转股，保险公司将无法生存；二是相关部
门认定若不进行公共部门注资或提供同等效力的支持，保险公司将无法生
存。

会计分类为权益工具的无固定期限资本债券，应当设定无法生存触发
事件；会计分类为金融负债的无固定期限资本债券，应当同时设定持续经
营触发事件和无法生存触发事件。

六、保险公司发行的无固定期限资本债券，赎回后偿付能力充足率不
达标的，不能赎回；支付利息后偿付能力充足率不达标的，当期利息支付
义务应当取消。保险公司无法如约支付利息时，无固定期限资本债券的投
资人无权向人民法院申请对保险公司实施破产。

七、发行人应当充分、及时披露无固定期限资本债券相关信息，真实、
准确、完整地揭示无固定期限资本债券的特有风险，包括但不限于次级性

风险、利息取消风险、减记损失风险、转股风险。

八、发行人或投资人可聘请信用评级机构对无固定期限资本债券进行信用评级。

投资人应当提高内部评级能力，对保险公司发行的无固定期限资本债券的投资风险作出独立判断。

九、保险公司应当提升无固定期限资本债券的市场化定价程度，增强对各类投资者的吸引力，切实提高保险公司资本吸收损失的能力。

十、保险公司可通过发行无固定期限资本债券补充核心二级资本，无固定期限资本债券余额不得超过核心资本的 30%。

十一、中国人民银行对保险公司发行包括无固定期限资本债券在内的资本补充债券实行余额管理。在核定余额有效期内任一时点，发行人存续资本补充债券余额不得超过核定额度。

十二、保险公司无固定期限资本债券的登记、托管、结算等业务，应当在中国人民银行认可的债券登记托管结算机构办理。

十三、本通知未尽事宜，按照《全国银行间债券市场金融债券发行管理办法》和《中国人民银行 中国保险监督管理委员会公告》（〔2015〕第3号）有关规定执行。

十四、本通知自 2022 年 9 月 9 日起实施。

最高人民法院关于审理涉及保险公司
不正当竞争行为的行政处罚案件时
如何确定行政主体问题的复函

（2003 年 12 月 8 日　法函〔2003〕65 号）

湖南省高级人民法院：

你院湘高法〔2003〕124 号《关于审理涉及保险公司不正当竞争行为的行政处罚案件如何确定监督检查主体的请示》收悉。经研究，答复如下：

经国务院批准、由国务院办公厅 2003 年 7 月 7 日印发的《中国保险监督管理委员会主要职责内设机构和人员编制规定》明确规定，中国保险监督管理委员会"依法对保险机构和保险从业人员的不正当竞争等违法、违规行为以及对非保险机构经营或变相经营保险业务进行调查、处罚"。这一规定与《中华人民共和国反不正当竞争法》的第三条第二款有关"县级以上人民政府工商行政管理部门对不正当竞争行为进行监督检查"的规定并不矛盾。人民法院在审理涉及保险机构不正当竞争行为的行政处罚案件时，应当以中国保险监督管理委员会作为有权进行调查、处罚的主体。

我院以前的规定与本答复不一致的，以本答复为准。

国家金融监督管理总局关于
优化保险公司偿付能力监管标准的通知

（2023 年 9 月 10 日　金规〔2023〕5 号）

各监管局，各保险集团（控股）公司、保险公司：

为完善保险公司偿付能力监管标准，促进保险公司回归本源和稳健运行，更好服务实体经济和人民群众，现就有关事项通知如下：

一、实施差异化资本监管

（一）对于财产险公司和再保险公司，总资产 100 亿元以上、2000 亿元以下公司的最低资本按照 95% 计算偿付能力充足率，即特征系数为 -0.05；总资产 100 亿元以下公司的最低资本按照 90% 计算偿付能力充足率，即特征系数为 -0.1。

（二）对于人身险公司，总资产 500 亿元以上、5000 亿元以下公司的最低资本按照 95% 计算偿付能力充足率，即特征系数为 -0.05；总资产 500 亿元以下公司的最低资本按照 90% 计算偿付能力充足率，即特征系数为 -0.1。

上述最低资本为《保险公司偿付能力监管规则第 2 号：最低资本》第十五条中，考虑风险分散效应和特定类别保险合同损失吸收效应后的可资本化风险的最低资本。

二、优化资本计量标准，引导保险公司回归保障本源

（三）《保险公司偿付能力监管规则第 1 号：实际资本》第四十一条第

二款中，剩余期限 10 年期以上保单未来盈余计入核心资本的比例，从不超过 35% 提高至不超过 40%。

（四）财产险公司最近一个季度末计算的上两个会计年度末所有非寿险业务再保后未到期责任准备金回溯偏差率的算术平均数小于等于-5% 的，根据《保险公司偿付能力监管规则第 4 号：保险风险最低资本（非寿险业务）》第十条至第二十条计量的保费风险最低资本总和按照 95% 计算，即特征系数为-0.05。

财产险公司最近一个季度末计算的上两个会计年度末所有非寿险业务再保后未决赔款准备金回溯偏差率的算术平均数小于等于-5% 的，根据《保险公司偿付能力监管规则第 4 号：保险风险最低资本（非寿险业务）》第二十三条至第三十一条计量的准备金风险最低资本总和按照 95% 计算，即特征系数为-0.05。

（五）保险公司投资的非基础资产中，底层资产以收回本金和固定利息为目的，且交易结构在三层级及以内（含表层）的，应纳入利率风险最低资本计量范围，以强化资产负债匹配管理。

三、优化风险因子，引导保险公司服务实体经济和科技创新

（六）对于保险公司投资沪深 300 指数成分股，风险因子从 0.35 调整为 0.3；投资科创板上市普通股票，风险因子从 0.45 调整为 0.4。

（七）对于保险公司投资公开募集基础设施证券投资基金（REITS）中未穿透的，风险因子从 0.6 调整为 0.5。

（八）对于保险公司投资国家战略性新兴产业未上市公司股权，风险因子为 0.4。国家战略性新兴产业参照国家统计局发布的《战略性新兴产业分类（2018）》。

（九）科技保险适用财产险风险因子计量最低资本，按照 90% 计算偿付能力充足率，即特征系数为-0.1，科技保险认定范围另行规定。《保险公司偿付能力监管规则第 4 号：保险风险最低资本（非寿险业务）》第五十五条中关于专业科技保险公司的调控性特征因子不再适用。

（十）保险公司应加强投资收益长期考核，在偿付能力季度报告摘要中公开披露近三年平均的投资收益率和综合投资收益率。

六、保险中介

中国保险监督管理委员会关于明确
保险营销员佣金构成的通知

（2006 年 4 月 27 日　保监发〔2006〕48 号）

各保监局、各保险公司：

《保险营销员管理规定》发布后，一些保险公司要求我会对保险营销员佣金构成予以明确。经研究，现予以明确：保险营销员佣金由展业成本和劳务报酬两部分构成。

特此通知。

中国保险监督管理委员会关于规范
保险公司相互代理业务有关事项的通知

（2010 年 3 月 30 日　保监中介〔2010〕325 号）

各保监局、各保险公司：

为了规范保险公司相互代理保险业务，现将有关事项通知如下：

一、根据《保险公司管理规定》第 15 条等有关规定，保险公司在住所地以外的省级行政区设立分公司后，可不逐级设立分支机构，直接或者利用包括相互代理在内的中介渠道开展业务。

二、保险公司利用中介渠道开展业务应确保服务质量，客户的正当权益不因此受到不利影响。

三、保险公司相互代理可不限于集团公司内部。集团内部相互代理的风险较为特殊，应予以重点关注。相关公司应确保法律关系清晰、管控责任明确、财务核算和资金流向清楚透明。

中国保险监督管理委员会
关于进一步明确保险专业中介
机构市场准入有关问题的通知

(2013 年 5 月 16 日　保监发〔2013〕44 号)

各保监局：

为贯彻落实《关于修改〈保险经纪机构监管规定〉的决定》（保监会令 2013 年第 6 号）、《关于修改〈保险专业代理机构监管规定〉的决定》（保监会令 2013 年第 7 号）（以下简称两个《决定》），现将有关事项通知如下：

一、两个《决定》颁布前设立的保险专业代理（经纪）公司，注册资本金不足人民币 5000 万元的，只能在注册地所在省（自治区、直辖市）申请设立分支机构。

二、两个《决定》颁布前设立的保险专业代理（经纪）公司，注册资本金不足人民币 5000 万元，且已经在注册地以外的省（自治区、直辖市）设立了分支机构的，可在该省（自治区、直辖市）继续申请设立分支机构。

三、汽车生产、销售、维修和运输等相关汽车企业，为实行代理保险业务专业化经营、投资设立保险专业代理公司的，注册资本金应不低于人民币 1000 万元，经营区域仅限于注册地所在省（自治区、直辖市），且公司名称应当包含"汽车保险销售"或"汽车保险代理"字样。

四、保险专业代理（经纪）公司开展互联网保险业务，注册资本金应不低于人民币 5000 万元，两个《决定》颁布前已经依法开展互联网保险业务的除外。

五、铁路、旅游、交通运输、银行、邮政等企业为实行代理保险业务专业化经营、投资设立保险专业代理公司的，可参照本通知第三项规定执行。

各保监局要严格按照《保险经纪机构监管规定》、《保险专业代理机构监管规定》、《保险公估机构监管规定》，继续全面受理和审批保险经纪机构、保险专业代理机构、保险公估机构的设立申请，认真做好保险中介市场准入行政许可工作，做到及时受理、依法审批、提高效率。

相关文件与本通知不符的，以本通知为准。

中国保险监督管理委员会关于做好保险
专业中介业务许可工作的通知

(2016 年 9 月 29 日　保监发〔2016〕82 号)

各保监局：

为切实做好保险专业中介业务许可工作，促进保险中介市场健康稳定发展，现将有关事项通知如下：

一、股东出资自有真实合法

股东投资保险专业中介机构，出资资金应自有、真实、合法，不得用银行贷款及其他形式的非自有资金投资。法人股东投资的，其上一年末（设立时间不满一年的，出资日上一月末）净资产应不为负数。

法人股东出资的，申请业务许可的保险专业中介机构应向保险监管部门提交下列材料：（一）出资来源说明及相关证明材料；（二）法人股东上一年末（设立时间不满一年的，出资日上一月末）的财务会计报告；（三）法人股东出资前银行账户对账单等能证明其货币资金大于出资额的材料；（四）保险监管部门要求的其他证明材料。

自然人股东出资的，申请业务许可的保险专业中介机构应向保险监管部门提交下列材料：（一）出资来源说明及相关证明材料；（二）自然人股东出资前银行账户交易明细清单等能证明其货币资金大于出资额的材料；（三）个人信用报告；（四）保险监管部门要求的其他证明材料。

保险专业中介机构变更注册资本、股东等事项的，股东及出资应符合上述要求。

二、注册资本实施托管

申请保险代理、经纪业务许可的保险专业中介机构应在大型商业银行或股份制商业银行等具有托管经验的银行中选择 1 家，签订托管协议，开立托管账户，将全部注册资本存入托管账户。保险专业中介机构在向保险监管部门提交业务许可申请材料时，应一并提交托管协议复印件。

在取得许可证前，保险专业中介机构不得动用注册资本。取得许可证后，注册资本应在许可证有效期间处于持续托管状态，用途如下：（一）投资大额协议存款、定期存款的资金不少于注册资本的 10%，且不得质押；（二）购置不动产，支出总额不高于注册资本的 40%；（三）向基本户转账，用于与业务相关、经营规模相符的日常运营等开支；（四）其他资金运用。注册资本不得以虚构债权债务关系等任何手段抽逃。

保险专业中介机构未取得许可证的，可解除资金托管协议。

已取得许可证的保险专业中介机构（除保险中介集团公司外）应自本通知下发之日起 6 个月内完成注册资本托管，并自签订托管协议之日起 3 个工作日内，向保险监管部门提交托管协议复印件。

申请保险公估业务许可的保险专业中介机构应根据业务发展规划，具备日常经营和风险承担所必需的运营资金。

三、职业责任保险足额有效

申请业务许可的保险专业中介机构投保职业责任保险的，应出具按规定投保职业责任保险的承诺函，取得许可证后，应按规定足额投保并将证明提交保险监管部门，在许可证有效期间，每年度均应足额投保职业责任保险，并保持职业责任保险的有效性和连续性，不得违反规定退保职业责任保险或降低职业责任保险保障水平。

四、商业模式合理可行

申请业务许可的保险专业中介机构应充分调研和论证，清晰定位，确定科学合理可行的商业模式。提交给保险监管部门的可行性研究报告应包括当地经济、社会和金融保险发展情况，机构组建的可行性和必要性，市场前景分析、发展规划（包括业务和财务发展计划）、风险管理计划等。其中，业务发展计划要聚焦保险中介主业，结合市场状况、技术实力、人力规模和管理能力等，合理预估未来三到五年业务规模；财务发展计划要全面考虑产品、佣金、税费以及效益等因素，审慎估算盈利能力、收入结构、利润总额、利润分配方案等；风险管理计划要充分评估市场、技术、财务、合规等风险因素，针对消费者权益保护、客户资金安全、日常经营合规、从业人员行为管理、关联交易等风险点及薄弱环节，设计科学的风险管控制度及流程，形成完备的风险处置预案。依托专门技术、领域、行业开展业务的，业务发展模式及配套管理制度流程应明显体现特色与专业性。

五、公司治理完善到位

申请业务许可的保险专业中介机构应根据《公司法》等法律法规和保监会相关政策要求，依照职责明晰、强化制衡、加强风险管理的原则，建立完善的公司治理结构和制度。保险专业中介机构根据公司的性质、规模及经营区域，可依法设立股东（大）会、董事会或者执行董事、监事会或者监事等组织机构，并应在章程中细化明确其职责、议事制度和决策程序。董事长（执行董事）、总经理等应职责明晰、履职到位，有条件的公司可引入独立董事、外部监事，拟任高级管理人员等要符合任职条件。建立健全面向全体股东的、完善的财务等信息公开制度，制定合理的薪酬制度，强化激励约束机制等。

六、风险测试符合要求

申请业务许可的保险专业中介机构应按规定接受风险测试。风险测试要综合考虑和全面了解机构、股东及存在关联关系的单位或者个人的历史经营状况，辨识是否存在利用保险中介从事非法经营活动的可能性，核查保险专业中介机构与控股股东、实际控制人在业务、人员、资产、财务等方面是否严格隔离并实现独立经营和核算，全面评估风险状况。

本通知自发布之日起执行。保险监管部门要按照法律法规及本通知要求严格审核，发现保险专业中介机构隐瞒有关情况、提供虚假材料、不符合法定条件的，应依法采取不予许可、给予行政处罚等措施。保险专业代理机构申请经营区域由注册地所在省（自治区、直辖市）变更为全国的，参照本通知执行。

中国保险监督管理委员会关于做好
保险公估机构业务备案及监管工作的通知

(2017 年 6 月 30 日　保监中介〔2017〕165 号)

各保监局，各保险公估公司：

为深入贯彻国务院关于深化简政放权、放管结合、优化服务改革意见精神，落实《中华人民共和国资产评估法》(以下称《资产评估法》)，强化"设立保险公估机构审批"行政许可事项取消后的事中事后监管措施，切实做好保险公估机构业务备案及监管工作，促进保险公估行业健康稳定发展，现将有关事项通知如下：

一、实行分级备案管理

从事保险公估业务，必须符合《资产评估法》要求并向国务院保险监督管理部门备案。全国性保险公估机构可在工商注册登记地所在省、自治区、直辖市、计划单列市之外设立分支机构，区域性保险公估机构不得在工商注册登记地所在省、自治区、直辖市、计划单列市之外设立分支机构。保险公估机构采用公司形式的，全国性机构向中国保监会进行业务备案，区域性机构向工商注册登记地中国保监会派出机构进行业务备案。合伙形式的保险公估机构向中国保监会进行业务备案。

保险公估分支机构，应当自领取营业执照之日起十个工作日内向工商注册登记地中国保监会派出机构进行业务备案。

保险公估机构可登录中国保监会官网相关信息系统查询业务备案申请及相关材料、程序等事项，并按要求向中国保监会及其派出机构备案，领取备案表。

二、营运资金真实、合法

保险公估机构应根据业务发展规划，具备日常经营和风险承担所必需的营运资金并实施托管。营运资金应真实、合法。其中，全国性保险公估机构营运资金为 200 万元以上；区域性保险公估机构营运资金为 100 万元以上。

保险公估机构应在大型商业银行或股份制商业银行等具有托管经验的银行中选择1家，签订托管协议，开立托管账户，将全部营运资金存入托管账户，并在备案时提交托管协议复印件、托管户入账凭证。

营运资金在机构正常经营期间应处于持续托管状态，用途如下：

（一）投资大额协议存款、定期存款，金额不少于营运资金的10%，且不得质押；

（二）购置不动产；

（三）向基本户转账，用于与业务相关、经营规模相符的日常运营等开支；

（四）其他资金运用。

三、专业资质人员执业

保险公估机构应具备一定数量的保险公估师执业。公司形式的保险公估机构应当有8名以上保险公估师，合伙形式的保险公估机构应当有2名以上保险公估师。

保险公估机构业务备案时，应提交保险公估师名册及相关证明材料。在保险公估师制度建立前，相关人员持有中国保监会颁发的有效《保险公估从业人员资格证书》的，可在备案时予以认可。

四、规范现存保险公估机构监管

现存保险公估机构要尽快符合《资产评估法》有关规定及本通知中关于营运资金托管、专业资质人员的要求，并最迟不晚于2017年11月30日交回许可证，完成业务备案。未按规定备案的，不得继续开展保险公估业务。许可证在2017年11月30日前到期但受客观条件所限未备案的保险公估机构，可在备案完成前继续开展保险公估业务。

现存保险公估机构根据自身业务及资金情况，转换为区域性保险公估机构并进行业务备案的，其在工商登记注册地以外省、自治区、直辖市、计划单列市已设立的分支机构可继续经营，但不得在未设立分支机构的省、自治区、直辖市、计划单列市新设分支机构。

现存保险公估分支机构应在其法人机构完成业务备案后，及时向所在地中国保监会派出机构交回许可证，并进行业务备案。

本通知自发布之日起执行。保险监管部门要按照法律法规及本通知要求，认真做好保险公估机构业务备案及监管工作。

保险销售行为可回溯管理暂行办法

(2017 年 6 月 28 日　保监发〔2017〕54 号)

第一条　为进一步规范保险销售行为，维护保险消费者合法权益，促进保险业持续健康发展，依据《保险法》和中国保监会有关规定，制定本办法。

第二条　本办法所称保险销售行为可回溯，是指保险公司、保险中介机构通过录音录像等技术手段采集视听资料、电子数据的方式，记录和保存保险销售过程关键环节，实现销售行为可回放、重要信息可查询、问题责任可确认。

第三条　本办法所称保险公司为经营人身保险业务和财产保险业务的保险公司，专业自保公司除外。

本办法所称保险中介机构是指保险专业中介机构和保险兼业代理机构，其中保险专业中介机构包括保险专业代理机构和保险经纪人，保险兼业代理机构包括银行类保险兼业代理机构和非银行类保险兼业代理机构。

第四条　保险公司、保险中介机构销售本办法规定的投保人为自然人的保险产品时，必须实施保险销售行为可回溯管理。团体保险产品除外。

第五条　保险公司、保险中介机构开展电话销售业务，应将电话通话过程全程录音并备份存档，不得规避电话销售系统向投保人销售保险产品。

保险公司、保险中介机构开展互联网保险业务，依照中国保监会互联网保险业务监管的有关规定开展可回溯管理。

第六条　除电话销售业务和互联网保险业务之外，人身保险公司销售保险产品符合下列情形之一的，应在取得投保人同意后，对销售过程关键环节以现场同步录音录像的方式予以记录：

(一) 通过保险兼业代理机构销售保险期间超过一年的人身保险产品，包括利用保险兼业代理机构营业场所内自助终端等设备进行销售。国务院金融监督管理机构另有规定的，从其规定。

(二) 通过保险兼业代理机构以外的其他销售渠道，销售投资连结保险产品，或向 60 周岁（含）以上年龄的投保人销售保险期间超过一年的人身保险产品。

第七条 在实施现场同步录音录像过程中，录制内容至少包含以下销售过程关键环节：

（一）保险销售从业人员出示有效身份证明；

（二）保险销售从业人员出示投保提示书、产品条款和免除保险人责任条款的书面说明；

（三）保险销售从业人员向投保人履行明确说明义务，告知投保人所购买产品为保险产品，以及承保保险机构名称、保险责任、缴费方式、缴费金额、缴费期间、保险期间和犹豫期后退保损失风险等。

保险销售从业人员销售人身保险新型产品，应说明保单利益的不确定性；销售健康保险产品，应说明保险合同观察期的起算时间及对投保人权益的影响、合同指定医疗机构、续保条件和医疗费用补偿原则等。

（四）投保人对保险销售从业人员的说明告知内容作出明确肯定答复。

（五）投保人签署投保单、投保提示书、免除保险人责任条款的书面说明等相关文件。

保险销售从业人员销售以死亡为给付条件保险产品的，录制内容应包括被保险人同意投保人为其订立保险合同并认可合同内容；销售人身保险新型产品的，还应包括保险销售从业人员出示产品说明书、投保人抄录投保单风险提示语句等。

第八条 保险销售行为现场同步录音录像应符合相关业务规范要求，视听资料应真实、完整、连续，能清晰辨识人员面部特征、交谈内容以及相关证件、文件和签名，录制后不得进行任何形式的剪辑。

第九条 保险专业中介机构、非银行类保险兼业代理机构应在录音录像完成后将录制的视听资料和其他业务档案一并反馈至承保保险公司。

银行类保险兼业代理机构应在录音录像完成后将新单业务录制成功的信息和其他业务档案一并反馈至承保保险公司。

第十条 保险公司应建立视听资料质检体系，制定质检制度，建立质检信息系统，配备与销售人员岗位分离的质检人员，对成交件视听资料按不低于 30% 的比例在犹豫期内全程质检。其中，对符合本办法第六条第二项规定的保险业务视听资料应实现 100% 质检。

保险公司在质检中发现视听资料不符合本办法要求的，应当自发现问题之日起 15 个工作日内整改。

银行类保险兼业代理机构自存视听资料、且未向保险公司提供视听资料的，应依照上述要求建立视听资料质检体系，自行开展质检，并将质检结果及时反馈至承保保险公司。

中国保监会对保险电话销售业务质检另有规定的，从其规定。

第十一条 保险公司对符合本办法第六条规定的保险业务开展回访时，回访用语应包括"投保时是否接受了录音录像、录音录像中陈述是否为其真实意思表示"等内容。

第十二条 保险公司省级以上机构、银行类保险兼业代理机构负责视听资料的保存，保险公司其他分支机构、保险专业中介机构、非银行类保险兼业代理机构以及保险销售从业人员不得擅自保存视听资料。

保险公司委托保险中介机构开展电话销售业务，保险中介机构可保存电话销售业务的录音资料，但应向保险公司提供成交保单的完整录音资料。

第十三条 保险公司、银行类保险兼业代理机构应制定视听资料管理办法，明确管理责任，规范调阅程序。视听资料保管期限自保险合同终止之日起计算，保险期间在一年以下的不得少于五年，保险期间超过一年的不得少于十年。如遇消费者投诉、法律诉讼等纠纷，还应至少保存至纠纷结束后二年。

第十四条 保险公司、保险中介机构应严格依照有关法律法规，加强对投保人、被保险人的个人信息保护工作，对录音录像等视听资料内容、电子数据严格保密，不得外泄和擅自复制，严禁将资料用作其他商业用途。

第十五条 保险公司、保险中介机构应建立完善内部控制制度，对未按本办法规定实施销售行为可回溯管理的，应追究直接负责的主管人员和其他直接责任人员的责任。

第十六条 对未按本办法规定实施销售行为可回溯管理的保险公司、保险中介机构，中国保监会及派出机构应依法采取监管措施。

第十七条 本办法由中国保监会负责解释。

第十八条 本办法自 2017 年 11 月 1 日起实施。

中国保险监督管理委员会关于落实
《保险销售行为可回溯管理暂行办法》
有关事项的通知

（2017 年 10 月 23 日　保监消保〔2017〕265 号）

各保监局，各保险公司、保险中介机构：

根据《保险销售行为可回溯管理暂行办法》（保监发〔2017〕54 号，以下简称《办法》），人身保险公司销售《办法》第六条规定的保险产品，应对销售过程关键环节以现场同步录音录像的方式予以记录。现就有关录音录像业务规范通知如下：

一、录制时点

各保险公司、保险中介机构实施销售过程现场同步录音录像，应在投保人填写投保单（含电子化投保单）时统一集中录制《办法》第七条规定的全部内容，并由录制系统自动记录本次录音录像发生的时间。

二、明确提示

各保险公司、保险中介机构在征得消费者同意现场同步录音录像后，应明确提示投保人"此次录音录像过程对于今后您维护权益非常关键，请您认真阅读您签署文件的具体内容，如实回答相关问题。如果销售人员向您作出任何与书面文件内容不一致的承诺，建议您与销售人员通过书面形式予以确认，以便更好地维护您的合法权益"。若消费者不同意现场同步录音录像，则保险公司、保险中介机构不能在《办法》第六条规定的渠道销售保险产品。

三、明示身份

保险销售从业人员出示的有效身份证明，一般包括身份证件、工作证件或执业证件，同时保险销售从业人员应明确告知本人所属机构的规范简称。

四、录制要求

保险销售行为现场同步录音录像过程中，保险销售从业人员向投保人履行明确说明义务及投保人作出明确肯定答复时，保险销售从业人员与投保人应同框展示。保险销售从业人员的有效身份证明、投保相关文件资料名称、投保人的签名及抄录的风险提示语句等内容，应在录像中清晰可辨。

五、文件制作

保险销售行为现场同步录音录像应按保单逐份录制，每份保单的录音录像应一次性录制完成并生成独立的录音录像文件。对同一投保人同时销售多份保单的，可一次性录制完成并生成一份录音录像文件，相同用语可以只录制一次，但应确保每份保单的录音录像内容均符合规定。

六、自助终端

利用保险兼业代理机构营业场所内自助终端等设备进行销售时，应在自助终端等设备的初始页面明确提示消费者此次购买保险未经过销售人员营销推介，完全由消费者自主购买，并突出提示"如有销售人员营销推介，应停止自助终端购买操作"，由消费者点击确认。

七、整改要求

保险公司、银行类保险兼业代理机构在质检中发现视听资料不符合《办法》规定和上述要求的，应针对不符合《办法》规定和上述要求的部分进行补录，并在补录后再次进行质检。

本通知与《办法》同步实施，各保险公司、保险中介机构在严格执行的基础上，应根据实际进一步规范销售行为，完善服务措施，不断提升服务水平，切实维护保险消费者合法权益。

附件：保险销售行为现场同步录音录像用语示例（略）

中国银保监会办公厅关于明确保险中介市场对外开放有关措施的通知

（2021 年 12 月 3 日　银保监办发〔2021〕128 号）

为进一步扩大保险业对外开放，促进保险业健康有序发展，经银保监会同意，现将有关事项通知如下：

一、允许有实际业务经验并符合银保监会相关规定的境外保险经纪公司在华投资设立的保险经纪公司经营保险经纪业务。《关于印发我国加入 WTO 法律文件有关保险业内容的通知》（保监办发〔2002〕14 号）中，设立外资保险经纪公司需满足投资者应在 WTO 成员境内有超过 30 年经营历史、在中国设立代表处连续 2 年以及提出申请前一年总资产不低于 2 亿美元的相关要求不再执行。

二、允许外国保险集团公司、境内外资保险集团公司在华投资设立的保险专业中介机构经营相关保险中介业务。本通知所称保险专业中介机构包括保险专业代理机构、保险经纪机构及保险公估机构。

三、外资保险专业中介机构在经营相关保险中介业务前，应依法依规备案或取得对应的业务许可，业务范围和市场准入标准适用银保监会关于保险专业中介机构的相关规定。

保险销售行为管理办法

（2023 年 9 月 20 日国家金融监督管理总局令 2023 年第 2 号公布　自 2024 年 3 月 1 日起施行）

第一章　总　　则

第一条　为保护投保人、被保险人、受益人的合法权益，规范保险销售行为，统一保险销售行为监管要求，根据《中华人民共和国保险法》《国务院办公厅关于加强金融消费者权益保护工作的指导意见》等法律、行政法规和文件，制定本办法。

第二条　保险公司为订立保险合同所开展的销售行为，保险中介机构、保险销售人员受保险公司委托或者与保险公司合作为订立保险合同所开展的销售行为，应当遵守本办法的规定。

本办法所称保险公司不包括再保险公司。

本办法所称保险中介机构包括：保险代理机构和保险经纪人。保险代理机构包括专业代理机构和兼业代理机构。

本办法所称保险销售人员包括：保险公司中从事保险销售的员工、个人保险代理人及纳入销售人员管理的其他用工形式的人员，保险代理机构中从事保险代理的人员，保险经纪人中从事保险经纪业务的人员。

第三条 除下列机构和人员外，其他机构和个人不得从事保险销售行为：

（一）保险公司和保险中介机构；

（二）保险销售人员。

保险公司、保险中介机构应当为其所属的保险销售人员办理执业登记。

第四条 保险销售行为应当遵循依法合规、平等自愿、公平适当、诚实守信等原则，尊重和保障投保人、被保险人、受益人的合法权益。

第五条 本办法所称保险销售行为包括保险销售前行为、保险销售中行为和保险销售后行为。

保险销售前行为是指保险公司及受其委托或者与其合作的保险中介机构、保险销售人员为订立保险合同创造环境、准备条件、招揽保险合同相对人的行为。

保险销售中行为是指保险公司及受其委托或者与其合作的保险中介机构、保险销售人员与特定相对人为订立保险合同就合同内容进行沟通、商谈，作出要约或承诺的行为。

保险销售后行为是指保险公司及受其委托或者与其合作的保险中介机构、保险销售人员履行依照法律法规和监管制度规定的以及基于保险合同订立而产生的保单送达、回访、信息通知等附随义务的行为。

第六条 保险公司、保险中介机构应当以适当方式、通俗易懂的语言定期向公众介绍保险知识、发布保险消费风险提示，重点讲解保险条款中的专业性词语、集中性疑问、容易引发争议纠纷的行为以及保险消费中的各类风险等内容。

第七条 保险公司、保险中介机构应当按照合法、正当、必要、诚信的原则收集处理投保人、被保险人、受益人以及保险业务活动相关当事人的个人信息，并妥善保管，防止信息泄露；未经该个人同意，保险公司、保险中介机构、保险销售人员不得向他人提供该个人的信息，法律法规规章另有规定以及开展保险业务所必需的除外。

保险公司、保险中介机构应当加强对与其合作的其他机构收集处理投保人、被保险人、受益人以及保险业务活动相关当事人个人信息的行为管控，在双方合作协议中明确其他机构的信息收集处理行为要求，定期了解其他机构执行协议要求情况，发现其他机构存在违反协议要求情形时，应当及时采取措施予以制止和督促纠正，并依法追究该机构责任。

第八条 保险公司、保险中介机构应当履行销售管理主体责任，建立健全保险销售各项管理制度，加强对与其有委托代理关系的保险销售人员身份和保险销售业务真实性管理，定期自查、评估制度有效性和落实情况；应当明确各级机构及其高级管理人员销售管理责任，建立销售制度执行、销售管控和内部责任追究机制，不得违法违规开展保险销售业务，不得利用开展保险销售业务为其他机构或者个人牟取不正当利益。

第九条 具有保险销售业务合作关系的保险公司、保险中介机构应当在相关协议中确定合作范围，明确双方的权利义务。保险公司与保险中介机构的保险销售业务合作关系应当真实，不得通过虚假合作套取费用。

保险中介机构应当依照相关法律法规规定及双方业务合作约定，并以相关业务开展所必需为限，将所销售的保险业务相关信息以及投保人、被保险人、受益人信息如实完整及时地提供给与其有保险销售业务合作关系的保险公司，以利于保险公司与投保人订立保险合同。

保险公司应当支持与其具有保险销售业务合作关系的保险中介机构为投保人提供专业服务，依照相关法律法规规定及双方业务合作约定，并以相关业务开展所必需为限，将该保险中介机构所销售的保险业务相关保单存续期管理信息如实完整及时地提供给该保险中介机构，以利于该保险中介机构为投保人提供后续服务。

保险公司应当加强对与其具有保险销售业务合作关系的保险中介机构保险销售行为合规性监督，定期了解该保险中介机构在合作范围内的保险销售行为合规情况，发现该保险中介机构在从事保险销售中存在违反法律法规及合作协议要求情形时，应当及时采取措施予以制止和督促纠正，并依法追究该保险中介机构责任。

具有保险销售业务合作关系的保险公司、保险中介机构应当通过技术手段，实现双方业务信息系统的互联互通、数据对接。

第十条 国家金融监督管理总局（以下简称金融监管总局）依据《中华人民共和国保险法》，对保险销售行为履行监督管理职责。

金融监管总局派出机构依据授权对保险销售行为履行监督管理职责。

第二章 保险销售前行为管理

第十一条 保险公司、保险中介机构不得超出法律法规和监管制度规定以及监管机构批准核准的业务范围和区域范围从事保险销售行为。保险销售人员不得超出所属机构的授权范围从事保险销售行为。

第十二条 保险公司、保险中介机构开展保险销售行为，应当具备相应的业务、财务、人员等信息管理系统和核心业务系统，确保系统数据准确、完整、更新及时，并与监管机构要求录入各类监管信息系统中的数据信息保持一致。

第十三条 保险公司应当依法依规制订保险合同条款，不得违反法律法规和监管制度规定，确保保险合同双方权利义务公平合理；按照要素完整、结构清晰、文字准确、表述严谨、通俗易懂等原则制订保险合同条款，推进合同文本标准化。

保险合同及相关文件中使用的专业名词术语，其含义应当符合国家标准、行业标准或者通用标准。

第十四条 保险公司应当按照真实、准确、完整的原则，在其官方网站、官方 APP 等官方线上平台公示本公司现有保险产品条款信息和该保险产品说明。保险产品说明应当重点突出该产品所使用条款的审批或者备案名称、保障范围、保险期间、免除或者减轻保险人责任条款以及保单预期利益等内容。

保险产品条款发生变更的，保险公司应当于变更条款正式实施前更新所对外公示的该保险产品条款信息和该保险产品说明。

保险公司决定停止使用保险产品条款的，除法律法规及监管制度另有规定的外，应当在官方线上平台显著位置和营业场所公告，并在公示的该保险产品条款信息和该保险产品说明的显著位置标明停止使用的起始日期，该起始日期不得早于公告日期。

第十五条 保险公司应当建立保险产品分级管理制度，根据产品的复杂程度、保险费负担水平以及保单利益的风险高低等标准，对本机构的保险产品进行分类分级。

第十六条 保险公司、保险中介机构应当支持行业自律组织发挥优势推动保险销售人员销售能力分级工作，在行业自律组织制定的销售能力分级框架下，结合自身实际情况建立本机构保险销售能力资质分级管理体系，以保险销售人员的专业知识、销售能力、诚信水平、品行状况等为主要标准，对所属保险销售人员进行分级，并与保险公司保险产品分级管理制度相衔接，区分销售能力资质实行差别授权，明确所属各等级保险销售人员可以销售的保险产品。

第十七条　保险公司、保险中介机构应当建立保险销售宣传管理制度，确保保险销售宣传符合下列要求：

（一）在形式上和实质上未超出保险公司、保险中介机构合法经营资质所载明的业务许可范围及区域；

（二）明示所销售宣传的是保险产品；

（三）不得引用不真实、不准确的数据和资料，不得隐瞒限制条件，不得进行虚假或者夸大表述，不得使用偷换概念、不当类比、隐去假设等不当宣传手段；

（四）不得以捏造、散布虚假事实等手段恶意诋毁竞争对手，不得通过不当评比、不当排序等方式进行宣传，不得冒用、擅自使用与他人相同或者近似等可能引起混淆的注册商标、字号、宣传册页；

（五）不得利用监管机构对保险产品的审核或者备案程序，不得使用监管机构为该保险产品提供保证等引人误解的不当表述；

（六）不得违反法律、行政法规和监管制度规定的其他行为。

第十八条　保险销售人员未经授权不得发布保险销售宣传信息。

保险公司、保险中介机构对所属保险销售人员发布保险销售宣传信息的行为负有管理主体责任，对保险销售人员发布的保险销售宣传信息，应当进行事前审核及授权发布；发现保险销售人员自行编发或者转载未经其审核授权发布的保险销售宣传信息的，应当及时予以制止并采取有效措施进行处置。

第十九条　保险公司决定停止销售某一保险产品或者调整某一保险产品价格的，应当在官方线上平台显著位置和营业场所公告，但保险公司在经审批或者备案的费率浮动区间或者费率参数调整区间内调整价格的除外。公告内容应当包括停止销售或者调整价格的保险产品名称、停止销售或者价格调整的起始日期等信息，其中起始日期不得早于公告日期。

前款公告的停止销售或者调整价格的起始日期经过后，保险公司应当按照公告内容停止销售相应保险产品或者调整相应保险产品价格。

在保险公司未就某一保险产品发出停止销售或者调整价格的公告前，保险销售人员不得在保险销售中向他人宣称某一保险产品即将停止销售或者调整价格。

第二十条　保险公司、保险中介机构应当加强保险销售渠道业务管理，落实对保险销售渠道业务合规性的管控责任，完善保险销售渠道合规监督，不得利用保险销售渠道开展违法违规活动。

第三章　保险销售中行为管理

第二十一条　保险公司应当通过合法方式，了解投保人的保险需求、风险特征、保险费承担能力、已购买同类保险的情况以及其他与销售保险产品相关的信息，根据前述信息确定该投保人可以购买本公司保险产品类型和等级范围，并委派合格保险销售人员销售该等级范围内的保险产品。

保险中介机构应当协助所合作的保险公司了解前款规定的投保人相关信息，并按照所合作保险公司确定的该投保人可以购买的保险产品类型和等级范围，委派合格保险销售人员销售该等级范围内的保险产品。

第二十二条　保险公司、保险中介机构销售人身保险新型产品的，应当向投保人提示保单利益的不确定性，并准确、全面地提示相关风险；法律、行政法规和监管制度规定要求对投保人进行风险承受能力测评的，应当进行测评，并根据测评结果销售相适应的保险产品。

第二十三条　保险公司、保险中介机构及其保险销售人员不得使用强制搭售、信息系统或者网页默认勾选等方式与投保人订立保险合同。

前款所称强制搭售是指因保险公司、保险中介机构的原因，致使投保人不能单独就某一个保险产品或者产品组合与保险公司订立保险合同的情形，以及自然人、法人、非法人组织在购买某一非保险类金融产品或者金融服务时，在未被告知保险产品或者保险服务的存在、未被提供自主选择权利行使条件的情况下，被要求必须同时与指定保险公司就指定保险产品订立保险合同的情形。

第二十四条　保险公司、保险中介机构以互联网方式销售保险产品的，应当向对方当事人提示本机构足以识别的名称。

保险销售人员以面对面方式销售保险产品的，应当向对方当事人出示执业证件；以非面对面方式销售保险产品的，应当向对方当事人说明本人姓名、所属保险公司或者保险中介机构全称、本人执业证件编号。

第二十五条 订立保险合同，采用保险公司提供的格式条款的，保险公司或者受其委托及与其合作的保险中介机构、保险销售人员应当在投保人投保前以适当方式向投保人提供格式条款及该保险产品说明，并就以下内容向投保人作出明确提示：

（一）双方订立的是保险合同；

（二）保险合同的基本内容，包括保险产品名称、主要条款、保障范围、保险期间、保险费及交费方式、赔偿限额、免除或者减轻保险人责任的条款、索赔程序、退保及其他费用扣除、人身保险的现金价值、犹豫期、宽限期、等待期、保险合同效力中止与恢复等；

（三）提示投保人违反如实告知义务的后果；

（四）保险公司、保险中介机构服务电话，以及咨询、报案、投诉等的途径方式；

（五）金融监管总局规定的其他提示内容。

保险公司、保险中介机构在销售保险产品时，经投保人同意，对于权利义务简单且投保人在三个月内再次投保同一保险公司的同一保险产品的，可以合理简化相应的提示内容。

第二十六条 订立保险合同时，保险公司及受其委托及与其合作的保险中介机构、保险销售人员应当对免除或者减轻保险人责任的条款，以足以引起投保人注意的文字、字体、符号或者其他明显标志作出提示，并对有关免除保险人责任条款的概念、内容及其法律后果以书面或者口头形式向投保人作出明确的常人能够理解的解释说明。

免除或者减轻保险人责任的条款包括责任免除条款、免赔额、免赔率、比例赔付或者给付等。

第二十七条 订立保险合同，保险公司应当提示投保人履行如实告知义务。

保险公司及受其委托及与其合作的保险中介机构、保险销售人员应当就保险标的或者被保险人的有关情况提出有具体内容的询问，以投保单询问表方式进行询问的，投保单询问表中不得有概括性条款，但该概括性条款有具体内容的除外。

投保人的如实告知义务限于保险公司及受其委托的保险中介机构、保险销售人员询问范围和内容，法律法规另有规定的除外。

第二十八条 保险公司、保险中介机构、保险销售人员在销售保险时，发现投保人具有下列情形之一的，应当建议投保人终止投保：

（一）投保人的保险需求与所销售的保险产品明显不符的；

（二）投保人持续承担保险费的能力明显不足的；

（三）投保人已购买以补偿损失为目的的同类型保险，继续投保属于重复保险或者超额保险的。

投保人不接受终止投保建议，仍然要求订立保险合同的，保险公司、保险中介机构应当向投保人说明有关风险，并确认销售行为的继续是出于投保人的自身意愿。

第二十九条 保险公司、保险中介机构应当按照有关法律法规和监管制度规定，要求投保人以书面或者其他可保存的形式，签署或者确认投保声明、投保提示书、免除或者减轻保险人责任条款的说明等文件，以及监管规定的相关文书材料。通过电话销售保险的，可以以签署投保单或者电话录音等方式确认投保人投保意愿。通过互联网开展保险销售的，可以通过互联网保险销售行为可回溯方式确认投保人投保意愿，并符合监管制度规定。

投保文书材料应当由投保人或者其书面委托的人员以签字、盖章或者其他法律法规认可的方式进行确认。保险销售人员不得代替保险业务活动相关当事人在订立保险合同的有关文书材料中确认。

第三十条 保险公司、保险中介机构应当严格按照经金融监管总局及其派出机构审批或者备案的保险条款和保险费率销售保险产品。

第三十一条 保险公司、保险中介机构应当按照相关监管制度规定，根据不同销售方式，采取录音、录像、销售页面管理和操作轨迹记录等方法，对保险产品销售行为实施可回溯管理。对可回溯管理过程中产生的视听资料及电子资料，应当做好备份存档。

第三十二条 保险公司、保险中介机构应当加强资金管理，建立资金管理机制，严格按照相关规定进行资金收付管理。

保险销售人员不得接受投保人、被保险人、受益人委托代缴保险费、代领退保金、代领保险金，不得经手或者通过非投保人、被保险人、受益人本人账户支付保险费、领取退保金、领取保险金。

　　第三十三条　投保人投保后，保险销售人员应当将所销售的保险业务相关信息以及投保人、被保险人、受益人信息如实完整及时地提供给其所在的保险公司、保险中介机构，以利于保险公司与投保人订立保险合同。

第四章　　保险销售后行为管理

　　第三十四条　保险公司在核保通过后应当及时向投保人提供纸质或者电子保单，并按照相关政策提供发票。电子保单应当符合国家电子签名相关法律规定。保险公司应当在官方线上平台设置保单查询功能。

　　第三十五条　保险合同订立后，保险公司应当按照有关监管制度规定，通过互联网、电话等方式对金融监管总局规定的相关保险产品业务进行回访。回访内容包括确认投保人身份和投保信息的真实性、是否完整知悉合同主要内容以及其他应当披露的信息等。在回访中，保险公司工作人员应当如实与投保人进行答问，不得有误导、欺骗、隐瞒等行为，并如实记录回访过程。

　　保险公司在回访中发现存在销售误导的，应当按照规定及时予以处理。

　　按照相关监管制度规定，对保险产品销售行为实施可回溯管理，且对有关信息已确认的，可以根据监管规定合理简化回访要求。

　　第三十六条　保险公司、保险中介机构与其所属的保险销售人员解除劳动合同及其他用工合同或者委托合同，通过该保险销售人员签订的一年期以上的人身保险合同尚未履行完毕的，保险公司、保险中介机构应当在该保险销售人员的离职手续办理完成后的 30 日内明确通知投保人或者被保险人有关该保险销售人员的离职信息、保险合同状况以及获得后续服务的途径，不因保险销售人员离职损害投保人、被保险人合法利益。

　　保险公司与保险中介机构终止合作，通过该保险中介机构签订的一年期以上的人身保险合同尚未履行完毕的，保险公司应当在与该保险中介机构终止合作后的 30 日内明确通知投保人或者被保险人有关该保险公司与该保险中介机构终止合作的信息、保险合同状况以及获得后续服务的途径，不因终止合作损害投保人、被保险人合法利益。

　　保险销售人员因工作岗位变动无法继续提供服务的，适用上述条款规定。

第三十七条 保险销售人员离职后、保险中介机构与保险公司终止合作后，不得通过怂恿退保等方式损害投保人合法利益。

保险公司、保险中介机构应当在与保险销售人员签订劳动、劳务等用工合同或者委托合同时，保险公司应当在与保险中介机构签订委托合同时，要求保险销售人员或者保险中介机构就不从事本条第一款规定的禁止性行为作出书面承诺。

第三十八条 行业自律组织应当针对本办法第三十六条、第三十七条的规定建立行业自律约束机制，并督促成员单位及相关人员切实执行。

第三十九条 任何机构、组织或者个人不得违法违规开展保险退保业务推介、咨询、代办等活动，诱导投保人退保，扰乱保险市场秩序。

第四十条 保险公司应当健全退保管理制度，细化各项保险产品的退保条件标准，优化退保流程，不得设置不合法不合理的退保阻却条件。

保险公司应当在官方线上平台披露各项保险产品的退保条件标准和退保流程时限，并在保险合同签订前明确提示投保人该保险产品的退保条件标准和退保流程时限。

保险公司应当设立便捷的退保渠道，在收到投保人的退保申请后，及时一次性告知投保人办理退保所需要的全部材料。

第四十一条 保险公司、保险中介机构应当建立档案管理制度，妥善保管业务档案、会计账簿、业务台账、人员档案、投保资料以及开展可回溯管理产生的视听资料、电子数据等档案资料，明确管理责任，规范归档资料和数据的保管、保密和调阅程序。档案保管期限应当符合相关法律法规及监管制度规定。

第五章 监督管理

第四十二条 保险公司、保险中介机构应当按照金融监管总局及其派出机构的规定，记录、保存、报送有关保险销售的报告、报表、文件和资料。

第四十三条 违反本办法第三条、第三十九条规定的，由金融监管总局及其派出机构依照《中华人民共和国保险法》等法律法规和监管制度的相关规定处理。

第四十四条 保险公司、保险中介机构、保险销售人员违反本办法规定和金融监管总局关于财产保险、人身保险、保险中介销售管理的其他相关规定，情节严重或者造成严重后果的，由金融监管总局及其派出机构依照法律、行政法规进行处罚；法律、行政法规没有规定的，金融监管总局及其派出机构可以视情况给予警告或者通报批评，处以一万元以上十万元以下罚款。

第四十五条 保险公司、保险中介机构违反本办法规定和金融监管总局关于财产保险、人身保险、保险中介销售管理的其他相关规定，情节严重或者造成严重后果的，金融监管总局及其派出机构除分别依照本办法有关规定对该单位给予处罚外，对其直接负责的主管人员和其他直接责任人员依照法律、行政法规进行处罚；法律、行政法规没有规定的，金融监管总局及其派出机构对其直接负责的主管人员和其他直接责任人员可以视情况给予警告或者通报批评，处以一万元以上十万元以下罚款。

第四十六条 违反本办法第三十六条、第三十七条规定的，金融监管总局及其派出机构可以视情况予以通报并督促行业自律组织对相关人员、保险公司、保险中介机构给予行业自律约束处理。

第六章 附 则

第四十七条 保险公司、保险中介机构开展保险销售行为，除遵守本办法相关规定外，应当符合法律法规和金融监管总局关于财产保险、人身保险、保险中介销售管理的其他相关规定。

第四十八条 相互保险组织、外国保险公司分公司、保险集团公司适用本办法。

第四十九条 本办法由金融监管总局负责解释。

第五十条 本办法自 2024 年 3 月 1 日起施行。

七、保险资金运用

中国保险监督管理委员会关于规范保险
公司公布资金运用收益信息行为的通知

（2002 年 12 月 24 日　保监发〔2002〕127 号）

各保险公司：

近年来，保险公司为加强宣传，提升公司形象，经常在各种媒体上公布资金运用收益信息。但各公司公布的资金运用收益信息计算口径不统一、表述也欠严谨，随意与其他公司比较，在一定程度上误导了消费者，扰乱了市场秩序。为规范保险公司资金运用收益信息公布行为，避免误导投保人和不正当竞争，经研究，现将有关事项通知如下：

一、各公司可自行决定是否公布资金运用收益信息，并可自主选择公布的起迄时间，但一经确定，必须连续公布。

二、公布的形式包括在公开媒体上发布新闻、广告，公司和公司在职人员接受采访以及公司网站公布信息等。

三、保险公司公布资金运用收益信息应采取以下公式计算：

资金运用收益率=（投资收益+利息收入+买入返售证券收入-卖出回购证券支出-各项投资减值准备）/MAX（资金运用平均余额，各项责任准备金平均余额）

其中，MAX（）为取括弧中较大的一项

资金运用平均余额=（年初资金运用余额与至 N 季末的各季资金运用余额之和）/（N+1）

资金运用余额为保险监管报表《资金运用表》中的资金运用总额

各项责任准备金平均余额=（年初各项责任准备金余额与至 N 季末的各季各项责任准备金余额之和）/（N+1）

各项责任准备金应采取法定标准计算

各项投资减值准备的计提应符合《金融企业会计制度》的规定，并且与所公布资金运用收益信息的期间相一致。

以上数据应与保险公司上报保监会的资产负债表、利润表、资金运用表等监管报表一致。

保险公司在公布收益率时，应对数据来源进行说明。

四、公布收益的起迄时间最小为季，从年初算起，公布季末累计数。不足一年的不得折算为年收益率。

五、保险公司只能公布本公司信息，不得公布其他公司数据，不得与其他公司相比较。公布信息的标题中不得出现具体数据，标题和正文中不得出现"第一"、"名列前茅"等比较性词句。

六、保险公司公布以上信息所用数据必须是公司全系统汇总数据。不得公布部分资产或某一账户的收益率。分红产品、投资连结产品的信息公布，按此类产品信息公布的有关规定进行。

七、保险公司公布资金运用收益信息时，应提示保单持有人不可根据资金运用收益率及可运用资金收益率推断分红类产品的分红水平。

八、违反以上规定的，中国保监会可对其进行通报批评，责令其限期改正，并采取适当方式消除影响；情节严重的，可根据有关规定给予行政处罚。

以上规定请严格执行。

中国保险监督管理委员会关于保险机构投资者股票投资交易有关问题的通知

（2004 年 10 月 25 日　保监发〔2005〕13 号）

各保险公司、保险资产管理公司，上海、深圳证券交易所，中国证券登记结算有限责任公司：

为贯彻落实《国务院关于推进资本市场改革开放和稳定发展的若干意见》，规范保险机构投资者投资交易行为，防范投资管理风险，保障被保险人利益，根据《保险机构投资者股票投资管理暂行办法》，现就保险机构投资者股票投资的证券账户、交易席位、资金结算等有关问题通知如下：

一、保险机构投资者的保险资金投资托管人（以下简称托管人）应当根据保险机构投资者的委托，为保险机构投资者申请代理开立证券账户。证券账户按保险产品名称开立，账户名称为保险机构投资者名称和保险产品名称的联名，以中国保险监督管理委员会（以下简称中国保监会）保险资金运用监管部门确认函的证券账户名称为准。

二、保险机构投资者应当通过独立席位进行股票交易。

（一）独立席位是指保险机构投资者专门用于保险资金股票投资的专用席位。保险资产管理公司可向证券交易所申请办理专用席位。保险机构投资者也可向证券经营机构租用专用席位。

（二）向保险机构投资者出租专用席位的证券经营机构，应当向中国保监会提供符合《保险机构投资者股票投资管理暂行办法》规定条件的证明材料和履行职责的承诺书。中国保监会从资产规模、公司治理、内部控制、诚信状况、研究能力、市场地位等方面，对其进行评估并出具审核意见书。

证券交易所应当依据中国保监会保险资金运用监管部门出具的席位确认函办理相关手续。

（三）证券交易所、证券经营机构应当协助保险机构投资者采取相关措施，确保专用席位一切交易委托和成交回报数据的信息安全。证券经营机构进入风险处置的，保险机构投资者在该机构专用席位的全部业务，可整体转托管到新的专用席位，不因证券经营机构的关闭、清算受到影响。

三、保险机构投资者、托管人应当按《保险机构投资者股票投资登记结算业务指南》（见附件），开展保险机构投资者股票投资涉及的账户管理、证券登记、托管、结算等业务。

（一）托管人负责所托管保险资金股票投资交易的清算与交收。保险机构投资者股票投资运作中出现的证券超买、卖空等行为，托管人应当负责追究相关责任人的交收责任，并报告有关监管部门。

（二）托管人应当以其名义在中国证券登记结算有限公司（以下简称中国结算公司）申请开立结算备付金账户，用于其所托管的保险资金的清算与交收。

（三）托管人和保险机构投资者应当及时从证券交易所和中国结算公司获得保险资金股票投资交易的结算数据，发现数据错误应当与证券交易所和中国结算公司核对。

（四）托管人作为证券交易所的信息披露联系人，要根据相关法律、行政法规的要求，向交易所报送信息披露资料，及时提醒保险机构投资者履行信息披露义务。

四、保险机构投资者参与股票发行申购，应当遵循股票发行的有关规定。保险机构投资者证券账户申购新股，不设申购上限。

（一）保险机构投资者的所有传统保险产品和分红保险产品，申报的金额不得超过该保险机构投资者上年末总资产的10%，申报的股票数量不得超过发行股票公司本次股票发售的总量。保险机构投资者的单个投资连结保险产品和万能保险产品，申报的金额分别不得超过该产品账户资产的总额，申报的股票数量分别不得超过发行股票公司本次股票发售的总量。

（二）保险机构投资者应当采取有效措施，保证申购股票后，持有1家公司发行的股票不得超过中国保监会规定的比例。

五、根据《中华人民共和国保险法》、《中华人民共和国证券法》等法律、行政法规的规定，中国保监会可通过证券交易所、中国结算公司和证券经营机构查询保险机构投资者的证券投资交易情况。证券交易所、中国结算公司和证券经营机构应当积极配合、协助，并按中国保监会的要求向其提供监管所需的信息。

六、保险机构投资者直接到中国结算公司开立国债、基金专用证券账户，应当出具中国保监会保险资金运用监管部门的确认函。

七、外国保险公司在中国境内设立的分公司，视同境内保险机构法人管理，可按本通知规定办理保险机构投资者股票投资等有关手续。

八、本通知和《保险机构投资者股票投资登记结算业务指南》的修改和变更，由中国保监会和中国证监会共同商定。

本通知自发布之日起开始施行。

附件：保险机构投资者股票投资登记结算业务指南

附件

保险机构投资者股票投资登记结算业务指南

第一条 为便于保险机构投资者参与证券市场投资活动，保障保险资金安全，根据国家法律法规和《保险机构投资者股票投资管理暂行办法》，按照中国证券监督管理委员会（以下简称中国证监会）有关规定和中国证券登记结算有限责任公司（以下简称中国结算公司）有关业务规则，制定本指南。

第二条 本指南适用于保险机构投资者股票投资涉及的证券登记、账户管理、托管、结算等业务。

第三条 保险机构投资者的股票资产托管人（以下简称托管人）受保险机构投资者委托申请开立证券账户须直接到中国结算公司上海、深圳分公司（以下统称中国结算公司）办理。

第四条 托管人为保险机构投资者开立证券账户应当提供以下材料：

（一）《机构证券账户注册申请表》；

（二）中国保险监督管理委员会（以下简称中国保监会）保险资金运用监管部门出具的保险机构投资者开立证券账户确认函原件及复印件；

（三）保险机构投资者加盖公章的营业执照复印件；

（四）保险机构投资者委托托管人的授权书；

（五）托管人法定代表人证明书及法定代表人有效身份证明文件复印件；

（六）托管人法定代表人委托授权书或者总行批准分行开办保险资金托管业务的文件；

（七）托管人加盖公章的营业执照复印件；

（八）经办人有效身份证明文件原件及复印件；

（九）中国结算公司规定提供的其他材料。

第五条 托管人填写《机构证券账户注册申请表》时，"持有人名称"一项应当为"保险机构投资者名称——保险产品名称"，"身份证明文件号码"一项应当为"营业执照注册号"。保险机构投资者名称、保险产品名称和营业执照注册号，应当根据本指南第四条第（二）、（三）项规定填写。

第六条 中国结算公司应当在规定时间内，审核本指南第四条规定的材料，审核无误后予以开户，并留存规定的文件原件或者复印件。

第七条 托管人应当参照《中国证券登记结算有限责任公司证券账户管理规则》的相关规定，申请办理证券账户注册资料查询、变更以及账户卡挂失补办、账户注销等手续。托管人变更"持有人名称"、"身份证明文件号码"或者注销账户时，还应当提供中国保监会及保险机构投资者的相关证明文件。

第八条 托管人申请办理相关账户业务时，应当按中国结算公司有关机构账户的收费标准交纳相应费用。

保险机构投资者、托管人按照中国结算公司的相关规定查询保险机构投资者证券账户持股余额和持股变更情况，并交纳相应查询费用，经办人须提供保险机构投资者授权委托书等相关证明文件。

第九条 托管人作为中国结算公司的结算参与人（以下简称结算参与人），应当以一个净额完成其所托管包括保险机构投资者、基金等全部证券交易的资金清算与交收。保险机构投资者投资运作中出现的证券超买、卖空等行为，托管人应当追究相关责任人的交收责任，并向相关监管部门报告。

第十条 结算参与人办理结算业务前，应当与中国结算公司签订结算协议，明确各方的权利和义务。

第十一条 结算参与人应当以自身名义在中国结算公司开立惟一一个结算备付金账户，通过该账户并按一个净额完成其所托管保险机构投资者、基金等（不含合格境外机构投资者）全部资金结算业务。

第十二条 结算参与人应当在中国结算公司预留指定收款账户，并通过该账户接收其从结算备付金账户汇划的保险资金。指定收款账户名称应当与结算参与人名称一致。

第十三条 结算参与人名称、指定收款账户、托管保险机构投资者等信息变更时，结算参与人应当及时向中国结算公司提供相应材料，办理结算账户变更手续。

第十四条 保险机构投资者变更托管人，应当由新任托管人及时到中国结算公司办理备案手续，并提供相关证明文件。

第十五条 结算参与人结算备付金账户的日末余额不得低于中国结算

公司核定的最低结算备付金限额。最低结算备付金缴存比例及其调整按照中国结算公司规定执行。

第十六条 保险机构投资者应当通过独立席位进行证券交易。每个交易日（T日）闭市后，中国结算公司根据证券交易所保险机构投资者独立席位证券账户T日的成交数额及其他数据，计算保险机构投资者证券账户买卖相关证券的应收、应付数量，生成证券交易清算数据。结算参与人根据所托管全部保险机构投资者、基金等全部资金和证券T日的成交数额及其他数据，计算结算参与人的资金应收或应付净额，确定相关交收责任。

第十七条 T日清算完成后，中国结算公司应当将当日保险机构投资者的证券、资金清算数据存放于结算系统，作为结算参与人的证券、资金交收依据和交收指令。结算参与人应当及时从中国结算公司结算系统获取相关数据，并在规定时间内与保险机构投资者进行二级清算。

因中国结算公司结算系统原因结算参与人无法获取相关数据外，其他情况中国结算公司视同已将交收指令通知结算参与人。

第十八条 结算参与人应当按中国结算公司的证券、资金交收指令，按时履行交收义务。结算参与人对中国结算公司提供的清算数据存有异议，应当及时反馈。经核实确属清算差错的，中国结算公司应予更正，结算参与人不得因此拒绝履行或者延迟履行当日交收义务。

第十九条 中国结算公司按现行业务规定，依据T日清算数据，于T+1日与结算参与人完成最终不可撤销的证券与资金交收处理。

第二十条 按中国证监会、财政部《证券结算风险基金管理暂行管理办法》的规定，中国结算公司向结算参与人代理收取证券结算风险基金。

第二十一条 结算参与人结算备付金账户出现透支，视为资金交收违约。中国结算公司可采取以下措施：

（一）根据结算参与人透支金额，按中国结算公司有关规定计收透支资金利息及违约金。

（二）结算参与人于交收日（T+1日）15：00之前，向中国结算公司提交透支扣券申请书，指定其托管并发生透支的保险机构投资者证券账户及透支金额。中国结算公司按结算参与人指定证券账户透支买入证券的先后顺序，由后向前依次扣券，直至扣券市值达到透支金额的120%（证券市值按当日收盘价计算，下同）。如该保险机构投资者证券账户所有证券市值不足透支金额的 120%，即扣该保险机构投资者证券账户的全部证券。结算参与人不指定透支的证券账户，中国结算公司有权暂扣相当于透支金额 120% 市值的证券。

（三）因结算参与人原因造成的资金交收透支，中国结算公司将作为结算参与人业务不良记录登记。

（四）提请证券交易所，限制或者暂停结算参与人指定的保险机构投资者透支证券账户的证券买入。

第二十二条 结算参与人托管保险机构投资者的证券账户发生卖空，视为结算参与人证券交收违约。中国结算公司可在 T+1 日暂扣与卖空价款对应的资金，并以卖空价款为基数计收违约金，发生卖空的证券账户在两个交易日内补足卖空证券可解除暂扣，否则中国结算公司将以暂扣资金买入与卖空等量的证券，因此发生的损益由结算参与人向保险机构投资者追索或者归还。

中国保险监督管理委员会关于保险机构投资者股票投资有关问题的通知

（2005 年 2 月 7 日 保监发〔2005〕14 号）

各保险公司、保险资产管理公司：

为加强保险资金股票投资管理，防范投资运作风险，根据《保险机构投资者股票投资管理暂行办法》（以下简称《暂行办法》）、《保险公司股票资产托管指引（试行）》（以下简称《托管指引》）等规定，现将保险机构投资者股票投资有关问题通知如下：

一、保险公司应当根据产险、寿险资金的特性，制定股票投资策略方案，并向中国保监会提出股票投资业务申请。

二、保险机构投资者股票投资应当符合以下比例规定：

（一）保险机构投资者股票投资的余额，传统保险产品按成本价格计算，不得超过本公司上年末总资产扣除投资连结保险产品资产和万能保险产品资产后的 5%；投资连结保险产品投资股票比例，按成本价格计算最高可为该产品账户资产的 100%；万能寿险产品投资股票的比例，按成本价格计算最高不得超过该产品账户资产的 80%；

（二）保险机构投资者投资流通股本低于 1 亿股上市公司的成本余额，不得超过本公司可投资股票资产（含投资连结、万能寿险产品，下同）的 20%；

（三）保险机构投资者投资同一家上市公司流通股的成本余额，不得超过本公司可投资股票资产的 5%；

（四）保险机构投资者投资同一上市公司流通股的数量，不得超过该上市公司流通股本的 10%，并不得超过上市公司总股本的 5%；

（五）保险机构投资者持有可转换债券转成上市公司股票，应当转入本公司股票投资证券账户，一并计算股票投资的比例；

（六）保险机构投资者委托保险资产管理公司投资股票，应当在委托协议中明确股票投资的资产基数和投资比例。

三、保险机构投资者股票投资应当依据《保险资金运用风险控制指引（试行）》，立足于长期、稳健投资，建立切实可行的风险控制制度，实施股票投资全过程风险控制，覆盖每一个风险点。保险机构投资者应当使用风险控制技术方法和手段，控制股票投资风险。

四、保险机构投资者股票资产市场价值发生大幅波动，亏损超过本公司股票投资成本 10% 的，或者赢利超过本公司股票投资成本 20% 的，应当于 3 日内向中国保监会报送《股票投资风险控制报告》。《报告》至少应当包括以下内容：

（一）报告期股票资产市场价值及变动的情况；

（二）股票投资风险容忍度指标、目前风险容忍状况以及执行控制风险的情况；

（三）股票资产的风险评估；

（四）股票资产的风险控制措施；

（五）其他认为需要报告的事项。

五、保险机构投资者应当遵循公平、公正、公开的原则选择托管人和证券经营机构。保险机构投资者选择托管人应当与商业银行总行签订托管协议，不得将股票资产托管业务与托管人的有关业务挂钩。

六、保险机构投资者必须开设新的股票投资证券账户。保险机构投资者向中国保监会提交股票投资的申请材料，除《暂行办法》第八条规定的内容外，应当包括《证券账户申请书》、《席位申请书》，投资连结、万能寿险产品还应当包括产品批复文件（复印件）一式三份。

七、保险机构投资者应当凭中国保监会资金运用监管部门的《证券账户确认函》，委托托管人到中国证券登记结算有限公司（以下简称中国结算公司）开立证券账户。

保险机构投资者原有证券账户，一律不得进行股票投资。原有证券账户清理规范事项另行通知。

八、保险机构投资者股票投资必须指定专门的银行账户，用于与托管人处开立的专用存款账户之间资金的划出划回，参与一级市场申购的资金划拨，必须通过专用存款账户进行。

九、保险资产管理公司必须通过自有的独立席位进行受托资产的股票交易。申请办理股票投资专用席位，应当凭中国保监会资金运用监管部门的《席位确认函》，到证券交易所办理相关手续。

保险机构投资者租用证券经营机构席位的，该证券经营机构必须符合《暂行办法》第四十一条的规定。租用的席位不得与证券经营机构的自营席位及其他非自营席位联通。

十、保险机构投资者实行资产全托管制度的，应当将全部股票、银行存款、央行票据、国债、企业债、金融债、证券投资基金等有价证券委托托管人保管，并将有关证券账户和资金账户交由托管人管理。

十一、保险机构投资者应当与证券交易所、中国结算公司、证券经营机构、托管人等相关机构，做好有关席位、证券账户、交易、清算等环节的各项技术衔接工作，确保机房设施、计算机设备、操作系统软件、数据库软件、通讯设备等系统安全准确运行和信息畅通。

十二、保险机构投资者应当加强法制教育和职业道德教育，守法守规，依规运作，依法接受监管。保险机构投资者依据《暂行办法》第二十五条的规定，不得将股票资产用于信用交易，不得用于向他人发放贷款或提供担保。如违反《暂行办法》、《托管指引》等法规的，中国保监会将按照《中华人民共和国保险法》第一百四十五条有关规定予以处罚。

中国保险监督管理委员会
关于股票投资有关问题的通知

（2007年4月4日　保监发〔2007〕44号）

各保险公司、保险资产管理公司：

为进一步加强股票投资管理，改善资产配置，优化资产结构，分散投资风险，根据《保险机构投资者股票投资管理暂行办法》（以下简称《暂行办法》）、《关于保险机构投资者股票投资有关问题的通知》（以下简称《通知》）及有关规定，中国保监会决定调整保险机构投资者股票投资的有关政策。现就有关问题通知如下：

一、保险机构投资者参与股票发行申购，传统保险产品申购的金额，由不超过该保险机构投资者上年末总资产的10%，调整为不设申购上限。投资连结保险产品和万能保险产品申购的金额，仍按不超过该产品账户资产总额的规定执行。取消《暂行办法》第十四条第（二）款的规定。

二、保险机构投资者符合《暂行办法》第六条规定的条件，可以申请从事委托投资股票业务，并按照有关规定，根据资产负债匹配管理需要、风险承受能力和受托机构投资能力，确定投资股票的比例。

三、保险机构投资者应当严格执行股票投资比例规定。申购上市公司新股等非主观意愿或其他特殊原因，超比例投资的，应当向有关机构及时报告，说明理由并恢复到规定比例之内。超比例投资期间只能卖出不能买入该支股票。托管银行应当按照《保险公司股票资产托管指引（试行）》的要求，监督保险机构投资者的运作行为，及时向监管机构报告超比例投资等违规问题。

四、保险机构投资者应当加强内部控制，完善管理制度，严格决策程序，规范操作流程，严禁发生内幕交易、利益输送和操纵价格等违法违规行为。发现投资同一上市公司股票比例较高、交易价格异常、反向交易频繁或交易数量较大等问题的，应当及时披露相关信息，并向委托机构和监管机构报告。

五、保险机构投资者应当坚持审慎原则，切实加强风险管理，根据市场变化情况，及时调整投资策略，改善资产配置，防范市场风险，确保资产安全。中国保监会将加大监管力度，明确风险责任，规范运作行为，营造公平、公正、公开的市场环境，建立稳健、透明、有序的市场秩序，依法查处违反法律、规定和有关程序的行为，追究有关人员的责任，对玩忽职守、管理不善、以权谋私，造成重大失误或引发重大风险的当事人和有关责任人进行严肃处理。

中国保险监督管理委员会关于保险资金运用监管有关事项的通知

（2012 年 5 月 7 日　保监发〔2012〕44 号）

各保险集团（控股）公司、保险公司、保险资产管理公司：

为适应当前我国宏观经济发展形势，深化保险资金运用体制改革，更好地贯彻落实《保险资金运用管理暂行办法》①（以下简称《资金运用办法》）等监管规定，防范投资运作风险，现就有关事项通知如下：

一、《资金运用办法》第五十四条第一款规定，保险集团（控股）公司、保险公司的重大股权投资，应当报中国保监会核准。重大股权投资，是指对拟投资非保险类金融企业或者与保险业务相关的企业实施控制的投资行为。控制，是指对被投资企业拥有绝对控股权、相对控股权或者能实质性决定其财务和经营政策的情形。上述范围之外的其他股权投资，按规定事后报告。

保险集团（控股）公司及其下属保险公司开展股权和不动产投资业务，可以整合集团内部资源，在保险机构建立股权和不动产投资的专业团队，由该专业团队统一提供咨询服务和技术支持。同一集团内部建立了专业团队的保险公司，仍应当作为申报和投资主体，自主决策、自行投资、

① 本法规已被《保险资金运用管理办法》废止。本篇法规中页边码的条文序号变迁参照《保险资金运用管理办法》。

自担风险，且符合《保险资金投资股权暂行办法》和《保险资金投资不动产暂行办法》规定的最基本要求。

二、《资金运用办法》第五十四条第二款规定，保险资产管理机构发行或者发起设立的保险资产管理产品，实行初次申报核准，同类产品事后报告。具体是指，保险资产管理机构发起设立的保险资产管理产品获得备案后，该机构再发行投资标的、交易结构、偿债来源、信用增级和流动性安排等核心要素基本一致的产品时，按规定事后报告。保险资产管理产品，目前包括基础设施债权投资计划、不动产投资计划等。中国保监会将根据市场发展需要，改革并建立与之相适应的产品发行、登记托管、交易流通、信息披露和风险控制等体制机制。

三、《资金运用办法》第五十四条第三款规定，中国保监会对重大股权投资、保险资产管理产品初次申报实施合规性、程序性审核。合规性审核是指对相关事项是否符合法律法规、产业政策、监管比例，以及是否存在监管规定中禁止行为等的审核；程序性审核是指对相关事项是否经过研究论证、风险评估以及投资决策等程序的审核。

四、保险机构可以投资以簿记建档方式公开发行的已上市交易的无担保企业债、非金融企业债务融资工具和商业银行发行的无担保可转换公司债等债券。保险机构投资前述债券的发行方式，将纳入《保险资金投资债券暂行办法》中进一步调整和规范。

五、保险公司开展股权、不动产、保险资产管理产品和无担保企业（公司）类债券等投资，偿付能力和财务状况应当满足监管规定。保险公司出现偿付能力不足或者财务指标下降，不再符合规定的，应当及时采取措施，并不得开展新增投资。中国保监会将根据保险公司的治理结构、偿付能力、投资管理、风险控制等状况，推进和加强分类监管。

六、保险机构应当严格遵守投资比例规定。中国保监会将根据有关情况，适当调整保险资金运用的投资比例，并将出台《资金运用办法》等规定中有待完善的业务规则。在相关规定出台前需办理的事项，可报中国保监会研究处理。

中国保险监督管理委员会关于保险资金
投资股权和不动产有关问题的通知

（2012 年 7 月 16 日　保监发〔2012〕59 号）

各保险集团（控股）公司、保险公司、保险资产管理公司：

为进一步规范保险资金投资股权和不动产行为，增强投资政策的可行性和有效性，防范投资风险，保障资产安全，根据《保险资金运用管理暂行办法》、《保险资金投资股权暂行办法》（以下简称《股权办法》）和《保险资金投资不动产暂行办法》（以下简称《不动产办法》），现就有关事项通知如下：

一、调整事项

1. 保险公司投资股权或者不动产，不再执行上一会计年度盈利的规定；上一会计年度净资产的基本要求，均调整为 1 亿元人民币；偿付能力充足率的基本要求，调整为上季度末偿付能力充足率不低于 120%；开展投资后，偿付能力充足率低于 120% 的，应当及时调整投资策略，采取有效措施，控制相关风险。

2. 保险公司投资自用性不动产，其专业人员的基本要求，调整为资产管理部门应当配备具有不动产投资和相关经验的专业人员。

3. 保险资金直接投资股权的范围，增加能源企业、资源企业和与保险业务相关的现代农业企业、新型商贸流通企业的股权，且该股权指向的标的企业应当符合国家宏观政策和产业政策，具有稳定的现金流和良好的经济效益。①

4. 保险资金投资股权投资基金，发起设立并管理该基金投资机构的资本要求，调整为注册资本或者认缴资本不低于 1 亿元人民币。

5. 保险资金投资的股权投资基金，包括成长基金、并购基金、新兴战略产业基金和以上股权投资基金为投资标的的母基金。其中，并购基金的

---

① 该条已被《中国银保监会关于保险资金财务性股权投资有关事项的通知》废止。

投资标的，可以包括公开上市交易的股票，但仅限于采取战略投资、定向增发、大宗交易等非交易过户方式，且投资规模不高于该基金资产余额的20%。新兴战略产业基金的投资标的，可以包括金融服务企业股权、养老企业股权、医疗企业股权、现代农业企业股权以及投资建设和管理运营公共租赁住房或者廉租住房的企业股权。母基金的交易结构应当简单明晰，不得包括其他母基金。

6. 保险资金投资的股权投资基金，非保险类金融机构及其子公司不得实际控制该基金的管理运营，或者不得持有该基金的普通合伙权益。①

7. 保险公司重大股权投资和购置自用性不动产，除使用资本金外，还可以使用资本公积金、未分配利润等自有资金。保险公司非重大股权投资和非自用性不动产投资，可以运用自有资金、责任准备金及其他资金。

8. 保险公司投资未上市企业股权、股权投资基金等相关金融产品，可以自主确定投资方式，账面余额由两项合计不高于本公司上季末总资产的5%调整为10%。其中，账面余额不包含保险公司以自有资金直接投资的保险类企业股权。

保险公司投资同一股权投资基金的账面余额，不高于该基金发行规模的20%；保险集团（控股）公司及其保险子公司，投资同一股权投资基金的账面余额，合计不高于该基金发行规模的60%，保险公司及其投资控股的保险机构比照执行。

9. 保险公司投资非自用性不动产、基础设施债权投资计划及不动产相关金融产品，可以自主确定投资标的，账面余额合计不高于本公司上季末总资产的20%。其中，投资非自用性不动产的账面余额，不高于本公司上季末总资产的15%；投资基础设施债权投资计划和不动产相关金融产品的账面余额，合计不高于本公司上季末总资产的20%。

保险公司投资同一基础设施债权投资计划或者不动产投资计划的账面余额，不高于该计划发行规模的50%，投资其他不动产相关金融产品的账面余额，不高于该产品发行规模的20%。保险集团（控股）公司及其保险子公司，投资同一基础设施债权投资计划或者不动产相关金融产品的账面余额，合计不高于该计划（产品）发行规模的60%，保险公司及其投资控

---

① 该条已被《中国银保监会关于修改保险资金运用领域部分规范性文件的通知》删除。

股的保险机构比照执行。

10. 保险公司和托管机构向中国保监会提交投资股权和不动产季度报告的时间，调整为每季度结束后 30 个工作日内；保险公司、投资机构和托管机构向中国保监会提交投资股权和不动产年度报告的时间，调整为每年 4 月 30 日前。

二、明确事项

1. 保险集团（控股）公司及其保险子公司投资股权和不动产，可以整合集团内部资源，在保险机构建立股权和不动产投资专业团队，由该专业团队统一提供咨询服务和技术支持。该专业团队所在的保险机构，应当分别符合《股权办法》有关专业机构、《不动产办法》有关投资机构的规定。不动产投资机构仅为保险公司投资不动产提供咨询服务和技术支持的，应当具有 10 名以上不动产投资和相关经验的专业人员，其中具有 5 年以上相关经验的不少于 2 名，具有 3 年以上相关经验的不少于 3 名。

保险公司投资股权和不动产，聘请专业机构或者投资机构提供投资咨询服务和技术支持的，该保险公司资产管理部门应当配备不少于 2 名具有 3 年以上股权投资和相关经验的专业人员，以及不少于 2 名具有 3 年以上不动产投资和相关经验的专业人员。保险公司间接投资股权或者不动产相关金融产品的，专业人员的基本要求不变。①

2. 保险资金投资的股权投资基金，发起设立并管理该基金的投资机构，其退出项目的最低要求，是指该机构专业人员作为投资主导人员，合计退出的项目数量；其管理资产的余额，是指在中国境内以人民币计价的实际到账资产和资金的余额。

3. 保险资金以间接方式投资公共租赁住房和廉租住房项目，该类项目应当经政府审定，权证齐全合法有效，地处经济实力较强、财政状况良好、人口增长速度较为稳定的大城市。

4. 保险公司不得用其投资的不动产提供抵押担保。保险公司以项目公司股权方式投资不动产的，该项目公司可用自身资产抵押担保，通过向其保险公司股东借款等方式融资，融资规模不超过项目投资总额的 40%。

---

① 该款已被《中国银保监会关于优化保险机构投资管理能力监管有关事项的通知》废止。

5. 保险公司根据业务发展需求，可以自主调整权属证明清晰的不动产项目属性，自用性不动产转换为投资性不动产的，应当符合投资性不动产的相关规定，并在完成转换后 30 个工作日内，向中国保监会报告。

三、其他事项

1. 保险公司投资股权和不动产，应当制定完善的管理制度、操作流程、内部控制及稽核规定，防范操作风险、道德风险和利益输送行为，杜绝不正当关联交易和他项交易。保险公司高级管理人员和相关投资人员，不得以个人名义或假借他人名义，投资该公司所投资股权或不动产项目。

2. 保险公司以股权方式投资不动产，应当严格规范项目公司名称，限定其经营范围。项目公司不得对外进行股权投资。

3. 保险公司投资不动产项目，应当明确投资人定位，委托具备相应资质的开发机构代为建设，不得自行开发建设投资项目，不得将保险资金挪做他用。

4. 保险公司投资不动产，不得以投资性不动产为目的，运用自用性不动产的名义，变相参与土地一级开发。保险公司转换自用性不动产和投资性不动产属性时，应当充分论证转换方案的合理性和必要性，确保转换价值公允，不得利用资产转换进行利益输送或者损害投保人利益。

5. 保险公司以外币形式出资，投资中国境内未上市企业股权或者不动产，纳入《保险资金境外投资管理暂行办法实施细则》管理。

中国保险监督管理委员会关于保险机构投资风险责任人有关事项的通知

（2013 年 4 月 9 日　保监发〔2013〕28 号）

各保险公司、保险资产管理公司：

根据《关于加强和改进保险机构投资管理能力建设有关事项的通知》（保监发〔2013〕10 号），保险机构开展直接股票投资、股权投资、不动产投资、无担保债券投资、基础设施投资计划创新、不动产投资计划创新和运用衍生品等业务，应当具备相应的投资能力并配备至少 2 名符合条件的风险责任人。为进一步明确保险机构投资风险责任人的资质条件、权利义务和风险责任，现就有关事项通知如下：

一、风险责任人包括行政责任人和专业责任人。风险责任人应当具有金融工作 5 年以上或者经济工作 10 年以上工作经历。行政责任人由公司董事长或者授权总经理担任，专业责任人由符合专业条件、能够承担相关业务决策风险责任的高级管理人员或者授权相关资产管理部门负责人担任。

二、专业责任人除满足本通知第一条规定条件外，还应当具有至少一项专业资质，包括注册金融分析师、金融风险管理师、注册会计师、注册资产评估师、房地产估价师、精算师、律师等资格或者中国保监会认可的其他专业资质。具备相关投资领域 10 年以上从业经历的，可暂不受专业技术资格规定限制。

三、无民事行为能力或者限制民事行为能力，或者最近 3 年受到金融监管机构以及工商和税务等部门行政处罚或撤销资格的，不得担任保险机构风险责任人。单一人员原则上不得担任两项以上投资业务专业责任人。

四、保险机构首席风险官、风险管理部门负责人比照行政和专业风险责任人，纳入风险责任人体系进行监管，其具体责权及任职要求，由各公司依据《保险资金运用管理暂行办法》等监管规定和公司内部控制相关制度确定。

五、风险责任人在任职期间，应当接受中国保监会及有关方面组织的持续教育培训，培训时间不得低于每年 18 课时，培训内容主要包括与风险责任人所履行的职能有关的法律法规及监管标准、宏观经济分析及金融市场动态、业务操守及职业道德准则、风险管理及监控策略、金融产品及风险分析等。中国保监会将对风险责任人和风险管理专业人员参加培训情况及培训考核情况记入培训档案。

对相关金融监管部门、保险协会、保险机构、其他专业投资机构以及相关社会团体组织的专业培训，经中国保监会认定，培训内容符合本通知规定的，可以计入年度培训总课时。

六、风险责任人应当诚实守信，勤勉尽责，遵守法规，具备相应的风险承担能力，接受监管质询，不得因职务、岗位或者工作变动而免除责任。

七、行政责任人应当切实履行法律法规和公司章程规定的职责，建立健全治理结构和内控制度，明确授权体系，对投资能力和具体投资业务的合法合规性承担主要责任，不得直接干预专业责任人对具体投资业务的风险和价值判断，不得影响公司风险管理体系的正常运行。

专业责任人是投资业务风险的初始把关者，也是初始责任人，对投资能力的有效性、具体投资业务风险揭示的及时性和充分性承担主要责任，不得故意提供存在重大遗漏、虚假信息和误导性陈述的投资意见，不得故意对可能出现的风险作不恰当的表述。

八、保险机构应当进一步完善内部管理制度和风险管理体系，分解投资业务风险责任，明晰风险责任链条，并为风险责任人履行职权提供必要的条件，保障风险责任人的知情权。风险责任人未能履行职责或者在履行职责过程中遇到困难的，应当向中国保监会提供书面说明。

九、风险责任人违反法律、行政法规规定，情节严重的，由中国保监会依法责令调整负责人及有关管理人员，或者依法撤销其高级管理人员任职资格，或者一定期限内直至终身不得进入保险业。

十、保险机构变更风险责任人，或对风险责任人的纪律处分、撤职或解除劳动关系的决定，应当于作出决定10个工作日内更换风险责任人，向中国保监会报告并说明理由。

十一、本通知自发布之日起施行。

中国保险监督管理委员会关于加强保险资金投资债券使用外部信用评级监管的通知

(2013 年 7 月 31 日 保监发〔2013〕61 号)

各保险资产管理公司、保险公司：

为进一步加强保险资金信用风险管理，规范外部信用评级使用行为，根据《保险资金运用管理暂行办法》《保险资金投资债券暂行办法》及相关规定，现就有关事项通知如下：

一、保险资金投资企业（公司）债券（以下简称债券）的外部信用评级机构（以下简称评级机构），应当符合以下能力条件：

（一）已经获得国家相关部门许可的债券市场信用评级业务资质，具有持续经营能力和成熟稳定充足的专业队伍；

（二）具有完善的组织结构、内部控制和业务制度，公开披露评级方法和评级程序等信息，已经建立完善的评级基础数据体系、违约统计体系和评级质量管控体系；

（三）评级体系运作良好，评级结果具备稳健的风险区分和排序能力，评级报告能够充分发挥风险揭示作用，跟踪评级报告发布及时。

二、自评符合本通知第一条所列能力条件的评级机构，可以向中国保监会申请能力认可。中国保监会依照法定条件和程序，在20个工作日内对符合能力条件的评级机构予以认可，并公布认可结果。

三、评级机构应当遵守行业规范、职业道德和业务规则，诚实守信，勤勉尽责，切实防范利益冲突，保证信用评级的公正性、及时性、一致性和完整性。

四、评级机构应当接受中国保险业相关协会组织（以下称行业协会）的自律管理。行业协会每年组织保险机构，从投资者使用角度对评级机构评级质量进行评价，并公布评价结果。评价规则由行业协会制订发布。

五、评级机构应当配合中国保监会对相关信用评级业务的询问和检查，并在每年4月30日前，向中国保监会提交年度报告。年度报告应当包括公司基本情况、经营情况、专业人员及高管人员变动情况、评级方法、程序与业务制度变动情况、评级结果的准确性及稳定性的统计情况、经审计的年度财务会计报告等内容。发生可能影响公司专业能力或经营管理的重大事项的，评级机构应当在5个工作日内向中国保监会提交书面报告。

六、中国保监会将跟踪监测、定期检验评级机构的能力变化情况及评级行为，必要时可以聘请中介机构协助。评级机构不再符合本通知第一条规定的能力条件，或评级项目出现破产、债务重组、延期支付等重大信用事件，但未及时给予预警或采取适当评级行动，或行业协会评价结果为不合格的，中国保监会将不再认可其能力。

七、保险资金已投资债券的评级机构不再符合本通知规定的，不得增加投资，保险公司及保险资金受托管理机构应当认真评估相关风险，及时妥善处理。

八、保险资金投资其他信用类金融产品使用外部信用评级，参照本通知执行。

中国保险监督管理委员会关于保险资金
投资创业板上市公司股票等有关问题的通知

(2014 年 1 月 7 日 保监发〔2014〕1 号)

各保险集团（控股）公司、保险公司、保险资产管理公司：

为促进保险业支持经济结构调整和转型升级，支持中小企业发展，优化保险资产配置结构，根据《保险资金运用管理暂行办法》等相关规定，现将保险资金投资创业板上市公司股票等有关问题通知如下：

一、保险资金可以投资创业板上市公司股票。保险集团（控股）公司、保险公司直接投资创业板上市公司股票，应当具备股票投资能力；不具备股票投资能力的公司，应当委托符合条件的专业管理机构（含保险资产管理公司和其他专业管理机构，下同）进行投资。

二、保险集团（控股）公司、保险公司应将投资创业板上市公司股票的账面余额纳入股票资产统一计算比例。

三、保险集团（控股）公司、保险公司投资的创业板上市公司股票，不得存在以下情形：

（一）上市公司已披露正在接受监管部门调查或者最近一年度内受到监管部门处罚的；

（二）最近一年度内被交易所公开谴责的；

（三）上市公司最近一年度内财务报表被会计师事务所出具保留意见、否定意见或无法表示意见的；

（四）存在被人为操纵嫌疑的；

（五）中国保监会规定的其他情形。

四、保险集团（控股）公司、保险公司委托专业管理机构开展创业板及其他股票投资，同一委托人委托同一专业管理机构管理的多个资产账户应当合并计算同一股票持股比例；同一专业管理机构受托管理不同委托人资产账户的，应当以委托人为主体，分别计算该委托人资产账户的合并持股比例。若合并计算后持股比例达到或超过 5%，保险机构和专业管理机构应当及时向中国保监会报告，按照有关规定履行信息披露义务。

五、保险集团（控股）公司、保险公司应当遵循审慎、安全、增值的原则，优化股票资产配置，建立透明、规范的投资决策程序，制定科学有效的投资风险评估体系，健全投资风险控制制度，完善股票托管制度、股票交易管理制度和信息管理制度等。

六、保险业相关协会组织对保险资金股票投资行为应当加强行业自律管理。对保险资金违规股票投资，以及股票发行交易中有关当事人不公平对待保险资金等行为，保险业相关协会组织应当实行负面清单管理制度。

本通知自发布之日起实施。

中国保险监督管理委员会关于保险资金投资优先股有关事项的通知

（2014 年 10 月 17 日　保监发〔2014〕80 号）

各保险集团（控股）公司、保险公司、保险资产管理公司：

为进一步优化资产配置结构，规范资金运用行为，防范投资风险，根据《保险资金运用管理暂行办法》及相关规定，现将保险资金投资优先股有关事项通知如下：

一、本通知所称优先股，是指中国境内依照相关法律法规，在一般规定的普通种类股份之外，另行规定的其他种类股份，其股份持有人优先于普通股股东分配公司利润和剩余财产，但参与公司决策管理等权利受到限制。包括公开发行的优先股和非公开发行的优先股。

二、保险资金可以直接投资优先股，也可以委托符合《保险资金委托投资管理暂行办法》规定条件的投资管理人投资优先股。保险机构投资优先股，应当具备相应的投资管理能力。

三、保险资金投资优先股，应当具备完善的决策流程和内控机制。在一级市场投资优先股，应当由董事会或者董事会授权机构逐项决策，形成书面决议；在二级市场投资优先股，应当制定明确的逐级授权制度。

四、保险资金投资的优先股，应当具有 A 级或者相当于 A 级以上的长期信用等级。

保险资金投资的优先股，应当经中国保监会认可的信用评级机构进行评级；优先股的信用等级，原则上应当低于最近普通债项至少两个等级或者次级债项至少一个等级（两者同时存在的，遵循孰低原则）。发行方最近发行普通债项或者次级债项已经经过前述机构评级并存续的，优先股的信用等级可以按照上述原则由评级机构直接确定。

五、保险资金投资优先股，应当建立内部信用评估机制，制定授信制度和信用评估方法，明确可投资优先股的内部信用等级。保险资金投资的优先股，应当符合内部信用评估要求。

六、中国保险资产管理业协会可以制定相关规则，对存在下列因素的优先股，进行行业内部信用评估：

（一）非强制分红；

（二）非累积分红；

（三）发行方有普通股转换权；

（四）投资方无回售权。

七、保险资金投资的优先股，应当按照发行方对优先股权益融资工具或者债务融资工具的分类，分别确认为权益类资产或者固定收益类资产，纳入权益类或者固定收益类资产投资比例进行管理。

八、保险资金投资且已经纳入固定收益类资产计算投资比例的优先股，发行方将其调整为权益融资工具，或者累计3个会计年度或连续2个会计年度未按照规定支付股息的，应当在发行方相关决议发布之日起20个工作日内，调整纳入权益类资产，统一计算投资比例。

九、保险资金投资的优先股，应当按照相关会计准则及监管规定进行估值，在市场交易不活跃且其公允价值无法可靠计量的情况下，可以按照投资成本估值。

十、保险资金投资的优先股，其资产认可比例由中国保监会根据相关规定，结合市场风险状况确定，必要时可以进行评估调整。

十一、保险资金投资具有普通股转换权的优先股，应当充分关注转股触发条件及转股价格。对于转股条件及转股价格明显不合理的优先股，保险机构应当充分评估其投资风险。

十二、保险资金投资优先股，应当结合保险产品特性，认真评估当前条件下优先股的流动性问题，切实防范流动性风险；应当充分评估发行方盈利能力、信用状况和风险处置能力，关注重点条款，切实防范信用风险；应当建立、完善并严格执行操作程序，防范道德风险。涉及到关联交易的，应当按照相关监管规定进行信息披露。

十三、保险资金投资优先股，应当在投资后 5 个工作日内，通过保险资产管理监管信息系统向中国保监会报送相关信息。

十四、保险资产管理机构的自有资金与发行的资产管理产品，可以按照本通知规定投资优先股。

保险资产管理机构受托管理的非保险资金，依照合同约定确定投资事宜。

十五、本通知自发布之日起施行。

中国银保监会办公厅关于保险资金投资
公开募集基础设施证券投资基金有关事项的通知

(2021 年 11 月 10 日　银保监办发〔2021〕120 号)

各保险集团（控股）公司、保险公司、保险资产管理公司：

为进一步丰富保险资产配置结构，助力盘活基础设施存量资产，提高直接融资比重，根据《保险资金运用管理办法》《保险公司投资证券投资基金管理暂行办法》《保险资金投资不动产暂行办法》等规定，经银保监会同意，现就保险资金投资公开募集基础设施证券投资基金（以下简称基础设施基金）有关事项通知如下：

一、本通知所称基础设施基金，是指依据国务院证券监督管理机构有关规定设立并公开发行，由符合条件的基金管理人管理，主要投资于基础设施资产支持证券并通过资产支持证券持有基础设施项目公司全部股权的基金产品。

二、保险集团（控股）公司、保险公司、保险资产管理公司（以下统称保险机构）开展基础设施基金投资业务的，应当公司治理完善，市场信誉良好，具备健全有效的内部控制体系和投资管理制度，经营审慎稳健。

三、保险集团（控股）公司和保险公司自行投资基础设施基金的，应当具备不动产投资管理能力，最近一年资产负债管理能力评估结果不得低于80分，上季度末综合偿付能力充足率不得低于150%。

保险集团（控股）公司和保险公司委托保险资产管理公司及其他专业管理机构投资基础设施基金的，最近一年资产负债管理能力评估结果不得低于60分，上季度末综合偿付能力充足率不得低于120%。

四、保险资产管理公司受托管理保险资金或通过保险资产管理产品投资基础设施基金的，应当具备债权投资计划产品管理能力，且公司最近一年监管评级结果不得低于C类。

五、保险资金投资的基础设施基金，基金管理人和资产支持证券管理人在注册资本、管理资产、专业人员、资产托管、风险隔离等方面，应当符合银保监会关于保险资金投资不动产相关金融产品的监管要求。其中，基金管理人和资产支持证券管理人的管理资产和专业人员可以合并计算。

六、保险机构应当健全公司治理，完善投资基础设施基金的决策程序和授权机制，建立相对集中、分级管理、权责一致的投资决策和授权制度，明确相关决策机构的决策权限。

七、保险集团（控股）公司和保险公司投资的基础设施基金及投资于基础设施基金比例不低于80%的资产管理产品，应当纳入不动产类资产投资比例管理。

八、保险机构投资基础设施基金前，应当对基础设施基金持有项目的经营管理、财务、现金流、法律权属等情况进行分析评估，形成分析评估报告。

九、保险机构应当加强投资基础设施基金的风险管理，按照上市权益类资产投资管理要求，建立健全内部控制制度和风险管理制度，防范内幕交易、利用未公开信息交易、利益冲突和利益输送。

十、保险机构应当审慎评估投资基础设施基金可能出现的重大风险，制定相应风险处置预案。基金净资产发生10%及以上损失，基础设施项目运营、项目现金流或产生现金流能力发生重大变化的，保险机构应当及时向银保监会报告。

十一、保险集团（控股）公司和保险公司应当将保险资金投资基础设施基金情况纳入季度资金运用情况报告，保险资产管理公司应当将组合类保险资产管理产品投资基础设施基金情况纳入年度产品业务管理报告，报告内容包括相关投资情况、项目运营情况、风险管理情况等。

十二、保险机构违反本通知规定投资基础设施基金的，银保监会将责令限期改正，并依法采取监管措施或实施行政处罚。

中国银保监会办公厅关于保险资金参与证券出借业务有关事项的通知

（2021 年 11 月 11 日　银保监办发〔2021〕121 号）

各保险集团（控股）公司、保险公司、保险资产管理公司：

为规范保险资金参与境内外证券出借业务行为，有效防范业务风险，根据《保险资金运用管理办法》《保险资金境外投资管理暂行办法》等规定，经银保监会同意，现就保险资金参与证券出借业务有关事项通知如下：

一、保险资金参与证券出借业务是指保险集团（控股）公司、保险公司和保险资产管理公司（以下统称保险机构）将保险资金运用形成的证券以一定费率向证券借入人出借，借入人按期归还所借证券及相应权益补偿并支付借券费用的业务。证券出借业务包括境内转融通证券出借、境内债券出借、境外证券出借等监管认可的业务。

保险集团（控股）公司和保险公司可以直接参与证券出借业务，也可以委托保险资产管理公司参与证券出借业务。

二、保险机构参与证券出借业务应当遵守国务院金融管理部门、银行间市场和证券交易所市场以及业务所在国家或地区的法律法规、监管规定、自律规则，按照审慎经营原则，加强内部控制，有效管理和防范风险，切实维护资产安全。

三、保险机构决定参与证券出借业务应当经董事会审议通过，并形成书面决议。

保险资产管理公司参与证券出借业务，应当履行尽职调查、投资决策和实施、投后管理、风险管理、事后报告等主动管理责任。

四、参与证券出借业务的保险机构应当具备以下条件：

（一）保险集团（控股）公司和保险公司上季末综合偿付能力充足率不低于120%，风险综合评级不低于 B 类，最近一年资产负债管理能力评估结果不低于 60 分；

（二）保险资产管理公司最近一年监管评级结果不低于 C 类；

（三）具有良好的公司治理，以及健全的证券出借业务操作流程、内部控制和风险管理制度；

（四）参与股票出借业务的保险机构应当具备股票投资管理能力且持续符合监管要求；

（五）参与债券出借业务的保险机构应当具备信用风险管理能力且持续符合监管要求。

保险集团（控股）公司和保险公司委托保险资产管理公司参与证券出借业务的，不受前款第（四）（五）项的限制。

五、保险机构通过约定申报方式参与境内转融通证券出借业务的，借券证券公司上一会计年度末经审计的净资产不得低于 60 亿元人民币、最近一年分类监管评级不得低于 A 类。

六、保险机构参与境内债券出借业务，应当选择符合条件的证券公司和商业银行作为债券借入人，并实施严格的准入管理。

借入人为证券公司的，其上一会计年度末经审计的净资产不得低于 60 亿元人民币，最近一年分类监管评级不得低于 A 类；借入人为商业银行的，其上一会计年度末经审计的净资产不得低于 100 亿元人民币，或者其已在境内外交易所主板上市。

七、保险机构参与境外证券出借业务，应当对境外证券借入人实施严格的准入管理。借入人应当为金融机构，并具备下列条件：

（一）业务经验丰富，开展证券借贷业务不低于 8 年；

（二）财务状况稳健，上一会计年度末经审计的净资产不低于 300 亿元人民币或等值可自由兑换货币；

（三）资信状况良好，长期信用评级不低于国际公认评级机构评定的 A 级或相应评级；

（四）风险指标符合所在国家或地区监管规定。

八、保险集团（控股）公司和保险公司单只证券出借数量合计不得超过其持有该证券总量的 50%。

组合类保险资产管理产品单只证券出借数量不得超过其持有该证券总量的 50%，同时应当合理管控出借证券剩余期限。

九、保险机构参与境内债券出借和境外证券出借业务，应当要求证券借入人提供有价证券作为担保物。

保险机构应当选择符合保险资金投资范围的担保物，并根据担保物的风险特征和流动性水平约定相应的担保比例。担保物市值不得低于已出借证券市值的 102%。

保险机构应当对担保物的资信情况、违约风险等进行审慎估值，并持续监测担保物的价值变动。当实际担保比例低于合同约定时，保险机构应当要求借入人及时补足。当借入人发生违约时，保险机构有权根据有关法律规定和合同约定，保留或处置担保物以满足索赔需要。

十、保险机构应当按照《企业会计准则》确认和计量参与证券出借业务的相关资产和负债。出借证券应纳入保险资金运用大类资产比例管理，出借期限超过 20 个交易日的证券不得纳入流动性监测比例计算。

十一、保险机构应当加强证券出借业务的风险识别、计量、评估与管理，定期对流动性风险、信用风险、市场风险和交易对手集中度风险等进行压力测试，对交易额度实施动态管理和调整，合理审慎确定证券出借范围、期限和比例，确保业务平稳有序开展。

十二、保险机构应当将出借的证券纳入托管范围，与托管人签订托管合同，约定各方在资金划拨、资金清算、会计核算、担保物存管等环节的权利和义务，建立健全资产安全保障机制。

十三、保险机构应当加强证券出借业务的关联交易管理，严格遵守保险资金关联交易监管规定，按照市场公平合理价格执行，不得从事利益输送及其他不正当交易。

十四、保险集团（控股）公司和保险公司应当将保险资金参与证券出借业务情况纳入季度资金运用情况报告，保险资产管理公司应当将组合类保险资产管理产品参与证券出借业务情况纳入年度组合类产品业务管理报告，报告内容包括证券出借规模、出借比例、担保水平、风险评估等。

保险机构参与证券出借业务过程中，发生借入人违约等重大风险事件的，应当采取有效措施，控制相关风险，并及时向银保监会报告。

十五、保险机构违反银保监会有关规定参与证券出借业务的，由银保监会责令限期改正，并依法采取监管措施或实施行政处罚。

其他专业机构违反有关规定参与证券出借业务的，银保监会将记录其不良行为，并将有关情况通报其行业主管部门。

十六、由保险集团（控股）公司或保险公司投资，管理人为证券公司、证券资产管理公司或证券投资基金管理公司的单一资产管理计划等参与证券出借业务，适用本通知。

政策性保险公司不适用本通知。

八、财 会

保险公司偿付能力管理规定

（2021 年 1 月 15 日中国银行保险监督管理委员会令 2021 年第 1 号公布　自 2021 年 3 月 1 日起施行）

第一章　总　　则

第一条　为加强保险公司偿付能力监管，有效防控保险市场风险，维护保单持有人利益，根据《中华人民共和国保险法》，制定本规定。

第二条　本规定所称保险公司，是指依法在中国境内设立的经营商业保险业务的保险公司和外国保险公司分公司。

第三条　本规定所称偿付能力，是保险公司对保单持有人履行赔付义务的能力。

第四条　保险公司应当建立健全偿付能力管理体系，有效识别管理各类风险，不断提升偿付能力风险管理水平，及时监测偿付能力状况，编报偿付能力报告，披露偿付能力相关信息，做好资本规划，确保偿付能力达标。

第五条　中国银保监会以风险为导向，制定定量资本要求、定性监管要求、市场约束机制相结合的偿付能力监管具体规则，对保险公司偿付能力充足率状况、综合风险、风险管理能力进行全面评价和监督检查，并依法采取监管措施。

第六条　偿付能力监管指标包括：

（一）核心偿付能力充足率，即核心资本与最低资本的比值，衡量保险公司高质量资本的充足状况；

（二）综合偿付能力充足率，即实际资本与最低资本的比值，衡量保险公司资本的总体充足状况；

（三）风险综合评级，即对保险公司偿付能力综合风险的评价，衡量保险公司总体偿付能力风险的大小。

核心资本，是指保险公司在持续经营和破产清算状态下均可以吸收损失的资本。

实际资本，是指保险公司在持续经营或破产清算状态下可以吸收损失的财务资源。

最低资本，是指基于审慎监管目的，为使保险公司具有适当的财务资源应对各类可量化为资本要求的风险对偿付能力的不利影响，所要求保险公司应当具有的资本数额。

核心资本、实际资本、最低资本的计量标准等监管具体规则由中国银保监会另行规定。

第七条 保险公司逆周期附加资本、系统重要性保险机构附加资本的计提另行规定。

第八条 保险公司同时符合以下三项监管要求的，为偿付能力达标公司：

（一）核心偿付能力充足率不低于50%；

（二）综合偿付能力充足率不低于100%；

（三）风险综合评级在 B 类及以上。

不符合上述任意一项要求的，为偿付能力不达标公司。

第二章　保险公司偿付能力管理

第九条 保险公司董事会和高级管理层对本公司的偿付能力管理工作负责；总公司不在中国境内的外国保险公司分公司的高级管理层对本公司的偿付能力管理工作负责。

第十条 保险公司应当建立健全偿付能力风险管理的组织架构，明确董事会及其相关专业委员会、高级管理层和相关部门的职责与权限，并指定一名高级管理人员作为首席风险官负责偿付能力风险管理工作。

保险公司应当通过聘用协议、书面承诺等方式，明确对于造成公司偿付能力风险和损失的董事和高级管理人员，公司有权追回已发的薪酬。

未设置董事会及相关专业委员会的外国保险公司分公司，由高级管理层履行偿付能力风险管理的相关职责。

第十一条 保险公司应当建立完备的偿付能力风险管理制度和机制，

加强对保险风险、市场风险、信用风险、操作风险、战略风险、声誉风险和流动性风险等固有风险的管理，以有效降低公司的控制风险。

固有风险，是指在现有的正常的保险行业物质技术条件和生产组织方式下，保险公司在经营和管理活动中必然存在的客观的偿付能力相关风险。

控制风险，是指因保险公司内部管理和控制不完善或无效，导致固有风险未被及时识别和控制的偿付能力相关风险。

第十二条 保险公司应当按照保险公司偿付能力监管具体规则，定期评估公司的偿付能力充足状况，计算核心偿付能力充足率和综合偿付能力充足率，按规定要求报送偿付能力报告，并对其真实性、完整性和合规性负责。

第十三条 保险公司应当按照中国银保监会的规定开展偿付能力压力测试，对未来一定时间内不同情景下的偿付能力状况及趋势进行预测和预警，并采取相应的预防措施。

第十四条 保险公司应当建立偿付能力数据管理制度，明确职责分工，完善管理机制，强化数据管控，确保各项偿付能力数据真实、准确、完整。

第十五条 保险公司应当按年度滚动编制公司三年资本规划，经公司董事会批准后，报送中国银保监会及其派出机构。保险公司应建立发展战略、经营规划、机构设立、产品设计、资金运用与资本规划联动的管理决策机制，通过优化业务结构、资产结构，提升内生资本的能力，运用适当的外部资本工具补充资本，保持偿付能力充足。

第三章　市场约束与监督

第十六条 保险公司应当按照中国银保监会制定的保险公司偿付能力监管具体规则，每季度公开披露偿付能力季度报告摘要，并在日常经营的有关环节，向保险消费者、股东、潜在投资者、债权人等利益相关方披露和说明其偿付能力信息。

上市保险公司应当同时遵守证券监督管理机构相关信息披露规定。

第十七条 中国银保监会定期发布以下偿付能力信息：

（一）保险业偿付能力总体状况；

（二）偿付能力监管工作情况；

（三）中国银保监会认为需要发布的其他偿付能力信息。

第十八条 保险公司聘请的会计师事务所应当按照法律法规的要求，独立、客观地对保险公司偿付能力报告发表审计意见。

精算咨询机构、信用评级机构、资产评估机构、律师事务所等中介机构在保险业开展业务，应当按照法律法规和执业准则要求，发表意见或出具报告。

第十九条 保险消费者、新闻媒体、行业分析师、研究机构等可以就发现的保险公司存在未遵守偿付能力监管规定的行为，向中国银保监会反映和报告。

第四章 监管评估与检查

第二十条 中国银保监会及其派出机构通过偿付能力风险管理能力评估、风险综合评级等监管工具，分析和评估保险公司的风险状况。

第二十一条 中国银保监会及其派出机构定期对保险公司偿付能力风险管理能力进行监管评估，识别保险公司的控制风险。

保险公司根据评估结果计量控制风险的资本要求，并将其计入公司的最低资本。

第二十二条 中国银保监会及其派出机构通过评估保险公司操作风险、战略风险、声誉风险和流动性风险，结合其核心偿付能力充足率和综合偿付能力充足率，对保险公司总体风险进行评价，确定其风险综合评级，分为A类、B类、C类和D类，并采取差别化监管措施。

风险综合评级具体评价标准和程序由中国银保监会另行规定。中国银保监会可以根据保险业发展情况和监管需要，细化风险综合评级的类别。

第二十三条 中国银保监会及其派出机构建立以下偿付能力数据核查机制，包括：

（一）每季度对保险公司报送的季度偿付能力报告的真实性、完整性和合规性进行核查；

（二）每季度对保险公司公开披露的偿付能力季度报告摘要的真实性、完整性和合规性进行核查；

（三）对保险公司报送的其他偿付能力信息和数据进行核查。

核心偿付能力充足率低于60%或综合偿付能力充足率低于120%的保险公司为重点核查对象。

第二十四条 中国银保监会及其派出机构对保险公司偿付能力管理实施现场检查，包括：

（一）偿付能力管理的合规性和有效性；

（二）偿付能力报告的真实性、完整性和合规性；

（三）风险综合评级数据的真实性、完整性和合规性；

（四）偿付能力信息公开披露的真实性、完整性和合规性；

（五）对中国银保监会及其派出机构监管措施的落实情况；

（六）中国银保监会及其派出机构认为需要检查的其他方面。

第五章　监管措施

第二十五条 中国银保监会及其派出机构将根据保险公司的风险成因和风险程度，依法采取针对性的监管措施，以督促保险公司恢复偿付能力或在难以持续经营的状态下维护保单持有人的利益。

第二十六条 对于核心偿付能力充足率低于50%或综合偿付能力充足率低于100%的保险公司，中国银保监会应当采取以下第（一）项至第（四）项的全部措施：

（一）监管谈话；

（二）要求保险公司提交预防偿付能力充足率恶化或完善风险管理的计划；

（三）限制董事、监事、高级管理人员的薪酬水平；

（四）限制向股东分红。

中国银保监会还可以根据其偿付能力充足率下降的具体原因，采取以下第（五）项至第（十二）项的措施：

（五）责令增加资本金；

（六）责令停止部分或全部新业务；

（七）责令调整业务结构，限制增设分支机构，限制商业性广告；

（八）限制业务范围、责令转让保险业务或责令办理分出业务；

（九）责令调整资产结构，限制投资形式或比例；

（十）对风险和损失负有责任的董事和高级管理人员，责令保险公司根据聘用协议、书面承诺等追回其薪酬；

（十一）依法责令调整公司负责人及有关管理人员；

（十二）中国银保监会依法根据保险公司的风险成因和风险程度认为必要的其它监管措施。

对于采取上述措施后偿付能力未明显改善或进一步恶化的，由中国银保监会依法采取接管、申请破产等监管措施。

中国银保监会可以视具体情况，依法授权其派出机构实施必要的监管措施。

第二十七条 对于核心偿付能力充足率和综合偿付能力充足率达标，但操作风险、战略风险、声誉风险、流动性风险中某一类或某几类风险较大或严重的 C 类和 D 类保险公司，中国银保监会及其派出机构应根据风险成因和风险程度，采取针对性的监管措施。

第二十八条 保险公司未按规定报送偿付能力报告或公开披露偿付能力信息的，以及报送和披露虚假偿付能力信息的，中国银保监会及其派出机构依据《中华人民共和国保险法》等进行处罚。

第二十九条 保险公司聘请的会计师事务所的审计质量存在问题的，中国银保监会及其派出机构视具体情况采取责令保险公司更换会计师事务所、行业通报、向社会公众公布、不接受审计报告等措施，并移交注册会计师行业行政主管部门处理。

第三十条 精算咨询机构、信用评级机构、资产评估机构、律师事务所等中介机构在保险业开展业务时，存在重大疏漏或出具的意见、报告存在严重质量问题的，中国银保监会及其派出机构视具体情况采取责令保险公司更换中介机构、不接受报告、移交相关部门处理等措施。

第六章 附 则

第三十一条 保险集团、自保公司、相互保险组织适用本规定。相关法律法规另有规定的，从其规定。

第三十二条 外国保险公司分公司，如在中国境内有多家分公司，应当指定其中一家分公司合并评估所有在华分公司的偿付能力，并履行本规定的偿付能力管理职责，承担偿付能力管理责任。

第三十三条 本规定由中国银保监会负责解释和修订。

第三十四条 本规定自 2021 年 3 月 1 日起施行。《保险公司偿付能力管理规定》（中国保险监督管理委员会令 2008 年第 1 号）同时废止。

中国保险监督管理委员会关于实施
《保险公司偿付能力管理规定》
有关事项的通知

(2008 年 10 月 21 日　保监发〔2008〕89 号)

各保险公司，各保险资产管理公司：

2008 年 7 月 10 日我会发布了《保险公司偿付能力管理规定》（保监会令〔2008〕1 号，以下简称《管理规定》）。为确保《管理规定》的顺利实施，现将有关事项通知如下：

一、关于最低资本评估标准

（一）财产保险公司应具备的最低资本为非寿险保障型业务最低资本和非寿险投资型业务最低资本之和。

1. 非寿险保障型业务最低资本为下述两项中数额较大的一项：

（1）最近会计年度公司自留保费减营业税及附加后 1 亿元人民币以下部分的 18% 和 1 亿元人民币以上部分的 16%；

（2）公司最近 3 年平均综合赔款金额 7000 万元以下部分的 26% 和 7000 万元以上部分的 23%。

综合赔款金额为赔款支出、未决赔款准备金提转差、分保赔款支出之和减去摊回分保赔款和追偿款收入。

经营不满三个完整会计年度的保险公司，采用第（1）项规定的标准。

2. 非寿险投资型业务最低资本为其风险保费部分最低资本和投资金部分最低资本之和。其中，非寿险投资型业务风险保费部分最低资本的计算适用非寿险保障型业务最低资本评估标准，非寿险投资型业务投资金部分最低资本为下述两项之和：

（1）预定收益型非寿险投资型产品投资金部分期末责任准备金的 4%；

（2）非预定收益型非寿险投资型产品投资金部分期末责任准备金的 1%。

（二）人寿保险公司最低资本为长期人身险业务最低资本和短期人身险业务最低资本之和。

长期人身险业务是指保险期间超过 1 年的人身保险业务；短期人身险业务是指保险期间为 1 年或 1 年以内的人身保险业务。

1. 长期人身险业务最低资本为下述二项之和：

（1）投资连结保险产品期末责任准备金的 1% 和其他寿险产品期末责任准备金的 4%。

投资连结保险产品的责任准备金，是指根据中国保监会规定确定的投资连结保险产品的单位准备金；其他寿险产品的责任准备金，是指根据中国保监会规定确定的分保后的法定最低责任准备金，包括投资连结保险产品的非单位准备金。

（2）保险期间小于 3 年的定期死亡保险风险保额的 0.1%，保险期间为 3 年到 5 年的定期死亡保险风险保额的 0.15%，保险期间超过 5 年的定期死亡保险和其他险种风险保额的 0.3%。

在统计中未对定期死亡保险区分保险期间的，统一按风险保额的 0.3% 计算。

风险保额为有效保额减去期末责任准备金，其中有效保额是指若发生了保险合同中最大给付额的保险事故，保险公司需支付的最高金额；期末责任准备金为中国保监会规定的法定最低责任准备金。

2. 短期人身险业务最低资本的计算适用非寿险保障型业务最低资本评估标准。

（三）再保险公司最低资本等于其财产保险业务和人身保险业务分别按照上述标准计算的最低资本之和。

（四）上述最低资本评估标准中，除非寿险投资型业务投资金部分最低资本评估标准自 2009 年 1 月 1 日起执行外，其他评估标准自 2008 年第 3 季度偿付能力报告编报起执行。

（五）保险公司应当自 2009 年 1 月 1 日起，按照本通知附件规定的最低资本表替代原来的最低偿付能力额度计算表，编报偿付能力报告。

二、关于外国保险公司在华分支机构并表评估

（一）在华有多家分支机构的外国保险公司应当在 2008 年 10 月 31 日之前确定偿付能力报告的主报告机构，并向我会报告。主报告机构一经确定，不得随意变更。

（二）外国保险公司分支机构的主报告人应当将其所有在华分支机构视为单一报告实体，合并编报偿付能力报告。

三、关于季度偿付能力报告的报送时间

从 2008 年第 4 季度偿付能力报告编报起，保险公司应当于每季度结束后 15 日内报送上一季度偿付能力报告，遇国庆节可以顺延 3 日。季度偿付能力报告的报送内容和报送方式不变。

四、关于计算资金运用比例的总资产口径

（一）按照我会有关规定，保险公司以公司总资产为基础，计算金融债、企业（公司）债券、股票（股权）、证券投资基金、间接基础设施项目投资以及境外投资等法律法规范围内的投资比例时，应以扣除证券回购融入资金金额后的公司总资产金额作为资金运用比例的计算基础。对万能保险、投资连结保险等资金运用比例有特别规定的保险产品，应以扣除证券回购融入资金金额后的产品账户资产金额作为其资金运用比例的计算基础。

（二）按照上述资金运用比例计算标准，若公司在本通知发布之日存在超比例投资的情况，应尽快调整资产结构，最迟于 2008 年 12 月 31 日前达标。

五、关于具体实施要求

（一）提高思想认识。各公司应当把《管理规定》的实施作为贯彻落实科学发展观和《国务院关于保险业改革发展的若干意见》的一项重点工作来抓，以实施《管理规定》为契机，完善和提高内部风险管理水平，促进公司快速、健康发展。

（二）加强学习研究。偿付能力管理涉及公司财务、产品开发、精算、投资、信息技术、内控等各个环节，各公司应当组织有关管理人员认真学习《管理规定》，确保公司管理人员能够掌握《管理规定》的精神和内涵。

（三）认真贯彻落实。各公司应当严格按照《管理规定》的要求，完善内部偿付能力管理机制，规范内部风险管理流程，确保偿付能力充足。

六、如有《管理规定》实施方面的建议或实施过程中遇到问题，请与我会财务会计部财务监管处联系。

附件：

最低资本表

公司名称：　　　　　　　　　　年（　季）　　　　　　　　单位：万元

序号	项目	行次	期末数	期初数
一	非寿险保障型业务、非寿险投资型业务风险保费部分或短期人身险业务			
	最近会计年度的直接保费收入	（1）		
	分入保费	（2）		
	分出保费	（3）		
	自留保费	（4）＝（1）＋（2）－（3）		
	营业税及附加	（5）		
	净值：1亿元以下部分	（6）		
	净值：1亿元以上部分	（7）		
	最低资本A	（8）＝（6）×18%＋（7）×16%		
	最近年度综合赔款金额	（9）		
	最近年度前1年的综合赔款额	（10）		
	最近年度前2年的综合赔款额	（11）		
	3年均值：7000万元以下部分	（12）		
	3年均值：7000万元以上部分	（13）		
	最低资本B	（14）＝（12）×26%＋（13）×23%		
	非寿险保障型业务、非寿险投资型业务风险保费部分或短期人身险业务的最低资本	（15）＝max［（8），（14）］		
二	非寿险投资型业务投资金部分			
	预定收益型非寿险投资型产品投资金部分责任准备金	（16）		
	预定收益型非寿险投资型产品投资金部分的最低资本	（17）＝（16）×4%		
	非预定收益型非寿险投资型产品投资金部分责任准备金	（18）		
	非预定收益型非寿险投资型产品投资金部分的最低资本	（19）＝（18）×1%		

续表

	非寿险投资型业务投资金部分的最低资本	（20）=（17）+（19）		
三	长期人身险业务			
	投资连结保险业务的责任准备金	（21）		
	投资连结保险业务的最低资本	（22）=（21）×1%		
	其他寿险业务的责任准备金	（23）		
	其他寿险业务的最低资本	（24）=（23）×4%		
	3年内的定期死亡险风险保额	（25）		
	3~5年定期死亡险风险保额	（26）		
	5年以上定期死亡险风险保额	（27）		
	未区分保险期的死亡险风险保额	（28）		
	死亡险的最低资本	（29）=（25）×0.1%+（26）×0.15%+（27）×0.3%+（28）×0.3%		
	其他险种的风险保额	（30）		
	其他险种的最低资本	（31）=（30）×0.3%		
	长期险最低资本	（32）=（22）+（24）+（29）+（31）		
四	最低资本合计	（33）=（15）+（20）+（32）		

中国保险监督管理委员会关于开展
偿付能力数据真实性自查工作的通知

（2017年5月27日　保监财会〔2017〕143号）

各保险公司：

为认真贯彻落实中央经济工作会议精神和习近平总书记关于金融工作的系列重要指示，强监管、补短板、治乱象、防风险，维护保险业平稳健康发展，根据《中国保监会关于强化保险监管打击违法违规行为整治市场乱象的通知》（保监发〔2017〕40号）要求，中国保监会决定开展偿付能力数据真实性自查工作。现将有关事项通知如下：

一、目的意义

通过开展偿付能力数据真实性自查工作，核查保险公司偿付能力基础数据的真实性、合规性和完整性，着力整治数据造假、数据错误、不按规定报送数据等问题，强化监管制度的刚性约束，推动保险公司增强合法合规意识，提升管理水平，提高数据报送质量，夯实行业发展和风险防范的基础。

二、自查范围

自查主体为所有按照规定应向保监会报送偿付能力报告的保险机构，自查范围为 2016 年四个季度的偿付能力报告和 2017 年第一季度偿付能力报告。

三、自查内容

（一）资产方面，包括但不限于以下内容：

1. 可供出售金融资产的分类依据是否充分；是否存在金融资产重分类情况，重分类的依据是否充分；

2. 长期股权投资权益法核算依据是否充分；通过证券市场收购的上市公司股票确认为长期股权投资并采用权益法核算是否符合会计准则要求；长期股权投资计提减值是否符合会计准则要求；

3. 非标金融资产（如基础设施债权投资计划、不动产投资计划、项目资产支持计划等）的会计分类是否合规；采用公允价值核算的非标金融资产，其估值模型、参数是否合理；

4. 其他金融资产的核算是否符合会计准则的规定；

5. 投资性房地产的分类、计量模式的选择和评估增值的确定是否经过董事会审议；公允价值模式计量的投资性房地产的评估增值是否合理、准确。

（二）准备金方面，包括但不限于以下内容：

1. 预期未来现金流出是否为履行保险合同相关义务所必需的、全部的、合理的现金流出；预期未来现金流入是否为承担保险合同相关义务而获得的现金流入；

2. 保险合同非保证利益现金流预测是否符合规定，分红保险和万能保险预期未来现金流是否包含归属于保单持有人的全部利益，是否予以足额体现且不低于规定的下限；

3. 相关维持费用假设是否符合实际经验，且不低于偿二代规定的下限；

4. 退保给付假设的确定程序是否符合规定，退保率是否符合相应指导区间；

5. 计算现金流现值所采用的折现率是否符合保监会偿二代《寿险合同负债评估折现率曲线》的规定；

6. 风险边际采用的方法，以及基础假设和对比假设确定的方法是否符合《保险公司偿付能力监管规则第 3 号：寿险合同负债评估》的有关规定。

（三）资本方面，包括但不限于以下内容：

1. 实际资本：

（1）核心资本的计算是否符合监管规则的规定；

（2）次级债或资本补充债券是否按照偿二代规定计入实际资本，有无多计；

（3）是否将投资性房地产的评估增值确认为附属资本；

（4）对于权利受限的资产，是否确认为非认可资产；

（5）是否签订修正共保、远期再保险合同等财务再保险合同，相关的准备金计量和资产计量是否符合规定。

2. 最低资本：

（1）计算市场风险、信用风险最低资本的投资资产是否全面、准确，是否存在资产遗漏、风险归类不准确、重复计算、本金利息分拆计算等情况；

（2）计算市场风险、信用风险最低资本的投资资产风险暴露是否与认可价值一致；

（3）计算市场风险、信用风险最低资本的风险基础因子、特征因子的选取是否与投资资产的风险一致；

（4）使用穿透法计算最低资本的，资产范围是否符合规定，穿透后的基础资产是否为符合规定的具体资产，基础资产最低资本计算是否符合规定；

（5）计算人身保险公司利率风险最低资本、再保险公司寿险业务利率风险最低资本时，计算基础情景与不利情景的现金流是否一致，资产负债评估值是否正确，测算不利情景时是否分别计算利率上升情景和利率下降情景，不利情景曲线生成是否符合规定；

（6）计算再保险交易对手违约风险最低资本时，对担保措施的认定是否符合规定。

（四）风险综合评级（IRR）方面，包括但不限于以下内容：

1. 操作风险、战略风险、声誉风险和流动性风险四类风险的数据报送是否真实、准确、全面；

2. 操作风险、战略风险、声誉风险和流动性风险四类风险数据报送的内控制度是否健全、是否执行到位。

（五）信息披露方面，包括但不限于以下内容：

1. 每季度结束后是否按时公开披露偿付能力相关信息；

2. 是否按监管规定完整全面地披露了偿付能力相关信息；

3. 披露的偿付能力信息是否真实、准确，相关数据与报送给监管部门的季度偿付能力报告是否一致。

四、时间安排

各公司应当按照本通知要求，认真组织开展自查工作，针对自查发现的问题和风险，应当制定整改计划，限期完成整改整治工作。各公司应于6月30日前完成自查工作。

根据公司自查情况，下半年保监会将组织偿付能力数据真实性现场检查工作，对故意隐瞒问题或自查不到位的公司，将依法从重处罚。

五、报告要求

各公司应于6月30日前上报自查报告。相关报送要求如下：

（一）自查报告应包括以下内容：一是自查工作开展情况；二是自查发现的问题及原因分析。保险公司应对照自查内容的要求，列明自查过程中发现的问题清单，分析问题的性质、问题涉及的金额、对偿付能力指标的影响程度，以及问题产生的原因；三是对每项问题的整改情况。报告针对自查中发现的问题应写明已采取的整改措施或下一步整改计划，未整改到位的，应当说明原因并列出时间表。

（二）通过保监会公文传输系统报送自查报告（PDF文本）。

（三）自查报告应由公司董事长、总经理、财务负责人、精算负责人、投资负责人、首席风险官和合规负责人签字，并加盖公司印章。

对迟报、瞒报、不按规定报送报告的公司，保监会将视情节轻重将其作为现场检查的重点对象。

六、自查要求

（一）高度重视，加强领导。各公司应当高度重视此次偿付能力数据真实性自查工作，充分认识自查工作的重要意义，成立自查工作领导小组，明确责任，压实任务。公司的主要负责人为第一责任人，对自查报告的真实性、完整性和合规性负责。

（二）全面排查，不留死角。各公司应准确理解偿二代监管规则，对可能影响偿付能力数据真实性的情形全面排查，查找风险点和薄弱处，对问题不隐瞒、不回避。

（三）加强纠错，整改到位。各公司应制定切实可行的整改方案，坚持标本兼治，强化整改措施落实力度，解决自查中发现的各类问题。应当以此次自查工作为契机，增强合规意识，完善制度机制，规范公司的内控管理，堵塞管理漏洞，不断提高偿付能力报告编报质量。

七、其他事项

自查过程中遇到问题，请及时向保监会财务会计部（偿付能力监管部）反映。

九、稽 查

中国保险监督管理委员会关于严禁协助境外保险公司推销地下保单有关问题的通知

（2004 年 4 月 6 日　保监发〔2004〕29 号）

各寿险公司：

近来，一些内地寿险公司的代理人直接或间接向内地客户宣传和推荐境外保单，甚至将内地保险公司的营业场所提供为境外保险公司的推销活动场所。这种行为违反了《中华人民共和国保险法》及相关法律法规，侵害了内地投保人的合法权益。为严禁协助境外保险公司在内地非法销售保单的行为，现就有关要求通知如下：

一、加强对分支机构的管理。严禁各级分支机构直接或间接接受境外保险公司任何形式的委托，协助其非法销售保单或为其非法销售活动提供便利。

二、规范代理人员的展业行为。对协助境外保险公司推销保单的代理人员要给予严肃处理，并向社会公布。

三、加大宣传力度。各公司在宣传自身保险产品的同时，要对投保人进行必要的风险提示，让公众进一步了解地下保单的危害性，提高其维权意识。

四、密切关注地下保单的销售动态。如发现线索，要及时向中国保监会或当地保监局报告。

中国保险监督管理委员会关于加强协作
配合共同打击保险领域违法犯罪行为的通知

（2009 年 7 月 29 日　保监发〔2009〕87 号）

各保监局，各省、自治区、直辖市公安厅、局，新疆建设兵团公安局：

近年来，保险领域的违法犯罪活动有所上升，特别是"假保险机构、假保单、假赔案"等案件时有发生，为维护保险市场正常秩序，保护保险关系人的合法权益，现就保险监管机构和公安机关在打击保险违法犯罪工作中加强协作配合的有关事宜通知如下：

一、建立案件线索移送制度

（一）保险监管机构在行使监管职能过程中，发现犯罪线索，应当及时向公安机关移送。移送时，应当附下列材料：

1. 涉嫌犯罪案件移送书；

2. 涉嫌犯罪案件情况的调查报告；

3. 涉案物品清单及主要证据目录；

4. 有关的检验报告和鉴定结论；

5. 其他有关涉嫌犯罪的材料。

（二）公安机关接到保险监管机构移送的案件线索后，应立即进行审查，其中符合立案条件的要及时立案侦查，不符合立案条件、不属于公安机关管辖的，要说明理由及时退回原移送单位。

（三）各级公安机关在侦办犯罪案件或者处理道路交通事故过程中，发现涉及保险机构及其从业人员违规、违章、违纪行为的，应及时将有关线索移送保险监管机构。保险监管机构对公安机关移送的案件应当受理并及时进行审查。依法决定立案查处的，应当书面通知移送机构，并及时向对方通报查处情况；依法不予立案的，应当书面说明理由，并书面通知移送机构，退回相关案卷材料。

二、加强办案协作

（一）保险监管机构在查处本行业内的违法、违规案件时，遇到阻碍行政执法行为、违反治安管理行为的，应向公安机关移送，公安机关应当及时依法查处。

（二）保险监管机构在查处本行业内的违法、违规案件时，确有必要对涉案人员采取限制出境措施的，应按有关规定向公安机关提请协助。

（三）对于案情重大、复杂的案件，保险监管机构可联合公安机关对案件进行会商，必要时可组成联合工作组，根据各自职责开展工作。

（四）公安机关在侦办犯罪案件或者处理道路交通事故过程中，依法需要保险监管机构协助调查取证的，保险监管机构应给予积极配合和支持，并做好以下配合工作：

1. 商请有关职能部门或指定派出机构专业人员协助侦查；

2. 需要出具专业认定意见的，作出或提请有关部门、机构作出认定；

3. 协助公安机关查阅、复制有关资料；

4. 协调保险集团公司、保险公司、保险资产管理公司、保险中介公司等，配合公安机关开展查证工作；

5. 依法可以采取的其他措施。

三、严格依法办案

各级保险监管机构和公安机关在查处保险违法违纪案件过程中，要严格把握罪与非罪的界限，对涉嫌犯罪的，要坚决依法惩处，不得以罚代刑，降格处理。对不构成犯罪的，由保险监管机构按照相关法律、法规，给予处罚。

四、建立工作联络和情况通报制度

各级保险监管机构和公安机关要建立相应的工作联络制度，定期和不定期召开联席会议，通报新出台的保险政策、工作举措、法律、法规和一段时期内的保险违法犯罪案件情况、特点，探讨打击和预防保险违法犯罪的对策和措施，建立情况通报制度。

最高人民检察院研究室关于保险诈骗
未遂能否按犯罪处理问题的答复

（1998 年 11 月 27 日　〔1998〕高检研发第 20 号）

河南省人民检察院：

你院《关于保险诈骗未遂能否按犯罪处理的请示》（豫检捕〔1998〕11 号）收悉。经研究，并经高检院领导同意，答复如下：

行为人已经着手实施保险诈骗行为，但由于其意志以外的原因未能获得保险赔偿的，是诈骗未遂，情节严重的，应依法追究刑事责任。

十、保险监管

银行保险监管统计管理办法

（2022年12月25日中国银行保险监督管理委员会令2022年第10号公布 自2023年2月1日起施行）

第一章 总 则

第一条 为加强银行业保险业监管统计管理，规范监管统计行为，提升监管统计质效，落实统计监督职能，促进科学监管和行业平稳健康发展，根据《中华人民共和国银行业监督管理法》《中华人民共和国保险法》《中华人民共和国商业银行法》《中华人民共和国统计法》《中华人民共和国数据安全法》等法律法规，制定本办法。

第二条 本办法所称银行保险机构，是指在中华人民共和国境内依法设立的商业银行、农村信用合作社等吸收公众存款的金融机构以及政策性银行、金融资产管理公司、金融租赁公司、理财公司、保险集团（控股）公司、保险公司和保险资产管理公司等。

第三条 本办法所称监管统计，是指银保监会及其派出机构组织实施的以银行保险机构为对象的统计调查、统计分析、统计信息服务、统计管理和统计监督检查等活动，以及银行保险机构为落实相关监管要求开展的各类统计活动。

本办法所称监管统计资料，是指依据银保监会及其派出机构监管统计要求采集的，反映银行保险机构经营情况和风险状况的数据、报表、报告等。

第四条 监管统计工作遵循统一规范、准确及时、科学严谨、实事求是的原则。

第五条 银保监会对银行保险监管统计工作实行统一领导、分级管理的管理体制。银保监会派出机构负责辖内银行保险机构监管统计工作。

第六条 银保监会及其派出机构、银行保险机构应不断提高监管统计信息化水平，充分合理利用先进信息技术，满足监管统计工作需要。

第七条　监管统计工作及资料管理应严格遵循保密、网络安全、数据安全、个人信息保护等有关法律法规、监管规章和标准规范。相关单位和个人应依法依规严格予以保密，保障监管统计数据安全。

第二章　监管统计管理机构

第八条　银保监会统计部门对监管统计工作实行归口管理，履行下列职责：

（一）组织制定监管统计管理制度、监管统计业务制度、监管数据标准和数据安全制度等有关工作制度；

（二）组织开展监管统计调查和统计分析；

（三）收集、编制和管理监管统计数据；

（四）按照有关规定定期公布监管统计资料；

（五）组织开展监管统计监督检查和业务培训；

（六）推动监管统计信息系统建设；

（七）组织开展监管统计数据安全保护相关工作；

（八）为满足监管统计需要开展的其他工作。

第九条　银保监会相关部门配合统计部门做好监管统计工作，履行下列职责：

（一）参与制定监管统计管理制度、监管统计业务制度和监管数据标准；

（二）指导督促银行保险机构执行监管统计制度、加强监管统计管理和提高监管统计质量；

（三）依据监管责任划分和有关规定，审核所辖银行保险机构监管统计数据；

（四）落实监管统计数据安全保护相关工作；

（五）为满足监管统计需要开展的其他工作。

第十条　银保监会派出机构贯彻银保监会监管统计制度、标准和有关工作要求。派出机构统计部门在辖区内履行本办法第八条第（二）至（八）款之规定职责，以及制定辖区监管统计制度；相关部门履行本办法第九条之规定职责。

第三章　监管统计调查管理

第十一条　银保监会及其派出机构开展监管统计调查应充分评估其必要性、可行性和科学性，合理控制数量，不必要的应及时清理。

第十二条　监管统计调查按照统计方式和期限，分为常规统计调查和临时统计调查。

常规统计调查以固定的制式、内容、频次定期收集监管统计资料，由银保监会归口管理部门统一管理。开展监管统计常规调查，应同时配套制定监管统计业务制度。

临时统计调查以灵活的制式、内容、频次收集监管统计资料，有效期限原则上不超过一年，到期后仍需继续采集的，应重新制定下发或转为常规统计调查。

第十三条　派出机构开展辖内银行保险机构临时统计调查，相关统计报表和统计要求等情况应报上一级统计部门备案。

第十四条　银保监会及其派出机构应建立健全监管统计资料管理机制和流程，规范资料的审核、整理、保存、查询、使用、共享和信息服务等事项，采取必要的管理手段和技术措施，强化监管统计资料安全管理。

第十五条　银保监会建立统计信息公布机制，依法依规定期向公众公布银行保险监管统计资料。派出机构根据银保监会规定和授权，建立辖内统计信息公布机制。

第四章　银行保险机构监管统计管理

第十六条　银行保险机构应按照银保监会及其派出机构要求，完善监管统计数据填报审核工作机制和流程，确保数据的真实性、准确性、及时性、完整性。

银行保险机构应保证同一指标在监管报送与对外披露的一致性。如有重大差异，应及时向银保监会或其派出机构解释说明。

第十七条　银行保险法人机构应将监管统计数据纳入数据治理，建立满足监管统计工作需要的组织架构、工作机制和流程，明确职权和责任，实施问责和激励，评估监管统计管理的有效性和执行情况，推动监管统计工作有效开展和数据质量持续提升，并加强对分支机构监管统计数据质量的监督和管理。

第十八条 银行保险机构法定代表人或主要负责人对监管统计数据质量承担最终责任。

银行保险法人机构及其县级及以上分支机构应分别指定一名高级管理人员（或主要负责人）为监管统计负责人，负责组织部署本机构监管统计工作，保障岗位、人员、薪酬、科技支持等资源配置。

第十九条 银行保险法人机构应明确并授权归口管理部门负责组织、协调和管理本机构监管统计工作，履行下列职责：

（一）组织落实监管统计法规、监管统计标准及有关工作要求；

（二）组织制定满足监管统计要求的内部管理制度和统计业务制度；

（三）组织收集、编制、报送和管理监管统计数据；

（四）组织开展对内部各部门、各分支机构的监管统计管理、考评、检查和培训工作，对不按规定提供或提供虚假监管统计数据的进行责任认定追溯；

（五）推动建设满足监管统计报送工作需要的信息系统；

（六）落实监管统计数据安全保护相关工作；

（七）为满足监管统计需要开展的其他工作。

银行保险法人机构各相关部门应承担与监管统计报送有关的业务规则确认、数据填报和审核、源头数据质量治理等工作职责。

银行保险机构省级、地市级分支机构应明确统计工作部门，地市级以下分支机构应至少指定统计工作团队，负责组织开展本级机构的监管统计工作。

第二十条 银行保险法人机构归口管理部门及其省级分支机构统计工作部门应设置监管统计专职岗位。地市级及以下分支机构可视实际情况设置监管统计专职或兼职岗位。相关岗位均应设立 A、B 角，人员数量、专业能力和激励机制应满足监管统计工作需要。

银行保险法人机构或其县级及以上分支机构应在指定或者变更监管统计负责人、归口管理部门（或统计工作部门、团队）负责人后 10 个工作日内，向银保监会或其派出机构备案。

第二十一条 银行保险机构应及时制定并更新满足监管要求的监管统计内部管理制度和业务制度，在制度制定或发生重大修订后 10 个工作日内向银保监会或其派出机构备案。

管理制度应包括组织领导、部门职责、岗位人员、信息系统保障、数据编制报送、数据质量管控、检查评估、考核评价、问责与激励、资料管理、数据安全保护等方面。

业务制度应全面覆盖常规监管统计数据要求，对统计内容、口径、方法、分工和流程等方面做出统一规定。

第二十二条 银行保险机构应建立包括数据源管理、统计口径管理、日常监控、监督检查、问题整改、考核评价在内的监管统计数据质量全流程管理机制，明确各部门数据质量责任。

第二十三条 银行保险机构应建立满足监管统计工作需要的信息系统，提高数字化水平。

银行保险机构内部业务及管理基础系统等各类信息系统应覆盖监管统计所需各项业务和管理数据。

第二十四条 银行保险机构应加强监管统计资料的存储管理，建立全面、严密的管理流程和归档机制，保证监管统计资料的完整性、连续性、安全性和可追溯性。

银行保险机构向境外机构、组织或个人提供境内采集、存储的监管统计资料，应遵守国家有关法律法规及行业相关规定。

第二十五条 银行保险机构应当充分运用数据分析手段，对本机构监管统计指标变化情况开展统计分析和数据挖掘应用，充分发挥监管统计资料价值。

第五章 监管统计监督管理

第二十六条 银保监会及其派出机构依据有关规定和程序对银行保险机构监管统计工作情况进行监督检查，内容包括：

（一）监管统计法律法规及相关制度的执行；

（二）统计相关组织架构及其管理；

（三）相关岗位人员配置及培训；

（四）内部统计管理制度和统计业务制度建设及其执行情况；

（五）相关统计信息系统建设，以及统计信息系统完备性和安全性情况；

（六）监管统计数据质量及其管理；

（七）监管统计资料管理；

（八）监管统计数据安全保护情况；

（九）与监管统计工作相关的其他情况。

第二十七条 银保监会及其派出机构采取非现场或现场方式实施监管统计监督管理。对违反本办法规定的银行保险机构，银保监会及其派出机构可依法依规采取监督管理措施或者给予行政处罚。

第二十八条 银行保险机构未按规定提供监管统计资料的，分别依据《中华人民共和国银行业监督管理法》《中华人民共和国保险法》《中华人民共和国商业银行法》等法律法规，视情况依法予以处罚。

第二十九条 银行保险机构违反本办法规定，有下列行为之一的，分别依据《中华人民共和国银行业监督管理法》《中华人民共和国保险法》《中华人民共和国商业银行法》等法律法规予以处罚；构成犯罪的，依法追究刑事责任：

（一）编造或提供虚假的监管统计资料；

（二）拒绝接受依法进行的监管统计监督检查；

（三）阻碍依法进行的监管统计监督检查。

第三十条 银行保险机构违反本办法第二十八、二十九条规定的，银保监会及其派出机构分别依据《中华人民共和国银行业监督管理法》《中华人民共和国保险法》《中华人民共和国商业银行法》等法律法规对有关责任人员采取监管措施或予以处罚。

第六章 附　　则

第三十一条 银保监会及其派出机构依法监管的其他机构参照本办法执行。

第三十二条 本办法由银保监会负责解释。

第三十三条 本办法自 2023 年 2 月 1 日起施行。《银行业监管统计管理暂行办法》（中国银行业监督管理委员会令 2004 年第 6 号）、《保险统计管理规定》（中国保险监督管理委员会令 2013 年第 1 号）同时废止。

银行保险机构公司治理监管评估办法

(2022 年 11 月 28 日　银保监规〔2022〕19 号)

第一章　总　　则

第一条　为推动银行保险机构提升公司治理有效性，促进银行业和保险业长期稳健发展，根据《中华人民共和国公司法》《中华人民共和国商业银行法》《中华人民共和国银行业监督管理法》《中华人民共和国保险法》等法律法规及监管规定，制定本办法。

第二条　本办法所称公司治理监管评估，是指中国银保监会及其派出机构依法对银行保险机构公司治理水平和风险状况进行判断、评价和分类，并根据评估结果依法实施分类监管。

第三条　本办法适用于中华人民共和国境内依法设立的商业银行、商业保险机构和其他非银行金融机构（法人机构），包括：国有大型商业银行、股份制商业银行、城市商业银行、民营银行、农村商业银行、农村合作银行、外资银行、保险集团（控股）公司、财产保险公司、再保险公司、人身保险公司、相互保险社、自保公司、金融资产管理公司、金融租赁公司、企业集团财务公司、汽车金融公司、消费金融公司及货币经纪公司。

第四条　银行保险机构公司治理监管评估应当遵循依法合规、客观公正、标准统一、突出重点的原则。

第二章　评估内容和方法

第五条　银行保险机构公司治理监管评估内容主要包括：党的领导、股东治理、关联交易治理、董事会治理、监事会和高管层治理、风险内控、市场约束、利益相关者治理等方面。

第六条　公司治理监管评估包括合规性评价、有效性评价、重大事项调降评级三个步骤。

（一）合规性评价。满分 100 分，主要考查银行保险机构公司治理是否符合法律法规及监管规定，监管机构对相关指标逐项评价打分。

（二）有效性评价。重点考查银行保险机构公司治理机制的实际效果，主要关注存在的突出问题和风险。监管机构在合规性评价得分基础上，对照有效性评价指标进行扣分；对银行保险机构改善公司治理有效性的优秀实践，可予以加分。

（三）重大事项调降评级。当机构存在公司治理重大缺陷甚至失灵情况时，监管机构对前两项综合评分及其对应评估等级进行调降，形成评估结果。

合规性指标或有效性指标存在问题持续得不到整改的，可以视情况加大扣分力度。第二年未整改的，可按该指标分值两倍扣分；第三年未整改的，可按该指标分值四倍扣分；第四年未整改的，可按该指标分值八倍扣分；以此类推。

第七条 公司治理监管评估总分为 100 分，评估等级分为五级：90 分以上为 A 级，90 分以下至 80 分以上为 B 级，80 分以下至 70 分以上为 C 级，70 分以下至 60 分以上为 D 级，60 分以下为 E 级。

第八条 存在下列情形的，可以直接评定为 E 级：

（一）拒绝或者阻碍公司治理监管评估；

（二）通过提供虚假材料等方式隐瞒公司治理重要事实、资产质量等方面的重大风险；

（三）股东虚假出资、出资不实、循环注资、抽逃出资或变相抽逃出资，或与银行保险机构开展违规关联交易，严重影响银行保险机构资本充足率、偿付能力充足率真实性；

（四）股东通过隐藏实际控制人、隐瞒关联关系、隐形股东、股权代持、表决权委托、一致行动约定等行为规避监管审查，控制或操纵银行保险机构经营管理；

（五）公司治理机制失灵，股东（大）会、董事会长期（一年以上）无法正常召开或做出决策；

（六）出现兑付危机、偿付能力严重不足的情形；

（七）监管机构认定的其他公司治理机制失灵的情形。

第九条 银保监会可以根据公司治理监管工作需要，修订完善银行保险机构公司治理监管评估内容、评价指标及评分规则，并及时告知银行保险机构。

第三章 评估程序和分工

第十条 公司治理监管评估原则上每年开展一次。对评估结果为 B 级及以上的机构可适当降低评估频率，但至少每 2 年开展一次。

公司治理监管评估主要评估上一年度公司治理状况。在公司治理监管评估过程中，监管机构可结合实际，适当向前追溯或向后延伸。

第十一条 公司治理监管评估工作办公室设在银保监会公司治理监管部，负责统筹指导银行保险机构公司治理监管评估工作；各机构监管部门、各银保监局具体实施公司治理监管评估工作。

第十二条 公司治理监管评估程序主要包括年度评估方案制定、机构自评、监管评估、监管复核、结果分析与反馈、督促整改等环节。

第十三条 银保监会每年根据宏观经济金融形势、行业公司治理风险特征、监管规则和关注重点等因素的变化情况，制定年度公司治理监管评估方案，明确当年评估对象、评估要点、评分标准和具体安排。

第十四条 银行保险机构按照规定开展公司治理自评估，形成本机构公司治理自评估报告，每年 2 月底前将自评估报告及相关证明材料报送监管机构。

第十五条 银保监会直接监管的银行保险机构，由相关机构监管部门组织实施监管评估；银保监局监管的银行保险机构，由银保监局组织实施监管评估。监管评估应于每年 5 月底前完成。

第十六条 监管评估采取非现场评估和现场评估相结合的方式。机构监管部门、银保监局根据工作需要，确定当年的评估对象和评估方式。现场评估应每 3 年对所监管机构实现全覆盖。

现场评估采取现场调阅材料、查询系统，以及与董事、监事和高管人员谈话等方式，结合日常非现场监管、前期现场检查等掌握的情况开展。非现场评估重点结合银行保险机构自评估报告、机构提交的相关证明材料，以及日常非现场监管、前期现场检查等掌握的情况开展。

监管机构应当坚持"实质重于形式"原则，对相关机构按照公司治理评分要素逐项评分，审慎核实评分依据的事实和材料，对发现的重大问题予以确认，形成监管评估报告。

第十七条 机构监管部门结合日常监管信息、机构风险状况等情况，对银保监局监管的银行保险机构的评估结果进行监管复核。监管复核应当于每年 6 月底前完成，机构监管部门应当将复核结果反馈相关银保监局。

第十八条 机构监管部门、银保监局对年度评估开展情况和评估结果进行分析，总结评估发现的风险问题，提出相关政策建议，并将相关情况报公司治理监管评估工作办公室。

公司治理监管评估工作办公室可以联合相关机构监管部门和银保监局，在评估过程中或评估结束后，选取一定比例的被评估机构，进行监管评估抽查，进一步提高监管评估标准的一致性。

第十九条 评估结果的反馈由负责监管评估的机构监管部门或银保监局实施，反馈采取"一对一"的形式，内容包括公司治理监管评估结果、公司治理存在的主要问题及整改要求。评估结果反馈原则上应当于每年 7 月底前完成。相关机构监管部门和银保监局应当持续督促银行保险机构完成问题的整改。

第二十条 相关机构在收到监管机构的反馈结果后，应当及时将有关情况通报给董事会、监事会和高级管理层，通报内容包括但不限于：评估结果、监管机构反馈的主要问题、整改要求等，并按监管要求及时进行整改。

第二十一条 负责监管评估的机构监管部门和银保监局应当根据评估结果对相关机构采取相应的监管措施。在公司治理监管评估过程中发现银行保险机构存在违法违规行为，符合行政处罚情形的，应当及时启动立案调查程序。

第二十二条 银保监会结合监管评估工作实际，适时对监管评估工作及效果进行后评价，持续改进完善银行保险机构公司治理监管评估体系。

第二十三条 银保监会建立银行保险机构公司治理监管评估信息系统，加强评估全过程的信息化管理。

第四章　评估结果和运用

第二十四条 公司治理监管评估结果是衡量银行保险机构公司治理水平的重要标准。

评估等级为 A 级（优秀），表示相关机构公司治理各方面健全，未发现明显的合规性及有效性问题，公司治理机制运转有效。

评估等级为 B 级（较好），表示相关机构公司治理基本健全，同时存在一些弱点，相关机构能够积极采取措施整改完善。

评估等级为 C 级（合格），表示相关机构公司治理存在一定缺陷，公司治理合规性或有效性需加以改善。

评估等级为 D 级（较弱），表示相关机构公司治理存在较多突出问题，合规性较差，有效性不足，公司治理基础薄弱。

评估等级为 E 级（差），表示相关机构公司治理存在严重问题，合规性差，有效性严重不足，公司治理整体失效。

第二十五条 银保监会将公司治理监管评估结果作为配置监管资源、采取监管措施和行动的重要依据，并在市场准入、现场检查立项、监管评级、监管通报等环节加强对评估结果的运用。

第二十六条 银保监会根据公司治理监管评估结果，对银行保险机构依法采取不同监管措施：

（一）对 A 级机构，开展常规监管，督促其保持良好公司治理水平。

（二）对 B 级机构，关注公司治理风险变化，并通过窗口指导、监管谈话等方式指导机构逐步完善公司治理。

（三）对 C 级机构，除可以采取对 B 级机构的监管措施外，还可以视情形依法采取下发风险提示函、监管意见书、监管通报，要求机构限期整改等措施。

（四）对 D 级机构，除可以采取对 C 级机构的监管措施外，还可以在市场准入中认定其公司治理未达到良好标准。同时，可以根据《中华人民共和国银行业监督管理法》《中华人民共和国保险法》等法律法规，依法采取责令调整相关责任人、责令暂停部分业务、停止批准开办新业务、停止批准增设分支机构、限制分配红利和其他收入等监管措施。

（五）对 E 级机构，除可以采取对 D 级机构的监管措施外，应当按照《银行保险机构关联交易管理办法》（中国银行保险监督管理委员会令 2022 年第 1 号）有关规定，限制其开展授信类、资金运用类、以资金为基础的关联交易，还可以结合评估发现的问题和线索，对相关机构进行现场检查，并根据《中华人民共和国银行业监督管理法》《中华人民共和国保险法》等法律法规，对机构及责任人进行处罚。

第二十七条 监管机构应当将公司治理监管评估等级为 D 级及以下的

银行保险机构列为重点监管对象，根据其存在的公司治理问题，提出明确的监管措施和整改要求，对其存在的重大公司治理风险隐患要及时纠正，坚决防止机构"带病运行"，防止风险发酵放大。

监管机构应当将前款规定情况向相关国有银行保险机构的上级党组织、有关纪检监察部门进行通报。

第五章　附　　则

第二十八条　公司治理监管评估的具体信息仅供监管机构内部使用。必要时，监管机构可以采取适当方式与有关政府部门共享公司治理监管评估结果和具体信息。公司治理监管评估的具体信息是指评估过程中使用的监管信息等材料。

第二十九条　机构监管部门和银保监局可以参照本办法，对未纳入公司治理监管评估的银行保险机构开展试评估，推动机构提高公司治理有效性。

第三十条　监管机构工作人员开展公司治理监管评估工作时，应当恪尽职守，秉持公平、公正的原则，不得滥用职权、玩忽职守，不得对评估工作及结果施加不当影响。

第三十一条　本办法所称监管机构，是指中国银保监会及其派出机构。本办法所称"以上"含本数，"以下"不含本数。

第三十二条　本办法由银保监会负责解释和修订。

第三十三条　本办法自发布之日起施行。《银行保险机构公司治理监管评估办法（试行）》（银保监发〔2019〕43号）同时废止。

保险经纪人监管规定

（2018年2月1日中国保险监督管理委员会令第3号公布　自2018年5月1日起施行）

第一章　总　　则

第一条　为了规范保险经纪人的经营行为，保护投保人、被保险人和受益人的合法权益，维护市场秩序，根据《中华人民共和国保险法》（以下简称《保险法》）等法律、行政法规，制定本规定。

第二条 本规定所称保险经纪人是指基于投保人的利益，为投保人与保险公司订立保险合同提供中介服务，并依法收取佣金的机构，包括保险经纪公司及其分支机构。

本规定所称保险经纪从业人员是指在保险经纪人中，为投保人或者被保险人拟订投保方案、办理投保手续、协助索赔的人员，或者为委托人提供防灾防损、风险评估、风险管理咨询服务、从事再保险经纪等业务的人员。

第三条 保险经纪公司在中华人民共和国境内经营保险经纪业务，应当符合中国保险监督管理委员会（以下简称中国保监会）规定的条件，取得经营保险经纪业务许可证（以下简称许可证）。

第四条 保险经纪人应当遵守法律、行政法规和中国保监会有关规定，遵循自愿、诚实信用和公平竞争的原则。

第五条 中国保监会根据《保险法》和国务院授权，对保险经纪人履行监管职责。

中国保监会派出机构在中国保监会授权范围内履行监管职责。

第二章 市 场 准 入

第一节 业 务 许 可

第六条 除中国保监会另有规定外，保险经纪人应当采取下列组织形式：

（一）有限责任公司；

（二）股份有限公司。

第七条 保险经纪公司经营保险经纪业务，应当具备下列条件：

（一）股东符合本规定要求，且出资资金自有、真实、合法，不得用银行贷款及各种形式的非自有资金投资；

（二）注册资本符合本规定第十条要求，且按照中国保监会的有关规定托管；

（三）营业执照记载的经营范围符合中国保监会的有关规定；

（四）公司章程符合有关规定；

（五）公司名称符合本规定要求；

（六）高级管理人员符合本规定的任职资格条件；

（七）有符合中国保监会规定的治理结构和内控制度，商业模式科学合理可行；

（八）有与业务规模相适应的固定住所；

（九）有符合中国保监会规定的业务、财务信息管理系统；

（十）法律、行政法规和中国保监会规定的其他条件。

第八条　单位或者个人有下列情形之一的，不得成为保险经纪公司的股东：

（一）最近 5 年内受到刑罚或者重大行政处罚；

（二）因涉嫌重大违法犯罪正接受有关部门调查；

（三）因严重失信行为被国家有关单位确定为失信联合惩戒对象且应当在保险领域受到相应惩戒，或者最近 5 年内具有其他严重失信不良记录；

（四）依据法律、行政法规不能投资企业；

（五）中国保监会根据审慎监管原则认定的其他不适合成为保险经纪公司股东的情形。

第九条　保险公司的工作人员、保险专业中介机构的从业人员投资保险经纪公司的，应当提供其所在机构知晓投资的书面证明；保险公司、保险专业中介机构的董事、监事或者高级管理人员投资保险经纪公司的，应当根据有关规定取得股东会或者股东大会的同意。

第十条　经营区域不限于工商注册登记地所在省、自治区、直辖市、计划单列市的保险经纪公司的注册资本最低限额为 5000 万元。

经营区域为工商注册登记地所在省、自治区、直辖市、计划单列市的保险经纪公司的注册资本最低限额为 1000 万元。

保险经纪公司的注册资本必须为实缴货币资本。

第十一条　保险经纪人的名称中应当包含"保险经纪"字样。

保险经纪人的字号不得与现有的保险专业中介机构相同，与保险专业中介机构具有同一实际控制人的保险经纪人除外。

第十二条　保险经纪公司申请经营保险经纪业务，应当在领取营业执照后，及时按照中国保监会的要求提交申请材料，并进行相关信息披露。

中国保监会及其派出机构按照法定的职责和程序实施行政许可。

第十三条 中国保监会及其派出机构收到经营保险经纪业务申请后，应当采取谈话、函询、现场验收等方式了解、审查申请人股东的经营记录以及申请人的市场发展战略、业务发展计划、内控制度建设、人员结构、信息系统配置及运行等有关事项，并进行风险测试和提示。

第十四条 中国保监会及其派出机构依法作出批准保险经纪公司经营保险经纪业务的决定的，应当向申请人颁发许可证。申请人取得许可证后，方可开展保险经纪业务，并应当及时在中国保监会规定的监管信息系统中登记相关信息。

中国保监会及其派出机构决定不予批准的，应当作出书面决定并说明理由。申请人应当自收到中国保监会及其派出机构书面决定之日起15日内书面报告工商注册登记所在地的工商行政管理部门。公司继续存续的，不得从事保险经纪业务，并应当依法办理名称、营业范围和公司章程等事项的工商变更登记，确保其名称中无"保险经纪"字样。

第十五条 经营区域不限于工商注册登记地所在省、自治区、直辖市、计划单列市的保险经纪公司可以在中华人民共和国境内从事保险经纪活动。

经营区域不限于工商注册登记地所在省、自治区、直辖市、计划单列市的保险经纪公司向工商注册登记地以外派出保险经纪从业人员，为投保人或者被保险人是自然人的保险业务提供服务的，应当在当地设立分支机构。设立分支机构时应当首先设立省级分公司，指定其负责办理行政许可申请、监管报告和报表提交等相关事宜，并负责管理其他分支机构。

保险经纪公司分支机构包括分公司、营业部。

第十六条 保险经纪公司新设分支机构经营保险经纪业务，应当符合下列条件：

（一）保险经纪公司及其分支机构最近1年内没有受到刑罚或者重大行政处罚；

（二）保险经纪公司及其分支机构未因涉嫌违法犯罪正接受有关部门调查；

（三）保险经纪公司及其分支机构最近1年内未引发30人以上群访群诉事件或者100人以上非正常集中退保事件；

（四）最近2年内设立的分支机构不存在运营未满1年退出市场的情形；

（五）具备完善的分支机构管理制度；

（六）新设分支机构有符合要求的营业场所、业务财务信息系统，以及与经营业务相匹配的其他设施；

（七）新设分支机构主要负责人符合本规定的任职条件；

（八）中国保监会规定的其他条件。

保险经纪公司因严重失信行为被国家有关单位确定为失信联合惩戒对象且应当在保险领域受到相应惩戒的，或者最近 5 年内具有其他严重失信不良记录的，不得新设分支机构经营保险经纪业务。

第十七条 保险经纪公司分支机构应当在营业执照记载的登记之日起 15 日内，书面报告中国保监会派出机构，在中国保监会规定的监管信息系统中登记相关信息，按照规定进行公开披露，并提交主要负责人的任职资格核准申请材料或者报告材料。

第十八条 保险经纪人有下列情形之一的，应当自该情形发生之日起 5 日内，通过中国保监会规定的监管信息系统报告，并按照规定进行公开披露：

（一）变更名称、住所或者营业场所；

（二）变更股东、注册资本或者组织形式；

（三）股东变更姓名或者名称、出资额；

（四）修改公司章程；

（五）股权投资，设立境外保险类机构及非营业性机构；

（六）分立、合并、解散，分支机构终止保险经纪业务活动；

（七）变更省级分公司以外分支机构主要负责人；

（八）受到行政处罚、刑罚或者涉嫌违法犯罪正接受调查；

（九）中国保监会规定的其他报告事项。

保险经纪人发生前款规定的相关情形，应当符合中国保监会相关规定。

第十九条 保险经纪公司变更事项涉及许可证记载内容的，应当按照《保险许可证管理办法》等有关规定办理许可证变更登记，交回原许可证，领取新许可证，并进行公告。

第二节 任职资格

第二十条 本规定所称保险经纪人高级管理人员是指下列人员：

（一）保险经纪公司的总经理、副总经理；

（二）省级分公司主要负责人；

（三）对公司经营管理行使重要职权的其他人员。

保险经纪人高级管理人员应当在任职前取得中国保监会派出机构核准的任职资格。

第二十一条 保险经纪人高级管理人员应当具备下列条件：

（一）大学专科以上学历；

（二）从事金融工作 3 年以上或者从事经济工作 5 年以上；

（三）具有履行职责所需的经营管理能力，熟悉保险法律、行政法规及中国保监会的相关规定；

（四）诚实守信，品行良好。

从事金融工作 10 年以上的人员，学历要求可以不受第一款第（一）项的限制。

保险经纪人任用的省级分公司以外分支机构主要负责人应当具备前两款规定的条件。

第二十二条 有下列情形之一的人员，不得担任保险经纪人高级管理人员和省级分公司以外分支机构主要负责人：

（一）担任因违法被吊销许可证的保险公司或者保险中介机构的董事、监事或者高级管理人员，并对被吊销许可证负有个人责任或者直接领导责任的，自许可证被吊销之日起未逾 3 年；

（二）因违法行为或者违纪行为被金融监管机构取消任职资格的金融机构的董事、监事或者高级管理人员，自被取消任职资格之日起未逾 5 年；

（三）被金融监管机构决定在一定期限内禁止进入金融行业的，期限未满；

（四）受金融监管机构警告或者罚款未逾 2 年；

（五）正在接受司法机关、纪检监察部门或者金融监管机构调查；

（六）因严重失信行为被国家有关单位确定为失信联合惩戒对象且应当在保险领域受到相应惩戒，或者最近 5 年内具有其他严重失信不良记录；

（七）法律、行政法规和中国保监会规定的其他情形。

第二十三条 保险经纪人应当与其高级管理人员、省级分公司以外分支机构主要负责人建立劳动关系，订立书面劳动合同。

第二十四条　保险经纪人高级管理人员和省级分公司以外分支机构主要负责人不得兼任 2 家以上分支机构的主要负责人。

保险经纪人高级管理人员和省级分公司以外分支机构主要负责人兼任其他经营管理职务的，应当具有必要的时间履行职务。

第二十五条　非经股东会或者股东大会批准，保险经纪人的高级管理人员和省级分公司以外分支机构主要负责人不得在存在利益冲突的机构中兼任职务。

第二十六条　保险经纪人向中国保监会派出机构提出高级管理人员任职资格核准申请的，应当如实填写申请表、提交相关材料。

中国保监会派出机构可以对保险经纪人拟任高级管理人员进行考察或者谈话。

第二十七条　保险经纪人高级管理人员应当通过中国保监会认可的保险法规及相关知识测试。

第二十八条　保险经纪人的高级管理人员在同一保险经纪人内部调任、兼任其他职务，无须重新核准任职资格。

保险经纪人调整、免除高级管理人员和省级分公司以外分支机构主要负责人职务，应当自决定作出之日起 5 日内在中国保监会规定的监管信息系统中登记相关信息。

第二十九条　保险经纪人的高级管理人员和省级分公司以外分支机构主要负责人因涉嫌犯罪被起诉的，保险经纪人应当自其被起诉之日起 5 日内和结案之日起 5 日内在中国保监会规定的监管信息系统中登记相关信息。

第三十条　保险经纪人高级管理人员和省级分公司以外分支机构主要负责人有下列情形之一，保险经纪人已经任命的，应当免除其职务；经核准任职资格的，其任职资格自动失效：

（一）获得核准任职资格后，保险经纪人超过 2 个月未任命；

（二）从该保险经纪人离职；

（三）受到中国保监会禁止进入保险业的行政处罚；

（四）因贪污、受贿、侵占财产、挪用财产或者破坏社会主义市场秩序，被判处刑罚执行期满未逾 5 年，或者因犯罪被剥夺政治权利，执行期满未逾 5 年；

（五）担任破产清算的公司、企业的董事或者厂长、经理，对该公司、企业的破产负有个人责任的，自该公司、企业破产清算完结之日起未逾3年；

（六）担任因违法被吊销营业执照、责令关闭的公司、企业的法定代表人，并负有个人责任的，自该公司、企业被吊销营业执照之日起未逾3年；

（七）个人所负数额较大的债务到期未清偿。

第三十一条 保险经纪人出现下列情形之一，可以任命临时负责人，但临时负责人任职时间最长不得超过3个月，并且不得就同一职务连续任命临时负责人：

（一）原负责人辞职或者被撤职；

（二）原负责人因疾病、意外事故等原因无法正常履行工作职责；

（三）中国保监会认可的其他特殊情况。

临时负责人应当具有与履行职责相当的能力，并应当符合本规定第二十一条、第二十二条的相关要求。

保险经纪人任命临时负责人的，应当自决定作出之日起5日内在中国保监会规定的监管信息系统中登记相关信息。

第三节 从 业 人 员

第三十二条 保险经纪人应当聘任品行良好的保险经纪从业人员。有下列情形之一的，保险经纪人不得聘任：

（一）因贪污、贿赂、侵占财产、挪用财产或者破坏社会主义市场经济秩序，被判处刑罚，执行期满未逾5年；

（二）被金融监管机构决定在一定期限内禁止进入金融行业，期限未满；

（三）因严重失信行为被国家有关单位确定为失信联合惩戒对象且应当在保险领域受到相应惩戒，或者最近5年内具有其他严重失信不良记录；

（四）法律、行政法规和中国保监会规定的其他情形。

第三十三条 保险经纪从业人员应当具有从事保险经纪业务所需的专业能力。保险经纪人应当加强对保险经纪从业人员的岗前培训和后续教育，培训内容至少应当包括业务知识、法律知识及职业道德。

保险经纪人可以委托保险中介行业自律组织或者其他机构组织培训。

保险经纪人应当建立完整的保险经纪从业人员培训档案。

第三十四条 保险经纪人应当按照规定为其保险经纪从业人员进行执业登记。

保险经纪从业人员只限于通过一家保险经纪人进行执业登记。

保险经纪从业人员变更所属保险经纪人的，新所属保险经纪人应当为其进行执业登记，原所属保险经纪人应当及时注销执业登记。

第三章 经 营 规 则

第三十五条 保险经纪公司应当将许可证、营业执照置于住所或者营业场所显著位置。

保险经纪公司分支机构应当将加盖所属法人公章的许可证复印件、营业执照置于营业场所显著位置。

保险经纪人不得伪造、变造、出租、出借、转让许可证。

第三十六条 保险经纪人可以经营下列全部或者部分业务：

（一）为投保人拟订投保方案、选择保险公司以及办理投保手续；

（二）协助被保险人或者受益人进行索赔；

（三）再保险经纪业务；

（四）为委托人提供防灾、防损或者风险评估、风险管理咨询服务；

（五）中国保监会规定的与保险经纪有关的其他业务。

第三十七条 保险经纪人从事保险经纪业务不得超出承保公司的业务范围和经营区域；从事保险经纪业务涉及异地共保、异地承保和统括保单，中国保监会另有规定的，从其规定。

第三十八条 保险经纪人及其从业人员不得销售非保险金融产品，经相关金融监管部门审批的非保险金融产品除外。

保险经纪人及其从业人员销售符合条件的非保险金融产品前，应当具备相应的资质要求。

第三十九条 保险经纪人应当根据法律、行政法规和中国保监会的有关规定，依照职责明晰、强化制衡、加强风险管理的原则，建立完善的公司治理结构和制度；明确管控责任，构建合规体系，注重自我约束，加强内部追责，确保稳健运营。

第四十条 保险经纪从业人员应当在所属保险经纪人的授权范围内从

事业务活动。

第四十一条 保险经纪人通过互联网经营保险经纪业务，应当符合中国保监会的规定。

第四十二条 保险经纪人应当建立专门账簿，记载保险经纪业务收支情况。

第四十三条 保险经纪人应当开立独立的客户资金专用账户。下列款项只能存放于客户资金专用账户：

（一）投保人支付给保险公司的保险费；

（二）为投保人、被保险人和受益人代领的退保金、保险金。

保险经纪人应当开立独立的佣金收取账户。

保险经纪人开立、使用其他银行账户的，应当符合中国保监会的规定。

第四十四条 保险经纪人应当建立完整规范的业务档案，业务档案至少应当包括下列内容：

（一）通过本机构签订保单的主要情况，包括保险人、投保人、被保险人名称或者姓名，保单号，产品名称，保险金额，保险费，缴费方式，投保日期，保险期间等；

（二）保险合同对应的佣金金额和收取方式等；

（三）保险费交付保险公司的情况，保险金或者退保金的代领以及交付投保人、被保险人或者受益人的情况；

（四）为保险合同签订提供经纪服务的从业人员姓名，领取报酬金额、领取报酬账户等；

（五）中国保监会规定的其他业务信息。

保险经纪人的记录应当真实、完整。

第四十五条 保险经纪人应当按照中国保监会的规定开展再保险经纪业务。

保险经纪人从事再保险经纪业务，应当设立专门部门，在业务流程、财务管理与风险管控等方面与其他保险经纪业务实行隔离。

第四十六条 保险经纪人从事再保险经纪业务，应当建立完整规范的再保险业务档案，业务档案至少应当包括下列内容：

（一）再保险安排确认书；

（二）再保险人接受分入比例。

保险经纪人应当对再保险经纪业务和其他保险经纪业务分别建立账簿记载业务收支情况。

第四十七条 保险经纪人应当向保险公司提供真实、完整的投保信息，并应当与保险公司依法约定对投保信息保密、合理使用等事项。

第四十八条 保险经纪人从事保险经纪业务，应当与委托人签订委托合同，依法约定双方的权利义务及其他事项。委托合同不得违反法律、行政法规及中国保监会有关规定。

第四十九条 保险经纪人从事保险经纪业务，涉及向保险公司解付保险费、收取佣金的，应当与保险公司依法约定解付保险费、支付佣金的时限和违约赔偿责任等事项。

第五十条 保险经纪人在开展业务过程中，应当制作并出示规范的客户告知书。客户告知书至少应当包括以下事项：

（一）保险经纪人的名称、营业场所、业务范围、联系方式；

（二）保险经纪人获取报酬的方式，包括是否向保险公司收取佣金等情况；

（三）保险经纪人及其高级管理人员与经纪业务相关的保险公司、其他保险中介机构是否存在关联关系；

（四）投诉渠道及纠纷解决方式。

第五十一条 保险经纪人应当妥善保管业务档案、会计账簿、业务台账、客户告知书以及佣金收入的原始凭证等有关资料，保管期限自保险合同终止之日起计算，保险期间在1年以下的不得少于5年，保险期间超过1年的不得少于10年。

第五十二条 保险经纪人为政策性保险业务、政府委托业务提供服务的，佣金收取不得违反中国保监会的规定。

第五十三条 保险经纪人向投保人提出保险建议的，应当根据客户的需求和风险承受能力等情况，在客观分析市场上同类保险产品的基础上，推荐符合其利益的保险产品。

保险经纪人应当按照中国保监会的要求向投保人披露保险产品相关信息。

第五十四条 保险经纪公司应当按规定将监管费交付到中国保监会指定账户。

第五十五条 保险经纪公司应当自取得许可证之日起 20 日内投保职业责任保险或者缴存保证金。

保险经纪公司应当自投保职业责任保险或者缴存保证金之日起 10 日内，将职业责任保险保单复印件或者保证金存款协议复印件、保证金入账原始凭证复印件报送中国保监会派出机构，并在中国保监会规定的监管信息系统中登记相关信息。

第五十六条 保险经纪公司投保职业责任保险的，该保险应当持续有效。

保险经纪公司投保的职业责任保险对一次事故的赔偿限额不得低于人民币 100 万元；一年期保单的累计赔偿限额不得低于人民币 1000 万元，且不得低于保险经纪人上年度的主营业务收入。

第五十七条 保险经纪公司缴存保证金的，应当按注册资本的 5% 缴存，保险经纪公司增加注册资本的，应当按比例增加保证金数额。

保险经纪公司应当足额缴存保证金。保证金应当以银行存款形式专户存储到商业银行，或者以中国保监会认可的其他形式缴存。

第五十八条 保险经纪公司有下列情形之一的，可以动用保证金：

（一）注册资本减少；

（二）许可证被注销；

（三）投保符合条件的职业责任保险；

（四）中国保监会规定的其他情形。

保险经纪公司应当自动用保证金之日起 5 日内书面报告中国保监会派出机构。

第五十九条 保险经纪公司应当在每一会计年度结束后聘请会计师事务所对本公司的资产、负债、利润等财务状况进行审计，并在每一会计年度结束后 4 个月内向中国保监会派出机构报送相关审计报告。

保险经纪公司应当根据规定向中国保监会派出机构提交专项外部审计报告。

第六十条 保险经纪人应当按照中国保监会的有关规定及时、准确、完整地报送报告、报表、文件和资料，并根据要求提交相关的电子文本。

保险经纪人报送的报告、报表、文件和资料应当由法定代表人、主要负责人或者其授权人签字，并加盖机构印章。

第六十一条 保险经纪人不得委托未通过本机构进行执业登记的个人从事保险经纪业务。

第六十二条 保险经纪人应当对保险经纪从业人员进行执业登记信息管理，及时登记个人信息及授权范围等事项以及接受处罚、聘任关系终止等情况，确保执业登记信息的真实、准确、完整。

第六十三条 保险经纪人及其从业人员在办理保险业务活动中不得有下列行为：

（一）欺骗保险人、投保人、被保险人或者受益人；

（二）隐瞒与保险合同有关的重要情况；

（三）阻碍投保人履行如实告知义务，或者诱导其不履行如实告知义务；

（四）给予或者承诺给予投保人、被保险人或者受益人保险合同约定以外的利益；

（五）利用行政权力、职务或者职业便利以及其他不正当手段强迫、引诱或者限制投保人订立保险合同；

（六）伪造、擅自变更保险合同，或者为保险合同当事人提供虚假证明材料；

（七）挪用、截留、侵占保险费或者保险金；

（八）利用业务便利为其他机构或者个人牟取不正当利益；

（九）串通投保人、被保险人或者受益人，骗取保险金；

（十）泄露在业务活动中知悉的保险人、投保人、被保险人的商业秘密。

第六十四条 保险经纪人及其从业人员在开展保险经纪业务过程中，不得索取、收受保险公司或者其工作人员给予的合同约定之外的酬金、其他财物，或者利用执行保险经纪业务之便牟取其他非法利益。

第六十五条 保险经纪人不得以捏造、散布虚假事实等方式损害竞争对手的商业信誉，不得以虚假广告、虚假宣传或者其他不正当竞争行为扰乱保险市场秩序。

第六十六条 保险经纪人不得与非法从事保险业务或者保险中介业务的机构或者个人发生保险经纪业务往来。

第六十七条 保险经纪人不得以缴纳费用或者购买保险产品作为招聘

从业人员的条件，不得承诺不合理的高额回报，不得以直接或者间接发展人员的数量或者销售业绩作为从业人员计酬的主要依据。

第四章　市　场　退　出

第六十八条　保险经纪公司经营保险经纪业务许可证的有效期为 3 年。

保险经纪公司应当在许可证有效期届满 30 日前，按照规定向中国保监会派出机构申请延续许可。

第六十九条　保险经纪公司申请延续许可证有效期的，中国保监会派出机构在许可证有效期届满前对保险经纪人前 3 年的经营情况进行全面审查和综合评价，并作出是否准予延续许可证有效期的决定。决定不予延续的，应当书面说明理由。

保险经纪公司不符合本规定第七条有关经营保险经纪业务的条件，或者不符合法律、行政法规、中国保监会规定的延续保险经纪业务许可应当具备的其他条件的，中国保监会派出机构不予延续许可证有效期。

第七十条　保险经纪公司应当自收到不予延续许可证有效期的决定之日起 10 日内向中国保监会派出机构缴回原证；准予延续有效期的，应当自收到决定之日起 10 日内领取新许可证。

第七十一条　保险经纪公司退出保险经纪市场，应当遵守法律、行政法规及其他相关规定。保险经纪公司有下列情形之一的，中国保监会派出机构依法注销许可证，并予以公告：

（一）许可证有效期届满未延续的；

（二）许可证依法被撤回、撤销或者吊销的；

（三）因解散或者被依法宣告破产等原因依法终止的；

（四）法律、行政法规规定的其他情形。

被注销许可证的保险经纪公司应当及时交回许可证原件；许可证无法交回的，中国保监会派出机构在公告中予以说明。

被注销许可证的保险经纪公司应当终止其保险经纪业务活动，并自许可证注销之日起 15 日内书面报告工商注册登记所在地的工商行政管理部门。公司继续存续的，不得从事保险经纪业务，并应当依法办理名称、营业范围和公司章程等事项的工商变更登记，确保其名称中无"保险经纪"字样。

第七十二条 有下列情形之一的，保险经纪人应当在 5 日内注销保险经纪从业人员执业登记：

（一）保险经纪从业人员受到禁止进入保险业的行政处罚的；

（二）保险经纪从业人员因其他原因终止执业的；

（三）保险经纪人停业、解散或者因其他原因不再继续经营保险经纪业务的；

（四）法律、行政法规和中国保监会规定的其他情形。

第七十三条 保险经纪人终止保险经纪业务活动，应当妥善处理债权债务关系，不得损害投保人、被保险人、受益人的合法权益。

第五章 行业自律

第七十四条 保险经纪人自愿加入保险中介行业自律组织。

保险中介行业自律组织依法制定保险经纪人自律规则，依据法律法规和自律规则，对保险经纪人实行自律管理。

保险中介行业自律组织依法制定章程，并按照规定报中国保监会或其派出机构备案。

第七十五条 保险中介行业自律组织应当根据法律法规、国家有关规定和自律组织章程，组织会员单位及其保险经纪从业人员进行教育培训。

第七十六条 保险中介行业自律组织应当通过互联网等渠道加强信息披露，并可以组织会员就保险经纪行业的发展、运作及有关内容进行研究、收集整理、发布保险经纪相关信息，提供会员服务，组织行业交流。

第六章 监督检查

第七十七条 中国保监会派出机构按照属地原则负责辖区内保险经纪人的监管。

中国保监会派出机构应当注重对辖区内保险经纪人的行为监管，依法进行现场检查和非现场监管，并实施行政处罚和其他监管措施。

第七十八条 中国保监会及其派出机构根据监管需要，可以对保险经纪人高级管理人员及相关人员进行监管谈话，要求其就经营活动中的重大事项作出说明。

第七十九条 中国保监会及其派出机构根据监管需要，可以委派监管人员列席保险经纪公司的股东会或者股东大会、董事会。

第八十条 保险经纪公司分支机构经营管理混乱，从事重大违法违规活动的，保险经纪公司应当根据中国保监会及其派出机构的监管要求，对分支机构采取限期整改、停业、撤销等措施。

第八十一条 中国保监会及其派出机构依法对保险经纪人进行现场检查，主要包括下列内容：

（一）业务许可及相关事项是否依法获得批准或者履行报告义务；

（二）资本金是否真实、足额；

（三）保证金是否符合规定；

（四）职业责任保险是否符合规定；

（五）业务经营是否合法；

（六）财务状况是否良好；

（七）向中国保监会及其派出机构提交的报告、报表及资料是否及时、完整和真实；

（八）内控制度是否符合中国保监会的有关规定；

（九）任用高级管理人员和省级分公司以外分支机构主要负责人是否符合规定；

（十）是否有效履行从业人员管理职责；

（十一）对外公告是否及时、真实；

（十二）业务、财务信息管理系统是否符合中国保监会的有关规定；

（十三）中国保监会规定的其他事项。

第八十二条 中国保监会及其派出机构依法履行职责，被检查、调查的单位和个人应当配合。

第八十三条 中国保监会及其派出机构可以在现场检查中，委托会计师事务所等社会中介机构提供相关服务；委托上述中介机构提供服务的，应当签订书面委托协议。

中国保监会及其派出机构应当将委托事项告知被检查的保险经纪人。

第七章 法律责任

第八十四条 未取得许可证，非法从事保险经纪业务的，由中国保监会及其派出机构予以取缔，没收违法所得，并处违法所得1倍以上5倍以下罚款；没有违法所得或者违法所得不足5万元的，处5万元以上30万元以下罚款。

第八十五条 行政许可申请人隐瞒有关情况或者提供虚假材料申请保险经纪业务许可或者申请其他行政许可的，中国保监会及其派出机构不予受理或者不予批准，并给予警告，申请人在1年内不得再次申请该行政许可。

第八十六条 被许可人通过欺骗、贿赂等不正当手段取得保险经纪业务许可或者其他行政许可的，由中国保监会及其派出机构予以撤销，并依法给予行政处罚；申请人在3年内不得再次申请该行政许可。

第八十七条 保险经纪人聘任不具有任职资格的人员的，由中国保监会及其派出机构责令改正，处2万元以上10万元以下罚款；对该机构直接负责的主管人员和其他直接责任人员，给予警告，并处1万元以上10万元以下罚款，情节严重的，撤销任职资格。

保险经纪人未按规定聘任省级分公司以外分支机构主要负责人或者未按规定任命临时负责人的，由中国保监会及其派出机构责令改正，给予警告，并处1万元以下罚款；对该机构直接负责的主管人员和其他直接责任人员，给予警告，并处1万元以下罚款。

第八十八条 保险经纪人未按规定聘任保险经纪从业人员，或者未按规定进行执业登记和管理的，由中国保监会及其派出机构责令改正，给予警告，并处1万元以下罚款；对该机构直接负责的主管人员和其他直接责任人员，给予警告，并处1万元以下罚款。

第八十九条 保险经纪人出租、出借或者转让许可证的，由中国保监会及其派出机构责令改正，处1万元以上10万元以下罚款；情节严重的，责令停业整顿或者吊销许可证；对该机构直接负责的主管人员和其他直接责任人员，给予警告，并处1万元以上10万元以下罚款，情节严重的，撤销任职资格。

第九十条 保险经纪人在许可证使用过程中，有下列情形之一的，由中国保监会及其派出机构责令改正，给予警告，没有违法所得的，处1万元以下罚款，有违法所得的，处违法所得3倍以下罚款，但最高不得超过3万元；对该机构直接负责的主管人员和其他直接责任人员，给予警告，并处1万元以下罚款：

（一）未按规定在住所或者营业场所放置许可证或者其复印件；

（二）未按规定办理许可证变更登记；

（三）未按规定交回许可证；

（四）未按规定进行公告。

第九十一条 保险经纪人有下列情形之一的，由中国保监会及其派出机构责令改正，处 2 万元以上 10 万元以下罚款；情节严重的，责令停业整顿或者吊销许可证；对该机构直接负责的主管人员和其他直接责任人员，给予警告，并处 1 万元以上 10 万元以下罚款，情节严重的，撤销任职资格：

（一）未按规定缴存保证金或者投保职业责任保险的；

（二）未按规定设立专门账簿记载业务收支情况的。

第九十二条 保险经纪人超出规定的业务范围、经营区域从事业务活动的，或者与非法从事保险业务或者保险中介业务的单位或者个人发生保险经纪业务往来的，由中国保监会及其派出机构责令改正，给予警告，没有违法所得，处 1 万元以下罚款，有违法所得，处违法所得 3 倍以下罚款，但最高不得超过 3 万元；对该机构直接负责的主管人员和其他直接责任人员，给予警告，并处 1 万元以下罚款。

第九十三条 保险经纪人违反本规定第三十七条，由中国保监会及其派出机构责令改正，给予警告，没有违法所得的，处 1 万元以下罚款，有违法所得的，处违法所得 3 倍以下罚款，但最高不得超过 3 万元；对该机构直接负责的主管人员和其他直接责任人员，给予警告，并处 1 万元以下罚款。

第九十四条 保险经纪人违反本规定第四十七条，由中国保监会及其派出机构责令改正，给予警告，并处 1 万元以下罚款；对该机构直接负责的主管人员和其他直接责任人员，给予警告，并处 1 万元以下罚款。

第九十五条 保险经纪人违反本规定第五十条，由中国保监会及其派出机构责令改正，给予警告，并处 1 万元以下罚款；对该机构直接负责的主管人员和其他直接责任人员，给予警告，并处 1 万元以下罚款。

第九十六条 保险经纪人有本规定第六十三条所列情形之一的，由中国保监会及其派出机构责令改正，处 5 万元以上 30 万元以下罚款；情节严重的，吊销许可证；对该机构直接负责的主管人员和其他直接责任人员，给予警告，并处 1 万元以上 10 万元以下罚款，情节严重的，撤销任职资格。

第九十七条 保险经纪人违反本规定第六十四条，由中国保监会及其派出机构责令改正，给予警告，并处 1 万元以下罚款；对该机构直接负责的主管人员和其他直接责任人员，给予警告，并处 1 万元以下罚款。

第九十八条 保险经纪人违反本规定第六十五条、第六十七条，由中国保监会及其派出机构责令改正，给予警告，没有违法所得的，处 1 万元以下罚款，有违法所得的，处违法所得 3 倍以下罚款，但最高不得超过 3 万元；对该机构直接负责的主管人员和其他直接责任人员，给予警告，并处 1 万元以下罚款。

第九十九条 保险经纪人未按本规定报送或者保管报告、报表、文件、资料的，或者未按规定提供有关信息、资料的，由中国保监会及其派出机构责令限期改正；逾期不改正的，处 1 万元以上 10 万元以下罚款；对该机构直接负责的主管人员和其他直接责任人员，给予警告，并处 1 万元以上 10 万元以下罚款，情节严重的，撤销任职资格。

第一百条 保险经纪人有下列情形之一的，由中国保监会及其派出机构责令改正，处 10 万元以上 50 万元以下罚款；情节严重的，可以限制其业务范围、责令停止接受新业务或者吊销许可证；对该机构直接负责的主管人员和其他直接责任人员，给予警告，并处 1 万元以上 10 万元以下罚款，情节严重的，撤销任职资格：

（一）编制或者提供虚假的报告、报表、文件或者资料；

（二）拒绝、妨碍依法监督检查。

第一百零一条 保险经纪人有下列情形之一的，由中国保监会及其派出机构责令改正，给予警告，没有违法所得的，处 1 万元以下罚款，有违法所得的，处违法所得 3 倍以下罚款，但最高不得超过 3 万元；对该机构直接负责的主管人员和其他直接责任人员，给予警告，并处 1 万元以下罚款：

（一）未按规定托管注册资本；

（二）未按规定设立分支机构经营保险经纪业务；

（三）未按规定开展互联网保险经纪业务；

（四）未按规定开展再保险经纪业务；

（五）未按规定建立或者管理业务档案；

（六）未按规定使用银行账户；

（七）违反规定动用保证金；

（八）未按规定进行信息披露；

（九）未按规定缴纳监管费。

第一百零二条 违反法律和行政法规的规定，情节严重的，中国保监会及其派出机构可以禁止有关责任人员一定期限直至终身进入保险业。

第一百零三条 保险经纪人的高级管理人员、省级分公司以外分支机构主要负责人或者从业人员，离职后被发现在原工作期间违反中国保监会及其派出机构有关规定的，应当依法追究其责任。

第八章 附 则

第一百零四条 本规定所称保险专业中介机构是指保险专业代理机构、保险经纪人和保险公估人。

本规定所称保险中介机构是指保险专业中介机构和保险兼业代理机构。

第一百零五条 经中国保监会批准经营保险经纪业务的外资保险经纪人适用本规定，我国参加的有关国际条约和中国保监会另有规定的，适用其规定。

采取公司以外的组织形式的保险经纪人的设立和管理参照适用本规定，中国保监会另有规定的，适用其规定。

第一百零六条 本规定施行前依法设立的保险经纪公司继续保留，不完全具备本规定条件的，具体适用办法由中国保监会另行规定。

第一百零七条 本规定要求提交的各种表格格式由中国保监会制定。

第一百零八条 本规定有关"5日""10日""15日""20日"的规定是指工作日，不含法定节假日。

本规定所称"以上""以下"均含本数。

第一百零九条 本规定自2018年5月1日起施行，中国保监会2009年9月25日发布的《保险经纪机构监管规定》（保监会令2009年第6号）、2013年1月6日发布的《保险经纪从业人员、保险公估从业人员监管办法》（保监会令2013年第3号）、2013年4月27日发布的《中国保险监督管理委员会关于修改〈保险经纪机构监管规定〉的决定》（保监会令2013年第6号）同时废止。

保险代理人监管规定

(2020 年 11 月 12 日中国银行保险监督管理委员会令 2020 年第 11 号公布 自 2021 年 1 月 1 日起施行)

第一章 总 则

第一条 为了规范保险代理人的经营行为，保护投保人、被保险人和受益人的合法权益，维护市场秩序，根据《中华人民共和国保险法》（以下简称《保险法》）等法律、行政法规，制定本规定。

第二条 本规定所称保险代理人是指根据保险公司的委托，向保险公司收取佣金，在保险公司授权的范围内代为办理保险业务的机构或者个人，包括保险专业代理机构、保险兼业代理机构及个人保险代理人。

本规定所称保险专业代理机构是指依法设立的专门从事保险代理业务的保险代理公司及其分支机构。

本规定所称保险兼业代理机构是指利用自身主业与保险的相关便利性，依法兼营保险代理业务的企业，包括保险兼业代理法人机构及其分支机构。

本规定所称个人保险代理人是指与保险公司签订委托代理合同，从事保险代理业务的人员。

本规定所称保险代理机构从业人员是指在保险专业代理机构、保险兼业代理机构中，从事销售保险产品或者进行相关损失勘查、理赔等业务的人员。

第三条 保险专业代理公司、保险兼业代理法人机构在中华人民共和国境内经营保险代理业务，应当符合国务院保险监督管理机构规定的条件，取得相关经营保险代理业务的许可证（以下简称许可证）。

第四条 保险代理人应当遵守法律、行政法规和国务院保险监督管理机构有关规定，遵循自愿、诚实信用和公平竞争的原则。

第五条 国务院保险监督管理机构根据《保险法》和国务院授权，对保险代理人履行监管职责。

国务院保险监督管理机构派出机构在国务院保险监督管理机构授权范围内履行监管职责。

第二章 市场准入

第一节 业务许可

第六条 除国务院保险监督管理机构另有规定外，保险专业代理公司应当采取下列组织形式：

（一）有限责任公司；

（二）股份有限公司。

第七条 保险专业代理公司经营保险代理业务，应当具备下列条件：

（一）股东符合本规定要求，且出资资金自有、真实、合法，不得用银行贷款及各种形式的非自有资金投资；

（二）注册资本符合本规定第十条要求，且按照国务院保险监督管理机构的有关规定托管；

（三）营业执照记载的经营范围符合有关规定；

（四）公司章程符合有关规定；

（五）公司名称符合本规定要求；

（六）高级管理人员符合本规定的任职资格条件；

（七）有符合国务院保险监督管理机构规定的治理结构和内控制度，商业模式科学合理可行；

（八）有与业务规模相适应的固定住所；

（九）有符合国务院保险监督管理机构规定的业务、财务信息管理系统；

（十）法律、行政法规和国务院保险监督管理机构规定的其他条件。

第八条 单位或者个人有下列情形之一的，不得成为保险专业代理公司的股东：

（一）最近5年内受到刑罚或者重大行政处罚的；

（二）因涉嫌重大违法犯罪正接受有关部门调查的；

（三）因严重失信行为被国家有关单位确定为失信联合惩戒对象且应当在保险领域受到相应惩戒，或者最近5年内具有其他严重失信不良记录的；

（四）依据法律、行政法规不能投资企业的；

（五）国务院保险监督管理机构根据审慎监管原则认定的其他不适合成为保险专业代理公司股东的情形。

第九条 保险公司的工作人员、个人保险代理人和保险专业中介机构从业人员不得另行投资保险专业代理公司；保险公司、保险专业中介机构的董事、监事或者高级管理人员的近亲属经营保险代理业务的，应当符合履职回避的有关规定。

第十条 经营区域不限于注册登记地所在省、自治区、直辖市、计划单列市的保险专业代理公司的注册资本最低限额为 5000 万元。

经营区域为注册登记地所在省、自治区、直辖市、计划单列市的保险专业代理公司的注册资本最低限额为 2000 万元。

保险专业代理公司的注册资本必须为实缴货币资本。

第十一条 保险专业代理公司名称中应当包含"保险代理"字样。

保险专业代理公司的字号不得与现有的保险专业中介机构相同，与其他保险专业中介机构具有同一实际控制人的保险专业代理公司除外。

保险专业代理公司应当规范使用机构简称，清晰标识所属行业细分类别，不得混淆保险代理公司与保险公司概念，在宣传工作中应当明确标识"保险代理"字样。

第十二条 保险兼业代理机构经营保险代理业务，应当符合下列条件：

（一）有市场监督管理部门核发的营业执照，其主营业务依法须经批准的，应取得相关部门的业务许可；

（二）主业经营情况良好，最近 2 年内无重大行政处罚记录；

（三）有同主业相关的保险代理业务来源；

（四）有便民服务的营业场所或者销售渠道；

（五）具备必要的软硬件设施，保险业务信息系统与保险公司对接，业务、财务数据可独立于主营业务单独查询统计；

（六）有完善的保险代理业务管理制度和机制；

（七）有符合本规定条件的保险代理业务责任人；

（八）法律、行政法规和国务院保险监督管理机构规定的其他条件。

保险兼业代理机构因严重失信行为被国家有关单位确定为失信联合惩戒对象且应当在保险领域受到相应惩戒的，或者最近 5 年内具有其他严重失信不良记录的，不得经营保险代理业务。

第十三条 保险兼业代理法人机构及其根据本规定第二十条指定的分支机构应当分别委派本机构分管保险业务的负责人担任保险代理业务责任人。

保险代理业务责任人应当品行良好，熟悉保险法律、行政法规，具有履行职责所需的经营管理能力。

第十四条 保险专业代理公司申请经营保险代理业务，应当在领取营业执照后，及时按照国务院保险监督管理机构的要求提交申请材料，并进行相关信息披露。

保险兼业代理法人机构申请经营保险代理业务，应当及时按照国务院保险监督管理机构的要求提交申请材料，并进行相关信息披露。

国务院保险监督管理机构及其派出机构（以下统称保险监督管理机构）按照法定的职责和程序实施行政许可。

第十五条 保险专业代理公司申请经营保险代理业务的，保险监督管理机构应当采取谈话、询问、现场验收等方式了解、审查申请人股东的经营、诚信记录，以及申请人的市场发展战略、业务发展计划、内控制度建设、人员结构、信息系统配置及运行等有关事项，并进行风险测试和提示。

保险兼业代理法人机构申请经营保险代理业务具体办法由国务院保险监督管理机构另行规定。

第十六条 保险监督管理机构依法作出批准保险专业代理公司、保险兼业代理法人机构经营保险代理业务的决定的，应当向申请人颁发许可证。申请人取得许可证后，方可开展保险代理业务，并应当及时在国务院保险监督管理机构规定的监管信息系统中登记相关信息。

保险监督管理机构决定不予批准的，应当作出书面决定并说明理由。保险专业代理公司继续存续的，应当依法办理名称、营业范围和公司章程等事项的变更登记，确保其名称中无"保险代理"字样。

第十七条 经营区域不限于注册登记地所在省、自治区、直辖市、计划单列市的保险专业代理公司可以在中华人民共和国境内开展保险代理业务。

经营区域不限于注册登记地所在省、自治区、直辖市、计划单列市的保险专业代理公司在注册登记地以外开展保险代理业务的，应当在当地设立分支机构。设立分支机构时应当首先设立省级分公司，指定其负责办理行政许可申请、监管报告和报表提交等相关事宜，并负责管理其他分支机构。

保险专业代理公司分支机构包括分公司、营业部。

第十八条 保险专业代理公司新设分支机构经营保险代理业务，应当符合以下条件：

（一）保险专业代理公司及分支机构最近 1 年内没有受到刑罚或者重大行政处罚；

（二）保险专业代理公司及分支机构未因涉嫌违法犯罪正接受有关部门调查；

（三）保险专业代理公司及分支机构最近 1 年内未发生 30 人以上群访群诉事件或者 100 人以上非正常集中退保事件；

（四）最近 2 年内设立的分支机构不存在运营未满 1 年退出市场的情形；

（五）具备完善的分支机构管理制度；

（六）新设分支机构有符合要求的营业场所、业务财务信息管理系统，以及与经营业务相匹配的其他设施；

（七）新设分支机构主要负责人符合本规定的任职条件；

（八）国务院保险监督管理机构规定的其他条件。

保险专业代理公司因严重失信行为被国家有关单位确定为失信联合惩戒对象且应当在保险领域受到相应惩戒的，或者最近 5 年内具有其他严重失信不良记录的，不得新设分支机构经营保险代理业务。

第十九条 保险专业代理公司分支机构应当在营业执照记载的登记之日起 15 日内，书面报告保险监督管理机构，在国务院保险监督管理机构规定的监管信息系统中登记相关信息，按照规定进行公开披露，并提交主要负责人的任职资格核准申请材料或者报告材料。

第二十条 保险兼业代理分支机构获得法人机构关于开展保险代理业务的授权后，可以开展保险代理业务，并应当及时通过国务院保险监督管理机构规定的监管信息系统报告相关情况。

保险兼业代理法人机构授权注册登记地以外的省、自治区、直辖市或者计划单列市的分支机构经营保险代理业务的，应当指定一家分支机构负责该区域全部保险代理业务管理事宜。

第二十一条 保险专业代理机构有下列情形之一的，应当自该情形发生之日起5日内，通过国务院保险监督管理机构规定的监管信息系统报告，并按照规定进行公开披露：

（一）变更名称、住所或者营业场所的；

（二）变更股东、注册资本或者组织形式的；

（三）变更股东姓名或者名称、出资额的；

（四）修改公司章程的；

（五）股权投资、设立境外保险类机构及非营业性机构的；

（六）分立、合并、解散，分支机构终止保险代理业务活动的；

（七）变更省级分公司以外分支机构主要负责人的；

（八）受到行政处罚、刑罚或者涉嫌违法犯罪正接受调查的；

（九）国务院保险监督管理机构规定的其他报告事项。

保险专业代理机构发生前款规定的相关情形，应当符合国务院保险监督管理机构相关规定。

第二十二条 保险兼业代理机构有下列情形之一的，应当自该情形发生之日起5日内，通过国务院保险监督管理机构规定的监管信息系统报告，并按照规定进行公开披露：

（一）变更名称、住所或者营业场所的；

（二）变更保险代理业务责任人的；

（三）变更对分支机构代理保险业务授权的；

（四）国务院保险监督管理机构规定的其他报告事项。

第二十三条 保险专业代理公司、保险兼业代理法人机构变更事项涉及许可证记载内容的，应当按照国务院保险监督管理机构有关规定办理许可证变更登记，交回原许可证，领取新许可证，并进行公告。

第二节　任职资格

第二十四条 本规定所称保险专业代理机构高级管理人员是指下列人员：

（一）保险专业代理公司的总经理、副总经理；

（二）省级分公司主要负责人；

（三）对公司经营管理行使重要职权的其他人员。

保险专业代理机构高级管理人员应当在任职前取得保险监督管理机构核准的任职资格。

第二十五条 保险专业代理机构高级管理人员应当具备下列条件：

（一）大学专科以上学历；

（二）从事金融工作 3 年以上或者从事经济工作 5 年以上；

（三）具有履行职责所需的经营管理能力，熟悉保险法律、行政法规及国务院保险监督管理机构的相关规定；

（四）诚实守信，品行良好。

从事金融工作 10 年以上的人员，学历要求可以不受第一款第（一）项的限制。

保险专业代理机构任用的省级分公司以外分支机构主要负责人应当具备前两款规定的条件。

第二十六条 有下列情形之一的人员，不得担任保险专业代理机构的高级管理人员和省级分公司以外分支机构主要负责人：

（一）无民事行为能力或者限制民事行为能力；

（二）因贪污、贿赂、侵占财产、挪用财产或者破坏社会主义市场秩序，被判处刑罚执行期满未逾 5 年，或者因犯罪被剥夺政治权利，执行期满未逾 5 年；

（三）担任破产清算的公司、企业的董事或者厂长、经理，对该公司、企业的破产负有个人责任的，自该公司、企业破产清算完结之日起未逾 3 年；

（四）担任因违法被吊销营业执照、责令关闭的公司、企业的法定代表人，并负有个人责任的，自该公司、企业被吊销营业执照之日起未逾 3 年；

（五）担任因违法被吊销许可证的保险公司或者保险中介机构的董事、监事或者高级管理人员，并对被吊销许可证负有个人责任或者直接领导责任的，自许可证被吊销之日起未逾 3 年；

（六）因违法行为或者违纪行为被金融监管机构取消任职资格的金融机构的董事、监事或者高级管理人员，自被取消任职资格之日起未逾 5 年；

（七）被金融监管机构决定在一定期限内禁止进入金融行业的，期限未满；

（八）受金融监管机构警告或者罚款未逾 2 年；

（九）正在接受司法机关、纪检监察部门或者金融监管机构调查；

（十）个人所负数额较大的债务到期未清偿；

（十一）因严重失信行为被国家有关单位确定为失信联合惩戒对象且应当在保险领域受到相应惩戒，或者最近 5 年内具有其他严重失信不良记录；

（十二）法律、行政法规和国务院保险监督管理机构规定的其他情形。

第二十七条 保险专业代理机构应当与高级管理人员、省级分公司以外分支机构主要负责人建立劳动关系，订立书面劳动合同。

第二十八条 保险专业代理机构高级管理人员、省级分公司以外分支机构主要负责人至多兼任 2 家分支机构的主要负责人。

保险专业代理机构高级管理人员和省级分公司以外分支机构主要负责人兼任其他经营管理职务的，应当具有必要的时间履行职务。

第二十九条 非经股东会或者股东大会批准，保险专业代理公司的高级管理人员和省级分公司以外分支机构主要负责人不得在存在利益冲突的机构中兼任职务。

第三十条 保险专业代理机构向保险监督管理机构提出高级管理人员任职资格核准申请的，应当如实填写申请表、提交相关材料。

保险监督管理机构可以对保险专业代理机构拟任高级管理人员进行考察或者谈话。

第三十一条 保险专业代理机构高级管理人员应当通过国务院保险监督管理机构认可的保险法规及相关知识测试。

第三十二条 保险专业代理机构高级管理人员在同一保险专业代理机构内部调任、兼任其他职务，无须重新核准任职资格。

保险专业代理机构调整、免除高级管理人员和省级分公司以外分支机构主要负责人职务，应当自决定作出之日起 5 日内在国务院保险监督管理机构规定的监管信息系统中登记相关信息，并按照规定进行公开披露。

第三十三条 保险专业代理机构的高级管理人员和省级分公司以外分支机构主要负责人因涉嫌犯罪被起诉的，保险专业代理机构应当自其被起诉之日起 5 日内和结案之日起 5 日内在国务院保险监督管理机构规定的监管信息系统中登记相关信息。

第三十四条 保险专业代理机构高级管理人员和省级分公司以外分支机构主要负责人有下列情形之一，保险专业代理机构已经任命的，应当免除其职务；经核准任职资格的，其任职资格自动失效：

（一）获得核准任职资格后，保险专业代理机构超过 2 个月未任命；

（二）从该保险专业代理机构离职；

（三）受到国务院保险监督管理机构禁止进入保险业的行政处罚；

（四）出现《中华人民共和国公司法》第一百四十六条规定的情形。

第三十五条 保险专业代理机构出现下列情形之一，可以指定临时负责人，但临时负责人任职时间最长不得超过 3 个月，并且不得就同一职务连续任命临时负责人：

（一）原负责人辞职或者被撤职；

（二）原负责人因疾病、意外事故等原因无法正常履行工作职责；

（三）国务院保险监督管理机构认可的其他特殊情况。

临时负责人应当具有与履行职责相当的能力，并应当符合本规定第二十五条、第二十六条的相关要求。

保险专业代理机构任命临时负责人的，应当自决定作出之日起 5 日内在国务院保险监督管理机构规定的监管信息系统中登记相关信息。

第三节 从业人员

第三十六条 保险公司应当委托品行良好的个人保险代理人。保险专业代理机构、保险兼业代理机构应当聘任品行良好的保险代理机构从业人员。

保险公司、保险专业代理机构、保险兼业代理机构应当加强对个人保险代理人、保险代理机构从业人员招录工作的管理，制定规范统一的招录政策、标准和流程。

有下列情形之一的，保险公司、保险专业代理机构、保险兼业代理机构不得聘任或者委托：

（一）因贪污、受贿、侵占财产、挪用财产或者破坏社会主义市场经济秩序，被判处刑罚，执行期满未逾 5 年的；

（二）被金融监管机构决定在一定期限内禁止进入金融行业，期限未满的；

（三）因严重失信行为被国家有关单位确定为失信联合惩戒对象且应当在保险领域受到相应惩戒，或者最近5年内具有其他严重失信不良记录的；

（四）法律、行政法规和国务院保险监督管理机构规定的其他情形。

第三十七条 个人保险代理人、保险代理机构从业人员应当具有从事保险代理业务所需的专业能力。保险公司、保险专业代理机构、保险兼业代理机构应当加强对个人保险代理人、保险代理机构从业人员的岗前培训和后续教育。培训内容至少应当包括业务知识、法律知识及职业道德。

保险公司、保险专业代理机构、保险兼业代理机构可以委托保险中介行业自律组织或者其他机构组织培训。

保险公司、保险专业代理机构、保险兼业代理机构应当建立完整的个人保险代理人、保险代理机构从业人员培训档案。

第三十八条 保险公司、保险专业代理机构、保险兼业代理机构应当按照规定为其个人保险代理人、保险代理机构从业人员进行执业登记。

个人保险代理人、保险代理机构从业人员只限于通过一家机构进行执业登记。

个人保险代理人、保险代理机构从业人员变更所属机构的，新所属机构应当为其进行执业登记，原所属机构应当在规定的时限内及时注销执业登记。

第三十九条 国务院保险监督管理机构对个人保险代理人实施分类管理，加快建立独立个人保险代理人制度。

第三章 经营规则

第四十条 保险专业代理公司应当将许可证、营业执照置于住所或者营业场所显著位置。

保险专业代理公司分支机构应当将加盖所属法人公章的许可证复印件、分支机构营业执照置于营业场所显著位置。

保险兼业代理机构应当按照国务院保险监督管理机构的有关规定放置许可证或者许可证复印件。

保险专业代理机构和兼业代理机构不得伪造、变造、出租、出借、转让许可证。

第四十一条 保险专业代理机构可以经营下列全部或者部分业务：

（一）代理销售保险产品；

（二）代理收取保险费；

（三）代理相关保险业务的损失勘查和理赔；

（四）国务院保险监督管理机构规定的其他相关业务。

第四十二条 保险兼业代理机构可以经营本规定第四十一条规定的第（一）、（二）项业务及国务院保险监督管理机构批准的其他业务。

保险公司兼营保险代理业务的，除同一保险集团内各保险子公司之间开展保险代理业务外，一家财产保险公司在一个会计年度内只能代理一家人身保险公司业务，一家人身保险公司在一个会计年度内只能代理一家财产保险公司业务。

第四十三条 保险代理人从事保险代理业务不得超出被代理保险公司的业务范围和经营区域；保险专业代理机构从事保险代理业务涉及异地共保、异地承保和统括保单，国务院保险监督管理机构另有规定的，从其规定。

除国务院保险监督管理机构另有规定外，保险兼业代理机构不得在主业营业场所外另设代理网点。

第四十四条 保险专业代理机构及其从业人员、个人保险代理人不得销售非保险金融产品，经相关金融监管部门审批的非保险金融产品除外。

保险专业代理机构及其从业人员、个人保险代理人销售符合条件的非保险金融产品前，应当具备相应的资质要求。

第四十五条 保险专业代理机构应当根据法律、行政法规和国务院保险监督管理机构的有关规定，依照职责明晰、强化制衡、加强风险管理的原则，建立完善的公司治理结构和制度；明确管控责任，构建合规体系，注重自我约束，加强内部追责，确保稳健运营。

第四十六条 个人保险代理人、保险代理机构从业人员应当在所属机构的授权范围内从事保险代理业务。

保险公司兼营保险代理业务的，其个人保险代理人可以根据授权，代为办理其他保险公司的保险业务。个人保险代理人所属保险公司应当及时变更执业登记，增加记载授权范围等事项。法律、行政法规和国务院保险监督管理机构另有规定的，适用其规定。

第四十七条 保险代理人通过互联网、电话经营保险代理业务，国务院保险监督管理机构另有规定的，适用其规定。

　　第四十八条　保险专业代理机构、保险兼业代理机构应当建立专门账簿，记载保险代理业务收支情况。

　　第四十九条　保险专业代理机构、保险兼业代理机构代收保险费的，应当开立独立的代收保险费账户进行结算。

　　保险专业代理机构、保险兼业代理机构应当开立独立的佣金收取账户。

　　保险专业代理机构、保险兼业代理机构开立、使用其他与经营保险代理业务有关银行账户的，应当符合国务院保险监督管理机构的规定。

　　第五十条　保险专业代理机构、保险兼业代理机构应当建立完整规范的业务档案。

　　保险专业代理机构业务档案至少应当包括下列内容：

　　（一）代理销售保单的基本情况，包括保险人、投保人、被保险人名称或者姓名，保单号，产品名称，保险金额，保险费，缴费方式，投保日期，保险期间等；

　　（二）保险费代收和交付被代理保险公司的情况；

　　（三）保险代理佣金金额和收取情况；

　　（四）为保险合同签订提供代理服务的保险代理机构从业人员姓名、领取报酬金额、领取报酬账户等；

　　（五）国务院保险监督管理机构规定的其他业务信息。

　　保险兼业代理机构的业务档案至少应当包括前款第（一）至（三）项内容，并应当列明为保险合同签订提供代理服务的保险兼业代理机构从业人员姓名及其执业登记编号。

　　保险专业代理机构、保险兼业代理机构的记录应当真实、完整。

　　第五十一条　保险代理人应当加强信息化建设，通过业务信息系统等途径及时向保险公司提供真实、完整的投保信息，并应当与保险公司依法约定对投保信息保密、合理使用等事项。

　　第五十二条　保险代理人应当妥善管理和使用被代理保险公司提供的各种单证、材料；代理关系终止后，应当在30日内将剩余的单证及材料交付被代理保险公司。

　　第五十三条　保险代理人从事保险代理业务，应当与被代理保险公司签订书面委托代理合同，依法约定双方的权利义务，并明确解付保费、支付佣金的时限和违约赔偿责任等事项。委托代理合同不得违反法律、行政法规及国务院保险监督管理机构有关规定。

保险代理人根据保险公司的授权代为办理保险业务的行为，由保险公司承担责任。保险代理人没有代理权、超越代理权或者代理权终止后以保险公司名义订立合同，使投保人有理由相信其有代理权的，该代理行为有效。

个人保险代理人、保险代理机构从业人员开展保险代理活动有违法违规行为的，其所属保险公司、保险专业代理机构、保险兼业代理机构依法承担法律责任。

第五十四条 除国务院保险监督管理机构另有规定外，保险专业代理机构、保险兼业代理机构在开展业务过程中，应当制作并出示客户告知书。客户告知书至少应当包括以下事项：

（一）保险专业代理机构或者保险兼业代理机构及被代理保险公司的名称、营业场所、业务范围、联系方式；

（二）保险专业代理机构的高级管理人员与被代理保险公司或者其他保险中介机构是否存在关联关系；

（三）投诉渠道及纠纷解决方式。

第五十五条 保险专业代理机构、保险兼业代理机构应当对被代理保险公司提供的宣传资料进行记录存档。

保险代理人不得擅自修改被代理保险公司提供的宣传资料。

第五十六条 保险专业代理机构、保险兼业代理机构应当妥善保管业务档案、会计账簿、业务台账、客户告知书以及佣金收入的原始凭证等有关资料，保管期限自保险合同终止之日起计算，保险期间在 1 年以下的不得少于 5 年，保险期间超过 1 年的不得少于 10 年。

第五十七条 保险代理人为政策性保险业务、政府委托业务提供服务的，佣金收取不得违反国务院保险监督管理机构的规定。

第五十八条 保险代理人应当向投保人全面披露保险产品相关信息，并明确说明保险合同中保险责任、责任减轻或者免除、退保及其他费用扣除、现金价值、犹豫期等条款。

第五十九条 保险专业代理公司应当按规定将监管费交付到国务院保险监督管理机构指定账户。国务院保险监督管理机构对监管费另有规定的，适用其规定。

第六十条 保险专业代理公司应当自取得许可证之日起 20 日内投保职

业责任保险或者缴存保证金。

保险专业代理公司应当自投保职业责任保险或者缴存保证金之日起 10 日内，将职业责任保险保单复印件或者保证金存款协议复印件、保证金入账原始凭证复印件报送保险监督管理机构，并在国务院保险监督管理机构规定的监管信息系统中登记相关信息。

保险兼业代理机构应当按照国务院保险监督管理机构的规定投保职业责任保险或者缴存保证金。

第六十一条 保险专业代理公司投保职业责任保险，该保险应当持续有效。

保险专业代理公司投保的职业责任保险对一次事故的赔偿限额不得低于人民币 100 万元；一年期保单的累计赔偿限额不得低于人民币 1000 万元，且不得低于保险专业代理公司上年度的主营业务收入。

第六十二条 保险专业代理公司缴存保证金的，应当按照注册资本的 5%缴存。保险专业代理公司增加注册资本的，应当按比例增加保证金数额。

保险专业代理公司应当足额缴存保证金。保证金应当以银行存款形式专户存储到商业银行，或者以国务院保险监督管理机构认可的其他形式缴存。

第六十三条 保险专业代理公司有下列情形之一的，可以动用保证金：

（一）注册资本减少；

（二）许可证被注销；

（三）投保符合条件的职业责任保险；

（四）国务院保险监督管理机构规定的其他情形。

保险专业代理公司应当自动用保证金之日起 5 日内书面报告保险监督管理机构。

第六十四条 保险专业代理公司应当在每一会计年度结束后聘请会计师事务所对本公司的资产、负债、利润等财务状况进行审计，并在每一会计年度结束后 4 个月内向保险监督管理机构报送相关审计报告。

保险专业代理公司应当根据规定向保险监督管理机构提交专项外部审计报告。

第六十五条 保险专业代理机构、保险兼业代理机构应当按照国务院保险监督管理机构的有关规定及时、准确、完整地报送报告、报表、文件和资料，并根据要求提交相关的电子文本。

保险专业代理机构、保险兼业代理机构报送的报告、报表、文件和资料应当由法定代表人、主要负责人或者其授权人签字，并加盖机构印章。

第六十六条 保险公司、保险专业代理机构、保险兼业代理机构不得委托未通过该机构进行执业登记的个人从事保险代理业务。国务院保险监督管理机构另有规定的除外。

第六十七条 保险公司、保险专业代理机构、保险兼业代理机构应当对个人保险代理人、保险代理机构从业人员进行执业登记信息管理，及时登记个人信息及授权范围等事项以及接受处罚、聘任或者委托关系终止等情况，确保执业登记信息的真实、准确、完整。

第六十八条 保险公司、保险专业代理机构、保险兼业代理机构应当承担对个人保险代理人、保险代理机构从业人员行为的管理责任，维护人员规范有序流动，强化日常管理、监测、追责，防范其超越授权范围或者从事违法违规活动。

第六十九条 保险公司应当制定个人保险代理人管理制度。明确界定负责团队组织管理的人员（以下简称团队主管）的职责，将个人保险代理人销售行为合规性与团队主管的考核、奖惩挂钩。个人保险代理人发生违法违规行为的，保险公司应当按照有关规定对团队主管追责。

第七十条 保险代理人及其从业人员在办理保险业务活动中不得有下列行为：

（一）欺骗保险人、投保人、被保险人或者受益人；

（二）隐瞒与保险合同有关的重要情况；

（三）阻碍投保人履行如实告知义务，或者诱导其不履行如实告知义务；

（四）给予或者承诺给予投保人、被保险人或者受益人保险合同约定以外的利益；

（五）利用行政权力、职务或者职业便利以及其他不正当手段强迫、引诱或者限制投保人订立保险合同；

（六）伪造、擅自变更保险合同，或者为保险合同当事人提供虚假证明材料；

（七）挪用、截留、侵占保险费或者保险金；

（八）利用业务便利为其他机构或者个人牟取不正当利益；

（九）串通投保人、被保险人或者受益人，骗取保险金；

（十）泄露在业务活动中知悉的保险人、投保人、被保险人的商业秘密。

第七十一条 个人保险代理人、保险代理机构从业人员不得聘用或者委托其他人员从事保险代理业务。

第七十二条 保险代理人及保险代理机构从业人员在开展保险代理业务过程中，不得索取、收受保险公司或其工作人员给予的合同约定之外的酬金、其他财物，或者利用执行保险代理业务之便牟取其他非法利益。

第七十三条 保险代理人不得以捏造、散布虚假事实等方式损害竞争对手的商业信誉，不得以虚假广告、虚假宣传或者其他不正当竞争行为扰乱保险市场秩序。

第七十四条 保险代理人不得与非法从事保险业务或者保险中介业务的机构或者个人发生保险代理业务往来。

第七十五条 保险代理人不得将保险佣金从代收的保险费中直接扣除。

第七十六条 保险代理人及保险代理机构从业人员不得违反规定代替投保人签订保险合同。

第七十七条 保险公司、保险专业代理机构以及保险兼业代理机构不得以缴纳费用或者购买保险产品作为招聘从业人员的条件，不得承诺不合理的高额回报，不得以直接或者间接发展人员的数量作为从业人员计酬的主要依据。

第七十八条 保险代理人自愿加入保险中介行业自律组织。

保险中介行业自律组织依法制定保险代理人自律规则，依据法律法规和自律规则，对保险代理人实行自律管理。

保险中介行业自律组织依法制定章程，按照规定向批准其成立的登记管理机关申请审核，并报保险监督管理机构备案。

第四章 市场退出

第七十九条 保险专业代理公司、保险兼业代理法人机构退出保险代理市场，应当遵守法律、行政法规及其他相关规定。保险专业代理公司、保险兼业代理法人机构有下列情形之一的，保险监督管理机构依法注销许可证，并予以公告：

（一）许可证依法被撤回、撤销或者吊销的；

（二）因解散或者被依法宣告破产等原因依法终止的；

（三）法律、行政法规规定的其他情形。

被注销许可证的保险专业代理公司、保险兼业代理法人机构应当及时交回许可证原件；许可证无法交回的，保险监督管理机构在公告中予以说明。

被注销许可证的保险专业代理公司、保险兼业代理法人机构应当终止其保险代理业务活动。

第八十条 保险专业代理公司许可证注销后，公司继续存续的，不得从事保险代理业务，并应当依法办理名称、营业范围和公司章程等事项的变更登记，确保其名称中无"保险代理"字样。

保险兼业代理法人机构被保险监督管理机构依法吊销许可证的，3年之内不得再次申请许可证；因其他原因被依法注销许可证的，1年之内不得再次申请许可证。

第八十一条 有下列情形之一的，保险公司、保险专业代理机构、保险兼业代理机构应当在规定的时限内及时注销个人保险代理人、保险代理机构从业人员执业登记：

（一）个人保险代理人、保险代理机构从业人员受到禁止进入保险业的行政处罚；

（二）个人保险代理人、保险代理机构从业人员因其他原因终止执业；

（三）保险公司、保险专业代理机构、保险兼业代理机构停业、解散或者因其他原因不再继续经营保险代理业务；

（四）法律、行政法规和国务院保险监督管理机构规定的其他情形。

第八十二条 保险代理人终止保险代理业务活动，应妥善处理债权债务关系，不得损害投保人、被保险人、受益人的合法权益。

第五章　监督检查

第八十三条 国务院保险监督管理机构派出机构按照属地原则负责辖区内保险代理人的监管。

国务院保险监督管理机构派出机构应当注重对辖区内保险代理人的行为监管，依法进行现场检查和非现场监管，并实施行政处罚和采取其他监管措施。

国务院保险监督管理机构派出机构在依法对辖区内保险代理人实施行政处罚和采取其他监管措施时，应当同时依法对该行为涉及的保险公司实施行政处罚和采取其他监管措施。

第八十四条 保险监督管理机构根据监管需要，可以对保险专业代理机构的高级管理人员、省级分公司以外分支机构主要负责人或者保险兼业代理机构的保险代理业务责任人进行监管谈话，要求其就经营活动中的重大事项作出说明。

第八十五条 保险监督管理机构根据监管需要，可以委派监管人员列席保险专业代理公司的股东会或者股东大会、董事会。

第八十六条 保险专业代理公司、保险兼业代理法人机构的分支机构保险代理业务经营管理混乱，从事重大违法违规活动的，保险专业代理公司、保险兼业代理法人机构应当根据保险监督管理机构的监管要求，对分支机构采取限期整改、停业、撤销或者解除保险代理业务授权等措施。

第八十七条 保险监督管理机构依法对保险专业代理机构进行现场检查，主要包括下列内容：

（一）业务许可及相关事项是否依法获得批准或者履行报告义务；

（二）资本金是否真实、足额；

（三）保证金是否符合规定；

（四）职业责任保险是否符合规定；

（五）业务经营是否合法；

（六）财务状况是否真实；

（七）向保险监督管理机构提交的报告、报表及资料是否及时、完整和真实；

（八）内控制度是否符合国务院保险监督管理机构的有关规定；

（九）任用高级管理人员和省级分公司以外分支机构主要负责人是否符合规定；

（十）是否有效履行从业人员管理职责；

（十一）对外公告是否及时、真实；

（十二）业务、财务信息管理系统是否符合国务院保险监督管理机构的有关规定；

（十三）国务院保险监督管理机构规定的其他事项。

保险监督管理机构依法对保险兼业代理机构进行现场检查，主要包括前款规定除第（二）项、第（九）项以外的内容。

保险监督管理机构依法对保险公司是否有效履行对其个人保险代理人的管控职责进行现场检查。

第八十八条 保险监督管理机构依法履行职责，被检查、调查的单位和个人应当配合。

保险监督管理机构依法进行监督检查或者调查，其监督检查、调查的人员不得少于二人，并应当出示合法证件和监督检查、调查通知书；监督检查、调查的人员少于二人或者未出示合法证件和监督检查、调查通知书的，被检查、调查的单位和个人有权拒绝。

第八十九条 保险监督管理机构可以在现场检查中，委托会计师事务所等社会中介机构提供相关服务；保险监督管理机构委托上述中介机构提供服务的，应当签订书面委托协议。

保险监督管理机构应当将委托事项告知被检查的保险专业代理机构、保险兼业代理机构。

第六章 法律责任

第九十条 未取得许可证，非法从事保险代理业务的，由保险监督管理机构予以取缔，没收违法所得，并处违法所得1倍以上5倍以下罚款；没有违法所得或者违法所得不足5万元的，处5万元以上30万元以下罚款。

第九十一条 行政许可申请人隐瞒有关情况或者提供虚假材料申请相关保险代理业务许可或者申请其他行政许可的，保险监督管理机构不予受理或者不予批准，并给予警告，申请人在1年内不得再次申请该行政许可。

第九十二条 被许可人通过欺骗、贿赂等不正当手段取得保险代理业务许可或者其他行政许可的，由保险监督管理机构予以撤销，并依法给予行政处罚；申请人在3年内不得再次申请该行政许可。

第九十三条 保险专业代理机构聘任不具有任职资格的人员的，由保险监督管理机构责令改正，处2万元以上10万元以下罚款；对该机构直接负责的主管人员和其他直接责任人员，给予警告，并处1万元以上10万元以下罚款，情节严重的，撤销任职资格。

保险专业代理机构未按规定聘任省级分公司以外分支机构主要负责人或者未按规定任命临时负责人的，由保险监督管理机构责令改正，给予警告，并处1万元以下罚款；对该机构直接负责的主管人员和其他直接责任人员，给予警告，并处1万元以下罚款。

保险兼业代理机构未按规定指定保险代理业务责任人的，由保险监督管理机构责令改正，给予警告，并处1万元以下罚款；对该机构直接负责的主管人员和其他直接责任人员，给予警告，并处1万元以下罚款。

第九十四条 保险公司、保险专业代理机构、保险兼业代理机构未按规定委托或者聘任个人保险代理人、保险代理机构从业人员，或者未按规定进行执业登记和管理的，由保险监督管理机构责令改正，给予警告，并处1万元以下罚款；对该机构直接负责的主管人员和其他直接责任人员，给予警告，并处1万元以下罚款。

第九十五条 保险专业代理机构、保险兼业代理机构出租、出借或者转让许可证的，由保险监督管理机构责令改正，处1万元以上10万元以下罚款；情节严重的，责令停业整顿或者吊销许可证；对保险专业代理机构直接负责的主管人员和其他直接责任人员，给予警告，并处1万元以上10万元以下罚款，情节严重的，撤销任职资格；对保险兼业代理机构直接负责的主管人员和其他直接责任人员，给予警告，并处1万元以下罚款。

第九十六条 保险专业代理机构、保险兼业代理机构在许可证使用过程中，有下列情形之一的，由保险监督管理机构责令改正，给予警告，没有违法所得的，处1万元以下罚款，有违法所得的，处违法所得3倍以下罚款，但最高不得超过3万元；对该机构直接负责的主管人员和其他直接责任人员，给予警告，并处1万元以下罚款：

（一）未按规定放置许可证的；

（二）未按规定办理许可证变更登记的；

（三）未按规定交回许可证的；

（四）未按规定进行公告的。

第九十七条 保险专业代理机构、保险兼业代理机构有下列情形之一的，由保险监督管理机构责令改正，处2万元以上10万元以下罚款；情节严重的，责令停业整顿或者吊销许可证；对保险专业代理机构直接负责的主管人员和其他直接责任人员，给予警告，并处 1 万元以上 10 万元以下罚款，情节严重的，撤销任职资格；对保险兼业代理机构直接负责的主管人员和其他直接责任人员，给予警告，并处 1 万元以下罚款：

（一）未按照规定缴存保证金或者投保职业责任保险的；

（二）未按规定设立专门账簿记载业务收支情况的。

第九十八条 保险专业代理机构未按本规定设立分支机构或者保险兼业代理分支机构未按本规定获得法人机构授权经营保险代理业务的，由保险监督管理机构责令改正，给予警告，没有违法所得的，处 1 万元以下罚款，有违法所得的，处违法所得 3 倍以下的罚款，但最高不得超过 3 万元；对该机构直接负责的主管人员和其他直接责任人员，给予警告，并处 1 万元以下罚款。

第九十九条 保险专业代理机构、保险兼业代理机构有下列情形之一的，由保险监督管理机构责令改正，给予警告，没有违法所得的，处 1 万元以下罚款，有违法所得的，处违法所得 3 倍以下的罚款，但最高不得超过 3 万元；对该机构直接负责的主管人员和其他直接责任人员，给予警告，并处 1 万元以下罚款：

（一）超出规定的业务范围、经营区域从事保险代理业务活动的；

（二）与非法从事保险业务或者保险中介业务的机构或者个人发生保险代理业务往来的。

第一百条 保险专业代理机构、保险兼业代理机构违反本规定第四十三条的，由保险监督管理机构责令改正，给予警告，没有违法所得的，处 1 万元以下罚款，有违法所得的，处违法所得 3 倍以下罚款，但最高不得超过 3 万元；对该机构直接负责的主管人员和其他直接责任人员，给予警告，并处 1 万元以下罚款。

第一百零一条 保险专业代理机构、保险兼业代理机构违反本规定第五十一条、第五十四条的，由保险监督管理机构责令改正，给予警告，并处 1 万元以下罚款；对该机构直接负责的主管人员和其他直接责任人员，给予警告，并处 1 万元以下罚款。

第一百零二条 保险专业代理机构、保险兼业代理机构有本规定第七十条所列情形之一的，由保险监督管理机构责令改正，处 5 万元以上 30 万元以下罚款；情节严重的，吊销许可证；对保险专业代理机构直接负责的主管人员和其他直接责任人员，给予警告，并处1万元以上10万元以下罚款，情节严重的，撤销任职资格；对保险兼业代理机构直接负责的主管人员和其他直接责任人员，给予警告，并处1万元以下罚款。

第一百零三条 个人保险代理人、保险代理机构从业人员聘用或者委托其他人员从事保险代理业务的，由保险监督管理机构给予警告，没有违法所得的，处1万元以下罚款，有违法所得的，处违法所得3倍以下罚款，但最高不得超过3万元。

第一百零四条 保险专业代理机构、保险兼业代理机构违反本规定第七十二条的，由保险监督管理机构给予警告，没有违法所得的，处1万元以下罚款，有违法所得的，处违法所得3倍以下罚款，但最高不得超过3万元；对该机构直接负责的主管人员和其他直接责任人员，给予警告，并处1万元以下罚款。

第一百零五条 保险专业代理机构、保险兼业代理机构违反本规定第七十三条、第七十七条的，由保险监督管理机构给予警告，没有违法所得的，处1万元以下罚款，有违法所得的，处违法所得3倍以下罚款，但最高不得超过3万元；对该机构直接负责的主管人员和其他直接责任人员，给予警告，并处1万元以下罚款。

第一百零六条 保险专业代理机构、保险兼业代理机构未按本规定报送或者保管报告、报表、文件、资料的，或者未按照本规定提供有关信息、资料的，由保险监督管理机构责令限期改正；逾期不改正的，处1万元以上10万元以下罚款；对保险专业代理机构直接负责的主管人员和其他直接责任人员，给予警告，并处1万元以上10万元以下罚款，情节严重的，撤销任职资格；对保险兼业代理机构直接负责的主管人员和其他直接责任人员，给予警告，并处1万元以下罚款。

第一百零七条 保险专业代理机构、保险兼业代理机构有下列情形之一的，由保险监督管理机构责令改正，处10万元以上50万元以下罚款；情节严重的，可以限制其业务范围、责令停止接受新业务或者吊销许可证；对保险专业代理机构直接负责的主管人员和其他直接责任人员，给予警告，并处1万元以上10万元以下罚款，情节严重的，撤销任职资格；对保险兼业代理机构直接负责的主管人员和其他直接责任人员，给予警告，并处1万元以下罚款：

（一）编制或者提供虚假的报告、报表、文件或者资料的；

（二）拒绝或者妨碍依法监督检查的。

第一百零八条 保险专业代理机构、保险兼业代理机构有下列情形之一的，由保险监督管理机构责令改正，给予警告，没有违法所得的，处1万元以下罚款，有违法所得的，处违法所得3倍以下罚款，但最高不得超过3万元；对该机构直接负责的主管人员和其他直接责任人员，给予警告，并处1万元以下罚款：

（一）未按规定托管注册资本的；

（二）未按规定建立或者管理业务档案的；

（三）未按规定使用银行账户的；

（四）未按规定进行信息披露的；

（五）未按规定缴纳监管费的；

（六）违反规定代替投保人签订保险合同的；

（七）违反规定动用保证金的；

（八）违反规定开展互联网保险业务的；

（九）从代收保险费中直接扣除保险佣金的。

第一百零九条 个人保险代理人、保险代理机构从业人员违反本规定，依照《保险法》或者其他法律、行政法规应当予以处罚的，由保险监督管理机构依照相关法律、行政法规进行处罚；法律、行政法规未作规定的，由保险监督管理机构给予警告，没有违法所得的，处1万元以下罚款，有违法所得的，处违法所得3倍以下罚款，但最高不得超过3万元。

第一百一十条 保险公司违反本规定，由保险监督管理机构依照法律、行政法规进行处罚；法律、行政法规未作规定的，对保险公司给予警告，没有违法所得的，处1万元以下罚款，有违法所得的，处违法所得3倍以下罚款，但最高不得超过3万元；对其直接负责的主管人员和其他直接责任人员，给予警告，并处1万元以下罚款。

第一百一十一条 违反法律和行政法规的规定，情节严重的，国务院保险监督管理机构可以禁止有关责任人员一定期限直至终身进入保险业。

第一百一十二条 保险专业代理机构的高级管理人员或者从业人员，离职后被发现在原工作期间违反保险监督管理规定的，应当依法追究其责任。

第一百一十三条 保险监督管理机构从事监督管理工作的人员有下列情形之一的，依法给予行政处分；构成犯罪的，依法追究刑事责任：

（一）违反规定批准代理机构经营保险代理业务的；

（二）违反规定核准高级管理人员任职资格的；

（三）违反规定对保险代理人进行现场检查的；

（四）违反规定对保险代理人实施行政处罚的；

（五）违反规定干预保险代理市场佣金水平的；

（六）滥用职权、玩忽职守的其他行为。

第七章　附　　则

第一百一十四条 本规定所称保险专业中介机构指保险专业代理机构、保险经纪人和保险公估人。

本规定所称保险中介机构是指保险专业中介机构和保险兼业代理机构。

第一百一十五条 经保险监督管理机构批准经营保险代理业务的外资保险专业代理机构适用本规定，法律、行政法规另有规定的，适用其规定。

采取公司以外的组织形式的保险专业代理机构的设立和管理参照本规定，国务院保险监督管理机构另有规定的，适用其规定。

第一百一十六条 本规定施行前依法设立的保险代理公司继续保留，不完全具备本规定条件的，具体适用办法由国务院保险监督管理机构另行规定。

第一百一十七条 本规定要求提交的各种表格格式由国务院保险监督管理机构制定。

第一百一十八条 本规定中有关"5 日""10 日""15 日""20 日"的规定是指工作日，不含法定节假日。

本规定所称"以上""以下"均含本数。

第一百一十九条 本规定自 2021 年 1 月 1 日起施行，原中国保监会2009 年 9 月 25 日发布的《保险专业代理机构监管规定》（中国保险监督管理委员会令 2009 年第 5 号）、2013 年 1 月 6 日发布的《保险销售从业人员监管办法》（中国保险监督管理委员会令 2013 年第 2 号）、2013 年 4 月 27日发布的《中国保险监督管理委员会关于修改〈保险专业代理机构监管规定〉的决定》（中国保险监督管理委员会令 2013 年第 7 号）、2000 年 8 月 4 日发布的《保险兼业代理管理暂行办法》（保监发〔2000〕144 号）同时废止。

中国保险监督管理委员会关于建立分类 监管评价结果通报制度的通知

（2013 年 7 月 30 日　保监财会〔2013〕619 号）

会机关各部门，各保监局，各保险公司：

为进一步完善分类监管制度，根据《关于实施保险公司分类监管有关事项的通知》（保监发〔2008〕120 号）和《关于印发〈保险公司分支机构分类监管暂行办法〉的通知》（保监发〔2010〕45 号），保监会决定建立分类监管评价结果通报制度。现将有关事项通知如下：

一、每季度完成保险公司法人机构分类监管评价后，保监会向保险公司通报以下信息：

（一）产险或寿险行业的分类监管评价类别总体情况；

（二）该公司分类监管评价结果；

（三）被评为 C、D 类公司的主要风险。

二、每年完成保险公司分支机构分类监管评价后，保监局向辖区内保险公司分支机构及其总公司通报以下信息：

（一）辖区内产险或寿险公司分支机构分类监管评价类别总体情况；

（二）该保险公司分支机构的分类监管评价结果。

（三）被评为 C、D 类分支机构的主要风险。

三、保监会通过电子文件传输系统向保险公司发送法人机构分类监管评价结果通报函（模版见附件 1），一对一通报法人机构分类监管评价结果。

四、保监局向辖区内保险公司分支机构发送分支机构分类监管评价结果通报函（模版见附件 2），同时抄送其总公司，一对一通报分支机构分类监管评价结果。

五、保险公司法人机构和分支机构的分类监管评价结果在保监会内网发布，各保监局、会机关各部门可在保监会"保险公司偿付能力监管信息系统"或"分类监管信息系统"查询。

六、在收到保险公司法人机构分类监管评价结果通报函10个工作日内，非上市保险公司应将通报内容通报给本公司各股东，上市保险公司应将通报内容通报给本公司董事会各成员。

七、本通知自2013年2季度分类监管评价起开始执行。

附件：1. 保险公司法人机构分类监管评价结果通报函模版（略）

2. 保险公司分支机构分类监管评价结果通报函模版（略）

中国保险监督管理委员会关于
自保公司监管有关问题的通知

（2013年12月2日　保监发〔2013〕95号）

机关各部门：

为加强自保公司监督管理，促进自保公司健康发展，现将自保公司监管有关问题通知如下：

一、本通知所称自保公司是指经中国保监会批准，由一家母公司单独出资或母公司与其控股子公司共同出资，且只为母公司及其控股子公司提供财产保险、短期健康保险和短期意外伤害保险的保险公司。

二、关于设立条件。自保公司可以采取股份有限公司或者有限责任公司两种组织形式，公司名称中必须含有"自保"字样，并明确财产保险性质。

设立自保公司，除法律法规规定的保险公司相关条件外，还应当具备下列条件：1. 注册资本应当与公司承担的风险相匹配；2. 投资人应为主营业务突出、盈利状况良好的大型工商企业，且资产总额不低于人民币1000亿元；3. 投资人所处行业应具有风险集中度高、地域分布广、风险转移难等特征，且具有稳定的保险保障需求和较强的风险管控能力。

三、关于自保公司筹建和开业。设立自保公司分为筹建和开业两个阶段。自保公司申请筹建，除相关法律法规要求提交的申报材料外，还应当提供母公司及其控股子公司的风险特征、保险需求、已投保业务规模、设立自保公司的目的、运作模式、管理架构、外包服务等有关情况的说明，母公司及其控股子公司已在保险行业投资的，还应当说明现有保险子公司与拟设立自保公司的业务划分和功能定位。自保公司开业参照一般商业保险公司执行。

四、关于保险经营。自保公司经营范围为母公司及其控股子公司的财产保险和员工的短期健康保险、短期意外伤害保险业务。自保公司可以在母公司及其控股子公司所在地开展保险及再保险分出业务；不设立分支机构的，应上报异地承保理赔等方案。自保公司再保险分入业务的标的所有人限于母公司及其控股子公司。母公司应当恪守对其设立的自保公司做出的承担风险责任的承诺，不得擅自变更或者解除。

五、关于监督管理。自保公司应当按照现代企业制度独立运营，在人员、资金、财务管理等方面与母公司建立防火墙。除按照中国保监会的有关规定提取责任准备金外，自保公司可以按照国家有关规定，提取防灾防损专门准备金。自保公司应当按照中国保监会的有关规定申报与母公司及其控股子公司之间在资金方面的关联交易情况。自保公司业务统计应当符合中国保监会统计口径。自保公司不缴纳保险保障基金，不纳入保险保障基金管理体系。对偿付能力不足的自保公司，中国保监会依法责令其增加资本金时，母公司应当采取有效措施，促使自保公司资本金达到保险监管的要求。

本通知没有规定的，参照《中华人民共和国保险法》、《保险公司管理规定》等法律、法规和规章执行。

中国保险监督管理委员会关于完善监管公开质询制度有关事项的通知

（2017 年 3 月 9 日　保监发〔2017〕22 号）

各保险集团（控股）公司、保险公司、保险资产管理公司：

为落实《保险公司信息披露管理办法》《保险公司股权管理办法》等

有关规定，强化社会监督，保监会进一步加强和完善监管公开质询，现将有关事项通知如下：

一、质询范围

社会媒体关注、涉及公众利益或可能引发重大风险的事项。

（一）公司治理类：包括保险公司股权、股东关联关系、入股资金、关联交易、治理运作，董事、监事及高级管理人员履职行为等有关问题；

（二）业务经营类：包括保险产品设计、业务模式、销售理赔行为、重大保险消费投诉等有关问题；

（三）资金运用类：包括保险资金举牌、收购、境外投资，以及与关联方之间开展的保险资金运用等有关问题；

（四）监管机构关注的其他问题。

二、质询对象

（一）保险公司；

（二）保险公司的实际控制人、股东、投资人及其关联方和一致行动人；

（三）保险公司的董事、监事和高级管理人员；

（四）其他利益相关方。

三、质询形式

（一）保监会将质询函在官方网站上予以公示，并将质询函发至保险公司。针对保险公司股东等其他法人、自然人的质询函，由保险公司及时转交。

（二）保险公司的质询回复应当采取书面回复的方式，按照规定时限报送至保监会，并在保险公司官方网站及保监会指定网站予以公示。

（三）如被质询事项涉及国家秘密、商业秘密等情形，披露可能违反国家保密法律法规、损害公司利益的，保险公司应向保监会书面说明情况，经批准可以免予披露。

四、质询要求及责任追究

（一）被质询人应当真实、准确、清晰、完整地回答质询函涉及的有关问题，不得存在虚假记载、误导性陈述或者重大遗漏。

（二）被质询人未按规定期限回复，或质询回复存在故意隐瞒或虚假信息等情况的，保监会将其纳入不良诚信记录，并依据《保险法》《保险公司股权管理办法》等有关规定进行处理。

（三）经质询和调查核实，保险公司、保险公司股东或相关当事人违反监管规定的，保监会将依据《保险法》《保险公司股权管理办法》等有关规定，采取公开谴责、责令改正、限制其股东权利、责令转让股权、限制其在保险业的投资活动等措施。

（四）质询情况纳入保险公司治理评价体系。

本通知自发布之日起实施。

中国保险监督管理委员会关于暂免征保险业监管费有关事项的通知

（2017 年 7 月 11 日　保监财会〔2017〕181 号）

各保监局，各保险公司、保险资产管理公司、保险专业中介机构，外国保险机构代表处：

根据《财政部、国家发改委关于暂免征银行业监管费和保险业监管费的通知》（财税〔2017〕52 号）规定，我会自 2017 年 7 月 1 日至 2020 年 12 月 31 日，暂免征保险业监管费。现将有关事项通知如下：

一、关于免征期的数据报送

免征期内，各保险机构要按照保险业监管费收费的有关规定，于每年 5 月 15 日前向所属执收单位报送保险业监管费报告单（含电子数据）。

二、关于免征前的汇算清缴

（一）各保险机构对于 2017 年 1—6 月应缴纳的保险业监管费，应按照现有收费标准，以 2016 年度财务数据和业务数据为缴费基数进行测算后减半缴纳。其中，已实施减半政策的新开业保险机构按照"减半再减半"的原则缴纳。

（二）各保险机构对于 2016 年及以前年度应缴未缴的保险业监管费，应于 2017 年 7 月 31 日前完成补缴。

（三）2017 年上半年新开业保险机构缴纳的保险业监管费，应以当年 1—6 月的财务数据和业务数据为缴费基数进行测算，并于 2017 年 8 月 15 日前完成清缴。

（四）保险业监管费的缴费流程和缴费时间不变。

三、关于多缴费的退库办理

（一）退库申请。保险机构因免征政策多缴保险业监管费需办理退库的，应于 2017 年 8 月 15 日前向执收单位提出书面申请，并提供以下申请材料：

1. 退款申请书（见附件 1）。

2. 非税收入一般缴款书复印件 1 份（加盖财务章）。

3. 银行缴款凭证复印件 1 份（加盖财务章）。

保险机构未在规定时间申请退库的，逾期不再受理。

（二）退库资料审核。执收单位应对申请材料进行审核和汇总，于 2017 年 9 月 8 前，将退库申请书（见附件 2）及《非税收入退库申请汇总表》（见附件 3）报至我会，我会审核后报财政部审批。

（三）退库资金管理。退库资金到位后，执收单位应尽快完成退库工作，退库方式不得采用现金支付。

附件：1. 退款申请书

2. 退库申请书

3. 非税收入退库申请汇总表

附件 1

退款申请书

＿＿＿＿＿＿＿＿＿＿保监局：

本单位于 2017 年＿＿＿月＿＿＿日缴纳保险业监管费，《非税收入一般缴款书》编号为＿＿＿＿＿＿＿＿＿，开具时间为 2017 年＿＿＿月＿＿＿日，项目名称为＿＿＿＿＿＿＿＿＿＿，金额＿＿＿＿＿＿＿＿元。由于免征政策导致多缴纳保险业监管费＿＿＿＿＿＿＿＿元，现申请退回本公司多缴纳保险业监管费＿＿＿＿＿＿＿＿元。退款账户信息如下：

收款单位户名：

开户行全称：

银行账号：

联系人及手机号：

XXX 公司（公章）

年 月 日

附件 2

退库申请书

财务会计部：

根据《中国保监会关于暂免征保险业监管费等有关事项的通知》（保监财会〔2017〕181 号）规定，我局为辖区内多缴保险业监管费的缴款人办理退库申请。截至 2017 年＿＿＿月＿＿＿日，我局共收到缴款人递交的退款申请书＿＿＿＿份，缴款书开具金额共计＿＿＿＿元，本次申请退库金额为＿＿＿＿元。经审核，退款申请属实，金额无误，特向你部申请办理退库。我局基本存款账户信息如下：

收款单位户名：

开户行全称：

银行账号：

联系人及电话：

XX 保监局

年 月 日

附件 3

非税收入退库申请汇总表

单位：   单位：元

序号	缴款人名称	缴款书日期	缴款书编号	项目名称	收支分类科目	缴款金额	申请退付金额	申请退款原因
1								
2								
3								
4								
5								
……								
	合计	——						

填报日期：   复核人：   制表人：

中国银保监会办公厅关于进一步
加强车险监管有关事项的通知

（2019 年 1 月 14 日　银保监办发〔2019〕7 号）

各银保监局，各财产保险公司，保险业协会，中国保信：

为进一步加强车险业务监管，整治市场乱象，维护车险消费者合法权益，为下一步商业车险改革营造公平、规范、有序竞争的市场环境，现就有关事项通知如下：

一、各财产保险公司使用车险条款、费率应严格按照法律、行政法规或者国务院保险监督管理机构的有关规定执行，严禁以下行为：

（一）未经批准，擅自修改或变相修改条款、费率水平；

（二）通过给予或者承诺给予投保人、被保险人保险合同约定以外的利益变相突破报批费率水平；

（三）通过虚列其他费用套取手续费变相突破报批手续费率水平；

（四）新车业务未按照规定使用经批准费率。

二、各财产保险公司应加强业务财务数据真实性管理，确保各项经营成本费用真实并及时入账，严禁以下行为：

（一）以直接业务虚挂中介业务等方式套取手续费；

（二）以虚列业务及管理费等方式套取费用；

（三）通过违规计提责任准备金调整经营结果；

（四）通过人为延迟费用入账调整经营结果。

三、各派出机构按照职责，依法对辖区内财产保险公司车险经营违法违规行为进行查处。

（一）各派出机构可在银保监会内网"部室导航–财险部–商业车险条款费率"专栏查询各财产保险公司的商业车险条款、费率相关材料。

（二）各派出机构查实财产保险公司未按照规定使用车险条款、费率的行为后，按照授权对相关财产保险公司采取责令停止使用车险条款和费率、限期修改等监管措施，依法对相关财产保险公司及责任人员进行处罚。

四、中国保险行业协会应建立对会员单位投诉举报的受理、核查制度，对于涉及未按照规定使用经批准的条款、费率的违法违规线索，应及时报送银保监会财产保险监管部。

五、各财产保险公司应及时、准确上传相关数据至车险信息平台。中国保险信息技术管理有限责任公司应建立车险费率执行相关数据的监测机制，对于财产保险公司出现监测数据异常的情况，应及时报送银保监会财产保险监管部。

中国银保监会办公厅关于优化保险公司
权益类资产配置监管有关事项的通知

（2020 年 7 月 17 日　银保监办发〔2020〕63 号）

各保险集团（控股）公司、保险公司、保险资产管理公司：

为进一步深化保险资金运用市场化改革，赋予保险公司更多投资自主权，实施差异化的审慎监管，根据《保险资金运用管理办法》等规定，现就保险公司权益类资产配置有关事项通知如下：

一、保险公司权益类资产配置比例，应当符合以下规定：

（一）公司上季末综合偿付能力充足率不足100%的，权益类资产投资余额不得高于本公司上季末总资产的10%；

（二）公司上季末综合偿付能力充足率为100%以上（含此数，下同）但不足150%的，权益类资产投资余额不得高于本公司上季末总资产的20%；

（三）公司上季末综合偿付能力充足率为150%以上但不足200%的，权益类资产投资余额不得高于本公司上季末总资产的25%；

（四）公司上季末综合偿付能力充足率为200%以上但不足250%的，权益类资产投资余额不得高于本公司上季末总资产的30%；

（五）公司上季末综合偿付能力充足率为250%以上但不足300%的，权益类资产投资余额不得高于本公司上季末总资产的35%；

（六）公司上季末综合偿付能力充足率为300%以上但不足350%的，权益类资产投资余额不得高于本公司上季末总资产的40%；

（七）公司上季末综合偿付能力充足率为350%以上的，权益类资产投资余额不得高于本公司上季末总资产的45%。

二、保险公司上季末综合偿付能力充足率不足100%时，应当立即停止新增权益类资产投资。

三、保险公司存在以下情形之一的，权益类资产投资余额不得高于本公司上季末总资产的15%：

（一）人身保险公司上季末责任准备金覆盖率不足100%；

（二）最近一年资金运用出现重大风险事件；

（三）资产负债管理能力较弱且匹配状况较差；

（四）具有重大风险隐患或被银保监会列为重点监管对象；

（五）最近三年因重大违法违规行为受到银保监会处罚；

（六）银保监会规定的其他情形。

四、保险公司出现综合偿付能力充足率大幅下降，或者因监管处罚、突发事件、市场变化等情况导致权益类资产配置超过规定比例的，应当自该情形发生之日起5个工作日内向银保监会报告，提交切实可行的整改方案，并在6个月内调整至满足监管规定；如市场波动较大或有可能引发较大风险时，可申请延长调整时间。

五、保险公司应当坚持价值投资、长期投资和审慎投资原则，结合自身偿付能力充足率、负债特点和久期、资产负债匹配缺口和投资管理能力等情况，建立健全与保险资金权益类资产投资相适应的中长期绩效考核指标体系。

六、保险公司应当严格执行流动性监管比例要求，加强权益类资产的限额、品种和法人主体集中度管理，确保公司普通账户和独立账户保持充足流动性。保险公司投资单一上市公司股票的股份总数，不得超过该上市公司总股本的10%，银保监会另有规定或经银保监会批准的除外。

七、保险公司应当根据上市和未上市权益类资产的风险特征，确定不同类别资产的配置策略，强化组合管理，合理优化资产结构。保险公司投资上市权益类资产，应当加强投资研究，根据风险收益特征，重点配置流动性较强、业绩较好、分红稳定的品种。保险公司投资未上市权益类资产，应当强化投资能力建设，重点考察投资标的风险，稳健开展各项投资。

八、保险公司应当设置专门岗位，配备专职人员，切实加强投资后续管理。投资上市权益类资产的，保险公司应当遵守各项监管规定，加强对权益法计价股票的管理，切实履行股东和机构投资者义务；投资未上市权益类资产的，保险公司应当根据监管规定，加强项目全程管理，每年向董事会或专业委员会提交项目管理报告。

九、保险公司应当严格按照偿付能力监管有关规则确定资产类别，适用相应的风险因子计算偿付能力充足率，不得通过调整资产类别、调高资产价值等方式虚增偿付能力。

十、保险公司应当严格执行单一权益类资产、重大股权投资等监管规定。保险公司现有投资超过规定配置比例的，应当制定切实可行的整改方案，并在12个月内调整到位；超过本通知集中度比例的，不得新增相关投资。

十一、银保监会可以依据审慎监管原则，结合日常非现场监管、现场检查和调查、资产负债管理评价等情况，责令相关保险公司调整权益类资产配置比例、制定针对性的处置方案，并采取相关监管措施。银保监会可以根据风险处置特殊情况需要，制定相关保险公司的权益类资产配置比例调整和过渡期安排方案。

十二、此前有关规定与本通知不一致的，依照本通知执行。

中国银保监会关于加强保险机构
资金运用关联交易监管工作的通知

（2022 年 5 月 27 日　银保监规〔2022〕11 号）

各银保监局，各保险集团（控股）公司、保险公司、保险资产管理公司，保险业协会、保险资管业协会：

为深入贯彻落实党中央、国务院关于金融工作的重大决策部署，持续防范化解金融风险，根据《中华人民共和国保险法》、《保险资金运用管理办法》（保监会令 2018 年第 1 号）、《银行保险机构关联交易管理办法》（中国银行保险监督管理委员会令 2022 年第 1 号）等法律法规，现就加强保险机构资金运用关联交易监管工作有关事项通知如下：

一、总体要求

坚持以习近平新时代中国特色社会主义思想为指导，强力整治保险机构大股东或实际控制人、内部人等关联方通过关联交易挪用、侵占、套取保险资金，输送利益，转移财产，规避监管，隐匿风险等，坚持零容忍、重处罚、严监管，坚决遏制资金运用违法违规关联交易，推动保险行业高质量发展。

二、压实保险机构主体责任

（一）保险机构应当坚持党对金融工作的集中统一领导，发挥好党组织把方向、管大局、保落实作用，主动加强资金运用关联交易管理。

（二）保险机构开展资金运用关联交易应当遵守法律法规和监管规定，稳健审慎、独立运作，遵循诚实信用、公开公允、穿透识别、结构清晰的原则。保险机构关联方不得干预、操纵资金运用，严禁利用保险资金进行违法违规关联交易。

（三）保险机构应当在公司章程和制度中明确规定股东（大）会、董事会、监事会、经营管理层等在资金运用关联交易管理中的职责分工，确保权责清晰、职能明确、监督有效。

（四）保险机构应当按规定加强关联方的识别和管理，建立并及时更新关联方信息档案。同时应当建立关联方信息核验制度，借助公开渠道查询、书面问询、大数据识别等方式方法，及时核验、更新关联方信息档案。必要时可以聘请律师事务所等独立第三方机构进行关联方信息档案审核。

（五）保险机构应当加强对交易对手、受托人、中介服务机构等资金运用业务合作机构管理，建立健全合作机构管理制度，明确合作机构准入及退出标准，对合作机构实施名单制管理，明确双方在合规等方面的责任和义务。

（六）保险机构应当加强资金运用关联交易决策审批程序管理，严格执行决策审批流程、授权机制及回避机制，不得存在倒签、漏签、授权不符、未遵守回避原则等行为。

（七）保险机构应当按照银保监会有关监管规定，真实、准确、完整、规范、及时、逐笔在公司网站和中国保险行业协会网站发布资金运用关联交易信息披露公告，不得存在任何虚假记载、误导性陈述或重大遗漏。

法律法规和相关规定要求不得公开披露、无需披露、免于披露或豁免披露的资金运用关联交易信息，保险机构应当至少于信息披露规定期限前5个工作日，向银保监会书面说明情况。

（八）保险机构开展资金运用业务，不得存在以下行为：

1. 通过隐瞒或者掩盖关联关系、股权代持、资产代持、抽屉协议、阴阳合同、拆分交易、互投大股东等隐蔽方式规避关联交易审查或监管要求。

2. 借道不动产项目、非保险子公司、第三方桥公司、信托计划、资管产品投资、银行存款、同业拆借，或其他通道、嵌套方式变相突破监管限制，为关联方或关联方指定方违规融资。

3. 通过各种方式拉长融资链条、模糊业务实质、隐匿资金最终流向，为关联方或关联方指定方违规融资、腾挪资产、空转套利、隐匿风险等。

4. 其他违法违规关联交易情形。

（九）保险机构应当建立资金运用关联交易内部问责机制，明确问责标准、程序、要求。当事人存在受人胁迫、主动举报、配合查处有立功表现等情形的，可视情形予以从轻或者减轻责任追究。

（十）保险机构应当建立资金运用关联交易举报机制，明确举报奖励机制和举报人保护机制，鼓励客户、员工、合作机构、中小股东、债权人等利益相关方及社会公众人士向公司、行业自律组织、监管部门举报。

三、加强监督管理

（一）鼓励、指导和督促保险机构按照实质重于形式和穿透的原则开展资金运用关联交易合规管理的自查自纠。对自查自纠、主动整改到位的保险机构，可根据《中华人民共和国行政处罚法》视情形予以从轻、减轻行政处罚或者不予行政处罚。

（二）保险机构资金运用关联交易监管应当重点监测和检查以下机构和行为：

1. 以资本运作为主业的金控平台或隐形金控平台投资设立的保险机构；杠杆率高、资金流紧张、激进扩张的产业资本投资设立的保险机构；股权高度集中、运作不规范的保险机构；

2. 在高风险银行存款占比高、另类投资集中度高、关联交易金额大、资金运用关联交易比例高或关联交易信息披露异常的保险机构；

3. 关注银行存款、未上市企业股权、私募股权投资基金、信托计划等业务领域投资，穿透识别存在向关联方或关联方指定方违规提供融资、质押担保、输送利益、转移资产的行为；

4. 风险资产长期未计提减值、长期不处置不报告，通过续作等方式遮掩资产风险、延缓风险暴露的行为。

（三）鼓励保险机构股东、董事、监事、员工等利益相关方和社会公众向监管部门举报资金运用违法违规关联交易行为，对关联交易当事人主动举报、配合查处有立功表现等情形，可根据《中华人民共和国行政处罚法》视情形予以从轻或者减轻责任追究。研究建立资金运用违法违规关联交易监测平台、信访举报奖励机制和举报人保护机制。丰富和完善保险机构关联交易信息、数据搜集渠道，加大对关联交易信息、数据的审查分析力度。

（四）坚持双罚制原则，对涉及保险机构资金运用违法违规关联交易行为的机构和个人视情形依法采取以下措施：

1. 对违法违规股东及关联方，录入不良记录数据库、纳入不良股东名单、社会公开通报、限制或暂停关联交易、限制股东权利、责令转让股权、限制市场准入，督促或责令承担赔偿责任；

2. 对违法违规保险机构，逐次计算罚款金额，没收违法所得、限制业务范围、停止接受新业务、吊销业务许可证；

3. 对相关责任人特别是董事、监事、高级管理人员，警告、责令改正、记入履职记录并进行行业通报、罚款、撤销任职资格、禁止一定期限直至终身进入保险业，督促或责令承担赔偿责任；

4. 对配合保险机构开展资金运用违法违规关联交易的机构或个人，记录其不良行为，通报其行业主管部门；情节严重的，禁止保险机构与其合作，并建议有关监管部门依法给予行政处罚；

对违法违规情节严重、性质恶劣、屡查屡犯的保险机构和个人，从重处罚并进行行业通报和公开披露。

（五）保险机构监管部门要切实担负监管责任，进一步强化保险机构资金运用关联交易监管工作，督促本条线机构切实承担主体责任。加强与派驻保险机构的纪检监察机构、属地纪检监察机关、保险机构内部纪检机构、关联方纪检监察机构以及人民银行、公安部（局）等相关部门的工作联动。对于日常监管发现的保险机构人员、股东等相关人员违纪违法问题线索，及时向有权管理的纪检监察机关移交，及时跟进问责处理情况。对于违法违规开展关联交易构成犯罪的保险机构及相关责任人，移送司法机关，依法追究刑事责任。

四、充分发挥行业自律组织作用

（一）保险行业自律组织应当将保险机构资金运用关联交易行为纳入自律管理，建立健全资金运用关联交易自律规则、自律公约。研究制定保险机构资金运用关联交易管理制度及信息披露标准。研究建立违法违规关联交易社会举报监督机制、关联交易不良记录档案及黑名单。加强资金运用关联交易信息披露公告的质量监测和统计分析，及时对异常情况报告监管部门。依法依规开展自律监督检查、自律调查，督促机构整改规范。加大对违规开展资金运用关联交易或关联交易管理不审慎的保险机构的公开通报力度，视情况采取自律管理措施。

（二）保险行业自律组织要加强资金运用关联交易监管政策宣讲，开展资金运用关联交易合规管理经验交流与培训，切实提升从业人员资金运用关联交易合规意识，营造关联交易管理的合规文化。

（三）保险行业自律组织要加强舆论监督、风险监测与预警提示，加强与行业机构、保险资产登记交易平台等沟通协调和信息共享，及时掌握市场新情况。充分发挥自律管理职能，协助监管部门及时发现风险隐患和问题苗头。要加强与监管部门的沟通协作，及时移交自律监督检查、自律调查中发现的违法违规线索，提出监管检查建议。

指导案例 25 号：
华泰财产保险有限公司北京分公司
诉李志贵、天安财产保险股份有限
公司河北省分公司张家口支公司
保险人代位求偿权纠纷案

（最高人民法院审判委员会讨论通过　2014 年 1 月 26 日发布）

关键词

民事诉讼　保险人代位求偿　管辖

裁判要点

因第三者对保险标的的损害造成保险事故，保险人向被保险人赔偿保
险金后，代位行使被保险人对第三者请求赔偿的权利而提起诉讼的，应当
根据保险人所代位的被保险人与第三者之间的法律关系，而不应当根据保
险合同法律关系确定管辖法院。第三者侵害被保险人合法权益的，由侵权
行为地或者被告住所地法院管辖。

相关法条

《中华人民共和国民事诉讼法》第二十八条
《中华人民共和国保险法》第六十条第一款

基本案情

2011 年 6 月 1 日，华泰财产保险有限公司北京分公司（简称华泰保险
公司）与北京亚大锦都餐饮管理有限公司（简称亚大锦都餐饮公司）签订
机动车辆保险合同，被保险车辆的车牌号为京 A82368，保险期间自 2011
年 6 月 5 日 0 时起至 2012 年 6 月 4 日 24 时止。2011 年 11 月 18 日，陈某某

驾驶被保险车辆行驶至北京市朝阳区机场高速公路上时，与李志贵驾驶的车牌号为冀 GA9120 的车辆发生交通事故，造成被保险车辆受损。经交管部门认定，李志贵负事故全部责任。事故发生后，华泰保险公司依照保险合同的约定，向被保险人亚大锦都餐饮公司赔偿保险金 83878 元，并依法取得代位求偿权。基于肇事车辆系在天安财产保险股份有限公司河北省分公司张家口支公司（简称天安保险公司）投保了机动车交通事故责任强制保险，华泰保险公司于 2012 年 10 月诉至北京市东城区人民法院，请求判令被告肇事司机李志贵和天安保险公司赔偿 83878 元，并承担诉讼费用。

被告李志贵的住所地为河北省张家口市怀来县沙城镇，被告天安保险公司的住所地为张家口市怀来县沙城镇燕京路东 108 号，保险事故发生地为北京市朝阳区机场高速公路上，被保险车辆行驶证记载所有人的住址为北京市东城区工体北路新中西街 8 号。

裁判结果

北京市东城区人民法院于 2012 年 12 月 17 日作出（2012）东民初字第 13663 号民事裁定：对华泰保险公司的起诉不予受理。宣判后，当事人未上诉，裁定已发生法律效力。

裁判理由

法院生效裁判认为：根据《中华人民共和国保险法》第六十条的规定，保险人的代位求偿权是指保险人依法享有的，代位行使被保险人向造成保险标的损害负有赔偿责任的第三者请求赔偿的权利。保险人代位求偿权源于法律的直接规定，属于保险人的法定权利，并非基于保险合同而产生的约定权利。因第三者对保险标的的损害造成保险事故，保险人向被保险人赔偿保险金后，代位行使被保险人对第三者请求赔偿的权利而提起诉讼的，应根据保险人所代位的被保险人与第三者之间的法律关系确定管辖法院。第三者侵害被保险人合法权益，因侵权行为提起的诉讼，依据《中华人民共和国民事诉讼法》第二十八条的规定，由侵权行为地或者被告住所地法院管辖，而不适用财产保险合同纠纷管辖的规定，不应以保险标的物所在地作为管辖依据。本案中，第三者实施了道路交通侵权行为，造成保险事故，被保险人对第三者有侵权损害赔偿请求权；保险人行使代位权起诉第三者的，应当由侵权行为地或者被告住所地法院管辖。现二被告的

住所地及侵权行为地均不在北京市东城区，故北京市东城区人民法院对该
起诉没有管辖权，应裁定不予受理。

指导案例 52 号：
海南丰海粮油工业有限公司诉中国
人民财产保险股份有限公司海南省
分公司海上货物运输保险合同纠纷案

（最高人民法院审判委员会讨论通过　2015 年 4 月 15 日发布）

关键词

民事　海事　海上货物运输保险合同　一切险　外来原因

裁判要点

海上货物运输保险合同中的"一切险"，除包括平安险和水渍险的各
项责任外，还包括被保险货物在运输途中由于外来原因所致的全部或部分
损失。在被保险人不存在故意或者过失的情况下，由于相关保险合同中除
外责任条款所列明情形之外的其他原因，造成被保险货物损失的，可以认
定属于导致被保险货物损失的"外来原因"，保险人应当承担运输途中由
该外来原因所致的一切损失。

相关法条

《中华人民共和国保险法》第三十条

基本案情

1995 年 11 月 28 日，海南丰海粮油工业有限公司（以下简称丰海公
司）在中国人民财产保险股份有限公司海南省分公司（以下简称海南人
保）投保了由印度尼西亚籍"哈卡"轮（HAGAAG）所运载的自印度尼西
亚杜迈港至中国洋浦港的 4999.85 吨桶装棕榈油，投保险别为一切险，货
价为 3574892.75 美元，保险金额为 3951258 美元，保险费为 18966 美元。
投保后，丰海公司依约向海南人保支付了保险费，海南人保向丰海公司发

出了起运通知，签发了海洋货物运输保险单，并将海洋货物运输保险条款附于保单之后。根据保险条款规定，一切险的承保范围除包括平安险和水渍险的各项责任外，海南人保还"负责被保险货物在运输途中由于外来原因所致的全部或部分损失"。该条款还规定了 5 项除外责任。上述投保货物是由丰海公司以 CNF 价格向新加坡丰益私人有限公司（以下简称丰益公司）购买的。根据买卖合同约定，发货人丰益公司与船东代理梁国际代理有限公司（以下简称梁国际）签订一份租约。该租约约定由"哈卡"轮将丰海公司投保的货物 5000 吨棕榈油运至中国洋浦港，将另 1000 吨棕榈油运往香港。

1995 年 11 月 29 日，"哈卡"轮的期租船人、该批货物的实际承运人印度尼西亚 PT. SAMUDERA INDRA 公司（以下简称 PSI 公司）签发了编号为 DM/YPU/1490/95 的已装船提单。该提单载明船舶为"哈卡"轮，装货港为印度尼西亚杜迈港，卸货港为中国洋浦港，货物唛头为 BATCH NO. 80211/95，装货数量为 4999.85 吨，清洁、运费已付。据查，发货人丰益公司将运费支付给梁国际，梁国际已将运费支付给 PSI 公司。1995 年 12 月 14 日，丰海公司向其开证银行付款赎单，取得了上述投保货物的全套（3 份）正本提单。1995 年 11 月 23 日至 29 日，"哈卡"轮在杜迈港装载 31623 桶、净重 5999.82 吨四海牌棕榈油启航后，由于"哈卡"轮船东印度尼西亚 PT. PERUSAHAAN PELAYARAN BAHTERA BINTANG SELATAN 公司（以下简称 BBS 公司）与该轮的期租船人 PSI 公司之间因船舶租金发生纠纷，"哈卡"轮中止了提单约定的航程并对外封锁了该轮的动态情况。

为避免投保货物的损失，丰益公司、丰海公司、海南人保多次派代表参加"哈卡"轮船东与期租船人之间的协商，但由于船东以未收到租金为由不肯透露"哈卡"轮行踪，多方会谈未果。此后，丰益公司、丰海公司通过多种渠道交涉并多方查找"哈卡"轮行踪，海南人保亦通过其驻外机构协助查找"哈卡"轮。直至 1996 年 4 月，"哈卡"轮走私至中国汕尾被我海警查获。根据广州市人民检察院穗检刑免字（1996）64 号《免予起诉决定书》的认定，1996 年 1 月至 3 月，"哈卡"轮船长埃里斯·伦巴克根据 BBS 公司指令，指挥船员将其中 11325 桶、2100 多吨棕榈油转载到属同一船公司的"依瓦那"和"萨拉哈"货船上运走销售，又让船员将船名"哈卡"轮涂改为"伊莉莎 2"号（ELIZA Ⅱ）。1996 年 4 月，更改为"伊

莉莎 2"号的货船载剩余货物 20298 桶棕榈油走私至中国汕尾，4 月 16 日
被我海警查获。上述 20298 桶棕榈油已被广东省检察机关作为走私货物没
收上缴国库。1996 年 6 月 6 日丰海公司向海南人保递交索赔报告书，8 月
20 日丰海公司再次向海南人保提出书面索赔申请，海南人保明确表示拒
赔。丰海公司遂诉至海口海事法院。

丰海公司是海南丰源贸易发展有限公司和新加坡海源国际有限公司于
1995 年 8 月 14 日开办的中外合资经营企业。该公司成立后，就与海南人保
建立了业务关系。1995 年 10 月 1 日至同年 11 月 28 日（本案保险单签发
前）就发生了 4 笔进口棕榈油保险业务，其中 3 笔投保的险别为一切险，
另 1 笔为"一切险附加战争险"。该 4 笔保险均发生索赔，其中有因为一切
险范围内的货物短少、破漏发生的赔付。

裁判结果

海口海事法院于 1996 年 12 月 25 日作出（1996）海商初字第 096 号民
事判决：一、海南人保应赔偿丰海公司保险价值损失 3593858.75 美元；
二、驳回丰海公司的其他诉讼请求。宣判后，海南人保提出上诉。海南省
高级人民法院于 1997 年 10 月 27 日作出（1997）琼经终字第 44 号民事判
决：撤销一审判决，驳回丰海公司的诉讼请求。丰海公司向最高人民法院
申请再审。最高人民法院于 2003 年 8 月 11 日以（2003）民四监字第 35 号
民事裁定，决定对本案进行提审，并于 2004 年 7 月 13 日作出（2003）民
四提字第 5 号民事判决：一、撤销海南省高级人民法院（1997）琼经终字
第 44 号民事判决；二、维持海口海事法院（1996）海商初字第 096 号民事
判决。

裁判理由

最高人民法院认为：本案为国际海上货物运输保险合同纠纷，被保险
人、保险货物的目的港等均在中华人民共和国境内，原审以中华人民共和
国法律作为解决本案纠纷的准据法正确，双方当事人亦无异议。

丰海公司与海南人保之间订立的保险合同合法有效，双方的权利义务
应受保险单及所附保险条款的约束。本案保险标的已经发生实际全损，对
此发货人丰益公司没有过错，亦无证据证明被保险人丰海公司存在故意或
过失。保险标的的损失是由于"哈卡"轮船东 BBS 公司与期租船人之间的

租金纠纷，将船载货物运走销售和走私行为造成的。本案争议的焦点在于如何理解涉案保险条款中一切险的责任范围。

二审审理中，海南省高级人民法院认为，根据保险单所附的保险条款和保险行业惯例，一切险的责任范围包括平安险、水渍险和普通附加险（即偷窃提货不着险、淡水雨淋险、短量险、沾污险、渗漏险、碰损破碎险、串味险、受潮受热险、钩损险、包装破损险和锈损险），中国人民银行《关于〈海洋运输货物保险"一切险"条款解释的请示〉的复函》亦作了相同的明确规定。可见，丰海公司投保货物的损失不属于一切险的责任范围。此外，鉴于海南人保与丰海公司有长期的保险业务关系，在本案纠纷发生前，双方曾多次签订保险合同，并且海南人保还作过一切险范围内的赔付，所以丰海公司对本案保险合同的主要内容、免责条款及一切险的责任范围应该是清楚的，故认定一审判决适用法律错误。

根据涉案"海洋运输货物保险条款"的规定，一切险除了包括平安险、水渍险的各项责任外，还负责被保险货物在运输过程中由于各种外来原因所造成的损失。同时保险条款中还明确列明了五种除外责任，即：①被保险人的故意行为或过失所造成的损失；②属于发货人责任所引起的损失；③在保险责任开始前，被保险货物已存在的品质不良或数量短差所造成的损失；④被保险货物的自然损耗、本质缺陷、特性以及市价跌落、运输迟延所引起的损失；⑤本公司海洋运输货物战争险条款和货物运输罢工险条款规定的责任范围和除外责任。从上述保险条款的规定看，海洋运输货物保险条款中的一切险条款具有如下特点：

1. 一切险并非列明风险，而是非列明风险。在海洋运输货物保险条款中，平安险、水渍险为列明的风险，而一切险则为平安险、水渍险再加上未列明的运输途中由于外来原因造成的保险标的的损失。

2. 保险标的的损失必须是外来原因造成的。被保险人在向保险人要求保险赔偿时，必须证明保险标的的损失是因为运输途中外来原因引起的。外来原因可以是自然原因，亦可以是人为的意外事故。但是一切险承保的风险具有不确定性，要求是不能确定的、意外的、无法列举的承保风险。对于那些预期的、确定的、正常的危险，则不属于外来原因的责任范围。

3. 外来原因应当限于运输途中发生的，排除了运输发生以前和运输结束后发生的事故。只要被保险人证明损失并非因其自身原因，而是由于运输途中的意外事故造成的，保险人就应当承担保险赔偿责任。

根据保险法的规定，保险合同中规定有关于保险人责任免除条款的，保险人在订立合同时应当向投保人明确说明，未明确说明的，该条款仍然不能产生效力。据此，保险条款中列明的除外责任虽然不在保险人赔偿之列，但是应当以签订保险合同时，保险人已将除外责任条款明确告知被保险人为前提。否则，该除外责任条款不能约束被保险人。

关于中国人民银行的复函意见。在保监委成立之前，中国人民银行系保险行业的行政主管机关。1997 年 5 月 1 日，中国人民银行致中国人民保险公司《关于〈海洋运输货物保险"一切险"条款解释的请示〉的复函》中，认为一切险承保的范围是平安险、水渍险及被保险货物在运输途中由于外来原因所致的全部或部分损失。并且进一步提出：外来原因仅指偷窃、提货不着、淡水雨淋等。1998 年 11 月 27 日，中国人民银行在对《中保财产保险有限公司关于海洋运输货物保险条款解释》的复函中，再次明确一切险的责任范围包括平安险、水渍险及被保险货物在运输途中由于外来原因所致的全部或部分损失。其中外来原因所致的全部或部分损失是指 11 种一般附加险。鉴于中国人民银行的上述复函不是法律法规，亦不属于行政规章。根据《中华人民共和国立法法》的规定，国务院各部、委员会、中国人民银行、国家审计署以及具有行政管理职能的直属机构，可以根据法律和国务院的行政法规、决定、命令，在本部门的权限范围内，制定规章；部门规章规定的事项应当属于执行法律或者国务院的行政法规、决定、命令的事项。因此，保险条款亦不在职能部门有权制定的规章范围之内，故中国人民银行对保险条款的解释不能作为约束被保险人的依据。另外，中国人民银行关于一切险的复函属于对保险合同条款的解释。而对于平等主体之间签订的保险合同，依法只有人民法院和仲裁机构才有权作出约束当事人的解释。为此，上述复函不能约束被保险人。要使该复函所做解释成为约束被保险人的合同条款，只能是将其作为保险合同的内容附在保险单中。之所以产生中国人民保险公司向主管机关请示一切险的责任范围，主管机关对此作出答复，恰恰说明对于一切险的理解存在争议。而依据保险法第三十一条的规定，对于保险合同的条款，保险人与投保人、被保险人或者受益人有争议时，人民法院或者仲裁机关应当作有利于被保险人和受益人的解释。作为行业主管机关作出对本行业有利的解释，不能适用于非本行业的合同当事人。

综上，应认定本案保险事故属一切险的责任范围。二审法院认为丰海公司投保货物的损失不属一切险的责任范围错误，应予纠正。丰海公司的再审申请理由依据充分，应予支持。

指导案例 74 号：
中国平安财产保险股份有限公司
江苏分公司诉江苏镇江安装集团
有限公司保险人代位求偿权纠纷案

（最高人民法院审判委员会讨论通过　2016 年 12 月 28 日发布）

关键词

民事/保险代位求偿权/财产保险合同/第三者对保险标的的损害/违约行为

裁判要点

因第三者的违约行为给被保险人的保险标的的造成损害的，可以认定为属于《中华人民共和国保险法》第六十条第一款规定的"第三者对保险标的的损害"的情形。保险人由此依法向第三者行使代位求偿权的，人民法院应予支持。

相关法条

《中华人民共和国保险法》第六十条第一款

基本案情

2008 年 10 月 28 日，被保险人华东联合制罐有限公司（以下简称华东制罐公司）、华东联合制罐第二有限公司（以下简称华东制罐第二公司）与被告江苏镇江安装集团有限公司（以下简称镇江安装公司）签订《建设工程施工合同》，约定由镇江安装公司负责被保险人整厂机器设备迁建安装等工作。《建设工程施工合同》第二部分"通用条款"第 38 条约定："承

包人按专用条款的约定分包所承包的部分工程，并与分包单位签订分包合
同，未经发包人同意，承包人不得将承包工程的任何部分分包"；"工程分
包不能解除承包人任何责任与义务。承包人应在分包场地派驻相应管理人
员，保证本合同的履行。分包单位的任何违约行为或疏忽导致工程损害或
给发包人造成其他损失，承包人承担连带责任"。《建设工程施工合同》第
三部分"专用条款"第 14 条第（1）项约定"承包人不得将本工程进行分
包施工"。"通用条款"第 40 条约定："工程开工前，发包人为建设工程和
施工场地内的自有人员及第三人人员生命财产办理保险，支付保险费用"；
"运至施工场地内用于工程的材料和待安装设备，由发包人办理保险，并支
付保险费用"；"发包人可以将有关保险事项委托承包人办理，费用由发包
人承担"；"承包人必须为从事危险作业的职工办理意外伤害保险，并为施
工场地内自有人员生命财产和施工机械设备办理保险，支付保险费用"。

2008 年 11 月 16 日，镇江安装公司与镇江亚民大件起重有限公司（以
下简称亚民运输公司）公司签订《工程分包合同》，将前述合同中的设备
吊装、运输分包给亚民运输公司。2008 年 11 月 20 日，就上述整厂迁建设
备安装工程，华东制罐公司、华东制罐第二公司向中国平安财产保险股份
有限公司江苏分公司（以下简称平安财险公司）投保了安装工程一切险。
投保单中记载被保险人为华东制罐公司及华东制罐第二公司，并明确记载
承包人镇江安装公司不是被保险人。投保单"物质损失投保项目和投保金
额"栏载明"安装项目投保金额为 177465335.56 元"。附加险中，还投保
有"内陆运输扩展条款 A"，约定每次事故财产损失赔偿限额为 200 万元。
投保期限从 2008 年 11 月 20 日起至 2009 年 7 月 31 日止。投保单附有被安
装机器设备的清单，其中包括：SEQUA 彩印机 2 台，合计原值为
29894340.88 元。投保单所附保险条款中，对"内陆运输扩展条款 A"作如
下说明：经双方同意，鉴于被保险人已按约定交付了附加的保险费，保险
公司负责赔偿被保险人的保险财产在中华人民共和国境内供货地点到保险
单中列明的工地，除水运和空运以外的内陆运输途中因自然灾害或意外事
故引起的损失，但被保险财产在运输时必须有合格的包装及装载。

2008 年 12 月 19 日 10 时 30 分许，亚民运输公司驾驶员姜玉才驾驶苏
L06069、苏 L003 挂重型半挂车，从旧厂区承运彩印机至新厂区的途中，在
转弯时车上钢丝绳断裂，造成彩印机侧翻滑落地面损坏。平安财险公司接

险后，对受损标的确定了清单。经镇江市公安局交通巡逻警察支队现场查勘，认定姜玉才负事故全部责任。后华东制罐公司、华东制罐第二公司、平安财险公司、镇江安装公司及亚民运输公司共同委托泛华保险公估有限公司（以下简称泛华公估公司）对出险事故损失进行公估，并均同意认可泛华公估公司的最终理算结果。2010年3月9日，泛华公估公司出具了公估报告，结论：出险原因系设备运输途中翻落（意外事故）；保单责任成立；定损金额总损1518431.32元、净损1498431.32元；理算金额1498431.32元。泛华公估公司收取了平安财险公司支付的47900元公估费用。

2009年12月2日，华东制罐公司及华东制罐第二公司向镇江安装公司发出《索赔函》，称"该事故导致的全部损失应由贵司与亚民运输公司共同承担。我方已经向投保的中国平安财产保险股份有限公司镇江中心支公司报险。一旦损失金额确定，投保公司核实并先行赔付后，对赔付限额内的权益，将由我方让渡给投保公司行使。对赔付不足部分，我方将另行向贵司与亚民运输公司主张"。

2010年5月12日，华东制罐公司、华东制罐第二公司向平安财险公司出具赔款收据及权益转让书，载明：已收到平安财险公司赔付的1498431.32元。同意将上述赔款部分保险标的的一切权益转让给平安财险公司，同意平安财险公司以平安财险公司的名义向责任方追偿。后平安财险公司诉至法院，请求判令镇江安装公司支付赔偿款和公估费。

裁判结果

江苏省镇江市京口区人民法院于2011年2月16日作出（2010）京商初字第1822号民事判决：一、江苏镇江安装集团有限公司于判决生效后10日内给付中国平安财产保险股份有限公司江苏分公司1498431.32元；二、驳回中国平安财产保险股份有限公司江苏分公司关于给付47900元公估费的诉讼请求。一审宣判后，江苏镇江安装集团有限公司向江苏省镇江市中级人民法院提起上诉。江苏省镇江市中级人民法院于2011年4月12日作出（2011）镇商终字第0133号民事判决：一、撤销镇江市京口区人民法院（2010）京商初字第1822号民事判决；二、驳回中国平安财产保险股份有限公司江苏分公司对江苏镇江安装集团有限公司的诉讼请求。二审宣判后，中国平安财产保险股份有限公司江苏分公司向江苏省高级人民法院申请再审。江苏省高级人民法院于 2014 年 5 月 30 日作出（2012）苏商再提字第 0035 号民事判决：一、撤销江苏省镇江市中级人民法院（2011）镇商终字第 0133 号民事判决；二、维持镇江市京口区人民法院（2010）京商初字第 1822 号民事判决。

裁判理由

法院生效裁判认为，本案的焦点问题是：1. 保险代位求偿权的适用范围是否限于侵权损害赔偿请求权；2. 镇江安装公司能否以华东制罐公司、华东制罐第二公司已购买相关财产损失险为由，拒绝保险人对其行使保险代位求偿权。

关于第一个争议焦点。《中华人民共和国保险法》（以下简称《保险法》）第六十条第一款规定："因第三者对保险标的的损害而造成保险事故的，保险人自向被保险人赔偿保险金之日起，在赔偿金额范围内代位行使被保险人对第三者请求赔偿的权利。"该款使用的是"因第三者对保险标的的损害而造成保险事故"的表述，并未限制规定为"因第三者对保险标的的侵权损害而造成保险事故"。将保险代位求偿权的权利范围理解为限于侵权损害赔偿请求权，没有法律依据。从立法目的看，规定保险代位求偿权制度，在于避免财产保险的被保险人因保险事故的发生，分别从保险人及第三者获得赔偿，取得超出实际损失的不当利益，并因此增加道德风险。将《保险法》第六十条第一款中的"损害"理解为仅指"侵权损害"，不符合保险代位求偿权制度设立的目的。故保险人行使代位求偿权，应以被保险人对第三者享有损害赔偿请求权为前提，这里的赔偿请求权既可因第三者对保险标的实施的侵权行为而产生，亦可基于第三者的违约行为等产生，不应仅限于侵权赔偿请求权。本案平安财险公司是基于镇江安装公司的违约行为而非侵权行为行使代位求偿权，镇江安装公司对保险事故的发生是否有过错，对案件的处理并无影响。并且，《建设工程施工合同》约定"承包人不得将本工程进行分包施工"。因此，镇江安装公司关于其对保险事故的发生没有过错因而不应承担责任的答辩意见，不能成立。平安财险公司向镇江安装公司主张权利，主体适格，并无不当。

关于第二个争议焦点。镇江安装公司提出，在发包人与其签订的建设工程施工合同通用条款第40条中约定，待安装设备由发包人办理保险，并支付保险费用。从该约定可以看出，就工厂搬迁及设备的拆解安装事项，发包人与镇江安装公司共同商定办理保险，虽然保险费用由发包人承担，但该约定在双方的合同条款中体现，即该费用系双方承担，或者说，镇江安装公司在总承包费用中已经就保险费用作出了让步。由发包人向平安财险公司投保的业务，承包人也应当是被保险人。关于镇江安装公司的上述抗辩意见，《保险法》第十二条第二款、第六款分别规定："财产保险的被保险人在保险事故发生时，对保险标的应当具有保险利益"；"保险利益是指投保人或者被保险人对保险标的具有的法律上承认的利益"。据此，不同主体对于同一保险标的可以具有不同的保险利益，可就同一保险标的的投保与其保险利益相对应的保险险种，成立不同的保险合同，并在各自的保险利益范围内获得保险保障，从而实现利用保险制度分散各自风险的目的。因发包人和承包人对保险标的具有不同的保险利益，只有分别投保与其保险利益相对应的财产保险类别，才能获得相应的保险保障，二者不能相互替代。发包人华东制罐公司和华东制罐第二公司作为保险标的的所有权人，其投保的安装工程一切险是基于对保险标的享有的所有权保险利益而投保的险种，旨在分散保险标的的损坏或灭失风险，性质上属于财产损失保险；附加险中投保的"内陆运输扩展条款A"约定"保险公司负责赔偿被保险人的保险财产在中华人民共和国境内供货地点到保险单中列明的工地，除水运和空运以外的内陆运输途中因自然灾害或意外事故引起的损失"，该项附加险在性质上亦属财产损失保险。镇江安装公司并非案涉保险标的的所有权人，不享有所有权保险利益，其作为承包人对案涉保险标的享有责任保险利益，欲将施工过程中可能产生的损害赔偿责任转由保险人承担，应当投保相关责任保险，而不能借由发包人投保的财产损失保险免除自己应负的赔偿责任。其次，发包人不认可承包人的被保险人地位，案涉《安装工程一切险投保单》中记载的被保险人为华东制罐公司及华东制罐第二公司，并明确记载承包人镇江安装公司不是被保险人。因此，镇江安装公司关于"由发包人向平安财险公司投保的业务，承包人也应当是被保险人"的答辩意见，不能成立。《建设工程施工合同》明确约定"运至施工场地内用于工程的材料和待安装设备，由发包人办理保险，并支付保险费用"及"工程分包不能解除承包人任何责任与义务，分包单位的任何违约行为或疏忽导致工程损害或给发包人造成其他损失，承包人承担连带责任"。由此可见，发包人从未作出在保险赔偿范围内免除承包人赔偿责任的意思表示，双方并未约定在保险赔偿范围内免除承包人的赔偿责任。再次，在保险事故发生后，被保险人积极向承包人索赔并向平安财险公司出具了权益转让书。根据以上情况，镇江安装公司以其对保险标的也具有保险利益，且保险标的所有权人华东制罐公司和华东制罐第二公司已投保财产损失保险为由，主张免除其依建设工程施工合同应对两制罐公司承担的违约损害赔偿责任，并进而拒绝平安财险公司行使代位求偿权，没有法律依据，不予支持。

综上理由作出如上判决。

《最高人民法院公报》2010 年第 5 期：
韩龙梅等诉阳光人寿保险股份有限公司
江苏分公司保险合同纠纷案

【裁判要旨】

保险法第十七条第一款规定："订立保险合同，保险人应当向投保人说明保险合同的条款内容，并可以就保险标的或者被保险人的有关情况提出询问，投保人应当如实告知。"保险人或其委托的代理人出售"自助式保险卡"未尽说明义务，又未对相关事项向投保人提出询问，自行代替投保人激活保险卡形成数据电文形式的电子保险单，在保险合同生效后，保险人以电子保险单内容不准确，投保人违反如实告知义务为由主张解除保险合同的，人民法院不予支持。

【案情】

原告：韩龙梅，女，汉族，40 岁，住江苏省沛县张庄镇。

原告：刘娜，女，汉族，19 岁，住江苏省沛县张庄镇。

原告：刘凯，男，汉族，13 岁，住江苏省沛县张庄镇。

原告：刘元贞，男，汉族，70 岁，住江苏省沛县张庄镇。

原告：王月兰，女，汉族，69岁，住江苏省沛县张庄镇。

被告：阳光人寿保险股份有限公司江苏分公司，住所地：南京市鼓楼区山西路68号颐和商厦3楼。

负责人：储良，该公司副总经理。

原告韩龙梅、刘娜、刘凯、刘元贞、王月兰因与被告阳光人寿保险股份有限公司江苏分公司（以下简称阳光人保）发生保险合同纠纷，向江苏省南京市鼓楼区人民法院提起诉讼。

原告韩龙梅、刘娜、刘凯、刘元贞、王月兰诉称：2009年3月，刘元贞、王月兰之子，韩龙梅之夫，刘娜、刘凯之父刘继购买了被告阳光人保推出的"绚丽阳光"类型保险一份，保险金额为60000元，保险期限为1年。同年4月20日，刘继在前往四川途中发生交通事故身亡。五原告均为刘继的合法继承人，依法向阳光人保要求理赔时遭到阳光人保无理拒绝。请求法院判令阳光人保按约定支付保险金60000元，并承担本案的诉讼费用。

被告阳光人保辩称：刘继在交通事故中不幸死亡，我公司深表同情，对五原告是刘继继承人的事实我公司也没有异议。但是，我公司推出的涉案"绚丽阳光"类型保险采用的是"电子保单"形式订立保险合同，全部投保程序均采用数据电文，激活电子保单的过程，就是保险人对投保人进行询问和说明的过程。在投保人登录阳光人保的网站填写有关信息过程中，保险人通过网络系统的投保流程设计对保险内容依法履行了说明义务，也对一些问题提出了询问，例如要求投保人真实陈述自己的职业，并充分提供了所有可以承保的选项（如"农夫"）供投保人选择来进行如实告知。如果刘继如实告知其职业，即"营业用货车司机"，将被系统拒绝承保。鉴于刘继故意不履行如实告知义务，通过选择"农夫"为其职业的虚假陈述与我公司订立保险合同，我公司有权解除保险合同，且对于合同解除前发生的保险事故，不承担赔偿或者给付保险金的责任，而且不退还保险费。综上，原告的诉讼请求应当驳回。

南京市鼓楼区人民法院经审理查明：

"绚丽阳光"保险卡系被告阳光人保推出的短期个人综合意外伤害保险业务中销售的，在网上激活的自助式保险卡。该保险卡正面印制的内容为："保险责任：意外身故、伤残保障6万元，意外伤害医疗保障1万元；保险期限1年，保费100元，自助保险卡系列及卡号"；该卡的背面内容为："账号、密码，激活有效期至 2010 年 06 月 30 日（请在此日期前激活）；投保激活方式，网络激活：登录阳光保险集团网站 www.ygbx.com——点击'网上激活'页面——输入账号、密码、验证码进入投保页面——填写相关投保信息——确认激活成功。电话激活：拨打阳光保险全国客户服务专线95510，选择人寿保险，坐席接听后，告知投保信息，确认激活成功"。保险卡宣传手册对该产品保障内容、投保对象、保费与份额限制、注意事项、投保规定、保险责任、责任免除、索赔指引等进行了详细的介绍，并摘录了部分保险条款。其中，"重要提示"部分第 1 条载明，保险卡仅供客户投保使用，非保险凭证，持卡人须在卡的有效期内按照投保流程进行投保，在获得保险单号后该卡所对应的保险责任于激活次日零时生效；"投保规定"第 6 条规定，投保职业只接受一、二、三、四类人员作为被保险人，不接受四类以上职业人员作为被保险人，职业类别按照《阳光人寿保险股份有限公司职业分类表》确定。保险人另行提交的阳光人寿个人综合意外伤害保险条款（2008 年 6 月中国保监会备案）第 1.2 条规定，本合同自本公司同意承保，收取保险费并签发保险凭证后开始生效；保险条款第 6.1 条规定，订立本合同时，本公司会向投保人明确说明本合同的条款内容，特别是责任免除条款，本公司会就投保人和被保险人的有关情况提出书面询问，投保人和被保险人应当如实告知。该保险条款没有对参保人员的职业进行规定。保险条款和宣传手册均未记载《阳光人寿保险股份有限公司职业分类表》。阳光人保网站可以查阅《阳光光人寿保险股份有限公司职业分类表》，保险公司通过网页设置，在激活保险卡过程中，对包括被保险人职业在内的各种问题进行询问，并提供了可以承保的被保险人职业选项，要求投保人以填写或选择的方式进行告知。该职业分类表将营业用货车司机列为第六大类生产、运输设备操作人员及有关人员。网上激活过程中，如被保险人职业栏选择"营业用货车司机"，则会因被拒绝承保而不能激活保险卡，无法形成电子保单。

2008 年 12 月 5 日，被告阳光人保与徐州民兴保险代理有限责任公司（以下简称民兴代理公司）签订了保险代理合同，约定由民兴代理公司代理阳光人保在徐州地区的保险销售业务，合同期限为一年。刘继为农业家庭户口，系苏 CB8375 解放牌货车车主，于 2006 年 11 月 27 日为该车办理了从事经营活动的机动车辆道路运输证，刘继的驾驶证载明的准驾车型为

B 类。2009 年 3 月，刘继以 100 元的价格从民兴代理公司业务员宗芹手中购得"绚丽阳光"保险卡一张。阳光人保的网站系统中显示，刘继购买的保险卡已被激活，其职业为农夫，被保险人为刘继，保险责任期间自 2009 年 3 月 16 日 0 时起至 2010 年 3 月 15 日 24 时止，保单未指定受益人。

2009 年 4 月 20 日，刘继驾驶苏 CB8375 解放牌货车在四川发生交通事故。次日，刘继经医院抢救无效死亡。刘继之妻韩龙梅，子女刘娜、刘凯，父亲刘元贞，母亲王月兰即本案五原告均为刘继的合法继承人。五原告向被告阳光人保提出理赔申请，2009 年 6 月 15 日，阳光人保向五原告出具书面拒赔通知书，称刘继以农民职业参保，而其实际职业为"营业用货车司机"，依据"绚丽阳光"保险卡列明的拒保职业范围，作出拒赔决定。

诉讼中，五原告申请民兴代理公司业务员宗芹作为证人出庭。证人宗芹述称：本人系民兴代理公司业务员，以前不认识刘继。2009 年 3 月本人到刘继所在村子里做保险宣传，推广"自助式保险卡"，刘继购买"绚丽阳光"保险卡并当即交纳了涉案的 100 元保费。根据公司规定，推销保险时，本人作为业务员不随身携带保险卡，收取保费后交给公司，由公司内勤根据业务员对被保险人职业状况的陈述，代为激活保险卡。本人认为村子里都是农民，刘继也是农民，就没有询问其职业，以"农夫"为刘继的职业向公司汇报。几天后，才将已激活的保险卡交付刘继。

以上事实，有五原告提供的拒赔通知书、交通事故认定书、注销户口证明、尸检分析意见书、死亡证明、原告身份证明、证人证言，被告阳光人保提供的保险条款、保险卡、网上激活流程说明、查询结果、车辆行驶证、车管处证明等证据证实，足以认定。

本案的争议焦点是：被告阳光人保是否履行了对保险合同条款的说明义务，刘继是否违反了投保人如实告知义务。

【审判】

南京市鼓楼区人民法院认为：

《中华人民共和国保险法》（以下简称保险法）第十七条第一款规定："订立保险合同，保险人应当向投保人说明保险合同的条款内容，并可以就保险标的或者被保险人的有关情况提出询问，投保人应当如实告知。"对于投保人的告知义务而言，除了保险法第十七条第一款的规定，被告阳光人保自行提供的保险条款也规定："订立本合同时，本公司会就投保人和被保险人的有关情况提出书面询问，投保人和被保险人应当如实告知"。可见，投保人的告知义务的范围应当以保险人询问的事项为限，对保险人未询问的事项，投保人不负告知义务。

本案中，证人宗芹出具证言称，在收取保险费时误以为刘继是农民而未询问其职业，涉案保险卡系保险代理公司根据业务员对被保险人职业状况的陈述代为激活，后又交付给刘继的内容，鉴于宗芹作为向刘继销售被告阳光人保保险业务的经办人，与阳光人保有利害关系，其出具的不利于阳光人保的证言可信度较高，且阳光人保未能举证证明涉案保险卡由刘继自己激活，亦未能举证证明在收取保险费时对刘继的职业提出了书面询问，故可以认定阳光人保未能全面履行对保险合同条款的说明义务。阳光人保网站上可查阅被保险人的职业分类表，网上激活的过程中，被保险人职业栏如选择"营业用货车司机"，保险卡会因被拒绝承保而不能激活。但是，本案所涉保险卡系民兴代理公司内勤代为激活，激活过程中，民兴代理公司仅向其业务员宗芹而未向投保人刘继进行询问，而宗芹并未询问过刘继的职业，使得刘继没有机会就其职业状况履行如实告知义务。因此，刘继并未违反投保人如实告知义务。阳光人保作为保险人认为刘继违反告知义务主张解除合同，要求免除相应的赔偿责任请求没有事实根据与法律依据。因此，涉案保险合同合法有效，保险责任期间自2009年3月16日0时起至2010年3月15日24时止。2009年4月20日，刘继因交通事故而意外死亡，已经构成保险事故，保险人应按保险合同约定承担赔偿责任。保险法第六十四条规定："被保险人死亡后，遇有下列情形之一的，保险金作为被保险人的遗产，由保险人向被保险人的继承人履行给付保险金的义务：（一）没有指定受益人的；……"本案中，涉案保险合同没有指定受益人，原告韩龙梅、刘娜、刘凯、刘元贞、王月兰作为刘继的法定继承人，有权要求阳光人保履行给付保险金的义务。

据此，南京市鼓楼区人民法院于2009年11月20日判决：

被告阳光人保赔偿原告韩龙梅、刘娜、刘凯、刘元贞、王月兰保险金60000元。

一审宣判后，双方当事人在法定期间内均未提出上诉，一审判决已经发生法律效力。

《最高人民法院公报》2011 年第 3 期：
段天国诉中国人民财产保险股份有限公司
南京市分公司保险合同纠纷案

【裁判摘要】

根据 2002 年修订的《中华人民共和国保险法》第十七条第一款、第十八条的规定，订立保险合同，保险人应当向投保人说明保险合同的条款内容。保险合同中规定有关于保险人责任免除条款的，保险人在订立保险合同时应当向投保人明确说明，未明确说明的，该条款不产生效力。据此，保险人有义务在订立保险合同时向投保人就责任免除条款作出明确说明，前述义务是法定义务，也是特别告知义务。如果保险合同当事人对保险人是否履行该项告知义务发生争议，保险人应当提供其对有关免责条款内容作出明确解释的相关证据，否则该免责条款不产生效力。

原告：段天国，男，30 岁，汉族，住江苏省南京市江宁区横溪街。

被告：中国人民财产保险股份有限公司南京市分公司，住所地：江苏省南京市龙蟠路。

负责人：姜伟民，该分公司总经理。

原告段天国因与被告中国人民财产保险股份有限公司南京市分公司（以下简称人保南京分公司）发生保险合同纠纷，向江苏省南京市江宁区人民法院提起诉讼。

原告段天国诉称：2008 年 3 月 24 日，原告与被告人保南京分公司签订了第三者责任保险合同。2008 年 9 月 11 日，原告驾驶被保险车辆在龙铜线上村西段与案外人王大伟驾驶的助力车相撞，造成两车损坏、王大伟受伤的交通事故。原告要求被告全额支付保险金，遭到被告无理拒绝。请求法院判令被告依据保险合同向原告支付保险金 72825.68 元。

被告人保南京分公司辩称：1. 根据涉案保险合同条款第九条的约定，即使理赔，也应扣除 20% 的免赔率。2. 根据涉案保险合同条款第二十五条第二款的约定，对于伤者的 4080.20 元的医保外用药费用不应理赔。

江苏省南京市江宁区人民法院一审查明：

2008 年 3 月 24 日，原告段天国为苏 0141557 拖拉机在被告人保南京分公司处投保了机动车第三者责任保险，保险金额为 20 万元，保险期间自 2008 年 3 月 25 日至 2009 年 3 月 24 日，双方特别约定，保险车辆车主为段天玲，被保险人为段天国。涉案保险合同第六条第七项第二款约定："驾驶人驾驶的被保险机动车与驾驶证载明的准驾车型不符的，则不论任何原因造成的对第三者的损害赔偿责任，保险人均不负责赔偿。"第九条第一项约定："保险人在依据本保险合同约定计算赔款的基础上，在保险单载明的责任限额内，按下列免赔率免赔……负全部事故责任的免赔率为 20%"，第二十五条第二款约定："保险人按照国家基本医疗保险的标准核定医疗费用的赔偿金额"。该保险投保单的投保人声明处载明："保险人已将投保险种对应的保险条款（包括责任免除部分）向本人作了明确说明，本人已充分理解，上述所填写的内容均属实，同意以此投保单作为订立保险合同的依据"。段天国在投保人声明栏签字确认。

2008 年 9 月 11 日，原告段天国驾驶苏 0141557 号拖拉机在龙铜线与案外人王大伟驾驶的二轮助力车相撞，造成两车损坏、王大伟受伤的交通事故。交警部门认定段天国负事故全部责任。王大伟遂向法院起诉，南京市江宁区人民法院作出（2009）江宁民一初字第 480 号民事判决书、（2009）江宁民一初字第 480 号民事裁定书，判决被告人保南京分公司在段天国另行投保的交强险责任限额内赔偿王大伟 111075 元，段天国、段天玲连带赔偿王大伟 55923.68 元。判决生效后，段天国向人保南京分公司要求理赔被拒绝。

另查明：案外人王大伟伤后抢救医疗费 2402.30 元未在（2009）江宁民一初字第 480 号案中处理，庭审中被告人保南京分公司对上述抢救费用真实性无异议。故原告段天国在该起事故中未获保险公司理赔的损失有垫付的医疗费 14500 元、连带赔偿款 55923.68 元、抢救医疗费 2402.30 元，合计 72825.98 元。涉案事故发生时，段天国持有的机动车驾驶证为公安机关交通管理部门核发的 B 型驾照。

上述事实，有保险单、投保单、医疗费票据、机动车驾驶证、生效判决书和裁定书、当事人陈述等证据证实，足以认定。

本案的争议焦点是：被告人保南京分公司是否应当理赔，如果应当理赔，如何确定理赔数额。

江苏省南京市江宁区人民法院一审认为：

原告段天国与被告人保南京分公司签订的保险合同是双方当事人真实意思表示，合法有效，应受法律保护。保险公司在被保险车辆发生交通事故时，应按照双方当事人在涉案保险合同中的约定予以赔偿。本案发生于2008年，应当适用2002年修订的《中华人民共和国保险法》（以下简称保险法）。

关于涉案保险合同的争议条款能否理解为"医保外用药不予理赔"的问题。涉案保险合同第二十五条第二款约定："保险人按照国家基本医疗保险的标准核定医疗费用的赔偿金额"。对于该条规定，原告段天国与被告人保南京分公司有不同的理解。人保南京分公司认为，该条规定的含义是"医保外用药"不予理赔，段天国认为，该条款中的"国家基本医疗保险的标准"并无明确具体的含义，人保南京分公司将其定义为"医疗用药的范围"无法律依据。对此法院认为，《中华人民共和国合同法》第四十一条规定："对格式条款的理解发生争议的，应当按照通常理解予以解释。对格式条款有两种以上解释的，应当作出不利于提供格式条款一方的解释。格式条款和非格式条款不一致的，应当采用非格式条款。"因此，在涉案保险合同争议条款的涵义不明确的情况下，应当作出不利于人保南京分公司的解释。

即使涉案保险合同的争议条款可以被理解为"医保外用药不予理赔"，该条款的效力也应当结合保险合同的相关法律规定全面加以分析。从保险合同的性质来看，保险合同是最大的诚信合同，保险合同的免责条款决定着投保人的投保风险和投保根本利益，对于投保人是否投保具有决定性的影响。根据保险法第十七条第一款、第十八条的规定，"保险人应当向投保人说明保险合同的条款内容"；"保险合同中规定有关于保险人责任免除条款的，保险人在订立保险合同时应当向投保人明确说明，未明确说明的，该条款不产生效力。"据此，保险人在订立保险合同时必须向投保人就责任免除条款作明确说明，前述义务是法定义务，也是特别告知义务，这种义务不仅是指经过专业培训而具有从事保险资格的保险人在保险单上提示投保人特别注意，更重要的是要对有关免责条款内容作出明确解释，如合同当事人对保险人就保险合同的免责条款是否明确说明发生争议，保险人应当负有证明责任，即保险人还必须提供其对有关免责条款内容作出明确解释的相关证据，否则该免责条款不产生效力。本案中，人保南京分公司为证明已经尽到告知义务而提供的证据是涉案保险投保单的投保人声明以及段天国的签名，但该段声明的内容并没有对争议条款的具体内容作出明确的解释，不能证明人保南京分公司已经向段天国陈述了该条款包含"医保外用药不予理赔"即部分免除保险人责任的涵义。因此，即使该条款可以被理解为"医保外用药不予理赔"，也不能发生相应的法律效力。

此外，国家基本医疗保险是为补偿劳动者因疾病风险造成的经济损失而建立的一项具有福利性的社会保险制度。旨在通过用人单位和个人缴费建立医疗保险基金，参保人员患病就诊发生医疗费用后，由医疗保险经办机构给予一定的经济补偿，以避免或减轻劳动者因患病、治疗等所带来的经济风险。为了控制医疗保险药品费用的支出，国家基本医疗保险限定了药品的使用范围。而涉案保险合同是一份商业性的保险合同，保险人收取的保费金额远远高于国家基本医疗保险，投保人对于加入保险的利益期待也远远高于国家基本医疗保险。因此，如果按照被告人保南京分公司"医保外用药"不予理赔的主张对争议条款进行解释，就明显降低了人保南京分公司的风险，减少了人保南京分公司的义务，限制了原告段天国的权利。人保南京分公司按照商业性保险收取保费，却按照国家基本医疗保险的标准理赔，有违诚信。

综上，被告人保南京公司根据涉案保险合同约定"医保外用药不予理赔"的主张不予支持。原告段天国未投保"不计免赔附加险"，涉案保险合同约定的保险条款已明确驾驶人在事故中负全部事故责任的免赔率为20%，人保南京分公司辩称应扣除 20% 免赔部分再予理赔的意见，符合涉案保险合同的约定，应予以支持。

据此，南京市江宁区人民法院于 2010 年 5 月 19 日判决：

被告人保南京分公司给付原告段天国保险理赔款 58260.78 元。

一审宣判后，双方当事人均未在法定期限内提起上诉，一审判决已经发生法律效力。

《最高人民法院公报》2013 年第 8 期：
刘向前诉安邦财产保险公司
保险合同纠纷案

【裁判要旨】

根据《合同法》第五十四条第二款的规定，一方以欺诈、胁迫的手段或乘人之危，使对方在违背真实意思的情况下订立的合同，受损害方有权请求人民法院或仲裁机构变更或者撤销。而欺诈是指合同一方当事人故意告知对方虚假情况，或者故意隐瞒真实情况，诱使对方当事人作出错误意思表示的行为。保险公司故意隐瞒被保险人可以获得保险赔偿的重要事实，对被保险人进行错误诱导，致使被保险人误以为将不能从保险公司获得赔偿，并在此基础上作出同意销案的意思表示，应认定被保险人作出了不真实的意思表示，保险公司的行为违背诚信原则，因此构成保险合同欺诈。

【案情】

原告：刘向前。

被告：安邦财产保险股份有限公司江苏分公司。

刘向前与安邦财产保险股份有限公司江苏分公司（以下简称安邦公司）因机动车交通事故责任保险合同纠纷一案，向宿迁市宿城区人民法院提起诉讼。

原告刘向前诉称：2009 年 12 月 7 日，原告在被告安邦公司为其所有的牌号为苏 NU3839、苏 NG886 挂的车辆投保了交强险和商业险。2010 年 4 月 23 日 23 时 5 分，原告驾驶上述车辆由南向北行至高邮市 X206 线与菱塘回族乡交叉路口处，所载的货物刮倒路上线路，致路上线路、绿化带、路边房屋及一辆小型客车受损。后高邮市交警部门认定原告在此事故中负全部责任，在交警部门主持下，原告赔偿了以下损失计 52 689.5 元：绿化带损失 35 275 元（不含税费 1 474.5 元）、广播电视站线路损失 9800 元、电信局线路损失 3 500 元、车损 1 800 元、房屋损失 840 元。后在理赔过程

中，原告在被告误导下口头放弃向被告理赔。现请求依法判令撤销因原告
口头放弃向被告理赔而达成的销案协议。

被告安邦公司辩称：涉案保险事故在我公司已经销案，原告刘向前曾
口头放弃理赔，而且原告的上述投保车辆在发生事故时超高超载，且没有
经过我公司定损，根据双方订立的机动车第三者责任保险条款第七条第一
款和第六款，该事故亦不属于保险赔偿的范围。

宿迁市宿城区人民法院一审审理查明：

2009 年 12 月 7 日，原告刘向前在被告安邦公司处为其所有的车辆苏
NU3839、苏 NG886 挂车投保了机动车商业保险（简称商业险）和机动车交
通事故责任强制保险（简称交强险），保险期间分别为 2009 年 12 月 26 日
至 2010 年 12 月 25 日、2009 年 12 月 8 日至 2010 年 12 月 7 日。

2010 年 4 月 3 日 23 时 5 分，原告刘向前驾驶上述车辆在高邮市 X206
线与菱塘回族乡团结街交叉路口发生交通事故，车上货物刮倒了路上的广
播电视、电信线路以致线路、绿化带、路边房屋和一辆小型客车受损。交
警部门认定，因原告驾驶的车辆所载货物超高是形成该事故的原因，故原
告对该事故承担全部责任。后经交警部门调解，由原告赔偿各项损失共计
51 215 元，原告现已实际赔付了该费用。原告向被告安邦公司理赔过程中，
被告认为上述车辆未在被告处投保险且车辆所载货物超高，故该事故不
在保险赔偿的范围。后被告又对原告进行了电话回访，双方就涉案事故达
成了销案的协议，具体内容如下：

"问：我们是安邦保险公司的，你是刘向前先生吗？

答：是的。

问：4 月 3 日的事故，你还记得吗？在高邮市，你这个案子需要销案
吗？

答：当时砸到电线，中间有点不平，砸到了一点点。

问：你要是销案的话，我们就帮你销了。

答：算了吧，你们不赔就算了。

问：好，那帮你销案了。"

另查明，原告刘向前所投保的商业险条款约定了："……第七条 下列
损失和费用，保险人不负责赔偿：（一）被保险机动车发生意外事故，致
使第三者停业、停驶、停电、停水、停气、停产、通讯或者网络中断，数

据丢失、电压变化等造成的损失以及其他各种间接损失……（六）被保险人或驾驶人的故意行为造成的损失……第九条　保险人依据本保险合同约定计算赔款的基础上，保险单载明的责任限额内按下列免赔率免赔：负全部事故责任的免赔率为20%、违反安全装载规定的，增加免赔率10%……"

【审判】

宿迁市宿城区人民法院一审认为：

本案的争议焦点是：原、被告双方在上述电话回访中就涉案事故所达成的销案协议是否具备法定可撤销的条件。原告刘向前主张该协议应予撤销，主要理由是，根据双方保险合同的约定，涉案保险事故理应在赔偿范围内，保险公司拒赔存在欺诈，故该协议应予撤销。对此，法院认为，根据《合同法》第五十四条第二款的规定，一方以欺诈、胁迫的手段或乘人之危，使对方在违背真实意思的情况下订立的合同，受损害方有权请求人民法院或仲裁机构变更或者撤销。本案中，被告安邦公司在原告向其要求理赔时出具的拒赔通知载明的拒赔理由是"上述车辆未投保货险且车辆所载货物超高"，但直至诉讼中也未能提供相应的合同条款依据，双方订立的保险合同中亦无任何条款约定车辆所载货物超高属于免赔情形，且根据该合同约定，涉案保险事故属于约定的保险责任范围，故被告以根本不存在的条款拒赔显然存在欺诈，而原告口头同意销案则以被告为实现欺诈而实施的诱问为基础。原告在接到该拒赔通知与被告达成的销案协议，显然违背了原告的真实意思表示，原告请求撤销该协议，法院依法予以支持。另，被告主张涉案保险事故未经其定损，且系根据保险合同第七条第一款和第六款的约定拒赔，但并无证据证明原告要求赔偿因涉案事故所造成的损失属于该条款规定的间接损失或系被保险人及驾驶人故意行为所致，故该主张亦于法无据，不予支持。

据此，宿迁市宿城区人民法院依照《中华人民共和国合同法》第五十四条、《中华人民共和国民事诉讼法》第一百二十八条之规定，于2011年7月25日作出判决：

撤销原告刘向前与被告安邦公司就涉案保险事故达成的销案协议。

安邦公司不服一审判决，向宿迁市中级人民提起上诉。

　　安邦公司上诉称：在安邦公司电话回访被上诉人刘向前时，被上诉人明确表示放弃理赔，并进行了销案处理。被上诉人具有完全的民事行为能力，应当对其行为承担相应的法律后果。双方关于销案的协议系自愿达成，未违反法律规定，依法应受法律保护，一审判决对该协议予以撤销是错误的，请求二审法院依法改判驳回刘向前的诉讼请求。

　　被上诉人刘向前辩称：一审判决认定事实清楚，适用法律正确，请求维持原判。

　　宿迁市中级人民法院经二审，确认了一审查明的事实。

　　本案二审的争议焦点是：上诉人安邦公司在与被上诉人刘向前订立销案协议的过程中是否存在欺诈行为。

　　宿迁市中级人民法院二审认为：

　　合同一方当事人故意告知对方虚假情况，或者故意隐瞒真实情况，诱使对方当事人作出错误意思表示的，其行为构成欺诈。欺诈的构成要件为：(1) 一方当事人存在告知虚假情况或者隐瞒真实情况的行为；(2) 该行为是故意作出；(3) 欺诈行为致使对方陷入错误认识，并基于该错误认识作出了不真实的意思表示。本案中，从电话回访的内容分析，被上诉人刘向前同意销案的原因是此前上诉人安邦公司拒绝理赔，致使其误以为因交通事故造成的损失将不能从安邦公司处获得赔偿。安邦公司认为其不应赔偿的理由分别是被上诉人未投保货物损失险、被保险车辆装载货物超高及不属其赔偿范围，但在诉讼中未能对其拒赔理由提供法律及合同上的依据。安邦公司作为专业保险公司，基于工作经验及对保险合同的理解，其明知或应知本案保险事故在其赔偿范围之内，在其认知能力比较清楚，结果判断比较明确的情况下，对被上诉人作出拒赔表示，有违诚实信用原则。在涉案销案协议订立过程中，安邦公司基于此前的拒赔行为，故意隐瞒被上诉人可以获得保险赔偿的重要事实，对被上诉人进行错误诱导，致使被上诉人误以为将不能从保险公司获得赔偿，并在此基础上作出同意销案的意思表示，该意思表示与被上诉人期望获得保险赔偿的真实意思明显不符。故安邦公司的行为构成欺诈，依照《中华人民共和国合同法》第五十四条第二款之规定，该销案协议应予撤销。

　　综上，上诉人安邦公司提出的关于销案的协议系双方自愿达成，未违反法律规定，依法应受法律保护的上诉理由不能成立。一审法院认定事实

清楚，适用法律正确，程序并无不当，应予维持。据此，宿迁市中级人民

177 法院依据《中华人民共和国民事诉讼法》第一百五十三条第一款第（一）
项的规定，于2011年11月2日作出判决：

驳回上诉，维持原判。

本判决为终审判决。

《最高人民法院公报》2013年第10期：
中海工业（江苏）有限公司诉
中国太平洋财产保险股份有限公司
扬州中心支公司、中国太平洋财产保险
股份有限公司海上保险合同纠纷案

【裁判摘要】

在建船舶因尚未通过各项技术检验和办理正式登记手续，难以构成
《中华人民共和国海商法》（简称海商法）意义上的船舶，更不具备从事船
舶营运活动的资格。因此，在建船舶的试航作业只是与"船舶建造"有关
的活动，而非海商法第二百零七条第一款第（三）项所列的与"船舶营
运"直接相关的活动，由此产生的损害赔偿请求不属于限制性债权，故在
建船舶试航期间发生事故造成他人人身、财产损失的，责任人不能享受海
事赔偿责任限制。

原告：中海工业（江苏）有限公司，住所地：江苏省南京市鼓楼区汉
中路。

法定代表人：林建清，该公司董事长。

被告：中国太平洋财产保险股份有限公司扬州中心支公司，住所地：
江苏省扬州市广陵区文昌中路。

负责人：吴华，该支公司总经理。

被告：中国太平洋财产保险股份有限公司，住所地：上海市浦东新区
银城中路。

法定代表人：吴宗敏，该公司董事长兼总经理。

原告中海工业（江苏）有限公司（以下简称中海工业）因与被告中国
太平洋财产保险股份有限公司扬州中心支公司（以下简称太保扬州公司）、
被告中国太平洋财产保险股份有限公司（以下简称太保公司）发生海上保
险合同纠纷，向上海海事法院提起诉讼。

原告中海工业诉称：2008 年 11 月 14 日，原告为其在建的一艘编号
CIS57300-04 散货船（以下简称"安民山"轮）向被告太保扬州公司投保
船舶建造险，并缴纳保险费 448000 元。太保扬州公司同日签发了编号
ANAJK0123108B000008N 船舶建造险保单，保险金额为 280000000 元，保险
责任范围包括"安民山"轮在试航过程中发生碰撞、触碰事故对第三者财
产损失、人员伤亡的赔偿责任。2009 年 7 月 9 日，"安民山"轮在从江苏
扬州江都驶往浙江花鸟山海域的试航过程中，途经张家港福姜沙南水道时，
因船舶失电、失控先触碰张家港东华能源股份有限公司（以下简称东华公
司）码头，后又与"华航明瑞 16 号"轮发生碰撞。此次事故造成"安民
山"轮损坏，"华航明瑞 16 号"轮沉没，东华公司码头局部倒塌，一名码
头工人溺亡。张家港海事局于 2009 年 10 月 25 日出具事故调查结论书，认
定"安民山"轮对此次事故承担全部责任。事故发生后，原告对外支付了
现场抢修航道疏通费、"安民山"轮解系缆费、交通费、停泊费、拖轮费、
"华航明瑞 16 号"沉船打捞费、"安民山"轮船舶修理费、死亡人员赔偿
金、"华航明瑞 16 号"轮损失赔偿金、码头清障费、航标设置费、码头重
置费、码头设施管路重置费、码头设计费、码头监理费、码头误期运营损
失赔偿费、评估费等共计人民币 297033828 元。原告于事故发生当日即通
知太保扬州公司，要求其查勘定损，此后亦多次与太保扬州公司就保险理
赔事宜进行协商，但太保扬州公司迄今仅支付了 60000000 元保险赔款。原
告认为，上述事故所造成的损失和责任属于保险人责任范围，太保扬州公
司理应赔付，然而太保扬州公司始终未全面履行其保险合同义务，致原告
利益受损。因太保扬州公司系被告太保公司的分支机构，故太保公司应对
原告上述经济损失承担连带赔偿责任。请求判令：1. 两被告连带向原告支
付保险赔款人民币 237033828 元及利息损失（90373828 元自 2011 年 6 月 29
日起算至判决生效之日止；141969500 元自 2011 年 11 月 14 日起算至判决
生效之日止；4690500 元自 2012 年 1 月 9 日起算至判决生效之日止；均按

照中国人民银行一年期贷款利率计算）；2. 本案案件受理费由两被告共同承担。

原告中海工业提供以下证据：

1. 船舶建造保险单，以证明原告中海工业与被告太保扬州公司订立合法有效的保险合同。

2. 保险费发票、银行付款回单，以证明原告中海工业按约支付了保险费。

3. 内河交通事故调查结论书，以证明"安民山"轮对保险事故承担全部责任。

4. 沉船打捞合同、发票、银行付款回单，以证明原告中海工业支付沉船打捞费990000元。

5. 抢险施救及移位协议、发票、银行付款回单，以证明原告中海工业支付现场抢修航道疏通费4137288元、解系缆费、交通费、停泊费682812元。

6. 拖航协议书、发票、银行付款回单，以证明原告中海工业支付拖轮费780000元。

7. 调解协议书、收条，以证明原告中海工业向死亡人员家属支付赔偿金580000元。

8. 和解协议、收条、银行付款回单，以证明原告中海工业向"华航明瑞16号"轮船舶所有人支付赔偿金5910000元。

9. 修船合同、收据及发票，以证明原告中海工业支付"安民山"轮船舶修理费10642031元。

10. 码头打捞及拆除工程承包合同、公证书、银行付款回单、发票，以证明原告中海工业支付被撞码头清障费用6480000元。

11. 协议书、银行付款回单，以证明原告中海工业与东华公司就码头清障、重建等赔偿事项达成协议，并支付前期费用合计118480000元。

12. 咨询业务约定书、发票、咨询报告，以证明东华公司向其委托的江苏富华会计师事务所支付咨询费600000元。

13. 业务约定书、发票、银行付款回单、报告书，以证明原告中海工业向其委托的上海宏大东亚会计师事务所支付评估费700000元。

14. 协议书、银行付款回单，以证明根据双方各自委托的会计师事务所的评估报告，原告中海工业和东华公司确定东华公司码头误期运营时间

为 24 个月，损失总额为 218342197 元，东华公司于 2011 年 11 月 14 日确认
已收到 146660000 元。

15. 银行付款回单，以证明原告中海工业于 2012 年 1 月 9 日补充支付
误期运营损失费 4690500 元。

被告太保扬州公司辩称：1. 原告中海工业的部分损失不合理，"安民
山"轮船舶修理费的合理金额应为 6092011 元；原告主张的 1300000 元评
估费包含了两家评估公司的费用，对其中的 600000 元不予认可。2. 涉案保
险金额为 280000000 元，合同中还约定了免赔额 100000 元，即使保险人须
承担责任也应以保险金额为限，并扣除免赔额。3. 原告作为"安民山"轮
的船舶所有人依法应当享有海事赔偿责任限制，然而原告在与东华公司的
协商中没有提出海事赔偿责任限制，对此太保扬州公司持有异议。4. 太保
扬州公司在本案中不存在拖延赔付的情形，不应承担利息损失；原告主张
按照贷款利率计算利息损失缺乏依据，应按照一年期存款利率计算。

被告太保公司辩称：涉案保单系被告太保扬州公司签发，太保扬州公
司虽为太保公司分支机构但依法具有独立的诉讼地位，太保公司在本案中
不应对原告中海工业承担赔偿责任。其他同意太保扬州公司的答辩意见。

两被告共同提供以下证据：

上海悦之保险公估有限公司（以下简称悦之公司）出具的编号为 CS-
YZ-TB-09309 的公估报告，以证明涉案事故的合理损失数额。

上海海事法院依法组织了质证。被告太保扬州公司和太保公司在庭审
中质证认为：对原告中海工业证据 1-8、10、11、13-15 的真实性、合法
性、关联性予以认可。对证据 9 的真实性认可，但认为该费用数额不合理，
根据两被告委托的公估公司的估算合理的修理费用应为 6092011 元。对证据
12 的真实性不认可，原告未提供支付凭证的原件且付款人不是原告。原告
质证认为：对两被告提供的公估报告的真实性、合法性和关联性均予认可。

上海海事法院一审查明：

2008 年 11 月 14 日，原告中海工业为其一艘在建船体编号为 CIS57300-
04 的散货船（该船后被命名为"安民山"轮）向被告太保扬州公司投保船
舶建造险。同日，太保扬州公司签发了编号 ANAJK0123108B000008N 船舶
建造险保险单，保单载明：原告系建造合同的承包人和被保险人，被保险
船舶的合同号和船体为 CIS57300-04，建造地点为原告船厂及其分包厂，

试航区域为以上海为中心 500 海里半径以内长江和东海水域，保险期限自 2008 年 11 月 15 日零时起至 2009 年 9 月 30 日二十四时止，总保险价值和总保险金额均为 280000000 元，保险费率 0.16%，保险费 448000 元，每次事故绝对免赔额 100000 元，保险条款为船舶建造保险条款。除保险单外，原告与太保扬州公司订立的保险合同还包括《船舶建造保险条款》和《船舶建造保险特别约定》。根据上述保险合同的约定，保险人的保险责任范围包括：保险船舶在船厂建造、试航和交船过程中因自然灾害或意外事故所造成的损失和费用；工人、技术人员、船长、船员及引水人员的疏忽过失和缺乏经验所造成的损失和费用；发生碰撞事故后，保险船舶对被碰撞船舶及其所载货物、浮动物件、船坞、码头或其他固定建筑物损失和延迟、丧失使用的损失以及施救费用、共同海损和救助费用依法应负的赔偿责任，但以保险船舶的保险金额为限；以及保险船舶遭受碰撞事故后引起的清除保险船舶残骸的费用、对第三者人身伤亡赔偿责任，但以保险船舶的保险金额为限，等等。此外，保险合同还约定：在出险后，如经勘察确定为保险责任事故造成的损失，保险人应在发生事故后四周内，先行将实际损失金额支付到原告的指定账户。2008 年 12 月 5 日，原告向太保扬州支公司支付保险费 448000 元。

2009 年 7 月 9 日 1007 时，"安民山"轮从原告中海工业江都船厂码头驶往浙江花鸟山海域进行试航。当日 1443 时，"安民山"轮在途经长江福姜沙南水道，追越"华航明瑞 16 号"轮过程中，在长江#48 黑浮附近水域，因船舶电机故障造成全船失电，导致主机、舵机失灵，船舶失控。1446 时，"安民山"轮触碰东华公司码头。1448 时，在"安民山"轮右后下行的"华航明瑞 16 号"轮因避让不及，与"安民山"轮船尾舵叶发生碰撞。事故造成"安民山"轮损坏，"华航明瑞 16 号"轮沉没，东华公司码头局部倒塌，一名码头工人落水死亡。2009 年 10 月 25 日，中华人民共和国张家港海事局出具事故调查结论书，认定本次事故是因"安民山"轮船舶失电，主机、舵机失灵，船舶失控所致，"安民山"轮应负本次事故的全部责任，"华航明瑞 16 号"轮和东华公司不承担责任。

为处理事故善后事宜，2009 年 7 月 14 日至 8 月 25 日期间，原告中海工业向张家港保税区港通船舶服务有限公司支付了现场救助费 4137288 元、系泊费 682812 元，向江阴澄港拖轮船务有限公司支付拖带费 780000 元，

向"华航明瑞 16 号"轮船舶所有人王惠丽支付损失赔偿费 5910000 元，向
盐城稳强疏浚打捞有限公司支付沉船打捞费 990000 元（打捞费用总价为
1945000 元，"华航明瑞 16 号"轮残骸折价 955000 元，用于抵扣打捞费用，
原告实际支付 990000 元），向死亡人员孙龙华家属支付赔偿金 580000 元。
上述费用合计 13080100 元。2009 年 7 月 25 日，原告与中海工业有限公司
订立"安民山"轮修船合同，约定修理费用为 10642031 元，由中海工业
（上海长兴）有限公司实际负责修理。原告与东华公司于 2009 年 7 月 9 日、
2009 年 12 月 10 日、2010 年 6 月 20 日、2011 年 6 月 13 日，就被撞码头的
清理、重建、误期营运损失的确定以及赔付方案等事宜，达成四份协议书，
并分别委托上海宏大东亚会计师事务所和江苏富华会计师事务所对被撞码
头误期营运损失进行评估，两家会计师事务所出具的评估报告均认定：东
华公司与被撞码头相关的边际利润损失为 299098.90 元/天。根据评估报告
结论，原告和东华公司确认东华公司因码头被撞造成的营运损失期间为 24
个月，损失总计 218342197 元。2011 年 6 月 10 日，原告向其委托的上海宏
大东亚会计师事务所支付评估费 700000 元。按照与东华公司之间的协议约
定，原告于 2009 年 8 月 10 日向东华公司支付 16000000 元，2009 年 8 月 19
日支付 6480000 元，2009 年 12 月 28 日支付 30000000 元，2010 年 7 月 16 日
支付 30000000 元，2011 年 6 月 29 日支付 36000000 元，2011 年 11 月 14 日
支付 141969500 元，2012 年 1 月 9 日支付 4690500 元，合计向东华公司支付
265140000 元。

事故发生后，原告中海工业即通知了被告太保扬州公司。2009 年 7 月
12 日，悦之公司受太保扬州公司委托指派公估师赴现场查勘定损。2011 年
12 月 5 日，悦之公司出具编号 CS-YZ-TB-09309 公估报告，对船舶、码头
损坏范围、程度以及事故所致各项损失进行了评估。该报告对原告支出的
现场救助费、系泊费、拖带费、"华航明瑞 16 号"轮损失赔偿费、沉船打
捞费、死亡人员赔偿金等费用合计 13080100 元均予认可；认为"安民山"
轮船舶修理费的合理数额为 6092011 元；认为被撞码头的清理、重建费用
包括码头残骸打捞与清理费 4480000 元（原告向东华公司支付码头残骸打
捞与清理费 6480000 元，但处理码头残骸可得收益 2000000 元，扣除该笔
收益后的码头残骸打捞与清理费应为 4480000 元），码头重置费 18898300
元，码头设施管路重置费 26930600 元，码头设计费 2291500 元，码头监理

费 916600 元，航标设置费 152500 元；认为东华公司的码头误期营运损失 218342197 元为合理数额。原告对悦之公司评估报告的结论表示认可，并确认实际支付码头重置费 17858500 元、码头设施管路重置费 20498900 元。

被告太保扬州公司于 2009 年 8 月 19 日和 2010 年 1 月 20 日分两次向原告中海工业合计赔付了 60000000 元。太保扬州公司系太保公司设立并持有营业执照的分支机构。

另查明，"安民山"轮在试航前向中华人民共和国扬州海事局办理了《中华人民共和国船舶国籍证书》和《船舶最低安全配员证书（沿海船舶）》，并取得了中国船级社颁发的《船舶试航证书》。根据上述证书记载，原告中海工业在试航期间为"安民山"轮的船舶经营人，船舶总吨为 33 511 吨。

在本案审理过程中，原告中海工业和两被告确认：原告支付给上海宏大东亚会计师事务所的评估费非为确定保险事故的性质、程度而支出的检验、估价费用，而是因本次事故所产生的损失；根据原告和太保扬州公司的约定，保险合同中的绝对免赔额 100000 元无论损失总额是否超出保险金额都应在保险金额 280000000 元内扣除。同时原告对其利息损失请求进行说明：其将两被告应付款项的利息损失分为三个时间段，其中 141969500 元和 4690500 元系原告最后对外支付的两笔款项，起算点为原告实际支付日；90373828 元系将两被告应付款项减去前述两笔款项后的剩余数额，为方便计算从原告对外支付的倒数第三笔款项之日即 2011 年 6 月 29 日起算利息损失。

上海海事法院一审认为：

原告中海工业和两被告对于原告和被告太保扬州公司之间成立有效的在建船舶保险合同、太保扬州公司为保险人、涉案事故属于保险合同所约定的保险事故以及涉案事故所造成的损失、责任和费用在保险人的责任范围之内等均无异议，本案的主要争议焦点有三：一、原告就涉案事故能否享受海事赔偿责任限制；二、保险赔偿数额及利息损失的确定；三、两被告民事责任的承担方式。

关于原告中海工业就涉案事故能否享受海事赔偿责任限制。依据《中华人民共和国海商法》（以下简称海商法）第十一章有关海事赔偿责任限制的规定，享受海事赔偿责任限制的前提必须符合主客体两方面的条件：

1. 有权享受海事赔偿责任限制的主体是船舶的所有人、经营人或承租人，
且该船舶须是海商法第三条所规定的船舶，即指海船和其他海上移动式装
置，不包括内河船舶，用于军事的、政府公务的船舶以及 20 总吨以下的小
型船艇；2. 事故所造成的损失赔偿请求属于限制性海事赔偿请求。法院认
为，首先"安民山"轮不构成海商法意义上的船舶。海商法第三条所定义
的船舶应指完整意义上的船舶，包括进行了船舶登记、通过各项技术检测、
取得正式船舶证书和船名等，而在建船舶未进行正式登记，也未取得主管
部门颁发的正式证书，虽然其在试航阶段也具备了一定的水上航行能力，
但仍处于对船体的测试检验阶段，其最终能否通过测试进而取得正式的船
舶资格并不确定，因而在建船舶不构成海商法意义上的船舶，原告也就不
能成为海商法第十一章所规定的船舶所有人或船舶经营人。其次，即使在
建船舶可以被认定为海商法第三条所规定的船舶，此类船舶在试航过程中
造成的损失赔偿请求依现行法律规定亦难以归入限制性海事赔偿请求范围。
海商法第二百零七条列明了四项限制性海事赔偿请求：（一）在船上发生
的或者与船舶营运、救助作业直接相关的人身伤亡或者财产的灭失、损坏，
包括对港口工程、港池、航道和助航设施造成的损坏，以及由此引起的相
应损失的赔偿请求；（二）海上货物运输因迟延交付或者旅客及其行李运
输因迟延到达造成损失的赔偿请求；（三）与船舶营运或者救助作业直接
相关的，侵犯非合同权利的行为造成其他损失的赔偿请求；（四）责任人
以外的其他人，为避免或者减少责任人依照本章规定可以限制赔偿责任的
损失而采取措施的赔偿请求，以及因此项措施造成进一步损失的赔偿请求。
上述第（二）项和第（四）项情形与本案无关，第（一）项和第（三）
项则特别强调了事故所造成的损失须与"船舶营运"直接相关，如此规定
与海事赔偿责任限制制度的立法精神——保障航运业、降低航运经营者风
险相一致。而"安民山"轮在事故发生时系一艘在建船舶，尚未取得正式
的船舶证书，不具备船舶营运资质，其试航作业不是与"船舶营运"直接
相关的活动，而是与"船舶建造"相关的活动，因此涉案事故所造成的损
失不属于海商法第二百零七条所规定的情形。既然"安民山"轮在试航作
业过程中造成人身伤亡和财产损失赔偿请求不属于海商法第二百零七条所
规定的限制性海事赔偿请求，那么原告也就不能依据海商法第十一章的规
定限制其赔偿责任。综上所述，原告在事故发生后向相关损失方和受害人

全额支付赔款，符合法律规定，并无不当。两被告主张原告在对外赔付过程中未行使海事赔偿责任限制权利进而损害保险人利益的抗辩依据不足，法院不予采纳。

关于保险赔偿数额及利息损失的确定。本案原告中海工业的损失按支付对象大致可以分为四类：一是原告为现场救助、打捞、被撞船舶损失、死亡人员赔偿等所支出的费用和赔偿金，合计13080100元，对该部分费用原、被告均无异议；二是原告为修理"安民山"轮支出的船舶修理费，原告主张10642031元，而两被告仅认可6092011元，此后原告在庭审中表示愿意接受两被告主张的数额，法院确认"安民山"轮的修理费为6092011元；三是被撞码头清理、重建及误期营运损失，对于此项损失，太保扬州公司所委托的公估公司在其报告中作出了详细的评估，原告和两被告对于评估结论所确定的损失数额均无异议，法院予以采纳，但因原告在庭审中自认实际支付的码头重置费和码头设施管路重置费低于公估报告中确定的数额，故该两项费用应以原告实际支付数额为准，据此该部分费用合计为264540197元；四是原告为计算码头误期运营损失而支出的评估费，原告主张的1300000元包含了原告和东华公司分别聘请的两家会计师事务所的费用，但原告未能提供其向江苏富华会计师事务所支出600000元的有效证据，故法院仅支持有证据证明的评估费700000元，对其余费用不予支持。上述四类损失合计284412308元，已超出了保险合同约定的总保险金额280000000元，因此太保扬州公司应以总保险金额为限向原告赔付，扣除保险合同约定的绝对免赔额100000元，以及太保扬州公司已经先行赔付的60000000元，太保扬州公司还应向原告赔付的数额为219900000元。关于原告主张的利息损失，根据保险合同约定，太保扬州公司应在事故发生后四周内向原告先行支付赔款，但迄今太保扬州公司仅向原告支付了60000000元，而原告实际对外赔付额达284412308元，原告据此主张利息损失依法有据可予支持。根据原告的诉请主张及其对外支付情况，本案保险赔款219900000元的利息损失可分如下三段计算：73240000元自2011年6月29日起算至判决生效之日止；141969500元自2011年11月14日起算至判决生效之日止；4690500元自2012年1月9日起算至判决生效之日止。关于利息损失标准，法院认为本案利息损失可酌情按中国人民银行同期一年期存款利率计算。

关于两被告民事责任的承担方式。原告中海工业主张要求两被告承担连带责任。法院认为，原告和两被告均认可与原告订立保险合同的相对人为太保扬州公司，该公司虽不具有法人资格，但系依法设立并领取营业执照的金融分支机构，具有独立的诉讼主体资格和对外债务履行能力，其应作为涉案保险合同的保险人对原告承担民事赔偿责任。太保公司并非涉案保险合同的保险人，不应直接承担保险合同下的赔付责任，但其作为太保扬州公司的总公司，应在太保扬州公司偿付能力不足的情况下，对不足部分承担补充赔偿责任。

综上，上海海事法院依照《中华人民共和国合同法》第一百零七条、 577 第一百一十二条，《中华人民共和国海商法》第二百三十七条、二百三十 583 八条，《中华人民共和国民事诉讼法》第六十四条第一款的规定，于 2012 67 年 3 月 6 日判决如下：

一、被告太保扬州公司应在判决生效之日起十日内向原告中海工业赔偿支付保险赔款人民币 219900000 元及该款项利息损失（73240000 元自 2011 年 6 月 29 日起算至判决生效之日止，141969500 元自 2011 年 11 月 14 日起算至判决生效之日止，4690500 元自 2012 年 1 月 9 日起算至判决生效之日止，均按中国人民银行一年期存款利率计算）；

二、被告太保公司对第一项承担补充赔偿责任；

三、对原告中海工业的其他诉讼请求不予支持。

一审判决后，原、被告各方均未提起上诉，一审判决已经发生法律效力。

《最高人民法院公报》2013 年第 11 期：
陆永芳诉中国人寿保险股份有限公司
太仓支公司保险合同纠纷案

【裁判摘要】

人寿保险合同未约定具体的保费缴纳方式，投保人与保险人之间长期以来形成了较为固定的保费缴纳方式的，应视为双方成就了特定的交易习惯。保险公司单方改变交易习惯，违反最大诚信原则，致使投保人未能及时缴纳保费的，不应据此认定保单失效，保险公司无权中止合同效力并解除保险合同。

原告：陆永芳，女，42岁，住太仓市沙溪镇新北街。

被告：中国人寿保险股份有限公司太仓支公司，住所地：在太仓市城厢镇县府街。

原告陆永芳因与被告中国人寿保险股份有限公司太仓支公司（以下简称太仓人寿保险公司）发生保险合同纠纷，向江苏省太仓市人民法院提起诉讼。

原告陆永芳诉称：经保险代理人刘英联系，陆永芳与被告太仓人寿保险公司于1997年2月13日签订了一份少儿一生幸福保险的保单，保险期限自1997年2月14日12时起，缴费期15年，年缴720元。太仓人寿保险公司每年发出缴费通知书，陆永芳按通知书缴费。但是，从2009年起，太仓人寿保险公司无故不再发出缴费通知书，导致陆永芳未能按期缴费，后陆永芳向太仓人寿保险公司反映情况，但太仓人寿保险公司以保单失效了拒收保费，引起纠纷，故诉至法院请求判令：（1）太仓人寿保险公司恢复保单效力，继续收取保费；（2）赔偿陆永芳为保单复效的损失2000元；（3）由太仓人寿保险公司承担诉讼费用。

被告太仓人寿保险公司辩称：（1）保险法规定，缴纳保险费是投保人的义务；（2）保险费的催缴不是保险人的法定义务；（3）保险法规定人身保险合同超过两年未缴费的，永久失效。本案保险合同因超过两年未交费，所以本合同已经失效，请求法院驳回陆永芳诉讼请求。

江苏省太仓市人民法院一审审理查明：

1997年2月13日，投保人原告陆永芳向中国人寿保险公司太仓市支公司（2003年变更为被告太仓人寿保险公司）投保了少儿一生幸福保险，被保险人董海威，保险期限自1997年2月14日12时起，缴费期15年，缴费方式为年缴，保险费720元。保险条款"关于缴费、失效、复效的约定"第十一条载明："按年缴纳保险费的缴费期限为保险单每年生效对应日所在的月"；第十二条载明："缴费期限的次月为宽限期，宽限期内保险人仍负保险责任。如果在宽限期内仍未缴纳保险费，保险单自动失效，保险人不负保险责任"；第十三条载明："在保险单失效后的两年内，投保人及被保险人如果仍符合本条款第三条规定的投保条件，可以向保险人申请复效。
经保险人审核同意后，投保人补缴失效期间的保险费及利息，保险单方能
恢复效力。"陆永芳投保时，直接缴纳了第一年保费，之后两年由太仓人寿
保险公司业务员刘英每年上门向陆永芳收取现金保费。2000 年开始太仓人
寿保险公司委托邮政部门向陆永芳发送缴费通知单，至 2008 年陆永芳每年
按照缴费通知单的提示向太仓人寿保险公司指定的银行缴纳保费，在银行
直接领取保费收据。2009 年太仓人寿保险公司仍委托邮政部门发送缴费通
知单，但陆永芳称并未收到缴费通知单。2010 年之后在缴费期即将届满之
时，太仓人寿保险公司却终止了委托邮政部门向陆永芳发送缴费通知书的
业务。2011 年 5 月，刘英委托姐姐到陆永芳处上门办理银行代扣保费业务
时，陆永芳知晓自己未按期缴纳保费致使保单失效，当月向太仓人寿保险
公司申请复效，太仓人寿保险公司拒绝复效。

江苏省太仓市人民法院一审认为：

原告陆永芳为被保险人董海威向被告太仓人寿保险公司投保人身财产
保险，太仓人寿保险公司签发了保单，保险合同依法成立并生效。根据最
高人民法院《关于适用〈中华人民共和国合同法〉若干问题的解释（一）》
第二条的规定，"合同成立于合同法实施之前，但合同约定的履行期限跨越
合同法实施之日或者履行期限在合同法实施之后，因履行合同发生的纠纷，
适用合同法第四章的有关规定"。因此，陆永芳、太仓人寿保险公司双方也
应当按照《中华人民共和国合同法》第六十条第二款的规定，履行合同时
遵循诚实信用原则，根据合同交易习惯履行通知、协助、保密等义务。保
险条款关于缴费、失效、复效的约定中，投保人本应在每年的 2 月缴纳当
年保险费，这是投保人应履行的义务，但保险条款中并未约定具体的缴纳
方式，根据太仓人寿保险公司业务员刘英的证言及太仓人寿保险公司的陈
述，订立合同后的第二年和第三年保险费是刘英上门收取，之后至 2008
年，投保人是按照太仓人寿保险公司委托邮政部门发送的缴费通知书告知
的时间和地点缴纳保险费，双方已成就了特定的交易习惯。2009 年，太仓
人寿保险公司虽委托邮政部门发送缴费通知书，但邮政部门是否按约发送
给陆永芳，太仓人寿保险公司并未提供证据证明。2010 年在缴费期即将届
满之时，太仓人寿保险公司却已不再发送缴费通知书，太仓人寿保险公司
单方中断向陆永芳履行有效通知的义务，致使陆永芳未能及时缴纳保费，

且重组并未改变太仓人寿保险公司应履行收取保费及通知交缴等习惯形成的义务。因此，对投保人二年内未能缴费致使保单失效应由太仓人寿保险公司承担责任，太仓人寿保险公司无权径依保险法的规定和保险条款的约定中止合同效力并解除保险合同，故对陆永芳要求太仓人寿保险公司继续履行合同义务的诉讼请求原审法院予以支持。关于陆永芳诉请太仓人寿保险公司赔偿损失 2000 元一节，因陆永芳未能提供证据证明，不予支持。

据此，太仓市人民法院依照《中华人民共和国保险法》第三十六条、**509** 《中华人民共和国合同法》 第六十条 第二款之规定，于 2012 年 11 月 20 日作出判决：

一、原告陆永芳与被告太仓人寿保险公司继续履行 1997 年 2 月 13 日签订的《少儿一生幸福保险合同》；

二、被告太仓人寿保险公司于本判决生效之日起 10 日内收取原告陆永芳应缴纳的 2009 年及之后应缴纳的保险费；

三、驳回原告陆永芳其他诉讼请求。

一审判决后，太仓人寿保险公司不服，向苏州市中级人民法院提起上诉称：（1）一审法院认定有误。首先，一审判决将保险人收取保险费的权利认定为保险人的义务，混淆保险人权利义务概念。其次，依照《中华人 **37** 民共和国保险法》（1995 年） 第五十八条 的规定，合同效力的恢复并非保险人的义务，而是由双方自行协商决定是否复效。（2）一审法院适用法律不当。一是依据《中华人民共和国保险法》的规定，缴纳保险费是投保人的法定义务，无论保险公司是否履行通知义务，投保人都应该履行缴费的义务，而且投保人已缴费 12 年，应该清楚知道缴费的时间，仅以未收到缴费通知就拒不缴费，应承担相应的法律后果。二是《中华人民共和国合同法》是一般法，而《中华人民共和国保险法》是特别法，按法理特别法效力大于一般法，一审判决以一般法的规定否定特别法规定，实属适用法律不当。综上，请求二审法院撤销一审判决，依法改判。

被上诉人陆永芳答辩称：（1）在投保人购买保险的时候，作为普通人的陆永芳无法准确认知保险合同内容是否公平、公正，签订合同时也无法真正理解条款内容和相关法律规定。（2）双方合同前期履行都是由上诉人太仓人寿保险公司业务员上门收取保费，后来凭缴费通知单去银行缴费，缴了 12 年费用后缴费期即将届满，太仓人寿保险公司却违背诚信在陆永芳不知情的情况下单方面停发缴费通知单。（3）事实上并不是陆永芳拒缴保费，而是保险公司企图使合同失效，根本意图在于逃脱理赔义务，因此未能缴纳保险费的责任完全在太仓人寿保险公司。综上，请求驳回上诉，维持原判。

苏州市中级人民法院经二审，确认了一审查明的事实。

江苏省苏州市中级人民法院二审认为：

《中华人民共和国合同法》第六十条规定，当事人应当按照约定全面履行自己的义务。当事人应当遵循诚实信用原则，根据合同的性质、目的和交易习惯履行通知、协助、保密等义务。根据现已查明的事实，在案涉保险合同履行的前两年系由上诉人太仓人寿保险公司业务员上门向被上诉人陆永芳收取保费，2000年开始太仓人寿保险公司委托邮政部门向陆永芳发缴费通知单，至2008年陆永芳每年按照缴费通知单的提示向太仓人寿保险公司指定的银行缴纳保费。由此可见，首先，双方已经就缴纳保费形成了一定的交易习惯，即由太仓人寿保险公司上门收取保费或由其通知投保人按其指定交纳保费；并且，太仓人寿保险公司在合同履行过程中亦曾要求投保人变更缴费方式（即前二年为上门收取保费，后变更为由投保人按缴费通知要求至相关指定银行进行缴费），在该种情形下，投保人是无法确认每年缴费方式是否相同，因此作为保险人的太仓人寿保险公司更应负有每年通知投保人缴费及告知缴费方式的义务。但是在案涉保险合同履行过程中，太仓人寿保险公司并无证据证明其于2009年向投保人陆永芳送达缴费通知书，2010年后更是未向陆永芳发送缴费通知书。据上述分析，显然造成投保人陆永芳二年未能缴费这一后果的主要责任在于保险人太仓人寿保险公司，在该种情况下其无权仅依《中华人民共和国保险法》的相关规定及合同的相关约定中止合同效力并主张解除合同。在特别法有明确规定的情形下应当优先适用特别法，而在特别法无明确规定的情况下应当适用一般法的相关规定。因此，原审法院在《中华人民共和国保险法》无明确规定的情况下适用《中华人民共和国合同法》的相关规定，合法有据。太仓人寿保险公司主张原审法院适用法律错误的上诉理由显然也不能成立。

综上，一审判决认定事实清楚，适用法律正确，实体处理亦无不当。苏州市中级人民法院依照《中华人民共和国民事诉讼法》第一百七十条第一款第（一）项之规定，于 2013 年 1 月 18 日作出判决：

驳回上诉，维持原判。

本判决为终审判决。

《最高人民法院公报》2015 年第 12 期：
王玉国诉中国人寿保险公司淮安市
楚州支公司保险合同纠纷案

【裁判摘要】

保险公司以保险合同格式条款限定被保险人患病时的治疗方式，既不符合医疗规律，也违背保险合同签订的目的。被保险人有权根据自身病情选择最佳的治疗方式，而不必受保险合同关于治疗方式的限制。保险公司不能以被保险人没有选择保险合同指定的治疗方式而免除自己的保险责任。

原告：王玉国，男，52 岁，汉族，住江苏省淮安市。

被告：中国人寿保险股份有限公司淮安市楚州支公司，住所地：江苏省淮安市淮安区镇淮楼东路。

负责人：李学标，该公司经理。

原告王玉国因与被告中国人寿保险股份有限公司淮安市楚州支公司（以下简称人寿保险楚州支公司）发生保险合同纠纷，向江苏省淮安市淮安区人民法院提起诉讼。

原告王玉国诉称：2009 年 7 月 30 日，原、被告签订了康宁终身保险合同一份，合同第五条第一款约定：被保险人于合同生效之日起 180 日后，初次发生本合同所指的重大疾病，人寿保险楚州支公司按基本保险金额的二倍给付重大疾病保险。合同保险金额 2 万元。2011 年 2 月 12 日，原告经淮安市第一人民医院确诊为主动脉夹层并建议转上级医院继续治疗，2011 年 2 月 22 日，原告在江苏省人民医院手术治疗，共用去医疗费用 10 多万元。原告多次要求被告理赔，但被告拒不给付保险金。请求法院依法判令被告给付原告保险金 4 万元，并由被告承担诉讼费、鉴定费。

　　被告人寿保险楚州支公司辩称：原告王玉国于 2009 年 7 月 30 日与被告签订康宁终身保险合同（2007 版）是事实，因原告所患疾病（手术）不符合合同约定的保险责任范围，故请求法院驳回原告的诉讼请求。

　　江苏省淮安市淮安区人民法院一审查明：

　　2009 年 7 月 30 日，原、被告签订了保险合同一份，合同约定：险种名称为康宁终身保险合同（2007 修订版），保费金额为 2 万元，保险期间为终身。康宁终身保险条款（2007 修订版）第五条第一款约定，被保险人于合同生效之日起 180 日后，初次发生本合同所指的重大疾病，本公司按基本保险金的二倍给付重大疾病保险。第二十三条重大疾病的名称及定义如下："10 主动脉手术指为治疗主动脉疾病，实际实施了开胸或开腹进行的切除、置换、修补病损主动脉血管的手术，主动脉指胸主动脉和腹主动脉，不包括胸主动脉和腹主动脉的分支血管，动脉内血管形成术不在保障范围内"。合同签订后，原告分别于 2009 年 8 月 1 日、2010 年 8 月 10 日缴纳保费共计 4600 元，2011 年 2 月 12 日，原告经淮安市第一人民医院确诊为主动脉夹层（Stanford B 型），并建议转上级医院继续治疗。2011 年 2 月 17 日至 2011 年 3 月 4 日原告在江苏省人民医院行主动脉夹层覆膜支架隔绝术。原告要求被告给付保险金未果，遂诉至本院。

　　2012 年 4 月 27 日根据原告王玉国申请，委托了江苏省人民医院司法鉴定所对原告申请的 "1. 王玉国所患的主动脉夹层（stanford B 型）是否属于主动脉疾病；2. 主动脉夹层覆膜支架隔绝术是否比中国人寿保险股份有限公司康宁终身保险条款（2007 修订版）第 23 条第 10 款约定的开胸手术创伤更小、手术死亡率和并发症的发生率低；3. 主动脉夹层覆膜支架隔绝术是否属于中国人寿保险股份有限公司康宁终身保险条款（2007 修订版）第 23 条第 10 款约定的主动脉手术；4. 患者的病情是否更加适合主动脉夹层覆膜支架隔绝术，是否属于主动脉修补范畴" 等事项进行了鉴定，该所于 2012 年 6 月 11 日作出了省人医司鉴所法医临床〔2012〕鉴字第 087 号法医临床鉴定意见书，鉴定意见为："王玉国所患的主动脉夹层（stanford B 型）属于主动脉疾病；主动脉夹层覆膜支架隔绝术比中国人寿保险股份有限公司康宁终身保险条款（2007 修订版）第 23 条第 10 款约定的开胸手术创伤更小、手术死亡率和并发症的发生率低；主动脉夹层覆膜支架隔绝术是主动脉手术，但其无需实施开胸进行；患者的病情更加适合主动脉夹层覆膜支架隔绝术，属于介入主动脉修补范畴"。2012 年 7 月 10 日该所作出答复："1. 随着医学技术的进步，外科手术向微创化发展。许多原先需要开胸或开腹的手术，已被腔镜或介入手术所取代。被鉴定人王玉国所患疾病为主动脉夹层（stanford B 型），该病患更适合用介入的方法行主动脉夹层覆膜支架隔绝术。对其实施的主动脉夹层覆膜支架隔绝术是主动脉手术，属于介入主动脉修补范畴，相对于传统的开胸手术，具有创伤小、死亡率低、并发症发生率低的优点，目前已取代了传统的开胸手术。2. 对照委托方提供的中国人寿保险股份有限公司康宁终身保险条款（2007 修订版）第 23 条第 10 款规定"主动脉手术指为治疗主动脉疾病，实际实施了开胸或开腹进行的切除、置换、修补病损主动脉血管的手术……"，被鉴定人接受的主动脉夹层覆膜支架隔绝术为主动脉手术，本术式与开胸手术虽途径不同，但目的一致，因其无需实施开胸，故创伤更小。本所用法医学及临床医学知识理解主动脉手术之本意为治疗主动脉疾病，治疗采用创伤小、死亡率低、并发症发生率低的方法为合理行为，新的术式取代旧的术式是科学的进步，具体手术途径非本条款的核心内容。3. 本所鉴定主张已表达明确，本案矛盾焦点为保险条款滞后于目前医学技术所致"。原告支付鉴定费用 5380 元（检查费 5280 元、门诊费 100 元）。

江苏省淮安市淮安区人民法院一审认为：

原、被告签订的康宁终身保险合同，系双方真实意思表示，且不违反法律、行政法规强制性规定，应认定为合法有效，对双方当事人具有法律约束力，双方当事人应当严格按照合同的约定行使权利并履行义务。本案中，原、被告对双方之间存在的保险合同关系及原告所患的主动脉疾病均无异议，只是对原告没有采取开胸而是行主动脉夹层覆膜支架隔绝术治疗疾病是否属保险责任范围产生争议。原、被告双方订立的保险合同已明确约定重大疾病的保险范围有"主动脉手术"，该合同第 23 条第 10 款项目是对医疗术语"主动脉手术"的解释和描述，以进一步明确保险责任范围，"主动脉手术"指为治疗主动脉疾病的手术，主动脉指胸主动脉和腹主动脉，不包括胸主动脉和腹主动脉的分支血管。由此可见，胸主动脉和腹主动脉疾病应属原、被告签订的康宁终身保险合同约定重大疾病的保险责任范围。本案中，根据江苏省人民医院司法鉴定所法医学鉴定意见书及答复函意见，原告王玉国所患主动脉夹层（stanford B 型）疾病属于主动脉疾

病，符合康宁终身保险合同约定重大疾病的保险责任范围。该合同第 23 条
第 10 款项目关于"实际实施了开胸或开腹进行的切除、置换、修补病损主
动脉血管"显然不属于对疾病症状的解释和描述，而是对于疾病治疗方式
的限制，排除了被保险人享有的对疾病治疗方式的选择权。按通常理解，
重大疾病并不会与某种具体的治疗方式相联系。对于被保险人来说，其在
患有重大疾病时，往往会结合自身身体状况，选择具有创伤小、死亡率低、
并发症发生率低的治疗方式而使自己所患疾病得到有效治疗，而不会想到
为确保重大疾病保险金的给付而采取保险人限定的治疗方式。保险人以限
定治疗方式来限制原告获得理赔的权利，免除自己的保险责任，根据《中
华人民共和国保险法》第十九条的规定，该条款应认定无效。而且，随着
医学技术的进步，外科手术向微创化发展，许多原先需要开胸或开腹的手
术，已被腔镜或介入手术所取代，而重大疾病的保险期间往往很长甚至终
身，因此保险人以被保险人投保时的治疗方式来限定被保险人患重大疾病
时的治疗方式不符合医学发展规律。保险公司不能因为被保险人没有选择
合同指定的治疗方式而拒绝理赔。

据此，江苏省淮安市淮安区人民法院依据《中华人民共和国合同法》
第一百零七条、《中华人民共和国保险法》第二十三条、《中华人民共和国
民事诉讼法》第一百二十八条之规定，经本院审判委员会讨论决定，于
2012 年 9 月 6 日判决如下：

被告中国人寿保险股份有限公司淮安市楚州支公司于本判决书生效后
十日内给付原告王玉国保险金 4 万元。

人寿保险楚州支公司不服一审判决，向江苏省淮安市中级人民法院提
起上诉称：（1）一审法院认定事实错误，被上诉人王玉国所患疾病不属于
双方保险合同约定的主动脉疾病赔付情形，双方保险合同中约定给付保险
金的情形是：实际实施了开胸或开腹手术的主动脉疾病；（2）江苏省人民
医院司法鉴定意见不应予以采纳，被上诉人所患疾病就是在江苏省人民医
院治疗的，其与被上诉人之间存在利害关系。请求二审法院查明事实，依
法改判驳回王玉国的诉讼请求。

被上诉人王玉国答辩称：一审法院认定事实清楚，适用法律正确，程
序合法，请求二审法院驳回上诉，维持原判。

江苏省淮安市中级人民法院经二审，确认了一审查明的事实。

本案二审的争议焦点为：1. 上诉人人寿保险楚州支公司应否赔付被上诉人王玉国保险金4万元；2. 江苏省人民医院司法鉴定结论能否作为本案定案依据。

江苏省淮安市中级人民法院二审认为：

首先，2009年7月30日，上诉人人寿保险楚州支公司与被上诉人王玉国签订的保险合同系其真实意思表示，且未违反法律、行政法规的禁止性规定，合法有效。双方均应按照保险合同约定履行相应的义务。关于争议焦点1，因双方签订的康宁终身保险合同（2007修订版）保险条款第二十三条是上诉人人寿保险楚州支公司以限定治疗方式来限制被上诉人王玉国获得理赔的权利，免除自己的保险责任，根据我国《中华人民共和国保险法》第十九条的规定，该条款无效，且人寿保险楚州支公司对王玉国所患疾病属于主动脉疾病并无异议。人寿保险楚州支公司称王玉国所患疾病不属于保险合同赔付保险金情形的上诉理由不能成立，不予采信。2，人寿保险楚州支公司认为江苏省人民医院作为治疗机构就不能作为司法鉴定机构，没有法律依据，且双方当事人也都认同鉴定机构是双方当事人共同选择确定。

综上，上诉人人寿保险楚州支公司的上诉理由不能成立，不予采信。一审法院认定事实清楚，判决并无不当，应予维持。

据此，江苏省淮安市中级人民法院依照《中华人民共和国民事诉讼法》第一百五十三条第一款第（一）项的规定，于2012年11月13日判决如下：

177

驳回上诉，维持原判。

本判决为终审判决。

《最高人民法院公报》2016 年第 7 期：云南福运物流有限公司与中国人寿财产保险股份公司曲靖中心支公司财产损失保险合同纠纷案

【裁判摘要】

一、当事人就货物保险损失达成的《赔偿协议书》及《货运险赔偿确认书》是对财产损害赔偿金额的自认，是真实意思表示，是有效的民事法律行为。

二、保险合同以当事人双方意思表示一致为成立要件，即保险合同以双方当事人愿意接受特定条件拘束时，保险合同即为成立。签发保险单属于保险方的行为，目的是对保险合同的内容加以确立，便于当事人知晓保险合同的内容，能产生证明的效果。根据《保险法》第十三条第一款关于"投保人提出保险要求，经保险人同意承保，保险合同成立。保险人应当及时向投保人签发保险单或者其他保险凭证，并在保险单或者其他保险凭证中载明当事人双方约定的全部内容"之规定，签发保险单并非保险合同成立时所必须具备的形式。

三、保险费是被保险人获得保险保障的对价。根据《保险法》第十三条第三款关于"依法成立的保险合同，自成立时生效。投保人和保险人可以对合同的效力约定附条件或者附期限"之规定，保险合同可以明确约定以交纳保险费为合同的生效要件。如保险合同约定于交纳保险费后保险合同生效，则投保人对交纳保险费前所发生的损失不承担赔偿责任。

最高人民法院民事裁定书

（2013）民申字第 1567 号

再审申请人（二审上诉人、一审原告、一审反诉被告）：云南福运物流有限公司。住所地：云南省昆明市官渡区关上中心区关兴路 239 号银景大厦三层 b 号。

法定代表人：刘永洪，该公司总经理。

委托代理人：黄涛，云南黄涛律师事务所律师。

被申请人（二审上诉人、一审被告、一审反诉原告）：中国人寿财产保险股份有限公司曲靖中心支公司。住所地：云南省曲靖市麒麟区麒麟东路 277 号。

负责人：张冬松，该公司总经理。

委托代理人：邹舟

委托代理人：李雨嫱，云南真宇律师事务所律师。

再审申请人云南福运物流有限公司（以下简称福运公司）因与被申请人中国人寿财产保险股份有限公司曲靖中心支公司（以下简称人寿财保曲靖公司）财产损失保险合同纠纷一案，不服云南省高级人民法院（2012）云高民二终字第 110 号民事判决，向本院申请再审。本院依法组成合议庭对本案进行了审查，现已审查终结。

福运公司以其与人寿财保曲靖公司建立货物运输保险关系，发生保险事故后，其在向人寿财保曲靖公司进行保险索赔过程中受到欺诈、所签协议内容显失公平为由，诉至云南省曲靖市中级人民法院，请求法院判令：一、撤销福运公司、人寿财保曲靖公司于 2011 年 8 月 30 日签订的《赔偿协议书》及《货运险赔偿确认书》；二、人寿财保曲靖公司赔偿福运公司保险款 2372007 元（扣除已支付的 498800 元，尚欠福运公司保险赔偿款 1873207 元）。

云南省曲靖市中级人民法院于 2012 年 1 月 11 日作出（2011）曲中民初字第 114 号民事判决，认为：依据《中华人民共和国保险法》第十、十三和十四条规定，福运公司采用手机电话投保了包括云 aa7753、云 a1480

挂车在内的 36 辆汽车公路运输货物，由于客观原因，人寿财保曲靖公司的
业务员曾超用笔记录了口述投保内容，后又作了补录。2011 年 8 月 18 日，
人寿财保曲靖公司向福运公司出具了保单尾号为 16 的《国内公路运输货物
保险单》，且在 2011 年 8 月 29 日开具了收取保险费 7630. 85 元的发票。对
此，应认为双方当事人签订的《国内公路运输货物保险合同》是成立的。
在尾数为 16 号保单明细表中的云 aa7753、云 a1480 挂车在启运的当天，因
左后轮起火，致车辆和车上装载的 660 担（33000 公斤）2010 阿根廷/bif
片烟被烧毁，货物损失金额共计 2372007 元。人寿财保曲靖公司提交的
《机动车辆保险报案记录（代抄单）》中记录了黄和灿报案时间为 2011 年
8 月 16 日 22 时 54 分 06，该机动车和货物保险均在该保险公司，该保险公
司应当同时知道货物被烧毁的事实。福运公司在事发后的第二天，即 2011
年 8 月 17 日 9 时 34 分才通过网上银行将保险费转入人寿财保曲靖公司业
务员曾超的银行卡，按照双方签订的《国内公路运输货物保险单》中的约
定，以及《中华人民共和国保险法》的相关规定，保险公司不承担保险责
任。福运公司虽然未收到《公路货物运输保险条款》，以及未在尾数为 16
号的保单上签章，但该公司长期与人寿财保曲靖公司有保险业务，且实际
收到了保单，应当知道《公路货物运输保险条款》和保单中的内容。福运
公司 2011 年 8 月 30 日签章的《货运险赔偿确认书》，以及与人寿财保曲靖
公司于同日签订的《赔偿协议书》，是经双方自愿协商达成的，且人寿财
保曲靖公司按照协议一次性了结，全部支付了协议赔偿款。根据最高人民
法院《关于民事诉讼证据的若干规定》第二条第一、二款的规定，虽然福
运公司主张受人寿财保曲靖公司欺诈，致使其违背真实意思的情况下订立
了内容显失公平的协议书等事实，以及人寿财保曲靖公司主张福运公司假
意接受通融赔付协议，骗取与其签订国内公路运输货物保险合同，已构成
欺诈，属于重大误解，但均无足够证据加以证明，双方当事人均应承担不
利后果。判决：一、驳回福运公司的诉讼请求；二、驳回人寿财保曲靖公
司的反诉请求。

福运公司不服上述民事判决，向云南省高级人民法院提起上诉称：一、
一审法院认定事实不清。一审法院未采信福运公司提交的《云南省非车险
重大案件报告单》，该证据证实了人寿财保曲靖公司认可与福运公司之间成
立货运险保险合同及保险标的已出险等正常情况而向其上级公司上报这一

基本事实。二、一审法院适用法律错误。包括：一审法院未认定人寿财保曲靖公司应履行《保险法》第十七条的明确说明义务、未认定人寿财保曲靖公司不再享有合同解除权及其他抗辩权而不予赔偿的权利，以及人寿财保曲靖公司只赔偿 498800 元显然显失公平。请求：撤销原审判决，改判支持其本诉请求并由人寿财保曲靖公司承担一、二审案件受理费。

人寿财保曲靖公司不服上述民事判决，向云南省高级人民法院提起上诉称：一、一审判决遗漏及错误认定案件事实。包括：人寿财保曲靖公司与福运公司签订并履行 13 号保险单的事实；人寿财保曲靖公司对 16 号保险单的内部录单时间是 2011 年 8 月 29 日并非 2011 年 8 月 17 日；2011 年 8 月 17 日上午福运公司工作人员交付投保单及转账保险费时均未告知人寿财保曲靖公司工作人员发生交通事故。二、人寿财保曲靖公司签订《赔偿协议书》与 16 号保险单均属于重大误解。而福运公司假意接受《赔偿协议书》，骗取人寿财保曲靖公司与其签订 16 号保险单，明显属于欺诈，福运公司应当返还人寿财保曲靖公司所支付的全部通融赔偿金。请求：撤销原审判决第二项，改判支持其一审反诉请求。

云南省高级人民法院 2011 年 6 月 18 日作出（2012）云高民二终字第 110 号民事判决，认为：二审争议的主要焦点是一审法院确认人寿财保曲靖公司不承担保险责任和因举证不足驳回双方当事人的撤销诉请是否正确。一、本案双方当事人长期有保险业务往来，建立了一定的互信关系。依据《中华人民共和国保险法》第十三条第一款的规定，2011 年 8 月 16 日下午 5 时 36 分，福运公司工作人员吕东芬采用手机拨打人寿财保曲靖公司业务员曾超的手机，口述了此次投保的品名、数量、单价及金额，启运时间为当天，即 2011 年 8 月 16 日 0 时。此行为是福运公司作为投保人明确提出的保险要求。人寿财保曲靖公司曾超用笔记录了当时的口述投保内容，因接近下班时间，没有出单，准备次日补录此单。此行为是人寿财保曲靖公司同意承保。该案投保人福运公司投保时已接近下班时间，保险人人寿财保曲靖公司也因接近下班时间，没有出单。虽然依据法律规定，人寿财保曲靖公司作为保险人应当及时向投保人福运公司签发保险单或者其他保险凭证，但却没有明确限定具体的时间，而双方当事人对此也没有相应的约定。所以不能由此认定人寿财保曲靖公司作为保险人违反了法定或约定义务而要承担没有及时签发保险单的责任。依据《中华人民共和国保险法》第

十、十一条和第十三条第二、三款的规定，该案双方当事人就福运公司工
作人员吕东芬手机口述的和人寿财保曲靖公司曾超用笔记录了的投保内容
达成了合意，但对于具体的相关交付保险费、开始承担保险责任时间等其
他内容并没有达成合意，直到 2011 年 8 月 17 日福运公司才填写国内货物
运输保险投保单就其他相关权利义务内容进行协议。该投保单特别约定一
栏中载明："投保人应当在保险合同成立时交付保险费。保险费未交清前发
生的保险事故，保险公司不承保险责任"。随后投保人声明一栏加盖有福运
公司印章并载明："保险人已将国内运输保险条款（铁路/公路/水路/航
空）内容（包括责任免除内容）向投保人作了明确说明，投保人已充分理
解条款内容（包括责任免除内容）及保险人的说明。上述所填写内容属
实，投保人同意以此投保单作为订立保险合同的依据"。尾数为 16 的保险
单中亦有相同上述内容的特别约定。尾数为 16 的保险单是福运公司向原审
法院提交的己方第三组证据之一，福运公司以此份保险单主张双方当事人
之间成立货物运输保险合同关系和要求人寿财保曲靖公司承担相应的保险
责任。由此，可以确认双方经过投保单和保险单的协议共同就"投保人应
当在保险合同成立时交付险费。保险费未交清前发生的保险事故，保险公
司不承保险责任"达成一致合意，双方当事人均应按此协议约定履行。该
案查明 2011 年 8 月 16 日 22 时 35 分涉案车辆云 aa7753、云 a1480 发生保险
事故，而福运公司第一笔涉案保险费交付的时间是 2011 年 8 月 17 日 9 时
34 分，所以根据双方当事人之间的相关约定，人寿财保曲靖公司不承担保
险责任。尽管福运公司是 2011 年 8 月 30 日才收到尾数为 16 的保险单，但
福运公司在 2011 年 8 月 17 日填写和加盖公司印章的投保单中已载明"投
保人应当在保险合同成立时交付保险费。保险费未交清前发生的保险事故，
保险公司不承保险责任"。现福运公司要求人寿财保曲靖公司承担保险责任
与其投保单所载明的内容不相符，故不予以支持。二、双方当事人对尾
数为 16 的保险单是由人寿财保曲靖公司签章出具的真实性均无异议，尽管
该保险单上没有福运公司的签章，但福运公司称保险单历来不需要己方签
章也是成立保险合同关系的，双方当事人所争议的仅是该保险单是否存在
可撤销事由。2011 年 8 月 30 日，双方当事人签订了《赔偿协议书》载明：
"……经双方协商，就损失赔偿达成一次性赔偿协议：1. 由甲方（人寿财
保曲靖公司）赔偿乙方（福运公司）此次事故货物保险损失人民币 498800

元；2. 货物残值由乙方根据烟草有规定处理；3. 此次事故货物损失赔偿后一次性了结"。同日，福运公司在《货运险赔偿确认书》上签名盖章，该确认书载明："……16号保险单于2011年08月16日出险受损，现已处理完毕，我单位同意接受贵公司的处理结果，赔付金额（小写）498800元，……"。2011年9月15日，福运公司收到该赔偿款并出具了《赔款收据》。从上述《赔偿协议书》和《货运险赔偿确认书》载明的内容和履行情况可以确认双方当事人经协商同意此次事故货物损失赔偿后一次性了结。现双方当事人均称是受对方欺诈，存在显失公平或重大误解要求撤销上述《赔偿协议书》、《货运险赔偿确认书》或尾数为16的保险单，但均不能提交相应证据予以证明，故对双方当事人的各自此项主张均不予采纳。综上，福运公司和人寿财保曲靖公司的上诉理由均不能成立，原判认定事实清楚，适用法律正确，应予维持。据此，依照《中华人民共和国民事诉讼法》第一百五十三条第一款第（一）项的规定，判决：驳回上诉，维持原判。

福运公司向本院申请再审称：一、原一、二审法院驳回双方当事人均要求撤销《赔偿协议书》及《货运险赔偿确认书》双方的要求，实属程序违法、适用法律错误。二、本案人寿财保曲靖公司应承担保险赔偿责任。原一、二审法院均客观认定本案双方当事人之间签订的《国内公路运输货物保险合同》成立，但同时又认定依据《保险法》及《公路货物运输保险条款》的规定，人寿财保曲靖公司不承担保险责任，属适用法律错误。请求：一、依法撤销曲靖市中级人民法院（2011）曲中民初字第114号民事判决书及云南省高级人民法院（2012）云高民二终字第110号民事判决书；二、人寿财保曲靖公司赔偿福运公司保险赔偿款1873207元；三、原一、二审案件受理费由人寿财保曲靖公司负担。

本院认为，一、本案一、二审法院驳回双方当事人要求撤销《赔偿协议书》及《货运险赔偿确认书》的请求并无不当。本案双方当事人达成的《赔偿协议书》及《货运险赔偿确认书》是双方对财产损害赔偿金额的自认，是真实意思表示，是有效的民事法律行为。虽然双方当事人均提出撤销《赔偿协议书》及《货运险赔偿确认书》的请求，但均未对可撤销的理由提出相关证据。《民法通则》第五十七条规定："民事法律行为从成立时起具有法律约束力。行为人非依法律规定或者取得对方同意，不得擅自变更或解除"。根据上述规定，福运公司与人寿财保曲靖公司所签订的《赔

偿协议书》及《货运险赔偿确认书》应受法律保护，双方当事人应受该协
议的约束。二、人寿财保曲靖公司不应赔偿福运公司的其余货物损失
1873207元。首先，福运公司与人寿财保曲靖公司之间的保险合同关系成立
且有效，本案一、二审法院关于保险合同成立的认定并无不当。其次，保
险费是被保险人获得保险保障的对价，根据《保险法》第十三条第三款关
于"依法成立的保险合同，自成立时生效。投保人和保险人可以对合同的
效力约定附条件或者附期限"之规定，本案福运公司向保险公司投保所提
交的《国内货物运输保险投保单》上关于"投保人应当在保险合同成立时
交付保险费。保险费未交清前发生的保险事故，保险公司不承担责任。保
险责任开始后15天内投保人未交清保险费，保险人有权解除保险合同"的
"特别约定"，属于附生效要件的合同。由于本案保险合同约定于交纳保险
费后生效，故保险人对投保人保险费交纳前所发生的损失不承担赔偿责任。
综上，福运公司要求人寿财保曲靖公司承担保险责任的请求，因与其投保
单所载明的内容不相符，本院不予支持。福运公司关于人寿财保曲靖公司
没有对特别约定向其履行明确说明条款内容义务的主张，本院不予采信。

综上，福运公司的再审申请不符合《中华人民共和国民事诉讼法》第
二百条第二项、第六项规定的情形。本院依照《中华人民共和国民事诉讼
法》第二百零四条第一款之规定，裁定如下：

驳回云南福运物流有限公司的再审申请。

211

215

《最高人民法院公报》2017年第7期：
仇玉亮等诉中国人民财产保险股份有限公司
灌云支公司等意外伤害保险合同纠纷案

【裁判摘要】

学校的教学环境、活动设施必须符合安全性要求，以保障学生生命健
康不受损害。若因可归责于学校的原因导致学生生命健康权受损，按照投
保的校园方责任险应由学校承担赔偿责任的，应当依据保险合同约定由保

险公司代为赔偿。学校以免除己方责任为条件与家长签订人道主义援助补偿协议，应主要认定其所具有的补偿性，而非免除保险公司的赔偿责任，在学校怠于请求保险赔偿时，不应依据该协议剥夺受害人的保险索赔权。

原告：仇玉亮，男，44岁，住江苏省灌云县。

原告：卞光林，女，46岁，住江苏省灌云县。

被告：中国人民财产保险股份有限公司灌云支公司，住所地：江苏省灌云县伊山镇胜利西路。

被告：中国人民财产保险股份有限公司江苏省分公司，住所地：江苏省南京市长江路。

第三人：江苏省灌云高级中学，住所地：江苏省灌云县伊山镇建设西路。

第三人：江苏省教育厅，住所地：江苏省南京市北京西路。

原告仇玉亮、卞光林因与被告中国人民财产保险股份有限公司灌云支公司（以下简称人保灌云支公司）、第三人江苏省灌云高级中学发生意外伤害保险合同纠纷，向江苏省灌云县人民法院提起诉讼。后经原告申请，法院依法追加被告中国人民财产保险股份有限公司江苏省分公司（以下简称人保江苏省分公司）及第三人江苏省教育厅参加诉讼。

原告仇玉亮、卞光林诉称：仇创是灌云县高级中学高二年级学生，住校就读。2013年1月6日清晨5点50分左右，仇创到教室早读，班主任组织到操场跑步，在跑步过程中仇创突然摔倒，6点25分送县医院时已神志不清，动脉、心音消失，于7点30分死亡。据查，教育部门已为仇创购买学生人身意外伤害校方责任险，依据相关法律规定，第三人灌云县高级中学应提供索赔的相关证据，协助原告向被告人保灌云支公司索赔，但第三人不予配合且推卸责任。现诉至法院，请求判令被告人保江苏省分公司给付校园方责任保险保险金300 000元，被告人保灌云支公司给付学生、幼儿意外伤害保险保险金7500元。

被告人保灌云支公司辩称：原告需进一步提供证据证实在本公司投保责任险。人保灌云支公司不是死亡事件侵权人，且与原告不存在保险合同关系，其不是合同相对方，选择合同之诉要求支付300 000元保险赔偿无法律依据。原告之子系自身原因死亡，与学校没有任何关联，学校方面不存在任何过失或疏忽。学校基于人道主义考虑已补偿原告150 000元，且原告

承诺不再向学校主张任何赔偿或起诉，基于其已经放弃诉权，法院应驳回
起诉。综上，请求法院查明事实，并依法驳回诉求或起诉。关于学生、幼
儿意外伤害保险，原告理赔材料已经提交保险公司，保险公司将依法受理。

被告人保江苏省分公司辩称：同人保灌云支公司意见。

第三人江苏省灌云高级中学辩称：因本案所涉校方责任险，学校不是
投保人，原告要求提供证据没有法律依据，请求驳回其诉讼请求。

第三人江苏省教育厅未作答辩。

江苏省灌云县人民法院一审查明：

2013 年 1 月 6 日 6 时左右，仇创参加所在班级组织的跑步活动时摔倒
在地，被送至灌云县人民医院进行抢救，病史录中载明"跑步时跌倒后十
余分钟，由老师用汽车于 6：25 送入本院……于 7：30 宣布死亡，诊断：
猝死（院外死亡）。"仇创于 2013 年 1 月 24 日被火化，同年 2 月 7 日被注
销常住户口。死者仇创出生于 1994 年 10 月 11 日，生前系江苏省灌云高级
中学高二年级（30）班在籍学生。原告仇玉亮、卞光林系仇创父母。

2013 年 1 月 24 日，原告（乙方）与第三人江苏省灌云高级中学（甲
方）签订协议书，载明甲、乙双方确定乙方之子仇创是因自身原因造成的
意外死亡，甲方对其死亡无任何责任，鉴于其为灌中在校学生，乙方家
庭生活困难，甲方出于爱心关怀和人道援助一次性付给乙方人民币 150 000
元。乙方及其近亲属不得就仇创死亡所产生的各项权利再向甲方主张任何
赔偿或补偿费用，不得申请仲裁或起诉。原告已从第三人江苏省灌云高级
中学处领取该 150 000 元。

另查明：第三人江苏省教育厅作为投保人在被告人保江苏省分公司投
保校（园）方责任保险（2007 版），由江苏省人民政府通过财政将保险费
缴纳至被告人保江苏省分公司，被保险人为江苏省范围内的经国家有关部
门批准设立的普通教育机构（包括小学、中学等），其中人身伤害每人每
年累计赔偿限额为 300 000 元，事故在该险种保险期间内。

还查明：仇创的监护人作为投保人为仇创在被告人保灌云支公司投保
学生、幼儿意外伤害保险，保险期间自 2012 年 9 月 1 日零时起至 2013 年 8
月 31 日二十四时止，保险责任中若意外身故、残疾、烧伤给付，疾病身故
给付，每人保险金额为 7500 元。

灌云县人民法院一审认为：

一、关于学生、幼儿意外伤害保险。仇创监护人与被告人保灌云支公司之间订立的被保险人为仇创，受益人为仇创法定继承人的学生、幼儿意外伤害保险，该保险合同系双方真实意思表示，未违反相关法律规定，合法有效，应予保护。其中保险责任中意外身故、残疾、烧伤给付，疾病身故给付的每人保险金额为 7500 元，仇创身故于 2013 年 1 月 6 日，发生在该保险保险期间内，属于该保险的保险责任，应由被告人保灌云支公司按照合同约定给付仇创法定继承人（本案两原告）保险金 7500 元。

二、关于本案涉及的校（园）方责任保险（2007 版）。第三人江苏省教育厅作为投保人与被告人保江苏省分公司订立，被保险人为经国家有关部门批准设立的普通教育机构（包含第三人江苏省灌云高级中学在内）的校（园）方责任保险（2007 版）保险合同系双方真实意思表示，未违反相关法律规定，合法有效，应予保护。其中保险责任为在保险期间内，在中华人民共和国境内（港澳台地区除外），在被保险人的在校活动中或由被保险人统一组织或安排的活动过程中，因被保险人疏忽或过失发生导致学生的人身伤亡的保险条款中约定情况，依法应由被保险人承担的经济赔偿责任，保险人按照保险合同约定负责赔偿。

三、关于江苏省灌云高级中学对仇创身故是否应承担责任的问题。原告与第三人江苏省灌云高级中学签订的协议书中载明仇创系自身原因意外死亡，校方对其死亡无任何责任，法院依职权调取在仇创身故后公安机关对仇创老师和同学所作的询问笔录，其中可见在仇创身故当天即 2013 年 1 月 6 日早 6 时左右，仇创所在班级班主任贺大连同意全班学生下楼集合并至学校操场跑步，当时天未亮，由贺大连将轿车车灯打开照亮跑步场地，学生亦未吃早餐。在跑步过程中，因体育场上篮球场和塑胶跑道交界处有路牙石，该班学生朱津慧被绊倒，不久后仇创摔倒在地。学校统一组织的跑步应安排在上午两节课后。法院认为，贺大连作为班主任，在学校统一安排的跑步时间之外，组织学生进行活动时，应对学生活动的场地、设施、学生身体情况是否能够参加相关活动等状况尽到审慎注意义务。结合上述情况可见，在不适宜的室外活动时间，学生活动时的场地设施存在安全隐患，贺大连对此并未尽到注意义务，贺大连作为江苏省灌云高级中学教师，其在学校相关的教学活动应为职务行为，造成的相应后果应由江苏省灌云高级中学承担，江苏省灌云高级中学应对仇创的死亡承担相应的责任。因

仇创身故后并未进行尸检，原告与江苏省灌云高级中学并非确定仇创是否
因自身原因意外死亡的主体，亦非确定江苏省灌云高级中学在仇创身故一
事中应否承担责任的主体。故法院对原告与江苏省灌云高级中学签订的协
议书中该部分内容不予认可，结合本案案情及仇创身故当天情况，对江苏
省灌云高级中学在仇创身故一事中承担的赔偿责任比例酌定为50%。

关于校（园）方责任保险条款（2007版）中出现的对精神损害赔偿责
任免除条款。因被告未提供相关证据证明其已尽到明确说明义务，该条款
不产生效力。根据人身损害赔偿相关计算标准，本案中涉及的原告损失有
死亡赔偿金650 760元（32 538元/年×20年）、精神损害抚慰金50 000元、
丧葬费25 639.50元（51 279元/年÷2），对亲属办理丧葬事宜支出的交通
费、住宿费和误工损失等其他合理费用酌定支持1500元，上述损失合计
727 899.50元，由江苏省灌云高级中学承担50%的赔偿责任，即363
949.75元。

四、本案中涉及的校（园）方责任保险，被保险人江苏省灌云高级中
学对原告损失应负的赔偿责任已确定，但被保险人江苏省灌云高级中学怠
于请求保险人人保江苏省分公司赔偿保险金，故原告有权就其应获赔偿部
分直接向保险人人保江苏省分公司请求赔偿保险金，对被告提出的两原告
并非本案适格主体的辩称，不予采信。鉴于责任保险是以被保险人对第三
者应负的赔偿责任为保险标的的保险，故被保险人江苏省灌云高级中学应
向原告承担的363 949.75元赔偿责任，应由保险人人保江苏省分公司根据
保险合同约定赔偿原告保险金300 000元。

综上，灌云县人民法院依照《中华人民共和国合同法》第六十条、　509
《中华人民共和国保险法》第二条、第十七条、第六十五条、最高人民法
院《关于审理人身损害赔偿案件适用法律若干问题的解释》第一条、第十
七条、第十八条、第二十七条、第二十九条、《中华人民共和国民事诉讼
法》第一百四十四条之规定，于2014年11月6日作出判决：　147

一、被告中国人民财产保险股份有限公司灌云支公司于本判决生效之
日起十日内赔偿原告仇玉亮、卞光林保险金7500元。

二、被告中国人民财产保险股份有限公司江苏省分公司于本判决生效
之日起十日内赔偿原告仇玉亮、卞光林保险金300 000元。

三、驳回原告其他的诉讼请求。

人保灌云支公司不服一审判决，向连云港市中级人民法院提起上诉称：（1）本案不属于意外险和校园方责任险的保险责任。意外险承保的是非患病意外事故，校园方责任险承保的是被保险人依法应当承担的赔偿责任。一审法院认为仇创摔倒与学校有关联，进而认定仇创摔倒直接导致其死亡，最终"推断"学校管理与仇创死亡存在因果关系明显错误。医院诊断仇创为"猝死"，并非早操跑步摔倒直接导致死亡，根据常识，只有疾病才有可能导致猝死。原告事后也认可仇创是自身问题导致死亡，不属于意外事故，故本案不属于保险责任范围。《关于仇创同学意外死亡及善后处理情况的说明》显示，灌云县教育局未认定学校存在责任。公安机关也未认定学校有责任。法院仅凭公安机关询问笔录就认定学校承担50%的责任，显然没有事实与法律依据。（2）一审判决人保江苏省分公司赔偿300 000元，不属于学校依法应当承担的赔偿责任。原告与学校有权就仇创死亡赔偿事宜进行平等协商并达成协议，且其已明确表示收到150 000元后放弃仇创死亡所产生的各项权利。既然被保险人赔偿150 000元后责任已经终了，即使该事故属于保险责任，保险人只需在150 000元以内承担赔偿责任。（3）一审判决人保江苏省分公司赔偿300 000元明显超出原告依法应当获得的赔偿金额。一审判决认定被保险人学校应向原告赔偿363 949.75元，学校已经支付的150 000元名为"补偿"实为赔偿。即使仇创死亡属于校方赔偿责任，也应当扣减此款，否则则导致重复受偿。（4）本案不属于《保险法》第六十五条规定被保险人怠于行使索赔权的情形，原告不是本案适格主体，其在领取学校补偿款后，已放弃对学校的诉权，故无权向人保江苏省分公司代位追偿权。（5）人保江苏省分公司已经履行了明确说明义务，如果本案属于保险责任，涉案精神抚慰金应免赔，学校明知"路牙石"设施可能导致学生摔倒而继续使用，由此造成损害也属于免赔情形。人保江苏省分公司与江苏省教育厅签订合同时说明了保险条款，并履行了关于免赔责任的明确说明义务。因此，精神损害抚慰金不应赔偿。综上，请求二审法院查明事实，依法驳回原告诉求。

被上诉人仇玉亮、卞光林共同答辩称：上诉人人保灌云支公司只能对一审第一项判决所承担的民事责任提起上诉，超出部分不在二审法院审理范围。该公司就其有效上诉内容的主张亦不能成立，本案包含意外险和校方责任险两个险种，故一审判决认定事实清楚，证据充分，判决合法公正，请求二审法院予以维持。

原审被告人保江苏省分公司陈述意见与上诉人人保灌云支公司上诉意见一致。

第三人灌云高级中学述称：一审判决认定学校有过错没有事实和法律依据，对校方与学生家长达成的协议效力不认可亦无法律依据。学校因与学生家庭的特殊关系才没有提出上诉，本案由法院依法裁判。

第三人江苏省教育厅陈述：同意人保灌云支公司观点。根据侵权法相关规定，学校和学生之间不存在监护关系，双方只存在教育行政关系，并且学校对限制行为能力人侵权应按照侵权法规定适用过错责任原则。

连云港市中级人民法院经二审，确认了一审查明的事实。

连云港市中级人民法院二审认为：

第三人江苏省教育厅与原审被告人保江苏省分公司签订保险合同及被上诉人仇玉亮、卞光林与上诉人人保灌云支公司签订保险合同系双方当事人的真实意思表示，不违反法律法规强制性规定，合法有效，双方均应当遵照履行。

仇创在学校统一组织体育活动过程中摔倒经抢救无效死亡，该事实客观存在。被上诉人仇玉亮、卞光林与灌云高级中学均非确定自然人如何死亡的医疗专业技术机构或司法专业医学鉴定机构。涉案仇创的病历中没有反映仇创是何种疾病死亡。上诉人人保灌云支公司以仇玉亮、卞光林与灌云高级中学达成协议已确定"仇创是自身原因意外死亡"没有专业医学根据，故对人保灌云支公司上诉称"仇创是自身原因意外死亡"的理由不予采纳。

江苏省教育厅作为投保人与人保江苏省分公司订立《校园方责任保险条款》第三条约定在中华人民共和国境内（港澳台地区除外），在被保险人的在校活动中或由被保险人统一组织或安排的活动过程中，因被保险人疏忽或过失发生导致学生的人身伤亡保险条款中约定情况，依法应由被保险人承担的经济赔偿责任，保险人按照保险合同约定负责赔偿。本案中，经审查，按规定学校统一组织体育活动安排在上午两节课后，但被保险人灌云高级中学教师贺大连在当天天未亮时集合全班未吃早餐的学生至学校操场，由其开轿车亮车灯让学生跑步，致学生朱津慧被绊倒，仇创摔倒经抢救无效死亡。被保险人灌云高级中学在教学时间之外，可在适当时间、学生做好准备活动之后组织学生进行课外体育活动。但根据上述情况，灌云高级中学教师在不适宜室外活动时间及在学生未做好准备活动时，让学生做跑步运动，对此未尽到注意义务。贺大连在校的相关教学活动应为职务行为，造成相应后果应由灌云高级中学承担。

关于被上诉人仇玉亮与灌云高级中学达成人道主义援助协议后，仇玉亮是否有权依据《校园方责任保险条款》向人保江苏省分公司主张有关保险赔偿问题。二审法院认为，灌云高级中学给付仇玉亮 150 000 元款项在涉案协议中明确为人道主义援助款，并非赔偿性质的款项，双方达成的协议中未涉及到赔偿责任问题和有关保险索赔权问题，即仇玉亮没有明确表示放弃保险赔偿的权利。依据《中华人民共和国保险法》第二条规定，仇玉亮、卞光林有权向人保江苏省分公司主张权利。

上诉人人保灌云支公司提出对于仇创死亡而产生的精神损害抚慰金，按照保险条款约定不应当保险赔偿问题。二审法院审查认为，一审法院确定的校方赔偿数额为 363 949.75 元，即使扣减 50 000 元精神抚慰金，还有 313 949.75 元，数额也高于一审判决保险赔偿的 300 000 元。一审法院判决人保江苏省分公司承担保险责任 300 000 元有合同依据，符合保险法相关规定。

综上，一审判决认定事实清楚，处理结果妥当，上诉人人保灌云支公司的上诉理由均不能成立。连云港市中级人民法院依据《中华人民共和国民事诉讼法》第一百七十条第一款第（一）项之规定，于 2015 年 7 月 1 日作出判决：

驳回上诉，维持原判。

本判决为终审判决。

《最高人民法院公报》2017 年第 9 期：
赵青、朱玉芳诉中美联泰大都会人寿
保险有限公司意外伤害保险合同纠纷案

【裁判摘要】

意外伤害是指由于外来的、突发的、非本意的、非疾病的原因导致身体受到伤害的客观事件。饮酒过量有害身体健康属生活常识，被保险人作

为完全民事行为能力人，对此完全可以控制、避免，故饮酒过量导致身体
损害不是基于外来的、突发的和非本意的因素，不属于意外伤害，被保险
人据此申请保险公司支付保险金的，人民法院不予支持。

【案情】

原告：赵青，女，21 岁，汉族，住江苏省南京市。

原告：朱玉芳，女，53 岁，汉族，住江苏省南京市。

被告：中美联泰大都会人寿保险有限公司，住所地：上海市黄浦区黄
陂北路。

法定代表人：戴兰芳，该公司董事长。

原告赵青、朱玉芳因与中美联泰大都会人寿保险有限公司（以下简称
联泰保险公司）发生意外伤害保险合同纠纷，向江苏省南京市鼓楼区人民
法院提起诉讼。

原告赵青、朱玉芳起诉称：赵青、朱玉芳分别系死者赵开先的女儿和
妻子。赵开先生前所在的基泰物业开发管理（南京）有限公司（以下简称
基泰物业公司）为其在被告联泰保险公司投保了团体意外伤害保险。2016
年 1 月 28 日，赵开先酒后意外死亡，南京市公安局法医中心开具死亡证
明，证明系意外死亡，根据保险合同约定，联泰保险公司应给付赵开先的
继承人保险金 12 万元。因原告理赔未果，故诉至法院，请求判令联泰保险
公司给付原告赵开先意外身故保险金 12 万元。

被告联泰保险公司辩称：1. 原告赵青、朱玉芳称赵开先系酒后意外死
亡，但其提供的证据并不足以证明该事实；2. 根据被告提供的《南京市急
救中心院前医疗急救病历》、《接处警工作登记表》及基泰物业公司提供的
《证明》显示，赵开先系严重醉酒导致死亡；3. 被保险人赵开先作为一名
成年人，要不要饮酒以及饮酒多少，完全可以控制，但其放任醉酒结果的
发生，系其主观因素所致，不属于意外身故。综上，虽然被告对赵开先的
死亡表示同情，但是应尊重法律和合同的严谨性，请求依法驳回原告的诉
讼请求。

南京市鼓楼区人民法院一审查明：

2015 年 12 月 24 日，基泰物业公司为赵开先等 26 人向被告联泰保险公
司投保了《团体意外伤害保险（F 款）条款》，主要内容为：保险期间自

2015 年 12 月 18 日零时起至 2016 年 12 月 17 日 24 时止，其中普通意外身故指被保险人遭受意外伤害事故，且自该意外伤害事故发生之日起 180 日内因该事故为直接且单独原因导致身故的，联泰保险公司将按合同约定的保险金额 12 万元给付意外身故保险金；保险合同中关于意外伤害的释义为：是指遭受外来的、突发的、非本意的、非疾病的使身体受到伤害的客观事件；保险合同没有指定受益人，意外身故保险金视为被保险人之遗产。基泰物业公司在投保前已取得被保险人同意，联泰保险公司已就保险合同中保险责任、责任免除等条款向基泰物业公司进行了提示说明。

2016 年 1 月 27 日晚，赵开先任职的基泰物业公司年终聚餐，赵开先饮酒过多，留宿在公司未回家。次日 4：00 左右，赵开先同事观察其状况不正常，拨打 120 急救，120 急救中心到达现场后查体发现赵开先已经死亡。《南京市急救中心院前医疗急救病历》主诉记载："酒精中毒后呼吸心跳停止，具体时间不详。"南京市公安局玄武分局新街口派出所《接处警工作登记表》记载："2016 年 1 月 28 日 5：08，中山东路 9 号天时商务中心 1 楼大厅，有个员工严重醉酒，120 已经到，称人快不行了，现在需要民警过来一下。由民警周斌斌到现场了解情况，调取现场监控录像，联系 120，120 将其带往医院急救，后 120 宣布该人已死亡。后民警联系死者家属，死者家属对死因没有异议，双方约好下星期先来所协商解决，如果协商解决不成，准备通过司法途径解决。"2016 年 2 月 19 日，南京市公安局法医中心开具赵开先死亡证明，死亡原因载明"酒后意外死亡"。原告赵青、朱玉芳系赵开先的第一顺位继承人。后赵青、朱玉芳向联泰保险公司申请理赔遭拒，遂诉至法院。

本案的争议焦点为：赵开先喝酒死亡是否属于意外身故。

南京市鼓楼区人民法院一审认为：

原告赵青、朱玉芳对赵开先生前喝酒的事实无异议，根据《南京市急救中心院前医疗急救病历》和《接处警工作登记表》记载，可以证实赵开先系醉酒导致死亡，上述记载并未出现其他外在因素的介入。原告提供的《死亡证明》仅记载了死亡原因为"酒后意外死亡"，并未记载导致死亡的其他意外因素，故其认定的意外因素为"酒后"。至于喝酒致死是否属于意外身故，则需根据案涉保险合同的约定加以认定。根据保险合同约定，意外伤害是指遭受外来的、突发的、非本意的、非疾病的使身体受到伤害

的客观事件。喝酒过量有害身体健康属生活常识，赵开先作为完全民事行
为能力人，完全可以控制是否需要喝酒及喝酒量的多少，故喝酒行为本身
不符合意外伤害定义的外来的、突发的和非本意的因素，不属于意外伤害。
在赵开先喝酒死亡过程中，并无证据表明存在外部因素的介入，故其喝酒
导致死亡不属于意外身故，原告主张被告联泰保险公司承担意外身故保险
金责任于法无据，法院不予支持。

据此，南京市鼓楼区人民法院依照《中华人民共和国民事诉讼法》第
一百四十二条，最高人民法院《关于适用〈中华人民共和国民事诉讼法〉
的解释》第九十条之规定，于 2016 年 9 月 26 日作出判决：

驳回原告赵青、朱玉芳的诉讼请求。

一审宣判后，双方当事人在法定期限内未提出上诉，一审判决已发生
法律效力。

145

《最高人民法院公报》2021 年第 7 期：
王记龙诉中国人寿财产保险股份有限公司
芜湖市中心支公司财产保险合同纠纷案

【裁判摘要】

被保险人起诉要求侵权人赔偿损失获生效判决支持但未实际执行到位
的，有权要求保险人承担赔偿责任，并不违反"一事不再理"原则，保险
人履行保险赔偿责任后依法获得保险代位求偿权。保险事故发生后，被保
险人怠于通知致使保险人未能参与定损的，损害了保险人的知情权和参与
定损权，其依据侵权生效判决所确认的损失金额主张保险理赔的，保险人
有权申请重新鉴定。

【案情】

原告：王记龙，男，1960 年 8 月 15 日出生，汉族，户籍地：安徽省无
为县。

被告：中国人寿财产保险股份有限公司芜湖市中心支公司，住所地：

安徽省芜湖市镜湖区文化路。

负责人：李振，该公司总经理。

原告王记龙因与被告中国人寿财产保险股份有限公司芜湖市中心支公司（以下简称人寿财保）发生财产保险合同纠纷，向上海市闵行区人民法院提起诉讼。

原告王记龙诉称，2017 年 4 月 16 日，案外人王记豹驾驶原告所有的沪GAxxxx 小型轿车（以下简称保险车辆），在上海市闵行区 S20 外 60K 处与案外人周连国驾驶的浙 CQxxxx 小型普通客车发生碰撞，造成保险车辆受损，交警部门认定周连国负事故全部责任。事故发生后，原告向周连国主张赔偿，经上海市闵行区人民法院判决，周连国应赔偿原告 320333 元、案件受理费 3067.50 元。因周连国未赔偿原告损失，而保险车辆向被告人寿财保投保，故要求被告基于保险合同先行赔偿原告上述损失。故原告请求判令：被告给付保险金人民币（以下币种同）323400.50 元。

被告人寿财保辩称：对事故发生及责任认定无异议，但原告王记龙在事故发生后未向被告报案，根据合同约定不同意赔付。本案系保险合同纠纷，原告此前已起诉第三者且获得法院支持，故不能再要求被告赔付。另损失金额未经被告查勘，被告有权重新定损。且保险车辆已无修复价值，应推定全损，评估费和案件受理费不属于保险理赔范围。

上海市闵行区人民法院一审查明：

原告王记龙于 2016 年 11 月 10 日就保险车辆向被告人寿财保投保机动车损失险、第三者责任险及不计免赔，保险期间自 2016 年 12 月 7 日至2017 年 12 月 6 日，机动车损失险保险金额 341174 元。《中国人寿财产保险股份有限公司家庭自用汽车损失保险条款》第四条载明：保险期间内，被保险人或其允许的合法驾驶人在使用被保险机动车过程中，因下列原因造成被保险机动车的损失，保险人依照本保险合同的约定负担赔偿：（一）碰撞、倾覆、坠落；……。第十八条载明：发生保险事故时，被保险人应当及时采取合理的、必要的施救和保护措施，防止或减少损失，并在保险事故后 48 小时内通知保险人。故意或因重大过失未及时通知，致使保险事故的性质、原因、损失程序等难以确定的，保险人对无法确定的部分不承担赔偿责任，但保险人通过其他途径已经及时知道或者应当知道保险事故发生的除外。

2017 年 4 月 16 日，案外人周连国驾驶浙 CQxxxx 小型普通客车在闵行区 S20 外 60K 处与案外人王记豹驾驶的保险车辆发生碰撞，造成保险车辆受损，交警部门认定周连国负事故全部责任。因浙 CQxxxx 小型普通客车在中国平安财产保险股份有限公司天津分公司（以下简称平安财保）投保交强险，原告遂将周连国与平安财保一并诉至上海市闵行区人民法院，要求平安财保在交强险范围内承担损失赔偿责任，不足部分由周连国赔偿。上海市闵行区人民法院于 2018 年 1 月 19 日作出（2017）沪 0112 民初 23597 号民事判决，认定保险车辆因前述交通事故导致的损失包括修理费 316673 元、评估费 5660 元，共计 322333 元，该款由平安财保在交强险范围内赔偿 2000 元，由周连国赔偿 320333 元。案件受理费由周连国负担 3067.50 元。上述判决生效后，原告向上海市闵行区人民法院申请强制执行，平安财保履行了判决义务，但周连国未履行判决义务，且无财产可供执行，故上海市闵行区人民法院裁定终结本次执行程序。

上海市闵行区人民法院一审认为：

被告人寿财保向原告王记龙签发保单后，双方保险合同关系成立。被保险机动车发生了保险范围内的事故，保险人应按约承担保险责任，向被保险人进行理赔。保险条款为双方保险合同的组成部分，对双方具有约束力，应成为被保险人进行理赔的依据。被告对保险车辆发生保险事故及责任认定无异议，但认为法院已判决案外人周连国承担赔偿责任，故原告不可重复主张权利。对此法院认为，原告就保险车辆向被告投保车辆损失险，保险车辆因碰撞受损，被告应在车辆损失险保险金额范围内承担赔偿责任。被告承担保险责任后，有权向实际致害人代位求偿。被告还提出原告在事故发生后未向被告报案，对此法院认为，《中国人寿财产保险股份有限公司家庭自用汽车损失保险条款》确实约定发生保险事故后被保险人应及时通知保险人，但设立该通知义务的目的是为了保险人查明保险事故的性质、原因和损失程度，保险人亦仅是对无法确定的损失不承担赔偿责任。本案中，保险车辆的损失通过生效判决已经确定，被告应当对保险车辆确定的损失在车辆损失险项下进行赔付。但保险车辆的损失应仅为修理费，扣除平安财保已赔付的 2000 元，保险车辆的损失为 314673 元，被告应对此损失在机动车损失险项下理赔。评估费与案件受理费不属于保险车辆的直接损失，被告可不予赔付。

509

据此，上海市闵行区人民法院依照《中华人民共和国合同法》第六十条第一款，《中华人民共和国保险法》第十四条的规定，于 2019 年 1 月 24 日作出判决：

被告中国人寿财产保险股份有限公司芜湖市中心支公司于本判决生效之日起十日内支付原告王记龙理赔款 314673 元。

人寿财保不服一审判决，向上海金融法院上诉称：1. 本案诉请的事实依据是 2017 年 4 月 16 日发生的交通事故造成的车损，在（2017）沪 0112 民初 23597 号民事判决书中王记龙诉请依据也是该次交通事故造成的车损，本案王记龙依据的是《中华人民共和国合同法》的规定，而在前案中依据《中华人民共和国侵权责任法》的规定。本案请求权发生竞合，王记龙已经选择了侵权之诉并获得了相应的胜诉判决，其违约之诉的请求权归于消灭，本案应驳回其诉请。一审支持了王记龙的诉请，实质上使王记龙获得双重赔偿，违反了法律规定。前案判决已经生效，人寿财保无法行使代位求偿权，其合法权益受到侵害。2. 一审仅依据前案判决作为定案依据，认定车损金额，未进行事实方面的调查并驳回人寿财保的评估申请。人寿财保有权依据保险合同对王记龙诉请依据的事实及金额提出抗辩并申请查明事实。人寿财保在事故发生后并未接到报案通知，依据保险合同条款，人寿财保有权进行查勘、定损。故人寿财保请求判令：撤销一审判决，改判驳回王记龙一审全部诉讼请求。

被上诉人王记龙辩称：一审判决查明事实清楚，适用法律正确，请求二审驳回上诉，维持原判。

上海金融法院经二审，确认了一审查明的事实。

另查明，在（2017）沪 0112 民初 23597 号案件审理过程中，王记龙提供了上海道路交通物损评估中心出具的《物损评估意见书》，用以证明被保险车辆的损失金额。周连国申请对车损重新进行鉴定，但未缴纳鉴定费，上海市闵行区人民法院遂根据王记龙单方委托评估结论认定车损金额。二审审理中，人寿财保申请对涉案车辆重新评估，并申请由上海达智资产评估有限公司作为重新评估的机构。王记龙不同意重新评估，但表示如果法院准许对涉案车辆重新评估，则同意由上海达智资产评估有限公司作为重新评估的机构。上海金融法院委托上海达智资产评估有限公司对系争车辆进行重新评估。2019 年 5 月 27 日，上海达智资产评估有限公司出具《委托

司法鉴定报告》（沪达资评报字（2019）第 F612 号），其中"十、评估结
论"载明：沪 GAxxxx 车辆维修费用在评估基准日 2017 年 4 月 16 日的评估
价值为人民币：222900.00 元（大写人民币：贰拾贰万贰仟玖佰元整），详
见评估明细表。人寿财保向上海达智资产评估有限公司垫付了重新评估费
用 5200 元。人寿财保、王记龙均表示认可《委托司法鉴定报告》的评估结
论及评估费用的金额，但认为应由对方承担。

《中国人寿财产保险股份有限公司家庭自用汽车损失保险条款》第二
十四条载明：因保险事故损坏的被保险机动车，应当尽量修复。修理前被
保险人应当会同保险人检验，协商确定修理项目、方式和费用。否则，保
险人有权重新核定；无法重新核定的，保险人有权拒绝赔偿。

本案二审争议焦点是：1. 上诉人人寿财保应否承担保险责任；2. 被保
险车辆的损失应当如何认定及车辆评估费应由谁承担。

上海金融法院二审认为：

关于第一个争议焦点，上诉人人寿财保与被上诉人王记龙之间保险合
同关系成立并生效，双方均应恪守，现被保险机动车发生了保险范围内的
事故，王记龙虽向侵权人主张赔偿，但损失未实际获得填补，因此人寿财
保仍应按约承担保险责任。王记龙起诉要求侵权人承担侵权赔偿责任获生
效判决支持，并不影响人寿财保在履行保险赔偿责任后依法获得保险代位
求偿权，在支付保险理赔款的范围内取得王记龙依生效判决对侵权人享有
的赔偿请求权。一审认定人寿财保应向王记龙支付保险理赔款于法不悖，
予以确认。

关于第二个争议焦点，根据被上诉人王记龙与上诉人人寿财保签订的
保险合同条款，保险事故发生后，王记龙应当及时向人寿财保报案，并且
会同人寿财保检验，协商确定修理项目、方式和费用，否则，人寿财保有
权重新核定。上述约定依法有效，对双方当事人均有约束力。交通事故侵
权案件中的车损金额系王记龙单方委托的鉴定机构评估而来，作为王记龙
向侵权人索赔的依据，在侵权人未提出相反证据反驳的情况下，一审依据
王记龙单方委托鉴定的车损金额判定侵权赔偿的范围，于法有据。但本案
系保险合同纠纷而非侵权赔偿纠纷，王记龙系依据保险合同法律关系而行
使被保险人索赔之权利，那么其当然应当遵守保险合同关于保险报案与损
失核定的相关约定，保障人寿财保的知情权和定损参与权。本案中，王记

龙在保险事故发生后未向人寿财保报案，而是待侵权案件生效后依据生效判决所认定的车损金额向人寿财保申请理赔，违反了保险合同的约定，有违诚实信用，损害了人寿财保在保险合同项下的权利，致使其无法在法定期限内对标的车辆进行定损。王记龙在侵权案件中主张的车损金额因未经人寿财保参与核定，对人寿财保不发生法律效力，人寿财保有权依据保险合同约定申请对被保险车辆的损失重新核定。经法院委托，上海达智资产评估有限公司对被保险车辆的损失进行重新鉴定，鉴定结论为被保险车辆的维修费应为 222900 元，人寿财保与王记龙对上述鉴定结论均表示认可，法院据此认定人寿财保应当向王记龙支付的车辆损失保险金为 222900 元，扣除已经支付的 2000 元，人寿财保还应支付 220900 元。评估费 5200 元作为查明和确定事故的性质、原因和保险标的的损失程度所支付的必要的、合理的费用，应由人寿财保承担。

综上，上诉人人寿财保的上诉请求部分成立，一审判决认定事实不清，适用法律错误，应予纠正。据此，上海金融法院依照《中华人民共和国保险法》第六十四条，《中华人民共和国民事诉讼法》第一百七十条第一款第（二）项规定，于 2019 年 6 月 21 日作出判决：

一、撤销上海市闵行区人民法院（2018）沪 0112 民初 34823 号民事判决；

二、上诉人中国人寿财产保险股份有限公司芜湖市中心支公司于本判决生效之日起十日内支付被上诉人王记龙保险理赔款 220900 元；

三、驳回上诉人中国人寿财产保险股份有限公司芜湖市中心支公司的其他上诉请求。

本判决为终审判决。

《最高人民检察院公报》2019 年第 3 期：
江西熊某等交通事故保险理赔虚假诉讼监督案

【关键词】

保险理赔　伪造证据　民事抗诉

【要旨】

假冒原告名义提起诉讼，采取伪造证据、虚假陈述等手段，取得法院生效裁判文书，非法获取保险理赔款，构成虚假诉讼。检察机关在履行职责过程中发现虚假诉讼案件线索，应当强化线索发现和调查核实的能力，查明违法事实，纠正错误裁判。

【基本案情】

2012年10月21日，张某驾驶轿车与熊某驾驶摩托车发生碰撞，致使熊某受伤、车辆受损，交通事故责任认定书认定张某负事故全部责任，熊某无责任。熊某伤情经司法鉴定为九级伤残。张某驾驶的轿车在甲保险公司投保交强险和商业第三者责任险。

事故发生后，熊某经他人介绍同意由周某与保险公司交涉该案保险理赔事宜，但并未委托其提起诉讼，周某为此向熊某支付了5万元。张某亦经同一人介绍同意将该案保险赔偿事宜交周某处理，并出具了委托代理诉讼的《特别授权委托书》。2013年3月18日，周某冒用熊某的名义向上饶市信州区人民法院提起诉讼，周某冒用熊某名义签署起诉状和授权委托书，冒用委托代理人的名义签署庭审笔录、宣判笔录和送达回证，熊某及被冒用的"委托代理人"对此均不知情。该案中，周某还作为张某的诉讼代理人参加诉讼。

此外，本案事故发生时，熊某为农村户籍，从事钢筋工工作，居住上饶县某某村家中，而周某为实现牟取高额保险赔偿金的目的，伪造公司证明和工资表，并利用虚假材料到公安机关开具证明，证明熊某在2011年9月至2012年10月在县城工作并居住。2013年6月17日，上饶市信州区人民法院作出（2013）信民一初字第470号民事判决，判令甲保险公司在保险限额内向原告熊某赔偿医疗费、伤残赔偿金、被抚养人生活费等共计118723.33元。甲保险公司不服一审判决，上诉至上饶市中级人民法院。2013年10月18日，上饶市中级人民法院作出（2013）饶中民一终字第573号民事调解书，确认甲保险公司赔偿熊某医疗费、残疾赔偿金、被抚养人生活费等共计106723元。

【检察机关监督情况】

线索发现　2016年3月，上饶市检察机关在履行职责中发现，熊某在人民法院作出生效裁判后又提起诉讼，经调阅相关卷宗，发现周某近两年来代理十余件道路交通事故责任涉保险索赔案件，相关案件中存在当事人本人未出庭、委托代理手续不全、熊某的工作证明与个人基本情况明显不符等疑点，初步判断有虚假诉讼嫌疑。

调查核实　根据案件线索，检察机关重点开展了以下调查核实工作：一是向熊某本人了解情况，查明 2013 年 3 月 18 日的民事起诉状非熊某本人的意思表示，起诉状中签名也非熊某本人所签，熊某本人对该起诉讼毫不知情，并不认识起诉状中所载原告委托代理人，亦未委托其参加诉讼；二是向有关单位核实熊某出险前的经常居住地和工作地，查明周某为套用城镇居民人均可支配收入的赔偿标准获取非法利益，指使某汽车服务公司伪造了熊某工作证明和居住证明；三是对周某代理的 13 件道路交通事故保险理赔案件进行梳理，发现均涉嫌虚假诉讼，本案最为典型；四是及时将线索移送公安机关，进一步查实了周某通过冒用他人名义虚构诉讼主体、伪造授权委托书、伪造工作证明以及利用虚假证据材料骗取公安机关证明文件等事实。

监督意见　2016 年 6 月 26 日，上饶市人民检察院提请抗诉。2016 年 11 月 5 日，江西省人民检察院提出抗诉，认为上饶市中级人民法院（2013）饶中民一终字第 573 号民事调解书系虚假调解，周某伪造原告起诉状、假冒原告及其诉讼代理人提起虚假诉讼，非法套取高额保险赔偿金，扰乱诉讼秩序，损害社会公共利益和他人合法权益。

监督结果　2017 年 8 月 1 日，江西省高级人民法院作出（2017）赣民再第 45 号民事裁定书，认为本案是一起由周某假冒熊某诉讼代理人向法院提起的虚假诉讼案件，熊某本人及被冒用的诉讼代理人并未提起和参加诉讼，原一审判决和原二审调解书均有错误，裁定撤销，终结本案审理程序。同时，江西省高级人民法院还作出（2017）赣民再第 45 号民事制裁决定书，对周某进行民事制裁。2019 年 1 月，上饶市中级人民法院决定对一审法官、信州区人民法院立案庭副庭长戴某给予撤职处分。

【指导意义】

检察机关办理民事虚假诉讼监督案件，应当强化线索发现和调查核实的能力。虚假诉讼具有较强的隐蔽性和欺骗性，仅从诉讼活动表面难以甄

别，要求检察人员在履职过程中有敏锐的线索发现意识。本案中，就线索
发现而言，检察人员注重把握了以下几个方面：一是庭审过程的异常，"原
告代理人"或无法发表意见，或陈述、抗辩前后矛盾；二是案件材料和证
据异常，熊某工作证明与其基本情况、履历明显不符；三是调解结案异常，
甲保险公司二审中并未提交新的证据，"原告代理人"为了迅速达成调解
协议，主动提出减少保险赔偿数额，不符合常理。以发现的异常情况为线
索，开展深入的调查核实工作，是突破案件瓶颈的关键。根据案件具体情
况，可以综合运用询问有关当事人或者知情人，查阅、调取、复制相关法
律文书或者证据材料、案卷材料，查询财务账目、银行存款记录，勘验、
鉴定、审计以及向有关部门进行专业咨询等调查措施。同时，应主动加强
与公安机关、人民法院、司法行政部门的沟通协作。本案中，检察机关及
时移送刑事犯罪案件线索，通过公安机关侦查取证手段，查实了周某虚假
诉讼的事实。

【相关规定】

《中华人民共和国民事诉讼法》第二百零八条　　　　　　　219

《人民检察院民事诉讼监督规则（试行）》第二十三条①　　18

---

① 本法规已被《人民检察院民事诉讼监督规则》废止，本篇中页边码的条文序号参照
《人民检察院民事诉讼监督规则》。

附　录

全国人民代表大会常务委员会
关于修改《中华人民共和国计量法》
等五部法律的决定（节录）

（2015年4月24日第十二届全国人民代表大会常务委员会第十四次会议通过　2015年4月24日中华人民共和国主席令第26号公布　自公布之日起施行）

第十二届全国人民代表大会常务委员会第十四次会议决定，对下列法律中有关行政审批、工商登记前置审批或者价格管理的规定作出修改：

......

三、对《中华人民共和国保险法》作出修改

（一）删去第七十九条中的"代表机构"。

（二）将第一百一十一条修改为："保险公司从事保险销售的人员应当品行良好，具有保险销售所需的专业能力。保险销售人员的行为规范和管理办法，由国务院保险监督管理机构规定。"

（三）删去第一百一十六条第八项中的"或者个人"。

（四）删去第一百一十九条第二款、第三款。

（五）将第一百二十二条修改为："个人保险代理人、保险代理机构的代理从业人员、保险经纪人的经纪从业人员，应当品行良好，具有从事保险代理业务或者保险经纪业务所需的专业能力。"

（六）删去第一百二十四条中的"未经保险监督管理机构批准，保险代理机构、保险经纪人不得动用保证金。"

（七）删去第一百三十条中的"具有合法资格的"。

（八）删去第一百三十二条。

（九）将第一百六十五条改为第一百六十四条，并删去第六项中的

"或者代表机构"。

（十）删去第一百六十八条。

（十一）将第一百六十九条改为第一百六十七条，并删去其中的"从业资格"。

（十二）将第一百七十三条改为第一百七十一条，修改为："保险公司、保险资产管理公司、保险专业代理机构、保险经纪人违反本法规定的，保险监督管理机构除分别依照本法第一百六十条至第一百七十条的规定对该单位给予处罚外，对其直接负责的主管人员和其他直接责任人员给予警告，并处一万元以上十万元以下的罚款；情节严重的，撤销任职资格。"

（十三）将第一百七十四条改为第一百七十二条，并删去第一款中的"并可以吊销其资格证书"和第二款。

……

本决定自公布之日起施行。

《中华人民共和国计量法》、《中华人民共和国烟草专卖法》、《中华人民共和国保险法》、《中华人民共和国民用航空法》、《中华人民共和国畜牧法》根据本决定作相应修改，重新公布。

全国人民代表大会常务委员会关于
修改《中华人民共和国保险法》
等五部法律的决定（节录）

（2014 年 8 月 31 日第十二届全国人民代表大会常务委员会第十次会议通过 2014 年 8 月 31 日中华人民共和国主席令第 14 号公布 自公布之日起施行）

第十二届全国人民代表大会常务委员会第十次会议决定：

一、对《中华人民共和国保险法》作出修改

（一）将第八十二条中的"有《中华人民共和国公司法》第一百四十七条规定的情形"修改为"有《中华人民共和国公司法》第一百四十六条规定的情形"。

（二）将第八十五条修改为："保险公司应当聘用专业人员，建立精算报告制度和合规报告制度。"

……

本决定自公布之日起施行。

《中华人民共和国保险法》、《中华人民共和国证券法》、《中华人民共和国注册会计师法》、《中华人民共和国政府采购法》、《中华人民共和国气象法》根据本决定作相应修改，重新公布。

全国人民代表大会常务委员会关于修改《中华人民共和国保险法》的决定

(2002年10月28日第九届全国人民代表大会常务委员会第三十次会议通过 2002年10月28日中华人民共和国主席令第78号公布 自2003年1月1日起施行)

第九届全国人民代表大会常务委员会第三十次会议决定对《中华人民共和国保险法》作如下修改：

一、第四条修改为："从事保险活动必须遵守法律、行政法规，尊重社会公德，遵循自愿原则。"

二、增加一条，作为第五条："保险活动当事人行使权利、履行义务应当遵循诚实信用原则。"

三、第八条改为第九条，修改为："国务院保险监督管理机构依照本法负责对保险业实施监督管理。"并相应地将有关条文中的"金融监督管理部门"修改为"保险监督管理机构"。

四、第二十三条改为第二十四条，第一款修改为："保险人收到被保险人或者受益人的赔偿或者给付保险金的请求后，应当及时作出核定，并将核定结果通知被保险人或者受益人；对属于保险责任的，在与被保险人或者受益人达成有关赔偿或者给付保险金额的协议后十日内，履行赔偿或者给付保险金义务。保险合同对保险金额及赔偿或者给付期限有约定的，保险人应当依照保险合同的约定，履行赔偿或者给付保险金义务。"

五、第三十一条改为第三十二条，修改为："保险人或者再保险接受人对在办理保险业务中知道的投保人、被保险人、受益人或者再保险分出人的业务和财产情况及个人隐私，负有保密的义务。"

六、第六十七条改为第六十八条，修改为："人身保险的被保险人因第三者的行为而发生死亡、伤残或者疾病等保险事故的，保险人向被保险人或者受益人给付保险金后，不得享有向第三者追偿的权利。但被保险人或者受益人仍有权向第三者请求赔偿。"

七、第八十七条改为第八十八条，增加一款，作为第二款："转让或者由保险监督管理机构指定接受前款规定的人寿保险合同及准备金的，应当维护被保险人、受益人的合法权益。"

八、第九十一条改为第九十二条，第二款修改为："同一保险人不得同时兼营财产保险业务和人身保险业务；但是，经营财产保险业务的保险公司经保险监督管理机构核定，可以经营短期健康保险业务和意外伤害保险业务。"

第四款修改为："保险公司不得兼营本法及其他法律、行政法规规定以外的业务。"

九、第九十三条改为第九十四条，修改为："保险公司应当根据保障被保险人利益、保证偿付能力的原则，提取各项责任准备金。

"保险公司提取和结转责任准备金的具体办法由保险监督管理机构制定。"

十、第九十六条改为第九十七条，增加一款，作为第三款："保险保障基金管理使用的具体办法由保险监督管理机构制定。"

十一、第一百零一条改为第一百零二条，修改为："保险公司应当按照保险监督管理机构的有关规定办理再保险。"

十二、第一百零四条改为第一百零五条，第三款修改为："保险公司的资金不得用于设立证券经营机构，不得用于设立保险业以外的企业。"

十三、第一百零五条改为第一百零六条，增加一项，作为第五项："（五）故意编造未曾发生的保险事故进行虚假理赔，骗取保险金。"

十四、第一百零六条改为第一百零七条，修改为："关系社会公众利益的保险险种、依法实行强制保险的险种和新开发的人寿保险险种等的保险条款和保险费率，应当报保险监督管理机构审批。保险监督管理机构审批时，遵循保护社会公众利益和防止不正当竞争的原则。审批的范围和具体办法，由保险监督管理机构制定。

"其他保险险种的保险条款和保险费率，应当报保险监督管理机构备案。"

十五、增加一条，作为第一百零八条："保险监督管理机构应当建立健全保险公司偿付能力监管指标体系，对保险公司的最低偿付能力实施监控。"

十六、第一百零七条改为第一百零九条，增加一款，作为第三款："保险监督管理机构有权查询保险公司在金融机构的存款。"

十七、第一百一十九条改为第一百二十一条，修改为："保险公司必须聘用经保险监督管理机构认可的精算专业人员，建立精算报告制度。"

十八、增加一条，作为第一百二十二条："保险公司的营业报告、财务会计报告、精算报告及其他有关报表、文件和资料必须如实记录保险业务事项，不得有虚假记载、误导性陈述和重大遗漏。"

十九、第一百二十条改为第一百二十三条，增加一款，作为第二款："依法受聘对保险事故进行评估和鉴定的评估机构和专家，应当依法公正地执行业务。因故意或者过失给保险人或者被保险人造成损害的，依法承担赔偿责任。"

增加一款，作为第三款："依法受聘对保险事故进行评估和鉴定的评估机构收取费用，应当依照法律、行政法规的规定办理。"

二十、增加一条，作为第一百二十七条："保险人委托保险代理人代为办理保险业务的，应当与保险代理人签订委托代理协议，依法约定双方的权利和义务及其他代理事项。"

二十一、第一百二十四条改为第一百二十八条，增加一款，作为第二款："保险代理人为保险人代为办理保险业务，有超越代理权限行为，投保人有理由相信其有代理权，并已订立保险合同的，保险人应当承担保险责任；但是保险人可以依法追究越权的保险代理人的责任。"

二十二、第一百二十四条第二款改为第一百二十九条，修改为："个人保险代理人在代为办理人寿保险业务时，不得同时接受两个以上保险人的委托。"

二十三、第一百二十六条改为第一百三十一条，修改为："保险代理人、保险经纪人在办理保险业务活动中不得有下列行为：

"（一）欺骗保险人、投保人、被保险人或者受益人；

"（二）隐瞒与保险合同有关的重要情况；

"（三）阻碍投保人履行本法规定的如实告知义务，或者诱导其不履行本法规定的如实告知义务；

"（四）承诺向投保人、被保险人或者受益人给予保险合同规定以外的其他利益；

"（五）利用行政权力、职务或者职业便利以及其他不正当手段强迫、引诱或者限制投保人订立保险合同。"

二十四、增加一条，作为第一百三十四条："保险代理手续费和经纪人佣金，只限于向具有合法资格的保险代理人、保险经纪人支付，不得向其他人支付。"

二十五、增加一条，作为第一百三十六条："保险公司应当加强对保险代理人的培训和管理，提高保险代理人的职业道德和业务素质，不得唆使、误导保险代理人进行违背诚信义务的活动。"

二十六、第一百三十一条改为第一百三十八条，修改为："投保人、被保险人或者受益人有下列行为之一，进行保险欺诈活动，构成犯罪的，依法追究刑事责任：

"（一）投保人故意虚构保险标的，骗取保险金的；

"（二）未发生保险事故而谎称发生保险事故，骗取保险金的；

"（三）故意造成财产损失的保险事故，骗取保险金的；

"（四）故意造成被保险人死亡、伤残或者疾病等人身保险事故，骗取保险金的；

"（五）伪造、变造与保险事故有关的证明、资料和其他证据，或者指使、唆使、收买他人提供虚假证明、资料或者其他证据，编造虚假的事故原因或者夸大损失程度，骗取保险金的。

"有前款所列行为之一，情节轻微，尚不构成犯罪的，依照国家有关规定给予行政处罚。"

二十七、第一百三十二条改为第一百三十九条，修改为："保险公司及其工作人员在保险业务中隐瞒与保险合同有关的重要情况，欺骗投保人、被保险人或者受益人，或者拒不履行保险合同约定的赔偿或者给付保险金的义务，构成犯罪的，依法追究刑事责任；尚不构成犯罪的，由保险监督管理机构对保险公司处以五万元以上三十万元以下的罚款；对有违法行为的工作人员，处以二万元以上十万元以下的罚款；情节严重的，限制保险公司业务范围或者责令停止接受新业务。

"保险公司及其工作人员阻碍投保人履行如实告知义务，或者诱导其不履行如实告知义务，或者承诺向投保人、被保险人或者受益人给予非法的保险费回扣或者其他利益，构成犯罪的，依法追究刑事责任；尚不构成犯罪的，由保险监督管理机构责令改正，对保险公司处以五万元以上三十万元以下的罚款；对有违法行为的工作人员，处以二万元以上十万元以下的罚款；情节严重的，限制保险公司业务范围或者责令停止接受新业务。"

二十八、第一百三十三条改为第一百四十条，修改为："保险代理人或者保险经纪人在其业务中欺骗保险人、投保人、被保险人或者受益人，构成犯罪的，依法追究刑事责任；尚不构成犯罪的，由保险监督管理机构责令改正，并处以五万元以上三十万元以下的罚款；情节严重的，吊销经营保险代理业务许可证或者经纪业务许可证。"

二十九、第一百三十四条改为第一百四十一条，修改为："保险公司及其工作人员故意编造未曾发生的保险事故进行虚假理赔，骗取保险金，构成犯罪的，依法追究刑事责任。"

三十、第一百三十五条改为第一百四十二条，修改为："违反本法规定，擅自设立保险公司或者非法从事商业保险业务活动的，由保险监督管理机构予以取缔；构成犯罪的，依法追究刑事责任；尚不构成犯罪的，由保险监督管理机构没收违法所得，并处以违法所得一倍以上五倍以下的罚款，没有违法所得或者违法所得不足二十万元的，处以二十万元以上一百万元以下的罚款。"

三十一、第一百三十六条改为第一百四十三条，修改为："违反本法规定，超出核定的业务范围从事保险业务或者兼营本法及其他法律、行政法规规定以外的业务，构成犯罪的，依法追究刑事责任；尚不构成犯罪的，由保险监督管理机构责令改正，责令退还收取的保险费，没收违法所得，并处以违法所得一倍以上五倍以下的罚款；没有违法所得或者违法所得不足十万元的，处以十万元以上五十万元以下的罚款；逾期不改正或者造成严重后果的，责令停业整顿或者吊销经营保险业务许可证。"

三十二、第一百三十八条改为第一百四十五条，第二项修改为："（二）未按照规定提取或者结转各项责任准备金或者未按照规定提取未决赔款准备金的"；增加一项，作为第八项："（八）未按照规定将应当报送审批的险种的保险条款和保险费率报送审批的。"

三十三、第一百三十九条改为第一百四十六条，第二项修改为："（二）未按照规定将应当报送备案的险种的保险条款和保险费率报送备案的。"

三十四、第一百四十条改为第一百四十七条，修改为："违反本法规定，有下列行为之一，构成犯罪的，依法追究刑事责任；尚不构成犯罪的，由保险监督管理机构责令改正，处以十万元以上五十万元以下的罚款；情节严重的，可以限制业务范围、责令停止接受新业务或者吊销经营保险业务许可证：

"（一）提供虚假的报告、报表、文件和资料的；

"（二）拒绝或者妨碍依法检查监督的。"

三十五、第一百四十二条改为第一百四十九条，修改为："违反本法规定，未取得经营保险代理业务许可证或者经纪业务许可证，非法从事保险代理业务或者经纪业务活动的，由保险监督管理机构予以取缔；构成犯罪的，依法追究刑事责任；尚不构成犯罪的，由保险监督管理机构没收违法所得，并处以违法所得一倍以上五倍以下的罚款，没有违法所得或者违法所得不足十万元的，处以十万元以上五十万元以下的罚款。"

三十六、第一百四十三条改为第一百五十条，修改为："对违反本法规定尚未构成犯罪的行为负有直接责任的保险公司高级管理人员和其他直接责任人员，保险监督管理机构可以区别不同情况予以警告，责令予以撤换，处以二万元以上十万元以下的罚款。"

三十七、第一百四十五条、第一百四十六条合并为一条，作为第一百五十二条，修改为："对不符合本法规定条件的设立保险公司的申请予以批准，或者对不符合保险代理人、保险经纪人条件的申请予以批准，或者有滥用职权、玩忽职守的其他行为，构成犯罪的，依法追究刑事责任；尚不构成犯罪的，依法给予行政处分。"

三十八、第一百四十八条改为第一百五十四条，修改为："中外合资保险公司、外资独资保险公司、外国保险公司分公司适用本法规定；法律、行政法规另有规定的，适用其规定。"

此外，根据本决定对部分条文的文字作相应修改并对条文顺序作相应调整。

本决定自 2003 年 1 月 1 日起施行。

《中华人民共和国保险法》根据本决定作相应修改，重新公布。

历年条文序号对照表

历年保险法条文序号对照表
（1995 年—2002 年—2009 年—2014 年—2015 年）①

【使用说明：此表横向阅读；（增）表示该条文为新增条文；（删）表示该条文已被删去；（合）表示该条文为多条合并为一条；（1）（2）（3）（4）表示此条的第一、二、三、四款】

2015 年保险法	2014 年保险法	2009 年保险法	2002 年保险法	1995 年保险法
第 1 条	第 1 条	第 1 条	第 1 条	第 1 条
第 2 条	第 2 条	第 2 条	第 2 条	第 2 条
第 3 条	第 3 条	第 3 条	第 3 条	第 3 条
第 4 条	第 4 条	第 4 条	第 4 条	第 4 条
第 5 条	第 5 条	第 5 条	第 5 条(增)	
第 6 条	第 6 条	第 6 条	第 6 条	第 5 条
第 7 条	第 7 条	第 7 条	第 7 条	第 6 条
第 8 条	第 8 条	第 8 条(增)		
第 9 条	第 9 条	第 9 条	第 9 条	第 8 条
第 10 条	第 10 条	第 10 条	第 10 条	第 9 条
第 11 条	第 11 条	第 11 条	第 11 条	第 10 条
第 12 条	第 12 条	第 12 条(合)	第 12 条 第 22 条(2)	第 11 条 第 21 条(2)

---

① 此表是对《保险法》历年条文序号的整体梳理，一为方便读者遇到旧法快速准确定位到新法，二为方便读者了解新法是如何从旧法延续而来。

2015 年保险法	2014 年保险法	2009 年保险法	2002 年保险法	1995 年保险法
第 13 条	第 13 条	第 13 条	第 13 条	第 12 条
第 14 条	第 14 条	第 14 条	第 14 条	第 13 条
第 15 条	第 15 条	第 15 条(合)	第 15 条	第 14 条
			第 16 条	第 15 条
第 16 条	第 16 条	第 16 条	第 17 条	第 16 条
第 17 条	第 17 条	第 17 条	第 18 条	第 17 条
第 18 条	第 18 条	第 18 条(合)	第 19 条	第 18 条
			第 20 条	第 19 条
			第 22 条(3)	第 21 条(3)
			第 24 条(4)	第 23 条(4)
第 19 条	第 19 条	第 19 条(增)		
第 20 条	第 20 条	第 20 条	第 21 条	第 20 条
第 21 条	第 21 条	第 21 条	第 22 条(1)	第 21 条(1)
第 22 条	第 22 条	第 22 条	第 23 条	第 22 条
第 23 条	第 23 条	第 23 条	第 24 条(1)(2)(3)	第 23 条(1)(2)(3)
第 24 条	第 24 条	第 24 条	第 25 条	第 24 条
第 25 条	第 25 条	第 25 条	第 26 条	第 25 条
第 26 条	第 26 条	第 26 条	第 27 条	第 26 条
第 27 条	第 27 条	第 27 条	第 28 条	第 27 条
第 28 条	第 28 条	第 28 条	第 29 条	第 28 条
第 29 条	第 29 条	第 29 条	第 30 条	第 29 条
第 30 条	第 30 条	第 30 条	第 31 条	第 30 条
		(删)	第 32 条	第 31 条
		(删)	第 33 条	第 32 条

2015 年 保险法	2014 年 保险法	2009 年 保险法	2002 年 保险法	1995 年 保险法
第 31 条	第 31 条	第 31 条	第 53 条	第 52 条
第 32 条	第 32 条	第 32 条	第 54 条	第 53 条
第 33 条	第 33 条	第 33 条	第 55 条	第 54 条
第 34 条	第 34 条	第 34 条	第 56 条	第 55 条
第 35 条	第 35 条	第 35 条	第 57 条	第 56 条
第 36 条	第 36 条	第 36 条	第 58 条	第 57 条
第 37 条	第 37 条	第 37 条	第 59 条	第 58 条
第 38 条	第 38 条	第 38 条	第 60 条	第 59 条
第 39 条	第 39 条	第 39 条	第 61 条	第 60 条
第 40 条	第 40 条	第 40 条	第 62 条	第 61 条
第 41 条	第 41 条	第 41 条	第 63 条	第 62 条
第 42 条	第 42 条	第 42 条	第 64 条	第 63 条
第 43 条	第 43 条	第 43 条	第 65 条	第 64 条
第 44 条	第 44 条	第 44 条	第 66 条	第 65 条
第 45 条	第 45 条	第 45 条	第 67 条	第 66 条
第 46 条	第 46 条	第 46 条	第 68 条	第 67 条
第 47 条	第 47 条	第 47 条	第 69 条	第 68 条
		（删）	第 70 条	第 69 条
第 48 条	第 48 条	第 48 条(增)		
第 49 条	第 49 条	第 49 条	第 34 条	第 33 条
第 50 条	第 50 条	第 50 条	第 35 条	第 34 条
第 51 条	第 51 条	第 51 条	第 36 条	第 35 条
第 52 条	第 52 条	第 52 条	第 37 条	第 36 条
第 53 条	第 53 条	第 53 条	第 38 条	第 37 条
第 54 条	第 54 条	第 54 条	第 39 条	第 38 条

2015 年 保险法	2014 年 保险法	2009 年 保险法	2002 年 保险法	1995 年 保险法
第 55 条	第 55 条	第 55 条	第 40 条	第 39 条
第 56 条	第 56 条	第 56 条	第 41 条	第 40 条
第 57 条	第 57 条	第 57 条	第 42 条	第 41 条
第 58 条	第 58 条	第 58 条	第 43 条	第 42 条
第 59 条	第 59 条	第 59 条	第 44 条	第 43 条
第 60 条	第 60 条	第 60 条	第 45 条	第 44 条
第 61 条	第 61 条	第 61 条	第 46 条	第 45 条
第 62 条	第 62 条	第 62 条	第 47 条	第 46 条
第 63 条	第 63 条	第 63 条	第 48 条	第 47 条
第 64 条	第 64 条	第 64 条	第 49 条	第 48 条
第 65 条	第 65 条	第 65 条	第 50 条	第 49 条
第 66 条	第 66 条	第 66 条	第 51 条	第 50 条
第 67 条	第 67 条	（删）	第 52 条	第 51 条
		第 67 条（合）	第 71 条	第 70 条
			第 72 条(2)	第 71 条(2)
第 68 条	第 68 条	第 68 条	第 72 条(1)	第 71 条(1)
第 69 条	第 69 条	第 69 条	第 73 条	第 72 条
第 70 条	第 70 条	第 70 条（合）	第 74 条	第 73 条
			第 75 条	第 74 条
第 71 条	第 71 条	第 71 条	第 76 条	第 75 条
第 72 条	第 72 条	第 72 条（增）		
第 73 条	第 73 条	第 73 条（增）		
第 74 条	第 74 条	第 74 条	第 80 条	第 79 条
第 75 条	第 75 条	第 75 条（增）		
第 76 条	第 76 条	第 76 条（增）		

2015年 保险法	2014年 保险法	2009年 保险法	2002年 保险法	1995年 保险法
第77条	第77条	第77条	第77条	第76条
第78条	第78条	第78条	第78条	第77条
第79条	第79条	第79条	第81条	第80条
第80条	第80条	第80条(增)		
第81条	第81条	第81条(增)		
第82条	第82条	第82条(增)		
第83条	第83条	第83条(增)		
第84条	第84条	第84条	第82条	第81条
		(删)	第83条	第82条
		(删)	第84条	第83条
第85条	第85条	第85条	第121条	第119条
第86条	第86条	第86条(合)	第119条	第117条
			第120条	第118条
			第122条(增)	
第87条	第87条	第87条	第124条	第121条
第88条	第88条	第88条(增)		
第89条	第89条	第89条(合)	第85条	第84条
			第86条	第85条
第90条	第90条	第90条	第87条	第86条
第91条	第91条	第91条	第89条	第88条
第92条	第92条	第92条	第88条	第87条
第93条	第93条	第93条	第90条	第89条
第94条	第94条	第94条	第91条	第90条
第95条	第95条	第95条	第92条	第91条
第96条	第96条	第96条	第93条	第92条

2015 年保险法	2014 年保险法	2009 年保险法	2002 年保险法	1995 年保险法
第 97 条	第 97 条	第 97 条	第 79 条	第 78 条
第 98 条	第 98 条	第 98 条	第 94 条	第 93 条
		（删）	第 95 条	第 94 条
第 99 条	第 99 条	第 99 条	第 96 条	第 95 条
第 100 条	第 100 条	第 100 条	第 97 条	第 96 条
第 101 条	第 101 条	第 101 条	第 98 条	第 97 条
第 102 条	第 102 条	第 102 条	第 99 条	第 98 条
第 103 条	第 103 条	第 103 条	第 100 条	第 99 条
第 104 条	第 104 条	第 104 条	第 101 条	第 100 条
第 105 条	第 105 条	第 105 条	第 102 条	第 101 条
		（删）	第 103 条	第 102 条
		（删）	第 104 条	第 103 条
第 106 条	第 106 条	第 106 条	第 105 条	第 104 条
第 107 条	第 107 条	第 107 条(增)		
第 108 条	第 108 条	第 108 条(增)		
第 109 条	第 109 条	第 109 条(增)		
第 110 条	第 110 条	第 110 条(增)		
第 111 条	第 111 条	第 111 条(增)		
第 112 条	第 112 条	第 112 条(合)	第 135 条	第 129 条
			第 136 条(增)	
第 113 条	第 113 条	第 113 条(增)		
第 114 条	第 114 条	第 114 条(增)		
第 115 条	第 115 条	第 115 条	第 8 条	第 7 条
第 116 条	第 116 条	第 116 条	第 106 条	第 105 条
第 117 条	第 117 条	第 117 条	第 125 条	第 122 条

2015 年 保险法	2014 年 保险法	2009 年 保险法	2002 年 保险法	1995 年 保险法
第 118 条	第 118 条	第 118 条	第 126 条	第 123 条
第 119 条	第 119 条	第 119 条	第 132 条	第 127 条
第 120 条	第 120 条	第 120 条(增)		
第 121 条	第 121 条	第 121 条(增)		
第 122 条	第 122 条	第 122 条(增)		
第 123 条	第 123 条	第 123 条	第 133 条	第 128 条
第 124 条	第 124 条	第 124 条	第 132 条	第 127 条
第 125 条	第 125 条	第 125 条	第 129 条	第 124 条(2)
第 126 条	第 126 条	第 126 条	第 127 条(增)	
第 127 条	第 127 条	第 127 条	第 128 条	第 124 条(1)
第 128 条	第 128 条	第 128 条	第 130 条	第 125 条
第 129 条	第 129 条	第 129 条	第 123 条	第 120 条
第 130 条	第 130 条	第 130 条	第 134 条(增)	
第 131 条	第 131 条	第 131 条	第 131 条	第 126 条
（删）	第 132 条	第 132 条(增)		
第 132 条	第 133 条	第 133 条	第 137 条	第 130 条
第 133 条	第 134 条	第 134 条(增)		
第 134 条	第 135 条	第 135 条(增)		
第 135 条	第 136 条	第 136 条	第 107 条	第 106 条
第 136 条	第 137 条	第 137 条(增)		
第 137 条	第 138 条	第 138 条	第 108 条(增)	
第 138 条	第 139 条	第 139 条(增)		
第 139 条	第 140 条	第 140 条	第 110 条	第 108 条
第 140 条	第 141 条	第 141 条	第 111 条	第 109 条
第 141 条	第 142 条	第 142 条	第 112 条	第 110 条

2015 年 保险法	2014 年 保险法	2009 年 保险法	2002 年 保险法	1995 年 保险法
第 142 条	第 143 条	第 143 条	第 113 条	第 111 条
第 143 条	第 144 条	第 144 条	第 114 条	第 112 条
第 144 条	第 145 条	第 145 条	第 115 条	第 113 条
第 145 条	第 146 条	第 146 条	第 116 条	第 114 条
第 146 条	第 147 条	第 147 条	第 117 条	第 115 条
第 147 条	第 148 条	第 148 条	第 118 条(1)	第 116 条(1)
第 148 条	第 149 条	第 149 条	第 118 条(2)	第 116 条(2)
第 149 条	第 150 条	第 150 条(增)		
第 150 条	第 151 条	第 151 条(增)		
第 151 条	第 152 条	第 152 条(增)		
第 152 条	第 153 条	第 153 条(增)		
第 153 条	第 154 条	第 154 条(增)		
第 154 条	第 155 条	第 155 条	第 109 条	第 107 条
第 155 条	第 156 条	第 156 条(增)		
第 156 条	第 157 条	第 157 条(增)		
第 157 条	第 158 条	第 158 条(增)		
第 158 条	第 159 条	第 159 条	第 142 条	第 135 条
第 159 条	第 160 条	第 160 条	第 149 条	第 142 条
第 160 条	第 161 条	第 161 条	第 143 条	第 136 条
第 161 条	第 162 条	第 162 条(合)	第 139 条	第 132 条
			第 141 条	第 134 条
第 162 条	第 163 条	第 163 条	第 144 条	第 137 条
第 163 条	第 164 条	第 164 条	第 148 条	第 141 条
第 164 条	第 165 条	第 165 条	第 145 条	第 138 条
第 165 条	第 166 条	第 166 条	第 140 条	第 133 条

2015 年 保险法	2014 年 保险法	2009 年 保险法	2002 年 保险法	1995 年 保险法
第 166 条	第 167 条	第 167 条(增)		
（删）	第 168 条	第 168 条(增)		
第 167 条	第 169 条	第 169 条(增)		
第 168 条	第 170 条	第 170 条(增)		
第 169 条	第 171 条	第 171 条	第 146 条	第 139 条
第 170 条	第 172 条	第 172 条	第 147 条	第 140 条
第 171 条	第 173 条	第 173 条	第 150 条	第 143 条
第 172 条	第 174 条	第 174 条(增)		
第 173 条	第 175 条	第 175 条(增)		
第 174 条	第 176 条	第 176 条	第 138 条	第 131 条
第 175 条	第 177 条	第 177 条	第 151 条	第 144 条
第 176 条	第 178 条	第 178 条(增)		
第 177 条	第 179 条	第 179 条(增)		
第 178 条	第 180 条	第 180 条	第 152 条(合)	第 145 条 第 146 条
第 179 条	第 181 条	第 181 条(增)		
第 180 条	第 182 条	第 182 条(增)		
第 181 条	第 183 条	第 183 条(增)		
		（删）	第 157 条	第 151 条
		（删）	第 158 条	第 152 条
第 182 条	第 184 条	第 184 条	第 153 条	第 147 条
第 183 条	第 185 条	第 185 条	第 154 条	第 148 条
第 184 条	第 186 条	第 186 条	第 155 条	第 149 条
		（删）	第 156 条	第 150 条
第 185 条	第 187 条	第 187 条(增)		